# ANALECTA BIBLICA
## INVESTIGATIONES SCIENTIFICAE IN RES BIBLICAS

— 135 —

GIANANTONIO BORGONOVO

# LA NOTTE E IL SUO SOLE

Luce e tenebre nel Libro di Giobbe
Analisi simbolica

EDITRICE PONTIFICIO ISTITUTO BIBLICO – ROMA 1995

*Vidimus et approbamus ad normam Statutorum*

Pontificii Instituti Biblici de Urbe
Romae, die 11 mensis octobris anni 1995

R. P. Alonso Schökel Luis, S.J.
R. P. Bovati Pietro, S.J.

ISBN 88-7653-135-1

Editrice Pontificio Istituto Biblico
Piazza della Pilotta 35 - 00187 Roma, Italia

*Alla cara memoria*
*di papà Eugenio*
*e di don Attilio Meroni*

# PREFAZIONE

Questo studio è stato presentato come tesi di dottorato in Scienze Bibliche presso il Pontificio Istituto Biblico di Roma. La dissertazione fu difesa il 2 giugno 1995, davanti alla commissione composta dai padri Luis Alonso Schökel S.J., Pietro Bovati S.J., Jean Louis Ska S.J. e Werner R. Mayer S.J., e presieduta dal Rettore, P. Klemens Stock S.J. Il presente testo è pubblicazione integrale della tesi, arricchita dai preziosi suggerimenti emersi durante la discussione.

Il primo e sincero ringraziamento va a P. Luis Alonso Schökel, che ha ispirato e guidato il lavoro con la sua ben nota scienza e sapienza, sin dai primi – e ormai lontani – approcci, che risalgono al 1983. Da lui mi è stato dato il coraggio per alcune scelte di fondo. In modo particolare, la sua discreta, ma percettibile, ἀποκαραδοκία è sempre stata un incoraggiamento a condurre in porto la lunga navigazione in quell'oceano letterario e linguistico, da lui magistralmente dominato. Sono onorato del fatto che questa sia la XXIII e ultima tesi diretta da padre Alonso presso il Pontificio Istituto Biblico. Le parole con cui egli ha concluso la discussione rimarranno per me come un testamento e una stella polare per il mio futuro cammino di ricerca. Per la sua singolare opera di "maestro", trovo molto vero questo aneddoto chassidico:

> Il Rabbi di Kobryn fece visita al Rabbi di Slonim e gli chiese: « I tuoi maestri ti hanno lasciato qualche opera loro in eredità? ». « Sì », rispose il Rabbi di Slonim. « Sono stampate o sono ancora in manoscritto? », chiese il Rabbi di Kobryn. « Né l'uno né l'altro », disse il Rabbi di Slonim. « Esse sono incise nei cuori dei loro discepoli ».

Negli ultimi due anni di lavoro, si è affiancato, come secondo relatore, P. Pietro Bovati. L'amicizia si è coniugata con la sua competente acutezza. Impagabile è stato il suo apporto. Devo riconoscere che le sue critiche e la severa meticolosità, con cui ha rivisto di passo in passo la prima stesura del lavoro, hanno molto contribuito alla riuscita della ricerca.

Un grazie riconoscente agli altri due relatori, P. Jean Louis Ska e P. Werner R. Mayer. Soprattutto padre Mayer ha arricchito la discussione soffermandosi sugli apporti mesopotamici con osservazioni di estremo

interesse, di cui ho fatto subito tesoro. Mi sia permesso un ricordo personale e un riconoscimento pubblico a lui, mio docente di akkadico. Dopo i
primi due semestri introduttivi, mi ebbe per altri due semestri (1982-1983)
come unico allievo: la lezione era da lui condotta con la medesima rigorosa professionalità, come se l'aula fosse gremita di studenti.

Nella persona del Rettore, P. Klemens Stock, ringrazio l'intero Pontificio Istituto Biblico, che negli anni di studio (1979-1983) fu per me una
fucina di spiritualità e di apertura culturale impareggiabile. Vorrei ringraziare anche i proff. Ezri Uval, Ziony Zevit e i loro colleghi dell'Università
Ebraica di Gerusalemme, che nel semestre del 1980-1981 hanno dato un
notevole incremento alla mia padronanza dell'ebraico.

Un grazie infine a P. Albert Vanhoye S.J., che ha accolto con sollecitudine il lavoro nella collana « Analecta Biblica », e a P. Pasquale Puca
S.J., che mi ha facilitato il lavoro, accettando per la stampa le pellicole da
me personalmente composte.

Non meno significativi sono i ringraziamenti per il Seminario Arcivescovile di Milano, presso cui svolgo la mia principale attività di docenza dall'ottobre 1983 e che di fatto ha reso possibile questo lavoro. Nella
persona del Rettore Maggiore, Msg. Gianfranco Poma, ringrazio anche il
mio arcivescovo, Card. Carlo Maria Martini: essi mi hanno concesso un
prezioso anno sabbatico (1993-1994) per condurre a termine questa tesi.
Un fraterno ringraziamento a don Tullio Citrini, già Direttore della Sezione parallela della Facoltà Teologica dell'Italia Settentrionale con sede a
Venegono Inf. (Va), e a don Franco Giulio Brambilla, attuale Direttore: la
loro amicizia e la loro vicinanza sono state decisive, quanto la solerte ed
efficiente assistenza del nostro economo, don Emilio Ferrario, che ha reso
eseguibile ogni progettazione.

Non posso non ricordare il Pontificio Seminario Lombardo, che mi
ha avuto suo alunno negli anni 1979-1983, nelle persone dell'allora Rettore, Msg. Luigi Belloli, ora vescovo di Anagni e Alatri, e dell'attuale Rettore, Msg. Diego Coletti, che ha voluto contribuire alle spese per la presente pubblicazione. Infine, un ringraziamento riconoscente a Msg. Lorenzo Dattrino, direttore della Casa Internazionale del Clero di Roma, che
mi ha dato ospitalità durante l'anno sabbatico.

*Last but not least*, grazie ai miei familiari, a Msg. Antonio Rimoldi e
a tutti gli amici che hanno portato con me l'onere, non solo economico, di
questa pubblicazione; grazie ai miei studenti, che hanno dato il loro aiuto
nella composizione degli indici: מִפְּרִי פִי־אִישׁ יִשְׂבַּע־טוֹב וּגְמוּל יְדֵי־אָדָם יָשִׁיב לוֹ.

Venegono Inferiore, 30 settembre 1995

*Gianantonio Borgonovo*

# INTRODUZIONE

*There are works which wait,*
*and which one does not understand for a long time;*
*the reason is that they bring answers to questions*
*which have not yet been raised;*
*for the question arrives a terribly long time*
*after the answer.*
(Oscar Wilde) *

## 1. LE ARTICOLAZIONI DEL LAVORO

Il lavoro si articola in due sezioni principali, problematica e analitica, seguite da un breve capitolo conclusivo.

### 1.1 Sezione Problematica

Le difficoltà filologiche e le immense risorse poetiche del libro di Giobbe non hanno bisogno di essere dimostrate: l'enorme bibliografia che si può raccogliere al riguardo ne è sufficiente testimonianza.[1] D'altra parte, non sembra che sia stata finora dedicata un'esplicita attenzione all'analisi del simbolismo e alla sua dinamica in questo capolavoro letterario e teologico.[2] Per questo, abbiamo ritenuto utile una ricerca che affronti il libro con metodo simbolico.

---

* A. GIDE, *Oscar Wilde; In memoriam*, ed. by B. FRECHTMAN, Philosophical Library, New York 1949, 11s.

[1] La bibliografia raccolta da D. J. A. CLINES, LXIII-CXV, già impressionante, è solo *tendenzialmente* completa, pur tenendo conto delle bibliografie parziali che precedono ogni capitolo del suo commentario. Nel nostro archivio informatico abbiamo schedato circa cinquemila titoli. (Per la modalità delle citazioni, si veda a pag. XIII)

[2] Lo studio di L. G. PERDUE [1991] è un interessantissimo tentativo di mostrare la coerenza dinamica di alcune "metafore" attorno alle quali si muove il dramma, ma non si addentra propriamente nello studio del fatto simbolico. Al contrario, la ricerca di G. FUCHS [1993] si ferma purtroppo ad un'analisi esclusivamente "archeologica" dei simboli mitici studiati.

Uno studio di questo genere, comunque, impone di fatto il superamento di due scogli: i molti problemi critici (e filologici) e la scelta di un
approccio adeguato al fatto simbolico. A questo saranno dedicati i primi
due capitoli, che raggruppiamo nella *sezione problematica*.

Il primo capitolo studia il problema del simbolismo, mettendo a fuoco – non solo a livello di vocabolario – il concetto di *simbolo*. Nel contesto culturale contemporaneo, una tale discussione è necessaria, perché di
*simbolo* si parla in tante discipline in modo inflazionato. Tuttavia, a mio
parere, questa situazione non genera una "giungla", ma un καιρός, ed è un
indizio che ci troviamo davanti a un importante crocevia teoretico.

In secondo luogo, all'interprete di ogni tempo Giobbe è sempre parso
sfuggente, « *ut si velis anguillam aut murænulam strictis tenere manibus,
quanto fortius presseris, tanto citius elabitur* ».[3] Ogni lavoro interpretativo dedicato a Giobbe non può quindi esimersi dall'affrontare i problemi
filologici, che toccano sia l'opera nel suo insieme, sia l'esatta interpretazione di ciascun versetto. A quest'ultima attenzione sarà dato ampio spazio nella *sezione analitica*, prima di affrontare la lettura simbolica di ciascuna pericope. Tuttavia, era indispensabile motivare subito le opzioni
critiche circa l'insieme dell'opera (capitolo II).

## 1.2 Sezione Analitica

A questo punto, ci si potrebbe chiedere: perché proprio l'asse simbolico di luce e tenebre? è davvero così rilevante in Giobbe? La scelta nasce
da una prima intuizione e dallo studio del fatto simbolico.

L'intuizione è scaturita dall'accostamento del cap. 3 (cf soprattutto il
v. 4) al cap. 28 e a 38,19ss, in cui intravediamo un'allusione al viaggio del
sole nelle ore notturne. D'altro canto, la "fantastica trascendentale" di G.
Durand ci ha spinto a comprendere il *simbolo* come una realtà più comprensiva dei singoli elementi simbolici che lo compongono. Soprattutto
l'archetipologia dei due *Regimi* del mondo simbolico – il *Regime diurno* e
*notturno* – ci ha offerto la strumentazione per studiare l'asse simbolico
scelto. Non si trattava però di fare soltanto la recensione dei passi in cui
compaiono i singoli elementi del simbolo[4] o di preoccuparci subito di
"trascrivere" concettualmente il loro valore,[5] ma di attraversare le fitte
trame con cui un elemento simbolico, come una cellula vivente, è collegato con tutti gli altri elementi, al di là delle immediate apparenze. In questa
prospettiva, luce e "arma" dell'eroe, abisso e rettile, sole e occhio, notte e
grembo, donna e caverna, luna e drago, metalli e *ḥokmâ*, sono isomorfismi
simbolici alla pari dei più evidenti luce e lampada, notte e luna, ecc.

---

[3] HIERONYMUS, *Præfatio in Librum Job*, PL 28, 1081.
[4] In questa linea, si veda l'ampia "enciclopedia" di M. GIRARD [1991].
[5] Cf l'ormai classico S. AALEN [1951].

L'asse "luce e tenebre" non è soltanto uno dei più importanti in ogni sistema simbolico. Con le sue ramificate valenze e i suoi legami con la struttura profonda del simbolismo preso nel suo insieme, è anche in grado di offrire una soluzione all'enigma interpretativo di Giobbe. È appunto questo il "nocciolo" della tesi che presentiamo.

Qui, del resto, sta il *rischio* dell'interprete, che è costretto a percorrere una delle trame possibili nel dedalo delle immagini evocate del poeta. La giustificazione del sentiero scelto sta nell'analisi simbolica del punto di partenza e di quello d'arrivo. La tensione dialettica rinvenuta nei due estremi ha guidato la comprensione delle altre sezioni. Ciò spiega la struttura dei capitoli III-V, raggruppati nella *sezione analitica*.

La prima pericope studiata è Gb 3. Essa, come punto di partenza del dramma, è anche l'inizio fontale del dinamismo simbolico del libro, il cui esito è anticipato liricamente dall'"inno" di Gb 28 e perfezionato nei discorsi divini di Gb 38,1-42,6 (le due pericopi studiate nel capitolo V).

L'analisi di Gb 3 ci ha suggerito di distinguere – per chiarezza espositiva – tre "registri", al fine di perlustrare meglio l'asse simbolico nel resto del dramma: il "registro cosmogonico (e cosmico)", il "registro etico-ideologico e sapienziale" e il "registro esistenziale e metafisico". La distinzione dei tre "registri" è una scelta utile soprattutto per il lettore, che deve essere introdotto progressivamente nel tipo di analisi adottata.

Il capitolo III, dopo l'*ouverture* di Gb 3, studia il simbolismo degli interventi del protagonista nei dialoghi e precisamente:

*a)* per il "registro cosmogonico (e cosmico)": Gb 9,2-24 e 26,5-13;

*b)* per il "registro etico-ideologico e sapienziale": Gb 23,2-24,25;

*c)* per il "registro esistenziale e metafisico": Gb 13,28-14,22 e 10, 1-22.

Il capitolo IV è dedicato al simbolismo dei discorsi degli amici. Dopo una breve lettura della "notte rivelatrice" di Gb 4,12-21, si analizzano le seguenti pericopi:

*a)* per il "registro cosmogonico (e cosmico)": Gb 25,2-6;

*b)* per il "registro etico-ideologico e sapienziale": Gb 11,2-20;

*c)* per il "registro esistenziale e metafisico": Gb 15,2-35.

Sia dagli interventi di Giobbe, sia dalle parole degli amici, emergerà una prevalenza del *Regime diurno*: il giorno "fagocitato" dalla notte (Giobbe) come la notte illuminata dal principio "solare" della retribuzione (gli amici) producono infatti strutture simboliche *diairetiche* analoghe, anche se da esse vengono dedotte due interpretazioni opposte del "caso Giobbe". Entrambe presuppongono un concetto di *onnipotenza divina* che schiaccia l'uomo: o perché essa è tanto alta da divenire un principio che sta "al di là del bene e del male" (la *gigantizzazione* della divinità, nelle parole di Giobbe) o perché di fronte ad essa l'uomo sembra non avere altra *chance* che riconoscere la sua radicale colpevolezza (la *gulliverizzazione* dell'uomo, nelle parole degli amici).

Questo piano di lavoro ha bisogno di una parola introduttiva circa la composizione dei singoli paragrafi e le ragioni che ci hanno condotto a scegliere quelle pericopi.

Ogni pericope sarà presentata in quattro momenti: 1) il *testo*, ovvero una traduzione che non è l'avvio per lo studio, ma l'anticipazione della comprensione finale; 2) la traduzione è poi commentata da *note filologiche* abbondanti, perché le scelte interpretative si devono sempre fondare sul "possibile" della filologia; 3) l'*analisi retorica* si prefigge di studiare la composizione letteraria della pericope, perché essa è il portale d'ingresso alle relazioni che si creano tra le singole parti e il tutto; a questo riguardo, siamo interessati più alla "descrizione" che non alla "riscrittura" del testo;[6] 4) infine, l'*analisi simbolica* – lo sviluppo più originale del lavoro – il cui metodo sarà illustrato al termine del primo capitolo.

Una parola sulla scelta delle pericopi da studiare. A prima vista, si potrebbe pensare ad un'opzione di tipo "antologico", il che effettivamente renderebbe fragile l'intera impalcatura del lavoro. La scelta, invece, si fonda su criteri metodologicamente controllati. Come si è detto poco sopra, l'analisi del corpo centrale del dramma è guidata dai due estremi, l'inizio e la fine. Con quest'ipotesi di lavoro si passano in rassegna tutti gli elementi simbolici espliciti che si collegano all'asse luce e tenebre. A partire da questi, lasciando da parte alcune ripetizioni minori, si è ritenuto necessario analizzare le intere pericopi in cui essi si trovano, per la ragione metodologica ricordata: un singolo elemento simbolico non è una tessera di mosaico, ma una cellula di un corpo vivente. In questo modo, alla fine, la scelta effettuata dovrebbe davvero essere in grado d'illustrare il dinamismo simbolico dell'intero dramma.

### 1.3 Le conclusioni

Il capitolo delle conclusioni espone le possibilità euristiche, in particolare le potenzialità teologiche, della precedente analisi simbolica. Interpretando il "tragitto simbolico" che la sezione analitica ha messo in luce, si tenta di approdare a una sua "comprensione".

---

[6] Non seguiremo quindi rigidamente i suggerimenti metodologici di R. MEYNET [1989].

## 2. INDICAZIONI TECNICHE

*a)* Nel corpo del testo si fa uso della traslitterazione, mentre nelle note a piè di pagina si mantengono, per quanto possibile, gli alfabeti originari. Questa scelta permette diversi livelli di approccio al lavoro, a seconda dell'interesse del lettore.

*b)* I numeri in apice, che stanno immediatamente dopo il numero delle pagine, stanno a indicare le note corrispondenti. Esempio: pag. $3^1$ = pagina 3, nota 1. Se il numero in apice è preceduto dal segno +, il riferimento è anche al testo, oltre che alla nota. Esempio: pag. $3^{+1}$ = pagina 3 e nota 1.

*c)* Per le sigle utilizzate, si veda a pag. 341.

*d)* I rimandi bibliografici fanno riferimento alla *Bibliografia generale*. Le singole voci sono citate nel modo seguente:
  - *i commentari del Libro di Giobbe*: il nome dell'autore (o degli autori), seguito eventualmente dalle pagine;
  - *le opere di consultazione generale* (testi critici, dizionari, enciclopedie più importanti): sigla e pagine;
  - *altri studi*: nome dell'autore, seguito in parentesi quadra dall'anno ed eventualmente, dopo i due punti [:], dalle pagine;
  - alcuni studi minori, citati solo nelle note e non riportati nella *Bibliografia generale*, non sono stati consultati direttamente.

*PROBLEMATICA*

CAPITOLO I

APPROSSIMAZIONE AL FATTO SIMBOLICO
E INTRODUZIONE AL METODO DI LAVORO

> *Jeder, der vor das Wort Symbol*
> *das Wörtlein "nur" setzt,*
> *hat damit den gültigen Beweis geliefert,*
> *daß er nicht versteht, was ein Symbol ist.*
> (W. Stählin) *

È quasi un luogo comune, negli studi dedicati in questi anni alla riflessione sul simbolo, sottolineare la poliedrica – e talvolta contradditoria – ampiezza semantica che il vocabolo è venuto assumendo nelle molte discipline in qualche modo interessate alla simbologia. Per alludere all'esuberante letteratura prodotta a riguardo del simbolo si ricorre con frequenza alla metafora della "giungla" o della "foresta".[1]

Il fatto che di simbolo si parli in più discipline e con un'estensione concettuale che varia notevolmente da autore ad autore, potrebbe tuttavia essere letto positivamente come καιρός per il nostro panorama culturale, o almeno un suo importante crocevia,[2] a patto che si riesca a trovare il bandolo della matassa e ad indicare così il motivo di questa convergenza terminologica accompagnata da divaricazione semantica.

Sarà quindi nostro compito preliminare, dovendo studiare l'asse simbolico di luce e tenebre nel libro di Giobbe, operare un'adeguata scelta terminologica. Non si tratta però di una semplice operazione di vocabolario. Come vedremo, il vocabolario è indizio della scelta metodologica e dell'orizzonte ermeneutico assunto.

---

* W. STÄHLIN [1958a: 334].

[1] Tra gli altri, si vedano R. MEHL [1975: 6], U. ECO [1984: 199] e M. GIRARD [1991: 33]. (Per la modalità delle citazioni, si veda a pag. XIII).

[2] L. M. CHAUVET [1979: 37], lo definisce invece molto più negativamente come un "grand fourre-tout" di tutte le discipline.

## 1. UN MOMENTO STORICO EMBLEMATICO:

## IL RIFIUTO DELL'"IMMAGINAZIONE SIMBOLICA" IN SPINOZA

Potrà apparire strano, a questo punto, partire proprio da Baruch Spinoza.[3] Non lo sarà – almeno lo speriamo – alla fine di questo paragrafo.

Come spesso capita nella storia culturale, un'idea ha una lunga gestazione, che può durare secoli. Poi, all'improvviso, essa assume una valenza nuova, dirompente, non prevista. E allora, a partire dall'esito, si cerca di risalire per trovare il punto nevralgico in cui è iniziato il nuovo cammino. Ciò vale anche per il metodo storico-critico e per l'esclusione del fatto simbolico dall'ermeneutica biblica. Da sempre, nell'interpretazione della Bibbia, si dette importanza alla filologia: sia la tradizione rabbinica, sia quella patristica, in modi diversi, tennero in grande onore lo studio della *littera*. Eppure è immediatamente palpabile la distanza dell'approccio "critico" dal metodo di lettura dei Padri.

Con il metodo storico-critico, non è in gioco soltanto una più raffinata capacità filologica dei moderni, i quali hanno effettivamente a disposizione una conoscenza molto più ampia delle lingue e delle culture antiche. Non si tratta nemmeno solo del fatto che da un certo momento in poi le *auctoritates* citate siano soltanto i "maestri" quasi contemporanei, lasciando ingiallire nelle biblioteche le opere dei Padri.[4] Lo iato che separa la metodologia critica e patristica è più radicale. Ne sono testimonianza le difficoltà che di fatto hanno accompagnato l'accoglienza dei risultati critici nell'ambito ecclesiale[5] e la tensione tra esegesi e teologia sistematica che rimane sempre latente, benché esploda in modo vistoso solo talvolta.

---

[3] Dottissimo ebreo, profugo portoghese, dovette subire lo *ḥerem* da parte del *maḥămād* della comunità ebraica di Amsterdam, proprio a seguito del suo *Tractatus Theologico-Politicus,* in quanto accusato di "ateismo". È la lettera XLII dell'*Epistolario* spinoziano a parlare esplicitamente dell'accusa di *merum atheismum*. Cf l'*Introduzione* di A. MONTANO in G. RENSI [1993: 19s]. Nonostante tutti i tentativi degli ultimi decenni, tra cui quelli di D. Ben Gurion ed E. Lévinas, lo *ḥerem* allora pronunciato contro Spinoza è vigente tuttora.

L'edizione critica definitiva delle opere di Spinoza è quella curata da C. GEBHARDT (Winters, Heidelberg 1924). La migliore traduzione italiana del *Tractatus Theologico-Politicus* è quella curata da R. CANTONI e F. FERGNANI. Per il nostro problema, si vedano anche M. BERTRAND [1983], F. DE CAROLIS [1990], A. MALET [1966], F. MIGNINI [1981], L. STRAUSS [1930], T. TODOROV [1978], S. ZAC [1965].

[4] Il metodo storico-critico aveva dimenticato... la storia. L'attenzione alla storia degli effetti di un testo (*Wirkungsgeschichte*) è di acquisizione molto recente nell'ambito critico, nonostante alcuni grandi maestri avevano da tempo rimarcato la lacuna. Si risenta, ad esempio, quanto scriveva H. GUNKEL alla fine del secolo scorso: « Ich halte es für methodisch verwerflich, um die Anfänge der Dinge zu untersuchen und die weitere, oft wichtigere und wertvollere Geschichte derselben zu ignorieren » (1895: VI).

[5] E non solo in ambito cattolico. Si pensi, ad esempio, alla reazione di K. BARTH contro la riduzione *formgeschichtlich* della metodologia critica, con l'impostazione polemica e vigorosa della sua "teologia kerigmatica".

In Spinoza, sul fondamento del "metodo" cartesiano, per la prima volta in modo esplicito[6] abbiamo la teorizzazione e la divaricazione dei due "metodi" e la ragione ermeneutica, che giustificherebbe la necessità di « liberare la mente da pregiudizi teologici », abbandonando il metodo finalistico della tradizione, schiavo dell'allegoria, per affidarsi all'esattezza e all'evidenza della scienza filologica, che « non è molto differente dal metodo d'interpretazione della natura, ma si adatta ad esso perfettamente ».[7]

Non si può non rimanere meravigliati di fronte all'ampia erudizione e all'acuta intuizione del filosofo ebreo di Amsterdam, il quale sembra tracciare, a mo' di taccuino programmatico, quelle tappe che il metodo storico-critico avrebbe di fatto percorso nei tre secoli successivi, fino ai nostri giorni.

Spinoza, partendo dalla tesi della separatezza tra fede e ragione,[8] mostra la finalità e il fondamento del "metodo di interpretazione storica della Scrittura", come lui stesso lo definisce: occorre fermarsi alla *littera*[9] e cercare « ciò che i Profeti videro e udirono *effettivamente*, e non che cosa abbiano voluto significare o rappresentare *con i loro simboli* ».[10] Il fatto simbolico va eliminato, per stare alle « realtà che l'intelletto afferra e di cui possiamo facilmente formarci un chiaro concetto ».[11]

---

[6] L'idea di andare a cercare tra gli scritti di Spinoza ci è venuta dalla lettura del saggio di T. TODOROV [1978: 125-137; tr. it.: 117-127]. Nella seconda parte di questo saggio, Todorov analizza due strategie interpretative: quella finalistica (patristica) e quella operazionale (filologica), che viene discussa proprio a partire dall'impostazione rivoluzionaria di Spinoza, esposta nel suo *Tractatus theologicus-politicus*. A questo studio dobbiamo molte intuizioni che hanno guidato la stesura di questo paragrafo.

[7] Cf il cap. VII del *Tractatus* [1924: 98, linee 10-18]: « Ut autem ab his turbis extricemur, & mentem a præjudiciis theologicis liberemus, nec temere hominum figmenta pro divinis documentis amplectamur, nobis de vera methodo Scripturam interpretandi agendum est, & de eadem disserendum: hac enim ignorata nihil certò scire possumus, quid Scriptura, quidve Spiritus Sanctus docere vult. Eam autem, ut hic paucis complectæ, dico methodum interpretandi Scripturam haud differre a methodo interpretandi naturam, sed cum ea prorsus convenire ».

[8] Nel capitolo XIV, Spinoza definisce la separazione di fede e ragione (filosofia) come « totius operis præcipuum intentum » [1924: 160, linea 5].

[9] Cf *Tractatus*, cap. VII: « Regula igitur universalis interpretandi Scripturam est, nihil Scripturæ tanquam ejus documentum tribuere, quod ex ipsius historia *quam maxime perspectum* non habeamus » [1924: 99, linee 29-32]. Il corsivo è nostro.

[10] « [...] id, quod *revera* Prophetæ viderint aut audiverint, non autem quid *illis hieroglyphicis* significare aut repræsentare voluerint » [1924: 105, linee 4-9]. Il corsivo è nostro.

[11] « Verum enimvero hoc iterum contra notandum venit, has omnes difficultates impedire tantum posse, quominus mentem Prophetarum assequamur circa res imperceptibiles, & quas *tantum imaginari*, at non circa res, quas & intellectu assequi, & quarum clarum possumus facile formare conceptum » [1924: 111, linee 8-12]. Il corsivo è nostro.

Se ciò non bastasse, in una nota marginale riferita a « conceptus » Spinoza specifica quale sia la differenza che egli pone tra "perceptibilis", vale a dire « ciò che può essere concepito col lume della sola ragione », e il suo antonimo.[12]

È ormai chiaro che, avendo distrutto il valore del simbolo, Spinoza non riesce nemmeno a rendere ragione della valenza metaforica del linguaggio. Ci viene offerto un esempio. L'affermazione di partenza è: « Deus est ignis ». Essa va contro la proibizione mosaica delle immagini. Prima di interpretarla "metaforicamente", il metodo spinoziano invita a cercare se il vocabolo ignis non abbia qualche altro significato, oltre a quello di « fuoco naturale ».[13] E siccome in altri passi, come in Gb 31,12, ignis indica « ira et zelotypia », conclude che le due frasi « Dio è fuoco e Dio è geloso, hanno il medesimo significato ».[14]

Ciò che legittima questa scarnificazione del linguaggio è il "lume naturale che è a tutti comune", come affermerà a conclusione del capitolo VII del suo Trattato, tutto dedicato al problema ermeneutico della Scrittura. E si noti che la "conquista" della strategia filologica critica in Spinoza è direttamente ed esplicitamente collegata al rifiuto dell'immaginazione e del simbolo, a vantaggio di una chimerica "massima evidenza" accessibile a chi legge il testo criticamente. Il simbolo non può essere riconosciuto dal "metodo", in quanto non è deducibile o riconducibile alla chiarezza dei principi filologici. La chiarezza è raggiunta al caro prezzo di non interessarsi di quanto esula dall'evidenza del lume naturale, « a meno che non si voglia parlare a caso o far l'indovino ».

La rinuncia al simbolico porta con sé anche la svalutazione del discorso narrativo o esperienziale (« historiæ ») della Scrittura rispetto al discorso veritativo della filosofia, in quanto il primo, speculativamente debole, non serve a far conoscere la verità, ma soltanto, con il suo carattere persuasivo, induce ad agire correttamente. E così, ancora più radicalmente, stabilita la separatezza tra la "teologia", chiamata a impegnarsi « nel regno della pietà e dell'obbedienza », e la "ragione", che sola può

---

[12] « Cæterum hieroglyphica, et historias, quæ fidem omnem excedere videntur, imperceptibiles dico; et tamen ex his plura dantur, quæ ex nostra methodo investigari possunt, ut mentem autoris [!] percipiamus » (Annotazione VIII).

[13] Noi classificheremmo questi significati come "metafore assopite" (CH. PERELMAN - T. L. OLBRECHTS [1958: § 88], "metafore morte" (P. RICŒUR) o "metafore lessicalizzate" (M. LE GUERN). Si tratta di una caratteristica del linguaggio metaforico, che, originariamente nuovo e persino trasgressivo, tende progressivamente ad entrare nel dizionario di una lingua, come fosse semplice catacresi. Il linguaggio ordinario è un cimitero di metafore morte... L'argomento verrà ripreso più avanti.

[14] Tractatus, cap. VII: « hinc facile Mosis sententiæ reconciliantur, atque legitime concludimus, duas has sententias, Deus est ignis, & Deus est zelotypus, unam eandemque esse sententiam » [1924: 101, linee 1-7].

governare il « regno della verità e della sapienza »,[15] Spinoza giunge all'affermazione che oggetto di un'ermeneutica biblica è la ricerca del *senso* di un testo, e non la sua *verità*, in quanto non si deve esercitare la ragione in un ambito che non le è proprio.[16]

Nella prospettiva spinoziana, l'ermeneutica scientifica della Scrittura sarebbe un'interpretazione non "ideologica", che si fonda sull'affermazione previa dell'indipendenza di ragione e fede, in modo che nessuna della due debba essere considerata *ancilla* dell'altra.[17] Quando discute le posizioni di Rav Jehuda Alpakhar, ancora una volta Spinoza definisce insostenibile la "metafora", isterilendola irrimediabilmente e considerandola alla pari di un ingegnoso *escamotage* per sfuggire alla contradditorietà di due affermazioni scritturistiche.

La tradizione filologica, che raggiungerà il suo massimo splendore nel secolo XIX, non farà che riecheggiare le posizioni di Spinoza, esasperando la ricerca *positivistica* del senso.[18] Di conseguenza, avendo eliminato dal proprio raggio d'azione il fatto simbolico, si assiste a reiterate prese di posizione contro la *fecunditas sensus*, nell'illusione che vi sia solo *un solo* senso, quello appunto stabilito dall'oggettività della filologia, e che questo senso, almeno tendenzialmente, debba coincidere con quello voluto dall'autore.[19]

Spinoza è il lucido e spietato esecutore di un programma ermeneutico che ha maturato i suoi presupposti lungo la storia culturale di tutto l'Occidente. Egli, infatti, non è solo un fedele interprete del programma epistemologico cartesiano, ma è anche il rappresentante estremo – fuori *trama*, e

---

[15] *Tractatus*, cap. XV [1924: 184, linee 22-23]: « Nempe, uti diximus, ratio regnum veritatis, & sapientiæ, Theologia autem pietatis, & obedientiæ ».

[16] *Tractatus*, cap. VII [1924: 100, linee 15-22]: « De solo enim *sensu* orationum, non autem de earum *veritate* laboramus. Quin imo apprime cavendum est, quamdiu *sensum* Scripturæ quærimus, ne ratiocinio nostro, quatenus principiis naturalis cognitionis fundatum est (ut jam taceam præjudicia), præoccupemur; sed ne *verum sensum cum rerum veritate* confundamus, ille ex solo linguæ usu erit investigandus, vel ex ratiocinio, quod nullum aliud fundamentum agnoscit, quam Scripturam ». (I corsivi sono nostri).

[17] In quest'ottica, SPINOZA (cap. XV) si distanzia esplicitamente sia da MAIMONIDE, secondo cui la Scrittura doveva essere piegata alla ragione, sia dalla tesi opposta sostenuta da RAV JEHUDA ALPAKHAR, celebre medico e filosofo ebreo, morto nel 1235, che in due lettere dirette a QIMḤI, sottolineando con forza il senso letterale, si oppose all'esegesi "razionalistica" di MAIMONIDE.

[18] T. TODOROV [1978: 138; tr. it.: 128]: « Fière de ce renoncement au sens dicté par une doctrine de référence, la philologie revendique *l'objectivité du sens* qu'elle établit; ce n'est plus le sens par la vérité mais la vérité du sens ».

[19] Sono molto nitide al riguardo le affermazioni di F. A. WOLF, *Vorlesungen über die Altertumswissenschaft*, Bd. I, Leipzig 1831, 282, citate da T. TODOROV [1978: 138s; tr. it.: 128s]: « Deux explications qui concerneraient le même passage, ou deux *sensus*, ne sont jamais possibles. Chaque phrase, chaque suite de phrases n'a qu'un sens, même si on peut bien discuter de ce sens. Il peut être incertain; néanmoins, pour celui qui cherche, il n'y en a qu'un seul ».

insieme al limite di essa – di un cammino di cui possiamo segnalare con sufficiente chiarezza alcune pietre miliari: il *nominalismo*, come epistemologia maturata nella *universitas* medievale a partire dall'introduzione dell'aristotelismo mediato da Averroè; il pragmatismo, che al "pensiero indiretto del simbolo" oppone il "concetto"; e, più in genere, come la definisce T. Todorov, la « propensione iconoclasta » della teologia occidentale, che si è allontanata progressivamente dallo spirito di una dialettica epifanica del negativo, molto più in sintonia con la sensibilità dell'Oriente.[20] Se a questo aggiungiamo il "nuovo" metodo cartesiano, che riduce alle "evidenze" analitiche il reale, stemperando il simbolo nella pura semiologia, avremmo quei famosi « tre strati » dell'iconoclastia occidentale, di cui parla Gilbert Durand, sulla scia di O. Spengler.[21]

Dall'impostazione metodologica di Spinoza, sgorgano alcune immediate domande. Non è forse proprio questa esclusione del fatto simbolico il sintomo perspicuo che, sin dalle premesse, il programma ermeneutico ipotizzato è "dualistico"? Dualismo tra filologia – ciò che tutti possono raggiungere con il solo lume naturale – e teologia; dualismo tra "senso storico" e "senso spirituale", che, ereditato dalla tradizione ermeneutica combattuta, viene in verità estremizzato e dialetticamente contrapposto al primo; dualismo tra fede e ragione, producendo una divaricazione che segnerà profondamente tutta l'epistemologia moderna, in quanto esclusione previa della fede da una forma di conoscenza "critica";[22] dualismo – alla radice – del *cogito*, che, ancorato sull'illusoria evidenza del soggetto pensante, ha ridotto a τέχνη l'unica possibilità di rapportarsi all'essere, dimenticando invece che vi è un rapporto ancora più originario, la ποίησις, in cui l'"estensività" del reale è « solo un punto di appoggio per ascoltare la voce dell'essere ».[23]

Il "divorzio cartesiano" – tra il soggetto interprete e le relazioni che lo costituiscono come tale, tra *cogitatio* ed *extensio* – ha condotto Spinoza a separare la *raison comme méthode* dalla *raison comme contenu*.[24] Ma allora, riformulando la duplicità coscienziale del fatto simbolico, non siamo forse chiamati a ridare piena dignità euristica ai *simboli* della ποίησις

---

[20] Sarebbe interessante svolgere un'indagine storica sull'ermeneutica del simbolico nei secoli XIII e XIV, che, non a caso, segnano la decadenza della "produzione" dei grandi commenti condotti secondo il metodo finalistico della patristica. Cf in particolare il capitolo che H. DE LUBAC dedica alla "decadenza" ([1964: 369-91; tr. it. 1615-53]).

[21] Si veda per questa analisi il primo capitolo « La victoire des iconoclastes ou l'envers des positivismes », in G. DURAND [1964: 21-41; tr. it. 23-39].

[22] Su questo tema si veda il volume "programmatico" della Facoltà Teologica dell'Italia Settentrionale di Milano, a cura di G. COLOMBO [1988a], in particolare il contributo dello stesso curatore [1988b].

[23] V. MELCHIORRE [1972: 11].

[24] Cf T. TODOROV [1978: 131; tr. it.: 123].

biblica? Potremmo trascrivere una sentenza di Karl Jaspers,[25] applicando-
la alla fatica ermeneutica davanti al testo biblico: "La filologia senza
l'occhio della fantasia è in se stessa anche senza chiarezza". Non vogliamo, dunque, intristire nella ristrettezza della positività (sia essa empirica,
filologica, esistentiva...), ma aspiriamo a "vedere" quella totalità che il
fatto simbolico ci anticipa proletticamente.

Siamo, quindi, alla domanda di partenza: qual è lo statuto del fatto
simbolico? Che cos'è "simbolo"?

## 2. INFLAZIONE DEL SIMBOLICO? IL BANDOLO DELLA MATASSA

Nonostante l'ostracismo cui abbiamo assistito in Spinoza, l'"immaginazione simbolica" si è prepotentemente riaffacciata nel campo del sapere
contemporaneo, e non solo nel settore delle scienze dello spirito. Sarebbe
molto istruttivo a questo proposito rileggere tutta la parabola del pensiero
di Gaston Bachelard, con il suo approdo alla piena rivalutazione dell'immaginario che, in un certo senso, ribalta il punto di partenza della filosofia
moderna: « On n'a jamais bien vu le monde si l'on n'a pas rêvé ce que
l'on voyait ».[26]

Il nostro scopo a questo punto è limitato, ma insieme complesso. Si
tratta di giungere a motivare l'assunzione di un concetto di "simbolico",
che ci permetta poi di lavorare correttamente sul simbolismo del libro di
Giobbe. Per sbrogliare il plesso semantico che sta dietro l'utilizzo prisma-
tico del lessema "simbolo", sarebbe tuttavia fallace seguire la scorciatoia
etimologica, soprattutto di fronte ad un concetto che penetra trasversal-
mente – senza esagerazione – tutti i campi del sapere contemporaneo. La
semplicistica riduzione della semantica all'etimologia o al "dizionario",
contro cui si è mosso James Barr per quanto riguarda la semantica biblica,
non tiene infatti in considerazione lo sviluppo diacronico culturale che il
termine può aver assunto nella sua lunga storia; e non istituisce il necessario confrontro sincronico che un vocabolo mantiene di fatto con tutti gli
altri correlati. La linguistica da tempo ci ha reso attenti a distinguere tra
*langue* e *parole*, mostrando che il rapporto prevale sul termine e che il significato di un termine dipende dall'articolazione dei rapporti in un sistema globale in cui reciprocamente i valori semantici si limitano e si preci-
sano.

Il percorso deve essere quindi necessariamente più lungo. Si potrebbero indagare le diverse "regioni culturali", che in qualche modo trattano
del fatto simbolico, con una prospettiva fenomenologica, vale a dire con
l'attenzione di evidenziare le costanti e le variazioni del concetto di
"simbolo" in esse presenti. Tuttavia, data l'enorme estensione del campo

---

[25] « L'esistenza senza l'occhio della fantasia è in se stessa anche senza chiarezza »
(K. JASPERS, citato da V. MELCHIORRE [1972: 11]).

[26] G. BACHELARD [1960: 148]. Si veda anche V. MELCHIORRE [1972: 9].

d'indagine, non si può scansare il facile rischio di un'eccessiva ristrettezza di campo e, alla fine, i risultati ottenuti sarebbero molto discutibili. Di poca utilità euristica sarebbe anche un tipo di classificazione "assiologica", sul tipo di quella offerta da Marc Girard[27] in apertura della sua opera.

Pensiamo sia più stimolante un approccio che, da un punto prospettico sintetico, tenti di presentare il "fatto simbolico" in alcuni grandi momenti culturali del nostro secolo. Presenteremo dapprima alcune concezioni troppo riduttive o troppo larghe del concetto di simbolo.[28] In un secondo momento, ci soffermeremo sull'ermeneutica "epifanica" del fatto simbolico, con gli studi di G. Bachelard, M. Eliade, G. Durand e P. Ricœur.

## 2.1 Il simbolo è più dell'allegoria

Partiamo dalla psicanalisi, e precisamente dall'analisi del simbolico in *Sigmund Freud*.[29] P. Ricœur, in uno studio che può essere considerato un'illustrazione globale della tradizione culturale occidentale e non solo un ampio saggio sull'opera freudiana, ha evidenziato il limite "allegorico" della concezione freudiana, articolando la sua critica in tre passaggi:

---

[27] Ispirandosi al "modello" ferroviario, M. GIRARD [1991: 33-41] parla di quattro *classi*. La quarta classe comprenderebbe il campo delle scienze esatte (simboli chimici, matematici, fisici...), in cui "simbolo" sarebbe equivalente a segno convenzionale. La terza classe abbraccerebbe invece gli "emblemi convenzionali" (bandiere, araldica...); ma anch'essi non sarebbero che "segni distintivi", benché talvolta ci possa essere in essi qualche elemento simbolico più profondo (come il rosso nella bandiera francese e dell'ex URSS, che rimanda al simbolismo della rivoluzione). La seconda classe sarebbe composta da quegli emblemi radicati in un simbolismo più profondo, ma pur sempre di carattere convenzionale; tra di essi si potrebbero porre anche i "simboli di fede", come elemento di riconoscimento mutuo, che rinvia a una conoscenza superiore. E, da ultimo, i simboli di prima classe, come i simboli onirici (psicanalisi) e i simboli mitico-religiosi, in cui l'arbitrarietà è quasi del tutto assente, perché essi non servono come "segni d'identità", a meno d'intendere l'identità umana *tout court*.

[28] Si potrebbe trovare una distinzione analoga, almeno per le due prime categorie, in P. RICŒUR [1965: 19-28], 1982: 38]. Egli attribuisce la massima estensione del fatto simbolico a E. CASSIRER e la minima a CH. S. PEIRCE. Il discorso è parallelo a G. DURAND [1964], anche se la nostra analisi non mira ad una teoria generale dell'immaginazione simbolica, bensì solo a motivare e fondare un metodo di lavoro sul libro di Giobbe. Nei paragrafi che seguiranno passeremo in rassegna alcune figure emblematiche del sapere contemporaneo, senza la pretesa di offrire una presentazione esauriente né dei singoli autori citati né dell'argomento in sé. Le riflessioni proposte hanno la sola finalità di poter circoscrivere adeguatamente l'oggetto della nostra ricerca.

[29] I testi più interessanti al riguardo sono il cap. X delle *Vorlesungen zur Einführung in die Psychanalyse* e *Die Traumdeutung*, probabilmente l'opera freudiana più letta. Il discepolo freudiano che ha studiato maggiormente il problema del simbolismo è il biografo "ufficiale" di Freud, E. JONES [1949]; il riconoscimento gli viene anche da J. LACAN [1966b: 21]. Oltre allo studio di P. RICŒUR, si vedano anche: T. TODOROV [1977: 285-321], il capitolo dedicato a « La rhétorique de Freud », e M. FORNARO [1988], con ulteriore bibliografia.

*1)* la riduzione dell'"enciclopedia" simbolica, come conseguenza della riduzione di simbolo a sintomo dell'*Entstellung,* operata dalla *libido*; *2)* la mortificazione del valore simbolico, in quanto, con la sola attenzione all'archeologia, viene perso il senso vitale del simbolo, dato dall'intreccio ermeneutico fecondo di archeologia e teleologia del soggetto; *3)* l'illusione dell'immediatezza, che fa regredire il simbolo in un immaginario indistinto, paritetico alla condensazione, allo spostamento o alla figurazione.[30]

*1)* La posizione di Freud circa l'affermazione di un codice di decifrazione onirica rimane altalenante nella sua opera. Il desiderio di "fissare" il significato dei simboli è chiaro in *Traumdeutung*, e la stessa affermazione ricompare nelle *Vorlesungen*, rendendo i simboli « feststehende Übersetzungen » dei desideri rimossi. In questo caso, la valenza del simbolico sembra essere indipendente dal soggetto e può essere decifrata attraverso una sorta di "libro dei sogni". Ma il soggetto rimane sempre il principale artefice del collegamento tra l'onirico e l'esposizione "verbale".[31]

Se il valore del simbolo fosse fissato una volta per tutte, benché questa valenza valga frammento per frammento e non come discorso d'insieme, il simbolo non sarebbe che una sorta di allegoria; un'allegoria – è vero – non arbitraria, ma guidata dalle leggi del lavoro onirico. L'ermeneutica del simbolismo sarebbe quindi comandata da un codice di lettura *standard* o comunque già noto: la *libido*, in qualche modo rimossa o interdetta.[32] Il linguaggio simbolico interverrebbe nel sogno al modo di una cifra stenografica,[33] la cui chiave interpretativa è resa nota all'interprete da altre fonti e in ogni caso guidata da una legge di traduzione già prefissata dall'analista. Freud conia al riguardo il neologismo femminile "simbolica" per esprimere la relazione costante tra un elemento onirico e la sua traduzione.[34]

---

[30] Di contro, P. RICŒUR [1965: 477] afferma che « le retour à la simple écoute des symboles est la "récompense" après une pensée ».

[31] S. FREUD [1944: 151; tr. it. 322]: « Auf diese Weise erhält man für eine Reihe von Traumelementen konstante Übersetzungen, also ganz ähnlich, wie man es in unserer populären Traumbüchern für alle geträumten Dinge findet ».

[32] La limitata semiosi simbolica è stata stilata da E. JONES. Essa si riduce a questi campi: legami di parentela, rapporti sessuali, il corpo e le sue funzioni, la nascita e la morte. Si veda al riguardo M. FORNARO [1988: 108].

[33] P. RICŒUR [1965: 480].

[34] « Eine solche konstante Beziehung zwischen einem Traumelement und seiner Übersetzung heißen wir eine *Symbolische*, das Traumelement selbst ein *Symbol* des unbewußten Traumgedankes » (S. FREUD [1944: 152]). Proprio a motivo della forte caratterizzazione psicanalitica, non utilizzeremo nel corso del nostro studio il termine "simbolica" per indicare il fatto simbolico o una struttura simbolica.

Bisognerebbe pure ricordare che, a causa delle posizioni altalenanti del maestro della psicanalisi, tra i discepoli è sorta un'accanita *quæstio* proprio sul tema del simbolismo. Melanie Klein estende a tutto l'inconscio i caratteri del simbolo onirico freudiano. Jacques Lacan, attingendo dalla linguistica e dallo strutturalismo antropologico di C. Lévi-Strauss, giunge a considerare ogni attività psichica strutturata in una rete simbolica, vale a dire linguistica, per metafora o metonimia.[35] L'"eretico" Carl Gustav Jung, come vedremo, radicalizzando le stesse posizioni freudiane, ipotizza l'esistenza di alcuni simboli universali generatori, gli *archetipi*.

La riduzione del simbolo in Freud, tuttavia, potrebbe anche essere letta come polisemia rovesciata. Leggendola in questo modo, potrebbe sorgere il problema di stabilire da dove i simboli traggano la capacità di esprimere, pur con figure diverse, la medesima *Entstellung* del desiderio sessuale. Ci si dovrebbe domandare quale sia l'"enciclopedia" che articola e illustra la semiosi del simbolico e quale sia il legame che il simbolo onirico intrattiene con essa.[36]

*2)* In Freud, questo problema viene ignorato. Ciò può essere spiegato dall'unilaterale direzione in cui vengono letti i rimandi simbolici. Essi non sono "aurora di senso", ma solo "vestigia" o sintomi.[37] È vero che i simboli sono un linguaggio "primitivo". Ma, come giustamente notava già W. Stählin[38], primitivo nel senso di *ursprünglich*, generazione fontale di senso, non regressivo. L'ermeneutica freudiana è invece ancorata all'"archeologia" del soggetto ed è costruita soltanto sul legame di causalità, dimenticando la dimensione teleologica, progettata dal soggetto e creatrice di una possibilità di esistenza. Questa riduzione archeologica spiega la concezione debole del simbolo in Freud, ridotto a semplice "paragone", anche se non casuale.[39] In verità il simbolo è molto di più, in quanto punto d'incontro tra la progressione delle figure dello spirito e la regressione verso i significanti dell'inconscio.[40]

---

[35] Questi spunti sono presi dalla discussione di M. FORNARO [1988: 105-7].

[36] Cf per questo anche U. ECO [1984: 217-19]. Secondo Eco, tutto si riduce ad un certo genere di retorica: « Quella di Freud è dunque una retorica, con le sue regole di generazione delle immagini e regole, sia pure assai flessibili, di interpretazione contestuale » (p. 219).

[37] P. RICŒUR [1965: 485].

[38] W. STÄHLIN [1958b: 43]: « Mythisches Denken unterscheidet sich von dem wissenschaftlich-"exakten" Denken zunächst und vor allem dadurch, daß das mythische wie alles "primitive" (das heißt ursprüngliche) Denken "total" ist; das heißt, es ist der Ausdruck der Begegnung des ganzen Menschen mit der ganzen Welt ».

[39] S. FREUD [1944: 153].

[40] P. RICŒUR [1965: 479]. Il linguaggio di questa pagina ricalca la tesi centrale del saggio ricœuriano. RICŒUR costruisce infatti la sua ermeneutica simbolica, partendo da una critica dei sistemi unilateralmente orientati di Freud e di Hegel.

*3)* E veniamo ad un'ultima notazione critica. Se, in un certo senso, è già noto quanto i simboli onirici significano, pur nelle varie forme della loro presentazione, questa decifrazione non è derivata dallo studio sincronico del fatto simbolico di un soggetto. Anzi, il materiale simbolico del sogno è talvolta tanto oscuro e camuffato, da non essere perspicuo neanche al soggetto, che ad ogni modo lo deve rivelare con la *parola*. La fonte di questa conoscenza va dunque trovata altrove.[41] In altri termini, il simbolo onirico ha bisogno della cultura. Ma ciò significa, come abbiamo già sottolineato più sopra, che il simbolo onirico ha bisogno del linguaggio verbale e si dà *tramite* esso. Il simbolo si produce attraverso la mediazione del linguaggio verbale, non nell'immediatezza dell'immagine, tanto è vero che molte associazioni oniriche non sarebbero possibili, mettendo tra parentesi questa mediazione.[42]

Un'acquisizione fondamentale ci viene comunque lasciata dalla psicanalisi freudiana: il fatto simbolico può e deve essere oggetto d'interpretazione. Simbolo ed ermeneutica,[43] quindi, sono due versanti del medesimo problema: da una parte la possibilità di un linguaggio (verbale) a semiosi aperta, dall'altra la possibilità di raggiungere, attraverso la mediazione di questo linguaggio, la *verità* di quanto espresso.

## 2.2 Il simbolo è più della metafora

La possibilità di una semiosi aperta è affrontata anche da tutta quell'enorme letteratura, che abbraccia vari campi del sapere − filosofia del linguaggio e della scienza, retorica, semiotica... − e che poniamo, con una classificazione generica, nell'arcipelago della *metaforologia*.[44] Non c'è bisogno di rimarcare la difficoltà di navigazione in questo arcipelago, per non soffermarci eccessivamente su singole isole o andare ad incagliarci contro qualche insidioso scoglio. Non vogliamo perdere, ad ogni modo, l'opportunità di scoperte utili al fine della nostra ricerca. In molti di

---

[41] Cf S. FREUD [1942: 160; tr. it. 330]: « Woher wir denn eigentlich die Bedeutung dieser Traumsymbole kennen sollen, zu denen uns der Träumer selbst keine oder nur unzureichende Auskunft gibt? Ich antworte: aus sehr verschiedenen Quellen, aus den Märchen und Mythen, Schwänken und Witzen, aus dem Folklore, d.i. der Kunde von den Sitten, Gebräuchen, Sprüchen und Liedern der Völker, aus dem poetischen und dem gemeinen Sprachgebrauch ».

[42] Freud ha letto il simbolismo onirico, adottando per la sua analisi i tropi della "retorica"; ma, sorvolando sull'intrascendibile mediazione linguistica, non ha potuto che ridurre la forza teleologica del simbolo a sublimazione della *libido*.

[43] Questi due versanti sono stati integrati nelle ultime opere di RICŒUR dall'espressione più comprensiva "testo ed ermeneutica". « Néanmoins, cette définition doit être conservée à titre d'étape entre la reconnaisance très générale du caractère langagier de l'expérience et la définition plus technique de l'herméneutique par l'interprétation textuelle » (P. RICŒUR [1986b: 30]).

[44] Basti ricordare che la bibliografia ragionata sulla metafora, raccolta da W. A. SHIBLES nel 1971, contava già circa tremila titoli!

questi studi abbiamo trovato un'ermeneutica riduttiva del simbolico o una
semplice adeguazione tra "simbolo" e "metafora". Quest'annotazione
esplicita l'interesse che ci guida, interesse molto limitato rispetto alla ricchezza della riflessione metaforologica complessiva: vogliamo riuscire a
cogliere le potenzialità della metafora in riferimento alla conoscenza simbolica.

Alla metafora il pensiero occidentale si è dedicato fin dai primi albori
della sua filosofia. Non è cosa da poco che in tutti i trattati della "nuova
retorica", di semiotica o di filosofia del linguaggio si faccia ancora riferimento ad Aristotele e, un po' meno, a Cicerone e Quintiliano, anche solo
per determinare uno *status quæstionis* da integrare. In effetti, si deve riconoscere al "caso" metaforico una potenzialità enorme: la "trasgressione"
predicativa della metafora costringe a pensare una teoria globale del linguaggio.[45]

La metaforologia del nostro secolo ha compiuto due spostamenti decisivi. Anzitutto, ha portato il problema dall'ambito retorico a quello semantico. Il processo metaforico va infatti spiegato non come *denominazione deviante*, bensì come *predicazione impertinente*.[46] In questo modo,
si è passati dalla semantica della parola alla semantica del discorso. Nessun lessema in se stesso è metaforico;[47] lo diventa soltanto a patto di essere posto in relazione con un contesto, che, al limite, può essere costituito
anche da un solo lessema. Quando infatti, ad esempio, davanti alle onde
marine che entrano nella terraferma si parla di *golfo* (= grembo), usando in
questo modo una metafora, benché "assopita", si pone in atto un processo
di predicazione implicito: "(questo litorale è *come* un) grembo". È la relazione predicativa tra /litorale/ e /grembo/ a produrre metafora, e non la

---

[45] P. RICŒUR [1975b: 145s] riassume in sei brevi punti la teoria tradizionale della
metafora, rimessa in questione a partire da I. A. RICHARDS [1936], pioniere della semantica moderna e virtuale iniziatore della "nuova retorica": 1) la metafora veniva considerata un *tropo*, una figura retorica accanto alle altre, come una sorta di catacresi o di denominazione deviante; 2) la particolarità di questa figura stava nell'estensione della denominazione per derivazione dal senso letterale; 3) la ragione che sosteneva la derivazione
è la somiglianza; 4) la somiglianza fondava la sostituzione; 5) non c'era quindi innovazione semantica, in quanto si pensava di poter sostituire e "tradurre" la metafora, restituendo
alla denominazione il suo senso letterale; 6) in conclusione, la metafora non aveva alcun
valore euristico, non fornendo alcuna informazione supplementare, ma era considerata una
fioritura emozionale del discorso.

[46] P. RICŒUR [1975a: 7-8].

[47] H. WEINRICH [1976a] distingue tra "micrometaforica", "metaforica del contesto" e
"metaforica del testo": la prima consisterebbe nella relazione tra similitudini e dis-
somiglianze tra i due (o più) lessemi in questione; la seconda nel connettere i vari campi
metaforici posti in atto; la terza nel trovare la chiave ideologica a partire anche dalle condizioni storiche in cui venne composto un testo. « Dobbiamo quindi necessariamente superare la semantica della parola verso una semantica del testo. [...] La parola e il contesto
costituiscono insieme la metafora » (H. WEINRICH [1976b: 88]).

semplice denominazione. Il fatto che il linguaggio comune sia pieno di metafore morte o lessicalizzate ci farà pensare ancora molto; ma non deve farci dimenticare l'assunto basilare che « non esiste algoritmo per la metafora »,[48] in quanto essa è il prodotto vivo di un "soggetto" locutore, il solo capace di crearla o di rigenerarla. L'« impertinence sémantique », come la definisce Jean Cohen,[49] sta appunto nel trasformare una contraddizione, che sorgerebbe dall'interpretazione letterale insostenibile, in una "contraddizione significante". Di qui l'importanza di un'"enciclopedia" condivisa dagli interlocutori per comprendere il discorso metaforico; ma anche l'importanza della metafora per creare "enciclopedia". Infatti, quando la metafora viene accolta dal linguaggio comune, tende a confondersi con una possibile estensione della polisemia o può essere considerata come un'arguta catacresi. Diventa patrimonio comune e muore come metafora.[50]

In secondo luogo, si è passati dall'ambito semantico a quello ermeneutico. La metaforologia contemporanea ha collocato la forza euristica della metafora nel "conflitto interpretativo" che si stabilisce tra due enunciati, vale a dire in una strategia che sviluppa la forza euristica della *mimesi* attraverso la forza creatrice del linguaggio.[51]

La riflessione di Ricœur ci spingerebbe a trattare subito il nodo essenziale della discussione, ma non è possibile non accennare a questo punto, almeno brevemente, a tutta quella ricca letteratura, soprattutto di area anglosassone, che ha sviluppato il rapporto tra metafora e "modello".[52] Tra le diverse metaforologie analizzate da M. S. Kjärgaard,[53] noi

---

[48] Cf U. Eco [1984: 195]. Nel capitolo terzo di questo volume, « Metafora e semiosi », che riprende un contributo per l'*Enciclopedia Einaudi*, Eco propone la sua interpretazione della metafora, trovando nella variabile della distanza semica, stabilita sull'unità di misura di un ipotetico albero di Porfirio costruito a partire dal semema metaforizzante (veicolo), la ragione della riuscita di una "buona" metafora. Quanto più grande è la distanza, tanto più aperta è la metafora; essa, ad ogni modo, si produce « solo sulla base di un ricco tessuto culturale, ovvero di un universo del contenuto già organizzato in reti di interpretanti che decidono (semioticamente) della similarità e della dissimilarità delle proprietà » (*ivi*).

[49] J. Cohen [1966], citato da P. Ricœur [1975b: 148].

[50] Nella costruzione dell'enciclopedia, la metafora funge da motore trainante. In questo senso, possiamo accettare quanto scrive U. Eco [1984: 184]: « Le metafore sono metonimie che si ignorano e che un giorno lo diventeranno ». H. Weinrich [1976b] annota: « Chi tenti perciò ad ogni costo di fare a meno delle metafore, scrive solo più noiosamente, non più esattamente. La precisione non è sempre dalla parte delle frasi più spoglie. Un cattivo stile non è un criterio di verità ».

[51] P. Ricœur [1975a: 11]: « Le "est" métaphorique signifie à la fois "n'est pas" et "est comme". Si il en est bien ainsi, nous sommes fondés à parler de vérité métaphorique ».

[52] La bibliografia al riguardo è molto ampia. Ci limitiamo a segnalare gli studi di M. Black [1962] e [1979], M. B. Hesse [1966], Ph. Wheelwright [1968] e [1962: 98], dove sembra che il simbolo si distingua dalla metafora solo in base a « its greater stability and permanence ». Per una rassegna sintetica si veda M. S. Kjärgaard [1986].

fissiamo l'attenzione sulla teoria interattiva sviluppata in modo particolare da *Max Black*, filosofo statunitense di origine russa, fortemente influenzato dal pensiero di L. Wittgenstein.

Nella concezione interattiva l'interprete è chiamato a trovare la relazione, in prima istanza non evidente, tra due idee espresse contemporaneamente dal locutore. Il segreto della metafora sta appunto nella ricerca di correlazione:

> « Parlare di "interazione" dei due pensieri "operanti insieme" (o della loro "illuminazione reciproca" o "cooperazione") significa *usare* una metafora che enfatizza gli aspetti dinamici della risposta di un buon lettore ad una metafora non banale ».[54]

Nella relazione di tipo metaforico, l'effetto interattivo si istituisce più nell'evocazione di un valore "enciclopedico" condiviso dal locutore e dall'interprete che nel valore assunto dai lessemi nel "dizionario".[55] Vi è interazione, perché tanto il soggetto quanto il predicato sono mutuamente "contagiati", producendo una nuova conoscenza. La metafora organizza quindi la nostra idea a riguardo del soggetto e del predicato (« tenor / vehicle » o « primary / secondary subjects », nel vocabolario di Black),[56]

---

[53] M. S. KJÄRGAARD [1986: 43-105] sintetizza in quattro categorie le diverse teorie della metafora, la seconda e la terza delle quali sono già discusse da Aristotele (*Poetica*, 1457b,1-1458a,17): 1) la teoria della distinzione tra senso e referenza (G. FREGE); 2) la teoria della sostituzione (molta produzione sulla retorica): secondo questa teoria il locutore offre non un significato diretto *m*, ma una funzione di esso, *f(m)*; compito dell'interprete sarebbe di applicare la funzione inversa, $f^{-1}$, in modo da ottenere il significato voluto dal locutore, cioè $f^{-1}(f(m))=m$. In questo modo di vedere la metafora, è ovvio che essa venga equiparata agli altri tropi (metonimia, sineddoche...), che di volta in volta fungerebbero da parametri della funzione *f*. Se così fosse, la metafora sarebbe un semplice ornamento del discorso, senza alcun valore conoscitivo; 3) la teoria della comparazione (o proporzione), che gioca su quattro termini di confronto *a/b = c/d*. Prendendo l'esempio aristotelico, /coppa/ sta a /Dioniso/ come /scudo/ sta a /Ares/; quindi si potrà avere metafora definendo lo scudo come "coppa di Ares" e la coppa come "scudo di Dioniso" (cf U. ECO [1984: 154-157]); 4) la teoria dell'interazione, che sviluppa le intuizioni introdotte da I. A. RICHARDS [1936].

[54] M. BLACK [1962: 39; tr. it. 57]: « To speak of the "interaction" of two thoughts "active together" (or, again, of their "interillumination" or "co-operation") is to *use* a metaphor emphasizing the dynamic aspects of a good reader's response to a nontrivial metaphor ».

[55] L'esempio portato da M. BLACK è « l'uomo è un lupo ». Perché questa metafora sortisca il suo effetto, è necessario che a /lupo/ si dia un contenuto di ferocia, violenza, inaffidabilità..., un sistema di idee – anche se non nettamente definito – sufficiente ad evocare quel sistema di "luoghi comuni" condivisi dal locutore e dall'interprete (M. BLACK [1962: 40; tr. it. 58s]).

[56] Cf, ad es., M. BLACK [1979: 28; tr. it. 113]. Lo studio di D. LOOSE [1991: 37] sottolinea il limite di questa terminologia "tenore" / "veicolo" o "soggetto primario" / "soggetto secondario", in quanto ricorda da vicino la gerarchia binaria di un aspetto figurante in funzione di un figurato.

sopprimendo alcuni valori semantici ed enfatizzandone altri. In sintesi, potremmo dire che il soggetto secondario "costringe" a guardare il soggetto primario attraverso un "filtro" e il primo "proietta" sul secondo un nuovo campo semantico.

La concezione sostitutiva, comparativa o predicativa sembrano avvicinare la metafora al "segno", rendendola quindi facilmente eliminabile o sostituibile, anche se con l'inconveniente stilistico di perdere freschezza e vivacità d'espressione. Al contrario, la metafora "interattiva" non è facilmente sostituibile. La serie di proposizioni che cercano in qualche modo di rendere il valore della metafora interattiva dice infatti molto di più e molto di meno: pedantemente cerca di esplicitare i caratteri semici che la metafora manteneva impliciti; ma, nell'esplicitazione, si distrugge tutto quel potenziale semantico nascosto e suggerito all'interprete.[57]

Questa interpretazione della metafora può essere applicata anche al metodo scientifico. In questo senso M. Black parla di « models » oppure di « (conceptual) archetypes ».[58] E, analogicamente, potrà essere applicata anche alla narrazione; in quest'ultima, la forza creatrice del linguaggio sviluppa il potenziale euristico del "modello" o della *finzione*.[59] Come il pensiero metaforico ha una sua particolare capacità di gettare nuova luce sul soggetto principale e non è semplicemente un ornamento stilistico del discorso, così anche il "modello" è uno degli « speculative instruments »[60] per il pensiero scientifico: « La scienza, come le discipline umanistiche, come la letteratura, è un problema di immaginazione ».[61]

Ci sembra che la riflessione di Max Black sulla metafora offra alcuni elementi utili per riflettere sul rischio della riduzione del simbolico al metaforico, di cui dicevamo poco sopra. Infatti, in un breve paragrafo, in cui si discute sulla possibilità per la metafora di contribuire all'intuizione di « how things are »,[62] Black è attento a non applicare i concetti di "verità" o "falsità" alla metafora, in quanto l'« aspetto rappresentazionale »

---

[57] M. BLACK [1962: 46, tr. it. 65]: « [...] the loss in such cases is a loss in cognitive content; the relevant weakness of the literal paraphrase is not that it may be tiresomely prolix or boringly explicit (or deficient in qualities of style); it fails to be a translation because it fails to give the insight that the metaphor did ».

[58] M. BLACK [1962: 241; tr. it. 93].

[59] Un tema di P. RICŒUR su cui torneremo (cf, ad es., [1975a: 10]). Lo studio di M. BLACK distingue tre accezioni qualitativamente diverse di /modello/: modello in scala (modellino per costruzioni...); modello analogico (tra cui anche i modelli matematici; basato sul principio dell'isomorfismo); e modello teorico (simile all'immaginazione metaforica). Citando W. STEVENS (*Opus posthumous*, 1957), M. BLACK [1962: 43; tr. it. 145]) afferma che « Metaphor creates a new reality from which the original appears to be unreal ».

[60] La felice formulazione risale a I. A. RICHARDS, *Speculative instruments*, London 1955, citato da M. BLACK [1962: 237; tr. it. 88].

[61] *Ibid.*, 243; tr. it. 95: « For science, like the humanities, like literature, is an affair of the imagination ».

[62] *Ibid.*, 40s; tr. it. 133-135.

(*representational aspect*) di una metafora forte può solo essere definito "corretto" o "non corretto", essendo « una violazione della grammatica filosofica attribuire verità o falsità alle metafore forti ».[63]

L'affermazione andrà ulteriormente approfondita. Essa potrebbe significare che la metafora, considerata parte del mondo di relazioni linguistiche, non ha radicazione nell'ontologia, in essa più o meno implicita. Se la forza creatrice della metafora non può qualificarsi in rapporto alla "verità", non significa, tuttavia, che non vi sia un'epifania dell'essere mediante il linguaggio. La figura adeguata per esprimere quest'epifania non è la metafora, bensì il simbolo.  Non ci stupisce allora che Umberto Eco, nella sua riduzione della filosofia del linguaggio a semiotica, passando dalla metafora al modo simbolico affermi riduttivamente che il nucleo "duro" del termine /simbolo/ si riferisca « a un atteggiamento semantico-pragmatico che si decide di denominare *modo simbolico* »[64] e giunga alla fine a definire l'ermeneutica simbolica in termini di « decostruzione », ovvero di semiosi infinita e incontrollabile.[65]

Questa considerazione ci permette di tirare le somme del discorso sulla metaforologia e, insieme, ci offre un elemento essenziale per il nostro approccio. La metafora si pone nel paesaggio già purificato del λόγος; il simbolo sta invece sulla soglia tra βίος e λόγος – come direbbe Ricœur.[66] Non si può quindi comprendere il fatto simbolico senza un'ontologia che offra le condizioni di possibilità per un'epifania dell'essere *mediante* il linguaggio.[67]

---

[63]  *Ibid.*, 41; tr. it. 134.

[64]  U. ECO [1984: 205].

[65]  *Ibid.*, 231.

[66]  Affermazione ripetuta in diverse opere. Si veda, ad es., [1975b: 153. 161]: « Le symbole plonge dans l'expérience ténébreuse de la Puissance ». Cf *infra*.

[67]  Si tratterà tuttavia di trovare un concetto di "verità" diverso dalla comune accezione di verità- verificabilità, correlativa al concetto ordinario di realtà (cf P. RICŒUR [1975a: 387]). Si vedano al riguardo alcune dense pagine di A. BERTULETTI [1988: 449-51]: « Il problema filosofico della metafora consiste dunque nel chiedersi per quale ragione la costituzione originaria del senso si produce nella forma di un enunciato metaforico. La risposta a questo problema impone di considerare il punto di vista referenziale: l'interesse propriamente filosofico di una teoria della metafora consiste nel giustificare il ricorso alla referenza non in base a un postulato, positivistico o metafisico, ma al funzionamento interno del processo metaforico. Poiché questo consiste nella tensione fra l'impertinenza letterale e la nuova pertinenza, l'intenzione che presiede alla creazione di metafore non termina nell'ambito del senso che può essere codificato ma in un orizzonte che per definizione lo supera e non vi può essere assorbito. È questa la definizione, non positivistica né immediatamente metafisica, della verità e dell'essere » (450s).

Sta qui la fondamentale distinzione tra simbolo e metafora.[68] Da un lato nella metafora vi è qualcosa di più che nel simbolo, in quanto essa *esprime* nel linguaggio la semantica del simbolo, che rimarrebbe altrimenti implicita e confusa; quanto nel simbolo è indistinto viene alla luce attraverso l'enunciato metaforico. D'altro lato, però, la metafora è solo il "nocciolo" semantico della bi-dimensionalità del simbolo, fonte inesauribile di significato: « Le symbole est lié. Le symbole a des racines. Le symbole plonge dans l'expérience ténébreuse de la Puissance ».[69] A partire da qui possiamo spiegarci un dato linguistico sorprendente. Finché si rimane nello stesso sistema linguistico, tanto le vere metafore quanto i simboli sono "intraducibili"; ovviamente, ciò non significa che non possano essere parafrasati, ma alla parafrasi si accompagna una perdita "cognitiva", come ha detto M. Black. Passando invece da un sistema linguistico ad un altro, le vere metafore rimangono difficilmente traducibili, mentre il linguaggio simbolico, molto stabile, trasmigra facilmente; non muore mai, ma eventualmente si trasforma. Il diverso comportamento va attribuito al *radicamento* prelinguistico mantenuto dal simbolo, a differenza delle relazioni metaforiche, che sono instaurate sempre all'interno di un sistema linguistico.

Il carattere "legato" del simbolismo pone in luce un'altra differenza che distingue simbolo e metafora. La metafora infatti nasce dall'immaginazione produttiva e non semplicemente riproduttiva, che è il momento-chiave dell'innovazione semantica;[70] essa è quella libera invenzione, che crea l'« anima » di un'opera, mostrando attraverso di essa l'« animo » del locutore (si tratta ancora di una distinzione kantiana). In ciò sta la "vivezza" di una metafora: nella capacità di lanciare l'immaginazione a "pensare di più" a livello concettuale. Il simbolo, invece, pur avendo esso pure questa forza vitale di "far pensare", non è una libera invenzione del locutore, bensì, in primo luogo, è l'espressione dell'esperienza cosmica in cui si dà ogni soggetto umano, è l'"epifania" di quel *sacro* che precede il linguaggio verbale e nel quale quest'ultimo si pone: « Le sacré de la nature

---

[68] Questa distinzione, ampiamente discussa, è presentata in modo molto didattico e forse eccessivamente semplificato in M. GIRARD [1991: 59-62]. Il riferimento teorico è soprattutto a P. RICŒUR. Per un quadro storico si può vedere T. TODOROV [1977].

[69] P. RICŒUR [1975b: 161]. In modo efficace, M. GIRARD riassume: « Le symbole évoque le "plus" d'une chose, alors que la métaphore isole le "moins" de deux choses pour les mettre en rapport; le symbole vise une concrétude maximum, la métaphore, elle, abstrait » [1991: 61].

[70] Il riferimento è in primo luogo a I. KANT [1790: I, II, § 49; tr. it. 138]: « Per idee estetiche intendo quelle rappresentazioni dell'immaginazione, che danno a pensare molto, senza che però un qualunque pensiero o un concetto possa essere loro adeguato, e, per conseguenza, nessuna lingua possa perfettamente esprimerle e farle comprensibili ». Si potrebbe ricordare anche il concetto di "echo"o "retentissement phénoménologique" sviluppato da G. BACHELARD sulla scia di E. MINKOWSKI ([1957: 1s] e [1960: 7]).

se montre en se disant symboliquement. Le montrer fonde le dire et non l'inverse ».[71]

Per la metafora quindi è possibile e necessaria un'analisi linguistica; d'altra parte, per il simbolo è necessaria e possibile anche un'analisi nell'ambito prelinguistico, in cui esso è radicato, sulla soglia tra βίος e λό-γος.[72] È una preziosa notazione per la nostra analisi.[73]

### 2.3 Simbolo e "forma" simbolica

Con questo paragrafo l'approssimazione al "simbolo" cambia di segno. Se finora abbiamo incontrato ermeneutiche riduttive, ora avremo a che fare con ermeneutiche instaurative. La loro approssimazione è in eccesso; allargando troppo il concetto di simbolo, si perde la singolarità del fatto simbolico.

A *Ernst Cassirer*[74] si deve il grande merito di aver riportato nell'arena della filosofia contemporanea l'attenzione per il simbolo. Il suo punto di partenza è la filosofia kantiana, ma, a differenza di quanto avveniva si-..o alla prima metà del nostro secolo, è un Kant letto alla luce di tutt'e tre le *Critiche*, rivalorizzando soprattutto la *Critica del Giudizio*. Su questi presupposti, la conoscenza e, in particolare il concetto, è visto come creazione del soggetto sulla base dello « schematismo trascendentale », interpretato come "immaginazione simbolica".[75]

La potenzialità tipicamente umana, accanto a quelle comuni agli altri esseri viventi come il « receptor system » e l'« effector system », sta nel suo « *symbolic system* », un sistema che trasforma l'intera rete di relazioni soggettive e gli permette di crearsi una nuova dimensione di realtà. Per comprendere tutte le forme della vita culturale dell'uomo – compresi i

---

[71] P. RICŒUR [1975b: 156]; più ampiamente in [1975a: 383s]. Il riferimento esplicito di questo pensiero ricœuriano è a R. OTTO e M. ELIADE.

[72] Tre ambiti, in modo particolare, contribuirebbero secondo RICŒUR a questo studio: la psicanalisi, la fenomenologia della religione e il linguaggio poetico (cf tra molti testi [1982: 51-54; tr. it. 51-55]).

[73] Si potrebbe analizzare a questo punto l'approccio funzionale al simbolismo. Accanto a J. LACAN o G. DUMÉZIL, si dovrebbe prendere in considerazione l'opera di E. ORTIGUES, ripresa da L. M. CHAUVET. Ne tralasciamo la presentazione analitica, in quanto non direttamente necessaria alla nostra prospettiva. Un aspetto senza dubbio positivo dell'equazione tra funzione simbolica e cultura, messa in luce da questi studi, è la sottolineatura dell'insostituibile originarietà del simbolo: non è la società a produrre il simbolismo, ma, viceversa, il simbolismo a produrre la società. Vi è una "sinergia" del tessuto simbolico entro la quale si colloca la *texture* significante dei simboli, prima ancora di diventare, in qualche modo, *textus*.

[74] Le opere che ci interessano maggiormente sono [1921s], [1922], [1923, 1925a, 1929] e [1925b]. Essendo il nostro interesse circoscritto, ci riferiremo qui soprattutto alla presentazione sintetica del suo pensiero in [1944]. Su Cassirer, si veda almeno W. A. VAN ROO [1981] e, per la definizione di simbolo, K. N. IHMIG [1993].

[75] Cf G. DURAND [1964: 63; tr. it. 62].

miti, il pensiero religioso e il linguaggio stesso – la sola "ragione" è inadeguata.[76]

Le realtà esistono solo tramite la « figura » (*form*) che ad esse attribuisce il pensiero oggettivante. Sono quindi *simboli*, in quanto impregnate dal significato che l'uomo vi attribuisce. Conseguentemente, ogni oggettivazione è simbolica, anche i fatti scientifici, in quanto è il pensiero simbolico a dare all'uomo la potenzialità di riconfigurare in modo sempre nuovo l'universo in cui vive.[77] Tutto converge verso un « pansimbolismo » – la definizione è di Durand – che tuttavia gerarchizza ancora, in una sorta di "storia dello spirito" universale, le diverse forme di oggettivazione simbolica, componenti l'"enciclopedia" umana.[78]

Nella prospettiva funzionale del criticismo cassireriano, il problema del simbolico non è quello del suo fondamento, bensì quello della sua « fisionomia » (*physiognomy*). Non abbiamo dunque a che fare con una *res* particolare, ma con un'attività che produce le condizioni di conoscibilità in tutti i campi del reale. Per questa ragione il trascendentale kantiano diventa in Cassirer una ricerca culturologica, che spazia a campo aperto sul linguaggio, il mito, la religione, l'arte e la scienza: « Il simbolo non è un rivestimento meramente accidentale del pensiero, ma il suo organo necessario ed essenziale ».[79] Il simbolo fonda l'unità funzionale dell'uomo: in lui – in una coesistenza di contrari, inaccettabile da un punto di vista ontologico – l'unità non è data dall'omogeneità degli elementi che la costituiscono, ma appunto dalla « fisionomia » che accomuna i vari campi dell'attività umana.[80]

La « pregnanza simbolica » è ambivalente: se da una parte non permette all'uomo di avere accesso alla *res* in modo diretto come capita per gli animali con gli effetti condizionati, ma solo attraverso un senso, dall'altra parte – proprio per la presenza del "senso" simbolicamente acquisito – essa fa sì che ogni cosa non sia semplicemente *presentata*, ma *ripresentata*.[81]

Il carattere di questa *ripresentazione* istituisce nella storia della cultura una polarità variabile nei diversi campi e nei diversi periodi storici, una

---

[76] E. CASSIRER [1944: 26; tr. it. 81]: « Reason is a very inadequate term with which to comprehend the forms of man's cultural life in all their richness and variety. But all these forms are symbolic forms. Hence, instead of defining man as an *animal rationale*, we should define him as an *animal symbolicum* ».

[77] *Ibid.*, 228; tr. it. 374.

[78] Si veda, ad esempio, la considerazione della magia come « crude aggregate od superstitions » nei rapporti della religione « the symbolic expression of our highest moral ideals » (E. CASSIRER [1944: 93; tr. it. 179]); oppure la presentazione della scienza come « freer and larger horizon of knowledge »...

[79] E. CASSIRER [1923: tr. it. I, 20].

[80] E. CASSIRER [1944: 222s; tr. it. 365s].

[81] E. CASSIRER [1929: III, 202].

dialettica tra « tradizione e innovazione ».[82] Anche questa dialettica sarebbe una conferma per Cassirer che l'uomo non solo "presenta", ma anche "ripresenta" il suo mondo "ideale" attraverso l'incessante attività simbolica.

Il grande merito della riflessione di Cassirer sta nell'aver posto per primo il problema del « remembrement » (P. Ricœur) del linguaggio e, insieme, di aver tentato di riconfigurare una "ragione" più comprensiva della totalità delle forme di sapere. Tuttavia, l'estensività del simbolico in Cassirer equivale all'identità (funzionale) della stessa culturologia, dissolvendo alla fine la stessa funzione simbolica.[83]

Molto condizionanti, infine, ci sembra siano rimasti in Cassirer i presupposti della filosofia kantiana, che stringono l'apporto sul simbolico nella morsa della "funzionalità", non mettendo in discussione il punto di partenza epistemologico del filosofo del trascendentalismo, ma rendendo il simbolico quasi il sostituto sintetico delle tre "forme" della ragione kantiana, senza tuttavia cambiarne lo statuto.

## 2.4 Simbolo e/o archetipo

Non vogliamo aggiungere altro a quanto è stato detto sull'*Antwort auf Hiob* di *Carl Gustav Jung*,[84] uno studio importante per capire la prospettiva junghiana più che il libro di Giobbe. Qui, prendiamo in considerazione la teoria generale del fatto simbolico.[85]

Jung parte dalle posizioni freudiane sulla *simbolica*, ovvero quella costante correlazione tra alcuni simboli onirici e la loro interpretazione psicanalitica. Ma proprio dove il maestro non osò procedere, nell'affermare l'esistenza di un sistema dell'inconscio collettivo, il discepolo "eretico" formula la sua ipotesi degli *archetipi*,[86] introducendo così i presupposti di

---

[82] E. CASSIRER [1944: 224; tr. it. 368]: « We may speak of a tension between stabilization and evolution, between a tendency that leads to fixed and stable forms of life and another tendency to break up this rigid scheme. [...] There is a ceaseless struggle between tradition and innovation, between reproductive and creative forces ».

[83] In questo senso è valida la critica mossagli da P. RICŒUR [1965: 21]: « Si nous appelons symbolique la fonction signifiante dans son ensemble, nous n'avons plus de mot pour désigner ce groupe de signes dont la texture intentionnelle appelle une lecture d'un autre sens dans le sens premier, littéral, immédiat ». Si veda anche V. MELCHIORRE [1972: 40].

[84] Cf, ad es., U. HEDINGER [1967], E. MICHAELIS [1954], V. WHITE [1956], L. BAUMER [1957], D. BROADRIBB [1964], É. PASCAL [1966], P. J. RYAN [1983], N. DI MARCO [1984], R. GRIFFIN [1987], E. AMADO LÉVY-VALENSI [1991], B. COLLINS [1991], E. H. SCHEFFLER [1991].

[85] Per i testi di Jung, si vedano i saggi raccolti nel vol IX, tomo I dell'*Opera omnia*. Per un commento critico: A. SAVICKAS [1979], M. FORNARO [1988], G. ZUANAZZI [1988], G. DURAND [1964: 65-72; tr. it. 63-68], U. ECO [1984: 225-28], M. ELIADE [1986], R. PIRARD [1980], J. AMSTUTZ [1991].

[86] Jung assume questo termine – ovviamente nella sua originale accezione – sulla base di una tradizione classica: FILONE (*De opificio mundi*, 6), il *Corpus hermeticum*,

una semiosi indefinita, in chiara opposizione all'univocità freudiana. Per la nostra breve rassegna, ci basti discutere alcuni elementi: *1)* la polivalenza del simbolo; *2)* la funzione mediatrice che permette la *conjunctio oppositorum*; *3)* l'ambiguità introdotta dal processo "sintetico".

*1)* La ricerca sul simbolo in Jung significa in primo luogo il superamento del rapporto causale – in termini retorici, "allegorico" – tra simbolo e significato, per affermare invece una relazione plurivoca.[87] Tuttavia, accanto alla profondità della concezione, bisogna subito notare una terminologia incerta e fluttuante.[88] E il punto più problematico è proprio il carattere "plurivoco" del simbolo, un attributo che, per la regressione in un immaginario indistinto,[89] rischia di essere sinonimo negativo di "equivoco". Il carattere numinoso dell'archetipo (e del simbolo) ha bisogno di una diversa fondazione, perché la sua polivalenza non si disperda in una nebulosa inconfusa, ma dia origine ad una costellazione simbolica. Jung avrebbe avuto la possibilità di cogliere questo fondamento, se avesse sviluppato diversamente sia il rapporto tra "presenza" e "assenza" nel concetto di archetipo, sia la funzione prolettica del simbolo, definita come carattere "avvenire".

In verità tutto viene ricondotto alla carica teleologica dell'inconscio collettivo, che dà "senso" al simbolo. Ciò significa – positivamente – il superamento della monocorde ermeneutica dell'"archeologia" simbolica freudiana e l'acquisizione della nuova funzione della *libido* come energia psichica che muove il soggetto nel processo d'individuazione. Dall'altra parte, però, introduce un problema che rimane irrisolto: lo "statuto" dell'archetipo. Jung lo considera un dato "empirico", innato e collettivo, con « contenuti e comportamenti che (*cum grano salis)* sono gli stessi dappertutto e per tutti gli individui ».[90] Ma subito tiene a sottolineare che « la diagnosi dell'inconscio collettivo non sempre è un compito facile ».[91] Con

---

DIONYSIUS AREOPAGITA (*De cœlesti hierarchia*, II, 4)... « "Archetipo" è una parafrasi esplicativa dell'*éidos* platonico » (C. G. JUNG [1976b: tr. it. 4]).

[87] Cf, ad es., C. G. JUNG [1976b: 47s; tr. it. 36]: « Wie die Persönlichkeiten, so sind auch diese Archetypen echte und rechte Symbole, die weder als σημεῖα (Zeichen) noch als Allegorien erschöpfend gedeutet werden können. Sie sind vielmehr insofern echte Symbole, als sie vieldeutig, ahnungsreich und im letzten Grund unausschöpfbar sind. Die Grundprinzipien, die ἀρχαί, des Unbewußten sind wegen ihres Beziehungsreichtums unbeschreibbar, trotz ihrer Erkennbarkeit. Das intellektuelle Urteil sucht natürlich immer ihre Eindeutigkeit festzustellen und gerät damit am Wesentlichen vorbei, denn, was vor allem als das einzige ihrer Natur Entsprechende festzustellen ist, das ist ihre Vieldeutigkeit, ihre fast unabsehbare Beziehungsfülle, welche jede eindeutige Formulierung verunmöglicht ».

[88] È il giudizio di G. DURAND [1964: 65; tr. it. 63s].

[89] Cf C. G. JUNG [1976b: tr. it. 36]: « Il processo simbolico è "un'esperienza nell'immagine e dell'immagine" ».

[90] C. G. JUNG [1976b: 13; tr. it. 3].

[91] C. G. JUNG [1976a: 57; tr. it. 45].

l'archetipo si ha a che fare non con « immagini dotate di contenuto, ma in principio solo come "forme senza contenuto", atte a rappresentare solo la possibilità d'un certo tipo di percezione e azione ».[92] Si tratterebbe dunque di un « sistema virtuale » che rende possibili le diverse rappresentazioni simboliche. Se così fosse, sarebbe impossibile interpretare il simbolo; anzi, ogni tentativo di interpretarlo coinciderebbe con la sua distruzione. L'infinità della semiosi simbolica sarebbe una ripetizione dell'immaginario all'infinito.

In realtà, Jung fa intervenire l'archetipo "del significato" o "del vecchio saggio", che è pure un immaginario, ma decaduto.[93] In questo modo, il "caotico" *maṇḍala* del simbolo, può essere ordinato nel "cosmo" della tradizione linguistica.[94] A quali condizioni (ontologiche) ciò sia possibile, Jung non lo dice.

*2)* Il simbolo per Jung svolge un ruolo *mediatore*: nell'uomo, la funzione simbolica è una continua « metamorfosi » che pacifica i contrari. Il processo d'identificazione del soggetto consiste infatti nel trovare l'equilibrio[95] fra le conturbanti immagini "caotiche" dell'Anima e le geometrie "cosmiche" dell'Animus. Il pensiero simbolico è un autentico « ermafrodito »: gli archetipi « sono, in linea di principio, paradossali, come lo spirito è, per gli alchimisti, *simul senex et iuvenis* ».[96] E all'alchimia Jung ricorre in molte occasioni per spiegare quella *complexio oppositorum* caratteristica del simbolo.[97]

---

[92] *Ibid.*, 61; tr. it. 49.

[93] C. G. JUNG [1976b: 42; tr. it. 31]: « Die Sinngebung bedient sich gewisser sprachlicher Matrizen, die ihrerseits wieder von urtümlichen Bildern abstammen » (Nell'attribuire i significati ci serviamo di matrici linguistiche, derivate a loro volta da immagini primigenie).

[94] C. G. JUNG [1976b: 18-21; tr. it. 8-10], si sofferma sulla visione mistica di fratel Niklaus von der Flüe, in cui attraverso il simbolo dogmatico della Trinità (archetipo del significato) si arriva a placare la terrificante « eruzione vulcanica » (archetipo dell'anima), che la visione avrebbe potuto significare nell'orizzonte religioso del frate. Proprio a conclusione di questo esempio Jung espone quell'idea del Dio JHWH che sarà il centro della sua *Antwort auf Hiob*: JHWH « ist ein Gottesbegriff, der noch ungetrennte Gegensätze enthält ». In "dialogo" con Eliade, Jung torna alla sua tesi principale, che cioè la *coincidentia oppositorum* sia una delle formule più antiche e più utilizzate per esprimere la realtà di Dio (cf M. ELIADE [1986: 50, tr. it. 36]).

[95] Conferma sarebbero gli stati psicotici o nevrotici, caratterizzati dalla dissociazione asimbolica, in cui il simbolo si riduce a sintomo, dal momento che il soggetto perde la capacità di creare delle strutture consce in grado di dominare l'immagine (cf [1976b: 49s; tr. it. 37s]).

[96] *Ibid.*, 48; tr. it. 36.

[97] La lingua tedesca gli offriva anche un supporto etimologico: *Sinnbild* è « unificatore di coppie di opposti », in quanto unisce il "senso conscio" (*Sinn*) e l'immagine che emana dall'inconscio (*Bild*).

Qui, ci sembra, stia uno degli aspetti più importanti della riflessione junghiana sul simbolo: esso è "senso" e "immagine", è equilibratore tra *animus* e *anima*. G. Durand parlerebbe al riguardo di *Regime diurno* e *Regime notturno,* in quanto « l'imagination symbolique apparaît comme système de "forces de cohésion" antagonistes »;[98] e P. Ricœur troverebbe in questa costante bipolarità dell'immagine la necessità di unire ermeneutica archeologica ed ermeneutica teleologica del simbolo.[99] La domanda che resta aperta è se questa *conjunctio oppositorum* non vada portata al suo ultimo fondamento ontologico, per scoprire nell'identità e nella differenza – per usare i termini heideggeriani – quel rapporto che permette di comprendere il simbolo come prolessi di una totalità, che alla conoscenza dell'uomo non è mai data direttamente.

*3)* Troviamo, tuttavia, proprio qui uno dei punti che sottolineano l'ambiguità della concezione "sintetica" della funzione simbolica nel processo d'identificazione. La "sintesi" junghiana, molto vicina al concetto hegeliano di *Aufhebung,* sembra non tenere in sufficiente considerazione la possibilità aperta da una struttura veramente simbolica dell'essere dell'uomo: la *libertà,* una libertà pensata radicalmente, « come una qualità dell'intenzionalità inseparabile dal senso verso cui si apre e nel quale si media ».[100] Da questo punto di vista, un simbolo può avere valore archetipico, mentre il concetto di archetipo sembra collocare la libertà in un ambito di fantasmi e di aberrazioni mentali.[101]

Aggiungiamo anche che la coscienza simbolica descritta da Jung presuppone e necessita di un fondamento che la sostenga, se vuole di fatto emanciparsi da quella indeterminazione. Citando in modo antifrastico U. Eco – poiché per noi è veramente così: « senza un'ontologia e una metafisica del Sacro, del Divino, non c'è simbolismo e non c'è infinità di interpretazione ».[102]

## 2.5 Simbolo e rêverie

Nel panorama culturale francese del nostro secolo, *Gaston Bachelard* è una personalità "socratica" (G. Durand). Con una cultura enciclopedica che spazia dalle scienze esatte, alla psicanalisi e alla poetica, la sua parola fluisce rifrangendo sempre attorno a sé una sottile ironia, che alleggerisce con velata modestia il peso dei suoi discorsi.[103]

---

[98] G. DURAND [1964: 108; tr. it. 101].
[99] P. RICŒUR [1969].
[100] A. BERTULETTI [1988: 457].
[101] Concordiamo con il giudizio di G. DURAND [1964: 71s; tr. it. 68].
[102] U. ECO [1984: 226].
[103] Cf G. DURAND [1964: 83; tr. it. 78]: le pp. 72-85; tr. it. 69-79, sono un'ottima presentazione del pensiero di Bachelard. Si veda anche R. ABELLIO [1962]. Faremo riferimento soprattutto alle ultime opere bachelardiane, perché portano a compimento il suo itinerario spirituale, dalla psicanalisi all'ontologia: [1957], [1960], [1961] e [1988]. Non si

Siamo davanti a un pensatore di altissimo profilo, uno dei pochi che hanno saputo superare l'iconoclastia post-cartesiana, ritrovando vasti spazi al di là delle vie anguste della scienza oggettiva e della confusa regressione onirica dell'immaginario. Non è certo casuale che la semiotica di Umberto Eco lo ignori *tout court*, « per ragioni "economiche" ».[104] La nostra attenzione si porta subito sulla valenza che Bachelard attribuisce al linguaggio poetico, sul metodo "fenomenologico" da lui introdotto nelle ultime opere e sulla prospettiva ontologica del *cogito* "sognatore".

Iniziamo proprio dal titolo della sua ultima opera completa: *La poétique de la rêverie*. Due termini accoppiati in una specificazione quasi epesegetica di vastissime risonanze. Si dice anzitutto "poetica", intendendo il linguaggio della poesia nella sua capacità più forte di "creare": una creazione che è diametralmente opposta al sapere scientifico, contrariamente a quanto affermava E. Cassirer. Ma, alla pari della scienza, anche la poesia è una « numenotecnica » in grado di trasformare il mondo.[105]

Il simbolo ha una sua dimora: il linguaggio verbale. E la poetica « è un autentico *regno del linguaggio* »;[106] essa « devient un être nouveau de notre langage, elle nous exprime en nous faisant ce qu'elle exprime »;[107] è un'« origine assoluta » del linguaggio, in quanto possiede una capacità creativa che la distingue chiaramente dal sogno. Quest'ultimo è *sub*-cosciente e, partecipando della sfera oggettiva, può essere studiato dalla psicanalisi con metodo empirico. La poetica, al contrario, è *sur*-cosciente e l'ermeneutica che la riguarda deve "integrare" la potenzialità creatrice – "escatologica" – che le è propria. Il surconscio poetico non è dunque regressione e obiettivazione onirica del subconscio psichico, bensì è *rêverie*, termine difficilissimo da tradurre, che amiamo interpretare come « invito a immaginare ».[108]

A testimonianza che questo è veramente il punto di arrivo di tutto il lungo e poliedrico cammino intellettuale di Bachelard stanno gli appunti

---

deve comunque dimenticare, accanto alle opere dedicate alla critica di una scienza e di una psicanalisi oggettivizzanti, la "tetralogia" dedicata al simbolismo degli "elementi cosmici", che G. BACHELARD stesso definisce una « invitation à imaginer » (cf [1988: 35; tr. it. 38]), vale a dire: [1938b], [1942], 1943], [1947] e [1948].

[104] U. ECO [1984: 205s]: « [...] e sarà per ragioni variamente "economiche" che si potranno trovare riferimenti a Creuzer e non, per esempio, a Eliade, a Ricœur e non a Bachelard, e così via ». Viva l'onestà intellettuale!

[105] G. BACHERLARD [1960: 45].

[106] G. BACHELARD [1960: 54; tr. it. 51]. In polemica con la psicanalisi, afferma: « À la psychanalyse il faudrait alors adjoindre une poético-analyse où seraient mises en ordre toutes les aventures du langage, où se donneraient libre cours tous les moyens, tous les talents d'expression ». Ma « bien rares sont les psychanalystes qui lisent les poètes, qui marquent chaque jour de leur vie par l'amour d'un poème » (*Ibid.*, 53s; tr. it. 50s).

[107] G. BACHELARD [1957: 7].

[108] Cf G. BACHELARD [1957: 12].

lasciati per un'ultimissima opera, incompiuta, che avrebbe dovuto essere una "poetica del linguaggio".[109]

Dopo la prima tetralogia, Bachelard ha adottato il metodo fenomeno-logico, per esplorare il campo della *rêverie*: una fenomenologia "attiva", più vicina ad Hegel che ad Husserl, da lui stesso definita come « une école de naïveté d'émerveillement ».[110] La *rêverie* poetica scritta – e la preci-sazione va ricordata – è infatti una *rêverie* trasmissibile; di fronte ad essa il fenomenologo può risvegliare la sua coscienza poetica. Con il *retentis-sement*,[111] l'immagine poetica, sfuggendo ad un'analisi puramente causale come quella della psicanalisi, assume una sonorità ontologica, in quanto « le poète parle au seuil de l'être ». Cerchiamo di capire meglio, perché qui abbiamo il punto originale del pensiero bachelardiano.

Il metodo adottato permette, attraverso lo "stupore", di *instaurare* la valenza simbolica dell'immagine, non soltanto di descrivere empiricamen-te dei fenomeni.[112] L'apertura teleologica della poesia è una progettazio-ne: staccandosi dal passato e dalla realtà, apre le possibilità del futuro e dell'irreale positivo, perché – afferma Bachelard, citando Jean Lescure – « l'artiste ne crée pas comme il vit, il vit comme il crée ».[113] Contro la rei-ficazione della scienza, vi deve essere la "soggettificazione" della poetica, che viene all'essere attraverso l'*anima*: « la poétique de la rêverie est une poétique de l'*anima* ».[114] Rifacendosi alla dialettica junghiana tra *anima* e *animus*, Bachelard attribuisce la *rêverie* nel suo stato più puro all'*anima*, mentre il sogno è relegato all'*animus*. E all'*anima* appartiene in primo luogo la *rêverie* dell'infanzia, la quale è uno "spazio sensoriale", soprat-tutto olfattivo, fonte dello stupore che deve accompagnare tutta la vita e che è in grado di creare un nuovo mondo.[115]

---

[109] G. BACHELARD [1988: 36; tr. it. 38]: « Avec le présent ouvrage, dans un domaine sans doute encore étroitement circonscrit, je voudrais ébaucher une Poétique du langage, montrer que la Poésie institue un langage autonome et qu'il y a un sens à parler d'une esthéthique du langage ».

[110] Cf G. BACHELARD [1960: 4].

[111] G. BACHELARD [1960: 7]: « Il *retentit* à l'image poétique dans le sens même du "retentissement" phénoménologique si bien caractérisé par Eugène Minkowski ». Si veda anche [1957: 2].

[112] *Ibid.*, 4.

[113] G. BACHELARD [1957: 15-17 (la citazione è a pag. 15)]. Si potrebbe ricordare an-che un adagio attribuito a Paul Klee: « L'arte non riproduce il visibile, essa lo rende vi-sibile ».

[114] G. BACHELARD [1960: 53]: « La vie sociale moderne, avec ses compétitions qui "mélangent les genres" nous apprend à réfréner les manifestations de l'androgynie. Mais dans nos rêveries, dans la grande solitude de nos rêveries, quand nous sommes libérés si profondément que nous ne pensons même plus aux rivalités virtuelles, toute notre âme s'imprègne des influences de l'*anima* ».

[115] *Ibid.*, 12.

La *rêverie* cosmica – terra, acqua, aria e fuoco – è stata al centro di altrettante opere. Ma, dai *Fragments* dell'opera incompiuta sembrerebbe quasi che Bachelard voglia riscriverle tutte, sfruttando le potenzialità del nuovo metodo fenomenologico.[116] Infatti, al termine del suo lungo itinerario, non gli basta più l'ispirazione alchimistica per comprendere il microcosmo umano. Egli ha scoperto una dimensione autenticamente "ontologica" che si manifesta all'uomo attraverso il surconscio poetico, facendogli superare « l'orgoglio umano della conoscenza faustiana entro i gioiosi limiti della condizione umana »:[117]

> « La rêverie assemble de l'être autour de son rêveur. Elle lui donne des illusions d'être plus qu'il est. Ainsi, sur ce moins-être qu'est l'état détendu où se forme la rêverie se dessine un relief – un relief que le poète saura gonfler jusqu'à un plus-être. L'étude philosophique de la rêverie nous appelle à des nuances d'ontologie ».
>
> « Et cette ontologie est facile, car c'est l'ontologie du bien-être – d'un bien-être à la mesure de l'être du rêveur qui sait le rêver. Pas de bien-être sans rêverie. Pas de rêverie sans bien-être. Déjà, par la rêverie, on découvre que l'être est un bien. Un philosophe dira: l'être est une valeur ».[118]

Ci sembra di trovare qui una delle migliori definizioni del fatto simbolico, che in termini più filosofici potremmo esprimere anche come un « sapere che non è istituito dalla riflessione ma può essere pensato perché si dà ».[119]

In questa acquisizione ontologica bisogna collocare la rilettura critica del *cogito* cartesiano. Su questo punto, Bachelard anticipa le posizioni di P. Ricœur, il quale, con una sentenza lapidaria, avrebbe smascherato così l'inganno cartesiano: « Il *cogito* è all'interno dell'essere e non viceversa ».[120] Al contrario del sognatore notturno, che non può enunciare un *cogito*, il poeta della *rêverie* lo può fare, « mais le rêveur de rêveries ne s'abstrait pas dans la solitude d'un *cogito*. Son *cogito* qui rêve a tout de suite, comme disent les philosophes, son *cogitatum* ».[121]

La concezione ontologica del simbolo in Bachelard porta in sé la riconciliazione delle due fratture aperte dalla filosofia moderna: quella del soggetto con il mondo che lo circonda e quella del soggetto con l'altro. Mentre la prima porta al recupero del legame inscindibile tra microcosmo

---

[116] Già in [1957: 3] giudicava così le sue precedenti analisi, in cui si era posto il più obiettivamente possibile davanti alle immagini dei quattro elementi: « Peu à peu, cette methode, qui a pour elle la prudence scientifique, m'a paru insuffisante pour fonder une métaphysique de l'imagination ».

[117] G. DURAND [1964: 78; tr. it. 74].

[118] G. BACHELARD [1960: 131].

[119] A. BERTULETTI [1988: 449].

[120] Cf soprattutto il "manifesto" del simbolo di P. RICŒUR [1959].

[121] G. BACHELARD [1960: 20].

e macrocosmo,[122] la seconda trova la sua condizione nella dialettica tra *anima* e *animus*, come "angelo necessario" per il riequilibrio dell'umanità dell'uomo.[123]

Un'ultima acquisizione vorremmo carpire al filosofo della *rêverie*: l'importanza della "scrittura" di un'immagine come via per la sua comunicabilità. « Pour la communiquer, il faut l'*écrire*, l'écrire avec émotion, avec goût, en la revivant d'autant mieux qu'on la récrit ». Mettere in iscritto un'immagine è darle nuova forma, è creare un'alterità che distanzia l'autore dalla sua opera, lasciando che il simbolo continui da solo la sua vita, lontano da chi l'ha generato, nel nuovo mondo dell'interprete; è, alla fine, generare « une rêverie transmissible, une rêverie inspirante, c'est-à-dire une inspiration à la mesure de nos talents de lecteurs ».[124]

### 2.6 Simbolo ed "epifania del sacro"[125]

Le suggestive intuizioni trovate in Bachelard hanno bisogno di alcuni complementi, non fosse altro per allargare il campo d'indagine al di là del linguaggio poetico e per superare una considerazione del simbolo come semplice forma di riequilibrio dell'obiettivazione scientifica. Un primo contributo ci viene dall'approccio storico-religioso di *Mircea Eliade*.[126] Limitatamente al nostro interesse, vogliamo porre in evidenza, nella ricerca di Eliade, la "figura" del simbolo come "epifania del sacro".

Un simbolo rivela sempre, qualunque sia il contesto, l'unità fondamentale di molte zone del reale.[127] Questa affermazione potrebbe essere considerata la tesi basilare di tutta la ricerca di Eliade. Quando perciò lo storico delle religioni capta da vari contesti le strutture di un simbolo, non "polverizza" affatto il materiale mitico-religioso per costruire una visione sincretistica o eclettica del reale,[128] bensì pone in atto un'"analogia" e

---

[122] Cf l'analisi de « L'immensité intime », in G. BACHELARD [1957: 168-90].

[123] G. DURAND [1964: 81; tr. it. 76].

[124] G. BACHELARD [1960: 7] (entrambe le citazioni di questo capoverso).

[125] La dizione proposta ci è stata suggerita dallo studio sulle icone di P. EVDOKIMOV [1970: 4]: « Le message du symbole réside dans son caractère épiphanique de présence figurée mais bien réelle du transcendant ».

[126] Le opere cui facciamo riferimento per questa ricerca sono le seguenti: M. ELIADE [1949], [1952], [1956], [1960] e [1964]. Per completezza, andrebbero analizzate anche le altre opere di fenomenologia religiosa, che tuttavia possiamo considerare "integrate" nella sua ricerca, come gli studi ormai classici di R. OTTO [1917] e di G. VAN DER LEEUW [1956].

[127] Si vedano le riflessioni che concludono il capitolo dedicato a « La structure des symboles » in M. ELIADE [1949: 380-82].

[128] Si ricordino, tra le altre, le critiche mosse da E. ORTIGUES [1962: 189]. A questo tipo di obiezioni può rispondere lo stesso ELIADE: « Faire ressortir la structure d'un symbole à l'aide d'un nombre considérable de contextes, ne veut pas dire confondre ses valences ni les réduire à une seule signification » [1960: 28].

un'"assimilazione", che riguarda in prima istanza la relazione tra l'esisten-
zialità dell'oggetto e la totalità del reale, ove « tout se tient ensemble ».[129]

Si può comprendere allora la distanza che separa il linguaggio concettuale dal linguaggio simbolico. Il linguaggio concettuale pone in luce
gli aspetti contradditori della realtà, andando a scontrarsi con molte difficoltà e non riuscendo a comunicare il significato esistenziale che si accompagna allo svelamento delle strutture profonde della realtà stessa. Il
linguaggio simbolico, al contrario, mantiene uniti in sé i significati contradditori in una sorta di *coincidentia oppositorum*, per cui un simbolo ha
sempre una valenza polivalente.[130]

Il discorso di Eliade sembrerebbe avvicinarsi alla definizione degli
archetipi junghiani. A salvaguardarlo dalla regressione nell'indistinto immaginario collettivo, sta lo spessore ontologico accordato al simbolo.[131]
La sorgente della ricchezza polivalente del simbolo non sta dunque nei
suoi possibili valori semantici, in una semiosi infinita, ma in un radicamento "ontologico".

Da qui si possono trarre alcune conseguenze. Il simbolo è in grado di
tradurre una situazione umana in termini cosmologici, e viceversa.[132]
Questa solidarietà esistenziale tra il simbolo e il contesto cosmico, pone
l'uomo in presenza del « mistero »: nella relazione simbolica, il mondo
non è più obiettivato come *res extensa*, alla quale il soggetto deve approdare, ma il soggetto si coglie partecipe di una relazione, che è già posta in
essere prima della sua presa di coscienza e nella quale egli deve trovare il
suo posto. L'universo diventa "creazione" e ogni comprensione del reale,
che si lascia attrarre dalle sue strutture profonde, si accompagna ad una
esperienza religiosa.[133]

L'analisi fenomenologica del simbolo in Eliade postula una teoria
fondamentale, in cui vengano chiarite le *condizioni di possibilità* di un tale
linguaggio e, ancora più profondamente, vengano giustificate – per dirla

---

[129]  *Ibid.*, 18s.

[130]  Si potrebbe ricordare quanto scriveva W. STÄHLIN [1958b: 45]: « Im echten
Symbol wird also als eine ursprüngliche Einheit erfahren, was unter anderen Betracht –
einerlei durch welche Umstände – auseinander gebrochen ist und erst in jenem zusam-
menschauen Denken wieder zur Einheit zusammengefügt werden muß ».

[131]  M. ELIADE [1949: 381s]: « Tous les systèmes et les expériences anthropocosmi-
ques sont possibles *en tant que l'homme devient lui-même un symbole* ».

[132]  M. ELIADE [1960: 27]. Conseguentemente, « celui qui comprend un symbole non
seulement s'"ouvre" vers le monde objectif, mais en même temps réussit à sortir de sa situation particulière et à accéder à une compréhension de l'universel ».

[133]  M. ELIADE [1949: 385-88] e [1960: 15]. Per la prospettiva di M. ELIADE, vale
quanto afferma W. STÄHLIN [1973: 105]: « Symbole sind nicht willkürliche Einkleidun-
gen der Veranschaulichungen geistiger Begriffe oder Gedanken, sondern in bestimmten
Erscheinungen und Ereignissen der irdischen, sichtbaren, geschichtlichen Welt schauen
wir die Offenbarung Gottes selbst, die Erscheinung seines Wesens an ».

con G. Durand – l'« *universalité de la théophanie* » e la ricchezza ine-
sausta del *Bild* alla ricerca di un *Sinn,* « modèle même de la médiation de
l'Éternel dans le temporel ».[134]

## 2.7 Simbolo e "fantastica trascendentale"

Le domande suscitate dalla fenomenologia storico-religiosa di Eliade
trovano una prima risposta nell'importante sintesi di *Gilbert Durand,*[135] al
quale – come si vedrà nelle analisi seguenti – dobbiamo molto. L'apporto
specifico di Durand potrebbe essere definito come teoria generale della
struttura dell'immaginario:[136] essa cerca il fondamento comune dietro le
diverse manifestazioni della psiche, integrando nella funzione simbolica
sia il pensiero concettuale sia il cosiddetto linguaggio simbolico.[137]

La ricerca di Durand ha mostrato alla base della funzione simbolica
una "polarità". Nella sua archetipologia, il punto di arrivo fondamentale è
infatti la scoperta che il mondo simbolico si presenta come equilibro di
due « regimi », il *Regime diurno* dell'antitesi diairetica e il *Regime not-*
*turno* dell'« eufemizzazione », dell'antifrasi e della sintesi. Ciascuno dei
due regimi recensisce i simboli in universi tra loro antagonistici, che formano, attraverso le diverse proporzioni, le varie "figure storiche" della
psiche, della cultura o della società.[138]

L'equilibrio delle potenzialità antagoniste delle immagini non va interpretato, secondo Durand, al modo della *Aufhebung* hegeliana o della
*sintesi* junghiana, bensì piuttosto come un « sistema » che si organizza in
modo diacronico in una « storia », nella quale si dipana il « *trajet anthro-*
*pologique* ».[139]

---

[134]   G. DURAND [1964: 129; tr. it. 120].

[135]   La prima opera di G. DURAND [1964], panoramica, è più attenta a collocare la sua
proposta nell'ampio orizzonte culturale. La seconda opera [1969], più analitica e completa, è la fondazione di una *fantastica trascendentale* (titolo della III parte, suggeritogli da
NOVALIS, *Schriften*, II, 365; cf pag. 328) o, come dice il sottotitolo del volume, un'« introduction à l'archétypologie générale ».

[136]   G. DURAND [1964: 88-114; tr. it. 84-106] presenta una sintesi della sua proposta,
in cui si sofferma anche su due altri fattori, che noi non sviluppiamo qui: lo studio dei *li-*
*velli formatori* delle immagini simboliche (accanto al livello psicofisiologico, i livelli pedagogico e sintematico); e la *convergenza delle ermeneutiche*. Essendo quest'ultimo un
tema assunto da RICŒUR, avremo modo di trattarlo nel seguente paragrafo.

[137]   G. DURAND [1964: 88; tr. it. 84s].

[138]   Vengono recuperati, in questo modo, gli apporti di analoghe scienze: in psicanalisi ricordiamo l'*animus* e l'*anima* di Jung, in antropologia culturale o sociologia ricordiamo la dialettica dei "modelli di cultura", come *classico / romantico* (W. OSTWALD),
*ideational / sensate cultures* (P. SOROKIN), *culture apollinee / dionisiache* (R. BENEDICT),
o *oriente / occidente* (F. S. C. NORTHROP). Cf G. DURAND [1969: 445-55].

[139]   Vale a dire, « l'incessant échange qui existe au niveau de l'imaginaire entre les
pulsions subjectives et assimilatrices et les intimations objectives émanant du milieu
cosmique et social » (G. DURAND [1969: 38]. Questo permette di rendere ragione del ritmo sincopato e della dialettica delle manifestazioni psico-sociali e culturali, sia a livello

Rifacendosi agli studi di Roger Bastide su sociologia, etnologia e psi-canalisi, Durand trova una « ambiguïté psycho-sociale du symbole »:[140] come nell'uomo maschio è presente e vi è bisogno dell'*anima* e nella donna parimenti vi è bisogno dell'*animus* per il loro sano equilibrio, così nel simbolismo di una società vi sono sempre delle « congères », come le chiamerebbe P. Sorokin,[141] vale a dire elementi simbolici antagonisti non del tutto integrati, memoria e prefigurazione di altri momenti culturali.[142]

Tra simbolismo e cultura vi è dunque un rapporto più complesso e dialettico di quanto ha ipotizzato G. Dumézil. Vi è, secondo Durand, un duplice piano simbolico all'interno di ogni gruppo sociale: da una parte i *gesti* (usi, riti, comportamenti collettivi...), dall'altra le *rappresentazioni* (lingua, linguaggi, soprattutto i miti religiosi e cosmogonici...), con la possibilità di una dialettizzazione dei due piani, a conferma di quell'antagonismo studiato nell'archetipologia simbolica.

Nell'antagonismo costitutivo di *Regime diurno* e *notturno* del simbolico, se ci si pone su di un piano psicofisiologico, ci si accorge che il concetto di *libido* freudiano – e anche la rilettura junghiana nei termini di « metamorfosi » – « n'a plus sa raison d'être ».[143] Il fattore di equilibrio che anima il simbolismo va invece cercato nei dinamismi dei *tre schemi d'azione*,[144] omologhi ai *gesti dominanti* studiati dalla riflessologia. Lo schema, che è ancora ultimamente un linguaggio kantiano, vicino tuttavia al senso del « symbole fonctionnel » di Piaget[145] e del « symbole moteur » di Bachelard,[146]

« est une généralisation dynamique et affective de l'image [...]. Il fait la jonction, non plus comme le voulait Kant, entre l'image et le concept, mais

---

generazionale sia a livello storico: « La dialectique des époques historiques se réduit donc au double mouvement, plus ou moins aggravé par les incidentes événementielles, du passage théorique d'un régime d'images à l'autre, et du changement pratique, minuté par la durée moyenne de la vie humaine, d'une génération adulte à l'autre ». Cf G. DURAND [1969: 448s] e [1964: 90s; tr. it. 86s].

[140]  [1969: 453].
[141]  P. SOROKIN, citato in G. DURAND [1964: 90; tr. it. 99].
[142]  G. DURAND [1969: 454s].
[143]  G. DURAND [1964: 91; tr. it. 87].
[144]  Essi trovano conferma negli studi sui *riflessi dominanti*, studiati dalla Scuola di Leningrado (W. BETCHEREV, J. M. OUFLAND, A. OUKHTOMSKY...), negli studi di JEAN PIAGET sulla formazione del simbolo nel bambino; nella sociologia (G. DUMÉZIL, R. BASTIDE) e nella studio della tecnologia (A. LEROI GOURHAN). Tra archetipologia del simbolo e riflessologia non si deve tuttavia ipotizzare nessun rapporto causale o analogi-co; piuttosto, il « trajet anthropologique » va letto in entrambi i sensi, nel senso di una omologia. Cf G. DURAND [1969: 40-58] e [1964: 87s].
[145]  J. PIAGET [1945: 178].
[146]  G. BACHELARD [1948: 264].

entre les gestes inconscients de la sensori-motricité, entre les dominantes réflexes et les représentations».[147]

I « tragitti antropologici » dello schema sono dunque delle concretizzazioni precise degli engrammi teoretici dei gesti dominanti.[148] Così, alla dominante "posizionale", caratteristica del *Regime diurno*, corrispondono i due schemi della verticalizzazione ascendente e della divisione (visiva e manuale); alla dominante "digestiva" corrispondono gli schemi della discesa e del rannicchiarsi nell'intimità; alla dominante "copulativa" (ritmo ciclico) corrispondono gli schemi del progredire o del ritorno. Sono proprio questi schemi, in reazione all'ambiente naturale e sociale, a produrre i grandi « archetipi » (o « immagini originarie »). Per citare solo qualche esempio: dallo schema ascensionale derivano gli archetipi della vetta, del capo, del cielo; dallo schema diairetico quelli della luce, dell'arma, del rituale battesimale...

Il parametro della "stabilità" distinguerebbe, secondo Durand, gli archetipi dai semplici simboli: mentre i primi sono senza ambivalenze, costanti e adeguati a un solo schema, il semplice simbolo, invece, può assumere diverse valenze archetipali, con la possibilità di migrare dalla semasiologia al semiologismo e di "degradarsi" a semplice segno.[149] Questa distinzione tra "archetipi" e "simboli", comprensibile da un punto di vista sistematico, è tuttavia rischiosa, se dovesse introdurre una duplicità di "figura" per indicare la stessa realtà (il simbolo, appunto). Noi useremo il solo vocabolo "simbolo" sia per il piano archetipico sia per il piano simbolico di Durand, così da evitare di reintrodurre l'eco dell'"archetipo" junghiano. Il seppellimento del simbolo nel segno, d'altra parte, non è dovuto allo statuto del simbolo stesso, ma alla carica "storica" o "ideologica" che gli viene attribuita dal locutore, riducendo così il simbolo a "segno di riconoscimento" (ad es., la croce per il cristiano o, in genere, gli emblemi).[150]

A parte questo problema, la teoria simbolica di Durand, come si è potuto percepire dalla breve esposizione, è molto feconda. Decisivo – ci sembra – è il punto di arrivo della sua opera maggiore: sulla base della

---

[147] G. DURAND [1969: 61].

[148] Per completezza, ricordiamo le « strutture » che caratterizzano ciascuno dei tre schemi: esse vanno descritte come "forme" dinamiche, soggette a trasformazione , e modelli tassinomici e pedagogici (G. DURAND [1969: 65]). Nella dominante "posizionale" le strutture sono schizomorfe o eroiche (idealizzazione, *Spaltung*, geometrismo e antitesi polemica); nella dominante "copulativa" sono sintetiche o drammatiche (sistematizzazione, dialettica degli antagonisti, storicizzazione e progressismo); nella dominante "digestiva" sono mistiche o antifrastiche (*redoublement* e perseveranza, adesività antifrastica, realismo sensoriale e gulliverizzazione).

[149] G. DURAND [1969: 63s; tr. it. 52].

[150] Si riconosce in questa definizione il significato etimologico e più antico di συμ-βάλλειν.

polarità degli schemi simbolici, egli ha saputo riconoscere proprio nel *linguaggio* – e soprattutto nella metafora[151] – quello « spazio », pur debole e ambiguo, in cui prende vita il fatto simbolico e sono pienamente integrati i due regimi dell'immaginario.[152]

Manca ancora un passo, ci sembra. È importante aver percorso quei « tragitti antropologici » che sono in grado di unire le diverse manifestazioni del pensiero umano, compresa la « mythologie blanche », come J. Derrida ha definito la metafisica occidentale. Ma occorre anche trovare, per la funzione simbolica, le ragioni ontologiche che fondano l'"immaginazione simbolica" quale modalità del sapere dell'uomo. In questo modo potremo davvero far risorgere non solo la pienezza del fatto simbolico, ma anche la sua necessaria affermazione in vista di una teoria generale della conoscenza.

## 2.8 Simbolo e ontologia

All'impianto teoretico di *Paul Ricœur* va riconosciuto il merito di aver condotto il problema del simbolo al punto di approdo ontologico. Il debito che la nostra riflessione gli deve è grande. La vasta produzione ricœuriana, che ha percorso con coerenza e ha riportato ad unità molti segmenti della cultura contemporanea, ci ha offerto il perno della nostra impostazione metodologica.[153] A questo punto dell'analisi, ci basti mettere in luce alcuni capitoli, essenziali nell'unitaria proposta di Ricœur e decisivi per la nostra ricerca: *1)* la necessità e la dialettica di diverse ermeneutiche; *2)* il passaggio dal simbolo al mondo narrativo del testo; *3)* il fondamento ontologico della dimensione euristica del simbolo e del racconto.

*1)* Soprattutto nell'opera centrata su Freud [1965] e nella prima raccolta di saggi ermeneutici [1969], Ricœur ha motivato la necessità di far convergere due ermeneutiche antagoniste: quella *archeologica*, che mira a smascherare quanto sta "dietro" il simbolo e il linguaggio; e quella *teleologica*, che mira a far emergere quanto il soggetto, attraverso il simbolo, pone "davanti" a sé come progetto. La coscienza, infatti, con una sorta di

---

[151] Il "senso proprio" nella metafora (e negli altri tropi) non è il "primo", bensì è il « résidu de l'évolution linguistique ». La funzione della metafora è dunque di « *transmuer sans cesse la lettre en esprit* » [1969: 484].

[152] G. DURAND [1969: 483]. È interessantissima l'analisi dei tropi retorici che segue alle pp. 483-91, in cui si mostra come la retorica possa svolgere la funzione di trascrivere un significato attraverso la mediazione di un processo significante. Riporto solo la conclusione: « Ainsi par la rhétorique et ses figures nous voyons peu à peu se défaire le sémantisme du figuré. Domaine intermédiaire, la rhétorique est elle aussi le lieu de toutes les ambiguïtés. [...] Et c'est au moment même où l'imagination tombait en discrédit dans la pensée occidentale que le terme de rhéteur devenait lui aussi péjoratif... » (*ibid.*, 491).

[153] Sull'opera di RICŒUR si vedano i contributi dei due dossier curati da J. D. CROSSAN [1975] e [1981]; e inoltre: K. J. VANHOOZER [1990], A. C. THISELTON [1992: 344-78], D. E. KLEMM - W. SCHWEIKER [1993].

*Weinlese*[154] del senso del simbolo – "raccogliendo" cioè la sua *surdétermination* – scopre in esso una progettazione del futuro che istituisce l'essere stesso della coscienza.[155]

Il simbolo è il crocevia delle due prospettive ermeneutiche, in quanto, prima di costituire un testo letterario, offre in se stesso una « texture signifiante ».[156] Tuttavia, il concreto del simbolo non è immediato, ma è frutto di una mediazione e di una « ricompensa del pensiero ».[157]

Si conquista così una « seconde naïveté », una conoscenza di frontiera, liminale, che il pensiero concettuale coglie nel simbolo, dialogando con il "mondo" progettato dal simbolo. La mediazione impedisce, da una parte, un irrazionalismo della comprensione, tipica dell'illusione romantica di un rapporto immediato tra il "genio" dell'autore e il soggetto interprete; dall'altra parte, evita il razionalismo positivistico, che si manifesta ancora nella metodologia rigidamente strutturalista, attenta ai sistemi segnici della « langue », ma non all'architettura del « discours ».[158]

La convergenza delle due ermeneutiche è propriamente il risultato della corretta dialettica tra "comprendere" e "spiegare".[159] La "comprensione" precede la "spiegazione", ma è quest'ultima a illustrare la prima.

---

[154] Questo vocabolo tedesco, « vendemmia », è molto amato dal nostro autore per esprimere la "raccolta" di tutti gli echi del simbolo.

[155] P. RICŒUR [1965: 478s]: « Les vrais symboles sont au carrefour des deux fonctions que nous avons tour à tour opposées et fondues l'une dans l'autre; en même temps qu'ils déguisent, ils dévoilent; en même temps qu'ils cachent les visées de nos pulsions, ils découvrent le procès de la conscience de soi: déguiser, dévoiler; cacher, montrer; ces deux fonctions ne sont plus du tout extérieures l'une à l'autre; elles expriment les deux faces d'une unique fonction symbolique ».

[156] Cf, ad esempio, [1965: 477] o [1982: 42; tr. it. 41]. In quest'ultimo contributo (pp. 41-44; tr. it. 40-43), RICŒUR riassume in cinque punti le caratteristiche del simbolismo immanente alla cultura: *a)* il carattere *pubblico* delle articolazioni significanti dell'azione (non è la società a produrre il simbolismo, ma il simbolismo a produrre la società); *b)* il carattere *strutturale* dei complessi simbolici (la *texture signifiante* pretestuale); *c)* la codificazione dell'azione per mezzo di *regole*; *d)* l'idea di norma orienta verso quella di *scambio* (simbolo come segno di riconoscimento); *e)* i sistemi simbolici forniscono un *contesto*, offrendo una « lisibilité de base » all'azione e facendo di essa un quasi-testo. È importante la notazione finale, perché riconduce il "quasi-testo" al suo intrascendibile carattere linguistico: « Ce n'est que dans le texte de l'anthropologue ou de sociologue que les interprétants à l'œuvre dans la culture deviennent des objets d'interprétation », perché il simbolismo esplicito, fissato nella scrittura rimane il simbolismo propriamente detto.

[157] « Le concret c'est toujours le comble de la médiation ou la médiation comblée. Le retour à la simple écoute des symboles est la "récompense après une pensée" » [1965: 466].

[158] [1986b: 33].

[159] « J'entends par compréhension la capacité de reprendre en soi-même le travail de structuration du texte et par explication l'opération de second degré greffée sur cette compréhension et consistant dans la mise au jour des codes sous-jacents à ce travail de structuration que le lecteur accompagne » [1986: 33].

Questo vale tanto per l'innovazione semantica della metafora, quanto per l'immaginazione creatrice del racconto, di cui diremo tra poco.[160]

L'integrazione delle ermeneutiche rende anche ragione della non opposizione tra simbolo e concetto. Non c'è bisogno di disprezzare l'uno per valorizzare l'altro. È infatti solo il concetto che può testimoniare quell'*excès de sens* tenuto in sospeso dal simbolo. Tra linguaggio poetico e concetto rimane tuttavia una "tensione" feconda.[161] Più a fondo, la verità "tensionale" della poesia è in grado di svelare la dialettica più originaria e più dissimulata, « celle qui règne entre l'expérience d'appartenance dans son ensemble et le pouvoir de distanciation qui ouvre l'espace de la pensée spéculative ».[162] Ma su questo ritorneremo tra poco.

2) Dopo le prime opere, Ricœur ha spostato i termini del problema, inserendo la problematica del simbolo nella prospettiva più comprensiva della narratologia del *testo*. In questo ambito, egli ha dimostrato l'unità *funzionale* dei diversi generi narrativi, sulla base del loro *carattere temporale*: critica letteraria, epistemologia della conoscenza storica e teorie del tempo vengono ora abbracciate in un unico grande plesso problematico.[163] La potenzialità di ridescrivere il reale studiata per il simbolo e la metafora viene ora applicata ad una "poetica", la cui unità di misura, più ampia della frase, è il *testo*, definito come « le médium approprié entre le vécu temporel et l'acte narratif ».[164] La σύνθεσις o σύστασις di cui parla Aristotele – il riferimento è al μύθος della *Poetica*, 1450a 5.15 – viene interpretata da Ricœur come quell'azione creativa, che costruisce l'*« intrigue »*, tanto nel racconto di finzione quanto nel racconto storico, e che corrisponde all'innovazione semantica della metafora.[165]

La trama, in quanto mediatrice tra evento e storia narrata, costituisce l'equivalente narrativo della nuova pertinenza predicativa della metafora. Al pari di quest'ultima, il "simbolismo narrativo" è intelligibile solo se vi è un'equilibrata relazione tra immaginazione creatrice e tradizione,[166] e

---

[160] [1986b: 22s].

[161] « À la puissance imaginative de la poésie pensante, le poète répond par la puissance spéculative de la pensée poétisante » [1975a: 394]. Nell'esposizione del rapporto tra poesia e pensiero filosofico, viene citato M. Heidegger [1956: 45]: « Entre elle deux, pensée et poésie, règne une parent plus profondément retirée, parce que toutes deux s'adonnent au service du langage et se prodiguent pour lui. Entre elles deux pourtant persiste en même temps un abîme profond, car elles "demeurent sur les monts les plus séparés" » (p. 394).

[162] [1975a: 399].

[163] [1986b: 12]. Il riferimento esauriente è alla trilogia *Temps et récit*: [1983], [1984] e [1985].

[164] [1986b: 13]. Si veda anche il parallelo di [1982: 56-58; tr. it. 57-59].

[165] [1986b: 14].

[166] Per quanto riguarda la possibile "devianza" nell'innovazione di un racconto di finzione, Ricœur nota che essa « n'est possible que sur le fond d'une culture traditionelle qui crée chez le lecteur des attentes que l'artiste se plaît à exciter et à décevoir. [...] Seule

richiede una *comprensione* da parte dell'interlocutore o del lettore prima di ogni attività esplicativa.

L'accumulazione di racconto di finzione e racconto storico potrebbe stupire. Ma entrambi, in modo asimmetrico, hanno una *référence* all'esperienza umana. Sembrerebbe un'asimmetria irriducibile, in quanto solo il racconto storico sarebbe centrato sul "reale" (anche se passato).[167] Ma questa impressione è falsa.

Distinguendo tra « référence indirecte » (racconto storico) e « référence productrice » (racconto di finzione), posta in esercizio dalla μίμη-σις[168] – intesa come prefigurazione, configurazione e trasfigurazione del mondo dell'azione –, Ricœur non cancella l'asimmetria, ma trova che in entrambi i casi siamo in presenza di riferimenti *mediati*, che devono dunque essere interpretati.[169]

*3)* E veniamo al traguardo della prospettiva ricœuriana, che potremmo considerare come l'esecuzione dell'adagio heideggeriano: « La *meta*forica non esiste che all'interno della *meta*fisica ».[170] L'originalità di Ricœur sta, a nostro parere, nell'aver collocato l'ermeneutica del fatto simbolico in un quadro filosofico che integra la filosofia riflessiva, l'epistemologia fenomenologica husserliana e l'ontologia post-heideggeriana. Con tale integrazione, viene scardinato il radicale dualismo cartesiano e l'*impasse* in cui si era venuto a trovare Husserl.

Il *cogito*, che deve poter accompagnare tutte le rappresentazioni (Kant), non si fonda infatti su una trasparenza immediata di sé con se stessi, come voleva Descartes, quando pose la coscienza di sé quale sapere primo intrascendibile e quindi più fondamentale di ogni sapere positivo.[171] Poiché il pensiero che riflette su di sé è sempre preceduto da un sapere che rende possibile l'atto riflessivo, si produce un movimento « à rebours » che non raggiunge mai il fondamento, facendo svanire il progetto

---

est pensable une imagination *réglée* » [1986b: 16]. RICŒUR è attento a mostrare in che senso si possa istituire una corretta analogia tra il racconto di finzione e il racconto storico (*Ibid.*, 14s).

[167] [1986b: 17].

[168] La potenza *mimetica* del racconto sta nel fatto che la μίμησις non è solo imitazione, ma imitazione creatrice: la *finzione* (dal latino *fingere*, "plasmare", "modellare") proietta sul mondo dell'azione effettiva il *come* della finzione poetica, vale a dire il mondo del testo, una proiezione del testo come mondo (cf [1982: 59-61; tr. it. 60-63] e [1986b: 17]). « Voir quelque chose comme, c'est rendre manifeste l'*être-comme* de la chose » [1986b: 34].

[169] Cf gli approfondimenti nel contributo « Expliquer et comprendre », in [1986b: 161-82].

[170] Citato dallo stesso RICŒUR [1975a: 357].

[171] Contro questa riduzione fatale, la fenomenologia di Husserl aveva istituito l'*intenzionalità*; in termini rigorosi, ciò significa che « l'*acte* de viser quelque chose ne s'atteint lui-même qu'à travers l'unité identifiable et ré-identifiable du *sens* visé » [1986b: 26]. Per questa discussione si veda A. BERTULETTI [1988: 444-65].

di autofondazione e scoprendo che la *Lebenswelt* originaria non è mai data, ma sempre presupposta.[172]

Interviene a questo punto il contributo dell'ermeneutica. Infatti, il problema posto dall'ermeneutica, risorta a nuova vita dopo Schleiermacher, può essere letto in stretta analogia con il problema epistemologico, in quanto in entrambi i casi è in gioco il medesimo rapporto tra il *senso* e l'*io*, ovvero tra l'*intelligibilità* del primo e la *riflessività* del secondo. L'analitica heideggeriana, erede e realizzazione della fenomenologia, ha spezzato il processo regressivo infinito di Husserl, capovolgendo i termini della *Lebenswelt*. Essa non è il punto di arrivo, bensì il presupposto intrascendibile: infatti, è la dialettica tra l'*essere-nel-mondo* e il *progetto*, costitutiva del *Verstehen*, a rendere possibile l'intenzionalità e a permettere, in un secondo movimento, la sintesi oggettiva del nostro sapere, avendo ormai acquisito che non può essere dedotta la differenza tra l'oggetto e l'orizzonte ultimo della sua verità. Il definitivo superamento della "distanziazione" husserliana è possibile dunque a partire dal presupposto della nostra partecipazione al mondo in cui "siamo gettati".[173]

Di conseguenza, il nostro sapere è un "sapere simbolico", vale a dire « un sapere *mediato*, ma la cui mediazione si presenta come una sintesi immediata che precede la riflessione e non può essere analiticamente dedotta nei suoi princípi ».[174] Ricœur istituisce in questo "medio" dei tre termini mediatori, la necessità dell'interpretazione: i *segni*, in quanto è affermata la condizione originariamente « *langagière* » di ogni esperienza umana comunicabile; i *simboli*, che contribuiscono a dissipare l'illusione di una conoscenza intuitiva, ricollocando il soggetto nel mondo in cui è venuto all'esistenza e alla parola;[175] i *testi*, come unità di misura adeguata del simbolico, e, in particolare, l'atto della "scrittura", che dà al linguaggio umano autonomia semantica (in rapporto all'intenzione del locutore, alla recezione dell'uditorio originario e alle diverse situazioni socioculturali in cui il testo venne prodotto).[176]

La fecondità del discorso ricœuriano deriva proprio dal fatto che l'ermeneutica ha trovato la sua adeguata collocazione nella struttura ontologica dell'evidenza.[177] "Comprensione" e "spiegazione" sono dunque in vicendevole e perenne dialettica, dal momento che il criterio veritativo di

---

[172]  [1986b: 27].
[173]  A. BERTULETTI [1988: 448].
[174]  *Ibid.*, 448.
[175]  P. RICŒUR [1986b: 30].
[176]  Si veda soprattutto « Qu'est-ce qu'un texte? », in [1986b: 137-59]. Non bisogna tuttavia assolutizzare l'equazione tra scrittura e fissazione, soprattutto nel caso del testo biblico. Si veda al riguardo L. ALONSO SCHÖKEL [1964: 237; tr. it. 251]: « No se puede identificar sin más escritura con fijación: porque existe una fijación oral, y existe un proceso fluido escrito ».
[177]  Cf H. A. FISCHER BARNICOL [1968].

ogni senso consiste in quell'"epifania" dell'essere che nessun senso può adeguare, perché non ne è mai l'origine.[178] Non è dunque possibile ridurre l'ermeneutica alla sola « spiegazione » o alla disputa sui diversi metodi per giungere alla spiegazione; ma nemmeno si può pensare ad una « comprensione » che possa elidere il momento esplicativo.[179] La priorità della « comprensione » trova la sua ragione in una teoria ontologica che, stabilendo il fondamento dell'irriducibilità del *senso* al metodo stesso, impedisce all'ermeneutica sia di ridursi a metodologia esegetica, sia di sostituirsi alla *verità*. Tuttavia, l'ermeneutica "apre" lo spazio in cui è possibile un'epifania dell'Assoluto, pur non potendone tematizzare i contenuti.[180] Sarà invece compito della fede identificare questo Assoluto come "Dio", sulla base della rivelazione.[181]

## 3. A MO' DI CONCLUSIONE: UNA RISPOSTA AL RIFIUTO DELL'"IMMAGINAZIONE SIMBOLICA" (IN SPINOZA, MA NON SOLO)

Giunti al termine del nostro percorso, abbiamo tra le mani, oltre alla definizione del fatto simbolico, gli elementi sufficienti per reagire contro l'iconoclastia spinoziana e, in genere, contro il rifiuto dell'immaginazione simbolica da parte di una certa metodologia storico-critica, che ha avuto la pretesa di essere l'unico criterio ermeneutico del testo biblico. In questo paragrafo, mentre abbozziamo una risposta, lanciamo lo sguardo in avanti, tentando di tradurre in progetto metodologico le acquisizioni della precedente rassegna.[182]

---

[178] Cf A. BERTULETTI [1988: 459s].

[179] P. RICŒUR [1986b: 181].

[180] *Ibid.*, 181: « [Le mot "compréhension"] désigne le pôle non méthodique, dialectiquement opposé au pôle de l'explication dans toute science interprétative, *et* constitue l'indice non plus méthodologique mai proprement véritatif de la relation ontologique d'appartenance de notre être aux être et à l'Être ».

[181] Sul rapporto "rivelazione" e "fede" all'interno del sapere teologico, cf A. BERTULETTI [1988: 460-65]. Come si può vedere, l'impostazione corretta dell'"immaginazione simbolica" permette di superare sia l'onto-teologia della metafisica classica, sia una concezione "debole" di ermeneutica, incapace di porsi in rapporto con la verità.

[182] Il nostro metodo s'innesta sulle acquisizioni di L. ALONSO SCHÖKEL e le conduce un passo avanti. Ricordiamo, a questo proposito, i contributi più teorici della sua fecondissima produzione: la sua tesi pionieristica (*Estudios de poética hebrea...*), ripresa e perfezionata dal recente "manuale" di poetica [1987]; lo studio del [1964], che è molto più di un commento alla *Dei Verbum*; i saggi raccolti in [1970]; il *Manuale di poetica ebraica* [1987]; le dispende scolastiche di ermeneutica, recentemente pubblicate [1994] e, *last but not least*, quegli aforismi gustosissimi – piccolo gioiello di letteratura polemica – inviati per il del XL dell'Associazione Biblica Italiana [1990].
Sui problemi che affronteremo in questo paragrafo, segnaliamo anche: R. BARTHES [1987], N. GALANTINO [1988], E. ARENS [1990], G. THEISSEN [1990] e la miscellanea curata da L. PACOMIO [1991], con contributi dello stesso curatore e di I. DE LA POTTERIE, R. GUARDINI, J. RATZINGER, G. COLOMBO, E. BIANCHI. Un interessantissimo progetto di

3.1 Il guadagno maggiore dell'analisi svolta è di aver ricollocato la discussione sul simbolo entro la prospettiva dell'ermeneutica e dell'ontologia. L'interpretazione del testo biblico è un caso del problema che investe il sapere in quanto tale, vale a dire le condizioni di possibilità di un senso ultimo, la *verità*, indisponibile ad una logica deduttiva, una *verità* che fonda e giudica il *senso* plurivoco, oggetto appunto del lavoro interpretativo.

Il rapporto tra l'intelligibilità del *senso* e la riflessività dell'*io* nell'atto ermeneutico di fronte a un testo postula un orizzonte di "comprensione" – o, se si preferisce, di "precomprensione" – intrascendibile, nel quale l'interprete si muove prima e durante ogni atto interpretativo esplicito. Alla pari del *cogito* cartesiano, il momento di partenza per l'interprete non è mai la soggettività assoluta. La dichiarazione illusoria di fare a meno dell'orizzonte veritativo conduce in realtà a due *loop*, tra loro opposti, ma ugualmente disastrosi: da una parte, la "spiegazione" può prendere ideologicamente il posto della verità ultima; dall'altra, diventa un esercizio filologico infinito, che istituisce ogni volta un suo senso, ma solo "possibile". Al contrario, sulla base della "comprensione", la "spiegazione" esprime le sue potenzialità, nel garantire che la *verità* non sia di fatto estranea al *senso*.

In certo qual modo, aveva ragione Spinoza nel distinguere la *verità* dal *senso*. Tuttavia, contro la separatezza da lui teorizzata, noi riconosciamo in questa distinzione il fatto che la *verità* non è deducibile dal *senso* e insieme che l'orizzonte veritativo entro cui si compie ogni atto interpretativo alla ricerca del *senso* è intrascendibile.

3.2 Da ciò deriva che ogni testo – il testo poetico, in modo particolare, ma non esclusivo[183] – è *simbolico*: non solo, in senso debole, perché utilizza simboli o metafore, ma anche, in senso forte, perché il mondo progettato dai simboli crea un'apertura possibile all'"epifania della verità".[184]

Non vogliamo con questo dire che sia possibile accostarsi al testo biblico solo dall'interno della confessione di fede, sia essa cristiana o ebraica. In ogni caso, però, è impossibile comprenderlo con una ragione "neutra". L'opzione veritativa – qualunque essa sia – orienta di fatto la ricerca del *senso*, pena la non rilevanza della spiegazione stessa.

---

"teologia biblica" a partire da un'ermeneutica instaurativa è stato recentemente proposto da L. G. PERDUE [1994: 301-07].

[183] Si ricordino gli apporti di RICŒUR a proposito della funzione euristica del *racconto di finzione* e del *racconto storico*, e il parallelismo asimmetrico tra i due generi.

[184] Leggendo questa affermazione sul piano concreto della rivelazione e della fede – e quindi propriamente teologico – troviamo la condizione di possibilità dell'"ispirazione" stessa. Si veda, a questo proposito, il capitolo dedicato all'opera ispirata in L. ALONSO SCHÖKEL [1964: 243-66; tr. it. 257-82].

3.3   Direttamente connessa alla conclusione precedente sta la necessità di aggredire il simbolo (e il testo) attraverso quella convergenza delle ermeneutiche, di cui parlava Ricœur. Parlare di convergenza delle ermeneutiche non è una disputa sulle metodologie esegetiche. In discussione è invece la possibilità *veritativa* accordata al simbolo. Se l'ermeneutica *archeologica* studia il simbolo nei presupposti che lo producono, smascherandolo eventualmente come sintomo o segnale di qualche altra situazione, l'ermeneutica *teleologica* lo instaura nella sua valenza epifanica.

Il limite più vistoso del metodo storico-critico, figlio legittimo del "mito genetico" dell'ermeneutica romantica[185] e del razionalismo positivistico,[186] è proprio l'assunzione di un'ermeneutica *archeologica*, che considera irrilevante quanto riguarda il τέλος di un testo, a partire dal momento in cui il testo ha cominciato ad esistere.[187] D'altronde, si può trovare lo stesso limite anche in quelle analisi strutturaliste, denominate da T. Todorov interpretazioni *operazionali*,[188] le quali, ponendo tra parentesi il referente esistenziale, sono interessate solo a mostrare il meccanismo delle relazioni infratestuali.

Nonostante le differenze e le opposte insistenze, l'assolutizzazione del metodo storico-critico,[189] alla pari delle metodologie strutturali, conduce ad una *reificazione* del testo, annullando la progettazione positiva di un *mondo* costruito dai simboli. Il testo viene considerato alla stregua della *res extensa* cartesiana, che il soggetto interprete deve dominare "dall'esterno".

La scintilla che sprigiona l'atto interpretativo riproduce la figura del sapere simbolico: essa nasce quando il soggetto interprete coglie nel testo un qualcosa che provoca la sua immaginazione. Sulla base di questa intuizione, può andare alla ricerca di quanto può corroborare (o smentire) la propria ipotesi. Per questo, l'atto interpretativo non comprende solo un'analisi corretta. Questa può essere giudicata positivamente sulla base della documentazione portata a suffragio della propria ipotesi interpretativa. Ma, accanto ad essa, occorre avere il coraggio di entrare nello spazio della

---

[185]   Cf la discussione della "crisi romantica" in T. TODOROV [1977: 179-260].

[186]   Cf L. ALONSO SCHÖKEL [1990: 67], in cui sono elencati alcuni presupposti "criticati" nel metodo storico critico, « "storicamente" (non essenzialmente) legato al positivismo »: « L'assioma dell'evoluzione lineare e omogenea, senza scatti, salti, anticipazioni, ritardi. L'assioma del processo determinato da cause (originali, fonti, influssi), in una catena continua e recuperabile o ricostruibile. Il presupposto di un'evoluzione dal semplice al complesso, dal puro al contaminato ».

[187]   Abbiamo trovato illuminanti le riflessioni di L. G. PERDUE [1994: 235-40].

[188]   Cf T. TODOROV [1978: 161].

[189]   Con questo non ci si vuole (e non ci si deve!) disfare dell'arricchimento proveniente da questo tipo di indagine. L. ALONSO SCHÖKEL [1990: 67] elenca questi apporti positivi, di cui continueremo sempre ad aver bisogno.

*verità*, quello spazio creato dal simbolo come uno dei sensi "possibili" e sostenuto, ma non dimostrato, da un'analisi corretta del mondo testuale.

Il dialogo tra il "mondo" del testo e il "mondo" dell'interprete dà i suoi frutti quando l'interprete, in quell'intreccio inseparabile di comprensione e spiegazione, mette a fuoco l'*ἀρχή* che lega il simbolo alla tradizione cui appartiene, ma insieme riattribuisce al simbolo tutto il suo *τέλος* innovativo. La *diabolicità*, di cui parla W. Stählin[190] come antonimo di *simbolicità*, sta nel separare o nell'omettere questa dimensione teleologica.

Ricœur ha posto la "tradizione" e l'"innovazione" quali condizioni necessarie perché si possa comprendere e spiegare l'innovazione semantica della metafora e del racconto. Tradizione – che precede e segue il testo – e innovazione sono entrambe necessarie, perché si possa dare sia una comprensione che guida l'analisi, sia un'analisi che apre al nuovo possibile attraverso l'*immaginazione simbolica.*[191]

3.4   Deduciamo da qui alcuni orientamenti per l'esecuzione del lavoro.

3.4.1   La *tessitura testuale,*[192] ovvero l'ordito testuale dell'opera, sarà il vero centro d'interesse dello studio. Si tratterà, in altre parole, di scoprire all'interno dell'opera – i cui confini andranno stabiliti con una critica interna, non avendo purtroppo altre informazioni – le trame narrative intessute dallo sviluppo dei simboli. Il simbolismo di un'opera ben riuscita è strutturato in modo dinamico. La ricerca di queste linee di forza esplicita il movimento dell'opera stessa e ne svela il mondo in essa progettato.[193]

---

[190]   W. STÄHLIN [1958a: 344]: « Vergessen wir doch, wenn wir schon von Symbolen reden, keinen Augenblick, daß das sprachliche Gegenbild des *σύμβολον* der *διάβολος* ist, der Teufel. der Geist der Zerspaltung, der alles auseinanderreißt! Ich sehe kein Drittes, das uns der Entscheidung zwischen dem gläubig symbolischen und dem diabolischen Denken entheben könnte ».

[191]   In quest'opera, nonostante le evidenti cadute allegoriche, ci sono maestri i Padri e l'esegesi rabbinica. Si veda la presentazione sintetica delle "vie" patristiche e la loro convergenza sul "simbolo" in L. ALONSO SCHÖKEL [1970: 17-65]. L'accantonamento dei commentari patristici, nella scuola storico-critica, è diretta conseguenza dell'opzione esclusivamente "archeologica" per la *littera*, alla quale i Padri, salvo qualche illustre eccezione (Origene, Girolamo...), non hanno prestato molta attenzione. Il che non vuol dire che prima del "metodo storico-critico" non ci fosse stata attenzione "critica".

[192]   Diamo a « testo » il significato globale di P. RICŒUR. Per il nostro studio si potrebbe anche parlare di opera letteraria, intendendo con ciò « un sistema preciso de palabras, ordenado y significativo; es una estructura, o un sistema de estructuras. Como estructura hecha, es un acto realizado, y al mismo tiempo es una potencia que pide ser actualizada » (L. ALONSO SCHÖKEL [1964: 250; tr. it. 264]).

[193]   Da questo punto di vista, ci sembra molto interessante il recente studio di L. G. PERDUE [1991]. Egli legge il libro di Giobbe sulla base della dinamica offerta da due *pattern* mitici: quello cosmologico (cf *Enūma eliš*, il ciclo di *Baʿal*...) e quello antropologico (cf soprattutto *Atraḫasīs*). I due *pattern* sarebbero dominati rispettivamente da una *root*

Una via importante per raggiungere la trama narrativa dei simboli sarà tracciata dall'*analisi retorica*. Pur senza percorrere tutte le tappe di
questo approccio,[194] che ha raggiunto una considerevole maturità, noi ce
ne serviremo per scoprire la trama del testo a livello di struttura letteraria
di superficie ed essere quindi in grado di leggere unitariamente il *textus*
simbolico.

Quest'attenzione metodologica deriva dall'intrascendibile carattere
linguistico della comunicazione del simbolo propriamente detto.[195] Anche
nelle arti visive e, in genere, nel simbolismo prelinguistico, il linguaggio
verbale rimane l'unica via della comunicazione interpretativa, data la sua
peculiare caratteristica *metalinguistica*.[196]

3.4.2 Il *testo* di Giobbe è una *scrittura*, e una scrittura tutta particolare,
se non altro perché è collocato entro un *testo* dai confini più ampi.[197] I
confini "canonici" del Libro non sono irrilevanti per il compito interpretativo, non solo per il mondo di comprensione che ci guida, ma soprattutto
per le nuove correlazioni che si creano all'interno dell'unica "Scrittura".
L'analisi dovrà dunque trovare isomorfismi simbolici, analogie o antino-
mie, anzitutto all'interno di questo contesto creato dal Libro.

In seconda istanza, le analogie andranno cercate nei testi dell'Antico
Vicino Oriente, non in prospettiva *genetica* (i.e., allo scopo di trovare le
eventuali fonti del materiale mitico di Giobbe), ma *simbolica*: è il medesimo patrimonio culturale, in quanto l'orizzonte della "Mezzaluna Fertile", dall'Egitto alla Mesopotamia, fu *l'humus* su cui crebbe la tradizione
biblica. Si tratta anche qui di ricordare la dialettica tra innovazione e tradizione, di cui abbiamo parlato poco sopra: la tradizione condivisa di simboli (e miti) è solo il presupposto per comprendere l'innovazione del poeta. Quanto più noi conosciamo questo *Hintergrund*, tanto più in primo
piano può stagliarsi la novità dell'opera.[198]

---

*metaphor*: nel primo la "battaglia", e la "schiavitù" nel secondo, con un punto
d'intersezione nella "lotta". Al di là della immediata obiezione di una tale radicalizzazione
del simbolismo del libro, l'elemento positivo sta nell'aver cercato proprio nella trasformazione dinamica di queste *root metaphor* il senso teologico dell'intero libro: « By means
of this dramatic enactment, the book of Job leads to the beginnings of a new metaphorical
model of faith » (pag. 75).

[194] La lacuna fondamentale che si noterà è la "riscrittura" del testo; in parte verrà
compensata da un'adeguata "descrizione". Per le grandi tappe storiche di questo metodo e
la sua esposizione sistematica, si veda R. MEYNET [1989]. Una buona rassegna bibliogra-
fica e introduttiva in W. WUELLNER [1994].

[195] Cf L. ALONSO SCHÖKEL [1964: 149-71; tr. it. 152-77].

[196] Cf, ad es., T. TODOROV [1977: 54s]. Si pensi ad un'opera pittorica, scultorea o
anche cinematografica: il momento dell'interpretazione del simbolismo è, nell'interprete,
operazione sempre verbale.

[197] L. ALONSO SCHÖKEL [1964: 239s; tr. it. 253s].

[198] È l'apporto positivo che troviamo in un altro recente lavoro che studia la poesia
di Giobbe sullo sfondo delle tradizioni mitiche dell'Antico Vicino Oriente: G. FUCHS

In terza istanza, per quanto le nostre conoscenze lo permetteranno, si spazierà in tutte le culture dell'umanità per cercare ulteriori isomorfismi simbolici. In questa "vendemmia" simbolica, siamo consapevoli di correre due rischi:

1) la semplice catalogazione del materiale. Si badi, comunque, che a giudicare la pertinenza di un confronto, non sarà solo l'ordito poetico del libro di Giobbe, ma anche l'isomorfismo stabilito dai simboli utilizzati. La pertinenza di una citazione – anche se lontana nel tempo e nello spazio dal testo di Giobbe – non dovrà dunque essere valutata solo a livello storico-culturale, ma a livello propriamente *simbolico*;

2) la riduzione filologica. Siamo certi che la filologia è indispensabile per una corretta spiegazione e ne faremo largo uso per poter giungere a risultati il più possibile corretti. Tuttavia, la filologia è solo un *organon*: essa ha bisogno di ambiti più "comprensivi", per non ridursi a una ricerca interessante, ma positivistica, del "possibile".[199]

3.4.3   Studiare un simbolismo con i principî di un'ermeneutica instaurativa, non è quindi solo comporre un'antologia ragionata delle "metafore" o catalogare quei testi che in qualche modo illustrano i simboli.[200] La ricerca deve entrare nella comprensione dell'*immaginazione creativa*, messa in moto dalla poetica.

Perciò chiederemo aiuto ai grandi artigiani della parola, i poeti, e alle analisi di G. Bachelard, M. Eliade e di G. Durand, per scoprire la ricchezza evocativa dei simboli ed esplorarne le valenze profonde. La nostra tesi vuole appunto mostrare che il libro di Giobbe, studiato con la dialettica dei due *Regimi* di cui parla G. Durand, esprime effettivamente un suo caratteristico *tragitto simbolico*.

Con questo, abbiamo trovato anche un ulteriore motivo che rende ragione della scelta del simbolismo preso in esame dal nostro studio. L'asse luce e tenebre è fondamentale in ogni sistema simbolico; proprio per questo, è in grado di offrire anche una nuova pista per risolvere l'enigma interpretativo di Giobbe.

---

[1993], pubblicazione della tesi difesa nel maggio 1992 alla Facoltà Teologica Evangelica di Bonn e diretta da W. H. SCHMIDT. L'aspetto più riduttivo di questo lavoro ci sembra quello di aver accostato il materiale mitico con poca sensibilità poetica e senza un approfondimento del tema del simbolico.

[199]   Si ricordi al riguardo la discussione che ha provocato l'impostazione metodologica del compianto padre M. DAHOOD: cf J. BARR [1974], L. L. GRABBE [1977], R. GORDIS [1981], P. C. CRAIGIE [1985].

[200]   Nonostante molti aspetti positivi, trovo in questo il limite più vistoso della monumentale opera di M. GIRARD [1991], di cui è uscito finora solo il primo volume. A questo rischio non sfugge nemmeno lo studio ormai classico di S. AALEN [1951], ricco per il materiale raccolto, ma povero dal punto di vista ermeneutico.

La sezione analitica espliciterà il *tragitto simbolico* del dramma, e le conclusioni metteranno in luce il guadagno ermeneutico di tale ricerca.[201]

3.4.4 Siamo lontani dall'affermazione romantica che l'arte trovi in se stessa la ragione d'essere. Un'opera poetica progetta e *crea* un nuovo mondo. I simboli sono lo strumento che il poeta utilizza per la creazione di questo mondo possibile; o meglio, sono quel mondo nel quale il poeta si sente condotto a ritrovare se stesso e la sua esperienza.

Perciò, al termine dell'analisi, a partire dal *tragitto simbolico* percorso a fianco del poeta, potremo ricollocare l'"innovazione" del libro di Giobbe entro la sua "tradizione" propria, quella che ha prodotto e portato in sé il Libro. Nasce dal mondo possibile progettate e creato dai simboli il tentativo di dare un apporto propriamente teologico alla comprensione del Dio biblico, ponendo in relazione la figura di Dio cui approda il simbolismo del dramma giobbiano con le altre *teo*logie della Bibbia ebraica.

---

[201] Cf pagg. 327ss.

CAPITOLO II

PRESUPPOSTI CRITICI

*Il critico [...] è un lettore cooperante che,*
*dopo aver attualizzato il testo,*
*racconta i propri passi cooperativi,*
*e rende evidente il modo in cui l'autore,*
*attraverso la propria strategia testuale,*
*lo ha portato a cooperare in quel modo.*
(U. Eco) *

1. RASSEGNA DEI PROBLEMI

Vorremmo addentrarci subito nel nostro tema e navigare nello stupendo testo di Giobbe, per andare a scoprire il senso della trama simbolica che è l'oggetto del nostro studio. Purtroppo, con il testo di Giobbe, la navigazione non è facile. Ad acuirne le difficoltà, stanno le molte rotte disegnate, cancellate e di nuovo riscritte con infaticabile pazienza e inesauribile fantasia dai molti critici, che – da sempre, ma soprattutto in questi ultimi due secoli – hanno cercato di approdare alla "soluzione" del problema giobbiano. Troppe volte, in verità, hanno aggiunto al problema posto dal protagonista del dramma i loro molti problemi *sul* libro stesso, quel libro che Franz J. Delitzsch ha definito « il Melchisedek » della Bibbia ebraica.[1]

Prima di ogni altro lavoro, dovremmo dedicarci alla fissazione del testo, con il miglior arsenale filologico a disposizione, visto che ci troviamo davanti ad un ebraico poetico irto di insidie e ambiguità.[2] Non per

---

* U. Eco [1979: 183].
[1] Cf F. J. DELITZSCH, 11.
[2] H. G. ANDERSON, 239, ritiene che il libro di Giobbe sia il più corrotto di tutta la Bibbia ebraica. Non siamo molto del suo parere, come cercheremo di mostrare. Ci sentiamo invece di condividere quanto scrive G. FOHRER, 55: « Der hebräische Text (MT) ist weithin wesentlich besser erhalten, als man oft angenommen hat ».

nulla, buona parte degli *hapax legomena* dell'ebraico biblico si trova proprio in Giobbe.[3] Siamo tuttavia convinti che la filologia, scienza del possibile, si avvale non poco del lume proveniente da una comprensione d'insieme: è un "caso" tipico in cui vige il principio ermeneutico della circolarità tra la parte e il tutto, perché nella scelta del particolare non può non intervenire l'orizzonte stabilito dalla comprensione generale (e viceversa). Per cui affronteremo i problemi filologici quando il contesto del discorso ce ne offre la possibilità e ne richiede l'ausilio.[4]

Passeremo qui in rassegna i maggiori problemi critici sollevati circa l'unità e la coerenza del libro:[5] la cornice narrativa e il suo rapporto con la sezione poetica, il "terzo ciclo" di discorsi (Gb 24 - 27), l'"inno" alla Sapienza (Gb 28), i discorsi di Elihu (Gb 32 - 37) e i discorsi di Jhwh (Gb 38,1 - 42,6).

Lo scopo non è di costruire per ogni problema uno *status quæstionis* esauriente,[6] quanto piuttosto di motivare le scelte, in base alle quali poi condurremo la nostra analisi. Saranno quindi più estese le discussioni per le opzioni meno condivise dai critici. In una seconda parte, offriremo una possibile struttura dell'insieme del libro.

---

[3] Cf già F. J. DELITZSCH, 125 e 160. Una tabella riassuntiva degli *hapax* in Giobbe si può trovare in N. H. SNAITH [1968: 84]. Lo studio più aggiornato sugli *hapax legomena* della Bibbia ebraica è quello di H. R. COHEN [1978]. Dalle sue liste riassuntive (pp. 107-43), risulta che 21 su 237 *hapax* di radici non-omonimiche e 24 su 244 *hapax* di radici omonimiche si trovano in Giobbe. I. M. CASANOWICZ [1907] riportava 414 *hapax* strettamente intesi (1500 in senso più ampio); di essi una sessantina sarebbero stati in Giobbe. Si può dunque concludere che Giobbe ha circa il 10% degli *hapax* di tutta la Bibbia ebraica!

[4] Non condividiamo quindi l'affermazione del compianto M. DAHOOD [1971c: 437] nella sua recensione al poderoso studio di J. LÉVÊQUE [1970]: « Given that thirty percent of the Hebrew text of Job remains unintelligible (in a convocation address at Harvard in 1958, Professor F. M. Cross, Jr., put the figure at fifty percent), is it advisable to attempt such far-ranging thematic studies? ». Occorre invece tentare anche tali studi tematici, perché essi offrono alla filologia molti elementi di comprensione.

[5] Prendiamo in considerazione solo i problemi letterari, non avendo argomenti idonei a risolvere problemi extra-testuali, come l'autore o la data di composizione. Per quanto riguarda comunque quest'utimo problema, la nostra ipotesi di partenza, comune alla maggior parte dei critici moderni, è che il libro di Giobbe va posto nel V secolo a.C. Una conferma l'avremo forse nella terza sezione del nostro lavoro. Per una rassegna di tutte le date proposte, si veda L. ALONSO SCHÖKEL - J. L. SICRE DÍAZ, 68-79, tr. it.: 75-88. Per un ampio studio letterario, che tenti di collocare il libro di Giobbe nella costellazione degli altri libri veterotestamentari, rimandiamo ancora a É. P. DHORME, CXXI-CXXXIX.

[6] Uno *status quæstionis* esauriente può essere facilmente ricostruito sulla base di altri studi. Per il secolo scorso si veda il commentario di F. J. DELITZSCH; per l'inizio del nostro secolo rimandiamo a É. P. DHORME; fino al 1953 abbiamo le ottime rassegne di C. KUHL [1953] e [1954]. Tra i commentari recenti, si veda soprattutto l'introduzione di Sicre in L. ALONSO SCHÖKEL - J. L. SICRE DÍAZ, 21-79, tr. it.: 19-88.

## 1.1 La cornice narrativa (Gb 1-2; 42,7-17) [7]

Sono tre i maggiori problemi che vengono sollevati e che ci accingiamo a discutere: *a)* l'origine della *novella* di Giobbe; *b)* l'autore della sezione narrativa presente nel libro biblico; *c)* le relazioni che essa istituisce con la sezione poetica. Quest'ultimo problema, il più pertinente dal punto di vista letterario, è quello per cui vale la pena di spendere qualche parola in più. Per i primi due, non avendo a disposizione che ipotesi, daremo solo qualche dato sommario.

*a)* Al di fuori del nostro libro, com'è noto, la sola menzione di Giobbe ci proviene da Ez 14,14 e 20.[8] Il dato è di estremo interesse, in quanto Giobbe viene ricordato per la sua giustizia (*s<sup>e</sup>dāqâ*), in un contesto tipicamente ezecheliano dov'è in discussione il problema della retribuzione personale, insieme a Noè e Daniele, il *dnil* registrato anche nella letteratura ugaritica.[9] Potremmo da qui dedurre che (almeno) nella prima metà del VI secolo a.C. fosse già noto un racconto, in cui la vicenda del protagonista, Giobbe, metteva a fuoco il tema della sofferenza del giusto.[10] È difficile dire se questo racconto avesse già un carattere letterario o fosse invece patrimonio comune della narrazione popolare. Propenderemmo per il primo corno dell'alternativa, per quanto diremo più sotto.[11]

Ciò evidentemente non esclude che la tradizione fosse molto più antica, come può essere dedotto dal nome stesso del protagonista[12] e dal

---

[7] Oltre i commentari, si vedano: D. B. MacDonald [1897s], K. Kautzsch [1900], M. Weiss [1969], J. J. Owens [1971], A. Hurvitz [1974], R. M. Polzin [1974], S. Bar-Efrat [1979], R. E. Hoffmann [1980], P. Weimar [1980], D. J. A. Clines [1985s], R. W. E. Forrest [1988], A. Brenner [1989], L. Schwienhorst Schönberger - G. Steins [1989], A. Cooper [1990], J. H. Ebach [1990], M. J. Oosthuizen [1991], E. Kutsch [1992], D. E. Fleming [1994].

[8] Per una discussione completa del contesto (Ez 14,12-23), rimandiamo al commentario di W. Zimmerli [1955: I, 315-24].

[9] *Dnil* è il padre di *Aqht*, protagonista di un ciclo epico ugaritico, che Virolleaud aveva pubblicato in un primo tempo sotto il titolo di « La légende phénicienne de Danel » (cf Ch. Virolleaud [1936]). In essa *Dnil* è descritto come il tipo del re giusto. Per due volte (*KTU*, 1.17 V 7-8; 1.19 I 23-25) la sua azione di giusto giudice viene espressa con termini in cui è esplicita l'allusione all'etimologia del nome, e con un modismo parallelo a molti contesti biblici (come Sal 72,2; Pro 31,9; Dt 24,17; Is 1,14): *jdn dn almnt jtpt tpt jtm*, « egli dirime la causa della vedova e giudica la questione dell'orfano » (Cf Ch. Virolleaud [1936: 126 e 201]; *CML*, 52s e 58s; *MLC*, 374 e 388).

La scrittura consonantica del nome nel testo di Ezechiele presuppone la stessa forma attestata in ugaritico: l'ebraico דנאל (ugaritico *dnil*) sarebbe dunque da vocalizzare דָּנִאֵל e non דָּנִיֵּאל (TM).

[10] Per questo problema cf A. Hurvitz [1974].

[11] Di opinione contraria è invece D. E. Fleming [1994].

[12] Il nome אִיּוֹב è molto antico. È testimoniato due volte a Mari nella forma *ḫa-a-ia-a-bu-um*; ad Alalakh lo troviamo nel XVIII sec. a.C. come *a-ia-bi, a-ia-bi-šar-ri, a-ia-šarri* e nel XV sec. come *a-ia-bu*, insieme alla forma analoga *a-ia-ḫu* (cf W. F. Albright

fatto che Ezechiele pone Giobbe accanto a Daniele[13] e Noè. Senza nulla togliere all'originalità di questa *narrazione* (ipotizzata), non bisogna poi dimenticare i molti "precursori", presenti in tutte le letterature dell'Antico Vicino Oriente,[14] che hanno riflettuto in qualche misura sullo stesso tema della novella.

*b)* Molto si è disputato circa l'autore della sezione narrativa del libro: chi la vuole della stessa mano del poeta, chi sostiene che prosa e poesia sarebbero state composte separatamente e fuse in un secondo momento da un editore[15] e chi addirittura presuppone che il corpo del dramma sia stato scritto prima del prologo e dell'epilogo[16].

Noi pensiamo che l'autore del dramma abbia ripreso una novella precedente e l'abbia rifusa, adattandola per il suo dramma.[17] Egli ha voluto in questo modo partire da un canovaccio già noto al suo uditorio. La novità del pensiero espresso dalla sezione poetica aveva bisogno di un punto di partenza condiviso e di un protagonista già conosciuto.[18]

Il criterio che può essere invocato a sostegno della nostra affermazione è la coerenza interna della narrazione. Se è vero che decisiva rimane la

---

[1954: 225s]), uguale all'*a-ia-a-ḫi* attestato anche ad Ugarit (*RS,* 16.354, riga 6; cf CH. VIROLLEAUD [1955: 243]). In una lettera di ʿAmārna, scritta da Mut-Baʿlu, re di Pella, a Janḥamu (*EA,* 256, riga 6, da datare attorno al 1380-1370 a.C.) è ricordato un *a-ia-ab*, re di Aštarot in Bašan (Ḥauran) (cf W. F. ALBRIGHT [1943: 11[18]]). Una forma simile è registrata anche nei testi di esecrazione egiziani contro i *šwtw*: uno dei tre capi si chiama appunto ʾ*jbm,* da leggersi ʾ*ajjābum* (cf W. F. ALBRIGHT [1928: 239]). Il nome Giobbe non deriverebbe dalla √ʾ*jb,* "essere nemico, portare rancore", come anche sembrerebbe alludere ironicamente Gb 13,24, bensì da ʾ*j* + ʾ*b,* "dov'è il [dio-]padre", analogamente a ʾ*j* + ʾ*ḫ,* "dov'è il [dio-]fratello".

[13] Sono stati studiati interessanti paralleli tra la cornice narrativa e i cicli epici ugaritici. Si veda D. J. O'CONNOR [1989].

[14] La bibliografia, al riguardo, meriterebbe uno studio a parte. Si può vedere una rassegna sintetica in J. LÉVÊQUE [1970: 13-116], che analizza il tema del "giusto sofferente" nelle letterature antiche, compresa quella greca, e in L. ALONSO SCHÖKEL - J. L. SICRE DÍAZ, 21-36, tr. it.: 19-37. Una bibliografia tendenzialmente completa si ha in D. J. A. CLINES, CXIV. Ad essa si dovrebbero tuttavia aggiungere: E. WÜRTHWEIN [1959], W. VON SODEN [1965], J. A. LOADER [1976b], H. P. MÜLLER [1977], A. NEGOITA [1977], H. P. MÜLLER [1978], D. J. O'CONNOR [1989], Y. ELMAN [1989s], J. ASSMANN [1990a], E. BLUMENTHAL [1990], J. B. BURNS [1990], J. LÉVÊQUE [1993].

[15] Una panoramica delle opinioni si trova in L. ALONSO SCHÖKEL - J. L. SICRE DÍAZ, 36-43, tr. it.: 37-45.

[16] Era, ad esempio, la tesi sostenuta da S. R. DRIVER - G. B. GRAY, XXIIIs.

[17] A sostegno di questa ipotesi si può invocare anche la comunanza di vocabolario, analizzato con acribia da É. P. DHORME, LXVII. Cf anche D. E. FLEMING [1994].

[18] Analogamente alla metafora, la novità del dramma doveva trovare un punto di aggancio condiviso dagli uditori, per dialetizzarne poi le affermazioni; altrimenti il discorso sarebbe potuto rimanere incomprensibile. Il motivo – è vero – potrebbe anche essere diverso: si può infatti partire da ciò che è noto per smascherare un'*incomprensione,* come nelle parabole.

*tessitura* del testo finale, possiamo tuttavia considerare con occhio critico la trama narrativa delle sezioni in prosa, per scorgere in essa alcuni salti non del tutto congrui con la finalità del racconto.[19]

Il racconto si snoda con andatura perfetta sino a 2,10. La *situazione di partenza* presenta la figura del protagonista e il suo benessere, la sua religiosità e integrità morale: « *uomo integro e retto, timorato di Dio e alieno dal male* » (*tām wᵉjāšār wîrēʾ ʾĕlōhîm wᵉsār mērāᶜ*: Gb 1,1), un riconoscimento che verrà ripetuto altre due volte dal Sommo Giudice nella corte celeste (in 1,8 e 2,3).[20]

Il sospetto che mette in moto l'*azione* del racconto viene insinuato dall'"oppositore" di professione, il *śāṭān*:[21] la "giustizia" di Giobbe è interessata, non è gratuita, *ḥinnām* (1,9). La corte – Dio stesso – concede l'acquisizione di una prova.[22] La prova ha esito positivo: « *Malgrado tutto, Giobbe non peccò e non accusò Dio di insulsaggine* » (1,22).[23] La prova

---

[19] Per un'analisi critico-letteraria, si veda P. WEIMAR [1980], L. SCHWIENHORST SCHÖNBERGER - G. STEINS [1989]; con metodo strutturale hanno lavorato R. POLZIN [1974] e W. VOGELS [1980]; applicando la narratologia, S. BAR-EFRAT [1979]; con metodologia "holistica", M. WEISS [1969] e N. C. HABEL, 79-85. Una lettura "formalista" si trova in C. R. FONTAINE [1987].

[20] È la tradizionale figura del sapiente secondo Pro 3,7 e 14,16.

[21] La ricerca comparativa delle origini della figura del *śāṭān* non deve far perdere il valore funzionale che esso svolge nella dialettica tra il prologo e i dialoghi. Per questo tipo di ricerca, si veda la recente ipotesi di M. S. MOORE [1993] di avvicinare il *śāṭān* ai demoni *šdjn* dei testi aramaici di Deir ᶜAllā, che comparirebbero esplicitamente anche in Gb 19,29 (שדין) e si celebrerebbero dietro la "figura" divina pre-jahwista dello Šaddai dei dialoghi. Egli traduce così Gb 19,28s:
    28. *If you continue to say* –
        "*Let's go on persecuting him!*
        *The root of the problem is in him!* –
    29. *The beware of the fever!* (חֶרֶב)
        *For wrath's punishment is fever,*
        *In order that you (too) might come to know* šdjn!
La sua ricerca comparativa è interessante, ma ci sembra scorretta su due punti fondamentali: 1) il retroterra di Giobbe è molto più vasto e non bisogna commettere l'errore di voler spiegare tutto a partire da una sola "fonte"; 2) il presupposto che i dialoghi siano "non-jahwisti" o "pre-jahwisti" è in realtà una tesi tutta da dimostrare e svilisce la dialettica del dramma alla ricerca della "figura" corretta di Dio.

[22] Si può discutere se sia corretto attribuire il concetto di "prova" all'azione avviata dal racconto. A. NEHER [1971: XVI], richiamando Gn 22 nel solco della tradizione giudaica, lo rifiuta: « L'épreuve de Job est au-delà de toute "épreuve": elle constitue, comme l'existence humaine, une symphonie inachevée ».

[23] Il sintagma נָתַן תִּפְלָה לְ ha dato luogo a diverse interpretazioni. Il senso dell'espressione mi sembra quello già intuito dalla Syr, che traduce con il verbo ܓܕܦ « bestemmiare », corrispondente all'arabo جَدَّفَ; ma l'accusa è più precisa. È meglio far derivare תִּפְלָה, « insipienza », dalla √תפל I (LXX: ἀφροσύνην; Vg: *stultum quid*); il sostantivo è usato anche in Ger 23,13, dove l'insipienza è profetare in nome di Baᶜal. In Gb 6,6 תָּפֵל è un qualcosa che non si può mangiare מִבְּלִי־מֶלַח, « senza sale ». Non è necessario cambiare

in atto, come verrà ripetuto in 2,10, è una questione che si pone a livello di *linguaggio*: il corpo del dramma sarà uno sviluppo coerente del prologo.[24]

In una seconda seduta della corte, è Dio a riconoscere di aver agito *ḥinnām* (2,3), ma il "pubblico ministero" non è ancora convinto dell'autentica gratuità di Giobbe. Gli viene concessa quindi una seconda prova. La moglie crolla e provoca il protagonista a cedere; ma Giobbe, « *malgrado tutto, non peccò con le sue labbra* » (2,9s).

L'arrivo sulla scena degli amici (2,11-13) sembrerebbe meno necessario alla finalità della "scommessa", che il racconto ha intessuto sino a questo punto. Niente lo vieta, niente lo richiederebbe.[25] Alla trama narrativa è invece necessario che venga sancita la vittoria della scommessa e che Giobbe venga reintegrato nella sua condizione di partenza. Quest'ultimo aspetto viene narrato in 42,10-17.[26]

Vittoriosamente reintegrato, viene ricordata la visita di consolazione da parte di « *tutti i suoi fratelli, le sue sorelle e i suoi conoscenti di prima* » e la nuova situazione di benessere, doppia rispetto a quella iniziale. Manca tuttavia la conclusione della partita aperta con il *śāṭān*, che non compare più in scena.[27]

Il quadro narrativo di 42,7-9 porta a conclusione il confronto con gli amici. Essi sono accusati di stoltezza (*nᵉbālâ*: 42,8), la stessa accusa che

---

la vocalizzazione, al seguito di A. B. EHRLICH e M. DAHOOD [1974b: 390], leggendo תְּפִלָּה, « preghiera », e interpretare come eufemismo antifrastico per "bestemmia" (cf in questo senso nel racconto l'uso di "benedire" al posto di "maledire": 1,11; 2,5. 9). L'aggancio con 24,12 è evidente (cf pag. 154[234]).

[24] L'ha bene sottolineato l'analisi strutturale di W. VOGELS [1980: 842]: « L'"agir" qui, dans le texte, accomplira la transformation de l'état initial à l'état final est le "parler" ».

[25] Per citare solo due pareri: secondo G. FOHRER, 32, le due scene di 2,11-13 e 42,7-9 sarebbero state riprese dalla leggenda precedente, ma il poeta avrebbe cambiato il soggetto di attribuzione: dai parenti e conoscenti che compaiono in 42,11 agli amici del dialogo; secondo R. GORDIS [1965: 73], sarebbero da attribuire allo stesso poeta.

[26] 42,10 e 42,12 interrompono la sequenza narrativa anteponendo il soggetto וַיהוה. Una particolareggiata analisi critico-letteraria di questa sezione ci è offerta da P. WEIMAR [1980: 66-70].

[27] Tra le molte motivazioni che si possono trovare per questa scomparsa, vogliamo ricordarne, per ora, solo una (si veda quanto diremo sull'ironia a pag. 93[198]). Essa configura di più uno dei *messianismi* giudaici contemporanei che il pensiero di Giobbe, ma è molto suggestiva, anche a motivo dell'acutezza di chi l'ha sostenuta, A. NEHER, un grande filosofo ebreo francese da poco scomparso: « [...] nous retrouvons à la fin Dieu, Job, les amis, tous les acteurs, mais pas Satan. Pourquoi? Parce que l'homme qui a traversé ces différents stades, qui s'est lancé dans ce courant de l'éternelle histoire et d'une histoire éternisée, a transmuté le Satan en Messie. Dans ces versets, en effet, le Satan est présent, mais sous forme de Messie caché. Ce n'est pas le Messie que Dieu envoie aux hommes, mais le Satan. C'est le mal que Dieu envoie aux hommes, comme un défi auquel l'homme a le pouvoir de répondre et de résister. Le Messie, lui, vient de l'homme; c'est ce que l'homme donne à Dieu, ce que l'homme offre à Dieu » (A. NEHER [1962: 72]).

Giobbe aveva rivolto alla moglie in 2,10. Sorgono alcune tensioni in questi versetti, nel momento in cui vengono posti in relazione a quanto precede e a quanto segue. Su una, in particolare, mette conto di fermare la nostra attenzione.[28]

JHWH parla direttamente a Elifaz, mentre nella prima parte della narrazione in prosa Dio era intervenuto solo nell'ambito della corte celeste. Rivolgendosi a lui, Dio parla di Giobbe usando lo stesso titolo dei dialoghi con il *śāṭān*, « *il mio servo Giobbe* ».[29] Unendo questo dato agli elementi sopra ricordati – gli amici accusati di "stoltezza" e il *śāṭān* che abbandona il campo – ci sembra di dover riconoscere una certa sconnessione nella trama narrativa. La tenzone ora sembra essere passata sul piano della disputa tra Giobbe e gli amici, mentre nella sezione in prosa era tra Dio e il *śāṭān*.[30]

Ciò indicherebbe che la narrazione preesistente è stata ritoccata dal nostro autore, introducendo la sequenza dell'incontro con gli amici come cornice per lo sviluppo del suo dramma. Si potrebbe andare oltre, entrando però nel campo della mera congettura, e supporre che il racconto di partenza non conosceva l'incontro con gli amici,[31] ed aveva invece una scena che portava a conclusione la scommessa con il *śāṭān*, dichiarandolo sconfitto e proclamando la fedeltà del giusto Giobbe. Questa scena sarebbe stata sostituita, in armonia con la finalità del dramma, dalla conclusione di 42,7-9.

Essa sancisce narrativamente la presa di posizione dell'autore, se mai ce ne fosse ancora bisogno (a quanto pare sì, stando i fiumi d'inchiostro

---

[28] Secondo lo studio critico di P. WEIMAR [1980: 63-66], questi versetti sarebbero stati introdotti dal redattore che ha unito il *Volksbuch* con il dramma poetico. Y. HOFFMAN [1981: tr. ingl. 162] sintetizza in sette punti gli argomenti portati contro l'unità di prosa e poesia: *1)* lo *stile*: la prosa usa un ebraico classico, mentre la poesia uno stile difficile, con molti aramaismi; *2)* i *nomi divini*: JHWH nella prosa, El, Eloah, Šaddai nella poesia (parzialmente vero! cf 38,1); *3)* il *śāṭān* non viene mai menzionato nella poesia; *4)* i *figli* e i *servi* sembrano ancora in vita in Gb 19,13-19 e 30,1; *5)* la duplice *personalità* di Giobbe: "paziente" nella prosa, "ribelle" nella poesia; *6)* la *figura di Dio*: antropomorfica nella prosa, maestosa nella poesia; *7)* il *problema* trattato nei discorsi differisce completamente da quello della prosa.

[29] L'espressione אִיּוֹב עַבְדִּי riccorre tre volte nel prologo (1,8. 9; 2,3) e tre volte nell'epilogo (42,7. 8. 9).

[30] Nonostante la difesa "sincronica" avanzata, ad es., da W. VOGELS [1980: 841]. Certo rimane vero che è il ruolo degli amici a divenire "satanico" lungo i dialoghi, come è stato notato da molti; ad es., J. STEINMANN, 307, É. P. DHORME, CXIV, e P. J. CALLACHOR [1973: 29-31].

Più difficile è accettare la posizione di R. SCHÄRF KLUGER [1948: tr. ingl. 126], che vede adempiuto in Giobbe stesso il ruolo del *śāṭān*, l'insinuatore del "dubbio": « It is really one identical process, in its divine and its human manifestations ». La tesi della SCHÄRF KLUGER è troppo palesemente guidata dai presupposti del maestro C. G. JUNG.

[31] È migliore questa ipotesi, piuttosto che supporre un diverso dialogo con gli amici. Tutta la sequenza sarebbe stata pensata in diretta relazione con il dramma in poesia.

versati dai commentatori): la sentenza di Dio sconfessa Elifaz e gli altri due amici, approvando la veracità ($n^e k \hat{o} n \hat{a}$[32]) delle parole di Giobbe e affidandogli il ruolo d'intercessore.[33]

c) Comunque si ipotizzi la preistoria della *novella*, dal punto di vista letterario è senza dubbio più fecondo mettere in luce le relazioni che rendono la cornice narrativa in qualche modo *necessaria* al dramma poetico.[34] Vi sono infatti alcuni punti della narrazione in prosa che non si spiegherebbero pienamente, se non in vista e in funzione dei dialoghi poetici:

- la triplice ripetizione dell'integrità e della giustizia di Giobbe (1,1. 8; 2,3);
- la dichiarazione del *śāṭān* in 1,9 e l'insistenza sul tema dello *ḥinnām*, « *senza motivo* » (2,3; ripreso in 9,17 e 22,6), come ricerca di una motivazione sia per il comportamento di Giobbe, sia per l'agire di Dio;
- la descrizione della religiosità di Giobbe (soprattutto 1,5), che servirà a smentire eventuali sospetti degli amici (come in 5,4; 8,4; 20,10);
- la sentenza divina finale, nelle parole rivolte ad Elifaz in 42,7-9.

La conclusione che possiamo trarre è duplice. Anzitutto, bisogna riconoscere la sofisticata abilità *ironica* di colui che ha riscritto la novella, facendone il quadro di riferimento per il suo dramma. Questi elementi del prologo fanno supporre che esso sia stato voluto proprio così dalla stessa mano che ha scritto le parti poetiche, per rendere il lettore "onnisciente" su quanto sarebbe poi avvenuto in scena.[35] Inquadrando la vicenda dal

---

[32] Normalmente i traduttori e i commentatori scelgono uno dei due significati attestati per נְכוֹנָה: *1)* « cose sincere » (in senso soggettivo), come in Sal 5,10; *2)* « cose vere » (in senso oggettivo), come in Dt 17,4 o 1 Sam 23,23. W. VOGELS [1980: 840], sostenendo la tesi che tutto il libro è un tentativo di rispondere alla domanda su come parlare di Dio nel momento della sofferenza, preferisce vedervi non tanto l'aspetto soggettivo o oggettivo, ma la pertinenza delle cose dette. A suo parere, Dio non sconfessa Elifaz, perché ha detto "falsità", bensì "cose inopportune". La cosa non ci convince molto, anche se condividiamo che il dramma sia giocato a livello di *linguaggio*. Traducendo con « veracità », vorremmo mantenere, per quanto possibile, l'ambivalenza dell'ebraico: entrambi gli aspetti, ci sembra, sono coinvolti nella sentenza di Dio.

[33] Così si può spiegare perché JHWH parli direttamente ad Elifaz, usando il titolo « il mio servo Giobbe »; ed anche trova una ragione il cordoglio "fuori tempo" di fratelli, sorelle e amici di 42,11. L'introduzione della nuova scena ha richiesto poi la menzione dell'intercessione di Giobbe nell'inciso di 42,10a (בְּהִתְפַּלְלוֹ בְּעַד רֵעֵהוּ).

[34] Stimolante per questo argomento è un recente studio che, partendo dalla nuova rilettura della *novella* antica attraverso l'inserzione del dramma poetico, presenta il libro di Giobbe come *Vorspiel* di una *Buch-Theologie* per un'ermeneutica cristiana di tutta la Bibbia: G. THEOBALD [1993b]. Si veda Y. HOFFMAN [1981].

[35] Il protagonista Giobbe, invece, non verrà mai a conoscenza del "gambetto" (*gambit*: è la definizione data da CH. R. SEITZ [1989: 16]), nemmeno nell'epilogo. Si vedano le pagg. 87ss, in cui si precisa il linguaggio di "ironia drammatica".

*punto di vista* fissato dall'autore,[36] l'interprete dovrebbe evitare inutili "fughe" tematiche (cosa che nella storia degli studi di Giobbe non si è purtroppo verificata) e cooperare nell'ambito delle *isotopie* fissate dal racconto.

Ciò serve anche a riabilitare l'epilogo in prosa (42,7ss). È troppo poco definirlo un *happy end* o una concessione al gusto popolare o, ancora peggio, un travisamento del "vero" Giobbe, che terminerebbe con 42,6. L'epilogo è importante perché sancisce, agli occhi dell'autore, la sua interpretazione del dramma: Giobbe ha espresso parole vere, sincere e fondate (*n°kônâ*) nella sua ricerca tormentata, a differenza degli amici, che presumevano di essere gli avvocati della *giustizia* di Dio.

In secondo luogo, non deve sfuggire il voluto contrasto tra il racconto in prosa e la sezione poetica: anch'esso è parte del messaggio comunicato. Il prologo aveva impostato una scommessa tra Dio e il *śāṭān*: che ne è di quella scommessa? Ha vinto Dio, sì, ma *iuxta modum*. E, comunque, il lettore deve riconoscere che, pur rimanendo nell'ambito della *parola* (benedire / maledire), alla fine non è più alla scommessa che s'interessa il nostro autore, bensì al contenzioso aperto tra Giobbe e gli amici.

Possiamo spiegare le dinamiche di opposizione e avvicinamento tra prosa e poesia se cogliamo in profondità l'*ironia* istituita dalla struttura globale del libro, come giustamente è già stato notato.[37] Essa chiama l'interprete – lettore, uditore o spettatore che sia – a cooperare, entrando attivamente nel dramma; non gli offre una risposta didattica preconfezionata,

---

[36] Per il concetto di "punto di vista" si veda soprattutto P. SIMPSON [1993]; per quello di "isotopie", si veda il cap. V di U. ECO [1979], dove vi è anche una breve trattazione del "punto di vista".

[37] Cf, ad es., Y. HOFFMAN [1981: tr. ingl. 168]: l'autore « hides himself dialectically behind a legend that provides him with an ambivalent overview of presuppositions which he himself set down, but to which he is nevertheless not fully committed »; tuttavia, non nel senso che il testo di Giobbe faccia parte della letteratura "scettica". Per questo, non siamo d'accordo con le posizioni espresse da K. J. DELL [1991]; ella, per motivare la tesi che il libro di Giobbe sia una "parodia", afferma che « the intention of the author is therefore decisive for an interpretation of *Job* » (pag. 187). Questa posizione è accettabile solo se per "autore" K. J. DELL intendesse non tanto l'autore empirico dell'opera, ma l'"Autore Modello", secondo la distinzione di U. ECO [1979: 64]: « Si ha l'Autore Modello come ipotesi interpretativa quando ci si configura il soggetto di una strategia testuale, quale appare dal testo in esame e non quando si ipotizza, dietro alla strategia testuale, un soggetto empirico che magari voleva o pensava o voleva pensare cose diverse da quello che il testo, commisurato ai codici cui si riferisce, dice al proprio Lettore Modello ». In secondo luogo, non siamo d'accordo nel considerare l'uso dell'ironia come mezzo per comunicare uno *sceptical message*: « The author's use of irony is a clear indication of his scepticism » (K. J. DELL [1991: 191]). Al contrario, l'uso dell'ironia fa parte della sagace strategia dell'autore di un testo "aperto" (cf l'esempio illuminante a proposito del "lettore ideale" del *Finnegans Wake* di J. JOYCE, in U. ECO [1979: 58]).

Per quanto riguarda i concetti di ironia, satira e parodia, rimandiamo all'*Excursus* delle pp. 87-94.

ma lo costringe a pensare.[38] Come ogni autentico capolavoro, il libro di Giobbe è un'opera "aperta".

## 1.2 Il "miraggio" del terzo ciclo di discorsi (Gb 22-27)

Che la prima sezione del dramma sia composta da tre "cicli" di dialoghi tra Giobbe e i suoi tre amici, dopo Benjamin Kennicott[39] può essere considerata l'*opinio communior* tra i critici.[40] La discussione ferve eventualmente su dove iniziare e concludere le tre "tornate" di discorsi e se si

---

[38] Cf D. Cox [1987: 24s].

[39] Cf B. KENNICOTT [1776-1780: II, 115] e [1783: 539s]: « Hic vero, apud lectores queror – pulcherrimo huic poemati offundi tenebras, quia Iobus eadem verba, eandem cum amicis sententiam, vi coactus nunc profert, ubi consensus talis nullo modo possit admitti. Exemplo sit finis capitis XXVII, com. 13 ad 23. Hæc tamen verba (bona lectorum cum venia) minime *Iobi* fuisse arbitror, sed *Zopharis*. Locutus est *ter* Eliphaz, cui Iobus *ter* respondit. Locutus est *ter* Bildad, cui Iobus *ter* respondit. Sed locutus est Zophar *bis* tantum, nisi tertia vice loquatur, atque hisce verbis ».

[40] Si veda una rassegna delle varie opinioni per la divisione del blocco poetico in L. ALONSO SCHÖKEL - J. L. SICRE DÍAZ, 43-46, tr. it.: 45-49, e, per quanto riguarda il terzo ciclo di discorsi, *ibid.*, 46-50, tr. it.: 49-54, e 313-15, tr. it.: 355-57. Ottimi *status quæstionis* si possono trovare in C. KUHL [1953: 277-81], fino al 1953, in J. LÉVÊQUE [1970: 215-29], fino al 1969, e in M. WITTE [1994: 7-55 e 239-47], con una panoramica tendenzialmente completa.

Purtroppo, non abbiamo potuto utilizzare pienamente quest'ultimo studio, essendo stato pubblicato quando il nostro lavoro era ormai ultimato. M. WITTE preferisce lasciar cadere la distinzione classica in "cicli" di discorsi, indicando i discorsi di Giobbe e degli amici con una numerazione progressiva. Egli mantiene la distribuzione delle parti del TM, spiegando le incongruenze, con metodo storico-redazionale, come crescita progressiva del testo. Per quanto riguarda i capp. 22-31 – che M. WITTE studia nell'insieme redazionale dell'intero dramma – al poeta originario andrebbero attribuiti: come *terzo discorso* di Elifaz, 22,1-11. 13-16. 19-23. 26-30*; come *ottavo discorso* di Giobbe, 23,1-17; 24,1[...]. 2-4. 10-12; e, come *nono discorso*, 27,1-6*; 29,2-16. 21-25a; 30,1a*. 9*-31; 31,4-10. 13-14. 16-17. 19-22. 24-27. 29-32. 35-37. Oltre all'aggiunta dei discorsi di Elihu, vi sarebbero poi tre redazioni posteriori, che hanno lasciato tracce anche nel resto del dramma: la *Niedrigkeitsredaktion*, con il terzo discorso di Bildad (25,1-6); la *Majestätsredaktion*, con gli ampliamenti di 27,5aβ. 11-12; 28,1-14. 20-28; 29,1, e la composizione di un nuovo discorso di Giobbe in 26,1-14; la *Gerechtigkeitsredaktion*, con gli ampliamenti di 24,5-8. 13-25; 27,7-10. 13-23; 30,1b-8; 31,1-3. 11s. 15(?). 18. 23. 28. 33s. 38-40. Infine, come glosse non facilmente identificabili, rimarrebbero 22,12. 17-18. 24-25; 24,9; 27,6aβ; 28,15-19; 29,17. 18-20.

C. KUHL, dopo aver passato in rassegna le diverse ipotesi, concludeva drasticamente « daß der dritte Redegang nur als Torso auf uns gekommen ist, und zwar so beschädigt und verstümmelt, daß man auf eine Rekonstruktion besser verzichtet, "beyond repair"» (p. 280; le ultime parole sono di E. G. KRAELING [1938: 61]). Non molto diverso è il presupposto da cui parte il recente studio di G. FUCHS [1993: 127]: « Obwohl Text und Anordnung des dritten Redeganges weitgehend gestört sind... ».

debba pensare che Giobbe risponda ai suoi tre amici oppure che gli amici rispondano a lui.[41]

Dalla pregiudiziale dei *tre* cicli, nascono l'enigma dei capp. 24-27 e il conseguente "miraggio" di ritrovare in essi la conclusione "regolare" dell'ultimo ciclo.[42] Infatti, dopo il terzo intervento di Elifaz (cap. 22), stando all'attribuzione delle parti secondo il TM, abbiamo il solo Bildad che interviene brevemente in 25,1-6. Non vi è il terzo intervento di Sofar e, eccettuata la breve parentesi di Bildad, il tutto sembra essere un lungo soliloquio di Giobbe (da 23,1 a 31,40). In esso, poi, vi sono alcune parti giudicate sospette, come 24,18-25 e 27,13-23, in cui il protagonista sembra assumere idee troppo simili a quelle degli amici. È quanto basta per aver visto fiorire mille e una ipotesi, con lo scopo di far intervenire per la terza volta Sofar e di rimettere in ordine le parti secondo il copione (dell'interprete, ovviamente).[43]

---

[41] Se si pensa che sia Giobbe a rispondere ai suoi amici, si preferisce tenere a parte il cap. 3, come soliloquio iniziale, e definire i tre cicli sulla base dell'alternanza Elifaz - Giobbe, Bildad - Giobbe, Sofar - Giobbe. Al contrario, se si pensa che siano gli amici a rispondere a Giobbe, si cerca di definire i tre cicli sulla base della sequenza Giobbe - Elifaz, Giobbe - Bildad, Giobbe - Sofar. Su questa scelta si veda il cambiamento di L. ALONSO SCHÖKEL - J. L. SICRE DÍAZ, 115, tr. it.: 133s, rispetto al precedente commentario in « Los Libros Sagrados » 16 (1971).

[42] Vi sono dei critici che tentano di spiegare in altri modi l'irregolarità del terzo ciclo di discorsi, senza voler ricorrere a congetture di ristrutturazione: « This alteration of structure contributes to the development of the argument of the book. [...] This structural design marks a very gradual swing toward a focus on Job's relationship and interaction with God in contrast to the earlier primary interaction between Job and his friends ». (G. W. PARSONS [1981: 140])

[43] La punta massima della *fanta*-scienza è stata raggiunta da M. P. REDDY [1978]. A partire dalle difficoltà del terzo ciclo egli letteralmente *riscrive* il libro di Giobbe! Per dare solo un saggio dei brillanti risultati, ecco di seguito come sarebbe dovuto essere il terzo ciclo dei discorsi: « Job 24,1-17. 25 (18 verses); Eliphaz 22,1; 21,22; 25,2-6; 21,17. 16. 30; 24,18; 21,18; 24,19-22; 21,19-21; 24,23-24 (21 verses); Job 26,1; 27,11; 26,6-12. 5. 13-14; 27,12. 2-7; 30, 20-26. 28-29 ( 28 verses); Bildad 25,1; 26,2-4; 16,3; 27,8-10. 13-23; 17,8-9 (21 verses); Job 29; 30,1-18. 27. 30; 19,20; 30,31. 19 (23 verses); Zophar 22,2-15. 17. 16. 19-30 (28 verses); Job 27,1; 28,1-2. 5-6. 12-13. 15-19. 20. 21. 7. 8. 14. 22. 23-25. 3-4. 9-11. 26-28 (28 verses 4 strophes); 31,2-3. 1. 4-18. 38-40a. 19-36; 19,23-27; 31,37. 40b (45 verses) » (p. 78). La sua proposta non deve certo essere accusata di arbitrarietà, visto che è fondata su ben sei (!) « *axiomatic principles* »: il principio delle strofe, della continuità delle strofe, della continuità dei capitoli, di una lunghezza minima dei capitoli (se un capitolo ha meno di 20 versetti è da considerarsi monco...), principio del *cyclic pattern* e dell'affinità tematica. Davanti a studi come questi, non cessiamo di ringraziare i copisti che hanno *venerato* il testo e ce l'hanno tramandato, anche se non sempre lo comprendevano a fondo. Al contrario, secondo Reddy, « in view of the nearly random damage to be traced in the present text it is more likely that ravages of time and scribal errors set in first and that pious editors attempted to set right the text and took the opportunity to rearrange some passages (but not to suppress any) in a deliberate attempt to mitigate the revolutionary eloquence of the poet of Job » (pagg. 86s).

Sono pochi i critici che considerano i dialoghi composti non da *tre*, ma da *due* cicli più una sezione conclusiva.[44] Tra di essi, meritano di essere valorizzati i suggerimenti di David Wolfers.[45]

Quando le soluzioni sono così diverse, è necessario chiedersi se i presupposti del problema siano davvero corretti. A nostro parere, le attribuzioni dei discorsi secondo il TM rimangono le migliori, non per presupposti fondamentalistici, ma per motivazioni critiche.[46]

Per la finalità del presente studio, bastino queste annotazioni:

---

Per spiegare lo scompiglio nel testo, oltre questa ragione ideologica, altri critici avanzano ipotesi più obiettive: sarebbe, ad es., una sezione incompiuta del dramma che i discepoli hanno voluto ugualmente pubblicare (cf. Sicre, in L. ALONSO SCHÖKEL - J. L. SICRE DÍAZ, 50, tr. it.: 54), oppure ci sarebbe stato uno scambio non intenzionale di fogli ad opera di qualche copista... Quest'ultima ipotesi, già avanzata da É. P. DHORME [1924], venne ripresa da A. LEFÈVRE [1949] e da R. TOURNAY [1957: 321-322]: da 24,18 a 27,23 vi sarebbero cinque colonne di testo che sarebbero state cambiate d'ordine. Originariamente si sarebbe avuto: I. 26,5-14; II. 25,2-26,4; III. 27,2-12; IV: 27,13-23; V. 24,18-25. Nell'ordine attuale, il V foglio è passato al primo posto, mentre il II e il III sono stati scambiati.

[44] Tenendo in debito conto le sfumature di ciascun autore, si potrebbero ricordare P. VOLZ, 27s, e M. JASTROW, 130-35; e, inoltre, TH. K. CHEYNE [1887: 38], K. FULLERTON [1924: 121s], N. H. SNAITH [1968: 55 e 62], P. WEIMAR [1980: 65[16]], H. GESE [1982: 164], M. TH. MENDE [1990b: 15-143], D. WOLFERS [1987b], [1988a] e [1993].

[45] DAVID WOLFERS non era un esegeta di professione. Dopo una carriera dedicata alla medicina e alla demografia, si è ritirato a Gerusalemme dal 1976, dedicandosi allo studio del libro di Giobbe sino alla morte (settembre 1994). I suoi studi e la sua traduzione di Giobbe sono ora raccolti in un unico volume [1995]. Rifacendosi a un neologismo inglese coniato da J. B. S. HALDANE, egli ha parlato di *covery*, intendendo con ciò una confutazione di una *discovery* ampiamente accettata, ma falsa (cf D. WOLFERS [1993: 218]). A dire il vero, anche P. WEIMAR [1980: 65[16]], nel ricostruire la storia della formazione di Giobbe dal punto di vista della critica letteraria, sembrerebbe parlare di due cicli di discorsi con gli amici e di un terzo con Giobbe - Elifaz - JHWH.

[46] Una dimostrazione analitica di questa ipotesi merita uno studio particolare, che ci ripromettiamo di svolgere in altra sede. Tra coloro che mantengono le attribuzioni del TM, vanno ricordati: G. RICCIOTTI, N. PETERS, R. GORDIS (in parte), N. C. HABEL (per il cap. 24) e J. E. HARTLEY. Si vedano anche: A. REGNIER [1924], che difende il TM, e l'immediata replica di É. P. DHORME [1924]; R. J. TOURNAY [1957], che riprende alcuni suggerimenti di A. LEFÈVRE [1949: 1078]; O. LORETZ [1980], H. G. REVENTLOW [1982]. Quest'ultimo, senza giungere a mettere in crisi il terzo ciclo di discorsi, considera corretta (ma per mano di un redattore) l'attribuzione a Giobbe sia del cap. 24, sia del cap. 27.

Sul rapporto tra il TM e i Tg si può vedere quanto scrive R. WEISS [1974: 104-47; pag. XI, sintesi inglese]: in pochissimi casi sembra che il Tg abbia letture migliori del TM (tra questi: 31,18; 33,17). Comunque, la *Vorlage* era quella del TM, come testimonia anche 11QtgJob, che potrebbe risalire al II secolo a.C. (cf K. BEYER [1984: 280-98]; *Le Targum de Job*...; L. DÍEZ MERINO [1984: 267-81]). Per quanto riguarda la LXX, si veda l'edizione critica curata da J. ZIEGLER [1982: 133-51], in cui viene trattato il problema dei testi asteriscati. Una valutazione del TM in rapporto a LXX e 11QtgJob si trova in J. GRAY [1974]. Per una valutazione della Pešiṭta rimandiamo agli studi di E. BAUMANN [1898], [1899] e [1890].

*1)* Rileggendo i capp. 22 (Elifaz) e 23-24 (Giobbe), ci si accorge che il discorso di Giobbe non è una risposta all'intervento immediatamente precedente di Elifaz. Elifaz riprende la proposta iniziale (cf 5,8) e presenta all'amico un invito finale per una liturgia penitenziale: « *Vieni a patti con lui e fa' la pace!* » (22,21).[47] Ma Giobbe, certo della propria innocenza, non potrà mai accettare una tale proposta. Elifaz si richiama ai precedenti interventi degli amici: alla prima serie, in cui si è sostenuto che la sciagura è una conseguenza della colpa e che la richiesta di perdono avrebbe aperto la via del ristabilimento (cf Sofar in 11,13s); alla seconda serie, in cui si è insistito sul fallimento della vita del malvagio. Il cap. 22 è quindi la conclusione e non l'introduzione di un nuovo ciclo di dialoghi.

Nei capp. 23-24, Giobbe sviluppa due temi. Il primo è la volontà di incontrare Dio stesso e confrontarsi in giudizio con Lui, per dichiararGli la propria innocenza e accusarLo d'ingiustizia (i vv. 23,10-12 potrebbero essere visti come prolessi del giuramento d'innocenza del cap. 31). Il secondo tema è la descrizione di un'ingiustizia già attuata: Dio ha travolto gli innocenti insieme ai colpevoli nella catastrofe dei "tempi" e dei "giorni" (24,2-24). Ad unire i due temi stanno i versetti 23,15-24,1, la cui corretta traduzione è decisiva. Non è un caso che i traduttori trovino difficoltà a questo punto, non comprendendo il senso della connessione tra quanto precede e lo sviluppo seguente.[48]

*2)* Lo sferzante attacco di Giobbe non può lasciare impassibili gli amici. Così l'autore fa intervenire Bildad (25,1-6). Non deve meravigliare la brevità del suo intervento: è un espediente per rendere ancora più caricaturale la sua figura, anche perché l'amico ripete un argomento già noto, con poche variazioni. Tuttavia occorre fare attenzione al tono di queste poche variazioni per essere in grado di comprendere il seguito. L'impulsivo Bildad, infatti, per negare che Dio possa aver commesso ingiustizie

---

[47] Due verbi compaiono nel TM עִמּוֹ וּשְׁלָם הַסְכֶּן־נָא (così vocalizzato nel codice di Pietroburgo B 19[A]). Il primo, imperativo Hi. da √סכן, testimoniato anche in Nm 22,30 e Sal 139,3, ma con diverso significato, potrebbe essere posto in relazione all'ugaritico *škn* *mᶜ*, attestato in un testo ugaritico citato anche da M. H. POPE, 167: *škn mᶜ mgn rbt aṯrt jm / mġz qnjt ilm* (*UT*, 51 = *KTU*, 1.4 I 20-22), « Pray agree to entreat Dame Athirat of the Sea, To beseech the Creatrix of the gods ». Era anche la lettura di Syr, ܐܬܪܥܐ « trova un accordo ». Il secondo verbo, imperativo Qal del comunissimo verbo שָׁלַם, potrebbe essere inteso nel senso di « vivere nel benessere » o di « fare pace » alla fine di una controversia (cf P. BOVATI [1986: 145]). Preferiamo questo secondo significato, in stretto parallelo al primo, senza cambiare in Hi. come proponeva K. BUDDE. Con meno probabilità, M. H. POPE, 167, lo avvicina all'uso islamico: مسلم è infatti colui che raggiunge la pace sottomettendosi completamente a Dio.

[48] La pericope è studiata nel Capitolo III (pagg. 149-169).

permettendo una catastrofe che ha coinvolto il povero innocente, insieme ai colpevoli, fa appello al mito del "pacificatore dei cieli" (vv. 2-6).[49]

*3)* Giobbe interrompe il filo logico del soliloquio finale, per replicare subito all'amico. Ne nasce un discorso ancora più sarcastico del precedente. Con David Wolfers, potremmo infatti titolare il cap. 26 un *capolavoro d'ironia*.[50] In 26,14, Giobbe cita esplicitamente il « susurro » (*šēmeṣ*) di Elifaz (4,12): quasi impercettibile, poteva essere udito solo nel profondo silenzio della notte. A confronto di quello, Giobbe ironizza sul fatto che il « susurro » dell'"onnipotente" Bildad possa manifestarsi come un « tuono » roboante.

*4)* Con il cap. 27, Giobbe torna al progetto avviato nel cap. 23. Il testo segnala un'introduzione diversa rispetto a quelle finora incontrate: *« Giobbe continuò il suo discorso (māšāl) »*.[51] Siamo davvero alla conclusione del "dialogo" con gli amici. Essi non hanno più nulla da dirgli, ed egli è pronto per il confronto diretto con Dio.

Nella prima parte dell'intervento (27,2-6) Giobbe ricorda la *nᵉšāmâ* e la *rûᵃḥ* donategli dal *suo* Dio, in opposizione alla caricatura precedente (v. 3). In nome di questo Dio egli pronuncia un triplice giuramento (il cap. 31 si avvicina anche tematicamente): *a)* è Dio ad aver compiuto un'ingiustizia contro di lui (v. 2); *b)* egli non dirà falsità e quindi non può accettare la tesi degli amici (vv. 4-5); *c)* nonostante tutto, si terrà saldo nella sua « giustizia » (v. 6). È probabilmente una delle migliori sintesi del personaggio di Giobbe, prima dell'incontro decisivo con Dio.

In 27,7-23, vi è una sezione dedicata alla "fine" del malvagio. Dopo il giuramento d'integrità della prima parte, colui che contraddice Giobbe si schiera dalla parte del torto: gli amici stessi, dunque, sono considerati coeredi della situazione dei malvagi.[52] Giobbe è convinto che Dio non sta dalla loro parte ed essi non possono far affidamento su Dio (vv. 7-10).

Con la solenne introduzione dei vv. 11s si apre il secondo e più problematico quadro. Secondo la massima parte dei commentatori moderni,

---

[49] Il richiamo era già stato notato da molti commentatori (cf, ad es., A. WEISER, 187). Per una recente documentazione, si veda G. FUCHS [1993: 133-35]. La pericope è studiata alle pagg. 208-216.

[50] D. WOLFERS [1987b: 220]. Il cap. 26 è studiato alle pagg. 139-147.

[51] וַיֹּסֶף אִיּוֹב שְׂאֵת מְשָׁלוֹ וַיֹּאמַר è la stessa introduzione di 29,1 (cf pag. 68). Per la struttura di questa sezione, la ripetizione è un indizio molto importante: come connessione tra i due discorsi, o anche, in modo più convincente per noi, come "raddoppiamento" che segnala una struttura parallela. Giobbe non è più in dialogo con gli amici (27,1), e non è ancora in dialogo con Dio (29,1). Il discorso che inizia con 27,1 chiude la prima serie di dialoghi; quello che inizia con 29,1 apre la sfida finale con Dio.
Per il significato di מָשָׁל, qui col valore di « discorso », si veda K. M. BEYSE [1986].

[52] Sul ruolo "satanico" degli amici molti commentatori hanno già attirato l'attenzione. Cf, ad esempio, J. STEINMANN, 307; É. P. DHORME, CXIV; P. J. CALLACHOR [1973: 1329-31]; W. VOGELS [1980: 841].

com'è noto, i vv. 13-23 (per taluni i vv. 8-23) costituirebbero il terzo discorso di Sofar, scomparso dalla partitura del TM.[53] A nostro parere, invece, essi devono rimanere "parole di Giobbe".

Rimuoviamo i due principali problemi:[54]

*a)* come prova che questi versetti non possono essere pronunciati da Giobbe, talvolta si afferma che essi sarebbero in contrasto con il cap. 21. Ma il contrasto è solo apparente. Mentre là si parlava della prosperità del malvagio *durante* la sua vita, qui si parla di quanto avviene *dopo* la sua morte. Anzi, proprio i vv. 21,19-21 anticipano la prospettiva del cap. 27. Ciò che nel cap. 21 veniva detto *in obliquo*, viene ora messo a tema in modo più ampio e con una prospettiva nuova;

*b)* il parallelo con la "meditazione sapienziale" del Sal 73, citato da molti commentatori, va considerato con attenzione.[55] Infatti, non abbiamo nel cap. 27 una semplice ripetizione del noto tema sapienziale. La prospettiva di Giobbe sottopone quel tema ad un'ermeneutica tale, da rendere la descrizione un'ulteriore critica contro Dio. Egli concede soltanto che la *fine*, non la *vita* del malvagio, sia come l'hanno descritta gli amici. Per questo, la citazione quasi letterale nel v. 13 delle parole pronunciate da Sofar a conclusione del suo secondo discorso (20,29) sono da intendere come nuovo spunto ironico, per dare inizio ad una descrizione opposta, in verità, a quella dell'amico più "intellettuale". Le parole di Giobbe esprimono una

---

[53] L'ipotesi di H. G. REVENTLOW [1982], pur mantenendo l'integrità delle attribuzioni del TM, non cambia di molto lo *status* del problema. A suo parere, sarebbero infatti "inserzioni" di salmi sapienziali (come Sal 37; 49; 73), senza la stretta logica cui siamo abituati nei nostri scritti moderni. L'autore (o un redattore successivo) avrebbe inserito queste sezioni per ricomprenderle in un nuovo orizzonte e superarne la visione teologica, sulla base dell'autorità stessa dei discorsi di JHWH: « Indem er die traditionellen Formen in seine Komposition einbaut, zueinander in Beziehung setzt und (wie vor allem Keel gezeigt hat, in Aufnahme einer weiteren überlieferten Motivreihe) in den Gottesreden ihnen eine vertiefte, über das menschliche Einzelschicksal hinausführende theologische Weltsicht entgegensetzt, die er mit der höchsten Autorität, der Gottes selbst, ausstattet öffnet er der Gemeinde einen geistlichen Ausweg, der es den Frommen erlaubt, die Rätselhaftigkeit menschlichen Geschicks, die Unbegreiflichkeit der den einzelnen treffenden Leidenserfahrungen zu tragen und in einem neuen Rahmen zu verstehen » (p. 292).

[54] Nel rispondere a A. REGNIER [1924], É. P. DHORME [1924: 349] offre un'argomentazione interessante: egli nota che tra il v. 13 e il v. 14 manca la logica, in quanto il primo parla del malvagio e il secondo passa immediatamente ai figli. Da qui egli deduce la prova che manchi la pericope di 24,18-24. A nostro parere, è invece la conferma che la prima frase sia la citazione delle parole di Sofar, contestata poi da un'argomentazione opposta a quella dell'amico, nel seguito del discorso.

[55] In particolare ricordiamo gli apporti di H. G. REVENTLOW [1982: 284s] e D. WOLFERS [1987b: 222-24]. Per un commento, rimandiamo ad L. ALONSO SCHÖKEL - C. CARNITI [1991-1993: tr. it. II, 5-28]; la definizione di "meditazione sapienziale" proviene da qui. Ricordiamo i quadri principali del salmo: I. vv. 2-12: vita beata dei malvagi; II. vv. 13-16: vita infelice dell'orante; III. vv. 17-22: fine infelice dei malvagi; IV. vv. 23-26: fine beata dell'orante.

domanda implicita, che potrebbe suonare così: la "mano di Dio" contro il malvagio non sa far altro che attendere la sua morte?

Se davvero Dio non può (o non vuole) far altro, l'accusa è aggravata, perché la vita di Giobbe sta disfacendosi *hic et nunc*, mentre per il malvagio la "sorte" è sfavorevole solo quando ha finito i suoi giorni, sazio ormai di felicità e di vita.[56] È troppo poco attendere che la morte uguagli la sorte – futura – del colpevole con la sua – attuale – di innocente (cf 21,23-26 e soprattutto il cap. 3). È ingiusto ipotizzare il pareggio della sorte mediante la distruzione del suo casato (vv. 13-19; cf 21,20). È inutile pensare che la morte del malvagio avvenga lontano da Dio (vv. 20-23; cf Sal 73,19s).

La considerazione della morte del malvagio non apre alcun spiraglio di soluzione a Giobbe, contrariamente all'orante del Sal 73. Nel quadro complessivo, la digressione di Giobbe sulla "fine" del malvagio svolge una funzione preziosa per il dramma, in quanto mostra che il protagonista condivide con gli amici una figura retribuzionista di Dio. Alla scuola della "teologia" retributiva, Giobbe aveva imparato a conoscere un Dio prevedibile. Sarà proprio una nuova "visione" di Dio – in entrambi i sensi: un incontro con Dio e un modo di "pensare" Dio – a permettergli di superare una prospettiva troppo angusta (cf 42, 5).

### 1.3 L'"inno alla Sapienza" (Gb 28)

Con il cap. 28, dopo le dure parole che precedono, ci si trova all'improvviso in un'oasi lirica insperata. Per citare un'analogia letteraria, potremmo ricordare i *cori* delle tragedie greche: l'azione drammatica viene sospesa e la vena lirica del poeta proietta, da diversa prospettiva, nuova luce sulla vicenda in atto.

Un capitolo tanto diverso, senza alcuna introduzione, così da sembrare che sia lo stesso Giobbe a declamarlo, non poteva non stuzzicare la fantasia dei critici. La rassegna delle opinioni offre un ampio ventaglio di pareri: lirica dello stesso poeta ma fuori posto, dello stesso poeta ma di altro periodo della sua vita, opera di altra mano poetica, oppure di un "pio" redattore che ha voluto aggiungere qualche pagina "ortodossa" alle molte "eresie" pronunciate da Giobbe nei dialoghi con gli amici...[57] e finalmente vi è anche chi lo attribuisce allo stesso poeta e lo considera al

---

[56] Non dimentichiamo che per Giobbe non vi è una retribuzione *post mortem*: il giudizio si perfeziona dunque in *questa* vita. Per questo problema, soprattutto per la corretta lettura di 19,25-27, si vedano in particolare O. W. HEICK [1965], L. M. MUNTINGH [1977], L. J. GREENSPOON [1981], M. PERANI [1984], M. T. MENDE [1990a], R. ALTHANN [1991].

[57] Su questa posizione sono ancora fermi alcuni recenti studi, stimolanti per altri versi, come L. G. PERDUE [1991: 84] e K. J. DELL [1991: 198], che la presenta come una delle possibilità. Si veda anche R. C. HILL [1993].

posto giusto.[58] Non ci sentiamo di giudicarlo il capitolo centrale,[59] o la sintesi di tutto il libro.[60] Tuttavia, la sua presenza non è affatto un "masso erratico".[61] Al contrario, questo *interludio*[62] svolge una funzione precisa nella struttura del dramma e instaura alcune relazioni importanti, che mostreremo qui di seguito, lasciando per il *Capitolo V* l'analisi critica.

Già molti studi hanno messo in luce i legami del cap. 28 con le altre parti del libro.[63] È indubbio il richiamo esplicito di 28,28 con la triplice lode del personaggio Giobbe echeggiata nel prologo (1,1. 8; 2,3); questo stesso versetto, tanto contestato, potrebbe essere considerato un annunzio del cap. 29 (il passato di Giobbe "timorato di Dio") e del cap. 31 (il giuramento di essersi sempre tenuto "lontano dal male"). P. Szczygiel,[64] al seguito di É. P. Dhorme, ha elencato i legami espliciti con i discorsi di Dio:

| | | |
|---|---|---|
| v. 1 | → | 38,27 |
| v. 7 | → | 38,20; 39,27; 41,22 |
| v. 8 | → | 38,39; 40,10; 41,26 |
| vv. 12. 20. 28 | → | 38,36 |
| v. 24 | → | 41,3 |
| v. 26 | → | 38,25 |

Per aggiungere qualche argomento alla discussione, vorremmo offrire un'analisi più particolareggiata del vocabolario. Nella seguente tabella, riporteremo un prospetto del vocabolario del cap. 28 (lessemi, sintagmi e parallelismi più interessanti), con il numero delle ricorrenze in tutta la Bibbia ebraica (col. 1), in tutto il libro di Giobbe (col. 2), in Gb 28 (col. 3), nei discorsi di Elihu (col. 4) e nel resto del libro (col. 5). Per facilitarne la consultazione, lo elenchiamo in ordine alfabetico (le radici verbali sono senza vocali).

---

[58] Si vedano gli *status quæstionis* di C. KUHL [1953: 281-83] e J. LÉVÊQUE [1970: 593-98]; più brevemente N. C. HABEL, 391s; A. NICCACCI [1981], in uno studio abbastanza recente, lo presenta congruente con l'insieme del libro in modo critico ed equilibrato.

[59] Secondo R. B. LAURIN [1972: 78], l'inno del cap. 28 e il soliloquio seguente dei capp. 29-31 giocherebbero un ruolo centrale nello schema teologico dell'opera.

[60] M. JASTROW, 136, definisce il cap. 28 un commentario di tutto il libro.

[61] Cf H. DUESBERG - I. FRANSEN [1939: 156].

[62] La definizione è di ALONSO SCHÖKEL: « una pausa que aleja y permite reposar al público » (L. ALONSO SCHÖKEL - J. L. SICRE DÍAZ, 394, tr. it.: 445); ma in termini simili si esprimono molti commentatori: « un moment de détente » (A. LEFÈVRE [1949: 79]), « sozusagen Halbzeit » (H. LAMPARTER [1951: 163]), « ein Ruhepunkt » (C. WESTERMANN [1956 : 133]).

[63] Ricordiamo, tra gli altri, K. BUDDE [1882], A. HULSBOSCH [1961], A. NICCACCI [1981: 53-58], J. TSEMUDI [1982s], S. A. GELLER [1987: 169-75].

[64] Cf P. SZCZYGIEL, 21.

| Lessema | 1. BHS (totale) | 2. Giobbe (totale) | 3. Giobbe 28 | 4. Giobbe 32-37 | 5. Giobbe (resto) |
|---|---|---|---|---|---|
| אֲבַדּוֹן | 5 | 3 | 1 | – | 2 |
| אָדָם | 561 | 27 | 1 | 11 | 15 |
| אוֹפִיר | 13 | 2 | 1 | – | 1 |
| אוֹר | 122 | 32 | 1 | 8 | 23 |
| אֵי־זֶה (domanda) | 17 | 5 | 2 | – | 3 |
| אֱנוֹשׁ | 42 | 18 | 2 | 4 | 12 |
| אֹפֶל / צַלְמָוֶת | 2 | 2 | 1 | – | 1 |
| בִין / ידע | 37 | 7 | 1 | – | 6 |
| בְּכִי | 29 | 2 | 1 | – | 1 |
| בַּרְזֶל | 76 | 5 | 1 | – | 4 |
| בַּרְזֶל / נְחוּשָׁה | 8 | 4 | 1 | – | 3 |
| דרך | 62 | 4 | 1 | – | 3 |
| דֶּרֶךְ / מָקוֹם | 16 | 2 | 1 | – | 1 |
| הפך | 94 | 12 | 2 | 2 | 8 |
| הפך הָרִים | 2 | 2 | 1 | – | 1 |
| זָהָב | 401 | 21 | 5 | 2 | 14 |
| זָהָב / כֶּסֶף | 139 | 2 | 1 | – | 1 |
| זכר (al Ni.) | 20 | 2 | 1 | – | 1 |
| זקק | 7 | 2 | 1 | – | 1 |
| חבש | 33 | 4 | 1 | – | 3 |
| חָזִיז | 3 | 2 | 1 | – | 1 |
| חֲזִיז קוֹל | 2 | 2 | 1 | – | 1 |
| חָכְמָה | 153 | 18 | 4 | 3 | 11 |
| חָכְמָה / בִּינָה | 16 | 5 | 3 | – | 2 |
| חֹק | 129 | 7 | 1 | – | 6 |
| חקר | 27 | 6 | 2 | 1 | 3 |
| חֹשֶׁךְ / צַלְמָוֶת | 10 | 5 | 1 | 1 | 3 |
| טָהוֹר | 95 | 3 | 1 | – | 2 |
| יָקָר | 36 | 2 | 1 | – | 1 |
| יִרְאָה | 44 | 5 | 1 | – | 4 |
| כון (Hi.) | 110 | 7 | 1 | – | 6 |
| כִּי יֵשׁ | 21 | 3 | 1 | – | 2 |
| כְּמוֹ־ | 56 | 10 | 1 | – | 9 |
| כֶּסֶף | 403 | 7 | 2 | – | 5 |
| כֶּתֶם | 9 | 3 | 2 | – | 1 |
| מֵאַיִן (domanda) | 17 | 3 | 2 | – | 1 |
| מוֹצָא | 27 | 2 | 1 | – | 1 |
| מְטָר | 38 | 6 | 1 | 2 | 3 |
| מצא (al Ni.) | 142 | 4 | 2 | – | 2 |
| נבט / ראה | 26 | 2 | 1 | 1 | – |
| נָהָר | 117 | 5 | 1 | – | 4 |
| נוע | 40 | 2 | 1 | – | 1 |

| Lessema | 1. BHS (totale) | 2. Giobbe (totale) | 3. Giobbe 28 | 4. Giobbe 32-37 | 5. Giobbe (resto) |
|---|---|---|---|---|---|
| נַחַל | 137 | 7 | 1 | – | 6 |
| נָתִיב | 5 | 3 | 1 | – | 2 |
| סוּר מֵרָע | 13 | 4 | 1 | – | 3 |
| סָפַר | 107 | 8 | 1 | 1 | 6 |
| סָתַר (al Ni.) | 31 | 4 | 1 | 1 | 2 |
| עֵדָה | 10 | 2 | 1 | – | 1 |
| עַיִן (sogg.) רָאָה | 38 | 10 | 1 | – | 9 |
| עָלַם | 29 | 3 | 1 | – | 2 |
| עָפָר / אֶבֶן | 10 | 3 | 2 | – | 1 |
| עָרַךְ | 75 | 9 | 2 | 4 | 3 |
| עֶרֶךְ | 33 | 2 | 1 | – | 1 |
| פָּרַץ | 49 | 3 | 1 | – | 2 |
| צוּק | 12 | 2 | 1 | 1 | – |
| קֵץ | 67 | 4 | 1 | – | 3 |
| קָצָה | 37 | 2 | 1 | – | 1 |
| שָׁזַף | 3 | 2 | 1 | – | 1 |
| שַׁחַל | 7 | 3 | 1 | – | 2 |
| שָׁכַח | 102 | 7 | 1 | – | 6 |
| שָׁלַח יָד | 57 | 6 | 1 | – | 5 |
| שַׁחַץ | 2 | 2 | 1 | – | 1 |
| שַׁחַל | 22 | 3 | 1 | – | 2 |
| שָׁמַע שֵׁמַע | 11(13)* | 1(2) | 1 | – | (1) |
| שָׁקַל (Ni.) | 3 | 2 | 1 | – | 1 |
| תְּהוֹם / יָם | 7 | 2 | 1 | – | 1 |
| תַּכְלִית | 5 | 3 | 1 | – | 2 |
| תְּמוּרָה | 6 | 3 | 1 | – | 2 |
| תַּעֲלוּמָה | 3 | 2 | 1 | – | 1 |

Per quanto possa valere un mero confronto quantitativo, la tabella è molto eloquente: la massima parte del vocabolario di Gb 28 è comune alle sezioni che, a nostro parere, fanno parte dell'opera originaria, mentre quasi irrilevanti sono i collegamenti con i discorsi di Elihu. Il linguaggio in comune con questi ultimi è spiegabile a partire da diversi fattori: in alcuni casi, il vocabolario è meno specifico;[65] in altri, si tratta di coniugazioni verbali diverse, anche se dalla medesima radice;[66] in altri ancora,

---

* Il sintagma è presente in due forme: in Gb 28,22 abbiamo בְּאָזְנֵינוּ שָׁמַעְנוּ שֵׁמְעָהּ, mentre in Gb 42,5 (e Sal 18,45) לְשֵׁמַע־אֹזֶן שְׁמָעְתִּיךָ. Ciò spiega la duplice numerazione.

[65] Questo vale per אָדָם, אֱנוֹשׁ, זָהָב, רָאָה / נבט, il Ni. di סָתַר e il verbo עָרַךְ. הָפַךְ è invece molto caratterizzato in tutta la tradizione profetica, essendo il verbo "tecnico" della catastrofe di Sodoma e Gomorra (Gn 19,25).

[66] Come il Pu. di סָפַר in 37,20 e l'Hi. di צוּק in 32,28 (entrambi *hapax* in Giobbe).

avremmo citazioni più o meno dirette.[67] Al contrario, con il resto del libro la condivisione di vocabolario è sorprendente, in particolare per le coppie parallele di lessemi. Anche l'affinità dello stile poetico è un dato sensibile, ma molto più difficile da dimostrare.

Spulciando qua e là dalla tabella, vorremmo mettere in primo piano alcuni elementi: la forma $k^e m\hat{o}$- della preposizione $k^e$; gli avverbi interrogativi $m^e$ $\dot{}ajin$ e $\dot{}\hat{e}$-zeh, i nomi propri $\dot{}\check{a}badd\hat{o}n$, $\dot{}\hat{o}p\hat{i}r$, $t^eh\hat{o}m$; il sintagma $\dot{}ajin$ $r\bar{a}\dot{}\hat{a}$, che potrebbe essere considerato parte del "sistema operativo" del dramma;[68] e ancora, $h\bar{a}pak$ $h\bar{a}r\hat{i}m$, $\dot{h}\check{a}z\hat{i}z$ $q\hat{o}l$, $k\hat{i}$ $j\bar{e}\check{s}$, $\check{s}\bar{a}la\dot{h}$ $j\bar{a}d$, $\check{s}\bar{a}ma^c$ $\check{s}\bar{e}ma^c$. Molto caratterizzate sono anche alcune coppie parallele, come $bar$-$z\bar{e}l$ - $n^e\dot{h}\hat{u}\check{s}\hat{a}$, $\dot{}opel$ - $\dot{s}alm\bar{a}wet$, $b\hat{i}n$ - $j\bar{a}da^c$, $derek$ - $m\bar{a}q\hat{o}m$, $^c\bar{a}p\bar{a}r$ - $\dot{}eben$...

Nell'analisi abbiamo trascurato i lessemi più comuni e quelli presenti solo in Gb 28 (tre di questi sono *hapax* anche nella Bibbia ebraica). Mette conto, forse, di elencarli almeno in nota, per non peccare di affermazione sospetta, benché si debba riconoscere che, quantitativamente, sono nella media del libro.[69] Troppo pochi per pensare ad una *mens* poetica diversa.

Se, dunque, il cap. 28 ha diritto di essere considerato omogeneo alle altre sezioni poetiche dal punto di vista del linguaggio, dobbiamo stabilire quale possa essere la funzione di una tale pagina lirica nell'ordito generale del dramma. Parliamo al riguardo di relazioni remote e dialettiche prossime. Le prime sono indizi linguistici che richiamano parti remote del dramma. Le seconde sono correnti carsiche che si contrappongono o si collegano con i capitoli immediatamente precedenti e seguenti, con cui il nostro "inno" – a prima vista – non sembra aver molto in comune.

## a) Relazioni remote

La "citazione" di 1,1. 8 e 2,3 nell'ultimo versetto dell'inno crea una sorta di campo di gravitazione poetico. Giobbe, malgrado tutto, nella sua disinteressata ricerca dell'enigma della vita, apparentemente senza esito, è rimasto fedele alla rivelazione di $\dot{}\check{a}d\bar{o}n\bar{a}j$ all'$\dot{}\bar{a}d\bar{a}m$. L'uso di $\dot{}\check{a}d\bar{o}n\bar{a}j$ a questo punto – e solo qui nel libro – ha una sua specifica valenza: è un richiamo esplicito alla tradizione "religiosa" in cui sono state forgiate le

---

[67] Su questa caratteristica dei capp. 32-27 ritorneremo tra poco. Abbiamo citazioni nei seguenti casi: l'Hit. di הפך in 37,12 allude a 38,14; il parallelismo צַלְמָוֶת / חֹשֶׁךְ si trova in 34,22, un passo che cita indirettamente 24,16s, la menzione di מָטָר in 36,27 e 37,6 anticipa il cap. 38.

[68] Dal momento che viene utilizzato dal poeta nei momenti nevralgici, in cui il dramma fa procedere la sua *azione*: 7,7. 8; 10,4. 18; 13,1; 19,27; 21,20; 28,10; 29,11; 42,5. Il sintagma si trova sempre sulle labbra del protagonista.

[69] Ecco di seguito i lessemi che compaiono soltanto nel cap. 28 (mettiamo tra parentesi il numero di ricorrenze in tutta la Bibbia ebraica): דלל (8), סַפִּיר (11), עִיט (8), אַיָּה (9), Pu. סלה (15), מָחִיר (2), סְגוֹר (12), אֶרֶץ הַחַיִּים (17), יָקָר (12), בקע Pi. (12), יְאוֹר (65), חַלָּמִישׁ (5), פְּטָדָה (6), פְּנִינִים (2), מֶשֶׁךְ (–), גָּבִישׁ (9), רָאמוֹת (9), פָּז (324), כְּלִי (–), זְכוֹכִית (12), שֹׁהַם (–), אֲדֹנָי (425), מִדָּה (56), תכן (18), מִשְׁקָל (49), כּוּשׁ (30).

convinzioni del protagonista.[70] In questo senso, diamo ragione a Robert B. Laurin, quando trova nel cap. 28 un sommario di ciò che Giobbe aveva sempre appreso nella sua vita (cf 42,5).[71] Non ci sembra, tuttavia, che la relazione con la teofania finale si debba ridurre a questo raffronto negativo. Nemmeno sarebbe corretto considerare questa sublime pagina un cedimento dell'autore all'uditorio "ortodosso", che non avrebbe potuto sopportare più a lungo le provocazioni del personaggio in scena.[72] La dinamica della composizione conduce a conclusioni innovative, come avremo modo di studiare, in sintonia con la teofania finale e con il giudizio espresso su Giobbe in 42,7-9.

Alla "sapienza" avevano già fatto riferimento Elifaz (4,21 e 15,8), lo stesso Giobbe (12,2. 12. 13; 13,5) e soprattutto Sofar, nel suo primo intervento (11,5-9). Nei discorsi di Dio, se ne sentirà parlare ancora in 38,36s e 39,17. Leggendo traversalmente questi testi ci si accorge che in essi la ḥokmâ è presentata in modo ambivalente: è sinonimo, per un verso, di intelligenza (così in 4,21; 12,2. 12; 13,5; 38,36s; 39,17) e, per altro verso, del progetto divino (in 15,8; 11,6; 12,13). Il cap. 28 è il centro nevralgico per questa dialettica e anticipa, almeno in parte, la "soluzione" del dramma. La ḥokmâ di Dio rimane inaccessibile, ma all'uomo è stato "rivelato" come vivere con ḥokmâ. Nel suo cammino di ricerca l'uomo non potrà mai possedere la ḥokmâ di Dio, ma, contemplando la creazione, ne può attraversare i *simboli* – diciamolo con il nostro linguaggio – e lasciarsi conquistare da essa. Per ora possiamo solo avanzare l'ipotesi che, dietro la splendida vetrina poetica giobbiana, vi sia una fucina teologica attivissima, in cui fervono molte dispute. Lo si percepisce forse con più chiarezza, se si vanno a leggere, in parallelo al nostro capitolo, l'autopresentazione ottimistica di *Donna Sapienza* in Pro 8 (soprattutto i vv. 22-31) e il "sermone" di Dt 4, in cui vengono tematicamente connesse la ḥokmâ e la *tôrâ*,

---

[70] אֲדֹנָי, in forma non composta, è usato soprattutto nell'ambito della preghiera e nei discorsi profetici: cf *KB*, I, 13 e soprattutto O. EIßFELDT [1973: 66. 76; tr. it. 134. 150]. Il titolo divino è molto antico: lo confermerebbe il suffisso superlativo in *-āj*, attestato anche in ugaritico. Non si deve sovrapporre al problema dell'origine di questo titolo e alla sua antichità, il problema della sostituzione del tetragramma sacro, che, com'è noto, incomincia dal 300 a.C. e si consolida definitivamente nel II secolo a.C. (cf O. EIßFELDT [1973: 76s; tr. it. 150s]).

[71] R. B. LAURIN [1972: 89]: « Ch. 28 provides the doctrine which Job had heard since childhood "by the hearing of the ear", and which was the cause *by itself* of Job's despair ».

[72] Cf K. J. DELL [1991: 198]: « Alternatively [l'altra possibilità è citata a pag. 61[57]] the main author added the wisdom poem with a view to distinguish his intentions and making it palatable to the orthodox. But if this was the case, it makes little sense that he should place the words in the mouth of Job ».

la felicità e l'osservanza della legge.[73] Ma lasciamo questa discussione per la conclusione del nostro lavoro.

## b) Dialettiche prossime

Nel contesto immediato, la funzione chiaroscurale attribuita allo spartito lirico del cap. 28 appare abbastanza evidente e soltanto la miopia dell'interprete impedirebbe di coglierne la forte tensione con quanto precede e quanto segue. In effetti, benché l'inno sembri declamato dal personaggio Giobbe, dal momento che non vi è alcuna introduzione, il cambiamento di tonalità poetica tra 27,23[74] e 28,1ss è tanto netto da ipotizzare

---

[73] Benché non si parli di "alleanza" o di "legge", il libro di Giobbe si riferisce ad una "sapienza" che non può essere pensata a prescindere dalla tradizione dello jahwismo e dalle problematiche in essa vive, attorno al V secolo a.C. All'interno di questo contesto, si riuscirà a cogliere la novità del pensiero propriamente "teologico" del nostro dramma.

[74] Il v. 23, purtroppo, è pieno di insidie filologiche, come del resto tutta la conclusione del cap. 27. Non dimentichiamoci che è Giobbe a parlare: egli sta descrivendo la fine dell'empio. Potrebbe anche essere una fine terribile – ammette – ma, comunque sia, essa giunge troppo tardi e l'empio se ne fa beffe. Leggiamo quindi così 27,19-23:

19. *Da ricco muore; e se non viene sepolto,*
   *– potesse tener aperti gli occhi – lui non c'è più:*
20. *i terrori lo possono sorprendere come un'inondazione,*
   *la Notte rapirlo come la bufera,*
21. *il Qadîm sollevarlo e andarsene,*
   *strapparlo via dal suo posto,*
22. *gettarglisi contro senza pietà...*
   *ma lui ormai sarà sfuggito dalla sua mano,*
23. *gli batterà le mani [a deriderlo]*
   *e gli fischierà contro dal suo posto.*

L'aggettivo עָשִׁיר del v. 19 è predicativo del soggetto. La seconda parte del primo stico va logicamente collegata come protasi del secondo stico: il Ni di אָסַף è il verbo tecnico della sepoltura dei patriarchi (cf Gn 25,8. 17; 35, 29; 49,33; Nm 20,24. 26; Dt 32,50); qui sta a indicare una possibilità di disgrazia dopo la morte (cf Ger 8,2; Ez 29,5). Se anche dovesse succedere così, egli ormai non esiste più. Vengono alla mente le considerazioni sulla morte nel *De rerum natura* di LUCREZIO (III, 838-42).

Il sintagma פָּקַח עֵינָיו è ben attestato (cf anche in 14,3; strettamente parallelo all'arabo פקח). Nel v. 20, seguendo M. DAHOOD [1969: 342], prendiamo come soggetti בַּלָּהוֹת e לַיְלָה (due titoli per gli "inferi"), mentre כַּמַּיִם e סוּפָה srebbero due complementi di paragone dipendenti da un'unica preposizione (*double-duty modifier*; cf GK, § 119hh e G. R. DRIVER [1948: 164s]). 11QtgJob (cf *Le Targum de Job...*, 32s) conferma il TM in questa lettura: כמים באש[תא] « come cattive acque ». Anche nei vv. 21s continua la sequenza infernale; ora soggetto è il terribile *Qadîm*, il "vento del deserto". Il complemento מִמְּקֹמוֹ verrà ripetuto anche nel v. 23: è un indizio molto importante per decidere il soggetto di quel versetto. La vocalizzazione massoretica di שָׁלַךְ, « lanciare », lo presenta come Hi., costruito con la preposizione עַל come in Nm 35,20. 22; 2 Sam 20,12. Dato che il soggetto rimane il vento orientale, preferiamo vocalizzare וְיֻשְׁלַךְ (Ho.), dando al verbo un senso riflessivo. Il v. 22b e il v. 23 esprimono bene il pensiero di Giobbe: si noti che tutt'e tre i verbi sono all'jiqtol e hanno come soggetto l'empio (cf מִמְּקֹמוֹ al v. 21); egli, una volta morto nel benessere, sfugge a quanto gli accade dopo la morte e se ne fa una beffa. Nell'ultimo versetto abbiamo infatti due gesti d'irrisione, difficili da comprendere perché

non solo un diverso discorso, ma, di più, una diversa scena. La *Form* della pagina differisce radicalmente dal contesto[75] e anche a motivo della coerenza strutturale, veramente cristallina, la pagina si staglia con contorni nitidi sui discorsi che la circondano.[76] Troviamo per questo pertinente l'analogia con i *cori* delle tragedie greche.

Il legame con il contesto immediato è molto sottile. L'ardua ricerca intellettuale condotta nei dialoghi con gli amici è giunta alla conclusione, ma senza trovare una risposta. Non l'hanno trovata gli amici, i quali alla fine, per mantenere la loro teoria, hanno dovuto mentire sull'integrità di Giobbe, invitandolo ad una liturgia penitenziale. Non l'ha trovata Giobbe, il quale, per sostenere sino in fondo la sua integrità, ha dovuto accusare Dio di ingiustizia (cap. 27).

Il discorso sembra andare ormai alla deriva. Con gli amici, Giobbe non può più continuare; le loro argomentazioni si sono svuotate, anche quantitativamente. D'ora in avanti non resta che rivolgersi direttamente a Dio (capp. 29-31), costi quel che costi (cf 13,13).

Tematicamente quanto sta "prima" e "dopo" il cap. 28 è collegato dalle affermazioni principali di Giobbe: il giuramento d'integrità morale (27,4-5 e cap. 31) e l'accusa rivolta a Dio (27,2 e il contrasto fra il passato felice del cap. 29 e l'angoscia presente del cap. 30). Formalmente il legame è segnalato dalla stessa introduzione, diversa rispetto a tutti gli altri discorsi: *wajjōsep ᵓijjôb śᵉᵓēt mᵉšālô wajjōᵓmar*. Mentre dunque il cap. 27 chiude definitivamente il dialogo con gli amici, i capp. 29-31 aprono la sfida finale con Dio.[77]

L'esito del discorso con gli amici e l'urgenza di far entrare in scena direttamente Dio sono giustificati dal cap. 28. Esso ricorda agli spettatori il *punto di vista* da cui considerare la discussione e il dramma atto: Giobbe rimane *ḥākām* e la sua sfida non è contro la *jirᵓat ᵓădōnāj*. Chiamando in causa Dio, egli lo considera ancora un "Tu" a cui rivolgersi. L'ultimo "Tu" che gli rimane. Anche questo fa parte della *nᵉkônâ* che alla fine Dio riconosce a Giobbe. Ma prima di allora il protagonista è chiamato ad una nuova scoperta.

---

non usati nella nostra comunicazione gestuale: שָׁפַק (o סָפַק) כַּפַּיִם עַל « battere le mani » (in senso di disprezzo come in 34,37; Is 2,6; Lam 2,15) e שָׁרַק עַל « fischiare contro » (cf Lam 2,15s; 1 Re 9,8; Ger 19,8; 49,17; 50,13; Ez 27,36; Sof 2,15). Non sfugga la paronomasia tra i due verbi e il fatto che Lam 2,15 ha lo stesso parallelismo.

[75] Cf C. WESTERMANN [1956: 131-33].

[76] Rimandiamo al Capitolo V per lo studio analitico (pagg. 255-283). L'introduzione di un brano lirico con il כִּי enfatico non deve stupire: si veda, ad es., Sal 147.

[77] Questo è un indizio decisivo per la struttura del dramma (cf pp. 94ss). La funzione di "spartiacque" tra i dialoghi con gli amici e il confronto con Dio è messa in luce, ad es., da J. LÉVÊQUE [1970: 600] e da L. ALONSO SCHÖKEL - J. L. SICRE DÍAZ.

## 1.4 I discorsi di Elihu (Gb 32-37)

I quattro discorsi di Elihu sono molto disputati tra i critici. Nella bibliografia degli ultimi vent'anni abbiamo trovato ben cinque dissertazioni dedicate ad essi.[78] È sufficiente leggere lo *status quæstionis* ricostruito da Harald Martin Wahl nella sua recente tesi,[79] per farsi un'idea della notevole divergenza di opinioni. Accanto a coloro che, con diverse motivazioni, li ritengono sezione originaria del dramma di Giobbe,[80] vi sono coloro che li considerano dello stesso autore, ma inseriti nel dramma in un tempo posteriore,[81] coloro che li considerano aggiunti da un diverso autore,[82] e coloro per i quali il processo di composizione e di redazione è ancora più complesso e frammentato.[83] Uno *status quæstionis* completo non aggiunge altro se non gli elenchi dei sostenitori dell'una o dell'altra ipotesi.[84]

Lasciamo da parte il principio d'autorità e andiamo al nocciolo della questione.[85] Il nostro parere è che questi capitoli rappresentino un "commentario" al libro di Giobbe, il primo di un'infinita serie.[86] L'inserzione del commento di Elihu ci sembra sia voluto per una finalità ben precisa: offrire al lettore un *punto di vista* ermeneutico coerente con la tradizione,

---

[78] Tra gli studi segnaliamo: M. BOELICKE [1879], A. VAN HOONACKER [1903], H. H. NICHOLS [1910s], L. DENNEFELD [1939], G. FOHRER [1959s], R. GORDIS [1963], H. D. BEEBY [1965], R. N. CARSTENSEN [1967], D. N. FREEDMAN [1968a], M. E. TATE [1971], G. W. MARTIN [1972], A. GLAZNER [1978s e 1979s], S. HEMRAJ [1980], D. A. JOHNS [1983], N. C. HABEL [1984], R. V. MCCABE [1985], D. WOLFERS [1987a], J. B. CURTIS [1988], M. T. MENDE [1990b], H. M. WAHL [1993].

[79] H. M. WAHL [1993: 1-35. 189-207].

[80] Cf N. C. HABEL e J. E. HARTLEY, che applicano i principi del *wholistic approach*. Secondo K. BUDDE, i discorsi di Elihu mettono in evidenza il pensiero dell'autore del dramma e offrono l'autentica soluzione del problema [²1913: XLVI e XLVIII]; tuttavia, egli considera aggiunti da un redattore posteriore i seguenti versetti: 32,2-5; 32,11-17; 33,4. 33; 34,9-10a. 25. 26-28. 29c; 35,4. 13-14. 17. 25-26. 29-30; 37, 15-16.

[81] D. N. FREEDMAN, R. GORDIS.

[82] S. R. DRIVER - G. B. GRAY, N. H. TUR-SINAI, H. RICHTER, G. FOHRER, A. DE WILDE, e lo stesso H. M. WAHL.

[83] H. H. NICHOLS, V. MAAG, T. MENDE.

[84] Per ricostruire una panoramica completa delle opinioni degli ultimi due secoli, ci si può riferire alle rassegne di A. VAN HOONACKER [1903: 162-64], C. KUHL [1953: 258-66], J. LÉVÊQUE [1970: 537-91], oltre al già citato H. M. WAHL; e ai commentari di A. DILLMANN, K. BUDDE, É. P. DHORME, N. PETERS, R. GORDIS, L. ALONSO SCHÖKEL - J. L. SICRE DÍAZ. In quest'ultimo si nota una certa tensione tra l'introduzione di Sicre e il commento di Alonso: il primo si sbilancia molto poco e quasi tenderebbe ad attribuirli allo stesso autore (pp. 51-54, tr. it.: 55-59), mentre il secondo li considera esplicitamente un'inserzione posteriore (pp. 455-58, tr. it.: 511-14).

[85] Calza a pennello uno degli aforismi di L. ALONSO SCHÖKEL [1990: 69]: « Non si riesce a leggere tutto su un soggetto: ci si sente colpevoli. Si riesce a leggere tutto su un soggetto: ci si sente frustrati ».

[86] È il parere di Alonso in L. ALONSO SCHÖKEL - J. L. SICRE DÍAZ, 457, tr. it.: 513.

in modo da evitare di perdersi nelle pericolose ambiguità della poesia giobbiana e influenzare l'interpretazione non solo di quanto precede, ma soprattutto dei discorsi seguenti di Dio. Forse, dobbiamo essere molto riconoscenti a questo jahwista convinto – Elihu non può non richiamare alla memoria Elia – se fosse vero che, proprio grazie alla sua interpretazione, il dramma è entrato nel canone biblico.[87]

Ma attenzione: considerare questi capitoli estranei all'originario piano del dramma non significa reputarli secondari o trascurabili, ma neanche trattarli come parte "integrante". L'approccio holistico (*wholistic approach*)[88] deve essere applicato criticamente. Da un lato, esso ci aiuta a dare senso al libro, come ci è stato consegnato dalla tradizione, e all'inserzione di questi capitoli nel punto esatto in cui si trovano; dall'altro lato, la dimostrazione che essi sono un'inserzione ci spinge a leggerli – idealmente – non prima della teofania, ma al termine di tutto il dramma.[89]

Cerchiamo di dimostrare con criteri letterari la nostra posizione.

L'indizio, lasciato da colui che ha inserito i capp. 32-37 e ha *voluto* distinguersi dall'autore del dramma, presentandosi al lettore come un commentatore di quanto si stava svolgendo sulla scena, è proprio il v. 31,40b: « *Fine dei discorsi di Giobbe* ».[90] Questa notazione è stata variamente interpretata e per qualcuno è motivo per sostenere che l'autore dei discorsi di Elihu non conoscesse ancora il dialogo della teofania, in cui Giobbe prende di nuovo la parola, anche se brevemente.[91] Per noi, invece,

---

[87] Cf H. M. WAHL [1993: 180 e 204]; in modo più sfumato, L. ALONSO SCHÖKEL - J. L. SICRE DÍAZ, 456, tr. it.: 512.

[88] Il precursore del *wholistic approach* potrebbe essere considerato nientemeno che N. FRYE [1957: 189]: « I am trying to make sense of the meaning of the Book of Job as we now have it, on the assumption that whoever was responsible for its present version had some reason for producing that version. Guesswork about what the poem may originally have been or meant is useless, as it is only the version we know that has had any influence on our literature ».

[89] Cf L. ALONSO SCHÖKEL - J. L. SICRE DÍAZ, 456, tr. it.: 512.

[90] Si può rendere così l'ebraico molto lapidario: תַּמּוּ דִּבְרֵי אִיּוֹב. È una glossa singolare in tutto il libro.

[91] Al riguardo, lo studio più analitico è ancora quello di A. VAN HOONACKER [1903]. Benché non ne condividiamo le conclusioni, non possiamo non ammirare la ferrea logica del suo lavoro. Dopo aver esposto le ragioni *péremptoires* per escludere i capp. 32-37 dall'opera originale (pp. 162-66), per riuscire a spiegare il perché dell'aggiunta, egli ipotizza una composizione del libro in quattro tappe (pp. 166-72): *1)* i capp. 1-31; *2)* l'aggiunta dei discorsi di Elihu; *3)* in parallelo alla seconda, l'aggiunta dei discorsi di Dio e dell'epilogo; *4)* la fusione redazionale delle aggiunte 2) e 3). Più precisamente: colui che ha aggiunto i capitoli di Elihu non conosceva i discorsi dei capp. 38-42 come "discorsi di Dio", ma ne conosceva il materiale, perché esso era già presente nell'opera originaria; tuttavia, non era attribuito a JHWH, bensì agli amici (p. 177-88). Il cambio di partitura ha alla fine comportato un qualche dissesto, com'è di fatto testimoniato nel terzo ciclo di discorsi, mutilo nella redazione finale. Un ulteriore autore, a cui il personaggio Giobbe era più simpatico, ha voluto opporre alle pagine di Elihu la teofania (servendosi dei discorsi del terzo ciclo) e

è una chiosa redazionale che dichiara l'identità della nuova inserzione. Colui che l'ha aggiunta, ha voluto intromettersi nel dramma, senza cambiarvi quasi nulla. Probabilmente ha soltanto spostato l'originaria conclusione dell'arringa di Giobbe (31,38-40), al fine di smorzare il *climax* troppo esplicito che chiudeva il giuramento d'innocenza e spianava la strada all'intervento di JHWH dalla tempesta in 38,1.[92]

Accanto a questo indizio raccogliamo e valutiamo criticamente le ragioni addotte dai vari studi per sostenere la tesi che essi non sono dello stesso poeta che ha composto il dramma. Le classifichiamo in tre paragrafi, in ordine d'importanza decrescente: *a)* ragioni strutturali; *b)* ragioni lessicali; *c)* ragioni stilistiche. Non prendiamo in diretta considerazione le ragioni di contenuto, perché più facilmente manipolabili.[93]

*a) ragioni strutturali*

Elihu irrompe sulla scena all'improvviso: di lui non si era detto nulla nel prologo e nei dialoghi sino a questo punto e nulla si dirà nell'epilogo. La sua presenza è circoscritta ai quattro discorsi dei capp. 32-37. Affermare che questi discorsi siano stati pensati dall'autore per un quarto interlocutore di Giobbe, senza però aver portato a termine il suo progetto,[94] ci sembra un'ipotesi troppo forzata, soprattutto guardando alla convergenza delle prove che ora esporremo.

Il nuovo personaggio viene introdotto con una lunga presentazione. Viene dichiarato il suo albero genealogico che ne attesta l'integrità jahwista (32,1-5): dopo tutti i nomi non caratteristicamente giudaici – Giobbe, Elifaz, Bildad, Sofar – ecco finalmente « *Elihu ben-Barakel, il Buzita, della famiglia di Ram* ». Che bisogno c'era d'andare a scomodare Elia ed Ezechiele ben-Buzi? O gli antenati di Davide (cf 1 Cr 2,9ss)? Tutti questi

_____

l'epilogo. Un redattore finale avrebbe alla fine fuso le due edizioni per formare il nostro attuale libro.

[92] L'ipotesi è abbastanza condivisa tra i commentatori contemporanei. Più discussa è la posizione originaria di 31,38-40. La scelta più ovvia è di spostarli subito prima della "conclusione" dell'arringa giobbiana, vale a dire dopo 31,34 (come, ad es., fanno G. FOHRER e R. GORDIS). Per una rassegna completa cf L. ALONSO SCHÖKEL - J. L. SICRE DÍAZ, 439, tr. it.: 493; la loro scelta è di spostarli dopo 31,23.

[93] Le ragioni di contenuto a favore di una distinzione del ciclo di Elihu potrebbero essere: *a)* la ripetizione delle tesi già esposte dagli amici, con la sottolineatura del valore della sofferenza come "prova"; *b)* l'anticipazione di alcuni elementi dei discorsi di Dio; *c)* sono contro l'intenzione del poeta di lasciar sussistere il mistero, volendo offrire una risposta immediata al problema di Giobbe; al contrario, i discorsi di Dio porteranno alla contemplazione di questo mistero. Sono tutte ragioni vere, e in parte rientreranno analizzando le ragioni strutturali. La loro debolezza sta nel fatto che sono facilmente controvertibili e possono diventare ragioni a favore...

[94] Cf D. N. FREEDMAN [1968: 54] ipotizza questa collocazione: capp. 32-33 dopo il cap. 14; cap. 34 dopo il cap. 27; cap. 35 dopo il cap. 21 e i capp. 36-37 dopo il cap. 31. Anche Sicre sembrerebbe non del tutto sfavorevole a questa soluzione (L. ALONSO SCHÖKEL - J. L. SICRE DÍAZ, 54, tr. it. 59).

elementi sono funzionali all'uditore: l'allusione ai grandi profeti, alla genealogia davidica e il patronimico ben-Barakel, non attestato altrove ma ricco di significato ("Dio ha benedetto"). Sappiate che ora parla un autentico giudeo, "figlio" della tradizione profetica.[95] Questa carta d'identità, se da una parte contrasta con la scarna presentazione degli altri attori, compreso il protagonista, dall'altra è – positivamente – prova per la necessità di credenziali di uno che "entra" nel dramma in un secondo tempo. La sua giovane età, anch'essa ostentata nella presentazione (32,4) e nell'esordio (32,6), è una conferma che il nuovo oratore viene *dopo* gli altri. Un espediente per cattivarsi la simpatia dell'uditorio? Potrebbe anche essere; ma bastano le prime battute per saggiare la sua arroganza e comprendere che egli non si presenta come interlocutore, bensì come "critico" che giudica dall'esterno e vuole offrire una parola risolutrice.[96]

Elihu ha ben presente la teofania conclusiva del dramma, quando Dio stesso interverrà e, dopo aver (in parte) confutato Giobbe, si dichiarerà dalla parte di quest'ultimo contro gli amici. Nella visione teologica di Elihu questo è inaccettabile: Dio non deve rispondere a nessuno. Farlo intervenire nel dramma è irriverente. Si leggano in questa luce 32,11-13; 34,23 e 37,23s:

> 32,11 *Ecco, ho atteso i vostri discorsi,*
> *ho prestato attenzione*[97] *ai vostri ragionamenti,*
> *mentre andavate in cerca d'argomenti;*
>
> 12 *vi ho scrutato per bene, ma guardate:*
> *non c'è stato chi abbia convinto Giobbe,*
> *uno di voi che abbia risposto alle sue provocazioni;*
>
> 13 *e quindi*[98] *non potete dire: « Noi abbiamo trovato la Sapienza,*
> *ma lui, lo confuti El, non un uomo ».*
> … … … …
>
> 34,23 *Non spetta certo all'uomo porre un termine*[99]

---

[95] Cf W. VOGELS [1981] e J. W. McKay [1978s].

[96] Qualche critico, per questo motivo, ha voluto vedere in Elihu l'"arbitro" invocato da Giobbe: cf ultimamente anche N. C. HABEL, 443-47, che tuttavia, pur attribuendo all'autore del dramma i discorsi di Elihu, li interpreta come espediente ironico. Ma il contrasto con quanto segue è troppo marcato: Elihu sostiene in tutti i suoi discorsi logorraici che Giobbe ha sbagliato; Dio, alla fine del dramma, sosterrà l'esatto contrario.

[97] Non ci sono particolari difficoltà filologiche, ma bisogna stabilire la corretta struttura sintattica, date le molte possibilità. Nel v. 11 leggiamo אָזִין come forma contratta per אַאֲזִין (così cinque manoscritti elencati da B. KENNICOTT).

[98] L'inizio con פֵּן si spiega come conseguenza negativa delle premesse poste.

[99] Fa difficoltà il primo stico: כִּי לֹא עַל־אִישׁ יָשִׂים עוֹד. Nella nostra interpretazione, dopo il כִּי iniziale enfatico, עַל־אִישׁ è proposizione principale che regge עוֹד יָשִׂים: si veda una costruzione analoga in 2 Sam 18,11 e 1 Re 4,7, con l'infinito invece dell'jiqtol; ma la sostituzione non fa difficoltà, specialmente in poesia (cf ad es. 19,25). In questo modo si spiega anche la posizione del negativo לֹא (contro *GK*, § 152e). Il significato di עוֹד si può

*per comparire davanti a Dio in giudizio.*

… … … …

**37,23** *Šaddai noi non Lo possiamo incontrare:*[100]
   *il Sublime in potenza e diritto*
   *e il Sommo Giusto in giustizia non può rispondere.*[101]
**24**   *Perciò Lo temano i mortali!*
   *Chi è saggio di mente non Lo può vedere!*[102]

Non abbiamo forzato la traduzione; ma nemmeno l'abbiamo edulcorata. È sufficiente leggerla, per percepire la veemente *vis* polemica, l'"ira" del giovane Elihu, nemmeno poi tanto repressa,[103] per quanto ha osato il drammaturgo di Giobbe nella scena della teofania. Definirla "ironia" voluta dello stesso autore o espediente "comico" per alleggerire la tensione drammatica venutasi a creare in scena ci sembra sinceramente un'esagerata porfirizzazione.[104]

Strutturalmente i discorsi di Elihu si pongono nell'ottica di una parziale smentita del dramma originario e s'incuneano volutamente tra l'arringa di Giobbe (capp. 29-31) e i discorsi di Dio, per illuminare il lettore e impedirgli di percorrere sentieri interpretativi pericolosi. Anche il grande inno alla sapienza e alla potenza di Dio, che si sviluppa in 36,22-37,22 e che apparentemente sembra anticipare il tema della teofania seguente, è in verità il suo opposto. Elihu presenta un Dio che schiaccia l'uomo con la sua potenza, quel Dio temuto dal protagonista (cf cap. 9). Al contrario, nella teofania, vi è un Dio che vuole di fronte a sé un uomo

---

ricavare dalla radice, senza cambiare in מוֹעֵד, come propongono, tra gli altri, N. H. TUR-SINAI, 482; A. WEISER, 224; M. H. POPE, 258. A. GUILLAUME [1968: 120] ha attirato l'attenzione sull'analogo arabo عِيد, « a day on which there is an assembly or gathering », che deriverebbe da una originaria √ʿwd.

[100]   Le traduzioni e le congetture proposte per questi versetti sono molte. Vocalizzando, ad es., i tre לֹא di questi versetti come nome divino (לֵא = Onnipotente) e leggendo רַב in luogo del massoretico רֹב, M. DAHOOD [1974e: 288], traduce: « We have found Shaddai the Omnipotent / pre-eminent in power and judgment / and the cause of justice the Omnipotent makes triumphant. / Therefore men should fear him / the Omnipotent looks with favor on all wise of heart ». Il limite dell'arbitrarietà è quasi varcato... La nostra versione cerca di rendere la forza dell'originale senza cambiare nulla: si crea così uno stridente contrasto con la teofania che inizia subito dopo.

[101]   Ciascuno dei tre stichi di questo versetto contiene un nome o un titolo divino: וְרַב־צְדָקָה e שַׂגִּיא־כֹחַ וּמִשְׁפָּט, שַׁדַּי. Per l'ultimo titolo si veda il corrispondente צַדִּיק כַּבִּיר in 34,17.

[102]   Per questo secondo stico, seguiamo LXX e Syr e consideriamo soggetto lo stato costrutto כָּל־חַכְמֵי־לֵב, parallelo all'altro soggetto אֲנָשִׁים. Il risultato è molto più incisivo.

[103]   Per quattro volte si ripete nell'introduzione che Elihu è adirato (חָרָה אַף אֱלִיהוּא: 32,2 [bis]. 3. 5) e nell'esordio per tre volte viene utilizzata la forma enfatica אַף־אֲנִי (32,10. 17 [bis]), una paronomasia che non può non richiamare l'"ira" dell'introduzione.

[104]   Cf, ad es., J. E. HARTLEY, 29, e W. WHEDBEE [1977: 18-20].

capace di lottare sino in fondo. Da un uomo che è pienamente uomo, e non da uno sconfitto, Egli accoglie – alla fine – la confessione e l'adesione della fede.

La tensione drammatica, magistralmente costruita dal poeta nel passaggio dalla sfida finale del giuramento d'innocenza di Giobbe alla risposta di Dio, viene volutamente spezzata.[105] Proviamo ad ascoltarla, senza le parole di Elihu (31,35-37 e 38,1):

> **31,35** *Se avessi uno che m'ascolta!*
> *Ecco il mio taw. Oh, se Šaddai mi rispondesse*
> *e il mio avversario scrivesse un documento!*[106]
> **36**     *Giuro*[107] *che me lo porterei sulla spalla,*
> *me lo cingerei come diadema,*[108]
> **37**     *lo proclamerei ad ogni mio passo*[109]
> *e come principe lo potrei offrire.*[110]
> ... ... ... ...
> **38,1**  *JHWH rispose a Giobbe proprio*[111] *dalla tempesta...*

---

[105]   La connessione strutturale tra Gb 19-31 e 38-42 è stata spiegata ricorrendo a più generi letterari: C. WESTERMANN [1956: 37] parla di una « *dramatisierte Klage* »; H. RICHTER [1959] vi trova la trama dello schema processuale; G. FOHRER, 427ss, [1959b] e [1962], offre una doppia lettura che unisce i due suggerimenti precedenti; E. KUTSCH [1986a: 332s] cerca il parallelo con il testo 125 del *Libro dei morti* egiziano e con alcune "liturgie" d'ingresso (come Sal 15; 24; Is 33,10-16) o altri testi profetici (Mic 6,6-8; Is 6). Al di là di questa ricerca storico-formale, è importante per noi notare che tutti trovano ragioni per connettere strutturalmente il giuramento d'innocenza di Giobbe (o la *Unschuldsbekenntnis* come preferisce chiamarla E. KUTSCH) e i discorsi di Dio.

[106]   In questo versetto, ciò che fa problema non è l'ottativo iniziale מִי־יִתֶּן־לִי, frequente in Giobbe (cf 6,8; 11,5; 13,5; 14,4. 13; 19,23 (*bis*); 23,3; 31,31), quanto piuttosto la *consecutio* del secondo stico, che molti ritengono monco, ma senza ragioni. Più che come perfetto precativo (così anche Vg), a nostro parere il qatal כָּתַב va interpretato come *consecutio* dell'jiqtol (e non iussivo) precedente יַעֲנֵנִי ed entrambi dipenderebbero ancora dall'ottativo iniziale (cf *GK*, § 151).

[107]   Il versetto inizia un giuramento che regge tutt'e quattro gli jiqtol seguenti: è un buon indizio per affermare che tutti i pronomi suffissi in נו- vanno riferiti allo stesso oggetto, i.e. סֵפֶר « documento ».

[108]   Non è necessario correggere la scrittura עֲטָרוֹת; probabilmente si può interpretare come desinenza arcaica e poetica, comune in fenicio, che deriverebbe da ʿăṭārāt, forma parallela a עֲטֶרֶת (cf 19,9). La √ענד è attestata solo qui e in Pro 6,21, ma il significato, « cingersi, mettersi attorno qualcosa », non fa problema (cf la preposizione araba عِنْدَ, « presso »).

[109]   La traduzione del primo stico con « gli manifesterei il numero dei miei passi », o simili, crea un'immagine non molto illuminante. Nell'espressione מִסְפַּר צְעָדַי preferiamo vedere un accusativo di relazione (lett. « per il numero dei miei passi », cioè « ad ogni mio passo ») e lasciare come oggetto dell'Hi. di √נגד il pronome.

[110]   Scegliamo il valore transitivo per il Pi. di √קרב, tenendo conto del linguaggio giuridico del II-Is, che lo usa nel senso di « offrire una prova » (cf Is 41,21; 46,13).

È appunto questa tensione drammatica a spiegare come mai il giovane Elihu – colui che ha scritto questo commento – abbia voluto intervenire proprio in quel momento. La sequenza, forse, gli sembrava blasfema. Dio non può scendere al nostro livello, nemmeno in un dramma, e non deve rispondere alle provocazioni di un uomo! Anche il poeta condurrà il suo protagonista alla fine a riconoscere che Dio è "Altro" (42,2-6), ma non schiaccerà la sua umanità. Elihu questo non l'ha capito.

Dobbiamo invece dare atto a questo commentatore anonimo di aver compreso correttamente la dinamica giuridica soggiacente al dramma originario.[112] Tuttavia, anche a riguardo di essa, s'instaura una tensione contraddittoria con quanto seguirà. La soluzione del dramma, se di soluzione si può parlare, si avrà alla fine dei discorsi di Dio superando lo schema angusto del giudizio e della giustizia umani.[113] Dio conduce Giobbe nel *mistero* del suo progetto creazionistico, che non può essere compreso solo entro lo schema contrattuale o pattizio. Elihu, al contrario, riconduce il problema entro questi termini: nel rapporto con Dio l'uomo è colpevole, Dio è innocente (cf 32,2s).

Il fatto che siano *quattro* i discorsi di Elihu è un ultimo indizio strutturale per sostenere la tesi dell'aggiunta; una prova debole, se estrapolata da quanto abbiamo visto sinora, perché potrebbe essere spiegata anche in altro senso. Il "commentatore" ha pensato di contrapporre a ciascuno degli ultimi quattro interventi di Giobbe (cf 23,1; 26,1; 27,1; 29,1) un discorso del suo nuovo personaggio. Così potrebbe sembrare *1)* che la sfida, benché a distanza, sia tra Giobbe ed Elihu; *2)* che la teofania sia un inno finale al Creatore, la cui sapienza e potenza è infinita, secondo la prospettiva anticipata in 36,22ss; *3)* che le ultime parole di Giobbe siano una sottomissione.

*b) ragioni lessicali*
Si potrebbe discutere molto sulla diversità del vocabolario di Elihu: i diversi titoli divini,[114] la marcata preferenza del pronome di prima persona *ʾănî* invece di *ʾānōkî*,[115] la tendenza ad usare preposizioni composte[116]

---

[111] L'enfatico "proprio" vorrebbe in qualche modo rendere la singolare scrittura dell'ebraico מִן ‖ הַסְּעָרָה (il Q corregge in מִן ‖ הַסְּעָרָה). In 40,6 non vi è articolo, ma vi è la stessa singolarità e la medesima correzione del Q. Cf per questo *GK*, § 102b.

[112] Si vedano soprattutto i vv. introduttivi (32,1-5). Per il linguaggio giuridico rimandiamo a H. RICHTER [1959], R. J. TOURNAY []1956], J. J. M. ROBERTS [1973], M. B. DICK [1979b], K. KISS [1980], S. H. SCHOLNICK [1982] e [1987], G. ERIKSON - K. JONASSON []1989]. Per un'analisi esauriente di tutto il linguaggio giuridico si veda P. BOVATI [1986].

[113] Cf quanto diremo di seguito (p. 81) a riguardo del superamento della metafora giuridica.

[114] Cf N. H. SNAITH [1968: 78-81].

[115] אֲנִי ricorre 27 volte in Giobbe e 7 volte nei discorsi di Elihu; אָנֹכִי ricorre 14 volte in Giobbe e 2 volte nei discorsi di Elihu. Dal momento che la progressiva scomparsa del

o la presenza consistente di forme "aramaizzanti", come si diceva prima della conoscenza di altre lingue semitiche come l'ugaritico.[117] Sarebbero tutti elementi che attestano una datazione posteriore rispetto al resto del libro.

Tuttavia, il dato più convincente per quanto riguarda il lessico ci sembra un altro: la scelta di nuovi lessemi, mai o scarsamente utilizzati nel resto del libro, per esprimere le stesse idee o realtà.[118]

Diamo qui seguito una tabella riassuntiva delle variazioni che abbiamo trovato. Nella prima colonna sta il lessema in discussione, nella seconda il numero delle volte che ricorre nei capp. 32-37 e nella terza il numero delle ricorrenze nel resto del libro; nella quarta il sinonimo più comune in Giobbe; nella quinta le eventuali ricorrenze del sinonimo nei capp. 32-37 e nella sesta colonna le ricorrenze negli altri capitoli. Quando si tratta di *hapax* abbiamo trascritto il numero del versetto:

| | LESSEMA | cc. 32-37 | cc. 1-31 e 38-42 | UGUALE A... | cc. 32-37 | cc. 1-31 e 38-42 |
|---|---|---|---|---|---|---|
| 1. | אֱנֹשִׁי | 5 | – | מְתֵי | – | 4 |
| 2. | (verbo) דִּין | 2 | – | שָׁפַט | – | 6 |
| 3. | (sostantivo) דִּין | 36,17 | (?) 19,29 | רִיב | 36,17 | 4 |
| 4. | דֵּע | 5 | – | דַּעַת | 4 | 6 |
| 5. | דֵּעָה | 36,4 | – | דַּעַת | 4 | 6 |
| 6. | (cadere = ) I הוא | 37,6 | – | נפל | – | 2 |
| 7. | זְעֵיר | 36,2 | – | מְעַט | 32,22 | 3 |
| 8. | (vita =) חָיָה | 5 | – | חַיִּים | – | 6 |
| 9. | חָף | 33,9 | – | בַּר | – | 11,4 |

pronome אָנֹכִי sarebbe segno di epoca tarda (*GK*, § 32), si dovrebbe dedurre che i capp. 32-37 sono posteriori al resto. Va detto, in verità, che 33,31b potrebbe essere citazione di 21,3a e che in 33,9b אָנֹכִי sta in parallelo ad אֲנִי. Rimane effettivamente una prova molto debole e N. H. SNAITH [1968: 81s] non ha difficoltà a confutarla.

[116] Cf W. POSSELT [1909: 68-72 e 88s], N. H. SNAITH [1968: 76]. Anche questa prova è poco convincente.

[117] Cf W. POSSELT [1909: 99-106], N. H. SNAITH [1968: 82s e soprattutto 104-12]. La debolezza della prova sta nel valutare se veramente si tratti di aramaismi oppure di lingua letteraria e poetica, con bagaglio di vocabolario molto più ricco di quello solitamente usato nei libri biblici, e quindi più vicino alle altre lingue semitiche, come l'ugaritico (M. DAHOOD) o l'arabo (A. GUILLAUME), oltre che l'aramaico.

[118] Si potrebbero anche analizzare gli stessi vocaboli con diverso significato; ma il risultato sarebbe ancora più ininfluente, in quanto il campo semantico è difficile da stabilire a priori o sulla base di un solo testo come il libro di Giobbe, per la sua alta poesia. Anche l'argomento da noi presentato potrebe essere letto a favore dell'attribuzione dei capp. 32-37 allo stesso autore del dramma (ad es., W. POSSELT [1909: 91-96], N. H. SNAITH [1968: 104-12]) o contro (ad es., É. P. DHORME, LXXVII-LXXXVI). In questo caso, ci convince di più la seconda alternativa, anche se dobbiamo ripetere che i calcoli statistici non sono mai una prova assoluta.

| | LESSEMA | cc. 32-37 | cc. 1-31 e 38-42 | UGUALE A... | cc. 32-37 | cc. 1-31 e 38-42 |
|---|---|---|---|---|---|---|
| 10. | יָחַל (Hi.) | 2 | – | יָחַל (Pi.) | – | 6 |
| 11. | כָּתַר (Pi.) | 36,2 | – | נשׂא | 5 | 22 |
| 12. | לְמַכְבִּיר | 36,31 | – | כַּבִּיר | – | 31,25 |
| 13. | מַעְבָּד | 34,25 | – | מַעֲשֶׂה | 2 | 3 |
| 14. | מַעֲנֶה (risposta) | 2 | – | (solo verbo) | | |
| 15. | מִפְלָאוֹת | 37,16 | – | נִפְלָאוֹת | 2 | 3 |
| 16. | נֹעַר | 2 | – | נְעוּרִים | – | 2 |
| 17. | עָוֶל | 2 | – | עַוְלָה | 36,23 | 9 |
| 18. | פֹּעַל | 8 | 4 | עשׂה | 5 | 30 |
| 19. | צדק (Pi.) | 2 | – | צדק (Hi.) | – | 27,5 |
| 20. | רעע (Qal) | 34,24 | – | רצץ (Pi.) | – | 20,19 |
| 21. | שַׂגִּיא | 2 | – | גָּדוֹל | – | 6 |
| 22. | שׁוֹעַ | 2 | – | עָשִׁיר | – | 27,19 |
| 23. | שְׁחָקִים | 4 | 38,37 | עָנָן | 2 | 4 |

Lasciamo pure cadere tutti gli *hapax* che compaiono nella tabella. Potrebbero essere anche addotti come prova a favore della padronanza e ricchezza di vocabolario in un grande poeta. Rimangono, tuttavia, alcune vistose contrapposizioni, che non possono non destare qualche sospetto: si vedano soprattutto i nn. 1, 4-5, 8, 10, 14, 16, 17, 21, 22 e 23. A questi, si potrebbero aggiungere anche i nn. 2-3, come testimonianza di una tendenza ad utilizzare un diverso linguaggio giuridico.

Pur con tutta la cautela per i calcoli statistici, si può concludere che nei capp. 32-37 vi è un bagaglio lessicale non del tutto coerente con il resto del libro. In sé la conclusione è facilmente contestabile: si potrebbe pensare all'intenzione di caratterizzare diversamente il nuovo personaggio. L'indizio, ci sembra, può mantenere però un suo valore, se viene considerato alla luce di tutte le altre ragioni, trovandosi con esse convergente.

*c) ragioni stilistiche*

Quanto abbiamo appena detto, vale – e ancora di più – per le ragioni stilistiche. Non si deve *a priori* impedire ad un drammaturgo di creare personaggi che, anche nello stile dei loro interventi, si differenzino dagli altri. Qui sta la precarietà degli indizi che ora esporremo; ma non dimentichiamo le ragioni strutturali esposte più sopra.

Sorprendente è la struttura dei quattro discorsi. Essi sono rivolti direttamente a Giobbe,[119] uno stile che i dialoghi con gli amici non avevano

---

[119] Giobbe è esplicitamente citato in 32,12; 33,1. 31; 34, 5. 7. 35. 36; 35,16; 37,14; Elihu gli si rivolge con la seconda persona in 33,1-13. 31-33; 34,33; 35,2-15; 36,2-4. 16-24; 37,14-19.

mai utilizzato; più raramente agli amici (e all'uditorio).[120] È un artificio in funzione della retorica peculiare di Elihu. Escludendo gli esordi e le conclusioni, i suoi discorsi sono infatti strutturati a tesi: una citazione del pensiero di Giobbe – talvolta si tratta di citazione letterale, altre volte allusione generica – cui fa seguito il *sed contra*. Un'argomentazione di questo genere – siamo tentati di definirla "scolastica" – è estranea al resto del libro e rende alla fine pedante l'esposizione di Elihu.

L'arte poetica è inferiore sia a quella del protagonista, cui il poeta ha affidato le pagine più vibranti, sia a quella degli amici. Manca soprattutto la ricchezza metaforica: molte delle immagini sono citazioni o sviluppo di intuizioni già presenti nelle altre sezioni.[121] Il *cursus* è molto solenne e pomposo, ma serioso e senza ironia.

Qualcuno ha intravisto in questo stile la volontà di costruire un personaggio "comico".[122] Per chi legge i discorsi di Elihu alla luce del dramma potrebbe anche essere vero. Sarà vero soprattutto per il poeta di Giobbe: ce lo immaginiamo mentre sorride davanti a questo "giovane" arrogante, che è convinto di avere a disposizione la soluzione di quel *mistero* che lui personalmente non aveva voluto risolvere, ma per il quale aveva cercato di offrire un nuovo orizzonte ermeneutico. Per coloro che leggono Giobbe a partire dalla prospettiva di Elihu e per colui che parla sotto la maschera di questo personaggio, non vi è nessun elemento comico. Vi è invece la convinzione che le parole di Giobbe vadano interpretate "correttamente", per non cadere nella bestemmia (cf 34,36s e 35,16). Ringraziamo Elihu per i suoi ammonimenti "pastorali". Noi preferiamo lasciarci conquistare dalla profondità del pensiero di Giobbe, per non ricadere ancora nella trappola di voler spiegare senza comprendere (cf 42,3).

Per ora riteniamo esaurita la discussione su Elihu. L'analisi del simbolismo di questi capitoli in relazione al resto dell'opera potrebbe offrire senza dubbio nuovi argomenti. Nel nostro studio, tuttavia, i discorsi di Elihu non verranno presi in esame.[123]

*1.5 I discorsi di JHWH (Gb 38,1-42,6)*

Fra tutte le sezioni del libro, i discorsi di Dio hanno sempre suscitato la più vivace discussione; essa non è andata diminuendo, ma, al contrario,

---

[120]  Esplicitamente, con la seconda persona plurale, in 32,6-13; 34,1-10.

[121]  Poche eccezioni, come l'immagine del vino negli otri nuovi (32,19), che non compare nel resto del libro.

[122]  Soprattutto W. WHEDBEE, che sceglie per Giobbe il genere "commedia"; lo segue, ad es., il commentario di J. E. HARTLEY.

[123]  Il fatto di considerare secondari i capp. 32-37 rispetto al dramma originario non significa che essi vadano lasciati cadere. Un altro studio potrà essere dedicato all'analisi della diversa dinamica simbolica che questi capitoli creano con il dramma originario.

si è arricchita ancora di più con i nuovi apporti degli ultimi trent'anni.[124] È anche questo un segno che siamo al "nodo" del problema del libro[125] e allo « *Höhepunkt der Hiobdichtung* », come ha scritto A. Weiser.[126] Dal momento che già altri prima di noi hanno stilato ottimi *status quæstionis*,[127] ci sentiamo dispensati dal farlo e possiamo entrare subito nella giustificazione della nostra scelta.

Il nostro assunto è che 38,1-42,6 vada *tutto* mantenuto come parte integrante dell'originario dramma di Giobbe, nella forma che ci è stato consegnato dal TM:[128] *due* discorsi di JHWH dalla tempesta e *due* risposte di Giobbe – un numero che tra l'altro troveremo ricorrente nell'analisi della struttura del dramma. Non si tratta però di un semplice duplicato, come ora vedremo: tra i due discorsi e le due risposte vi è una progressione che crea un dinamismo drammatico.

Il nostro assunto contiene in sé due affermazioni: *a)* l'unità interna dei capp. 38-42; *b)* la loro relazione con i dialoghi precedenti.

*a)* La critica letteraria di area tedesca si è alacremente applicata a cercare una *Form* o una *Gattung*[129] entro cui poter catalogare questi capitoli. Le

---

[124] Nella nostra bibliografia abbiamo contato, oltre ai commentari, ben 55 titoli di studi dedicati all'insieme dei discorsi di Dio dal 1960 al 1993. Il numero sarebbe tre volte più grande se si comprendessero anche gli studi parziali o su singoli versetti.

[125] Ricordiamo solo la provocazione che viene dall'interpretazione di Ernst Bloch: JHWH « antwortet auf moralische Fragen mit physikalischen, mit einem Schlag aus unermeßlich finster-weisem Kosmos gegen beschränkten Untertanen-verstand » (E. BLOCH [1967: 180s]).

[126] A. WEISER, 16.

[127] Si vedano C. KUHL [1953: 266-71], J. LÉVÊQUE [1970: 400-532], L. ALONSO SCHÖKEL - J. L. SICRE DÍAZ, 55-63, tr. it.: 60-69; O. KEEL [1978: 61ss] e V. KUBINA [1979: 13ss]. Il più ampio e recente – purtroppo ignora quasi completamente la produzione di area latina – si trova in J. VAN OORSCHOT [1987: 1-144 e 231-59]. Egli raggruppa le proposte in cinque modelli: A) nessuna teofania, perché il dramma originale si sarebbe concluso con il cap. 31; B) difesa dell'integrità del testo tramandato; C) originaria concezione di due discorsi divini e due risposte di Giobbe, con una o più aggiunte; D) un solo discorso divino con nessuna risposta di Giobbe; E) un solo discorso e una sola risposta (con posizioni molto sfumate all'interno del modello). Lo schema viene ripreso sinteticamente da G. FUCHS [1993: 189-91]; la stessa, alla fine, opta per un principio molto sano: « Im Zweifel *für* den überlieferten Text! » (p. 190).

[128] Coloro che sostengono l'originarietà totale di Gb 38,1 - 42,6 giungono a questa conclusione percorrendo vie metodologiche diverse: A. WEISER, S. TERRIEN, R. GORDIS, V. KUBINA [1979], A. BRENNER [1981], L. ALONSO SCHÖKEL - J. L. SICRE DÍAZ, J. DAY [1985], N. C. HABEL, J. E. HARTLEY.

[129] Discussione annosa nell'ambito tedesco, per cui si veda W. RICHTER [1971: 125-52]. Seguendo la sua distinzione (*ibid.*, 72-152), si può assumere *Form* per indicare un modello in una sua concreta attuazione (come l'inno, la supplica, la diatriba...), *Gattung* per indicare il modello generale che si costruisce con diverse *Formen* (come la saga, la leggenda...).

proposte spaziano in diversi campi.[130] H. Richter[131] parla di una *Natur-weisheit* nel contesto di una *Streitrede*, conforme al quadro giudiziario di tutto il libro. C. Westermann,[132] leggendo Giobbe come *dramatisierte Klage*, li presenta come il corrispondente dello *Heilsorakel*, pronunciato dal sacerdote dopo la supplica dell'orante, qui con uno stile di *weisheitliche Streitrede*. Il contesto sapienziale è stato sondato anche da G. von Rad,[133] il quale trova analogie con l'*Onomasticon* di Amenemope. Sempre nel campo sapienziale, H. P. Müller[134] parla di *theologische Streitreden*. A. Weiser[135] legge la teofania in analogia alla *Bundeskulttradition* profetica. R. Gordis[136] li definisce un *transcendental mašal*. V. Kubina,[137] alla fine della sua analitica discussione, inquadra i discorsi divini come *nachgeahmter prophetischer Rechtsstreit*: la loro struttura[138] e il loro stile trovano una stringente analogia nelle dispute deutero-isaiane fra JHWH e gli altri dèi; quanto alle risposte di Giobbe, ultimo momento nella struttura della disputa, sarebbero da avvicinare alle *Exhomologese*, studiate da F. Horst per il libro di Amos,[139] e potrebbero essere definite *Gerichtsdoxologie*.[140]

Questa ricca ricerca è senza dubbio utile, se, una volta ricreato il sostrato culturale da cui è emerso il testo di Giobbe, si è poi attenti a coglierne l'eventuale novità rispetto ai *modelli* preesistenti. È invece da guardare con circospezione, se lo scopo è di classificare e ridurre Giobbe ad un "genere" già noto. In effetti, ciascuna delle ipotesi ricordate lascia trasparire un aspetto realmente presente nei discorsi di Dio; ma l'originalità di ogni grande scrittore è di assumere le *forme letterarie* conosciute per forgiare qualcosa di nuovo.[141] Più precisamente, e qui gioca profondamente l'ironia, il nostro poeta ha assunto i modelli giudiziari del *rîb*, utilizzati anche nelle dispute profetiche, per mostrarne il loro limite e

---

[130]  Si veda un'ampia rassegna in V. KUBINA [1979: 124-31].

[131]  H. RICHTER [1959].

[132]  C. WESTERMANN [1956].

[133]  G. VON RAD [1955].

[134]  H. P. MÜLLER [1970].

[135]  Cf A. WEISER, 12s e 241.

[136]  Cf R. GORDIS, 179.

[137]  V. KUBINA [1979: 131-43].

[138]  La struttura è in tre momenti: a) la specificazione dell'accusa (cf 38,2-3 e 40,7-14); b) la difesa, posta in atto con una serie di domande provocatorie (cf 38,4ss e 40,15ss); c) la ritrattazione dell'avversario (cf 40,3-5; 42,1-6). La tesi di Kubina è stata assunta, con poche varianti, anche da H. L. ROWOLD [1977] e da N. C. HABEL, 526-35.

[139]  F. HORST [1961: 155-66].

[140]  V. KUBINA [1979: 138].

[141]  Cf L. ALONSO SCHÖKEL - J. L. SICRE DÍAZ, 577s, tr. it.: 651s. Si pensi solo alle innovazioni introdotte nel "genere" sinfonia dalla Nona di L. van Beethoven o nel "genere" dramma dal *Faust* di J. W. VON GOETHE.

superarli. Parlare di Dio con la metafora del giudizio, può generare una *figura* di Dio che, se assolutizzata, risulta essere falsa.

Infatti, il Dio che parla dalla tempesta non appare nella corte celeste o in un tribunale umano, ma nella creazione.[142] La nostra ipotesi è che questo contrasto significhi il punto di arrivo teologico cui il dramma vuole condurre: per comprendere il Dio dell'alleanza occorre considerare anche il Dio della creazione. Ad una teologia dell'alleanza (cf Dt e dtr) che non prendeva direttamente in considerazione la creazione,[143] Giobbe si opporrebbe affermando che una teologia della storia può essere rettamente compresa senza estremismi solo nel quadro di una teologia della creazione. Lo studio del simbolismo potrà offrirci preziosi contributi. Per ora non sviluppiamo la suggestione. Saranno le conclusioni del nostro lavoro a raccogliere queste provocazioni.

Propriamente l'unità di una composizione non si dimostra ricorrendo all'universale del "genere", ma analizzandone il *particulare*. Sono quindi le correlazioni tra l'insieme e i singoli frammenti ad assumere il valore dimostrativo che andiamo cercando.

In modi diversi, O. Keel e V. Kubina hanno dimostrato che Gb 38,1-42,6 sono « *eine klar strukturierte Einheit* »[144] e hanno messo in luce alcune relazioni. JHWH apre il suo primo intervento con una domanda che porta subito al centro della disputa (38,2s).[145] Il progetto (*ʿēṣâ*)[146] di Dio ricompare, in parallelo con l'invito alla lotta, all'inizio del secondo discorso (40,7s),[147] anche se qui, per indicare il progetto divino, si utilizza il sinonimo *mišpāṭ*.[148]

---

[142] Rimandiamo a S. H. SCHOLNICK [1987]; ella, a pag. 186, cita lo studio di R. ALTER [1984], che, però, non siamo riusciti a consultare: « God choses for His response to Job the arena of creation, not the court of justice, the latter being the most insistent recurrent metaphor in Job's argument after Chapter 3 ».

[143] Ciò che si vuol dire è che il tema del Dio Creatore, pur essendo noto (cf Dt 10,14; il testo di 4,32 sarebbe invece di epoca esilica o post-esilica), non sta alla base della teologia dtr. Si ricordino le redazioni del cosiddetto *kleines geschichtliches Credo* (G. VON RAD) di Dt 26,5-10 e Js 24. Cf C. WESTERMANN [1967].

[144] V. KUBINA [1979: 119-21]. Ella parla di due discorsi di Dio (38,1 - 39,30; 40,6 - 41,26), due risposte di Giobbe (40,3-5 e 42,1-6) e una transizione (40,1-2). Nella stessa linea si muovono anche N. C. HABEL, 526-35, 557-61 e 577-80, e L. G. PERDUE [1991: 203-38].

[145] Il testo è discusso a pag. 286.

[146] Cf V. KUBINA [1979: 123]. Contro la smentita di N. C. HABEL, 528, bisogna riconoscere con V. KUBINA che עֵצָה è un lessema molto caratterizzato, specialmente nel II-Is, e sta ad indicare l'agire di Dio nella storia (Is 44,26; 46,10s; Ger 49,20; Is 23,8s; Sal 33,11; 106,13). Si vedano anche P. BOVATI [1986: 324s]; H. P. STÄHLI [1978: 753; tr. it. 651]; L. RUPPERT [1982: 744-46].

[147] Testo discusso a pag. 320.

[148] Per l'uso di מִשְׁפָּט in Giobbe si veda soprattutto S. H. SCHOLNICK [1982]. Cf anche H. H. SCHMID [1973], D. COX [1977], P. BOVATI [1986: 188-91 e 320s] e [1989], G.

Entrambi questi *incipit* vengono citati nella seconda risposta di Giobbe: 42,3a riporta quasi letteralmente 38,2a,[149] mentre 42,4b cita 38,3b e 40,7b. Benché questi rimandi creino qualche difficoltà per una traduzione fluente, sono essenziali dal punto di vista strutturale, per riconoscere la *tessitura* coerente della sezione e poter riconoscere che la seconda risposta non è reazione solo al secondo discorso di Dio, ma ad entrambi. Essi, inoltre, conferiscono alla seconda risposta di Giobbe una tonalità spezzata, riproducendo in modo drammatico la "generazione" di una nuova prospettiva (μετάνοια!). Le due risposte sono tra loro correlate da una tensione ed esprimono dialetticamente due tappe del cammino interiore di Giobbe.[150]

La prima (40,4s),[151] con il silenzio, è la tappa della meraviglia e dello stupore. Lo stupore non deve significare paura di fronte all'"'onnipotenza" di un Dio che schiaccia la sua creatura. Era quanto Giobbe temeva (9,17-21. 34; 13,21) e quanto sembra essersi verificato. Ma è quanto non vuole il Dio del dramma. Questi esige davanti a sé un uomo che non si accontenti di risposte superficiali: solo un uomo in ricerca può avere la lealtà di riconoscere che, pur non comprendendo appieno, si è potuto affacciare sull'abisso del *mistero*. Di fronte ad un tale Dio, Giobbe continua a rifiutare la sua situazione di « *polvere e cenere* », ma ne è consolato, perché sa che, nonostante tutto, Dio è dalla sua parte. È la "confessione" della seconda risposta (42,2-6):

**42,2** *Sono cosciente[152] che tutto puoi*
*e nessun piano è al di là della tua intelligenza.[153]*

---

LIEDKE [1978: 1008], B. JOHNSON [1986: 101s]. Lo stesso significato di מִשְׁפָּט, « progetto (storico di Dio) » è ben attestato nel II-Isaia (cf 40,14. 27; 42,1. 3. 4; 49,4; 51,4).

[149] Con la sola sostituzione dell'Hi. di חשׁך con l'Hi. di עלם.

[150] La dinamica dal silenzio alla "comprensione" nelle due risposte di Giobbe è messa bene in luce anche da S. H. SCHOLNICK [1987: 200].

[151] Testo discusso a pag. 320.

[152] Il v. 2a inizia con un ידעת (K) che viene vocalizzato dal Q come יָדַעְתָּ (stessa *scriptio defectiva* in Sal 140,13; 1 Re 8,48; Is 36,5): saremmo quasi tentati di lasciare la 2ª persona, come E. GOOD [1990: 370s]: il risultato sarebbe ancora più forte. Ma anche 11QtgJob e LXX leggono alla 1ª persona.

[153] Il Ni. della √בצר III è da collegare, secondo *KB*, I, 142, all'ugaritico *bṣr*, « innalzarsi » e all'arabo بصر « essere inaccessibile », inesistente, come ha giustamente criticato A. GUILLAUME [1959s: 21]. A nostro parere la distinzione di *KB* in quattro radici omografiche בצר va rivista. Nel nostro caso si può far riferimento all'arabo بصر che significa « guardare, comprendere » e al passivo يبصر « essere visibile (o comprensibile) »; بصر è l'intelligenza e بصيرة la « capacità di conoscenza » o il « discernimento » (cf *Lane*, I, 210b; *VAI*, I, 150). Anche L. G. PERDUE [1991: 234] studia il significato di questo verbo in parallelo a Gn 11,6, l'unica altra ricorrenza del Ni. nella Bibbia ebraica. W. VON SODEN [1981: 157s] sostiene che la √bṣr significa nei due passi « abschneiden, fernhalten von » e propone di tradurre: « Man kann dich an keinem Vorhaben hindern » (si vedano anche T. F. DAILEY [1992: 263]; meno convincente CH. UEHLINGER [1990b: 402s]). È difficile,

3 Sì... « Chi è colui che oscura il [mio] progetto da ignorante? ».[154]
  È vero! Ho fatto affermazioni,[155] ma senza comprendere,
  meraviglie più grandi di me, ma senza sapere.
4 « Ascolta... parlerò io;
  ti farò domande e tu m'istruirai... ».
5 Avevo udito[156] di te per sentito dire,
  ma ora i miei occhi ti vedono.
6 Perciò detesto polvere e cenere,
  ma ne sono consolato![157]

---

tuttavia, essere certi nell'affermare che Gb citi Gn: potrebbe anche essere vero il contrario. Lasciando cadere questo problema, è evidente che il verbo indichi molto di più del nostro « essere impossibile » o « essere irraggiungibile »: è il riconoscimento di Dio come "Dio"! Il significato di מְזִמָּה è chiarito bene dal parallelismo di 21,27, in cui era già comparso: si tratta di « pensiero » o « progetto », in questo caso progetto divino come in Ger 23,20; 30,24 e 51,11. La coniugazione di un verbo alla 3ª maschile con soggetto femminile posposto non fa problema (cf GK, § 145o; è normale in arabo). La preposizione מִמְּךָ la prendiamo con valore comparativo.

[154] Le citazioni dei vv. 3a. 4 creano una sorta di *ruminatio* nel protagonista e non devono essere assolutamente eliminate (come fanno K. BUDDE, S. R. DRIVER - G. B. GRAY, É. P. DHORME, N. PETERS, G. HÖLSCHER, G. FOHRER, M. H. POPE).

[155] All'inizio dello stico, לָכֵן ha valore enfatico. L'Hi. di √נגד ha anche il significato di « dichiarare, confessare » (anche il peccato in Sal 38,19; Is 3,9; 48,6; cf L. G. PERDUE [1991: 235s]): qui ci sembra migliore un significato più ampio, con le due avversative seguenti, introdotte da וְלֹא + jiqtol.

[156] Lasciamo al verbo שְׁמַעְתִּיךָ il significato proprio di « udire » (con l'accusativo, ad es., in Es 18,1; 2 Re 19,11); è importante per il contrasto creato dal « vedere » del secondo stico, come simbolo della dialettica tra lontananza e vicinanza (cf I. L. SEELIGMANN [1977: 430]).

[157] Il v. 6 è la sintesi di tutte le difficoltà, in quanto si concentra in questo versetto l'opzione interpretativa di ciascun commentatore: è davvero il caso tipico di interazione tra comprensione e spiegazione, tra ermeneutica e filologia. Una rassegna recente delle soluzioni si può vedere in B. L. NEWELL [1984: 298-316] e T. F. DAILEY [1993: 205-7]. L'albero dei problemi, secondo Dailey, si sviluppa in tre grandi rami: *a)* il verbo אֶמְאַס: riflessivo o transitivo? Se riflessivo, deriva da √מאס o da √מסס (מאס II)? Se transitivo, dov'è l'oggetto? *b)* נֶחֲמְתִּי è Pi. o Ni.? Se è Pi., significa « essere consolato » o « accettare »? Se è Ni., significa « pentirsi » o « cambiare parere »? *c)* in עַל־עָפָר וָאֵפֶר la preposizione ha senso locale o è da riferire al verbo? Come va collegata con il verbo (o i verbi) precedente/i?

Noi leggiamo מָאַס, « rifiutare, rigettare », in senso transitivo, perché non è mai usato in modo assoluto o riflessivo Quanto all'oggetto, ci sembra che esso sia da ricavare proprio da עַל־עָפָר וָאֵפֶר, lo stesso complemento del Ni. seguente. Si vedano, in particolare, D. PATRICK [1976] e L. J. KAPLAN [1978]; quest'ultimo ricorda che la stessa interpretazione di D. PATRICK era già presente nella *Guida dei perplessi* di MAIMONIDE [1185 ca]. Cf anche T. F. DAILEY [1993: 208]). Non è pertinente l'obiezione di chi sostiene che מָאַס regga בְּ o אֵת o מִן, in quanto nella nostra ipotesi l'oggetto del primo verbo rimane sottinteso. Contro D. PATRICK, comunque, sosteniamo che il Ni. di√נחם, costruito con עַל, ha senso di « essere consolati (di qualcosa) », come in 2 Sam 13,39; Ez 14,22; 32,31. Annota correttamente T. F. DAILEY [1993: 209]: « For the thinker, the inability to resolve the

Questa risposta non è la conclusione del dramma. Manca ancora la sentenza, che verrà pronunciata da Dio stesso nel primo episodio dell'epilogo (42,7-9).

Ciascuna delle due risposte di Giobbe chiude un discorso di Dio. Pur essendo paralleli nella struttura, i due discorsi non sono sovrapponibili o interscambiabili. Il primo è composto da una serie di domande che invitano Giobbe a contemplare le opere del Dio creatore: nel mondo fisico (38,4-38) e nel mondo animale non controllato dall'uomo (38,39-39,30). Il secondo, con un'ironia che rasenta il sarcasmo, è invece un invito rivolto a Giobbe perché prenda il posto di Dio e combatta le potenze caotiche (40,9-14), simbolicamente raffigurate in $b^e\hbar\bar{e}m\hat{o}t$ (40,15-24) e $liwj\bar{a}t\bar{a}n$ (40,25-41,26).[158]

Una simile coerenza poetica, unita ad un'ardita gamma di immagini, fanno di questi capitoli l'acme davvero singolare di tutta l'opera.

b) Non bisogna staccare i discorsi di Dio dalla tessitura globale del dramma. Altri studi hanno sottolineato molte coordinate, che non stiamo a riprendere analiticamente: V. Kubina[159] ne ha studiato il vocabolario; C. Westermann, H. Richter, G. Fohrer, E. Kutsch e la stessa V. Kubina hanno offerto risposte storico-formali per connettere i nostri capitoli al cap. 31, come abbiamo già ricordato;[160] O. Keel ne ha dimostrato la coerenza analizzando le radici iconografiche;[161] L. G. Perdue ha letto la dinamica narrativa di alcune importanti metafore...[162]

---

enigma of life remains; *yet*, for the sage, the ability to supersede this rational demand is offered by and in God ».

Altre proposte recenti: P. A. H. DE BOER [1976]: « Perciò ne ho abbastanza e tralascio polvere e cenere »; A. DE WILDE [1978]: « Perciò riconosco la mia nullità e mi considero polvere e cenere »; J. B. CURTIS [1979]: « Perciò io sento disprezzo e ripulsione [contro di Te, o Dio]; e mi dispiace per l'uomo fragile »; D. J. O'CONNOR [1983s: 194]: « Therefore I melt away (I pine away) and I am comforted for dust and ashes »; B. L. NEWELL [1984: 315] ha una perifrasi più che una traduzione: Giobbe si pente del peccato di essersi presentato come un « rival god »; W. MORROW [1986] accetta tre traduzioni, perché a suo parere il poeta non ha voluto risolvere la tensione dei discorsi divini; C. A. MUENCHOW [1989] unisce troppo le due risposte di Giobbe, come fossero gli stichi di un unico verso: silenzio e prostrazione nella polvere; A. M. WOLTERS [1990]: « Therefore I recant and repent, a child of dust and ashes », vocalizzando עַל come עֻל (cf 24,9) e cercando un aggancio con il Tg tradizionale; T. F. DAILEY [1993: 208]: « Therefore I (still) despise, yet repent concerning the (in)justice of this life ».

[158]  Ritorneremo su questi testi, ma già da ora va ricordato l'ottimo contributo di O. KEEL [1978], che ha lavorato sul materiale iconografico egiziano.

[159]  V. KUBINA [1979: 115s].

[160]  Cf quanto abbiamo detto a pag. 74; i riferimenti bibliografici sono alla nota 105.

[161]  Cf O. KEEL [1978]. A suo parere i due discorsi rispondono alle due accuse maggiori sollevate da Giobbe: a) la terra è un caos (cf cap. 3); b) la terra è lasciata in mano ai criminali (cf 9,24). Il primo discorso dimostra che la creazione è un'opera saggiamente pianificata, con due argomentazioni: Dio crea costantemente il cosmo (38,4-38) e JHWH è il "Signore degli animali" (38,39-39,30). Il secondo discorso dimostra che JHWH è giusto,

Vorremmo qui, in sintesi, ricordare la trama dell'attesa, che il poeta, sempre più esplicitamente, ha disposto lungo il dramma per prepararci all'incontro finale con Dio. Già nel primo ciclo di discorsi Giobbe comincia ad esprimere il desiderio di un confronto diretto con Dio, ma subito l'idea svanisce come impossibile (9,32ss). Con più convinzione il desiderio si riaffaccia in 13,13-23, « *costi quel che costi* ». Anche la grande invocazione alla terra e la certezza di avere un *garante* presso Dio che renda giustizia ai suoi lamenti appartengono alla costruzione dello stesso progetto (16,18-22). Dopo l'ultima perorazione di Elifaz, l'inizio del discorso di Giobbe è di nuovo orientato al desiderio di incontrare Dio (23,2-9); è ormai prossima l'arringa finale che culmina con il giuramento di innocenza (cap. 31) e l'ultima sfida che apre il confronto.

Vi è, però, anche un altro passaggio che va messo in relazione a questa tensione drammatica. Proprio l'aver lasciato cadere questa relazione ha reso oscuri e difficili i versetti in questione. Stiamo parlando di uno dei passi più noti, che il poeta ha voluto enfatizzare per la sua decisività: 19,25-27.[163]

La tradizione interpretativa, a suo modo, ne ha colto l'enfasi e l'ha continuamente riletto, illuminando il desiderio di Giobbe con la nuova visione risurrezionista, che tuttavia non era ancora parte del bagaglio teologico di colui che ha scritto il dramma.[164]

Ecco dunque il testo:

---

con due argomenti: egli combatte senza sosta i malvagi (40,9-14) e, raffigurato come l'Horus egiziano, lotta contro l'ippopotamo e il coccodrillo (40,15-41,26).

[162] L. G. PERDUE [1991] dimostra che all'interno di Giobbe vi è un movimento metaforico, il cui punto di arrivo è rappresentato dai discorsi di Dio e dalle risposte di Giobbe. Le metafore prese in considerazione riguarderebbero la *cosmologia* (fertilità, opera d'arte, parola e lotta) e l'antropologia (regalità, schiavitù, rivolta contro gli dèi e caduta). « By means of this dramatic enactment, the book of Job leads to the beginnings of a new metaphorical model of faith. And to use the concluding words of the divine judge, the book aims at *speaking correctly* about God, as Job, his servant, has done. The entire movement of the book is theological, that is, the articulation of language about and to God » (p. 75).

[163] Il testo è irto di difficoltà e di ambiguità. La relazione con la teofania finale ci può aiutare a scegliere fra le molte possibilità di traduzione. Le antiche versioni sono una testimonianza che le difficoltà iniziarono presto, sotto la spinta della nuova fede risurrezionistica. In J. SPEER [1905] vi è un'ottima rassegna delle esegesi antiche (sino all'inizio del secolo).

[164] Se la tessitura del dramma avesse in sé la speranza della risurrezione, molti dei problemi trattati avrebbero avuto angolatura diversa (come, ad es., il cap. 24 o 27). Non va dimenticata la chiara affermazione di 14,10-12. Non del tutto corretto, da questo punto di vista, ci sembra il recente studio di B. C. OLLENBURGER [1993: 35].

La letteratura su questo passaggio è sterminata. Ricordiamo solo alcuni contributi recenti: W. A. IRWIN [1962], J. K. ZINK [1965], J. PRADO [1966], É. BEAUCAMP [1977], M. L. BARRÉ [1979], D. J. A. CLINES [1988], D. WOLFERS [1988b], M. T. MENDE [1990a], R. KESSLER [1992].

**19**,25  *Sì, io so che il mio vendicatore è vivo*
   *e alla fine si alzerà contro la polvere:*[165]
26      *anche dopo avermi straziato la pelle così,*
       *anche senza la mia carne, contemplerò Eloah.*[166]
27      *Io,*[167] *io me lo contemplerò*
       *e i miei occhi lo vedranno, e non da straniero.*[168]
       *Le mie viscere si consumano nel mio ventre.*[169]

Questi versetti creano un arco narrativo e tematico che unisce i dialoghi con gli amici e la conclusione della teofania. La relazione è esplicitata

---

[165]  Il sintagma קוּם עַל ha significato tecnico giuridico di « accusa » (2 Sam 14,7) o
può indicare l'inizio di una lotta o di un attacco: « In Sal 3,2; 54,5; 86,14; 92,12 è difficile
distinguere tra un intervento giuridico e una aggressione militare » (P. BOVATI [1986:
219]). La « polvere » potrebbe anche essere una designazione per gli inferi (cf M.
DAHOOD [1966-1970: I, 140]: Sal 7,6; 22,16; 30,10; e N. J. TROMP [1969: 32-34. 85-91]);
essa è comunque un termine-chiave nella poesia giobbiana (26 ricorrenze sulle 110 della
Bibbia ebraica); soprattutto il richiamo è a 2,12 e 42,6.
[166]  Il versetto è tra i più controversi di tutta la Bibbia ebraica. Ci si rende conto della
complessità, guardando alla forte discrepanza già riscontrabile nelle versioni antiche.
LXX: ἀναστῆσαι τὸ δέρμα μου τὸ ἀνάτλοῦν ταῦτα· παρὰ γὰρ κυρίου ταῦτά μοι συνε-
τελέσθη (J. ZIEGLER [1982: 296]). Syr: ܗܘ ܚܒܪ ܗܘ ܐܠܗܕܝܢ ܚܠܡ ܡܗܠ ܚܒܐ, « e
questi saranno avvolti sulla mia pelle e sulla mia carne » (da leggersi nell'insieme dei vv.
25ss; J. SPEER [1905: 132]). Tg: וּמִן בָּתַר דְּאִתְּפַּח מַשְׁכִי תְּהֵי דָא וּמִבְּסָרִי אֶחְמְתֵיהּ אֱלָהָא, « e
ciò avverrà dopo che la mia pelle sarà di nuovo morbida e dalla mia carne vedrò Dio ».
Vg: *et rursum circumdabor pelle mea et in carne mea videbo Deum*. La discrepanza nasce
dal fatto che la tradizione farisaica e cristiana hanno cercato nel testo un'affermazione risurrezionistica. Nonostante tutto, non vi è bisogno di alcuna correzione del TM, nemmeno
della classica congettura proposta di E. F. SUTCLIFFE [1950: 377s] e perfezionata da R.
TOURNAY [1962: 490]: וּמִבְּשָׂרִי עוֹרִי נִקְּפוּ וְאַחַר זֹאת אֶחֱזֶה אֱלוֹהַּ « Si ma peau était retran-
chée de ma chair, même après cela, je contemplerai Dieu ». A nostro parere, in parallelo
stanno il primo stico e וּמִבְּשָׂרִי; entrambi indicano l'attuale situazione di prostrazione in cui
si trova Giobbe: del resto la coppia parallela di עוֹר e בָּשָׂר è frequente in Giobbe: cf 7,5;
10,11 e 19,20. וְאַחַר lo interpretiamo come congiunzione (potrebbe essere teoricamente
anche avverbio o pr posizione); נִקְּפוּ è Pi. 3ª plurale, un modo per rendere il passivo,
molto frequente soprattutto in aramaico, da √נקף I, « distruggere » (cf l'arabo نقف); quel
זֹאת ha significato avverbiale, come fosse כָּזֹאת, senza bisogno però di correggerlo; infine,
alla preposizione מִן attribuiamo significato privativo (altre volte in Gb: 11,15; 21,9; 28,4),
non per indicare la vita dell'al di là, bensì la condizione di miseria presente.
[167]  Anche l'inizio del v. 27 non ha bisogno di cambiamenti: אֲשֶׁר ha valore relativo e
il suo uso, proprio perché siamo in poesia, è enfatico; altrettanto enfatico è il seguente
pronome personale אָנִי.
[168]  L'apposizione alla fine del secondo stico, וְלֹא־זָר, la riferiamo al soggetto (l'io di
Giobbe) ed esprime la viva speranza di vedere smentita la sua attuale situazione (cf
19,15!; cf L. A. SNIJDERS [1954: 70s]).
[169]  L'ultimo stico viene tradotto dalla Vg: *reposita est hæc spes mea in sinu meo*,
prendendo כלה come « speranza » (כלי nell'aramaico targumico ha questo significato).
All'inizio del secolo venne proposta una traduzione simile da E. G. KING [1914: 76-78]:
« I fully trust in my bosom ». Ma il TM può andar bene così come si trova, indicando
l'alta tensione emotiva del protagonista.

anche da alcuni lessemi, richiamati nella seconda risposta di Giobbe (42,2-6): *jāda'tî, 'al-'āpār, 'ênaj rā'û*. Non è possibile trascurarli. Sono le orme lasciate dal poeta durante lo svolgimento del dramma, perché anche l'interprete percorra lo stesso audace itinerario teologico del protagonista e giunga ad una nuova conoscenza di Dio e ad una nuova fiducia nel Creatore.

EXCURSUS

L'IRONIA NEL LIBRO DI GIOBBE

> *Per il soggetto ironico la realtà data*
> *ha perso completamente il suo valore,*
> *gli è diventata una forma imperfetta e intralciante [...]*
> *Per l'altro verso però, non possiede il nuovo.*
> *Sa una cosa sola,*
> *che il presente non corrisponde all'idea [...]*
> *In un certo senso l'ironista è veramente profetico.*
>
> (S. Kierkegaard) *

Nella rassegna critica sin qui svolta, si è parlato più volte di ironia e sarcasmo. Mette conto ora di sostare un istante a precisare il linguaggio utilizzato, visto che da una parte « tutto il libro [di Giobbe] è un'opera magistrale, con pagine memorabili, intrise di pathos e di ironia nel senso più ampio »,[170] ma, dall'altra, vi è oggi un uso « confuso ed abusivo »[171] del termine *ironia*.

Partiamo dalla distinzione classica: *ironia retorica, drammatica* e *narrativa*.[172] Tutt'e tre mantengono un certo ancoramento, in diverso

---

* S. KIERKEGAARD [1920ss: 361; tr. it., 202].

[170] L. ALONSO SCHÖKEL [1987: 189; tr. it. 198].

[171] Il giudizio è di L. ALONSO SCHÖKEL [1987: 183; tr. it. 192]. Non sono pochi gli studi esplicitamente dedicati al tema dell'ironia in Giobbe. Il "pioniere" può essere considerato K. FULLERTON [1924, 1930, 1932, 1934, 1938]. Più recentemente: E. W. GOOD [1965], W. J. A. POWER [1961], J. G. WILLIAMS [1971], J. C. HOLBERT [1975] e [1981], Y. HOFFMAN [1982], B. SARRAZIN [1988], K. J. DELL [1991], B. ZUCKERMANN [1991]. Nel dossier curato da R. M. POLZIN - D. A. ROBERTSON [1977], i contributi di: J. W. WHEDBEE, J. J. MILES e J. G. WILLIAMS.

Sul tema dell'ironia da un punto di vista estetico e retorico generale, si vedano: H. LAUSBERG [1949: §§ 232-4 e 426-30] e [1960: §§ 582-85 e 902-4], V. JANKÉLÉVITCH [1950], N. FRYE [1957], CH. PERELMAN - L. OLBRECHTS TYTECA [1958: § 49, tr. it. 216-221], S. R. HOPPER [1962], L. FEINBERG [1967], J. T. SHIPLEY [1970: 165s e 286-90], M. H. ABRAMS [1971: 91-95], W. C. BOOTH [1974], M. MIZZAU [1984], G. ALMANSI [1984], L. ALONSO SCHÖKEL [1987: 183-93; tr. it. 191-202], B. MORTARA GARAVELLI [1989].

[172] Propriamente la retorica classica greco-latina distingueva solo due forme di ironia: quella retorica (o verbale) e quella drammatica. Cf QUINTILIANO 9, 2, 44 e gli altri

modo, al significato etimologico del termine,[173] e fanno perno sulla *distanziazione* che si crea tra l'autore e i suoi personaggi (nel dramma o nella narrazione).

L'*ironia retorica* viene classificata come uno dei tropi sia della parola sia del pensiero. Come tropo della parola, è la caratteristica espressione antifrastica, che fa perno sul contesto linguistico o extra-linguistico perché sia avvertito lo scarto. H. Lausberg la definisce come

> « l'uso del vocabolario partigiano della parte avversa, utilizzato nella ferma convinzione che il pubblico riconosca la incredibilità di questo vocabolario. La credibilità della propria parte risulterà, quindi, rafforzata tanto che, come risultato finale, le parole ironiche verranno intese in un senso che sarà completamente opposto al loro senso proprio ».[174]

Come tropo del pensiero

> « è in primo luogo ironia di parola continuata come ironia di pensiero, e consiste nella sostituzione del pensiero che si vuol intendere con un altro pensiero che sta in un rapporto di senso contrario al primo e che corrisponde quindi al pensiero dell'avversario ».[175]

L'esempio sublime di ironia retorica del pensiero è il Socrate dei dialoghi platonici (*ironia socratica*). Egli, *dissimulando* la sua opinione in un modo simile all'εἴρων della commedia, si presenta con modestia e fa professione di ignoranza, pronto ad assumere il punto di vista dell'avversario per condurlo però al punto estremo di assurdità e quindi alla sua negazione.[176]

Casi particolari dell'ironia retorica possono essere considerati il *sarcasmo*, lo *humour*, il *paradosso* (o l'ossimoro) e il *doppio senso*. Il sarcasmo è l'uso crudele e beffardo di un'affermazione per esprimere in realtà la sua negazione.[177] Lo *humour*, una panacea dell'estetica contemporanea,

---

classici citati da H. LAUSBERG [1960: § 902, pag. 449]; si vedano anche la rassegna di definizioni riportate in M. MIZZAU [1984: 13-16] e il manuale di B. MORTARA GARAVELLI [1989: 168-71].

[173] In greco εἰρωνεία indicava il modo di parlare e di comportarsi di un tipico personaggio della commedia classica, l'εἴρων (il « dissimulatore »), che si contrapponeva nell'ἀγών all'altro tipico personaggio l'ἀλαζών (il « millantatore »). Il primo, presentato in vesti dimesse, apparentemente perdente, ma astuto e intraprendente, finiva col vincere sempre sul secondo, spaccone e ingenuo.

[174] H. LAUSBERG [1949: § 232, tr. it. pagg. 128s].

[175] H. LAUSBERG [1949: § 426, tr. it. pag. 237].

[176] Cf H. LAUSBERG[1960: § 902, pag. 447] e [1949: § 428, tr. it. pag 237]; J. T. SHIPLEY [1970: 165].

[177] Categoria che M. H. ABRAMS [1971: 93] vorrebbe limitare « to the crude and taunting use of apparent praise for dispraise: "Oh, you're God's great gift to women, you are!" Sarcasm, in which an added clue is the inflection of the speaker's voice, is the common form of irony in dormitory persiflage ».

si ha « quando il riso entra in azione ad una certa distanza dall'oggetto, intriso d'affetto o venato di simpatia ».[178] Il *paradosso* è un uso sintagmatico di termini tra loro incongruenti o addirittura contradditori (es. il raggio delle tenebre).[179] Il *doppio senso* è dato dall'utilizzazione di termini "aperti" o di sintagmi che possono essere interpretati a diversi livelli, e corrisponde a ciò che la poetica araba classifica sotto il nome di *taurija* o di *talḥīn*.[180]

L'*ironia drammatica* è imperniata sul triangolo autore – personaggio – lettore. L'*ironia tragica* o « sofoclea » ha luogo in una situazione (dramma o narrazione) in cui lo spettatore, e più in generale l'interprete, condivide con l'autore una conoscenza non posseduta da uno o più personaggi. Si pensi appunto all'esempio preclaro dell'*Edipo Re* di Sofocle, in cui il protagonista agisce e parla *senza sapere* quanto egli stesso stia tragicamente procurandosi. Inoltre, com'è ovvio a partire dalla stessa etimologia del termine, vi può essere una *ironia comica*, tipica della commedia, in cui prevale l'espediente della sorpresa e del *coup de théâtre*. Si pensi, ad esempio, ai racconti di Boccaccio o alle commedie di Molière e di Shakespeare.[181] A questo tipo di ironia si riferisce anche il nostro modismo "ironia della sorte", che M. H. Abrams chiama « *cosmic irony* »: al "fato" (o a Dio) viene attribuita una volontà ironica, che si fa beffe dei piani e delle speranze degli uomini.[182]

Anche l'*ironia narrativa* si basa sul triangolo ermeneutico autore – personaggio – lettore, ma essa « si verifica quando l'autore prende le distanze dal suo personaggio e lo costringe a compiere azioni ridicole davanti al pubblico ».[183] L'autore, d'intesa con il lettore (o il pubblico), si

---

[178] L. ALONSO SCHÖKEL [1987: 187s; tr. it. 192]; si veda anche M. H. ABRAMS [1971: 92s].

[179] Cf M. H. ABRAMS [1971: 126s].

[180] Cf J. T. SHIPLEY [1970: 11s. 89], M. H. ABRAMS [1971: 9s], L. ALONSO SCHÖKEL [1987: 188s; tr. it. 197s]. Per *taurija* (تَوْرِيَة da √ورى, che alla V coniugazione significa « nascondersi ») s'intende un doppio senso celato dietro lo stesso morfema, anche se originato da radici diverse. Cf M. BEN CHENEB [1934: 766s]. Parliamo invece di *talḥīn* (تَلْحِين da √لحن « far capire parlando allusivamente ») quando un lessema allude ad un altro lessema, il quale aggiunge al contesto un valore complementare dal punto di vista semantico o simbolico.

[181] Cf J. T. SHIPLEY [1970: 165s]. Si potrebbe distinguere ulteriormente con E. HAMILTON, citato da J. T. SHIPLEY, due tipi di commedia: 1) una commedia costruita sull'effetto a sorpresa (come in Tere.izio o in Molière); 2) una commedia costruita su scene buffe tra loro vagamente connesse (come in Plauto).

[182] M. H. ABRAMS [1971: 94] e J. T. SHIPLEY [1970: 166] portano come esempio di concezione fatalistica, in cui troneggia l'« ironia cosmica », l'inglese THOMAS HARDY, romanziere e poeta (*The Dynasts* [1903-1908]; *Life's Little Ironies* [1894]; *Tess of the D'Urbervilles* [1891]).

[183] L. ALONSO SCHÖKEL [1987: 191; tr. it. 200]. Oltre a Giona, l'A. ricorda come esempi di ironia narrativa gli amici di Giobbe, e la finale di Dn 2.

prende gioco del suo personaggio.[184] Si pensi, come esempio eloquente in campo biblico, alla figura di Giona nel libro omonimo.

Due altri generi vanno menzionati, in quanto, pur non essendo sempre legati all'ironia, possono tuttavia utilizzarne il linguaggio: la *parodia* e la *satira*.

La *satira* è un genere fluttuante, che sfugge ad ogni interpretazione precisa. È difficile trovare oggi due autori che concordino nel definirla, come nota J. T. Shipley. Tuttavia, alcune caratteristiche sono rimaste costanti nella sua definizione, da Quintiliano a Northrop Frye:[185]

> « satire as attack to expose folly or vice, dullness or evil – or even to advance some amoral position (e.g., H. L. Mencken) or an immoral stance (e.g., Machiavelli) – whether by gentle rebuke or scarifying verbal onslaught, by ridicule or invective, whether direct through burlesque or indirect through irony ».[186]

La *parodia* potrebbe in qualche misura essere considerata una forma di ironia socratica: essa presuppone una conoscenza previa da parte dell'interprete di uno standard (narrativo o di valori), a cui l'autore fa riferimento per discostarsene e offrirne una reinterpretazione più o meno sarcastica o satirica. Per citare un esempio dalla letteratura greca, si pensi alla parodia dei poemi omerici nella *Batracomiomachia*.[187] Non mancano autori che vorrebbero qualificare tutto il libro di Giobbe come "parodia".[188] Ma questa semplificazione (o generalizzazione) ci sembra eccessiva e fuorviante.

---

[184] Il francese, con un termine passato in inglese e in tedesco, parla appunto di *persiflage*.

[185] N. FRYE [1957: 223] distingue la satira dall'ironia per il fatto che nella satira la situazione viene percepita immediatamente "grottesca", mentre nell'ironia il conflitto viene celato sotto un apparente contenuto realistico. La satira sarebbe dunque una *militant irony*. « Irony is consistent both with complete realism of content and with the suppression of attitude on the part of the author. Satire demands at least a token fantasy, a content which the reader recognize as grotesque, and at least an implicit moral standard, the latter being essential in a militant attitude to experience » [1957: 224].

[186] Cf J. T. SHIPLEY [1970: 286].

[187] Cf J. T. SHIPLEY [1970: 231s].

[188] Si vedano in particolare la tesi di K. J. DELL [1991] e lo studio di B. ZUCKERMANN [1991]. Quest'ultimo (pag. 136) afferma che la parodia è « the very essence of what the Poem actually is ». Secondo K. J. DELL, « the author is using parody as a technique to create a certain "ironic" or "sceptical" effect. [...] "Parody" can perhaps therefore be used as a useful overall classification for *Job* in terms of genre » (pag. 152). A pag. 212, la DELL parla dello "scetticismo" di Giobbe a due livelli: il contenuto dei discorsi di Giobbe, in quanto sospendono la fede in un Dio conoscibile e comprensibile; e la disposizione globale del libro, per cui la contrapposizione di diverse sezioni dimostra l'interesse ironico e scettico dell'autore.

Il libro di Giobbe utilizza tutte le armoniche dell'ironia. Non si tratta però di elencare soltanto i passi "ironici".[189] La sensibilità dell'interprete di fronte a questi passi è certo importante per una corretta interpretazione, perché l'ironia, come nota J. G. Williams, « cannot be seen if one cannot or will not see it ».[190] Non ci esimiamo dal compito di offrire una breve panoramica dei passi salienti, qui di seguito (sulla base delle nostre scelte critiche). Tuttavia, è ancora troppo poco di fronte alla potenziale ricchezza dell'ironia giobbiana.

Come esempi di *ironica retorica* in Giobbe possiamo citare 12,2. 7-9; 21,3; 26,2-3. Con striature di sarcasmo, l'inno di lode al Dio che "ha compiuto prodigi insondabili e meraviglie innumerevoli" (9,5-10, in risposta all'inno di Elifaz di 5,9-16); il controcanto ironico del cap. 24 (vv. 5b; 12b; 14a; 20b) e 27,8-23, che solo apparentemente è una condivisione della posizione degli amici, mentre, in realtà, è un'aspra critica al loro modo di intendere la fine dell'empio come punizione.[191]

L'*ironia drammatica* ha un ruolo costitutivo nella dialettica creata tra prologo e dialoghi. Dovremmo citare a questo proposito tutti i passi in cui Giobbe accusa Dio di ingiustizia e tutti i passi in cui gli amici accusano Giobbe di colpevolezza: il che significa appunto che sull'ironia drammatica è imperniato tutto il dramma. Qualche passo, tuttavia, merita di essere evidenziato: ad esempio, la ricerca impossibile di Dio in 23,3. 8-9, mentre Dio è lì ad ascoltare le parole di Giobbe, secondo il prologo; oppure il verdetto conclusivo di 42,7-9, che, come *coup de théâtre* finale, ha permesso di catalogare il dramma giobbiano nel genere della commedia.[192]

Troviamo l'*ironia narrativa* soprattutto nella caratterizzazione degli amici e nella figura dello stesso Elihu, se dovessimo accettare come originali i capp. 32-37. Basti ricordare, la solennità compiaciuta con cui l'autore concede ad Elifaz di presentare la sua "visione notturna" in 4,12-21. I tre amici "sapienti", nella loro ripetitività che estenua la loro argomentazione, sono un bell'esempio di distanziazione messo in atto dall'autore, perché anche l'uditore si schieri dalla parte del protagonista nel definirli « *mediconzoli* » (cf 13,4) e nel considerare le loro ragioni

---

[189] In questa prospettiva si colloca lo studio di E. M. GOOD [1965], che offre un elenco commentato di passi da interpretarsi ironicamente: 3,11-15; 5,6-7; 6,25. 29; 7,7-8. 12. 17-18. 20-21; 9,2-4; 10,2-7; 12,2. 12; 13,24-25; 14,1-3; 15,7-11; 16,4-5; 17,7-9. 13-16; 22,2-4; 26,2-4; 38,4-5; 40,4-5.

[190] J. G. WILLIAMS [1977: 138].

[191] Cf pagg. 59-61.

[192] Cf W. WHEDBEE [1977], J. J. MILES [1977], J. G. WILLIAMS [1977] e W. J. URBROCK [1981]. La prospettiva comica permette a W. WHEDBEE di leggere la figura di Elihu e la sua improvvisa entrata in scena con i parametri della commedia, nella « logic of incongruity ». J. G. WILLIAMS, invece, dà particolare risalto alla figura di Giobbe intercessore, come il passo in cui emerge « the *logos* that was at work throughout the tale » (pag. 138).

« *proverbi di cenere* » e « *parole d'argilla* » (cf 13,12).[193] Anche da questo punto di vista, Elihu, scagliandosi contro gli amici, incarna la reazione del pubblico programmata dall'autore.

Il *sarcasmo* è una venatura presente in alcune affermazioni ironiche giobbiane, ma emerge chiaramente in 7,17-21, con la parodia del Sal 8 (contro Dio); oppure in 26,5-14, con la parodia – quasi una satira – della lotta cosmica attribuita alla "potenza" di Bildad. L'esempio più brillante di sarcasmo – molto più forte del semplice *humour* – è l'inizio del secondo discorso di Dio (40,7-14) con la conseguente descrizione di Behemot e Leviatan, quando Dio invita Giobbe a prendere il suo posto, a mostrare il suo "braccio potente", così che Lui stesso (Dio!) possa lodare l'uomo con le parole dell'inno: « *La tua destra ti ha dato vittoria!* » (40,14). Il sarcasmo del secondo discorso di Dio è il *climax* di una tensione ironica iniziata con il primo discorso, in cui prevalgono le tinte più morbide dello *humour*.

Pur non mancando in Giobbe altri passaggi imbevuti di *humour*, la pagina magistralmente costruita su questa valenza dolce dell'ironia – « el ejemplo de humor más insigne del AT »[194] – è infatti il primo discorso di Dio (38,1-39,30): quella serie di domande, che progressivamente conduce Giobbe a "vedere", rivela non un Dio-despota che schiaccia il misero uomo, ma un Dio comprensivo e indulgente, che con tenerezza accompagna l'uomo alla scoperta delle meraviglie di una creazione, il cui segreto è per lui indisponibile.

Inoltre, vi sono buoni esempi di *doppi sensi*.[195] Della difficoltà derivata da queste figure era cosciente anche l'autore del libro, tanto da far dire ad Elifaz: « *Tu scegli il linguaggio dei furbi* » (15,5); e a Bildad: « *Fino a quando tenderete tranelli* (qiṣnê) *di parole?* ». E siamo certi che una conoscenza più raffinata del bagaglio linguistico utilizzato dal libro ci renderebbe ancora più sensibili a queste sfumature interpretative.

Non ci sembra, tuttavia, di poter leggere l'ironia in Giobbe come radicale "scetticismo".[196] L'attitudine di Giobbe – in quanto personaggio e

---

[193]  Cf L. ALONSO SCHÖKEL [1987: 191; tr. it. 201].

[194]  L. ALONSO SCHÖKEL [1987: 190; tr. it. 198].

[195]  Cf A. GUILLAUME [1968: 80. 86. 96. 98ss. 104. 115. 133] e G. BORGONOVO [1985: 731s]. All'elenco che abbiamo offerto in quel nostro contributo, andrebbero aggiunti alle *taurija*: 4,21 con יֶתֶר (« corda [della tenda] » o « ciò che resta »); probabilmente 4,15 con שַׂעֲרַת (« peli [del corpo] » oppure « tempesta ») e 7,6 con אֶרֶג - קָלּוּ - תִּקְוָה (« spola - correre veloce - speranza » oppure « cascame - essere insignificante - filo »). La Syr infatti traduce così il versetto: ܡܘܬܪ ܡܢܗ ܡܢ ܓܘܐ ܕܐ ܩܡܘ ܡܥܗ ܗܕܠܝܟ ܡܣܒܪܐ « I miei giorni sono più leggeri del cascame; finiscono perché non c'è speranza ». Cf la nota di H. M. SZPEK [1994]); ai *talḥīn* 3,8, in quanto יוֹם allude e richiede il complemento di יָם dal momento che il parallelo è לִוְיָתָן.

[196]  Oltre a K. J. DELL [1991: 191] e B. ZUCKERMANN [1991] già citati a pag. 90[188], anche gli studi di K. FULLERTON, Y. HOFFMAN [1982] e S. E. PORTER [1991] propendono verso una valutazione "scettica" dell'ironia giobbiana. Prendendo in considerazione la

libro, o in quanto "autore" che con essi si pone in dialettica – punta più in alto e si avvicina ad una sorta di *ironia socratica*.

Un'adeguata comprensione dell'ironia giobbiana va cercata nel tentativo di formulare un nuovo linguaggio per parlare del *mistero* di Dio, in un modo che Kierkegaard definirebbe "profetico".[197] L'ironia socratica nasce quando si usa un linguaggio, con il punto di vista dell'interlocutore, per annullarlo o integrarlo. Giobbe utilizza la figura del *śāṭān*, ma per superarla.[198] Impernia tutto il dramma sul modello "giudiziario", ma per mostrarne l'inadeguatezza. Qui sta l'ironia più profonda, espressione del paradosso della fede.

Dio infatti è "altro" rispetto alle categorie umane, ma di Lui si può parlare solo attraverso di esse. Applichiamo il paradosso al problema del libro: Dio non può essere compreso solo attraverso quella teologia retributiva, che si fonda sulla tradizione profetica del "patto". Ma per introdurre l'orizzonte di comprensione più ampio, che considera anche il Dio Creatore, sebbene con categorie nuove rispetto ai miti egiziani o babilonesi,[199] Giobbe usa lo stesso schema processuale che sta alla base dei *rîb* profetici.[200] L'ironia sta qui: affermare negando o negare affermando.

Il risultato, tuttavia, non è lo scetticismo, ma la « dotta ignoranza » del *mistero* di Dio, mai pienamente ricondonducibile entro le categorie della debole parola dell'uomo, frammentaria e provvisoria. L'ironia di Giobbe, come ogni autentica ironia, sorge dal paradosso di vivere un'esperienza e percepire che, sopra di essa, vi è una realtà che la fa apparire inadeguata o addirittura errata:

> « In the Book of Job this reality [...] is somehow always a *mystery*, an "unknown" that can be known precisely only as mystery. That is significant "knowing", of course, but a knowing whose knower is driven away from *what* he knows to the limit of his knowing ».[201]

---

conclusione del libro, ad es., K. FULLERTON [1924] trova che l'ironia permette una duplice opzione interpretativa: « pious submission » o « sceptical sense ». E questo, a suo parere, sarebbe stato l'espediente retorico necessario per far accettare il libro a coloro che sostenevano le tesi "ortodosse" da lui criticate; la vera posizione dell'autore di Giobbe sarebbe invece da cercare negli interventi del protagonista durante i cicli dei dialoghi con gli amici. Y. HOFFMAN, similmente, legge la contrapposizione tra prologo e dialoghi come la tecnica narrativa, dietro cui lo scrittore si nasconde, per non risolvere l'enigma da lui posto.

[197] Cf S. KIERKEGAARD [1920ss: 360-63; tr. it. 201-6].

[198] Questa è la ragione più vera per cui il *śāṭān* non entra più in gioco alla fine del dramma. La sua "funzione" – letteraria e teologica – è terminata. Il racconto ha usato questa figura per superarla e dichiararla "insodisfacente" per parlare del mistero di Dio.

[199] Si veda per questo il capitolo delle conclusioni e H. FRANKFORT - H. A. GROENEWEGEN FRANKFORT [1946b: 367-72].

[200] Ci sembra corretta l'interpretazione di S. H. SCHOLNICK [1987: 200s].

[201] J. G. WILLIAMS [1971: 238]. Lo studio di J. G. WILLIAMS – come quello di B. SARRAZIN [1988] – ci sembra molto suggestivo e fecondo di conseguenze ermeneutiche.

Le teorie degli amici (e di Elihu), incapaci di rispondere al problema di Giobbe, sono l'emblema di quella "terra di simboli infranti", di un mondo di valori che non è più in grado di rispondere alle domande cruciali. L'esperienza lo smentisce. L'ironia di Giobbe suona come un invito ad abbandonare teorie su Dio e a varcare la soglia del mistero di Dio.

Il nostro dramma, alla fine, non dà una risposta da manuale al problema posto, ma conduce il protagonista ad incontrare un Dio che è veramente "Dio", superando anche quella sottile autoidolatria che è sostituire a Dio la nostra attuale comprensione di Dio.[202]

## 2. LA STRUTTURA DEL DRAMMA

Sono già molte le relazioni strutturali[203] che abbiamo evidenziato, analizzando i maggiori nodi critici di questo originalissimo *dramma*.[204]

---

G. WILLIAMS condivide la posizione di J. W. WHEDBEE nel vedere in Giobbe la struttura della *commedia* greca classica. B. SARRAZIN (pag. 53), sottolinea la valenza eminentemente "comica" della sola idea di un confronto tra Dio e Giobbe, come fosse tra eguali.

[202] Rimarrebbe da dire un'ultima parola sul rapporto tra l'ironia e il semantismo delle strutture simboliche, perché « par la rhétorique et ses figures nous voyons peu à peu se défaire le sémantisme du figuré » (G. DURAND [1969: 491]). Ma non vogliamo anticipare a questo punto la conclusione del nostro studio. Ci basti solo anticipare che l'antifrasi è una caratteristica struttura simbolica del *Regime notturno* del simbolismo. Non è un caso che il libro di Giobbe ne faccia pieno uso...

[203] Parliamo, come apparirà chiaramente nel paragrafo, della struttura letteraria di superficie dell'opera e non di analisi strutturalista.

[204] Così L. ALONSO SCHÖKEL [1977: 45], che rimanda al concetto molto flessibile del *drammatico* in E. STAIGER [1952] e alla presentazione di Giobbe in N. FRYE come « imaginative drama » [1957: 325] e [1982: 40]. Si vedano anche i contributi del dossier curato da R. M. POLZIN - D. A. ROBERTSON [1977]; e, inoltre, H. GARDNER [1983: 60], D. COX [1986], [1987]. Il fatto che non vi sia quasi alcuna *azione* non fa problema: anche nel *Prometeo incatenato* di Eschilo e nella *Phèdre* di Racine, per fare solo due esempi di "tragedie" note, l'azione si sviluppa quasi esclusivamente a livello di *parola* (cf D. COX [1987: 23]).

Non vogliamo aprire la discussione sul "genere" del libro di Giobbe. Una rassegna delle diverse proposte si può vedere in L. ALONSO SCHÖKEL - J. L. SICRE DÍAZ, 79-83, tr. it. 88-93; L. G. PERDUE [1991: 76-80]. Alle posizioni prese in considerazione in queste rassegne andrebbero almeno aggiunti la proposta di D. COX [1987] e la tesi di K. L. DELL [1991]. Il primo, continuando sul sentiero della sua tesi dottorale [1978], scorge nel libro la struttura di un *māšāl*, che provoca la libertà dell'uomo davanti all'assurdo. I due "poli" del proverbio sarebbero l'uomo gettato nell'esistenza e Dio che ne rappresenta la risposta teologica. La soluzione non viene offerta dall'autore, ma lasciata volutamente aperta perché anche il lettore scelga il suo modo di reagire al fato. La seconda, come abbiamo già ricordato, classifica il libro come « parodia ». Soprattutto per la scelta del "genere" del libro nel suo insieme, ci sembra necessario non confondere *Form* e *Gattung*: in Giobbe ci sono tutte le forme letterarie, ma nessuna di esse ci sembra soppianti le altre, assurgendo al ruolo di *Gattung* (si pensi a H. RICHTER o a C. WESTERMANN). Parlare di "dramma", ci sembra la soluzione meno compromettente e più aperta all'effettiva originalità di Giobbe,

Tuttavia, per poter offrirne la struttura complessiva, dobbiamo ancora risolvere un problema che abbiamo sollevato, distruggendo la falsa certezza
di un terzo ciclo di discorsi con gli amici: la corretta impostazione dei
capp. 3-27.

## 2.1 La dinamica dei dialoghi Giobbe - amici

Molti commentatori hanno scorto una particolarità nei dialoghi tra
Giobbe e gli amici, che S. Terrien ha chiamato una « réaction à retarde-
ment »,[205] nel senso che, ad esempio, la risposta al discorso di Elifaz
(capp. 4-5) sembra giungere solo nei capp. 9-10, dopo l'intervento di Bildad. Guardando ai monologhi o ai "dialoghi obliqui" presenti anche nelle
tragedie classiche, come suggerisce D. Cox,[206] si può concludere che non
si tratta di una peculiarità di Giobbe e tanto meno si deve ipotizzare un disordine nel testo.[207] Attraverso questa tecnica compositiva, per cui ciascun personaggio sembra camminare parallelamente agli altri, il drammaturgo esprime drammaticamente l'evoluzione "spirituale" di ogni personaggio in scena. Si deve, quindi, guardare con attenzione non solo alla sequenza dei dialoghi secondo la scaletta d'intervento, ma anche alla connessione dei discorsi di ciascun personaggio. Nel nostro dramma, ciò significa che dobbiamo fare attenzione anche alle correlazioni tra tutti gli
interventi di Giobbe, da una parte, e degli amici, dall'altra.

In effetti, pur nella complessità delle immagini e nella libertà di un
grande genio poetico, non facilmente imbrigliabile, si possono trovare alcuni sottili legami tra gli interventi. Lo stile non è certo paragonabile alla
rigidità di un'argomentazione: vi sono corsi e ricorsi, anticipi e riprese... È
il fascino della poesia giobbiana. Eppure, come nella trasparenza di un
foglio delicatamente filigranato, all'occhio attento appare un percettibile
disegno. Percorriamolo molto brevemente, per cogliere solo alcuni ri-
chiami.

Il primo discorso di Elifaz annuncia i tre grandi temi che, da diverse
angolature, verranno ripresi dai discorsi degli amici: la misera condizione
umana che rende l'uomo incapace di essere innocente davanti a Dio (4,12-
21), la sciagura che è conseguenza della colpa (4,7-11 e 5,1-7) e l'invito a
rivolgersi a Dio « che fa meraviglie incomprensibili » (5,8-16); Elifaz non
teme di porre tra queste meraviglie anche la "correzione" della sofferenza
(5,17-27). Bildad riprende soprattutto il secondo tema, per difendere la
giustizia di Dio (cap. 8), con una breve parentesi dedicata al ricorso a Dio

---

non solo nell'ambito della letteratura ebraica a noi giunta, ma anche nel contesto più ampio di tutta la letteratura dell'Antico Vicino Oriente.

[205]   Cf S. TERRIEN, 93.
[206]   Cf D. COX [1987: 23], che cita a supporto G. BRERETON [1968: 271].
[207]   Abbiamo già avuto modo di ricordare la proposta folle di M. P. REDDY [1978]: si
tratta di un caso-limite, ma le ragioni metodologiche addotte sono molto diffuse nella letteratura critica su Giobbe.

(vv. 5-7). Sofar sviluppa invece il terzo tema, mettendo in primo piano la sapienza inscrutabile di Dio (11,5-12) ed invitando Giobbe ad invocarlo (11,13-19). Non può essere un caso che i discorsi di Bildad e Sofar si concludano entrambi con un accenno ai $r^e\check{s}\bar{a}^c\hat{i}m$, la cui sorte sarà l'argomento sviluppato nel secondo giro d'interventi.[208]

L'inconsistenza della vita umana viene invece sviluppato quale tema centrale nei primi interventi del protagonista: è una risposta indiretta ad Elifaz, stilata con ironia e incisività crescenti. Per Giobbe la limitatezza umana è un'ulteriore prova della sua innocenza, in quanto almeno dovrebbe poter condividere la stessa sorte degli altri mortali. Quanto al tema della sciagura che tiene dietro alla colpa, egli dimostra che nella disgrazia non c'è differenza: Dio fa perire l'innocente insieme al colpevole e ride della sua sciagura (cf 9,22-23). L'esortazione di Elifaz perché si rivolga a Dio viene sì raccolta, ma in modo del tutto particolare: citando Dio in giudizio (cf 9,3. 16-21; 13,3. 13-22).

Il secondo discorso di Elifaz è composto da due sezioni:[209] ne indicano l'inizio le due perorazioni dei vv. 2-3 e del v. 17. In effetti, mentre la prima sezione chiude il tema della condizione umana con l'allusione al mito dell'*Urmensch* (vv. 7-16), la seconda apre un nuovo tema: il fallimento della vita apparentemente felice del malvagio (vv. 18-35), tema brevemente annunziato nelle conclusioni degli amici in precedenza. Bildad (cap. 18) e Sofar (cap. 20), in piena sintonia con l'amico "maggiore", lo riprendono e lo sviluppano. È davvero sorprendente notare in questo secondo giro d'interventi quanto sia cambiato il contesto dell'argomentazione degli amici.

Al contrario, Giobbe prosegue nel suo cammino interiore. Nei capp. 16-17 e nel cap. 19 vi sono due amare lamentazioni, che indirettamente sono risposta al nuovo tema proposto da Elifaz. Egli, pur essendo innocente, sta andando verso la morte con giorni nefasti: Dio lo tratta come se fosse un malvagio. L. Alonso Schökel le ha giustamente definite un'« anti-supplica ». Il triangolo dei ruoli di una normale lamentazione è capovolto:[210] Dio diventa il nemico e non resta che chiedere pietà agli amici, i

---

[208] Nella prima tornata di discorsi il sostantivo è altrimenti usato solo da Giobbe: 3,17; 9,22. 24 e 10,3.

[209] Di questo parere è anche D. WOLFERS [1993: 400s]. Egli, però, sopravvaluta questa cesura. Partendo da questo indizio, trova qui il punto di divisione dei due cicli di discorsi, che sarebbero composti da sette interventi (4,1-15,16 e 15,17-22,30): ciascun ciclo inizierebbe e terminerebbe con un discorso di Elifaz.

[210] Le difficoltà del cap. 17 si smussano se si distribuiscono i nuovi ruoli tenendo conto di questa amara ironia; persino i vv. 8-9, che sembrano del tutto fuori posto. In essi Giobbe parla di sé in terza persona: egli è retto (יָשָׁר come in 1,1. 8; 2,3), innocente, giusto, dalle mani pure); esterna il suo scandalo nel veder trionfare l'ingiustizia e il proposito di non mentire circa la propria innocenza:

8. *Chi è retto rabbrividisce davanti a questo*
   *e l'innocente si sdegna contro l'empio;*

quali però lo tradiscono e lo accusano, come del resto hanno fatto anche i familiari e i conoscenti. E dal cuore del protagonista esplode in ciascuno dei due discorsi un grido, che proclama di nuovo la sua innocenza: l'imprecazione alla terra (16,18-22), con la speranza che va contro ogni speranza di avere un *garante* presso Dio che difenda l'uomo (Dio stesso!); e l'iscrizione monumentale (19,25-27) con la certezza di "vedere" Dio e di saperlo, nonostante tutto, suo *gōʾēl*.

Solo nel cap. 21 Giobbe dà una risposta diretta agli ultimi tre interventi degli amici, e non solo a Sofar. Dopo l'introduzione retorica, tutto il suo discorso è lo sviluppo della domanda del v. 7:[211]

> *Perché mai i malvagi* (rᵉšāʿîm) *sopravvivono,*
> *invecchiano, e pure in pieno vigore?*

Tutto il castello argomentativo costruito dagli amici nei loro tre interventi è smentito dalla viva esperienza, cui Giobbe si appella.

L'ultimo discorso di Elifaz non è una controrisposta a Giobbe, ma la ripresa di un tema già apparso nel suo primo intervento (5,8) ed esplicitato da Sofar (11,13ss): occorre rivolgersi a Dio e implorare da Lui il perdono. Elifaz lascia chiaramente trasparire la sua fonte d'ispirazione: corrono davanti ai suoi occhi le immagini di una grande liturgia penitenziale, riecheggiano nel suo cuore le parole dei *rîb* che i profeti avevano declamato per Israele e Giuda.[212] Il suo è un appello finale e potremmo considerarlo la sintesi più alta della spiritualità portata sulla scena dagli amici. Ma dopo quanto è stato detto da Giobbe circa la sua certezza d'innocenza, una liturgia penitenziale per lui sarebbe solo un atto d'ipocrisia.

Il dialogo con gli amici finisce a questo punto. Vi è solo un'ultima ripresa, quando Bildad interviene contro la provocazione di Giobbe: un breve intervento (25,1-6) e la controrisposta (26,1-14). Per il resto abbiamo solo una serie di monologhi. Giobbe sta decisamente pensando al suo confronto diretto con Dio, non ha più fiducia nei suoi interlocutori umani che, per difendere Dio, non temono di cadere nella menzogna.

Non dobbiamo lasciar cadere l'indizio retorico offertoci dagli *esordi* e dalle *conclusioni* dei discorsi, il cui tema è la *parola*: temeraria, impetuosa, fragile, molesta, superba, vile... Poiché il dramma si presenta come

---

9. *ma il giusto tiene il suo cammino*
   *e chi ha mani pure prosegue con coraggio.*

[211] Si veda lo stesso problema in Ger 12,1; Ab 1,13; Sal 73.

[212] Sono molto interessanti le relazioni strutturali studiate da L. ALONSO SCHÖKEL - J. L. SICRE DÍAZ, 335-37, tr. it. 378-80 confrontando il cap. 22 con il Sal 50, sulla base dello schema di un giudizio bilaterale o contraddittorio (cf 22,4 e Sal 50,4. 6). Potremmo sintetizzarne così la proposta: all'uomo giova il senso religioso e la rettitudine morale; Dio non accusa l'uomo per questo, ma per il suo peccato, che è mancanza di giustizia; sapendo che al peccato segue il castigo, l'uomo deve confessare il peccato e cambiare vita, se vuol godere della felicità promessa.

un dialogo, almeno formalmente, la loro presenza (o assenza) è significativa.[213] Sono di più gli esordi delle conclusioni, le quali, tuttavia, sono collocate in punti strategici: in avvio, al termine del primo discorso di Elifaz (5,27b), e in chiusura, quando lo stesso Elifaz tira un bilancio negativo della discussione (21,34). L'ultima provocazione di Giobbe (24,25) sembra rivolta genericamente all'uditorio o a Dio più che agli amici, anche se Bildad prende la palla al balzo per il suo ultimo tentativo di smentita. Gli esordi sono molto eloquenti: con essi, il poeta segna il passo del dramma. Se mancano – come in parte avviene in 6,2ss o completamente in 9,2ss, 22,2ss, 23,2ss e 27,2ss –, si tratta di monologo o di discorso conclusivo.

Per quanto riguarda dunque il dialogo di Giobbe con gli amici, avremmo due cicli completi di interventi, iniziati da Elifaz, e una sezione conclusiva, con la proposta di Elifaz (cap. 22) e la decisa presa di posizione di Giobbe (capp. 23-27), in cui s'incunea l'ultimo confronto diretto tra il protagonista e Bildad (capp. 25-26).

### 2.2 Quadro complessivo della struttura

Riassumiamo in un quadro sintetico lo svolgimento del dramma:[214]

A. PROLOGO (1,1-3,1)

    *A1: la situazione di partenza - la fortuna di Giobbe* (1,1-3)
    *A2: Giobbe intercessore per i figli* (1,4-5)
    *A3: le obiezioni del śāṭān*

        I. prima prova (1,6-22)
            a) *nella corte celeste*
                – presentazione (1,6)
                – dialogo istruttorio (1,7-11)

---

[213] Eccone di seguito un elenco: a) *esordi*: Giobbe: (6,2-3); 12,2-3; 16,2-3; 19,2-3; 21,2-3; 26,2-3; Elifaz: 4,2; 15,2-3 (v. 17a); Bildad: 8,2; 18,2-4; Sofar: 11,2-3; 20,2-3; b) *conclusioni*: Giobbe: 21,34; 24,25; Elifaz: 5,27b.

[214] Oltre ai commentari, si vedano: H. W. HERTZBERG [1950], H. MÖLLER [1955], G. FOHRER [1956], C. WESTERMANN [1956], H. RICHTER [1959], G. FOHRER [1959a], A. GUILLAUME [1962s], N. D. HIRSH [1969], J. LÉVÊQUE [1970], J. A. HOLLAND [1972], R. B. LAURIN [1972], L. ALONSO SCHÖKEL [1977], V. KUBINA [1979], J. F. A. SAWYER [1979], W. VOGELS [1980], D. COX [1981], Y. HOFFMAN [1981], G. W. PARSONS [1981], P. J. BOWES [1982], P. H. NICHOLLS [1982], R. D. MOORE [1983], E. KUTSCH [1986a], D. COX [1987], C. R. FONTAINE [1987], D. WOLFERS [1987b], [1988a], C. R. SEITZ [1989], D. WOLFERS [1993]. Nella nostra proposta, si ritrovano soprattutto i suggerimenti di L. ALONSO SCHÖKEL (la struttura drammatica), W. VOGELS (la dinamica narrativa centrata sul tema del *linguaggio*) e D. COX (la bi-polarità del dramma). La struttura di W. VOGELS [1980] è interessante, anche se alla fine risulta troppo schematica. Trovato il centro dinamico nel problema del linguaggio (come parlare di Dio davanti alla sofferenza?), egli struttura il dramma in quattro "figure" di linguaggio: 1) il linguaggio della fede popolare (prologo); 2) il linguaggio teologico (2,11 – 31,40); 3) il linguaggio profetico-carismatico (Elihu); 4) il linguaggio mistico (38,1 – 42,6).

            – decisione divina (1,12a)
            – il *śāṭān* si allontana (1,12b)
    b) *sulla terra*
            – la serie di sciagure (1,13-19)
            – reazione di Giobbe (1,20-21)
    c) *giudizio conclusivo del narratore* (1,22)
II. seconda prova (2,1-10)
    a) *nella corte celeste*
            – nuova presentazione (2,1)
            – secondo dialogo istruttorio (2,2-5)
            – seconda decisione divina (2,6)
            – il *śāṭān* si allontana di nuovo (2,7a)
    b) *sulla terra*
            – nuova sciagura (2,7b-8)
            – reazione della moglie e di Giobbe (2,9-10a)
    c) *giudizio conclusivo del narratore* (2,10b)
*A4: l'arrivo degli amici e l'inizio del dramma* (2,11-3,1)

## B. L'AZIONE DEL DRAMMA

I parte: Giobbe e gli amici (3,2-27,23)

    *A. Lamentazione introduttiva* (3,2-26)

    *B. Prima serie di dialoghi*
        1. Elifaz (4,1-5,27)
            1A. Giobbe (6,1-7,21)
        2. Bildad (8,1-22)
            2A. Giobbe (9,1-10,22)
        3. Sofar (11,1-20)
            3A. Giobbe (12,1-14,22)

    *B'. Seconda serie di dialoghi*
        1. Elifaz (15,1-35)
            1A. Giobbe (16,1-17,16)
        2. Bildad (18,1-21)
            2A. Giobbe (19,1-29)
        3. Sofar (20,1-29)
            3A. Giobbe (21,1-34)

    *A'. Conclusioni*
        1. Elifaz (22,1-30)
            2A. Giobbe (23,1-24,25)
              – interruzione di Bildad (25,1-6)
              – risposta di Giobbe (26,1-14)
            2A'. Giobbe (27,1-23)

*Interludio* (28,1-28)

II parte: Giobbe e Jhwh (29,1-42,6)

    *A. Lamentazione, giuramento e appello a Dio* (29,1-31,40)

    → Il commento di Elihu (32,1-37,24)

    *B. Primo dialogo*
        – Jhwh (38,1-40,2)
            – risposta di Giobbe (40,3-5)

    *B'. Secondo dialogo*
        – Jhwh (40,6-41,26)
            – risposta di Giobbe (42,1-6)

A'. EPILOGO (42,7-17)

    *A3': la sentenza conclusiva di Dio* (42,7)
    *A2': l'intercessione di Giobbe per gli amici* (42,8-9)
    *A1': la nuova situazione - la fortuna raddoppiata* (42,10-17)

La tecnica compositiva preferita dal poeta è dunque il *raddoppiamento*: duplici sono le scene nel prologo, le sezioni principali del dramma, i cicli dei dialoghi con gli amici, le conclusioni di essi, i discorsi di Dio e le risposte di Giobbe. È una strategia necessaria per dare dinamismo a un dramma, la cui *azione* è quasi esclusivamente a livello di *parola*. Il cap. 28, come *interludio*, è il baricentro di due parti asimmetriche: un breve monologo di Giobbe apre la prima parte (cap. 3) e uno lungo la seconda (capp. 29-31); lunga è la conclusione di Giobbe al termine dei discorsi degli amici (capp. 22-27),[215] breve la sua risposta a Jhwh, che parla dalla tempesta.

Le simmetrie sono rispettate anche nelle sezioni narrative. Alle due scommesse lanciate da Dio al *śāṭān* nel prologo e chiuse entrambe vittoriosamente, corrisponde la sentenza finale di 42,7 che sancisce la *nᵉkônâ* di Giobbe (e la *nᵉbālâ* di Elifaz e degli altri amici); l'intercessione di Giobbe per gli amici è simmetrica all'intercessione per i figli; e la nuova fortuna è il "doppio" della situazione di benessere iniziale.

---

[215]  Se può essere di qualche utilità un calcolo quantitativo (per noi, poco rilevante), queste sono le cifre, computate non in versetti, ma in righe di TM, escludendo gli *incipit* (23,1; 25,1; 26,1; 27,1; 29,1) e la chiusura redazionale di 31,40b:

| | | | |
|---|---|---|---|
| *cap. 23* | 32 | *cap. 29* | 49 |
| *cap. 24* | 59 | *cap. 30* | 65 |
| *cap. 25* | 10 | *cap. 31* | 83 |
| *cap. 26* | 27 | | |
| *cap. 27* | 44 | | |
| *TOTALE* | *172* (135*) | *TOTALE* | *197* |

(*) Senza computare i capp. 25 e 26.

*ANALITICA*

CAPITOLO III

## « QUEL GIORNO... SIA TENEBRA! »

## GLI INTERVENTI DI GIOBBE

αὐτὰρ ἐπειδὴ πάντα φάος καὶ νὺξ ὀνόμασται
καὶ τὰ κατὰ σφετέρας δυνάμεις ἐπὶ τοῖσί τε καὶ τοῖς,
πᾶν πλέον ἐστὶν ὁμοῦ φάεος καὶ νυκτὸς ἀφάντου
ἴσων ἀμφοτέρων, ἐπεὶ οὐδετέρωι μέτα μηδέν.
(Parmenide) *

Potrebbe sembrare un'impresa impossibile ricondurre l'ampia gamma delle variazioni simboliche del libro entro il polarismo simbolico di luce e tenebre. L'impresa è ardua, ma solo per il bagaglio di conoscenze che essa presuppone nel ricostruire il sottofondo culturale e religioso in cui si muoveva il poeta e, più in generale, nel collocare la poesia giobbiana entro la costellazione simbolica delle manifestazioni culturali e religiose di tutta l'umanità. Non è esagerata l'affermazione di E. Cassirer: il polarismo simbolico che vogliamo esaminare è la "forza dominante" (*beherrschende Macht*) della cultura umana di ogni tempo.[1]

Ma in questo arduo compito ci viene in aiuto il poeta stesso, il quale, da gran maestro di composizione, istituisce fin dalla prima pagina le coordinate simboliche che guideranno il dinamismo complessivo dell'intero dramma: come in un'*ouverture* sinfonica, accenna ai temi che verranno

---

* « Ora, dal momento che tutte le cose si chiamano luce e notte, e secondo le proprie potenzialità vengono attribuite all'una o all'altra, tutto è pieno nello stesso tempo di luce e di invisibile notte, di entrambe in modo eguale, e quindi nulla vi è che non abbia entrambe » (PARMENIDE, *Frammento 9*; per il testo critico cf H. DIELS [1903: I, 240s]).
[1] E. CASSIRER [1923ss: II, 119]. Si veda anche B. JANOWSKI [1989: 23-29]. P. F. M. FONTAINE sta pubblicando una "storia culturale" del dualismo sotto il titolo del polarismo simbolico luce e tenebre (*The light and the dark; A cultural history of dualism*, J. C. Gieben Publisher, Amsterdam 1986-1993; sinora sono apparsi otto volumi).

sviluppati in seguito. A noi, dunque, il compito di ascoltare con particolare attenzione questa prima pagina, mostrandone le dinamiche simboliche: sia quelle interne allo svolgimento del capitolo stesso, sia quelle che saranno generate dai simboli degli interventi successivi.

## 1. L'"OUVERTURE" DEL CAPITOLO 3

Questa pagina è un capolavoro di equilibrio poetico e stilistico: tutti i piani comunicativi del linguaggio combaciano alla perfezione, dentro la trama costituita dalle relazioni delle singole parti, sia nella struttura letteraria di superficie, sia nella struttura simbolica. Vorremmo mostrare che il simbolismo di questo capitolo funge da vera e propria *ouverture*, che istituisce i piani simbolici degli altri interventi del protagonista e, in genere, del dramma seguente.

Offriamo anzitutto una traduzione della pagina, con brevi note che giustifichino le nostre scelte testuali e filologiche.[2]

### 1.1 Il testo

1-2     *Allora Giobbe aprì la bocca e maledisse il suo giorno,[3] dicendo:*

3       *Sparisca il giorno in cui nacqui*
        *e la notte che disse: « È stato concepito un uomo! ».*
4       *Quel giorno... sia tenebra!*
        *Non se ne curi[4] Eloah in alto[5]*

---

[2] Abbiamo già presentato una nostra traduzione nell'edizione italiana di L. ALONSO SCHÖKEL - J. L. SICRE DÍAZ, sulla base delle opzioni filologiche dei due autori. I criteri generali di traduzione rimangono quelli esposti nel nostro contributo G. BORGONOVO [1985], in appendice a quel commentario. Il nuovo tentativo rispecchia le diverse scelte filologiche da noi qui esperite.

[3] La "maledizione" del proprio giorno di nascita è un genere letterario ben identificabile e abbastanza diffuso non solo in ambito biblico. Si vedano al riguardo TH. JACOBSEN - K. NIELSEN [1992] e J. B. BURNS [1993]. Il primo studio riporta alcuni paralleli del mondo mesopotamico. I passi più interessanti sono comunque citati da J. B. BURNS. Oltre al noto parallelo di Ger 20,14-18, viene ricordato *Iliade* VI, 345-348 (Elena, rivolta ad Ettore) ed *Erra* IV, 88-90, che riportiamo nella trascrizione e traduzione di L. CAGNI [1969: 112-15]:

[*lú*? *šá*]? -*kìn āli ana a-lit-ti-šu i-qab-bi ki-a-am*
⌜*i*⌝ -[*n*]*a u₄-mu tu-li-din-ni lu-ú ap-pa-rik ina lìb-bi-*[*ki*]
[*n*]*a*?-[*p*]*iš*?-*ta-ni lu-ú iq-*⌜*tu*⌝ *-ma lu-ú ni-mut* ⌜*it*⌝ -[*ti*]? ⌜*a*⌝ ?-*ḫa-m*[*íš*]?

« [Chi è prepo]sto? alla città si rivolge alla sua genitrice così:
"Nel giorno in cui mi partoristi, che io fossi rimasto rinserrato dentro il [tuo] seno!
Che la nostra [vi]ta? avesse avuto fine e noi fossimo morti insie[me]?! ».

Secondo J. B. BURNS [1993: 18] sarebbero cinque gli elementi formali che accomunano questo genere: 1) l'azione della divinità come causa; 2) la maledizione di apertura riferita al giorno della nascita; 3) l'annuncio della nascita di un maschio; 4) il grembo come tomba; 5) la domanda riferita all'emergenza di una vita di sofferenza e di sciagura.

*e nessun raggio di luce[6] brilli su di lui;*
5    *lo rivendichino tenebra e ombra infernale,[7]*
*nembi[8] vi dimorino sopra,*
*l'atterrisca un oscuramento del giorno.[9]*

---

[4] Il verbo דָּרַשׁ assume questa sfumatura anche in Dt 11,12; Ger 30,17; Is 62,12. Come giustamente avevano già intuito RASHI e IBN EZRA, la chiave per comprendere la maledizione sta nell'uso dei tempi: tuttavia, a differenza di loro, non traduciamo gli iussivi con ottativi passati, ma, in linea con il valore "magico" della parola, con ottativi presenti (cf anche H. CH. BRICHTO [1963: 107]).

[5] מִמַּעַל può significare sia « dall'alto » (in parallelo a מִמְּרוֹמִים in 31,2), sia « in alto », come in 31,8. Questo secondo significato sembra migliore nel nostro passo.

[6] « Raggio di luce » traduce l'*hapax* נְהָרָה (Tg נְהוֹר, Syr ܢܗܘܪܐ). La √נהר significa « brillare » (cf, ad es., Is 60,5; Sal 34,6).

[7] La varietà dei lessemi utilizzati per le "tenebre" mette a dura prova il nostro vocabolario. Per quanto riguarda צַלְמָוֶת, abbiamo voluto lasciare l'allusione al mondo infernale, come nella vocalizzazione massoretica e nella traduzione della LXX (σκιὰ θανάτου). È possibile, con É. P. DHORME, vocalizzare צַלְמוּת daצלם√ II, « essere buio », una radice attestata in arabo, etiopico, ugaritico e akkadico (cf *KB*, III, 963). Il vocabolo, « il più forte che l'ebraico possedeva per "tenebre" » (D. W. THOMAS [1962: 200]), manterrebbe l'evocazione delle tenebre abissali dello Šeʾol, specialmente nel libro di Giobbe (su 18 ricorrenze in tutta la Bibbia ebraica, ben 10 si trovano in Gb). Si vedano altri particolari in D. J. A. CLINES [1974], W. L. MICHEL [1984], D. W. THOMAS [1962] (che vede in מָוֶת un superlativo, ed è seguito da M. DAHOOD [1966-1970: I, 147]), J. BARR [1974: 50-55], L. L. GRABBE [1977: 27-29], D. J. A. CLINES, 69. Per l'interpretazione nella LXX si veda C. E. COX [1987].

[8] Il femminile עֲנָנָה può avere senso collettivo (cf *GK,* § 122s). Dal momento che in 26,9 (cf pag. 147[185]) vi è una immagine analoga con il maschile עָנָן, ci sembra improbabile il suggerimento di TH. JACOBSEN - K. NIELSEN [1992: 197], che vi vedono un parallelo dell'akkadico *ennentum* « divine punishment for sin » (in questo caso sarebbe da vocalizzare עֲנֻנָה).

[9] L'« oscuramento del giorno » è l'eclissi. Con buona parte dei moderni, a partire da S. BOCHART [1712a: 591], leggiamo כַּמְרִירֵי יוֹם con questo significato (cf *KB*, I, 459). Più difficile è motivarne l'etimologia in modo convincente. Molti, tra cui ultimamente anche D. J. A. CLINES, 70, accettano l'ipotesi di una √*kmr*, che sarebbe attestata anche in siriaco (ܟܡܪ) con il significato di « essere triste »; nella Syr, ad es., il verbo all'Etpe. traduce Gn 4,5 (cf l'obiezione di J. BARR [1974: 55s]). In akkadico, *kamāru* (contro *LSyr*, 332) significa « ammucchiare, accatastare » (cf *AHw*, 430).

L. L. GRABBE [1977: 30s] legge בִּמְרִירֵי יוֹם, « the bitternesses of the day », citando tuttavia due testi un po' troppo tardivi (Sir 11,4 e 1QH 5,34). Era anche la proposta di M. H. POPE, seguito da A. DE WILDE: essi scorgono comunque un riferimento all'eclissi, in quanto in Am 7,10 vi è l'equivalenza tra il « giorno sfavorevole » e il « giorno d'eclissi ». Contro il parere di D. J. A. CLINES, la proposta di M. L. MODENA MAYER [1967: 289s] ci sembra per ora la più accettabile. Ella fa riferimento all'hittita *kammara*, « nebbia, fumo, nuvola », costruito come *qatlîl* (già S. BOCHART parlava di questo paradigma, portando come esempio il סָגְרִיר di Pro 27,25). La possibilità d'influssi hittiti è stata del resto ampiamente documentata da CH. RABIN [1963]. Questa proposta, a nostro parere, va messa in relazione con la dimostrazione di S. BOCHART, il quale discute la √*kmr* a partire da un interessantissimo testo di *Odissea* XI,14-19 (cf HOMERUS [1977: 292s]):

6    *Quella notte[10] se la prenda l'oscurità,*
     *non si computi[11] fra i giorni dell'anno*
     *e non entri nel numero dei mesi;*
7    *sì,[12] quella notte sia sterile,*
     *in essa nessun grido di gioia[13] giunga;*
8    *la maledicano gli iettatori di Jôm,[14]*

---

ἔνθα δὲ Κιμμερίων ἀνδρῶν δῆμός τε πόλις τε,
ἠέρι καὶ νεφέλῃ κεκαλυμμένοι· οὐδέ ποτ' αὐτοὺς
Ἠέλιος φαέθων καταδέρκεται ἀκτίνεσσιν,
οὔθ' ὁπότ' ἂν στείχῃσι πρὸς οὐρανὸν ἀστερόεντα,
οὔθ' ὅτ' ἂν ἂψ ἐπὶ γαῖαν ἀπ' οὐρανόθεν προτράπηται,
ἀλλ' ἐπὶ νὺξ ὀλοὴ τέταται δειλοῖσι βροτοῖσι.
     « *Là dei Cimmèrii è il popolo e la città,*
     *di nebbia e nube avvolti; mai su di loro*
     *il sole splendente guarda coi raggi,*
     *né quando sale verso il cielo stellato,*
     *né quando verso la terra ridiscende dal cielo;*
     *ma notte tremenda grava sui mortali infelici* ».

Il nome dei Cimmerii potrebbe avere la medesima radice dell'hittita *kammara*.
N. C. HABEL, 100, sta invece con la tradizione ebraica medievale – RASHI e IBN EZRA – recuperata da R. GORDIS, e interpreta come *m^erîrê jôm*, « demons of the day », con il *kaph* asseverativo. Il parallelismo e il contesto della maledizione sono argomenti sufficienti a smentire questa possibilità. TH. JACOBSEN - K. NIELSEN [1992: 197] vogliono tenere il TM, ma con una forzatura nella traduzione: « the like of the day's bitternesses ».

[10] Nonostante l'apparente incongruenza, il TM va lasciato. Alcuni vorrebbero eliminarla, sostituendo l'iniziale הַלַּיְלָה הַהוּא con « quel giorno », seguendo la LXX, la quale però divide diversamente i versetti 5-6 (⁵ ἐκλάβοι δὲ αὐτὴν σκότος καὶ σκιὰ θανάτου ἐπέλθοι ἐπ' αὐτὴν γνόφος ⁶ καταραθείη ἡ ἡμέρα καὶ ἡ νὺξ ἐκείνη ἀπενέγκαιτο αὐτὴν σκότος μὴ εἴη εἰς ἡμέρας ἐνιαυτοῦ μηδὲ ἀριθμηθείη εἰς ἡμέρας μηνῶν).

[11] La forma verbale massoretica יִחַדְּ (iussivo Qal da חדה « gioire ») sembra essere molto improbabile nel nostro contesto. La proposta più convincente, sulla base del parallelismo con lo stico seguente, sta nel vocalizzare יַחַדְ facendolo derivare da יחד « associarsi ». Così leggevano già Sym (συναφθείη), Vg (*conputetur*) e Tg (יתיחד). A supporto di questa correzione vocalica, vi è anche l'uso del medesimo parallelo con בֹא di Gn 49,6. In questo caso ci sembra poco probabile la presenza di una polivalenza semantica, sia essa *talḥīn* (R. GORDIS) o *taurija* (G. A. RENDSBURG [1982: 48-51]). Lo stilema è tuttavia molto usato in Giobbe ed anche in questo capitolo; le *taurija* del libro sono state studiate in modo particolare da A. GUILLAUME [1968]: cf pag. 89[180] e pag. 92[195]. Non del tutto convincente rimane invece la proposta di M. DAHOOD [1974d: 24], seguito da A. C. M. BLOMMERDE [1969: 38]: essi leggono il verbo come equivalente a יחז « let be seen ».

[12] Consideriamo lo הִנֵּה iniziale enfatico (*KB*, I, 242).

[13] Il Tg interpreta רְנָנָה come רננא דתרנגול « il canto del gallo ». Se la sterilità della notte significa l'impossibilità di generare l'aurora, il parallelismo potrebbe tenere.

[14] Il sintagma אֹרְרֵי־יוֹם è troppo ricco di significato e di paronomasie per andare persa. Si veda anche L. L. GRABBE [1977: 35-38]. Come aveva notato M. A. FISHBANE [1971: 160s], non bisogna correggere יוֹם in יָם (da H. GUNKEL [1895: 59-61] in poi il cambiamento, con diverse motivazioni, è stato accolto da molti), perché il poeta crea un *talḥīn* (per questo concetto, cf pag. 89[180],) fra *jām*-Mare (il parallelo è Leviatan!) e *jôm*-Giorno. È evidente l'allusione al Mare, in quanto normalmente in parallelo a Leviatan nei

> gli incaricati[15] di eccitare Leviatan;
9    si oscurino le stelle della sua alba:
> attenda la luce invano
> e non veda le pupille di Šaḥar;[16]
10    poiché non mi chiuse le porte del grembo
> e nessuna disgrazia nascose ai miei occhi.[17]

---

testi mitici. A conferma, si può anche citare un testo d'incantazione aramaico proveniente da Nippur:

אשפנא לכון באישפא דימא ואישפא דלויתן חנינא

« I enchant you with the adiuration of Yam and spell of Leviathan the serpent » (cf J. A. MONTGOMERY [1913: II, 4]; si veda anche C. H. GORDON [1966: 8]). Se, come voleva M. DAHOOD, in alcuni dialetti ebraici, a somiglianza del fenicio, la pronuncia fosse stata *jom* anche per il *qameṣ* di יָם, la *taurija* sarebbe ancor più convincente. Abbiamo lasciato il nome ebraico nella traduzione, sia come nome proprio, sia per evocare Jam.

Circa il background aramaico dei testi di incantesimi, si veda il recente contributo di M. S. MOORE [1993: 665]. Egli cita un testo di Deir ʿAllā I, 8-9: *wnṣbw šdjn mwᶜd wᵓmrw [...] trpj skrj šmjn bᶜbkj šm ḥšk wᵓl ngh ᶜṭm wᵓl smrkj.* Ecco la sua interpretazione, che si discosta dall'edizione critica di J. HOFTIJZER - G. VAN DER KOOIJ [1976: 173. 179. 193-98]: « The *šdyn* took their stand in the assembly and said: "Sew up the bolts of heaven with your cloud! Ordain darkness, not light! Gloom, not radiance! ».

Da scartare invece l'ipotesi di E. ULLENDORF [1961: 350], che vede in ארריʾ un plurale costrutto di אוֹר, « luce » e fa derivare יקבהו da נקב/√, « trafiggere », per esplicitare meglio l'allusione alla lotta originaria con le potenze del caos (si veda G. FUCHS [1993: 65-69] e l'analisi simbolica qui di seguito).

[15] Per comprendere il senso di עֲתִידִים bisogna rifarsi al mito soggiacente (cf G. FUCHS [1993: 66s]), che riappare anche in Dn 4,10. 14. Essi sarebbero quei « vigilanti » (aramaico עִירִין), che avrebbero avuto in seguito tanta fortuna nella letteratura apocalittica. Non può certo sfuggire la corrispondenza tra l'aramaico עִיר e il verbo ebraico עוּר, utilizzato in Polel nel nostro versetto. TH. JACOBSEN - K. NIELSEN [1992: 200], a riguardo dell'eccitare Leviatan, citano un testo di scongiuro akkadico per un bimbo che piange (J. J. VAN DIJK - M. I. HUSSEY - A. GOETZE [1985] = YOS 11 n. 96 = YBT 6151, righe 14-15); lo riportiamo nella lettura più corretta di W. FARBER [1989: 94s e 165]: *ana rigmišu ana rigim bakêšu laḥmū igrurūma ᵈEa iggeltu* « al suo strillare, al fragore del suo strillare, i *laḥmu* (= mostri marini) giunsero ed Ea si svegliò ».

[16] עַפְעַפָּיִם sono le « pupille » e non le « palpebre » (cf J. C. DE MOOR [1969: 202⁶]). È vero che sineddoche o metonimia sono sempre possibili, tuttavia i parallelismi del nostro versetto spingono nella direzione delle "stelle" aurorali. Per il parallelismo frequente con עַיִן, rimandiamo a M. DAHOOD [1972b: 301]. Vi sono in particolare due testi extrabiblici convincenti, per sostenere il senso di « pupille »: 4Q 184,13, in cui è evidente che non si guarda con le palpebre (ועפעפה בפחז תרים לראות) e l'ugaritico KTU, 1.14 III 43-44 (= VI, 29-30): *dᶜqh ib iqni / ᶜpᶜph sp ṯrml* « i suoi occhi sono gemme di lapislazzuli e le sue pupille sfere d'alabastro » (cf CML, 86 e 90; MLC, 296 e 301). Non c'è difficoltà a interpretare in questo modo il nome punico ᶜpšḥr riportato da F. VATTIONI [1968: 383s]; anzi è forse un'interpretazione migliore. L'immagine è molto frequente anche nell'antica poesia greca: Iliade VI,175; Odissea II,1. In SOFOCLE, Antigone, 103s, il sole è definito χρυσέας ἀμέρας βλέφαρον; EURIPIDE, Fenicie, 543 chiama invece la luna νυκτός τ' ἀφεγγὲς βλέφαρον (per ulteriori rimandi letterari si veda J. M. STEADMAN [1963]).

[17] Chi è il soggetto? La notte o Dio stesso? Per ora non viene specificato, e l'ambiguità va lasciata. Poeticamente è molto efficace. Simbolicamente, ancora più forte (cf

11      *Perché non morii sin dal grembo?[18]*
        *Perché non spirai, appena nato?*

12      *Perché mi accolsero due ginocchia[19]*
        *e due mammelle da poppare?*

13      *Allora[20] almeno sarei potuto giacere tranquillo;*
        *addormentato allora, avrei avuto requie*

14      *con i re e i governatori del paese,*
        *che si sono costruiti monumenti,[21]*

15      *o con i principi che possiedono l'oro*
        *e hanno riempito le loro dimore d'argento...[22]*

16      *o perché non fui come un aborto inumato,[23]*
        *come i feti[24] che mai videro la luce?*

17      *Laggiù i malvagi non si curano più del castigo divino,[25]*

---

*sotto*). Nonostante la LXX (ἀπήλλαξεν), non ci sembra di dover leggere ויסתר da √סור in una coniugazione con -*t*- infisso, come voleva M. DAHOOD [1974d: 26].

[18] È inutile supporre un participio di verbo denominativo dalla√רחם (cf M. DAHOOD [1963a], seguito da A. C. M. BLOMMERDE [1969: 38s]).

[19] Per il significato di questa immagine, rimandiamo a B. STADE [1886: 143-56].

[20] Il parallelismo tra עַתָּה e אָז ci spinge a leggere tutti i verbi al condizionale passato (cf D. J. A. CLINES, 72).

[21] È indubbio che il significato fondamentale di חֳרָבוֹת sia « rovine » e non vi può essere dal punto di vista filologico nessun legame con l'arabo هرام « piramide », a meno di correggere indebitamente, come K. BUDDE e B. DUHM, in הָרָמוֹת. Si potrebbero trovare anche buoni paralleli per sostenere che si tratta di una ricostruzione di rovine (Is 58,12; 61,4). Il parallelo extrabiblico più convincente, anche per l'uso del medesimo verbo בנה, è l'iscrizione di Jeḥīmilk di Byblos, che inizia proprio così: בת זבני יחמלך מלך גבל « tempio (o palazzo) che ricostruì Jeḥīmilk, re di Byblos » (cf J. C. L. GIBSON [1982: 17-18] e M. MARTIN [1961]).

[22] Vi è un'ambiguità in questo versetto che abbiamo voluto lasciare nella traduzione: è difficile decidere se si parla della ricchezza della vita prima della morte e delle tombe piene di oro e argento. Per questo secondo caso, vi è la testimonianza dell'iscrizione di Tabnit di Sidone, della fine del VI secolo a.C., oggi al Museo delle Antichità di Istanbul (*KAI*, 13). L'iscrizione è interessante anche perché in essa ricorre per tre volte il verbo רגז (cf *infra*, nota 25) con il significato di « disturbare »:

(³) ז מי את כל אדם [...] אל ת(⁴)פתח עלתי ואל תרגזן כ אי אדורלן כסף אי אדורלן (⁵) חרץ « Chiunque tu sia [...] non aprire il mio coperchio e non mi disturbare, perché non c'è qui con me né argento né oro ». Per il significato di בָּתִּים come « tomba » o « dimora perenne », potremmo ricordare anche Gb 30,23 (בֵּית מוֹעֵד לְכָל־חָי) e rimandare a *KTU*, 1.16 I 15-17: *kklb bbtk nʿtq / kinr ap bštk* « Come un cane presso la tua casa (= tomba) noi ci lamenteremo, come un animale da guardia presso l'ingresso del tuo sepolcro » (con traduzioni diverse, cf *CML*, 94 e *MLC*, 310; per questa traduzione si veda P. XELLA [1987b: 127]).

[23] Dopo l'avverbio iniziale אוֹ sottintendiamo la continuazione della domanda iniziata nei vv. 11s, come propongono D. N. FREEDMAN [1968b: 505] e D. J. A. CLINES, senza tuttavia spostare il versetto (cf J. REISKE, B. DUHM, G. BEER in *BH*, M. H. POPE).

[24] Per il significato di עֹלְלִים si veda M. DAHOOD [1974d: 27]; il significato è comune all'aramaico עולה e al siriaco ܥܘܠܐ.

*laggiù si riposa chi è stremato²⁶ di forze,*
18 *persino²⁷ i prigionieri hanno sollievo,*
*non udendo più la voce del secondino;²⁸*
19 *laggiù vi è il piccolo e il grande,²⁹*
*e lo schiavo è affrancato dal padrone.*

20 *Perché dare luce³⁰ a un disgraziato?*
*Perché dare vita a chi ha l'animo amareggiato?*

---

²⁵ L'idea fondamentale del verbo רָגַז è quella di forte agitazione: è utilizzato per il terremoto in 2 Sam 22,8; Is 5,25, Am 8,8, etc. Da qui, il verbo può indicare il sommovimento per violente emozioni d'animo, come il terrore (Es 15,14; Dt 2,25; Is 23,10), l'ira (Is 28,21; Pro 29,9), la sorpresa (Is 14,9) o la profonda afflizione (2 Sam 19,1). Cf per questo significato anche B. COSTACURTA [1988: 54-56] e L. BASSET [1994: 70-73]. Ma il sostantivo ha un campo semantico ancora più ampio, che sembra ricalcare l'analoga radice araba رجز (cf Lane, I, 1036b; VAI, I, 427; stranamente la radice non è discussa in nessuno degli studi di A. GUILLAUME) in Ab 3,2 (e Sir 5,6) indica l'ira di Dio o il suo castigo (arabo رجز e رجز (رِجز)); lo stesso significato potrebbe andar bene anche per Is 14,3, intendendo il pronome possessivo in senso oggettivo (« l'ira che ti sei meritato »). Le altre 5 ricorrenze sono in Gb: in 37,2 il senso è quello del « brontolio prolungato del tuono » (cf il sintagma arabo غَيْث مُرتَجز « pioggia accompagnata dai tuoni »); in 39,24 quadra bene il senso generico di « furia, agitazione »; nel nostro passo, in 3,26 e 14,1 ci sembra che il senso migliore sia quello di « castigo [divino] ». Si creano così immagini molto forti. Si rilegga, ad es., 14,1: « L'uomo, generato da donna, breve di giorni, sazio di pena ». Nel cap. 3, la relazione creata dal poeta è tra la situazione dei malvagi nello Šeʾol e il castigo che si è abbattuto su Giobbe stesso (v. 26); in 3,26 anche la LXX sembra attribuire la ὀργή a Dio (cf C. E. COX [1987]). Per il significato di חָדֵל « non curarsi di », si vedano 1 Sam 9,5 e Is 2,22 – costruiti con מִן; ma anche per gli altri significati, si alternano costruzione transitiva e intransitiva (KB, I, 280s).
Non bisogna correggere רְשָׁעִים in רֹעֲשִׁים, come ad es. G. BEER [BH], A. B. EHRLICH, e N. H. TUR-SINAI, in quanto si spezzerebbe una relazione strutturale importante nell'insieme, come vedremo (pag. 112); רעשׁ, del resto, non è mai applicato a persone.
²⁶ יָגִיעַ, hapax nella Bibbia ebraica, è ora attestato in Sir 37,12ᴮ (cf KB, II, 369).
²⁷ יַחַד all'inizio di frase ha spesso significato enfatico (così anche D. J. A. CLINES; cf 16,10; 19,12; 21,26; 24,4), corrispondente all'ugaritico aḥd. Non è sufficientemente provato il suggerimento di M. DAHOOD [1974d: 28], di leggere יחד = « comunità »; la « comunità dei prigionieri » sarebbe un altro modo per indicare lo Šeʾol.
²⁸ נֹגֵשׂ è « colui che urge » (si ricordino i passi di Es 5,6. 10. 13. 14); quindi, trattandosi di prigionieri, deve intendersi il carceriere o il secondino; cf l'arabo نَخَس « spingere (con forza) i cammelli »; etiopico שׂעג (nagśa) « regnare », da cui שׂוגנ (nəgūś) « re » (cf LLÆ, 686s; Leslau, 392).
²⁹ Vi è discussione sul senso del pronome הוּא. Anche D. J. A. CLINES si schiera con coloro che sostengono che il pronome non possa significare « lo stesso » (cf già K. BUDDE e GK, § 145a, nota). E. LIPIŃSKI [1980: 65ss], interpreta il primo waw come enfatico e dà a חָפְשִׁי il senso di « potente », traducendo: « Là il piccolo è grande e il servo più potente del suo padrone ». Ma l'accentuazione del discorso non porta all'inversione dei ruoli, bensì al fatto che tutti sono « là ».
³⁰ È chiaro che l'accusa è rivolta a Dio, come verrà esplicitato nei discorsi seguenti. Tuttavia, potendo mantenere in italiano il soggetto indeterminato, bisogna lasciare per ora in sospeso ogni ulteriore precisazione.

21    *a chi attende la morte che non viene,*
      *e la ricerca più che i tesori,*
22    *a chi gioirebbe davanti a una tomba[31]*
      *e sarebbe contento di trovare sepoltura,*
23    *a un uomo la cui via è nascosta,*
      *serrata[32] tutt'intorno da Eloah...*
24    *Ebbene, davanti al mio cibo[33] mi vengono gemiti,*
      *e traboccano come acqua le mie grida,*
25    *perché quel che temevo mi è accaduto,*
      *quanto mi atterriva mi è capitato.[34]*
26    *Vivo senza pace, senza quiete,*
      *senza riposo: mi è piombato addosso il castigo.[35]*

## 1.2 Analisi retorica

Già altri hanno studiato la perfezione compositiva di Gb 3.[36] L'indizio formale più importante è la ripetizione dell'interrogativo *lāmmâ* nei vv. 11 e 20, caratteristico delle lamentazioni.[37] Ma, nonostante questa vicinanza al genere letterario delle lamentazioni, almeno per i vv. 11-26, non dobbiamo commettere l'errore di guardare solo al genere, perdendo così la specifica originalità di questa pagina.[38] Anche il riferimento a Ger

---

[31] אֱלֵי־גִיל « di esultanza » (cf lo stesso sintagma con il verbo שׂמח in Os 9,1). Vi potrebbe essere una *taurija* con גֵּל « tomba ». A. GUILLAUME [1963a: 110] porta il parallelo arabo جال « (parete interna della) tomba », che sarebbe un ottimo parallelo a קֶבֶר del secondo stico. Non potendo mantenere l'ambiguità in italiano, preferiamo optare per il secondo significato. L'elenco delle possibili *taurija* del nostro capitolo sono state studiate anche da M. A. FISHBANE [1971: 160-63]; G. A. RENDSBURG [1982], e si trovano elencate in N. C. HABEL, 106.

[32] Facciamo derivare וַיָּסֶךְ da √סוּךְ Hi. = √שׂוּךְ « serrare all'intorno » (cf 38,8 e 1,10, dove è costruito con la medesima preposizione בְּעַד). Si noti l'ironia creata dalla relazione con il discorso del *śāṭān* in 1,10, con un senso diametralmente opposto.

[33] Nonostante l'immagine che a qualcuno può sembrare strana, לִפְנֵי לַחְמִי va lasciato con il suo significato spaziale, contro molti commentatori che traducono: « perché le mie lacrime sono il mio pane » o simili; così ultimamente anche D. J. A. CLINES. Una forma di compromesso è la versione di N. C. HABEL: « For my groaning arrives like daily bread ».

[34] Per il vocabolario della paura rimandiamo a B. COSTACURTA [1988: 29-90].

[35] La Massora Magna (n. 771 in G. E. WEIL [1971: 93]) annota che 34 versetti nella Bibbia ebraica hanno la triplice ripetizione di לֹא + וְלֹא + וְלֹא (in Giobbe si ritrova in 15,29).

[36] D. N. FREEDMAN [1968b], M. A. FISHBANE [1971], J. TSEMUDI [1981s], L. G. PERDUE [1986], M. CHIOLERIO [1992: 27-33] e, limitatamente ai vv. 3-10, TH. JACOBSEN - K. NIELSEN [1992: 202-04]. Tra i commentari, si veda soprattutto N. C. HABEL, 102-106.

[37] In analoghi contesti di lamentazione, l'avverbio interrogativo ritorna in 7,20; 9,29; 10,18; 13,24; con altre sfumature in 19,22; 27,12; 30,2.

[38] L'eccessiva propensione alla "categorizzazione" è il limite più grave dello studio, per altri versi fondamentale, di C. WESTERMANN [1956: 57-59]. Egli riconduce tutte le varianti di Gb 3 alla *Form* già nota: « Es sind damit die beiden Glieder der Klage ohne weiteres deutlich: die Ich-Klage (oder das Sich-Beklagen) 3,11-19 und die Anklage Gottes

20,14-18, molto studiato e ricordato da tutti i commentari, non deve condurre a generalizzare la composizione, mettendone in ombra la peculiarità, ma a constatare che vi è una comune tradizione letteraria e spirituale.[39]

Il duplice avverbio interrogativo della lamentazione isola i vv. 3-10. Data la presenza massiccia di iussivi e l'omogeneità del vocabolario li possiamo titolare con le stesse parole del poeta: « la maledizione del suo giorno », vale a dire del giorno di nascita, come è subito specificato nel primo stico (v. 3a).

Ma il giorno è un'unità dialettica degli opposti "dí" e "notte".[40] Il primo versetto, scomponendo il merisma *jôm / lajlâ* nei due stichi paralleli,[41] diventa la sorgente di tutti i simboli seguenti della maledizione e, come subito vedremo, dell'intera pagina. Perché veramente, come diceva G. Bachelard, « le mots rêvent »[42] e generano poesia.

Al giorno sono dedicate le maledizioni dei vv. 4-5, alla notte, i vv. 7-'9; mentre al v. 6 è affidata la funzione di essere punto d'incrocio per entrambi, dal momento che si tratta del computo dei « giorni », « mesi » e « anni ».[43]

---

3,20-23 [...] In v. 3-9 steht an der Stelle des 3. Glieds der Klage (Feindklage) die Verfluchung seines Tages (der Tage der Geburt ist der vorgeschobene Feind) » (p. 58). Anche la proposta bipartita di N. C. HABEL dà troppo rilievo al genere (maledizione nei vv. 3-10; lamentazione nei vv 11-26), perdendo così l'originalità dello sviluppo e mettendo in primo piano elementi che non riteniamo decisivi dal punto di vista formale. Il parallelismo tra le due parti sarebbe confermato, secondo N. C. HABEL, anche dalla motivazione simmetrica, nel v. 10 per la maledizione e nei vv. 24-26 per la lamentazione.

[39] Si può discutere all'infinito su quale delle due composizioni abbia ispirato l'altra. Benché sia più facilmente accettabile che Geremia preceda Giobbe, si è più corretti quando ci si limita ad affermare che entrambe le pagine sono testimonianza di una tradizione comune (cf, ad es., C. WESTERMANN [1956: 58¹]).

[40] Il riferimento a Gn 1,5 è fondamentale, come vedremo anche più sotto. D'altro lato, non bisogna lasciar cadere il valore di una poetica del linguaggio e del simbolismo linguistico, come è stato analizzato da G. GENETTE [1969]. In ebraico, però, non vi può essere la dialettica tra maschile e femminile, in quanto יוֹם e לַיְלָה sono entrambi maschili. La finale in ‑ָה di quest'ultimo lessema, accanto alla forma breve לֵיל, si può spiegare come generalizzazione di un originario accusativo di tempo (= « di notte ») o a una duplicazione della radice (cf *GK*, § 90f).

[41] Parallelismo, del resto, comunissimo nella poetica biblica, proprio perché giorno e notte rimangono due unità misure tra loro correlate e dialettiche (cf S. AALEN [1951: 20]). In Gb il parallelismo è presente anche in 5,14 (i due lessemi ricorrono insieme anche nel v. 6 del nostro capitolo e in 17,12). Il passo più interessante è Sal 19,3, in cui appare chiaramente che giorno e notte sono tra loro incomunicanti; è il giorno a trasmettere al giorno successivo il messaggio, come la notte alla notte successiva. Il simbolismo del linguaggio soggiacente è ben diverso dal nostro, in quanto noi definiamo "notte" quella frazione di giorno compresa fra il tramonto e l'alba.

[42] G. BACHELARD [1960: 16].

[43] Si noti la presenza nello stesso versetto di tutt'e tre i vocaboli caratteristici del calendario (cf Gn 1,14). Letto come versetto d'"incrocio", si possono chiarire alcuni punti problematici, che hanno spinto i commentatori a diverse congetture: anzitutto, il fatto che

La maledizione si conclude con la motivazione (v. 10). Quest'ultimo versetto svolge anche la funzione di anticipare i due sviluppi successivi: il desiderio di non essere mai nati e una vita già corrosa dalla morte, perché in essa è entrata la disgrazia (*ʿāmāl*).

Il primo interrogativo *lāmmâ* introduce una sezione compatta. Il tema è esplicitato subito dai parallelismi e dalle opposizioni presenti nel v. 11: *mēreḥem = mibbeṭen jāṣā'tî* e *'āmût = 'egwaʿ*; *mēreḥem ≠ 'āmût* e *mibbeṭen jāṣā'tî ≠ 'egwaʿ*. Nascita e morte si toccano come i due poli estremi di un tragitto che si vorrebbe veder annullato, come i confini di quell'assurda vita che Giobbe vorrebbe cancellare. La stessa domanda è ripresa nel v. 12 e nel v. 16. Quest'ultimo versetto, pur essendo direttamente collegato ai vv. 11-12, per logica e per sintassi, separa la prima descrizione dello Šeʾol (vv. 13-15) dalla seconda (vv. 17-19): nella prima, lo Šeʾol è immaginato come luogo di riposo e di requie insieme ai "grandi" degni di onore;[44] nella seconda, come luogo di annullamento di tutte le discriminazioni. Lo stesso verbo *nûaḥ* viene ripetuto nelle due descrizioni (v. 13b e 17b): questa relazione permette di capire che Giobbe sta ponendosi tra coloro che sono *jᵉgîʿê kōaḥ*, in velata opposizione ai *rᵉšāʿîm*.

Il secondo *lāmmâ* apre l'ultimo sviluppo della lamentazione. Se la seconda sezione esprimeva il desiderio della morte, questa terza esprime la condizione di non-senso di colui che è schiacciato dalla disgrazia ed è costretto a vivere una non-vita. Anche in questa terza sezione è il primo versetto a dare il tema dello sviluppo (v. 20); dopo una descrizione in terza persona (vv. 21-23), propriamente un ampliamento della domanda del v. 20, si passa ad una lamentazione in prima persona (vv. 24-26), che per ora non si rivolge direttamente a nessun "tu".[45] Le relazioni lessicali da evidenziare nel v. 26 sono i verbi *nûaḥ* (cf vv. 13 e 17) e *šāqaṭ* (cf v. 13): negativamente, descrivono l'angoscia attuale di Giobbe in contrapposizione alla situazione di pace e quiete dello Šeʾol; inoltre, la ripetizione di *rōgez* (cf v. 17) allude a un'accusa per ora non ancora esplicita: Dio sta trattando Giobbe come uno dei *rᵉšāʿîm*.

Possiamo riassumere la struttura della pagina nel modo seguente:

---

nel v. 6 compaiono לַיְלָה e יוֹם; in secondo luogo, la ripetizione di הַלַּיְלָה הַהוּא nel v. 6 e nel v. 7; da ultimo, l'apparente incongruenza discussa a pag. 106[10].

[44] Forse questa descrizione si comprende meglio, pensando ai *rᵉpā'îm*, che inizialmente sembra comprendessero solo i re sepolti protettori della dinastia (cf per questo A. CAQUOT [1985], P. XELLA [1987b], S. RIBICHINI [1987]).

[45] Non deve essere casuale che per 10 volte nei vv. 24-26 ricorra il pronome di prima persona, o come suffisso nominale e verbale, o come afformativo verbale; e che il verbo בּוֹא sia ripetuto negli ultimi tre versetti (dopo le ricorrenze dei vv 6 e 7).

*1. La maledizione del giorno di nascita (vv. 3-10)*
    A. maledizione contro il giorno e la notte (v. 3)
        B. contro il giorno (vv. 3-5)
    A'. maledizione contro la notte e il giorno (v. 6)
        B'. contro la notte (vv. 7-9)
    C. motivazione (v. 10)

*2. Prima lamentazione: «perché non morii sin dal grembo?» (vv. 11-19)*
    A. prime domande (vv. 11-12)
        B. il riposo nello Še'ol (vv.13-15)
    A'. ulteriore domanda (v. 16)
        B'. la pace e l'uguaglianza nello Še'ol (vv. 17-19)

*3. Seconda lamentazione: «perché dar vita a un disgraziato?» (vv. 20-26)*
    A. una vita che è desiderio di morte (vv. 20-23)
    A'. una vita nell'angoscia (vv. 24-26)

Un'ultima notazione, per sottolineare la coerenza dinamica delle tre sezioni: la prima lamentazione, con il desiderio di non essere mai venuto alla luce, è generata direttamente dalla maledizione del giorno di nascita e, a sua volta, genera la seconda lamentazione, che è un'accusa rivolta a Dio, per ora solo indirettamente: una tale vita è senza senso.

## 1.3 Analisi simbolica

La perfezione strutturale della forma letteraria è il calco esteriore della perfezione simbolica,[46] che ora cercheremo di mostrare, mettendo in evidenza del simbolismo luce / tenebre quelle valenze che verranno dinamicamente sviluppate nei successivi interventi del protagonista. Anche i discorsi degli amici e di Dio saranno uno sviluppo, antitetico e dinamico, della struttura simbolica qui impostata. L'*ouverture* svolge sino in fondo la sua funzione per l'intera opera.

La scelta d'iniziare il dramma con una *maledizione* è già in sé gravida di significato. La maledizione è uno schema linguistico antitetico per eccellenza, in cui l'uso retorico dell'*iperbole* e del *pleonasmo* è essenziale alla manifestazione della forza performativa della parola. È un simbolismo linguistico che esprime efficacemente il conflitto tra l'io del protagonista e il mondo che lo circonda.[47] Il dualismo generato dall'antitesi porta in sé

---

[46] Cf anche L. G. PERDUE [1991: 94]: « The dominant image is the contrasting pair of light and darkness (day / night), a creation image descriptive of the foundamental duality of reality ». Lo studio di Perdue è guidata dalla tesi che i "modelli metaforici" del libro siano da cercare nei *pattern* cosmologico (battaglia, vittoria, regalità, giudizio e ricreazione) e antropologico (schiavitù, rivolta, giudizio, redenzione); e quindi il simbolismo luce / tenebra non viene sufficientemente valorizzato nel resto del libro.

[47] Si potrebbero trovare delle analogie fra questo atteggiamento e la schizofrenia, che sarebbe l'esasperazione patologica di questo conflitto, così che si viene a creare una frattura fra il soggetto e il mondo circostante (cf G. DURAND [1969: 213]).

una carica diairetica: essa si manifesterà nelle conflittualità ideologiche che progressivamente prenderanno forma negli interventi di Giobbe e degli amici.

L'opposizione contro cui è orientata la maledizione viene subito e-plicitata dal v. 3, nell'antitesi tra l'inizio della vita (*ʾiwwāled - hōrâ geber*) e la scomparsa di *quel* giorno (*jōʾbad*). Essa trova la sua espressione sim-bolica più forte nel collegare l'inizio della vita con l'inizio del tutto. Molti commentatori hanno già notato il parallelo antitetico tra la nostra pagina e l'"inno" di Gn 1 e non mette conto di ritornarvi:[48] è un dato importantis-simo, ma non esclusivo. Per comprendere a fondo il simbolismo in atto, è necessario tener presente anche il contesto mitico degli ambienti culturali che hanno alimentato il simbolismo poetico dell'ambito palestinese: quello cananaico, quello babilonese e quello egiziano.[49] Soprattutto quest'ultimo, come verrà confermato più volte nella nostra analisi, ha avuto un ruolo fondamentale per il simbolismo di Giobbe.

Con questi apporti, nei vv. 4-5 ci è possibile distinguere due diversi tipi di « tenebre »: le tenebre del caos originario, che anche in Gn 1,2 sono chiamate *ḥōšek*, e le tenebre della notte. La successione fra notte e giorno non era infatti per gli antichi un evento regolato da perfette leggi astro-nomiche, ma il risultato di una lotta aperta: le tenebre avrebbero potuto avere il sopravvento sulla luce, come ne erano testimonianza le nuvole (*ʿănānâ*) e le eclissi (*kamrîr*) menzionate nel v. 5.[50]

---

[48] Per l'analisi dettagliata di questo parallelo, si vedano, ad es., M. FISHBANE [1971: 154s], N. C. HABEL, 104, e L. G. PERDUE [1991: 97], che legge i paralleli di Fishbane co-me "incantesimi magici" pronunciati da Giobbe contro la creazione.

[49] Una panoramica sulla tradizione mitica cananaica e mesopotamica può essere tro-vata in G. FUCHS [1993: 29-64]. Purtroppo lo studio della Fuchs non tiene quasi in alcun conto l'apporto egiziano. Molto importanti per i nostri simbolismi sono pure le descrizioni letterarie e iconografiche che riguardano la « via notturna del sole ». Si vedano E. HORNUNG [1956], [1963 e 1967], [1965], [1972], [1975-1977], [1979a], [1979b], [1980-1984], [1991], J. ZANDEE [1960], J. MURTAGH [1968], P. BARGUET [1972], S. DONADONI [1970: 255-335], A. F. SADEK [1985], B. MENU [1987], G. SCHOELLER [1991], E. BRE-SCIANI [1992], I. CLARUS [1993].

[50] L'eclissi è un simbolo molto suggestivo per tutte le culture antiche (cf *DSym*, 389s). Si ricordi, ad es., Lucrezio, *De rerum natura*, V, 762-70. A quanto ci risulta, soltan-to la cultura cambogiana interpretava l'eclissi come segno a volte favorevole. Nelle altre culture l'associazione era sempre con la morte e la vittoria delle tenebre sulla luce. In al-cuni casi era spiegata come una "fagocitazione" ad opera della potenza delle tenebre. I messicani precolombiani, ad es., la chiamavano *tonatiuh qualo* « fagocitazione del sole » e *metztli qualo* « fagocitazione della luna » (J. SOUSTELLE [1940: 34]). Presso gli antichi cinesi, l'eclissi era invece un disordine del macrocosmo: *yang* (il sole, elemento maschile, luminoso) veniva vinto da *yin* (elemento femminile, l'oscurità). Le cause di questo disor-dine andavano però cercate nel disordine del microcosmo umano (l'imperatore che veniva soggiogato dalle sue donne). Il ristabilimento dell'ordine cosmico era legato al ristabili-mento dell'ordine terreno (cf *DSym*, 389).

Si può dunque distinguere fra *lajlâ* e *ʾopel* (v. 6): la prima è la *notte terrena*, la seconda è l'oscurità che rimanda anche alla *notte cosmica*. La fine della notte terrena è simbolo della vittoria della luce sulla tenebra e una ripresentazione della vittoria cosmogonica. Una sensibilità poetica che prescinda dalle leggi scientifiche può anche immaginare o augurarsi di veder ripiombare la notte nella tenebra caotica originaria. E. Th. Reimbold, in uno studio documentatissimo, dedicato al simbolismo della notte, annota:

> « La notte terrena, come tenebra cosmicamente ordinata a trasformarsi in giorno, presenta un duplice aspetto in questa correlazione: come notte chiara si presenta quale elemento dell'ordinamento cosmico del mondo, come notte oscura rimanda alla sua origine caotica ».[51]

Nel dramma cosmico che si ripete ad ogni aurora, il "tempo" non è una struttura asettica e matematica, ma l'epifania dell'equilibrio delle forze in gioco.[52] L'annullamento dell'alternanza quotidiana di giorno e notte, invocato nel v. 6, è quindi imposizione (illusoria) di un diverso esito della lotta cosmica. La sua cancellazione è il rifiuto dello schema simbolico ciclico, ma anche il rifiuto di una nuova creazione, anzi della creazione *tout court* e della propria origine.

Perciò la notte viene maledetta perché diventi sterile (v. 7). La sterilità non deve essere ridotta alla negazione del concepimento (di un uomo), bensì deve abbracciare anche l'impossibilità stessa della notte di generare un nuovo giorno (cf simbolismo della stella mattutina[53]). Infatti, la notte

---

[51] E. TH. REIMBOLD [1970: 130]: « Die irdische Nacht, als kosmisch geordnete Dunkelheit im Wechsel zum Tag, weist in dieser Korrelation einen doppelten Aspekt auf: als helle Nacht weist sie sich als ein Element der kosmischen Weltordnung aus, als finstere Nacht weist sie auf ihre chaotischen Ursprünge hin ». Cf anche M. ELIADE [1960].
Andrebbe ricordata a questo proposito la ricchissima simbologia vedica della notte studiata da G. MONTESI [1953s] e [1957]. In essa vi è la distinzione tra *tāmas* (« tenebre infinite ») e *Rātri* (« tenebra notturna »), che si manifesta come oppozione tra *andhām tāmas*, l'« oscurità assoluta » e *sujyótir aktú*, la « chiara notte » (*RV*, X, 89, 15). « La diversità *támas*-Rātri si segnala qui non come una diversità irrelativa ma come vera e propria opposizione: *támas* caratterizza il non essere del cosmo, l'età del caos; la *notte* invece, in seguito alla fondazione del suo contrassegno emerge insieme al *giorno* come momento essenziale del cosmo già compiuto ed organizzato » [1957: 17].
[52] Cf M. ELIADE [1947: 86]: « Une régénération périodique du temps présuppose sous une forme plus ou moins explicite une création nouvelle, [...] une répétition de l'acte cosmogonique ». Per il mondo dell'Antico Vicino Oriente, cf B. JANOWSKI [1989: 19-29].
[53] Su questo simbolismo si veda *DSym*, 418. Alcuni – cf documentazione in E. TH. REIMBOLD [1970: 169] – hanno voluto vedere nel latino *matutina* le tracce della mitica vittoria del mattino che "uccide" la notte. Dal punto di vista etimologico non è tuttavia possibile sostenerlo, perché l'aggettivo latino deriva dalla radice indoeuropea *mā-* « buono, a tempo giusto », con l'afformativo *t-*, da cui si ha *Mātūta* « dea del mattino », il suo aggettivo *mātūtīnus* ed anche *mātūrus* (cf *IEW*, 693; G. DUMÉZIL [1973: 315-19]).

terrena è anche grembo della luce, come la notte cosmica è stata grembo per la generazione della luce primigenia. La stretta connessione tra le due notti e insieme la dialettica che rende la notte terrena un simbolo allusivo della notte cosmica, rendono possibile all'uomo di rivivere, ogni giorno, il *dramma* creazionistico delle origini e di attualizzare quanto avvenne *ab origine*. La maledizione di Giobbe – in antitesi – vorrebbe annullare questa possibilità, perché annullare il "suo" giorno o la "sua" notte è voler interferire sul *dramma* ciclico della creazione.

In questo contesto, non andrebbe del tutto esclusa la pertinenza dell'esplicitazione del *Targum*, che legge la *r$^e$nānâ* del v. 7b come il "canto del gallo": la maledizione per una notte sterile che non genera alcun nuovo giorno equivale all'imprecazione perché non si oda il canto dell'annunciatore del nuovo mattino.[54]

Una notte che viene ributtata nella notte cosmica è fagocitata dalla voracità di Jam e di Leviatan (v. 8): una volta uscita dall'ordine cosmologico, è come se ritornasse sotto l'egida delle potenze caotiche, tenute a bada dai "vigilanti". Nelle spirali del *chaos*, cambia padrone: ora è sottomessa al *drago* originario, sconfitto nell'atto creativo, ma non distrutto. E

---

Non possiamo, tuttavia, trascurare la ricca tradizione iconografica e mitica soggiacente al simbolismo della "stella del mattino", studiata da R. Du Mesnil Du Buisson [1967s] e [1970]. Il pianeta Venere aveva iconograficamente la forma di un leone luminoso che percorreva il cielo da oriente ad occidente. Al mattino, la luce dell'aurora lo faceva scomparire, ucciso dagli emissari di El e gettato negli inferi, perché il suo orgoglio l'aveva fatto pensare uguale ad El. È esattamente il tema del mito di Lucifero (« colui che porta la luce »; cf anche Is 14,12): gli emissari di El sono guidati da Michele (*mî kā-ʾēl*: « chi è pari a El? »), un nome che è il contrappasso alla presunzione dell'astro del mattino. Alla sera ricompariva come leonessa, pronta a percorrere il cammino notturno del sole per ripresentarsi di nuovo ad oriente, il mattino seguente. A Ugarit, il leone del mattino era chiamato *ʿttr* (Ištar) e la leonessa della sera *ʿttrt* (Astarte). Ulteriori elementi iconografici sono: l'antilope (o simili), divorata dal leone al mattino, che rappresenta il freddo della notte; e il toro, divorato dalla leonessa alla sera, che rappresenta il caldo del giorno. La simbologia è molto antica. In akkadico, Mercurio è *šiḫṭu* ed è scritto con i segni sumerici $^{MUL}$GU$_4$.UD, che, letti pittograficamente, significano « astro [determinativo] toro-sole ». Anche in *Gilgameš*, Ištar, nella sua ira contro l'eroe, guida il « toro celeste » contro Uruk (VI, 80-152).

[54] Il simbolismo solare del gallo annunciatore del giorno è molto diffuso. Si ricordi l'inno liturgico « Æterne rerum Conditor »: *Surgamus ergo strenue: / gallus iacentes excitat / et somnolentos increpat, / gallus negantes arguit. // Gallo canente, spes redit, / ægris salus refunditur, / mucro latronis conditur, / lapsis fides revertitur.* In India il gallo è un attributo di *Skanda*, che rappresenta l'energia solare. In Giappone, il canto del gallo si pensa faccia risvegliare *Amaterasu*, la dea-Sole, dalla caverna dove si era rifugiata (cf *DSym*, 281-83, con ulteriore documentazione). Il mazdeismo assimila il sole a un gallo che annuncia l'inizio del giorno e molti campanili (non solo di chiese protestanti) hanno ancora in cima un gallo che simbolizza l'anima vigilante in attesa della grande aurora dello Spirito (G. Durand [1969: 167]). In Gb 39,36 il gallo apparirà in parallelo all'ibis di Thot: l'ibis annuncia le piene del Nilo, il gallo la nascita del giorno (per questo testo si veda la bibliografia citata in G. Borgonovo [1988]).

quindi, i competenti della sua completa cancellazione sono gli *ōr<sup>e</sup>rê-jôm* e gli *ᶜătîdîm ᶜōrēr liwjātān*.

Per comprendere i simboli del v. 9 dobbiamo attendere il *Capitolo V*, quando sarà palese il valore antifrastico della notte.[55] Possiamo per ora anticipare che essi vanno interpretati alla luce del "viaggio notturno" che si pensava il sole compisse nelle ore notturne e di cui abbiamo ricca testimonianza iconografica e letteraria nella tradizione egiziana. Non può però non destare stupore il fatto che mai in Giobbe si parli del "sole" (*šemeš*), ma semplicemente della "luce". Come in Gn 1,14-19 e, generalmente, in tutta la tradizione biblica,[56] dobbiamo supporre un intento demitologizzante, che rende avvertito il poeta a togliere ogni possibile fraintendimento.[57] Anche per il nostro poeta varrebbe l'intestazione della versione abbreviata dell'*Amduat*: « L'inizio è la luce; la fine è la tenebra originaria ».[58]

Ma non si troverebbe certo d'accordo ad attribuire il benché minimo tratto divinizzante al sole.[59] Al contrario, innumerevoli sono le testimonianze che ci sono giunte dall'ambito egiziano,[60] cananaico[61] e babilonese.[62]

---

[55] Si pensi, ad esempio, alle armoniche romantiche del grande poeta della notte, NOVALIS [1978: 149; tr. it. 41]; nei suoi *Hymnen*, la notte « santa, inesprimibile e misteriosa » diventa la fonte intima della « Sofia » (cf pag. 334; si veda anche G. DURAND [1969: 249s; tr. it. 221]).

[56] Cf S. AALEN [1951: 72]; J. MAIER [1979]; il breve studio di H. P. STÄHLI [1985: in particolare le pagg. 17-23 (subordinazione del sole a JHWH) e 39-45 (JHWH come "Sole")] e M. ALBANI [1994: 316-22]. Sugli influssi del culto "solare" nella formazione del monoteismo ebraico si veda O. KEEL [1994].

[57] L'unica ricorrenza di שֶׁמֶשׁ è in Gb 8,16, ma, essendo in un contesto botanico, ha un significato chiaramente non compromesso con la mitologia: « Piena di linfa, al sole, si dirama per tutto il giardino ». In 9,7 il poeta usa חֶרֶס (cf pag. 127[95]). Il passo più esplicito per questa sostituzione lessicale è 31,26s, in cui Giobbe giura di non aver mai aderito al culto degli astri (con il parallelismo יָרֵחַ - אוֹר in luogo dell'atteso יָרֵחַ - שֶׁמֶשׁ). Una conferma che il nostro poeta sia attento ad evitare di nominare il sole ci può venire dalla LXX, che invece in questo passo e in 1,3 introduce senza problemi ἥλιος.

[58] E. HORNUNG [1991: 11]. Cf anche S. AALEN [1951: 80], B. JANOWSKI [1989: 142-53], M. GÖRG [1994].

[59] Sulle testimonianze archeologiche e bibliche di un culto solare nell'antico Israele, si vedano H. P. STÄHLI [1985: 5-12], O. KEEL [1994], J. G. TAYLOR [1993: per il culto del sole in Giobbe 31,26-28 alle pagg. 216-18]. Molto interessanti sono le testimonianze circa l'orientamento solare dei templi (pp. 66-88), tra cui anche il tempio salomonico, che sarebbe stato costruito dopo l'impressionante eclissi totale di sole, che ha interessato Gerusalemme il 22 maggio 948 a.C. poco dopo la levata del sole (per i particolari astronomici, cf A. F. VON GALL [1920: 57s]).

[60] Oltre ai testi già citati, si ricordi l'« Inno ad Aton » di Amenofis IV (Akhenaton), che forse ha influenzato la composizione del Sal 104, o comunque appartiene alla stessa tradizione d'influenza cananaica (si veda C. UEHLINGER [1990a]). Una traduzione italiana si può trovare in S. DONADONI [1970: 484-90]. Per una documentazione generale si veda B. JANOWSKI [1989: 112-79].

Nella tradizione biblica – e in Giobbe stesso (cf soprattutto 10,21-22 e 17,11-16) – il sole nel suo viaggio notturno non va ad illuminare il regno

---

[61] Ricordiamo, almeno, l'inno alla dea *špš* che chiude il ciclo di *Baʿal e Môt* in *KTU* 1.6 VI 45-53 (cf *CML*, 81 e *MLC*, 235). Una panoramica più ampia si trova in B. JANOWSKI [1989: 105-112], insieme all'inno citato.

[62] Si legga soprattutto l'*Inno a Šamaš*, che potrebbe risalire alla fine del secondo millennio nella sua ultima forma: per il testo cuneiforme W. G. LAMBERT [1960: 121-38 e 346], con traduzione; altre traduzioni in M. J. SEUX [1976: 51-63] e G. R. CASTELLINO [1977: 383-91]; lo stesso ne studia la struttura simmetrica di andata e ritorno in [1976].

L'inno, uno « fra i testi più significativi della letteratura mesopotamica » (G. R. CASTELLINO [1977: 383]), è anche un ottimo esempio di simbolismo con valenze diairetiche. Le prime due righe sono completate, rispetto al testo pubblicato da W. G. LAMBERT, grazie a un duplicato proveniente da una tavoletta scolastica (BM 36296), che gentilmente ci è stata segnalata da W. MAYER. Šamaš è lodato per la sua attività illuminatrice, che si diffonde « sopra e sotto », cioè nell'universo intero. Il testo corretto sarebbe dunque:

(1) *muš-na-mir gi-mir ka-la šá-ma-mi*
(2) *mu-šaḫ-li ek-le-tu₄ a-na niši (UN.M[EŠ])* ⌈*e*⌉-*liš u šap-liš*
« Tu che illumini la totalità dei cieli,
Tu che fai splendere le tenebre per gli uomini in alto e in basso ».

Il cammino notturno del sole è speculare rispetto al suo cammino diurno, come cantato nelle righe 43s (quindi, il tragitto da O verso E attraversa il mondo sotterraneo):

(43) ⌈*a*⌉ *-na šid-di šá la i-di ni-su-ti u bi-ri la ma-n[u-ti]*
(44) *ᵈšamaš dal-pa-ta šá ur-ra tal-li-ka u mu-šá ta-saḫ-r[a]*
« Verso regioni lontane ignote, per innumerevoli miglia,
Šamaš, sempre vegli, e il cammino fatto di giorno rifai indietro la notte ».

Su questo tema si vedano anche J. BOTTÉRO [1983: 201s] e W. HEIMPEL [1986: 146s]. Per una più ampia documentazione, B. JANOWSKI [1989: 37-41].

E. P. DHORME [1945: 41], ricorda che « pour mieux marquer la liaison entre le soleil et le dieu du monde infernal, on supposait que Nergal descendait au royaume des Ombres le dix-huitième jour de Tammuz (juin-juillet), c'est-à-dire le solstice d'été, et qu'il en remontait, après cent quatre-vingts jours, le 28 de Kislev (novembre-décembre), c'est-à-dire vers le solstice d'hiver ». La deduzione di DHORME – a dire il vero, un po' forzata – dipende da B. MEISSNER [1920-1925: II, 37]. Questi, a sua volta, si basa su una tavoletta astronomica (Sp. I. 131, soprattutto le linee 53s), che spiegava le feste nel tempio di Borsippa in relazione all'apparizione degli astri, secondo il ben noto parallelo tra *microcosmo* e *macrocosmo*. Il compendio fu scritto a Borsippa nel 138 a.C. da *Bel-aḫe-iddin*, ma la sua fonte doveva essere un antico manuale di astronomia e astrologia. Il testo è stato pubblicato da J. EPPING - J. N. STRASSMAIER [1892: 244]) e la sua interpretazione precisata da A. SCHOTT [1934: 323⁵]. Comunque sia, vi si può trovare l'alternanza delle stagioni concepita in parallelo all'alternanza quotidiana di luce e tenebre (cf Gn 8,22).

Per questa tematica nel mondo hittita, si veda E. TENNER [1929]. A pag. 189, egli cita, tra gli altri, un testo tratto dal mito di Telipinuš (A. EHELOLF [1926: pl. 10, IV, 12s]):

(12) *mi-ja-an-ti-li* A.ŠAG-*ni* ᵍⁱˢŠAR-*ni* ᵍⁱˢTIR-*ni*
(13) *li-e pa-iz-zi ták-na-ša-at* ᵈUTU-*aš* KAS-*an pa-id-du*
« nella campagna che è matura, nella vigna, nella foresta,
[l'ira di Dio] non deve andare, ma percorra il sentiero del (dio) Sole della terra ».

Ottima panoramica in B. JANOWSKI [1989: 98-105].

dei morti, che, al contrario, rimane sprofondato nella tenebra più impenetrabile.[63]

Nonostante queste precauzioni, riusciamo tuttavia a decifrare le allusioni del v. 9: i *kôk$^e$bê nišpô*, che corrispondono esattamente ai *kôk$^e$bê bōqer* di Gb 38,7 e ai *kôk$^e$bê ʾôr* di Sal 148,3, sono probabilmente i pianeti Venere e Mercurio.[64] Il parallelismo di Sal 148,3, in cui *kôk$^e$bê ʾôr* bilancia *šemeš* e *jārē$^a$ḥ*, ci aiuta ad attribuire correttamente il secondo e terzo stico di Gb 3,9: la « luce » e la « pupilla di Šaḥar »[65] sono in verità titoli solari.

La maledizione raggiunge qui il suo culmine: un'aurora che non deve arrivare, il *sol invictus* che viene sconfitto nella sua battaglia notturna contro le tenebre.[66] Il "sol levante" è uno dei simbolismi diairetici più perspicui:[67] ma anche la sua negazione mantiene lo stesso valore diairetico, essendo cancellazione del ritmo regolare di notte e giorno. Insieme, però, s'insinua il desiderio della "notte", che verrà sviluppato nelle lamentazioni seguenti, quale prologo all'esito di "tenebra assoluta" (cf 10,20-22), verso cui l'uomo inesorabilmente corre.

I simboli sin qui evocati ci offrono una chiave di comprensione adeguata per la motivazione del v. 10: non dobbiamo riferire l'espressione *daltê biṭnî* solo alle "porte" del grembo materno, ma anche – per allusione – a quelle del grembo della madre terra. « Uscire dal grembo » è infatti un cammino che realizza onticamente la rinascita cosmologica del sole ogni mattino. In questo senso, condividiamo l'interpretazione psicanalitica di E. Neumann: la notte cosmica è il mondo dell'inconscio, da cui emerge – come nella creazione – il mondo cosciente. Per questo intreccio simbolico,

---

[63] Si veda S. AALEN [1951: 31²]: « Charakteristisch für die unbedeutende Rolle, die die Sonne im AT spielt, ist, daß man hier vergebens nach der sonst so verbreiteten Vorstellung sucht, daß die Sonne nachts in der Unterwelt ist ». Nel periodo che segue la crisi di ʿAmārna, anche la rappresentazione "solare" egiziana viene messa in questione: in alcune lamentazioni e nel *Canto dell'arpista* abbiamo la rappresentazione di un aldilà tenebroso e senza possibilità di ritorno (cf E. HORNUNG [1989: 114 e 204-06]).

[64] Cf S. R. DRIVER - G. B. GRAY, II, 34. Si possono ricordare a questo proposito i testi di Am 5,26 (= Venere, Astarte o Saturno?) e il nome stesso di Ester che deriva dal persiano ستاره (*setāreh*) « stella » o « Astarte », quindi il pianeta Venere (cf *DPF*, II, 184]). Cf anche pag. 115[53].

[65] Se si traducesse con « palpebre », il simbolismo con muterebbe, perché anche la *corona* solare con i suoi raggi appartiene alla medesima categoria simbolica (cf G. DURAND [1969: 169]).

[66] Il simbolo della notte cosmica è utilizzato anche in pagine profetiche indimenticabili, come Ger 4,27-31; 9,11-23 ed Ez 32,17-32. Nel primo oracolo di Geremia non sfugga il rapporto tra distruzione, deserto (o il nulla) e ritorno al caos (soprattutto i vv. 23-28); nel secondo oracolo, il lamento dei vv. 20-21 è un epinicio per *Môt* (la Morte) che ha sconfitto la vita.

[67] Cf G. DURAND [1969: 167].

le domande esistenziali sull'origine del mondo e sull'origine dell'io sono sempre intrecciate, anche se non identiche.[68]

Non dobbiamo dimenticare, a questo riguardo, che *Tiāmat*, nell'esordio di *Enūma eliš*, riceve il titolo di « mamma-Tiāmat, genitrice di tutti gli dèi »:[69] ella, dal suo grembo tenebroso e indistinto, genera con *Apsû* i due mostri *Laḫmu* e *Laḫamu*, la totalità del cielo (AN.ŠÁR) e la totalità della terra (KI.ŠÁR), da cui deriva tutta la stirpe divina e, in seguito, la stirpe umana.[70]

Abbiamo sinora incontrato molti simboli diairetici. Nello stesso tempo, la tonalità "notturna" della maledizione anticipa il regime simbolico dei nuovi sviluppi. La prima lamentazione (vv. 11-19) sviluppa un simbolo d'intimità ambivalente: da una parte, il *grembo materno* e il neonato; dall'altra, l'aborto, il feto che non vide mai la luce, gli inferi e lo Šeʾol.

La prima serie di simboli ha qui indubbiamente un registro negativo (v. 16!). con una paronomasia efficacissima in ebraico, verrà sintetizzata da Giobbe come un diretto passaggio *mib-beṭen laq-qeber* « dall'utero all'urna » (10,19), ovvero la cancellazione radicale dell'esistenza.[71] Tuttavia, vi è unito un registro che potrebbe essere potenzialmente positivo,[72]

---

[68] E. NEUMANN [1956: 204, tr. it. 214]: « Das Unbewußte ist die Mutter aller Dinge, und alles "Entstandene", das im Lichte des Bewußtseins steht, ist dem Dunkel gegenüber kindhaft, wie das Bewußtsein selber, das ja auch ein Kind dieser Urtiefe ist. Von dieser Gemeinsamkeit her, dem Dunkel der Urnacht als dem Symbol des Unbewußten, ist die Identität von Nachthimmel, Erde, Unterwelt und vorlichthaften Urwasser zu verstehen ». Si veda anche E. NEUMANN [1949: 21]: « Die Frage nach dem Anfang, nach dem Woher der Welt is immer zugleich die nach dem Woher des Menschen, dem Woher des Bewußtseins und des Ich ».

Nella stessa prospettiva si muove P. DIEL, interpretando le figure della mitologica greca: « Chacque fonction de la psyché est représentée par une figure personnifiée, et le travail intrapsychique de sublimation ou de pervertissement se trouve exprimé par l'interaction de ces personnages significatifs. L'esprit est appelé Zeus; l'harmonie des désirs: Apollon; l'inspiration intuitive: Pallas Athéné; le refoulement: Hadès, etc. » [1954: 40].

[69] *mu-um-mu ti-amat mu-al-li-da-at gim-ri-šu-un* (I, 4). Per la traduzione del testo si veda J. BOTTÉRO - S. N. KRAMER [1989: 602-79; tr. it. 640-722]. La linea citata è un passo molto discusso proprio a causa del titolo *mummu*-Tiāmat. W. G. LAMBERT [1994: 569] lo traduce con « Schöpferin Tiamat ». R. LABAT [1935: 76s] aveva pensato a una terza divinità. Forse, in questo titolo, è possibile che sia migrata la figura della dea-madre sumerica Nammu, che riceve i titoli di AMA. TU. AN. KI o AMA. Ù. TU. AN. KI « madre (genitrice) del cielo e della terra » oppure anche AMA. PALIL. Ù. TU. DINGIR. ŠÁR. ŠÁR. RA. GÉ. E. NE « madre, antenata e genitrice di tutti gli dèi » (cf F. SCHMIDTKE [1950: 207] e D. O. EDZARD [1964: 107]). Sul tema dell'unità originaria indistinta, rimandiamo a E. TH. REIMBOLD [1970: 66], U. BIANCHI [1953s: 60 e 69] e R. PETTAZZONI [1950: 425].

[70] Cf M. ELIADE [1960: 20]: « Le Chaos pré-cosmogonique n'est pas le non-être, mais la totalité, la fusion de toutes les formes ».

[71] Si veda quanto diremo alle pagg. 195-198.

[72] È la duplice valenza che E. NEUMANN ha trovato nell'archetipo della « Grande Madre » (cf [1956: 56s]).

per ora celato dallo sconforto della lamentazione, ma messo in luce in tutti i riti di iniziazione: lo stato fetale desiderato da Giobbe è un'implicita volontà di regredire alla virtualità del mondo virtuale e al cominciamento dell'esistere, che precede l'alba del primo giorno e che quindi potrebbe significare la possibilità di un nuovo cammino e di una nuova vita.[73]

La seconda serie di simboli ci porta nelle tenebre dello Šeʾol e nella notte dei defunti. Non abbiamo molti elementi espliciti per ricostruire gli "inferi" nella concezione ebraica antica; dai pochi accenni sparsi qua e là nei testi biblici,[74] è possibile tuttavia farsene un'idea, seppur approssimativa. E i tratti fondamentali possono essere desunti dagli accenni presenti nello stesso libro di Giobbe. Lo Šeʾol è il regno delle tenebre (cf soprattutto 10,21s), ma anche un luogo di pace e silenzio, com'è descritto nei nostri versetti: un'uguale sorte attende tutti, è il regno dei *mani*,[75] evanescenti e umbratili (cf 7,9 e 17,16). Sebbene JHWH sia colui « che fa scendere nello Šeʾol e risalire » (1 Sam 2,6),[76] sembra che egli stesso non possa entrarvi (cf 14,13) e che i suoi abitanti non siano completamente a sua disposizione (cf Sal 88,6);[77] chi infatti entra nelle fauci di Môt, scompare dalla terra dei viventi (cf 24,19; 30,23). Se JHWH è il Dio dei viventi, Giobbe spera di trovare pace almeno nello Šeʾol.

---

[73] Cf M. ELIADE [1957: 264], [1960: 26s], G. DURAND [1969: 275]. Probabilmente questa è l'unica risposta al "perché" della sofferenza di Giobbe, condivisa dall'autore del dramma. Le soluzioni offerte si trovano sempre sulla bocca degli amici o di Elihu. Ciò significa che l'autore non ha voluto offrire una soluzione al perché del dolore, e del dolore innocente in particolare.

[74] Si vedano soprattutto Sal 6,5; 18,6; 88,6. 11; 89,49; 115,17; 116,3; 141,7; 143,3; Qo 9,5; Is 8,19; 59,10; Ez 32,17-32; Lam 3,6. Il testo più eloquente è l'episodio della necromante di Endor (1 Sam 28,3-25), ambientato di notte. La cosa più sorprendente è che lo spirito di Samuele evocato viene definito אֱלֹהִים « divinità ». Significa quindi che nell'antico Israele le ombre dei trapassati erano in qualche modo considerate partecipi della sfera divina, coerentemente con la tradizione cananaica dei *rᵉpāʾîm*?

[75] Il rito d'inumazione, praticato in genere dalle società agricole, ma soprattutto da quelle mediterranee, è legato alla credenza di una tale vita larvata, legata all'immobilità del cadavere e alla tranquillità del sepolcro. Per questo nelle nostre società mediterranee antiche si praticava l'inumazione in casa o nelle chiese e nel loro immediato circondario (sino a Napoleone!). Cf E. MARBACH [1894], G. DURAND [1969: 271s]. Non sfugga l'etimologia positiva di *manes*: la parola deriva dalla stessa √*mā-* « buono, a tempo giusto », che abbiamo anche in *māne* « al mattino », *mātūta* « la dea del mattino », *mātūrus*... (cf *IEW*, 693).

[76] Vedremo a pag. 145 come interpretare le espressioni di 26,6. Si tratta della "nudità" come preparazione alla lotta e non come trasparenza degli inferi davanti a JHWH come in Pro 15,11.

[77] È la medesima tensione che si trova parlando del dominio divino su luce e tenebre (cf S. AALEN [1951: 16s]): pur essendo entrambe nel dominio del creatore (cf Is 45,7), le tenebre non sono del tutto simmetriche alla luce. Anche in Gn 1,4 solo la luce viene lodata da Dio: וַיַּרְא אֱלֹהִים אֶת־הָאוֹר כִּי־טוֹב וַיַּבְדֵּל אֱלֹהִים בֵּין הָאוֹר וּבֵין הַחֹשֶׁךְ.

Ben diverso dalle concezioni egiziane, lo Šeʾol ebraico è dunque molto più vicino all'immaginario della tradizione cananaica:[78] nell'oltretomba vi è soltanto una sopravvivenza larvata, ridotta, analoga a quella dell'Ade greco.[79] Nello Šeʾol – almeno prima delle speculazioni apocalittiche – non abbiamo testimonianza di alcun giudizio,[80] a differenza di quanto accade per gli inferi egiziani.[81] Anche la tradizione mesopotamica non sembra aver pensato all'oltretomba come a un luogo di giudizio.[82]

---

[78] Cf É. P. DHORME [1907], A. BERTHOLET [1926] e R. DU MESNIL DU BUISSON [1973a]. Una buona documentazione si trova in P. XELLA [1987a], in particolare i contributi dello stesso P. XELLA, di S. RIBICHINI, TH. PODELLA e C. GROTTANELLI, e nella recente sintesi di M. G. WENSING [1993: 33-50], con ulteriori rimandi bibliografici.

[79] Anche l'Ade greco è luogo di tenebra, come lo dice l'etimologia e la pronunzia ancora usata nei poemi omerici: Ἀίδης, il luogo in cui non si vede nulla (√ιδ).

[80] Cf H. CAZELLES [1961: 114s], P. XELLA [1987b: 128]. Sorprende il fatto che non vi sia alcun giudizio divino nello Šeʾol di Ez 32 e Is 14. Quanto all'inconoscibilità del luogo dello Šeʾol, si ricordi Gb 38,17.

[81] Basti ricordare il cap. 125 del *Libro dei Morti*; cf S. MORENZ [1960: 134s; tr. it. 160s] e E. HORNUNG [1989: 95-114]. Secondo il cap. 175 dello stesso documento, gli inferi sono « molto profondi, molto oscuri, infiniti ».

[82] Il problema è molto dibattuto: si vedano J. BOTTÉRO [1980: 34], [1983: 200], A. TSUKIMOTO [1985: 14-19], con la recensione critica di W. G. LAMBERT, in *Or.* 56 (1987) 403s, e, infine, B. GRONEBERG [1990: 260].

Sul destino diverso per buoni e malvagi, si è spesso citato il testo sumerico É. U₄. ḪUŠ. AN. KI, titolato da E. EBELING [1931: 22] « Ein Selbstlobgedicht der Göttin des Unterweltflusses ». Questo testo, preservato in più di cinquanta copie fra tavolette e frammenti – essendo divenuto un "classico" nel curricolo scribale di Nippur –, è stato ristudiato da Å. W. SJÖBERG [1973], G. KOMORÓCZY [1975], T. S. FRYMER [1977] e M. CIVIL [1993]. Secondo quest'ultimo, si tratterebbe di un inno a Nungal, la guardiana divina, scritto da uno scriba che si trovava in prigione per un'ingiusta accusa. L'orante implora Nungal, perché possa essere sottoposto a un'ordalia (cf anche T. S. FRYMER [1977]), piuttosto che subire l'esecuzione capitale. L'interpretazione di M. CIVIL è basata su due assunti fondamentali:

*a)* É. KUR non sarebbe il tempio di Enlil a Nippur (cf il titolo dato da Å. W. SJÖBERG [1973] « Nungal in the Ekur »; G. KOMORÓCZY [1975: 223] e T. S. FRYMER [1977: 78]), bensì, al di là della omofonia, sarebbe da interpretare come equivalente a É. KUR. RA, il cui corrispettivo akkadico è *ṣibittu* « prigione » (M. CIVIL [1993: 75]);

*b)* NIR. DA sarebbe da leggere n e r - d a e sarebbe un vocabolo derivato dall'akkadico *nērtu* « assassinio → crimine », ma con uno *shift* semantico, così da significare « esecuzione capitale » (*ibid.*).

In questo inno, non è dunque attestato alcun giudizio dell'aldilà.

È difficile trovare un vero e proprio giudizio anche in VAT 10057, talvolta citato nella discussione sull'oltretomba nella cultura mesopotamica. W. VON SODEN [1936: 1-31] l'aveva titolato « Die Unterweltsvision eines assyrischen Kronprinzen » (cf E. EBELING [1931: 1-9] e A. LIVINGSTONE [1989: n. 32]).

Rimane la descrizione di *Gilgameš* XII,99-153 (traduzione in G. PETTINATO [1992: 235-38]. Nella triste vita dell'oltretomba vi è una "discriminazione" tra felicità e miseria, parallela a quella sperimentata su questa terra: in questo senso vi è "giudizio" (*diānum*). Questa discriminazione, però, non è dovuta a una sentenza emanata secondo criteri etici, come noi siamo soliti pensare il giudizio dell'aldilà. Bisogna quindi concludere che la

Paul Diel, studiando il simbolismo della mitologia greca e biblica, ha messo in luce la valenza psicologica universale del simbolo infernale:[83] cielo e inferi sarebbero proiezioni spaziali di quell'inesauribile *desiderio* che muove ogni uomo, il quale è sempre teso tra lucidità di spirito (elevazione) e accecamento angoscioso (sprofondamento). All'elevazione si accompagna la gioia dell'armonia, allo sprofondamento la disarmonia dell'angoscia, che G. Durand colloca nel *Regime notturno* dell'immagine.

È appunto quanto troviamo nella terza parte del capitolo. Il ritorno simbolico al *chaos* è indispensabile per ogni nuova creazione: un mondo di valori è crollato, i punti di riferimento sono persi e Giobbe è regredito al *chaos psichico*, in attesa di una nuova "cosmogonia". Le due sezioni, che la struttura letteraria ci ha fatto scoprire nei vv. 20-26, sono tra loro complementari: il desiderio della tomba (vv. 20-23) è infatti, secondo quanto abbiamo appena visto, un altro modo per esprimere l'angoscia di fronte al nulla (vv. 24-26).

Il simbolo della tomba è sviluppato per rimarcare il non-senso e il rifiuto della vita.[84] Eppure, nonostante tutto, porta in sé dialetticamente anche un desiderio di ricerca profonda (*wajjahpᵉrûhû mim-maṭmônîm*). Letto nella dinamica simbolica di tutto il dramma, il cap. 3 appare la prima tappa di un cammino iniziatico che Giobbe percorre per giungere all'"illuminazione" finale, quando rivivrà la cosmologia, accompagnato dal Creatore: « La morte è la condizione di ogni rigenerazione mistica ».[85]

Dare vita è dare luce (v. 20): ma quale senso vi può essere in una "luce" che anela alla "tenebra" della tomba (vv. 21-22)? Vi è per Giobbe una palese contraddizione tra la "via" aperta da Dio con una nuova vita e la

---

rappresentazione dell'oltretomba in Mesopotamia è molto più simile a quella cananaica che a quella egiziana.

Una rassegna storico-religiosa del tema del giudizio nell'aldilà – purtroppo ormai datata su molte questioni – si trova nell'opera a più mani J. YOYOTTE ET ALII [1961] (sono passati in rassegna: l'Egitto antico, la Mesopotamia, la tradizione ebraica, l'Iran preislamico, l'Islam, l'India, la Cina e il Giappone).

[83] P. DIEL [1954: 36-39], [1975: 115]: « Ciel et Enfer étant le symbole mythique des valorisations harmonisantes de la surconscience et des valorisations disharmonisantes du subconscient, il est clair que la distance cosmique par laquelle les mythologies figurant la joie de l'harmonisation (montée au Ciel) et les affres de la disharmonisation (descente ou chute aux Enfers) ne sont que des images soulignant l'importance vitale des valorisations qui – sensées ou insensées – décident de la valeur et du sens de la vie de chaque homme ».

Purtroppo, gli studi di P. DIEL sono guidati da un'ermeneutica ancora troppo *archeologica* del simbolismo, per cui i simboli sono ridotti a "geroglifici" del linguaggio psichico [1954: 21]

[84] Come ogni simbolo, il *sepolcro* ha un significato ambiguo. Potrebbe persino essere un simbolo d'intimità, come ritorno nel grembo della madre terra. Basti ricordare l'uso diffuso nell'antichità, attestato anche negli scavi di Gerico, di seppellire i cadaveri in posizione fetale (cf G. DURAND [1969: 269-74]).

[85] M. ELIADE [1957: 265]; cf anche [1960: 21]: « Le retour symbolique au Chaos est indispensable à toute nouvelle création, quel qu'en soit le niveau de manifestation ».

"via" da Lui sbarrata con la disgrazia (v. 23). Il suo *desiderio* di sprofondare nella tomba è il simbolo più eloquente del *chaos psichico* e di ritorno al non-essere: una denuncia della disarmonia, ma, ancor più radicalmente, della condanna subita da parte di un tribunale in cui egli non ha potuto difendersi e sancita da un giudice perverso, come verrà esplicitato nel cap. 9. Per ora l'accusa rimane vaga: « mi è piombato addosso il castigo » (v. 26).

La dinamica simbolica è coerente con la precedente lamentazione, ma sotto un nuovo aspetto: là, vi era il desiderio di regredire *ad uterum* e passare direttamente nello Šeᵓol, come luogo antitetico a *questa* vita; qui, esprimendo l'angoscia del presente, vi è il desiderio che giunga subito la fine. La "notte" dello Šeᵓol è migliore del "giorno" della vita, perché la vita non è armonia, ma contraddizione: nello Šeᵓol, persino il malvagio se ne sta in pace, non curandosi più del castigo divino (v. 17: *rōgez*); in questa vita, al contrario, un innocente sperimenta « senza ragione » (cf 2,3 e 9,17) un castigo.

Proprio qui s'innesta il registro etico del simbolismo luce / tenebre, e da qui prende le mosse lo schema processuale, che sarà la struttura portante di tutto il dramma.[86] Data la concezione dell'oltretomba giobbiana, quel giudizio che non si potrà avere dopo la morte, viene istruito qui ed ora. L'imputato: Dio. L'accusa: la sua impotenza davanti alle forze caotiche; o, peggio, la sua perversa gestione della giustizia...

Il presupposto? Sembra che finora non sia stato esplicitato e venga esposto solo dai discorsi seguenti: una teoria della retribuzione, radicalizzata dalla visione troppo umana della divinità e condivisa dalle figure divine che circondavano il mondo biblico. La si potrebbe ritenere una distorsione della predicazione dei profeti pre-esilici, secondo cui – in modo *verificabile* – la vita del giusto è benedetta da Dio, quella del colpevole è maledetta.[87]

I simboli antitetici della nostra pagina hanno già messo in evidenza la struttura diairetica con cui il protagonista guarda a Dio; e insieme, è già apparsa la sua opzione per l'oscurità e la tenebra, sintomo eloquente del

---

[86] Si tratta di un processo bilaterale o contraddittorio. Si vedano i particolari circa il vocabolario e le strutture di un tale schema giudiziario in P. BOVATI [1986: 27-50]. Noi non studieremo direttamente tale schema, benché non potremo non farvi riferimento. Oltre al testo fondamentale di BOVATI, si vedano H. RICHTER [1959], B. GEMSER [1955], R. J. TOURNAY [1956], H. B. HUFFMON [1959], G. MANY [1970], J. B. FRYE [1972], J. J. M. ROBERTS [1973], P. CEPEDA CALZADA [1973], S. H. SCHOLNICK [1975s], M. B. DICK [1979b], K. KISS [1980], G. HARRISON [1987], G. ERIKSON - K. JONASSON [1989].

[87] Il tema della retribuzione in Giobbe è ovviamente uno dei più studiati. Ricordiamo almeno: A. M. CHARUE [1939], K. KOCH [1955], M. GARCÍA CORDERO [1965], R. E. MURPHY [1965], M. BIČ [1966], J. ALONSO DÍAZ [1967], J. A. LOADER [1976a], F. LINDSTRÖM [1983], J. KRAŠOVEC [1985], J. C. L. GIBSON [1988], L. RUPPERT [1989], R. ALTHANN [1991], L. GILKEY [1992], E. M. GOOD [1992].

suo stato di angoscia. Ma gli elementi raccolti sono troppo esigui; abbiamo ancora molto materiale da analizzare.

## 1.4 Una traccia per continuare

L'analisi della struttura simbolica del cap. 3 ci ha permesso di reperire alcuni "registri" principali su cui si sviluppano le valenze del simbolismo luce / tenebre. Riassumiamoli brevemente, in quanto ci serviranno da guida per l'analisi dei rimanenti interventi di Giobbe:

1) Il *registro cosmogonico* (e cosmico): la vittoria della luce sulle tenebre nella (lotta della) creazione, parla di un Dio onnipotente, ma la realtà della vita sembra smentire questa conclusione;

2) Il *registro etico-ideologico e sapienziale*: il simbolismo luce / tenebre approda alla valenza ideologica. L'accusa di Giobbe è radicale: Dio, non potendo essere scusato per debolezza, è accusato di onnipotenza malvagia. Di conseguenza, l'uomo piomba nell'oscurità e nella confusione, perché non sa più come comportarsi: ogni criterio etico è annullato e tutto è apparentemente in balía di un despota;

3) Il *registro esistenziale e "metafisico"*: di fronte all'ingiustizia della vicenda umana, il ciclo della luce del giorno e delle tenebre della notte è senza senso, una vuota attesa che la luce della vita venga definitivamente fagocitata dalle tenebre dello Šeʾol; di più, dalle tenebre del "nulla".

## 2. IL REGISTRO COSMOGONICO (E COSMICO)

L'asse simbolico luce / tenebre, in contesto cosmogonico, dice anzitutto l'*onnipotenza* divina. Da essa il protagonista parte per sostenere la necessità di confrontarsi direttamente con Dio, accusandolo, perché, se Dio è onnipotente, deve intervenire davanti all'ingiustizia. La "potenza" divina, manifestata dalla vittoria della luce sulle tenebre, è assunta come principio diairetico e dialettico.

### 2.1 Gb 9,2-24: "al di là del bene e del male"

Siamo nel primo ciclo di discorsi e Giobbe inizia il suo secondo discorso, dopo l'intervento di Bildad. Le sue parole, in realtà, sviluppano in una nuova direzione la lamentazione iniziata nell'*ouverture* del cap. 3 e continuata nel primo intervento (capp. 6-7); e insieme, sono una prima risposta alla perentoria affermazione di Elifaz che nessun mortale può essere innocente davanti a Dio (cf 9,2 con 4,17) e all'invito di Bildad di far ricorso a Dio. La sezione è costruita con architettura retorica perfetta, che ci permette d'individuare il baricentro dell'argomentazione: l'onnipotenza non ha leggi, è "al di là del bene e del male".[88]

### 2.1.1 Il testo

2   *Lo so bene che è così:*
*e come potrebbe il mortale vincere una causa[89] con El?*

3   *Anche se desiderasse intentarGli un processo,*
*non gli risponderebbe una volta su mille.[90]*

4   *Saggio di mente e gagliardo di forza...[91]*
*chi può opporsi[92] a Lui e uscirne incolume?*

5   *Egli sposta le montagne e nessuno sa[93]*
*perché le sconvolga nella sua ira;*

6   *fa tremare la terra sin dalle sue fondamenta*

---

[88] Per uno studio globale della struttura letteraria dell'intervento si veda N. C. HABEL, 184-89. Meno precise le analisi di C. WESTERMANN [1956: 74s], che si fondano sul criterio *formale* della lamentazione, e quelle di J. LÉVÊQUE [1970: 408-10] e di D. J. A. CLINES, 223, che si basano sul criterio degli interlocutori, cui Giobbe si rivolge. Alcune intuizioni di K. FULLERTON [1934] e [1938] le vedremo confermate dalla nostra analisi; se non altro, quello di trovare dopo il v. 24 un primo punto importante di cesura.

[89] מָה potrebbe essere inteso anche come avverbio negativo, equivalente all'arabo ـل (cf *KB*, II, 523). Preferiamo mantenere il senso interrogativo, in parallelo a 4,17.

Tutta la sezione è ricchissima di vocabolario giudiziario: il "dizionario" di riferimento obbligato è, al riguardo, P. BOVATI [1986]. La √צדק indica sia la dichiarazione d'innocenza dell'accusato (*ibid.*, 96-98), sia l'atto decisorio positivo (*ibid.*, 320-22).

[90] Il versetto in ebraico è solo apparentemente ambiguo per l'uso dei molti pronomi personali di 3ª maschile singolare. In verità lo stretto parallelo tra עִם־אֵל del v. 2b con עִמּוֹ chiarisce le attribuzioni: a intentare il processo (רִיב) è il mortale (אֱנוֹשׁ), soggetto del v. 2b; a rispondere è dunque Dio. Il modismo אַחַת מִנִּי־אָלֶף potrebbe essere spiegato come ellissi di פַּעַם אַחַת מִנִּי־אֶלֶף פְּעָמִים.

[91] לֵבָב « cuore », nell'antropologia ebraica, è l'organo della decisione e della funzione intellettiva (cf É. P. DHORME [1923], F. H. VAN MEYENFELD [1950], F. STOLZ [1978: 861; tr. it. 743], H. J. FABRY [1984: 432-38]); in italiano dobbiamo necessariamente cambiare metafora. Il sintagma אַמִּיץ כֹּחַ viene ripreso anche nel v. 19 ed indica la potenza divina nell'opera creatrice, come in Is 40,26. Ciò esclude che gli attributi possano essere riferiti all'uomo.

[92] L'Hi. di √קשׁה significa « rendere duro » un altro o anche se stessi: qui va inteso come ellissi per « indurire la cervice » (הִקְשָׁה עֹרֶף) come in Dt 10,16; 2 Re 17,14; etc.).

[93] La frase finale del v. 5a וְלֹא יָדָעוּ va unita con lo stico seguente, seguendo in questo la Vg (*qui transtulit montes et nescierunt hii quos subvertit in furore suo*) con J. C. EICHHORN, S. LEE, E. KOENIG, A. DILLMANN, F. J. DELITZSCH, J. STEINMANN e N. C. HABEL. A nostro parere, tuttavia, la 3ª plurale sta per l'impersonale, come spesso avviene in aramaico e il seguente אֲשֶׁר ha valore causale (cf *GK*, § 158b). L'unica obiezione contro una tale scelta è l'imperfezione del parallelismo.

Per l'"inno participiale" dei vv. 5-10 e il rapporto con i passi analoghi di Amos si veda J. L. CRENSHAW [1967]. La sezione è analizzata anche da G. FUCHS [1993: 75-81]. Sugli "inni participiali" si veda anche F. CRÜSEMANN [1969: 81-154] (per il nostro passo le pag. 117).

    *e le sue colonne vacillano;*[94]

7    *comanda al sole*[95] *e questi non sorge,*
    *e pone sotto sigillo le stelle;*

8    *da solo ha spiegato i cieli*
    *e ha posato il piede sul dorso di Jam;*[96]

9    *ha creato le Iadi e Orione,*
    *le Pleiadi e i Penetrali dell'austro.*[97]

---

[94] Il significato dell'*hapax* יִתְפַּלָּצוּן (Hit. da √פלץ « tremare ») può essere ricostruito sia dal parallelismo, sia dal sostantivo פַּלָּצוּת (Gb 21,6; Is 21,4; Ez 7,18; Sal 55,6). L'immagine di questo versetto è abbastanza convenzionale: si ritrova in termini molto simili nell'oracolo contro Babilonia di Is 13,13 (עַל־כֵּן שָׁמַיִם אַרְגִּיז וְתִרְעַשׁ הָאָרֶץ מִמְּקוֹמָהּ) e in Sal 18,8; 75,4; 104,5; Gl 2,10; 4,16.

[95] L'uso di חֶרֶס al posto di שֶׁמֶשׁ non è una scelta poetica, ma probabilmente "ideologica" (cf pag. 117[57]). Il vocabolo (arcaico?) si trova solo in Gdc 14,18, in un testo molto discusso; altrimenti è rimasto solo in nome propri, come הַר־חֶרֶס (Gdc 1,35), תִּמְנַת־חֶרֶס (Gdc 2,9), מַעֲלֵה הֶחָרֶס (Gdc 8,13) e forse – con alcuni manoscritti, Sym (πόλις ἡλίου), Vg (*civitas Solis*) – anche Is 19,18 andrebbe letto עִיר הַחֶרֶס, « Eliopoli ».

[96] עַל־בָּמֳתֵי יָם דּוֹרֵךְ è un titolo che si spiega alla luce della tradizione mitica. Nel contesto mesopotamico è uno dei gesti di Marduk vincitore su Tiāmat (*Enūma eliš* IV, 129: *ik-bu-us-ma be-lum ša Ti-a-ma-tum i-šid-sa* « il Signore montò sulla cervice di Tiāmat »); nel contesto cananaico è il titolo di Baʿal vincitore su Jam (cf M. H. POPE, 71). Il tema mitico è migrato poi anche in Esiodo (*Theog.* 781: εὔρεα νῶτα θαλάσσης). Il lessema בָּמֳתֵי dovrebbe essere al singolare *בֹּמֶת (cf ugaritico *bmt* e akkadico *bāmtu*), con il significato di « dorso » (o parte posteriore di persona o animale). J. L. CRENSHAW [1972] ha studiato l'immagine in Am 4,13; Mic 1,3; Dt 32,13a; 33,29b (cf. F. M. CROSS - D. N. FREEDMAN [1948: 210[93]]); Ab 3,15. 19a. Si vedano anche Sal 18,34 = 2 Sam 22,34; Is 14,14. Nel nostro passo vi sono 2 Mss recensiti da B. KENNICOTT che hanno עָב « nubi » invece di יָם. L'immagine di "posare il piede" sul dorso del nemico sconfitto ritorna anche in Sal 110,1 e Is 63,3.

[97] L'identificazione delle costellazioni è molto discussa. Per i particolari si vedano M. A. STERN [1864s], J. G. E. HOFFMANN [1883: 107s], G. SCHIAPARELLI [1903: 69-86], N. HERZ [1913], G. R. DRIVER [1953] e [1956], E. BILIQ [1962s], M. ALBANI [1994:125-27]. La LXX ha tradotto: ὁ ποιῶν Πλειάδα (= Pleiadi) καὶ ἕσπερον (= Hesperus) καὶ ἀρκτοῦρον (= Arcturus) καὶ ταμίεια νότου. La Vg invece ha: *qui facit Arcturum et Oriona et Hyadas et interiora austri*. M. A. STERN, con dotte argomentazioni, giunge a queste identificazioni: עָשׁ = Pleiadi (da √עושׁ « riunirsi »; così già QIMḤI) e עַיִשׁ = Alcione, la stella più luminosa delle Pleiadi (pp. 262s); כְּסִיל = Orione (p. 260); כִּימָה = Sirio (p. 269); חַדְרֵי־תֵמָן = Canopo e costellazione Carena (p. 270). N. HERZ, cercando nei nomi ebraici traduzioni o trascrizioni dall'egiziano, ha offerto invece identificazioni del tutto diverse: ad es., עָשׁ sarebbe una trascrizione scorretta per Sirio-Iside (cf aramaico אס o אסי). עָשׁ (da vocalizzare forse עֵשׁ data la forma parallela עַיִשׁ in 38,32) è senza dubbio l'identificazione più discussa: la più convincente ci sembra quella di G. SCHIAPARELLI [1903: 69-76], ripresa anche da G. R. DRIVER. Essi vi vedono le Iadi (Hyades), un ammasso stellare aperto, che si trova nella costellazione del Toro e la cui stella principale è Aldebaran. G. R. DRIVER [1956: 2] nota una convergenza etimologica tra עַיִשׁ (arabo غيث « pioggia, nuvola »: cf *Lane*, VI, 2314) e Ὑάδες (da ὕειν « piovere »). Si ricordi, a questo proposito, la favola 192 di HYGINUS [1993: 162]: « *nonnulli [aiunt] quod cum oriantur pluvias efficiunt (est autem Graece hyin pluere)* » e SERVIUS, *Georg.*, I, 138: « *quod orto suo pluvios efficit* ». כְּסִיל « stolto » (con LXX, Syr e Vg leggiamo וּכְסִיל) va identificato

10    *Ha davvero [98] compiuto prodigi insondabili*
      *e meraviglie innumerevoli!*

11    *Se[99] mi passasse sopra, non Lo vedrei;*
      *se andasse avanti, non me ne accorgerei;*
12    *se volesse sterminare,[100] chi potrebbe farLo recedere?*

---

con Orione, il quale morì proprio per la sua imprudenza. La Syr ha ܓܒܪܐ « eroe, gigante », che corrisponde al titolo in arabo الجبّ (cf TH. H. GASTER [1950: 263-66]). Similmente, nell'astronomia babilonese Orione era chiamato ($^{MUL}$SIPA.ZI.AN.NA = *šitaddal/ru* « il
colpito da un'arma »; M. ALBANI [1994: 125]). Le Pleiadi, כִּימָה, sono chiamate così anche in Syr ܟܝܡܐ, in etiopico ከዓማ / ኪዓማ (*kēmā / kīmā*; cf *LLÆ*, 831; *Leslau*, 285) e in
arabo كُوم. Esse sono ricordate insieme a Orione anche in Gb 38,31 e Am 5,8. Il loro nome
è già attestato a Ebla in un dizionario bilingue (MEE 4, 287-291, riga 792): il sumerico
MUL. MUL è tradotto in eblaita con *kà-ma-tù*, e molto probabilmente va letto *kēma(tu)* (cf
W. G. LAMBERT [1984: 397]). Se così fosse la vocalizzazione ebraica corretta dovrebbe
essere *kêmâ* e l'etimologia a partire dalla radice araba كوم « ammucchiare » risulterebbe
inconsistente (*ibid.*, 397). Rimane forse la possibilità di collegare il nome all'akkadico
*kimtu / kīmatu*, che significa « famiglia ». Le Pleiadi sono infatti un ammasso stellare della
costellazione del Toro, composto da nove stelle principali, la più luminosa delle quali è
Alcione. Nell'astronomia babilonese, erano considerate *la stella* per eccellenza, tanto da
essere chiamate semplicemente $^{MUL}$MUL (cf A. SCHOTT [1934: 308, Abb. 2]), logogramma
che in akkadico doveva essere letto *kakkabu* (cf M. ALBANI [1994: 125]). L'equivalenza
sembra attestata anche a Ebla, nel medesimo testo citato poco sopra (riga 791): AN-MUL =
*kak-kab* (W. G. LAMBERT [1984: 396].

Molto interessante è la spiegazione di G. SCHIAPARELLI [1903: 84s] per i « Penetrali
dell'austro »: « Nei tempi cui qui si allude, i pastori e gli agricoltori della Palestina hanno
potuto (ciò che ora più non possono) contemplarla all'orizzonte estremo meridionale sotto
aspetto di luce intensa quasi di aurora australe cosparsa di stelle brillanti; ed ammirare uno
spettacolo, che oggi si può vedere soltanto da chi discenda verso l'Equatore fino al 20°
parallelo circa di latitudine Nord ». Il *circulus austrinus* (o *signa austrina*) comprenderebbe-
ro: Idra femmina, Cratere, Corvo, Procione, Orione, Cane maggiore, Lepre, Eridano,
Centauro, Argo, Pesci e Altare (cf anche MARTIANUS CAPELLA, *De Nuptiis*, VIII, 837-38;
citato da G. R. DRIVER, [1956: 8-10]). Non troviamo necessario emendare con G. HOFF-
MANN [1883: 107] חַדְרֵי תֵימָן in חָדָר וְתֵימָן per trovare le due costellazioni di *Ḥdr* e dei
*Gemelli*.

La stessa sequenza di stelle si ha anche in *Iliade*, XVIII, 486: Πληϊάδες θ' Ὑάδες τε
τό τε σθένος Ὠαρίωνος (cf anche *Iliade*, XXII, 27-31; *Odissea*, V, 272-275).

[98] Facciamo uso di quest'enfatica per segnalare che la frase è una ripetizione letterale
delle parole di Elifaz in 5,9 (un solo *waw* in più all'inizio del secondo stico).

[99] הֵן sembra avere valore ipotetico (cf pag. 140[153]), come nel versetto successivo. La
congiunzione vale anche per il secondo stico (*double-duty modifier*).

[100] Il TM ha l'*hapax* יַחְתֹּף (jiqtol Qal da √חתף; ora attestato anche in Sir 15,14); esso
crea una sensibilissima rima interna con lo יַחְלֹף del versetto precedente. Seguiamo P.
XELLA [1979: 340] nel dare al verbo il significato di « sterminare » (cf akkadico *ḫatāpu*,
in cui il soggetto è spesso la divinità punitrice). Lo interpretiamo come denominativo da
חֲתֵף « ladro »; il suo complemento oggetto è lo stesso pronome di יְשִׁיבֶנּוּ. Pochi manoscritti hanno יַחְטֹף « rubare », per evidente adeguamento a Gdc 21,21 e Sal 10,9 (lo *shift*
consonantico ט/ח era già stato ipotizzato da TH. NÖLDEKE [1875: 42]). Il significato alla
fine è il medesimo. M. DAHOOD [1957: 310], seguito da A. C. M. BLOMMERDE, cambia in
*hēn jaḥat pāmî j$^e$šîbennû*: « If he should snatch away who could resist him? ». Il verbo è

*chi potrebbe dirGli: « Che stai facendo? ».*
13    *Eloah non recede dalla sua ira,*
      *sotto di Lui si sono inchinati gli alleati di Rahab;[101]*
14    *tanto meno io potrei risponderGli[102]*
      *e scegliere i miei argomenti contro di Lui.*
15    *Anche se avessi ragione, non saprei risponderGli[103]*
      *e al mio avversario[104] dovrei chiedere grazia.*
16    *Se lo citassi per rispondermi,[105]*
      *non credo che ascolterebbe la mia voce,*
17    *poiché con una tempesta mi assalirebbe[106]*
      *e continuerebbe a ferirmi senza motivo;[107]*

---

da lui spiegato come forma apocopata da √חתח « strappare » e l'apodosi sarebbe introdotta dalla congiunzione *pā-* (arabo فَ), equivalente a *wᵉ*. Per una critica a questa lettura e alle altre testimonianze di *pā-*, si veda K. AARTUN [1978].

[101]    Gli עֹזְרֵי רַהַב ci riportano al contesto mitico della lotta creazionale (cf G. FUCHS [1993: 79]). Nella mitologia ugaritica non vi sono propriamente degli alleati di Jam. Tuttavia ʿAnat – alleata di Baʿal – in *KTU*, 1.3 III 36-47 si vanta di aver sconfitto dei mostri marini: Jam, Nahar, Tannin, il serpente guizzante (*bṭn ʿqltn*), il tiranno dalle sette teste (*šlyṭ d šbʿt rašm*), Arš (*arš*), Atik (*ʿtk*), Išat (*išt*) e Zebub (*ḏbb*: ebr. זְבוּב): cf *CML*, 50 e *MLC*, 185. In *Enūma eliš* (IV, 107s), al momento della disfatta di Tiāmat, si narra che « gli dèi, suoi aiutanti, che camminavano ai suoi fianchi (*u ilū ri-ṣu-ša a-li-ku i-di-ša*), tremarono, ebbero paura e si volsero indietro ». Cf anche Sal 89,11 e 8,3 (le immagini poetiche di Sal 8,3 si devono comprendere alla luce della lotta primordiale!).

[102]    Per questo significato di כִּי אַף si veda *KB*, I, 74: è un'argomentazione *a fortiori*, come in 4,18s; 15,15s e 25,5s (cf L. JACOBS [1972]). Il verbo עָנָה (cf anche i vv. 3. 15 e 16) assume in campo giudiziario il senso tecnico di accusa (P. BOVATI [1986: 267s]) o difesa (*ibid.*, 300s e 307). Non dimentichiamo che lo schema processuale è bilaterale o contraddittorio: nei vv. 14-16 e 20 il vocabolario è tutto giuridico.

[103]    Il pronome personale in ebraico è il relativo אֲשֶׁר all'inizio del versetto.

[104]    מְשֹׁפְטִי – al seguito di M. H. POPE – lo interpretiamo come participio della coniugazione *qātala* (la III in arabo), che indica conato o reciprocità (*GK*, § 55b,c): è la « mia controparte in giudizio » (con lo stesso paradigma, si vedano: in 1 Sam 18,9 עֹוֵין « geloso » e in Sal 101,5 לֹושֵׁן « calunniatore »). Non c'è dunque bisogno di correzioni. È fuorviante l'interpretazione del suffisso -*î* come pronome di terza persona (A. C. M. BLOMMERDE [1969: 53s]: « To his justice I appeal for mercy », che si riferisce a M. DAHOOD [1963f: 499]).

[105]    La LXX (Codex Vaticanus) legge ἐάν τε καλέσω καὶ μὴ ὑπακούσῃ. Ma la correzione non è necessaria se interpretiamo tutto il primo stico come protasi e a וַיַּעֲנֵי diamo sfumatura finale. M. DAHOOD [1966: 408] e di A. C. M. BLOMMERDE [1969: 54] uniscono il לֹא iniziale del secondo stico al primo stico e lo interpretano come sostantivo, « nulla »: « Se chiamo non mi risponde nulla, (ma) sono convinto che ascolta la mia voce ». L'interpretazione è giustamente rifiutata da L. ALONSO SCHÖKEL - J. L. SICRE DÍAZ, 176; tr. it. 202.

[106]    Diamo ad אֲשֶׁר valore causale (cf v. 5). Per la discussione sulla √שׁוּף rimandiamo a W. VON SODEN [1981: 160s] e *KB*, IV, 1342. La tensione ironica con quanto accadrà alla fine del dramma, quando JHWH parlerà a Giobbe proprio dalla tempesta, è opera di un grande drammaturgo.

[107]    Lett.: « Moltiplicherebbe le mie ferite senza motivo ».

18    *non mi permetterebbe di riprendere fiato,*
      *e mi sazierebbe di amarezza.*[108]
19    *Se è questione di forza, è Lui l'Onnipotente;*
      *ma se è questione di diritto, chi mi può convocare in giudizio?*[109]
20    *Se avessi ragione, con la mia stessa bocca*[110] *mi condannerebbe;*
      *pur essendo innocente, mi dichiarerebbe colpevole.*
21    *Sono innocente! Mi sento venir meno...*[111]
      *Rifiuto la mia vita!*[112]
22    *È la stessa cosa; per questo dico:*
      *Egli annienta innocenti e colpevoli;*
23    *se una catastrofe semina morte all'improvviso,*
      *non gl'importa della scomparsa degli innocenti.*[113]

---

[108] מְמֹרִים *plurale tantum* da √מרר (*KB*, II, 564), parallelo a תַּמְרוּרִים (cf Ger 6,26; 31,15; Os 12,15). Oppure si potrebbe pensare al sintagma שָׂבַע מִן (vocalizzando quindi מִמְּרֹרִים), parallelo a Lam 3,15 הִשְׂבִּיעַנִי בַמְּרוֹרִים. Meno convincente è la proposta di M. DAHOOD [1967a: 427], seguito da BLOMMERDE [1969: 55], di unire il primo *mem* come enclitico del verbo יַשְׂבִּעֵנִי. In tutt'e tre le proposte, il significato non cambia.

[109] A nostro parere, הִנֵּה אָמִיץ sono da tenere uniti come prima apodosi, strettamente parallela a מִי יוֹעִידֵנִי del secondo stico. In effetti, mentre il sintagma אַמִּיץ כֹּחַ è attestato altrove (cf v. 4), non vi sono prove per l'inverso. Bisogna ricordare che il paradigma vocalico di אַמִּיץ è aggettivale o participiale. Ciò risolve l'ambiguità di הִנֵּה.
L'Hi. יוֹעִידֵנִי – da √יעד « comandare, citare in giudizio »; cf l'arabo وَعَدَ (= إِتَّعَدَ VIII) « accordarsi l'un l'altro, darsi un appuntamento » – esprime l'impossibilità di avere un'aula giudiziaria adeguata a trattare con l'Onnipotente. Il versetto è decisivo per l'argomentazione: l'onnipotenza divina, secondo Giobbe, è senza alcuna legge.

[110] פִּי va lasciato con il pronome di prima persona, contro le proposte di correggere in פִּה o di interpretare il suffisso -î quale pronome di 3ª maschile: così A. C. M. BLOMMERDE [1969: 56 e 8], sulla scia di M. DAHOOD. Quest'ultimo in un primo tempo [1957: 311s] l'aveva interpretato come la congiunzione *pā-* con *mater lectionis*; in seguito, a quanto dice BLOMMERDE, avrebbe preferito leggere -î come suffisso di terza persona sulla base di *KAI*, 27,16 (*ḥrwn ᵓš tm pj* « Hawron whose mouth is blameless »). Quanto a noi, non lo interpretiamo come soggetto a motivo del parallelismo con il secondo stico, ma come accusativo strumentale, molto comune soprattutto con le parti del corpo umano (*GK*, § 144m; cf soprattutto Sal 66,17); il soggetto dei verbi יַרְשִׁיעֵנִי e וַיַּעְקְשֵׁנִי rimane sempre Dio.

[111] Il verbo יָדַע può significare « avere cura di », come in Gn 39,6 e Sal 31,8 (cf *KB*, II, 374; *THAT*, I, 690). Si potrebbe anche lasciare il senso di « non sapere più nulla »: cf una simile fraseologia araba, تَعْلَم مَا فِى نَفْسِى وَلاَ أَعْلَم مَا فِى نَفْسِكَ « Tu conosci ciò che è nella mia mente, ma io non conosco ciò che è nella Tua mente » (*Corano*, V, 116; *Lane*, VIII, 2827).

[112] La stessa forma verbale אֶמְאַס ritornerà nelle ultime parole di Giobbe (42,6; al qatal in 7,16; stessa forma, ma con diverso oggetto, anche in 31,13). La relazione non deve essere dimenticata, per interpretare correttamente le ultime parole del dramma. Tuttavia è importante anche la relazione con il discorso di Bildad (8,20; cf *sotto*).

[113] Il problema del secondo stico sta nell'*hapax* מַסָּה che noi interpretiamo come stato costrutto di *מַסָּה* nel senso di « sparizione » (da √מסה), come H. G. A. EWALD, A. DILLMANN, K. BUDDE, B. DUHM. Altri, al seguito di IBN EZRA, lo interpretano come « prova, tentazione » (da √נסה). Anche F. ZIMMERMANN [1951] è in questa linea, ma con

24    *Il paese è dato in mano al malvagio*
*e questi ne corrompe i giudici.*[114]
*Se non Lui, chi altro mai?*

### 2.1.2 Analisi retorica

Abbiamo voluto riportare tutta la sezione, pur essendo direttamente interessati ai soli simboli cosmologici, per non rompere l'intreccio istituito tra il piano cosmico e quello etico, caratteristico della nostra pericope. Cerchiamo anzitutto di trovare la logica dello sviluppo a partire dagli indizi letterari.

Il vocabolario giuridico, generato dalla citazione delle parole di Elifaz in 2b, crea una prima relazione tra il vv. 3-4 e i vv. 14-16. In questa cornice sta il primo movimento, con un'ampia pagina innica, che – con ironia – loda la "sapienza" e la "potenza" di Dio, contro cui non ci si può opporre (v. 4). L'"inno participiale"[115] si compone di due sezioni diverse: nella prima, vi sono participi preceduti dall'articolo (vv. 5-7), nella seconda participi senza articolo (vv. 8-10). La variazione non è solo stilistica: mentre la prima sezione riguarda l'azione continua di Dio nella creazione, la seconda ci riporta al momento dell'atto creativo. L'inno si conclude con una nuova citazione del primo discorso di Elifaz: il v. 10 è citazione letterale (eccetto un *waw*) di 5,9. Da qui nasce l'obiezione: anche ora Dio continua a dispiegare la sua forza come nella lotta creazionale (v. 13), ma il suo operato è inappellabile e Lui stesso rimane invisibile (vv. 11-12).

Il secondo movimento della pericope è di stampo prettamente giuridico: i vv. 14-16, riprendendo l'accusa di partenza,[116] gettano un nuovo ponte tematico con il v. 20. La martellante ripetizione dei verbi di ambito

---

una proposta che cerca nel versetto un parallelismo perfetto tra i due stichi, con il risultato di un paragone iperbolico: שׁוֹט sarebbe un infinito assoluto (cf aramaico שָׁט) « burlarsi » e l'avverbio è vocalizzato פְּתָאֹם « innocenti »: « If mockery could kill innocents, why He would indeed mock at the trials of the guiltless? ». R. GORDIS, 108, seguendo D. YELLIN, 21, legge לְלִמְסַת: un *lamed* sarebbe andato perso per aplografia, non avendo più riconosciuto la radice, attestata anche in arabo (لمس VIII « chiedere insistentemente, supplicare » (cf *Lane*, VII, 2673; *VAI*, III, 1354); e traduce con « supplica ».

[114] Accettiamo in parte la proposta di IBN EZRA, ripresa da R. GORDIS, 108, interpretando il secondo stico come frase subordinata al primo; in questo modo, il malvagio (רָשָׁע) di 24a diviene il soggetto della seconda frase. Non è un alleggerimento dell'accusa, ma un'ulteriore provocazione coerente con il contesto: Dio si disinteressa della sorte dell'innocente (cf 24,2-24). Il sintagma פְּנֵי־שֹׁפְטֶיהָ יְכַסֶּה – lett.: « egli copre il volto dei suoi giudici », in modo che non intervengano a favore della giustizia – è un modismo intraducibile, anche se il senso è chiaro (cf Es 23,8). Si potrebbe tradurre con « egli benda gli occhi dei suoi giudici », ma questa espressione per noi significa piuttosto l'imparzialità della giustizia: esattamente il contrario dell'accusa di Giobbe.

[115] Si veda soprattutto F. CRÜSEMANN [1969: 81-154].

[116] Cf la ripetizione del verbo עָנָה nei vv. 3. 14. 15. 16 (a parte l'apertura convenzionale del v.1, verrà ripreso ancora nel v. 32).

forense (vv. 14-16) denuncia in verità che è impossibile istruire un processo contro Dio, mancando una sede appropriata. Vi è una sproporzione tra le due parti in causa e Dio schiaccierebbe la controparte (motivazione del vv. 17-18). La sua onnipotenza è senza regole (v. 19): è l'acme di tutta l'argomentazione.

Non resta che trarne le conseguenze, nel terzo movimento (vv. 20-24). Il v. 20 è una ripresa dell'obiezione di Elifaz (v. 2), ma ormai quelle stesse parole sono stravolte da una nuova interpretazione sconvolgente: l'uomo non può aver ragione di fronte a Dio, perché l'onnipotenza inappellabile di Dio perverte la giustizia.

Da qui nasce la secca smentita di quanto ha sostenuto Bildad: questi diceva che Dio non rigetta l'innocente (*'ēl lō' jim'as tām*; cf 8,20); Giobbe, innocente, rigetta la sua vita (*'em'as ḥajjāj*: v. 21). Essere innocenti[117] non ha più alcuna rilevanza di fronte a un Dio responsabile di sterminare allo stesso modo innocenti e colpevoli (v. 23) e di permettere che il malvagio abbia la meglio (v. 24).

Ecco dunque la struttura letteraria della pericope:

A. citazione della tesi di Elifaz: *mâ-jiṣdaq 'ĕnôš 'im-'ēl* (v. 2)

B. l'impossibile *rîb* con Dio: Egli è *ḥăkam lēbāb w^e'ammîṣ kōᵃḥ* (vv. 3-4)

   *C. inno alla potenza di Dio*
   a. nella creazione (vv. 5-7)
   a'. nell'atto creativo (vv. 8-10)
   b. Dio rimane invisibile e insindacabile (vv. 11-13)

B'. l'impossibile confronto giudiziario con Dio (vv. 14-16)

   *C'. l'onnipotenza divina*
   a. sproporzione di forze (vv. 17-18)
   b. un'onnipotenza (*'ammîṣ*) senza regole (*mišpāṭ*) (v. 19)

B''. l'inutile confronto giudiziario con Dio: *'im-'eṣdāq pî jaršî'ēnî* (v. 20ss)

   *C''. la responsabilità divina*
   a. nelle stragi (v. 23)
   b. nel permettere l'ingiustizia (v. 24)

*2.1.3 Analisi simbolica*

In questa pericop`, tre simboli sviluppano il polarismo luce / tenebre: gli astri, la lotta mitica primordiale e il giudizio. Questo terzo plesso simbolico andrebbe propriamente collocato sotto il registro etico-ideologico; tuttavia, data la stretta connessione argomentativa con i primi due, lo anticipiamo, almeno in parte, nel presente paragrafo.

---

[117] L'aggettivo תָּם è un attributo di Giobbe nel prologo (1,1. 8; 2,3). È usato da Bildad in 8,20 e ora viene ripetuto tre volte nella nostra pericope: vv. 20. 21. 22. Non ritornerà più nel resto del dramma.

La valenza del simbolismo *astrale*[118] nasce dalla correlazione strutturale tra le due parti dell'"inno participiale" (v. 7 e v. 9): colui che è Creatore, è in grado anche di provocare una catastrofe cosmica. Con questo
non si allude tanto al potere nefasto degli astri (ad es., il "sole nero"[119]),
quanto piuttosto al potere ambiguo e "assoluto", sciolto da ogni legge,
maliziosamente perverso, che il Creatore potrebbe esercitare sulle sue
opere, persino sugli astri, che "governano" il cielo (cf Gn 1,14-19).

Il simbolismo stellare mantiene sempre, com'è ovvio, una valenza
"luminosa". Qui, tuttavia, prevale il simbolismo della potenza e della lotta.[120] Le costellazioni ricordate fanno parte delle cosiddette stelle *regali*,
che erano assunte come « stelle di riferimento » dall'astronomia babilonese per stabilire il calendario.[121] Il Creatore è superiore alle stelle regali e
allo stesso "sole", che viene menzionato con il rarissimo lessema *ḥeres* e
non con il suo nome divino *šemeš*. Il suo potere è davvero assoluto: come
Egli aveva stabilito che i "luminari" dominassero « giorno e notte » (*mšl*
in Gn 1,14-19), così può riprendersi questa concessione, chiudendoli sotto
sigillo.[122] L'onnipotenza del Dio Creatore è interpretata, stravolgendone il
senso, come "potenza" del Dio distruttore, capace di riportare il creato
nella situazione di tenebra assoluta, preesistente alla creazione: davvero
« un'ardita *Umdeutung* dell'antica tradizione del Vicino Oriente, secondo
la quale caos e creazione si escludevano a vicenda ».[123] La sistemazione
delle "stazioni" per i grandi dèi e la disposizione delle costellazioni con
l'istituzione del calendario, erano infatti l'approdo del grande poema della
creazione mesopotamico (*Enūma eliš* V,1-4). La "deduzione" giobbiana è

---

[118] Ottima raccolta di materiale in *DSym*, 416-21.

[119] La dizione ha profonde radici mitiche. As es., il *Ṛgveda* (I, 115, 5) attribuisce al
sole sia l'attributo di « splendente », sia quello di « nero » (i.e. invisibile); Savitri porta il
giorno come la notte (II, 38, 4; V, 82, 8) ed è anche un dio della notte (II, 38, 1-6). Si veda
per tutto questo M. ELIADE [1949: 130-31]. In campo poetico, non possiamo non ricordare
VICTOR HUGO, ad es., in *Bouche d'ombre*, citato da CH. BAUDOUIN [1943: 180]: « *Au-delà
de la vie et du souffle et du bruit, / Un affreux soleil noir d'où rayonne la nuit* ». J. L. SKA
ci ha gentilmente segnalato, per il simbolo del "sole nero", la lirica *El desdichado* (1835)
di GÉRARD DE NERVAL (1808-1855): « *Je suis le Ténébreux, – le Veuf, – l'Inconsolé, / Le
Prince d'Aquitaine à la Tour abolie: / Ma seule Étoile est morte, – et mon luth constellé /
Porte le Soleil noir de la* Mélancolie ». Cf G. DURAND [1969: 81].

[120] Per questo valore del simbolo, cf *DSym*, 416.

[121] Cf *DSym*, 420. La lista di queste stelle di prima grandezza varia a secondo degli
autori. Le più citate sono: Aldebaran, stella principale delle Hyades, come « guardiana
dell'est »; Rigel, della costellazione di Orione, o talvolta Regolo, della costellazione del
Leone, come « guardiana del nord »; Antares, dello Scorpione (stella nefasta in Babilonia), o le Pleiadi nel nostro caso, come « guardiane dell'ovest »; e Fomalhaut, dei Pesci
Australi, come « guardiana del sud ».

[122] « Mettere sotto sigillo » (חתם) è un verbo tecnico della tradizione mitica; si vedano OrMan 3; Ap 20,3; *Hen. æth.* 18-21 (con il mito della caduta degli angeli, attestato anche in Ap 12,7ss). La documentazione si trova in G. FUCHS [1993: 76s].

[123] G. FUCHS [1993: 76].

che Dio, *arbitrariamente*, potrebbe far tornare la creazione nella situazione caotica.

Nella stessa prospettiva dobbiamo leggere i simboli della *lotta mitica* primordiale. Da essa, accanto agli astri già ricordati, vengono presi i due motivi del v. 8, da interpretarsi alla luce di *Enūma eliš* (IV, 102-141) e del ciclo ugaritico di Baʿal e Jam: il dispiegamento dei cieli e la vittoria su Tiāmat (o Jam). Il cielo e le acque – del grande oceano – sono un simbolo dell'ordine cosmico: essi rappresentano le sorgenti luminose e acquatiche, i centri di vita che stanno "al di sopra" e "al di sotto". Secondo Giobbe, anche di questi Dio è despota assoluto e, come all'inizio sono divenuti sorgenti di vita, possono tramutarsi in sorgenti di morte (vv. 6 e 12), senza possibilità di appello contro l'onnipotenza del Creatore.

Propriamente, lotta vittoriosa e manifestazione di dominio sono schemi simbolici della *trascendenza*, come appare esplicitamente dalle stesse parole di Giobbe.[124] In esse sono decifrabili anche alcuni tratti dell'*eroe solare* prometeico.[125] Non è quindi senza preparazione la sfida che JHWH lancia a Giobbe all'inizio dei suoi discorsi (38,3) e soprattutto in tutto il secondo discorso (40,7-41,26). Nel nostro contesto è il Creatore a vincere il mostro delle origini, Jam (v. 8) o Rahab (v. 13), il quale viene umiliato, calpestato sotto i suoi piedi e fatto inchinare davanti a Lui. Il simbolismo ha quindi una chiara valenza diairetica,[126] trattandosi di sconfitta e di vittoria. Ma, con ironia magistrale, lo stesso asse simbolico assume un nuovo valore polemico imprevisto: la sconfitta del caos all'origine dimostra che non vi sono limiti per l'"ira" divina.

Questi simbolismi condivisi con la tradizione mitica dell'Antico Vicino Oriente vanno ascritti al processo di *gigantizzazione*[127] della divinità.

---

[124]  Soprattutto nell'elemento B della struttura letteraria (pag. 132).

[125]  Si vedano, al riguardo, gli studi che mettono a confronto Giobbe e Prometeo: J. LINDBLOM [1939], W. A. IRWIN [1950], H. G. MAY [1952], A. ALVÁREZ DE MIRANDA [1954], S. ISRAEL [1967], G. MURRAY [1968], H. MOTTU [1976].

Sul tema dell'"eroe solare" rimandiamo a M. ELIADE [1949: 133-36] e a G. DURAND [1969: 179-91].

[126]  Nella scelta terminologica di G. DURAND il mostro (o il drago) delle origini è un « archetipo universale », in cui prevalgono i tratti teriomorfi e acquatici, con interpretazioni ambivalenti [1969: 104-110 e 363-69].

[127]  Per la definizione di questa categoria con connotazione psicologica, si veda G. DURAND [1969: 150]. In termini letterari, corrisponde all'artificio utilizzato dai poeti biblici per ridimensionare l'antropomorfismo o, diremmo nei nostri termini, per accentuarne la divaricazione analogica. L. ALONSO SCHÖKEL [1987: 161; tr. it. 167] l'ha acutamente sottolineato portando alcuni esempi (Sal 65,7; 68,3; 76,7): « Una forma frecuente es atribuyendo a la figura o actividad humana dimensiones desmedidas, sobrehumanas ». Un altro espediente è la "domesticazione" del creato, un patrimonio simbolico che non è certo limitato al mondo biblico: Dio è "costruttore", ma i suoi mattoni sono le montagne (cf Sal 65); Dio è "guerriero", ma la sua panoplia è l'universo (cf Sap 19), le sue armi sono i fulmini (cf Sal 29), la tempesta (cf Sal 18) o il mare (cf Es 15), le sue cavalcature sono le

Giobbe davanti a questo dio si sente frustrato: egli "ingigantisce" smisura-
tamente un oggetto del suo mondo percettivo e alla fine ne viene schiacciato. Le strutture verticalizzanti (l'alto e il profondo),[128] che predominano nei nostri simboli – come sempre, ambivalenti –, mostrano per ora il
loro aspetto negativo.

Nel processo di gigantizzazione, Dio è l'*Altissimo*, l'*Inaccessibile*,
l'*Irraggiungibile*: sono tutti titoli che possono essere attribuiti al dio descritto nella nostra pericope, e in particolare nel v. 11. Potenza ed elevazione sono spesso sinonimi nella storia del linguaggio religioso dell'umanità,[129] e sono anche le caratteristiche del culto monoteistico uranico.[130]
Nella nostra pagina essi assumono tuttavia tonalità negativa: l'irraggiungibilità di Dio equivale ad arbitrarietà "al di là del bene e del male". Ma è
davvero questo il significato della trascendenza divina o della sua onnipotenza? La domanda per ora rimane aperta; troverà la sua risposta nell'ultimo atto del dramma (38,1-42,6).

Come aveva notato G. Bachelard,[131] i simboli verticalizzanti sono
caratteristicamente assiomatici.[132] Si può così comprendere l'intreccio –
evidenziato anche dalla struttura letteraria – tra simboli astrali e cosmogonici, da una parte, e *simbolo giudiziario*, dall'altra, che contrappone
dialetticamente innocenza e colpevolezza. Avremo modo di trattare più
ampiamente questo simbolismo nel paragrafo dedicato al registro etico,
soprattutto in relazione al cap. 24. Per ora, ci basti notare che le frequenti
antitesi del vocabolario giudiziario sono in perfetta sincronia con gli altri
due simbolismi, ed esprimono, al pari di quelli, la tonalità polemica della
pagina.

Lo schema di netta separazione e opposizione tra "innocenza" e "colpevolezza" e la nozione di giustizia soggiacente sono infatti dei chiari
simboli diairetici.[133] Giobbe disprezza la sua vita (v. 21) ed è pronto a

---

nubi (cf Dt 33,26; Is 19,1; Sal 68,5. 34)... Tuttavia, nel parlare di "gigantizzazione" vi è
una certa negatività, che non sempre hanno gli antropomorfismi attribuiti a Dio.

[128]   Cf M. ELIADE [1949: 17s] e G. DURAND [1969: 150-53].

[129]   Cf M. ELIADE [1949: 68].

[130]   Si vedano, oltre a Eliade, le fonti citate da G. DURAND [1969: 151].

[131]   G. BACHELARD [1943: 17s]: « On ne peut se passer de l'axe vertical pour expri-
mer les valeurs morales. Quand nous aurons mieux compris l'importance d'une physique
de la poésie et d'une physique de la morale, nous toucherons à cette conviction: toute va-
lorisation est verticalisation. [...] Tout chemin conseille une ascension. Le dynamisme
positif de la verticalité est si net qu'on peut énoncer cet aphorisme: qui ne monte pas
tombe ».

[132]   Proprio per questo, assumono grande valore religioso gli schemi ascensionali: i
monti sacri, le *ziqqurratu* mesopotamiche, le scalinate davanti ai templi... Si veda la documentazione in M. ELIADE [1949: 96ss] e G. DURAND [1969: 140-44]. L'archetipo simbolico ascensionale ha un grande ruolo, ad es., nel *Libro dei Morti* dell'Antico Egitto,
come nel *Paradiso* di Dante o nella *Subida del Monte Carmelo* di San Juan de la Cruz.

[133]   Cf G. DURAND [1969: 178s].

giocarsela sino in fondo, come dirà in 13,14, quasi "eroe solare" che combatte soprattutto con le armi spirituali e intellettuali.[134] L'isomorfismo[135] simbolico con quanto precede è perfetto: non è possibile istruire un *rîb* con Dio, perché la sua potenza schiaccerebbe l'avversario e pervertirebbe l'esito del giudizio (vv 15 e 20).

Nasce da questa paura il desiderio di avere un arbitro (9,33: *môkî$^a$ḥ*), un testimone o difensore (16,19: *ʿēd, śāhēd*), un garante (17,3: *ʿrb*) o un "redentore" (19,25: *gōʾēl*) che possa garantire la correttezza del processo. Dio è parte in causa davanti a Giobbe e non c'è nessun garante... se non Dio stesso! Ma questo sarà compreso da Giobbe solo alla fine della sua ricerca, quando vedrà che il suo *gōʾēl* è proprio Dio, ormai riscoperto sotto una nuova "figura".

Il desiderio nel frattempo maturato, in modo ancora più esplicito, manifesta la valenza antitetica del punto di vista giobbiano: "separare" per meglio comprendere, "distinguere" per meglio capire, "contrapporre" per salvare la propria giustizia. È una conferma della dimostrazione di G. Durand[136], che ha definito il *Regime diurno* dell'immagine come "regime dell'antitesi". L'antitesi viene fatta risalire in Dio stesso, al suo comportamento ambivalente di creatore e distruttore;[137] in altri termini, alla sua arbitrarietà insindacabile.

Gli stessi schemi simbolici vengono ripresi in un'altra pagina "innica"[138] (12,13-25), una risposta sarcastica all'inno di Sofar del capitolo precedente. Con tono fortemente polemico, Giobbe presenta il "duplice" volto di Dio: il suo mondo ha sì, quali punti cardinali, la sapienza, la potenza, la forza progettuale e l'intelligenza[139] (12,13: *ḥokmâ, gᵉbûrâ, ʿēṣâ, tᵉbûnâ*; cf Is 11,2). Ma « JHWH fa morire e fa vivere, scendere agli inferi e risalire; JHWH rende povero e arricchisce, abbassa ed esalta » (1 Sam 2,6-

---

[134] Si veda, ad es., l'analisi simbolica del mito di Perseo in P. DIEL [1954: 176 e 185]. La "spada" – ha scritto P. DIEL [1954: 98] – « est le symbole de la force lucide de l'Esprit qui ose trancher le vif du problème: l'aveuglement vaniteux et ses fausses valorisations contradictioires et ambivalentes ». Cf anche G. DURAND [1969: 179-85].

[135] Assumiamo questa terminologia da CH. BAUDOUIN [1943: 202]; si potrebbe anche parlare di "isotopie". Con essa intendiamo riferirci alla permanenza di valori simbolici nonostante il variare dei simboli. Ad es., la "luce" può essere rappresentata dal sole, dalla lampada, dal fuoco, dagli astri, etc.

[136] G. DURAND [1969: 203].

[137] Verrebbe molto sminuita la forza di questi testi, se si dovessero qualificare "non jahwisti" o "pre-jahwisti", come suggerisce M. S. MOORE [1993: 646], rimandando al commentario di J. G. JANZEN, 11s.

[138] Cf F. CRÜSEMANN [1969: 118-21].

[139] I quattro vocaboli sono disposti in due coppie parallele, per cui חָכְמָה = עֵצָה e תְּבוּנָה = גְּבוּרָה. La prima coppia è particolarmente importante per la trama intellettuale del dramma. Per חָכְמָה il rimando è soprattutto al cap. 28; per עֵצָה a 38,2 e 42,3. Cf M. G. SWANEPOEL [1991].

7): non si era cantato così sin dai tempi antichi?[140] Elifaz l'aveva ricordato nel suo primo intervento, con un inno che, pur avendo simboli simili, conduce a una conclusione diametralmente opposta (5,9-15). Sofar l'aveva assunto come principio, con la freddezza del teologo (11,6). Il Giobbe del prologo lo condivideva: « JHWH ha dato e JHWH ha tolto: sia benedetto il nome di JHWH » (1,21; cf anche 2,10). Ma ora, Giobbe, con spietata lucididità, reinterpreta quelle affermazioni tradizionali: dialetizzandole, essi divengono comportamenti antitetici dello stesso Dio. Dio avrebbe due facce opposte, alla maniera di un Giano[141] bifronte. E ciò spiegherebbe la sua arbitrarietà.

In questa cornice si deve leggere la conclusione dell'inno (12,22-25):

> 22  *Egli scopre le profondità delle tenebre*
> *e porta alla luce l'ombra infernale;[142]*
>
> 23  *fa crescere i popoli e li annienta,*
> *disperde le nazioni e le guida;[143]*
>
> 24  *stravolge la mente dei capi del popolo,*
> *li lascia vagare in un deserto senza piste,*

---

[140]  Cf A. GLAZNER [1977s].

[141]  Cf *DSym*, 530s. Giano, dio di origine indo-europea, era il dio della transizione e del passaggio, il dio delle porte (*janua*), che egli apre e chiude. Per questo gli fu dedicato il primo mese dell'anno (*januarius*).

[142]  B. DUHM e G. FOHRER omettono il versetto, considerandolo astratto e fuori contesto; M. H. POPE lo pone dopo 11,9. Il versetto invece quadra perfettamente nell'inno, come affermazione dell'onnipotenza divina, descritta nei versetti seguenti con coppie contrastanti di verbi. Bisogna tuttavia far attenzione al significato di מְגַלֶּה עֲמֻקוֹת מִן (*hapax*), che interpretiamo come parallelo di וַיֹּצֵא לָאוֹר del secondo stico e applichiamo all'atto creativo originario, in senso positivo (per altre interpretazioni cf D. J. A. CLINES, 301ss).

[143]  I verbi di questo versetto sono molto discussi. N. C. HABEL li interpreta tutti negativamente: « He leads some nations astray (מַשְׂגִּיא) and destroys them; Others he scatters and leads away ». A nostro parere (cf anche J. REIDER [1954: 290s] e D. J. A. CLINES), entrambi gli stichi hanno un verbo positivo e un suo contrario, ma a struttura chiastica (positivo – negativo – negativo – positivo). La √שׂגא « crescere », ben attestata in aramaico e probabilmente già presente in nomi propri a Ebla (cf *KB*, IV, 1216s), è usata in ebraico solo in Giobbe (in 36,24 e forse in 8,11), accanto a √שׂגה (Gb 8,7. 11[?]; Sal 73,12; 92,13). Già Aq e Sym (con 7 Mss ebraici) leggevano da √שׂגה (=√שׁגה) « perdersi ». La √שׁטח « stendere [a terra] » (cf Nm 11,32; 2 Sam 17,19; Sal 88,10; Ger 8,2) l'assumiamo in senso negativo (si veda soprattutto Ger 8,2); il parallelo arabo è سطح, come già aveva suggerito J. REIDER [1954: 290s], il quale propone di tradurre: « He prostrates the nations and bring them to rest [וַיְנִחֵם] »; cf anche l'akkadico *šeṭû(m)*. L'ultimo verbo וַיַּנְחֵם non va emendato in וַיְנִיחֵם « le conduce al riposo » o « e le abbandona » (F. HITZIG, S. R. DRIVER - G. B. GRAY, R. GORDIS, *BHS*; sulla base di Ger 14,9; Ez 16,39; Gdc 16,26) e nemmeno in וַיַּכְחִדֵם « e le stermina » (N. H. TUR-SINAI) o וַיְמַחֵם « e le distrugge » (C. J. BALL, É. P. DHORME, G. FOHRER, F. HORST). L'Hi. di נחה mantiene anche nel nostro passo un valore positivo, come in tutte le ricorrenze in cui il soggetto è JHWH: è il verbo caratteristico della "guida" nel cammino del deserto (cf G. W. COATS [1972: 289s]) e in Sal 67,5 l'oggetto sono i לְאֻמִּים.

25    *ed essi brancolano nel buio, senza alcuna luce,*
      *li lascia vagare come fossero ubriachi.*[144]

Il regime antitetico viene esasperato: il Dio creatore che ha saputo
"scoprire" le tenebre caotiche per portarle alla luce è lo stesso Dio che
getta nelle tenebre interi popoli con i loro capi.

L'interpretazione dell'agire divino con strutture antitetiche è molto
diffusa nel simbolismo religioso umano. Non poteva essere diversamente,
vista la dialettica del divenire storico. Vorremmo qui ricordare, come uno
degli esempi migliori, alcuni versi dell'inno introduttivo di *Ludlul bēl nēmeqi* (I, 1-40).[145] Il « giusto che soffre » – titolo che già W. G. Lambert
aveva dato alla composizione akkadica – loda Marduk, il dio « prudente »
o « circospetto ». Sullo sfondo dell'asse simbolico luce e tenebre, si coglie
la figura di una divinità a due "facce":

> *Voglio lodare il signore della sapienza,*        *il dio prud[ente];*
> *egli si adira di notte,*                          *[ma] perdona di giorno.*
> *[Voglio lodare] Marduk, il signore della sapienza,*   *il dio prudente;*
> *egli si adira di notte,*                          *[ma] perdona di giorno.*
> *La sua ira come una bufera*                        *[riduce a] deserto,*
> *[ma] il suo soffio è bello*                        *come la brezza del mattino.*
> *La sua collera è irresistibile,*                   *la sua furia è un diluvio;*
> *[ma] la sua mente è previdente,*                   *il suo animo pronto al perdono*
> (I, 1-8).[146]

Il passo biblico più prossimo al vocabolario di Gb 12,13-25[147] è il
Sal 107, un salmo in molti punti ispirato al Secondo e Terzo Isaia.[148] Il

---

144    Il primo stico offre un buon esempio di litote in ebraico (חֹשֶׁךְ וְלֹא־אוֹר: cf anche
Am 5,18. 20; Lam 3,2). Il Pi. di √משׁשׁ era stato già usato da Elifaz in 5,14. Non deve poi
stupire la ripetizione dello stesso verbo וַיִּתְעֶם in 24b e 25b; anche nel v. 23 avevamo la ripetizione di לַגּוֹיִם, anche se 5 Mss hanno לָאֻמִּים (per questo stilema si veda R. GORDIS,
508-13). Molti commentatori, tra cui B. DUHM, S. R. DRIVER - G. B. GRAY, F. HORST, per
ovviare alla ripetizione e trovare un miglior parallelismo con soggetto in 3ª plurale, vorrebbero leggervi una forma Qal (וַיִּתְעוּ) o Ni. (וַיִּתָּעוּ), appellandosi alla LXX (πλανηθείη-
σαν). In questa linea è anche M. DAHOOD [1962: 58], seguito da A. C. M. BLOMMERDE, i
quali tuttavia, pur leggendo un Qal o Ni., non cambiano il testo consonantico, ma vi trovano un *mem* finale enclitico.

145    W. G. LAMBERT [1960: 21-62] ha potuto tradurre solo le prime dodici righe del-
l'inno. Le lacune delle righe 13-40 sono state ora colmate, grazie a una copia del poema
trovata a Kalach (ND 5485) e studiata da D. J. WISEMANN [1980]. La traduzione critica
più recente si può leggere in W. VON SODEN [1990b: 110-35].

146    Si veda W. VON SODEN [1990b: 114s].

147    Ci sarebbero molti altri paralleli minori. Si veda, ad es., lo sviluppo simbolico del
Sal 33 (cf G. RAVASI [1981: I, 509-601] e L. ALONSO SCHÖKEL - C. CARNITI [1991-1993:
I, 502-11; tr. it. I, 577-87]).

148    Cf L. ALONSO SCHÖKEL - C. CARNITI [1991-1993: II, 1339-50; tr. it. II, 468-82] e
G. RAVASI [1984: III, 193-217]. Il miglior studio storico-tradizionale rimane quello di W.
BEYERLIN [1979].

regime antitetico soggiacente ai simboli giobbiani dà tuttavia alle due composizioni una valenza molto diversa e il salmo potrebbe essere meglio accostato all'inno di Elifaz nel cap. 5. Se il Sal 107 può essere definito un « grande cantico di rendimento di grazie », il nostro inno è invece una nuova ardita critica all'onnipotenza divina, che è "al di là del bene e del male".

## 2.2 Gb 26,5-13: la potenza della "divinità"

Trovandosi in bocca a Giobbe, le parole di questo discorso vanno interpretate in chiave ironica. L'introduzione retorica dei vv. 2-4 è una risposta, diretta a Bildad, di tono amaro e sarcastico:

2    *Ma come aiuti bene chi non ha forza*
     *e vieni in soccorso al braccio di chi non ha potere!*[149]
3    *Come istruisci bene chi non ha sapienza*
     *e fai sfoggio di saggezza a iosa!*[150]
4    *Con chi*[151] *hai scambiato parola tu?*
     *Di chi è mai il respiro uscito da te?*[152]

---

I punti di contatto tra l'inno in discussione (Gb 12,13-25) e il Sal 107 sono messi in luce dal seguente quadro sinottico, in cui riportiamo le espressioni ripetute quasi alla lettera nelle due composizioni:

| Gb 12 | Sal 107 |
|---|---|
| 21a: שֹׁפֵךְ בּוּז עַל־נְדִיבִים) | 40a: שֹׁפֵךְ בּוּז עַל־נְדִיבִים |
| 22: מְגַלֶּה עֲמֻקוֹת מִנִּי־חֹשֶׁךְ וַיֹּצֵא לָאוֹר צַלְמָוֶת | 14a: יוֹצִיאֵם מֵחֹשֶׁךְ וְצַלְמָוֶת |
| 24a: וַיַּתְעֵם בְּתֹהוּ לֹא־דָרֶךְ | 40b: וַיַּתְעֵם בְּתֹהוּ לֹא־דָרֶךְ |
| 25b: וַיַּתְעֵם כַּשִּׁכּוֹר | 27a: יָחוֹגּוּ וְיָנוּעוּ כַּשִּׁכּוֹר |
| 5,16: [cf anche: וְעֹלָתָה קָפְצָה פִּיהָ] | 42b] וְכָל־עַוְלָה קָפְצָה פִּיהָ |

È difficile stabilire con assoluta certezza quale dei due testi sia ispirazione per l'altro: la struttura del Sal 107 potrebbe far pensare che sia il salmo a ispirarsi a Giobbe (cf W. BEYERLIN [1979: 83-86]; secondo BEYERLIN, Giobbe sarebbe la fonte dell'ampliamento per mano di uno « *"schriftgelehrter" Schreiber* » [*ibid.*, 107]); oppure potrebbe trattarsi di *topoi* generici. L'orizzonte poetico e teologico del drammaturgo giobbiano è molto più ampio e il suo simbolismo abbraccia anche l'opera creatrice oltre alla liberazione dall'esilio (cf soprattutto v. 22 e Sal 107,14).

[149] La costruzione dei vv. 2-3 è rigidamente parallela. Soltanto nell'ultimo stico לְרֹב non è complemento di termine, bensì forma avverbiale (come, ad es., in 1 Re 1,19; Ne 9,25; 2 Cr 18,2).

[150] Il sintagma הוֹדִיעַ תּוּשִׁיָּה è molto frequente, con diverse sostituzioni paradigmatiche per l'oggetto. חָכְמָה: Gb 32,7; Sal 51,8; לֶקַח: Pro 9,9; אֱמוּנָה (יהוה): Sal 89,2; יְשׁוּעָה: Sal 98,2; עֹז: Sal 77,15; גְּבוּרָה: Ger 16,21; Sal 106,8; 145,12.

[151] Interpretiamo אֶת־מִי come complemento di compagnia in senso forte, per sottolineare la domanda sulla *fonte* delle parole di Bildad, anche se il verbo הִגִּיד può essere costruito con il doppio accusativo (come in 17,5 o 31,37).

[152] Il secondo stico è stato leggermente ritoccato nella traduzione per ragioni stilistiche. Letteralmente sarebbe: « Il respiro di chi è uscito da te? ». Bisogna riconoscere che נְשָׁמָה fu sentito come uno dei lessemi più emblematici dal "primo commentatore" del libro, colui che ha aggiunto i capitoli di Elihu (cf pp. 69-78); su un totale di 24 ricorrenze

L'ultima affermazione del v. 4 si collega in inclusione al v. 14, in quanto entrambe alludono al primo intervento di Elifaz:

> 14 *Se questo non è che il lembo della sua forza,*
> *chissà quale "susurro" di parola udiremo in lui!*
> *Chi mai potrà comprendere il suo potente tuono?[153]*

Elifaz (4,12-21) aveva citato la « voce » di una figura numinosa, che gli era apparsa di notte, per confermare la tesi che i malvagi « per un soffio di Eloah (*minnišmat ʾĕlōᵃh*) soccombono e sono finiti dallo spirito delle sue nari (*mērûᵃḥ ʾappô*) » (4,9). Sembra che già Sofar abbia ironizzato sul fatto che l'amico sia ricorso a visioni notturne (cf 20,8-9);[154] anch'egli però aveva parlato di uno spirito (*rûᵃḥ*), che, impellente, lo spingeva a prendere la parola. Bildad, in 25,1-6, per avvalorare la tesi ha fatto ricorso ai miti.

Giobbe vorrebbe sapere da chi provenga il « soffio » e lo « spirito » dell'amico. Il sarcasmo è travolgente: da Bildad stesso! A Bildad, quindi, noi riferiamo la descrizione della "divinità" dei vv. 5-13: se così fosse, li potremmo definire una "parodia mitica". I commentatori che trovano inappropriate queste frasi nella parte del personaggio Giobbe presuppongono che il soggetto di questi versetti sia Dio. Ma la feroce ironia sta proprio nel presentare Bildad con i tratti mitici di una divinità capace di dominare le forze caotiche delle origini. Bildad ha parlato *ex sese*. Giobbe ironizza su questa "potenza" di Bildad. La chiave ironica e la ricca

---

nell'AT, infatti, ben sette si trovano nel libro di Giobbe, e quattro di esse nelle parole di Elihu: 4,9; 26,4; 27,3; 32,8; 33,4; 34,14; 37,10.

[153] הֵן introduce una costatazione che ha valore di protasi, come il cananaico *annû* delle lettere di Tell el-ʿAmārna, l'ugaritico *hn* e l'arabo إِنَّ; in Ag 2,12s è in parallelo a אִם (si vedano anche Gb 4,18; 9,11s; 12,14s; 13,15; 15,15; 19,7; 23,8; 25,5; 27,12; 40,23; 41,1; 2 Cr 7,13; Ger 3,1; Pro 11,31; per una discussione più ampia, cf A. C. M. BLOMMERDE [1969: 28] e C. J. LABUSCHAGNE [1973]). Leggiamo con il K דְּרָכֹּו nel senso di « forza » (al singolare leggono anche LXX e Th), in parallelo con גְּבוּרָתֹו, da leggersi al singolare con K. Anche in 40,19 il significato di דֶּרֶךְ è « forza », « potenza » (cf Ger 31,3; Os 10,13; Sal 138,5b; Pro 31,3...); in ugaritico (*UT*, n. 702) *drkt* sta in parallelo a *mlk*, « signoria ». Cf M. DAHOOD [1964a: 404].

Gli ultimi due stichi, sempre di tono ironico, vanno interpretati tenendo presente il cap. 4, cui Giobbe rimanda esplicitamente, citando lo שֶׁמֶץ: le difficoltà di traduzione nascono da questa incomprensione. La costruzione נִשְׁמַע־בֹּו potrbbe essere interpretata come Ni. con soggetto שֶׁמֶץ (« qual susurro di parola ne è stato udito »), oppure, secondo la nostra traduzione, come jiqtol Qal (1ª plurale); in questo caso בֹּו va riferito a Bildad. Ciò è coerente con il parallelismo dei tre stichi. Infatti, se, da una parte, רַעַם גְּבוּרֹתֹו richiama le קְצֹות דְּרָכֹּו del primo stico, dall'altra è antitetico al שֵׁמֶץ דָּבָר del secondo stico (l'attribuzione è in questo caso data dal pronome בֹּו): il risultato poetico è efficace.

[154] Ci potrebbe essere questo accenno nelle parole di Sofar che paragonano il trionfo dell'empio a un sogno e a una visione notturna (חֶזְיֹון לָיְלָה: cf 4,13). Si veda per questo J. C. HOLBERT [1981: 173].

tradizione mitica soggiacente[155] rendono certamente più complessa l'interpretazione, ma non c'impediscono di ricostruire, attraverso gli schemi simbolici utilizzati, una certa "figura" di divinità, che Giobbe applica satiricamente all'amico.

### 2.2.1 Il testo[156]

5    *I Refaim[157] cominciano a tremare[158]*
*da sotto le acque insieme con i loro abitanti,*

6    *nudo è Šeʾol di fronte a lui,[159]*
*Abaddon non ha indumenti;*

7    *ed egli inclina Zafon[160] sull'abisso*
*e sospende la terra sopra il vuoto;*

8    *racchiude l'acqua nelle nubi,*
*ma la nube non si squarcia sotto di essa;*

9    *tiene nascosta[161] la faccia della luna piena,[162]*
*e vi stende sopra[163] la sua nube;*

---

[155] Si veda, al riguardo, l'analisi di G. FUCHS [1993: 135-38].

[156] Sui problemi filologici di questa pericope, oltre ai commentari, si vedano in particolare W. HERRMANN [1977], D. WOLFERS [1987b: 221s] e H. GROSS [1990].

[157] Sulla tradizione mitica dei רְפָאִים si veda soprattutto A. CAQUOT [1985]. Interessanti annotazioni anche in P. XELLA [1987b] e TH. PODELLA [1987].

[158] יְחוֹלָלוּ (Polal di √חיל) potrebbe avere anche qui, in contesto cosmogonico, il significato di « essere generati », come in Gb 15,7 o Pro 8,24s. Le schiere del caos sono generate dal mare, come voleva la tradizione mitica (cf CH. VIROLLEAUD [1957: 5, n. 1], testo 15.134) e come sarà ripreso dal simbolismo apocalittico (ad es., Dn 7 e Ap 13). Tuttavia, il parallelo con il v. 11 ci fa preferire il significato di « tremare », come – forse – in Sal 109,22 e 110,3. Šeʾol e Abaddon sono lasciati nella traduzione come nome propri: la loro « nudità » sta a significare che sono pronti a ingaggiare la lotta.

[159] Non deve essere trascurata l'insistenza sul pronome di 3ª persona maschile singolare ‑ֹו, dando un risultato molto enfatico in contesto poetico: a nostro parere è un ulteriore indizio del tono ironico.

[160] Su צָפוֹן « cima [che pende dalle nuvole], montagna alta », si veda J. J. M. ROBERTS [1975b].

[161] מְאַחֵז: il Pi. di אָחַז è usato solo in questo passo, tanto che non manca chi vorrebbe leggere il *mem* come dittografia della finale del verso precedente, תַּחְתָּם (cf S. R. DRIVER - B. G. GRAY).

[162] La vocalizzazione massoretica ha כִּסֵּה (= כִּסֵּא) « trono ». Nonostante R. GORDIS obietti che כֶּסֶּ significhi solo « giorno di luna piena » (cf Sal 81,4), noi leggiamo כֶּסֶה quale forma parallela a כֵּסֶא, come già suggerisce IBN EZRA (cf ultimamente H. GROSS [1990: 81]. M. DAHOOD [1965a: 330] e [1966-1970: II, 264] ha addotto il parallelo ugaritico *jrḫ wksa* (RS, 24.244), citato anche da F. VATTIONI [1968: 382s], con la proposta – giudicata probabile – di far derivare il nome dalla stessa radice akkadica *kšh II* « crescere, aumentare ». Il contesto cosmogonico e il parallelismo del secondo stico fanno preferire questa vocalizzazione (cf L. ALONSO SCHÖKEL - J. L. SICRE DÍAZ, 363; tr. it. 409, per una rassegna completa dei pareri; N. C. HABEL sta con il TM).

[163] L'*hapax* פַּרְשֵׁז è strano, se non altro per la presenza di quattro radicali. Da qui le moltissime congetture: neologismo che fonde פרש con[163] פרז (KB, III, 920) oppure semplice

10      *con un limite circonda*[164] *la distesa delle acque*
        *all'estremo confine di luce e tenebre;*[165]
11      *le colonne del cielo tremano,*[166]
        *atterrite dalla sua minaccia;*
12      *con la sua forza mette a tacere il mare,*
        *con la sua furbizia fracassa Rahab,*[167]
13      *con un suo soffio il cielo diventa limpido*
        *e la sua mano trafigge il Serpente guizzante.*[168]

---

errore per פרשׁ (S. R. DRIVER - G. B. GRAY), vocalizzato פֶּרֶשׁ (J. G. E. HOFFMANN e altri) oppure פָּרֵשׂ (K. BUDDE e altri), sulla base della LXX (Th) ἐκπετάζων e delle altre versioni antiche (Tg: פרס; Syr: ܦܫܛ; Vg: *expandit*).

Per ora non abbiamo soluzioni certe ed avanziamo un'ipotesi: l'etimologia di √פרשׁ sarebbe da cercare nell'hittita (come in 3,5, e proprio a riguardo dell'eclissi!). Si potrebbe pensare a *parš-, paršiia-* (infinito I: *paršiiauanzi*) « sminuzzare » (*HetW*, 163), che potrebbe significare anche « spalmare, stendere » in alcuni testi (cf F. SOMMER - H. EHELOLF [1924: 21-25]). O, forse ancora meglio, per questo significato, con F. SOMMER - H. EHELOLF, si potrebbe pensare ad un'altra radice, attestata dalle forme *paršaizzi* (Pres. 3ª sing.) e *paršanzi* (Infinito) (*ibid.*, 65).

[164] Da J. D. MICHAELIS in poi, molti moderni correggono in חָ֫ג. Ma il TM חֹק־חָג è migliore, se ricordiamo Pro 8,27 (בְּחוּקוֹ חוּג עַל־פְּנֵי תְהוֹם): nel nostro caso, a differenza del passo di Proverbi, חֹק è accusativo strumentale e חָג participio (√חוג). Cf anche LXX: πρόσταγμα ἐγύρωσεν; Sym: ὅρον περιέγραψεν; Syr: ܘܒܡ ܣܘܓ ܕܠ ܚܕ ܦܟܐ ܬܚܡ; Vg: *terminum circumdedit*.

[165] Traduciamo così l'importante e difficile immagine עַד־תַּכְלִית אוֹר עִם־חֹשֶׁךְ. Vi è l'idea dell'estremità (עַד) e insieme quella del confine dei due regni (cf A. De. WILDE, 249): da una parte il confine segna il compimento di essi (√כלה), dall'altra ne segna la netta distinzione. Il lessema תַּכְלִית è molto amato da Giobbe (cf 11,7 e 28,3; 3 delle 5 ricorrenze nella *BHS*).

[166] יְרוֹפָפוּ (Po. da √רפף) è un *hapax* che normalmente viene connesso con il siriaco e l'arabo رف « vibrare, battere [di ciglia] ». W. F. ALBRIGHT [1941: 40[10]] aveva attirato l'attenzione sul possibile parallelo con la √תרף, usata in aramaico e tardo ebraico, ma attestata anche in ugaritico, proprio nella descrizione della vittoria di Baʿal su Lôtan (= Leviatan).

[167] Il parallelismo nei due stichi del v. 12 è stringente: a בְּכֹחוֹ corrisponde בִתְבוּנָתוֹ (leggiamo così con Q; K ha בתובנתו); רָגַע è bilanciato da מָחַץ; יָם da רָהַב. La traduzione del sintagma רָגַע הַיָּם è discutibile, in quanto il verbo può significare « calmare » o, al contrario, « eccitare » (per quest'ultimo significato cf Is 51,15 e il parallelo Ger 31,35). Preferiamo il primo senso, per il parallelismo con 13a. Cf già H. GUNKEL [1895: 36].

[168] Il v. 13, oltre ad avere un ottimo parallelo tra i due stichi e una simmetria perfetta al suo interno (cf la paronomasia tra l'iniziale בְּרוּחוֹ e il בָּרִיחַ finale), è un "raddoppiamento" del v. 12 (12a = 13a; 12b = 13b). Il primo stico può creare qualche difficoltà a causa della strana costruzione della frase nominale (cf *GK*, § 141, 2a) e dell'*hapax* שִׁפְרָה. Ricordando la rete usata da Marduk in *Enūma eliš* (IV, 95: *uš-pa-ri-ir-ma be-lum sa-pa-ra-šu u-šal-me-ši* « il Signore [Marduk] stese la sua rete e la [Tiāmat] inviluppò »), N. H. TUR-SINAI, 382-84, traduce: « By his wind he put the sea into a net » (akkadico *sapāru*, o meglio *saparru* → ebraico *šiprâ*). La proposta è accolta da M. H. POPE, M. A. FISHBANE [1971: 163] e H. R. COHEN [1978: 50]. Come possibilità resta valida. D'altro canto, è anche vero che il referente mitico non deve essere circoscritto esclusivamente alla tradizione mitologica mesopotamica. Nel ciclo ugaritico di Baʿal si parla anche del cielo, proprio

## 2.2.2 Analisi retorica

Il breve "inno satirico" ha una composizione regolare.[169] Il criterio sintattico può essere un buon indizio per distinguere i diversi movimenti. Abbiamo infatti frasi circostanziali (vv. 5-6), frasi participiali (vv. 7-10) e frasi verbali senza sequenza narrativa (vv. 11-13), in quanto ciascuna di esse inizia con il soggetto (v. 11) o con un complemento (vv. 12s).

---

quando si ricorda la lotta mitica contro il mostro caotico. Leggiamo in *KTU*, 1.5 I 1-5: *ktmḫṣ ltn btn brḫ* | *tklj btn ʿqltn* | *šljṭ d šbʿt rašm* | *ttkḫ ttrp šmm* | *krs ipdk* | *ank ispi uṭm* « Quando hai fatto a pezzi Lôtan (= Leviatan), il serpente guizzante, hai finito il serpente tortuoso, il "tiranno" dalle sette teste, e i cieli si increscarono e si afflosciarono, come la cintura della tua veste, io ero sfinito [...] » (*CML*, 102s e *MLC*, 213). Si veda anche un altro testo molto interessante, con una variante rispetto al precedente (CH. VIROLLEAUD [1957: 12: n. 3 - 16.266, linee 3-11], discusso in G. FUCHS [1993: 137s]). Altri particolari in R. LUYSTER [1981]. É. P. DHORME, R. GORDIS e N. C. HABEL traducono « Il suo soffio distese i cieli », richiamando il verbo akkadico *šuparruru* « stendere » ed eliminando il ב come dittografia. Preferiamo mantenere la vocalizzazione del TM e interpretare שִׁפְרָה come sostantivo, « limpidità » (*KB*, IV, 1510).

חֹלֲלָה (Polel di √חלל II) « trafigge » è usato anche in Is 51,9, un testo che si richiama esplicitamente al mito della lotta originaria. La satira della lotta mitica termina con questa esplicita citazione della tradizione dell'Antico Vicino Oriente: cf soprattutto *Enūma eliš* IV, 99-104 e il ciclo ugaritico di *Baʿal e Jam* (cf *sopra*; lo studio dei paralleli mitici si trova in G. FUCHS [1993: 135-38]). L'attributo בָּרִיחַ « guizzante » per il mostro caotico è classico: nella *BHS* ricorre anche in Is 15,5; 43,14 e soprattutto in Is 27,1 dove בָּרִחַ – *scriptio defectiva* – sta in parallelo a עֲקַלָּתוֹן, come nel testo ugaritico citato. In 9,25 vi è un interessante polisemia a partire dal duplice senso della √ברח, studiata da E. ZURRO [1980] e [1981]. Non si perda un ulteriore parallelo in quella prima riga: il verbo reggente è *mḫṣ* = מחץ, che abbiamo incontrato nel verso precedente, con oggetto Rahab.

Meno convincenti sono altre proposte. W. F. ALBRIGHT [1941: 39, nota 5] dà a בָּרִיחַ il significato di « primeval »; C. H. GORDON [1953: 243] e [1966: 2] gli attribuisce il significato di « evil », fondandosi sul parallelo arabo رح citato da I. AL-YASIN [1952: 45, n. 85]. Quest'ultima proposta è stata ripresa anche da W. HERRMANN [1977: 36-39]. In effetti, il vocabolo è attestato nei dizionari arabi (cf *Lane*, I, 181), ma è del tutto secondario. La suggestione di G. PETTINATO [1979: 262] di trovare una conferma alla proposta di GORDON in un lemma del dizionario bilingue di Ebla (TM. 75. G. 2422) è problematica: egli interpreta la traduzione eblaita *ba-rí-um* del sumerico ḪUL « malvagio » come equivalente a *bariḫ(um)*.

H. GROSS [1990: 81s], seguendo di A. DE WILDE, 250-52, vede qui un accenno al fenomeno astronomico della costellazione del *Dragone*: « der dunkelste Teil der Nacht war vorüber, wenn der Drachenkopf halbiert worden war» (A. DE WILDE, 251, che cita anche i *Phaenomena* di ARATO, 45-62, con altri particolari astronomici). L'opinione era già stata confutata da G. SCHIAPARELLI [1903: 92-94].

[169] Cf N. C. HABEL, 366-68 e G. FUCHS [1993: 135]. Quest'ultima non ha colto la valenza sarcastica della pericope, per cui la divide nel modo seguente: « v. 5f.: Die Wehrlosigkeit der Unterwelt und ihrer Bewohner vor der Macht Gottes (Verbalsätze), v. 7-10: erstaunliche Wunderwerke der Schöpfung (hymnische Partizipien), v. 11-13: göttliches Handeln in der Urzeit (Verbalsätze), v. 14: abschließende weisheitliche Reflexion (Trikolon) ».

Localizziamo le diverse azioni. I vv. 5-6 sono ambientati negli "inferi" (*mit-taḥat majim, šᵉʾôl, ʾăbaddôn*); i vv. 7-8, invece, sono ambientati al di sopra dell'abisso (*ʿal-tōhû / ʿal-bᵉlî-mâ*), e riguardano la montagna divina (*ṣāpôn*), la terra (*ʾereṣ*) e le acque superiori (*majim bᵉʿābājw*). I vv. 9-10 sono accomunati dal tema del "confine" che separa le superfici (*pānîm*): la superificie lunare (v. 9) e la possibilità dell'eclissi, con la nube (*ʿānān*) di cui si è parlato anche nel v. 8, rappresentano i confini celesti di luce e tenebre; lo *ḥōq* che circonda la superficie delle acque segna invece i confini sulla terra tra l'acqua e la terra asciutta, mentre l'orizzonte segna il confine tra luce e tenebre.[170]

Nel v. 11 di nuovo si torna a descrivere ciò che poggia le sue colonne sull'abisso. E da ultimo, nei vv. 12-13, vi è continua alternanza tra mare (v. 12) e cielo (v. 13), con la sconfitta del mostro caotico (*rahab, nāḥāš*), un elemento narrativo che unisce i due "luoghi".[171]

Non possiamo non rimanere stupiti da questa meticolosa accuratezza compositiva che porta a privilegiare i versetti centrali:

A. I preparativi per la lotta (vv. 5-6)      – *abisso*
B. Colui che ordina e separa (vv. 7-8)      – *sull'abisso*

    C. Il "confine" della luce lunare (v. 9)      – *cielo*
    C'. Il "confine" del mare e l'orizzonte (v.10)      – *terra*

B'. Colui che fa tremare le colonne (v. 11)      – *sull'abisso*
A'. La lotta con il mostro caotico (vv. 12-13)      – *abisso/cielo*

## 2.2.3 Analisi simbolica

La struttura letteraria ci ha mostrato tre fondamentali plessi simbolici: la lotta con il mostro caotico delle origini (A-A'), l'ordinamento dell'universo (B-B') e il "limite"-"confine" del mare e delle tenebre (C-C').

La lotta contro il *mostro caotico*[172] – rappresentato da *Jam, Rahab, Nāḥāš* insieme agli alleati del mondo infernale: *Rᵉpāʾîm, Šᵉʾôl, ʾĂbaddôn* – è un nitido simbolo diairetico:[173] è la trascrizione mitica della vittoria

---

[170] Sono "confini" comprensibili, ovviamente, alla luce della cosmologia dell'epoca. Cf per questo J. B. BAUER [1951], C. HOUTMAN [1974], B. KUNZ [1981], G. DE GENNARO [1982], L. TROIANI [1985], T. J. MAFICO [1986], P. D. MILLER [1987]. Soprattutto, per i paralleli mesopotamici, B. JANOWSKI [1989].

[171] Se si accettasse l'ipotesi di N. H. TUR-SINAI (cf pag. 142[165]), avremmo in questi versetti finali un riferimento solo agli abissi, in perfetta simmetria con i vv. 5-6. Ma la *nostra* simmetria non è una ragione sufficiente.

[172] Cf G. R. DRIVER [1956a], M. K. WAKEMAN [1973].

[173] Cf G. DURAND [1969: 104-06 e 179-85]. G. BACHELARD [1942: 123s] cita, tra gli altri, il celebre quadro surrealista di Salvador Dalí, la *Persistenza della memoria*, meglio conosciuto come *Orologi molli* (*Relojes blandos* del 1931; New York, Museum of Modern Art), quale rappresentazione iconografica eloquente della « liquefazione temporale »,

sull'elemento negativo dell'archetipo acquatico. In primo piano, sta la sottomissione delle acque "fatali"[174] e la disfatta della terrificante figura teriomorfa del dragone (serpente o simili), il quale pure esprime in modo impressivo – analogamente all'*uroboros* che si morde la coda[175] – la spirale del tempo e l'intreccio tra mondo ctonio e celeste. Anche la nudità del v. 6 è un elemento da inquadrare nella cornice della lotta mitica; in questo passo, non allude alla conoscenza divina che penetra persino nello Šeʾol.[176]

Dal momento che in questa figura s'intrecciano diversi segmenti semantici, la vittoria sul mostro delle origini è insieme vittoria sulla voracità delle acque marine e sulla voracità del tempo.[177] Con un termine sintetico, valorizzato dall'esistenzialismo del nostro secolo, potremmo definirla la vittoria sull'*angoscia esistenziale* del vivere.

Il simbolismo del mostro originario ha qui una valenza diametralmente opposta a quella che troveremo nei capp. 40-41. La divinità che vince il mostro in 26,5-13 è un "eroe solare" violento, che lo massacra, manifestando una potenza capace di dominare il destino e il tempo; siamo in pieno *Regime diurno*. Nei capitoli dedicati a *Behemot* e *Leviatan* emerge, al contrario, una nuova valenza, che "integra" il simbolo caotico: non massacro, ma subordinazione ed eufemizzazione.

La forza (*kōᵃḥ*), la furbizia (*tᵉbûnâ*), il vento/spirito (*rûᵃḥ*) e la mano (*jād*) formano la panoplia dell'eroe vincitore. Se si accettasse la lettura di N. H. Tur-Sinai per il v. 13, avremmo anche la *rete*, e quindi il simbolo della "legatura".[178] Considerando queste armi, si nota, accanto ad una spiritualizzazione del simbolo diairetico per eccellenza della *spada*,[179] la valenza *virile* del simbolismo, caratterizzato dall'aggressività.[180]

---

in grado di creare – come desiderava appunto Dalí – lo *shock* paranoico del sogno: « L'"orologio molle" è carne, è formaggio » (S. DALÍ, citato da G. BACHELARD).

[174] L'acqua mantiene la valenza eraclitea: "tempo" che scorre inesorabile e più non ritorna. Cf G. BACHELARD [1942: 79], che cita il frammento 68 di ERACLITO.

[175] *DSym*, 716.

[176] Contro l'interpretazione più comune (cf ad es., N. C. HABEL, 370s). Nonostante vi sia la stessa preposizione di Pro 15,11 (שְׁאוֹל וַאֲבַדּוֹן נֶגֶד יְהוָה), in cui è chiaro il senso della trasparenza dello Šeʾol davanti a JHWH, il secondo stico del nostro versetto getta una luce diversa anche sul primo stico, come preparazione alla lotta. Sul rapporto tra la nudità e la *transe guerrière* si veda *DSym*, 681.

[177] Si veda anche il simbolismo mitologico greco di Κρόνος, studiato, ad es., da P. DIEL [1954: 115]. Queste divinità sono "polemiche", quasi a significare l'origine stessa della vicenda storica come "dialettica", e la vittoria di Zeus su Kronos è in stretto parallelo alla struttura mitica della vittoria di Marduk su Tiāmat, di Baʿal su Jam o della figura divina che sta descrivendo Giobbe su Rahab.

[178] Originariamente era un'arma riservata alle divinità funebri e nefaste. Cf M. ELIADE [1949: 151] e G. DURAND [1969: 116-18].

[179] Sul simbolismo delle armi, si possono leggere P. DIEL [1954: 178-78], M. ELIADE [1952: 120-22], G. DUMÉZIL [1953: 21-27] e G. DURAND [1969: 185]: « L'épée est donc l'archétype vers lequel semble s'orienter la signification profonde de toutes les

L'analogia con altre figure di dèi combattenti, sorprendente per l'isomorfismo simbolico, porta a sottolineare ulteriormente alcuni aspetti della
"mascolinità". Si pensi al vedico Indra, al germanico Thorr, al latino
Marte...[181] Tale è appunto la "figura divina" soggiacente all'ironia delle
parole di Giobbe.

Nel simbolo creazionale dell'*ordinamento* dell'universo riemergono
gli schemi della potenza assoluta e della separazione. La montagna divina
(*ṣāpôn*) e la terra vengono posti sull'abisso, qui definito come il "non-
essere" (*tōhû, b^elî-mâ*); e le colonne del cielo « tremano, atterrite dalla sua
minaccia ». Come tutte le grandi figure divine, questo "dio" è dunque
pensato quale signore onnipotente dei cieli luminosi. È il medesimo processo di verticalizzazione e di onnipotenza trovato in 9,2-24.

L'onnipotenza si manifesta nel nostro inno con un nuovo simbolo: la
signoria sul *limite* (o sul "*confine*") tra luce e tenebre, tra mare e terra
ferma.[182] Soprattutto in questa sezione (vv. 9-10), il simbolismo luce / tenebre, rimasto implicito nelle altre parti,[183] s'intreccia con gli altri elementi mitici.

Dell'*eclissi* si è già parlato a proposito di 3,5.[184] Il fenomeno ha
sempre avuto una grande carica drammatica e simbolica, mancando una
conoscenza scientifica capace di rendere ragione delle perfette leggi della
rivoluzione della Terra attorno al Sole e della Luna attorno alla Terra. Nel

---

armes, et sur cet exemple l'on voit comment se nouent inextricablement en un surdéter-
minisme les motivations psychologiques et les intimations technologiques ».

[180] È una notazione che andrà ripresa quando analizzeremo i simboli dei discorsi divini in 38,1-42,6. Su questo punto, come su altri, le valenze simboliche dei discorsi di Elihu, pur utilizzando immagini simili (si pensi al cap. 37), portano ad esiti ben diversi da
quelli dei discorsi divini.

[181] La documentazione è raccolta in G. DURAND [1969: 181-84]. L'agiografia cristiana ha continuato lo stesso isomorfismo simbolico, applicando soprattutto a san Michele e a san Giorgio le antiche figure mitiche. Si potrebbe, a questo proposito, ricordare che
nell'Antico Egitto il geroglifico principale per indicare la divinità è il segno del bastone o
dello scettro (cf *Amduat* I, 78s; si veda E. HORNUNG [1971: 25s; tr. it. 33s]). Nella famosa
"stele di Rosetta" l'egiziano *nṯr* è equivalente al greco θεός. I copti hanno assunto lo stesso termine per indicare il Dio cristiano: ⲚⲞⲨⲦⲈ (cf *Crum*, 230). Etimologicamente, il vocabolo potrebbe forse derivare da *nj-ṯr* « Quello dell'albero di pioppo » (simbolismo
ascensionale): l'ipotesi è di MARGARET A. MURRAY, citata e contestata da E. HORNUNG
[1971: 29; tr. it. 36].

[182] Questo simbolismo andrebbe collegato a quello delle *mura* di una città, anch'esse
di *rondeur pleine*, mantenendone l'ambivalenza: le mura di una città sono un "cerchio"
che crea uno spazio d'intimità e insieme un mezzo di difesa contro le aggressioni. Cf G.
BACHELARD [1957: 208-14; si veda anche il capitolo II dedicato a « Maison et univers »,
pagg. 51-78].

[183] Non vi è alcun dubbio sulla valenza tenebrosa degli inferi e del mostro caotico,
come pure dell'abisso del non-essere. Tuttavia, nei due elementi precedenti non era emerso direttamente il vocabolario del nostro asse simbolico.

[184] Cf pag. 114[50].

nostro contesto, l'eclissi lunare è un'altra prova del potere arbitrario della divinità (ironicamente: di Bildad): colui che dispiega i cieli ha anche la possibilità di « trattenere » la luce degli astri per mezzo della sua nube.[185] La nube, che ha tanta importanza nella tradizione esodica e nella teologia sacerdotale del tempio,[186] svolge qui, negativamente, il ruolo negativo di "nube oscura".[187]

Nella stessa prospettiva, l'ambivalenza simbolica del v. 10, che potrebbe significare anche ordine "cosmico" (cf 38,4-17), va meglio vista come attributo di onnipotenza: tenere sotto controllo l'irruenza dell'oceano entro il limite fissato ($\hbar\bar{o}q$) e l'espansione del regno delle tenebre oltre il confine con la luce sono due risultati della vittoria cosmogonica contro il caos,[188] la cui valenza diairetica è esplicita.

In conclusione, i simboli di questa pagina esprimono la caratteristica della "divinità" che troneggia nell'immaginario giobbiano: un potente che ha la forza di sconfiggere, separare e dominare le forze caotiche. Applicati a Bildad in chiave ironica, esprimono nello stesso tempo la *gigantizzazione* del divino e, drammaticamente, l'angoscia del protagonista, con la frustrazione di non avere una sede in cui contestare la presunta arbitrarietà di quel Dio onnipotente e crudele.

---

[185] Come in 3,5, lo strumento che causa l'eclissi è la nube (עָנָן / עֲנָנָה).
[186] Cf soprattutto J. LUZARRAGA [1973]. Altri studi su questo tema: TH. W. MANN [1971], L. SABOURIN [1974], E. JENNI [1978b], D. N. FREEDMAN - B. E. WILLOUGHBY [1993].
[187] J. LUZARRAGA [1973: 33-36].
[188] Tra i testi biblici si vedano soprattutto Gn 1,3-13; Gb 28,23-28; 38,4-17; Sal 148; Pro 8,22-31. Per le altre letterature dell'Antico Vicino Oriente, ricordiamo almeno *Enūma eliš* (IV, 87-V, 4), *Baʿal e Jam* e la vittoria di Horus contro Seth nella tradizione egiziana, ripetuta in ogni viaggio notturno del sole (cf le ore dell'*Amduat*).

## 3. IL REGISTRO ETICO-IDEOLOGICO E SAPIENZIALE

Il registro etico-ideologico e sapienziale del simbolismo luce / tenebre è in stretta relazione con il registro cosmogonico e cosmico analizzato nel paragrafo precedente, tanto che, studiando il cap. 9, abbiamo dovuto in parte anticiparlo. L'intreccio tra le due valenze ha radici profonde, che vanno al di là della tradizione biblica e mediorientale antica[189] e abbracciano l'esperienza religiosa di tutta l'umanità.[190]

"Essere nella luce" non è soltanto l'esperienza fondamentale di vivere, ma anche, più specificamente, l'esperienza di vivere "illuminati" da un principio che orienta la vita, si chiami esso Dio o Ragione... Per questo principio, il simbolismo verticalizzante è essenziale.[191] Giobbe, uomo « religioso e alieno dal male », vede sgretolarsi il *suo* principio e accusa: la sua vita, come la vita di molti altri innocenti, è fagocitata dalla potenza della morte, mentre la vita di molti « empi e operatori d'ingiustizia » prospera. Si è creata una contraddizione insanabile...

Abbiamo chiamato questo registro "etico-ideologico e sapienziale", perché nelle parole di Giobbe, come in seguito in quelle degli amici, assisteremo ad una ricerca di "sapienza" e a una forma di teorizzazione, che ha come infrastruttura ciò che il nostro linguaggio filosofico definirebbe come principio di non-contraddizione. Se Dio è Dio, non può permettere a coloro che sono a favore della (sua) luce di conoscere l'esperienza amara delle tenebre e, ancora più scandalosamente, a coloro che sono a favore delle tenebre di vivere nella beatitudine della luce. Delle due alternative,

---

[189] Per quanto riguarda la tradizione della mezzaluna fertile, basterebbe ricordare che tutte le cosmogonie iniziano con la generazione o la creazione della luce. Già a Tell Mardikh (Ebla), nel testo TM. 75. G. 1682 pubblicato da G. PETTINATO [1979: 278], sarebbe testimoniata la primazialità della luce: « Signore del cielo e della terra – non c'era la terra, tu l'hai creata, non c'era la luce del giorno, tu l'hai creata, non avevi ancora fatto esistere la luce mattutina – Signore: parola efficace... ». Ricordiamo, tra l'altro, che l'ideogramma sumerico DINGIR « divinità » era originariamente il pittogramma di una stella; in akkadico, viene letto *ilum* « dio », *Anum* « Anu [dio del cielo] o *šamû* « cieli »; nella sequenza AN.TA si può leggere *šaqû* « essere alto » (cf R. LABAT [1948: 48s]).

[190] G. DURAND [1969: 163-165]. Si pensi, ad esempio, anche alla tradizione indoeuropea, testimoniata dalla ricchezza semantica della radice *dei-, deiə-, dī-, diā*, da cui provengono l'antico iranico *dyắuḥ* « cielo », il greco Ζεύς (gen. Διϝόϛ), il latino *dies, deus* e *Iuppiter* (da *Iū-pater*; gen. *Iouis*, che in antico latino era *Diovis*), l'etrusco *tiv* « luna, mese », etc. (si veda *IEW*, 183-87).

[191] È la conquista della « posizione » eretta (G. DURAND [1969: 47s]). G. BACHELARD, acuto come sempre, annota che « Quand nous étudierons l'union imaginaire de ce qui éclaire et de ce qui élève, quand nous montrerons que c'est la même "opération de l'esprit humaine" qui nous porte vers la lumière et vers la hauteur, nous reviendrons sur cette volonté de construction diaphane, sur cette solidification opaline de tout ce que nous aimons passionnément dans l'éther fugitif » [1943: 58].

Basti pensare al largo uso che ancora noi facciamo di questo simbolismo nelle nostre categorie culturali, come "illuminismo" od "oscurantismo"...

una: o Dio non è tale, oppure è ingiusto e il suo progetto non può essere affatto definito un atto di giustizia (*mišpāṭ*).[192]

Se queste sono le premesse, non ci stupiremo di ritrovare molti simboli diairetici e antagonistici.

## Gb 23,2-24,25: chi è « contro » la luce?

Dal discorso conclusivo di Giobbe emerge in modo eloquente la valenza "etica" del simbolismo luce / tenebre. Per una corretta comprensione delle relazioni simboliche, è necessario considerare la trama retorica di tutto il discorso, che consideriamo per intero una parola di Giobbe, secondo l'originario disegno del dramma.[193]

### 3.1 Il testo

> **23,2**  Il mio lamento è tuttora[194] una ribellione:[195]
> la mia mano[196] è stanca d'implorare.
>
> 3  Potessi sapere come trovarLo[197]
> e giungere al suo trono!
>
> 4  Esporrei davanti a lui la mia difesa,[198]

---

[192] Si veda la citazione di Epicuro a pag. 199.

[193] Siamo quindi ben lontani dalla posizione di O. LORETZ [1980: 266]: « Hi [= Hiob] 24 ist nur als sekundär geschaffenes Gebilde verständlich ».

[194] גַּם־הַיּוֹם è un modismo per indicare il perdurare di una condizione sino al momento in cui parla il soggetto (cf Es 5,14; 1 Sam 20,27; Zac 9,12) e non va cambiato in לְשַׁדִּי (C. J BALL) o עַל־שַׁדַּי (A. DE WILDE).

[195] Prendiamo שִׂחִי come soggetto e מְרִי come predicato. Escludendo i cambiamenti consonantici, stiamo con coloro che fanno derivare מְרִי da √מרה « essere ribelle », come aggettivo o sostantivo. Altri, sulla base di Tg, Syr e Vg, lo considerano una correzione pia per מַר « essere amaro ». Ma non potrebbe essere il contrario? (cf la buona rassegna di pareri in A. DE WILDE, 241s, e [1972: 368-74]). Nel primo stico, a nostro parere, la LXX aveva un testo diverso: καὶ δὴ οἶδα ὅτι ἐκ χειρός μου ἡ ἔλεγξίς ἐστιν.

[196] Il TM ha יָדִי mentre la LXX e la Syr presuppongono un יָדוֹ « la sua mano ». Molti propongono di correggere; M. DAHOOD [1962: 62], seguito da A. C. M. BLOMMERDE, trovano un altro caso di -î, come suffisso per la 3ª persona (cf fenicio). Se si traducesse « la sua mano », si avrebbe un'espressione simile a quella di *Ludlul bēl nēmeqi* III, 1: « La sua mano pesava (sopra di me) e non potevo sopportarla » (citato da A. WEISER e M. H. POPE). La soluzione rimane possibile; non abbiamo però עָלַי, ma עַל־אַנְחָתִי. È possibile allora vedervi un'altra immagine: lo spossamento per una supplica inutile, che comportava anche una posizione corporea faticosa (si vedano Es 17,12 e Sal 77,3). Preferiamo questa soluzione, che spiega meglio anche il complemento עַל־אַנְחָתִי. Il parallelo con il Sal 77 era già proposto da IBN EZRA. La traduzione di A. DE WILDE, 240, è un esempio di dove si può giungere, se si abbandona la fiducia nel TM: « Bitter ist meine Klage über den Allmächtigen: taub bleibt er meinem Stöhnen » (cf anche A. DE WILDE [1972: 368-74]).

[197] וְאֶמְצָאֵהוּ è subordinato a יָדַעְתִּי (cf GK, § 120e), mentre אָבוֹא gli è coordinato; solo nel primo stico del nostro versetto מִי־יִתֵּן è seguito da un qatal (in Dt 5,29 con וְהָיָה).

*mi riempirei la bocca di argomenti;*
5    *saprei con che ragioni mi risponde*
*e mi renderei conto di quanto mi dirà.*

6    *Disputerà con me dispiegando grande forza?[199]*
*No! Ma almeno sarà Lui ad accusarmi![200]*

7    *Allora[201] un giusto si confronterà con Lui[202]*
*e vincerei definitivamente la mia causa.[203]*

8    *Se[204] vado ad oriente, Lui non c'è,*
*se ad occidente, di Lui non m'avvedo,*

9    *a settentrione si cela,[205] ma non Lo scorgo,*
*a mezzogiorno si nasconde, ma non Lo vedo.*

10    *Di certo[206] Egli conosce la mia condotta.[207]*
*Se mi esamina, ne uscirò[208] come l'oro:*

---

[198] Per il vocabolario giudiziario rimandiamo a P. BOVATI [1986]; in particolare per il sintagma מִשְׁפָּט עָרַךְ si vedano le pagg. 307s e per la √יכח le pagg. 34-38.

[199] La proposta di N. H. TUR-SINAI, 353s, di vedere in רָב־כֹּחַ la figura di un «pleni-potenziario» (sulla base di testi mišnici), benché sembri restituire un parallelismo migliore, ha trovato solo l'appoggio di M. H. POPE. Per P. BOVATI [1986: 31], il בְּ indica lo strumento o la modalità con cui si svolge il רִיב.

[200] Anche noi leggiamo יָשִׂים בִּי come ellissi (cf la discussione in L. ALONSO SCHÖKEL - J. L. SICRE DÍAZ, 346; tr. it. 390) ma di יָשִׂים דָּבָר בִּי o simili (cf 4,18; 1 Sam 22,15): in contesto giudiziario vale per "imputazione" (cf anche SH. M. PAUL [1979: 235s] con paralleli akkadici). הוּא è enfatico e si comprende bene con questa soluzione: mi accusi pure, «ma almeno sarà Lui ad accusarmi».

[201] Non è necessaria la lettura di M. DAHOOD [1957: 306-9], secondo il quale in questo caso שָׁם equivarrebbe all'akkadico šumma «se». La proposta, che era stata avanzata per la prima volta da W. L. MORAN in JCS 7 (1953) 78-80, è stata accolta da A. C. M. BLOMMERDE, C. F. WHITLEY [1974: 304-8] e G. GERLEMAN in BHS.

[202] Prendiamo יָשָׁר come soggetto di נוֹכָח: il passaggio dalla terza alla prima persona non deve stupire (cf l'uso curiale di עַבְדְּךָ).

[203] LXX, Syr, Vg e 8 manoscritti ebraici leggono מִשְׁפָּטִי, «la mia causa», invece del TM מִשְׁפָטִי, «dal mio giudice». Accettiamo questa lettura, per cui il Pi. אֲפַלְטָה può avere senso.

[204] Altra attestazione di הֵן come congiunzione ipotetica (cf pag. 140[153]): l'effetto di questa congiunzione, perdura in tutti gli stichi dei vv. 8-9.

[205] Il parallelismo del versetto ci spinge a condividere la proposta di D. YELLIN, accolta anche da I. EITAN [1939: 9-13], N. H. TUR-SINAI, G. GERLEMAN in BHS, A. GUILLAUME [1968: 107], R. GORDIS, N. C. HABEL. In עשׂה, in luogo del più comune verbo «fare», scorgiamo una radice omografica equivalente all'arabo غشي «venire a», ma anche «nascondere, coprire». Ottimo quindi il parallelo con יַעֲטֹף del secondo stico. Si notino le inversioni poetiche nel v. 9, per lasciare in prima posizione i punti cardinali.

[206] כִּי enfatico (GK, § 159ee; KB, II, 448); stesso valore all'inizio del v. 14.

[207] Letteralmente «la via che è con me» (TM דֶּרֶךְ עִמָּדִי). Tra i molti emendamenti proposti, il più convincente cerca un'allusione al Sal 1,1: K. BUDDE (דֶּרֶךְ עָמַדְתִּי), G. HÖLSCHER e L. BRATES (דֶּרֶךְ עֹמְדִי).

11    *il mio piede ha seguito le sue orme,*[209]
      *la sua via ho osservato, senza deviare,*[210]
12    *dal comando delle sue labbra mai mi sono allontanato,*[211]
      *nel mio intimo*[212] *ho serbato le parole della sua bocca.*
13    *Ma se Egli è contro qualcuno,*[213] *chi potrà farlo recedere?*
      *Se desidera qualcosa, lo fa!*
14    *Di sicuro eseguirà la mia sentenza,*
      *come le molte altre che ha in mente.*

15    *Perciò mi sento atterrito davanti a Lui;*
      *quando ci penso, ne ho paura:*[214]
16    *El ha fiaccato*[215] *il mio cuore,*
      *Šaddai mi ha atterrito,*
17    *perché non*[216] *sono stato annientato*[217] *prima delle tenebre*[218]

---

[208]  Lasciamo a יָצָא (√*jṣ*ʾ) il significato di « uscire ». M. DAHOOD [1963c: 52] ha attirato l'attenzione sulla possibilità che nella radice ebraica sia confluita l'altra radice √*wḍ*ʾ « essere brillante », attestata in arabo (وضأ) e in ugaritico (*jṣa*).

[209]  Il TM vocalizza al singolare בַּאֲשֻׁרוֹ, forse per una rima interna con דַּרְכּוֹ; meglio intendere al plurale, con LXX, Syr e Vg, come fosse בַּאֲשֻׁרָו (cf Sal 17,5).

[210]  אָט (Hi. da נטה) con senso intransitivo (cf Is 30,11 in parallelo a סוּר מִנֵּי־דָרֶךְ).

[211]  וְלֹא: il *waw* è enfatico (cf 15,17; 20,18; etc.), corrispondente all'uso coranico di فَ. אָמִישׁ (Qal da √מוּשׁ II « muoversi da, allontanarsi ») dovrebbe reggere מִן; tuttavia il complemento מִצְוַת שְׂפָתָיו può anche essere considerato un *casus pendens* e non sono necessarie correzioni.

[212]  Il TM מֵחֻקִּי « più della mia legge » è discutibile. LXX (ἐν δὲ κόλπῳ μου ἔκρυψα ῥήματα αὐτοῦ) e Vg (*in sinu meo abscondi verba oris eius*) presuppongono בְּחֵקִי. Secondo M. DAHOOD [1967a: 427] e A. C. M. BLOMMERDE [1969: 100], מִן può assumere anche il significato locativo e quindi le antiche versioni avrebbero interpretato correttamente la preposizione. Il TM può essere stato influenzato dal v. 14, in cui si ripete חֻקִּי nel senso di « mia sentenza ».

[213]  Tutto il versetto è costruito sui 4 *waw*: a nostro parere, sono due periodi ipotetici in parallelo. Ciò serve a chiarire l'ambigua espressione וְהוּא בְאֶחָד. Buona parte dei commentatori moderni, dopo J. C. DÖDERLEIN, emendano in בָּחַר: ma, se così fosse, non si spiega il pronome personale, dato che non vi è bisogno di enfasi. Interpretare come *beth enfatico* seguito da un titolo divino « il Solo » (cf M. DAHOOD [1962: 67]) non quadra bene nel contesto, ed è solo un aggiornamento di Tg e Vg (« Egli se ne sta solo »). Tra tutte, ci è sembrata migliore la proposta di M. H. POPE, 173 (בְּ = « contro »; אֶחָד = « uno » in senso pronominale, cf *KB*, I, 29).

[214]  I due complementi מִפָּנָיו e מִמֶּנּוּ sono paralleli ed entrambi sono retti da *verba timendi*. Per il primo stico si vedano Gn 45,3 (con מִפָּנָיו) e Is 21,3; Ez 26,18b (con מִן). In 4,5 e 21,6 il Ni. di √בהל è usato senza complemento. Per uno studio esauriente sul vocabolario della paura, rimandiamo a B. COSTACURTA [1988].

[215]  Il significato dell'*hapax* Hi. הֵרַךְ può essere dedotto dalla √רכך, ben attestata nelle lingue semitiche: cf l'aramaico רְכִיךְ, « tenero, molle » (*AAG*, 551), l'ugaritico *rk* « essere fiacco », e l'aggettivo arabo (letterario) رَكٌّ, « fiacco, debole, stupido » (corrisponde al ῥακά di Mt 5,22).

[216]  לֹא non va omesso, come suggeriscono G. W. BICKELL, K. BUDDE, G. BEER, B. DUHM. Si potrebbe leggerlo come לֻא precativo (M. H. POPE, 173) o, meglio ancora,

> *ed Egli non mi ha nascosto l'oscurità!*
> **24,**1 *Come mai? A Šaddai non sono nascosti i tempi*
> *e i suoi amici non hanno visto i suoi giorni.[219]*
>
> 2 *I confini vengono spostati,[220]*
> *le greggi predate per il pascolo;[221]*
> 3 *l'asino degli orfani viene rubato,*
> *il bue della vedova pignorato;*
> 4 *i poveri vengono allontanati dalla strada*
> *e gl'indigenti del paese devono nascondersi:[222]*
> 5 *essi,[223] come onagri, vagano nella steppa:*

---

mantenerlo come negazione, la cui forza si estenderebbe anche al secondo stico (*double-duty modifier*).

[217] Il significato del Ni. di צמת è attestato anche in 6,17, dove indica il dileguarsi degli wadi all'arrivo della siccità. Il passivo ha qui valore teologico, in parallelo alla terza persona del secondo stico (sottinteso: Dio).

[218] Al primo מִפְּנֵי diamo una sfumatura temporale, pensandolo una variante di לִפְנֵי o anche un comparativo implicito (cf per questo 17,12). Quanto al secondo וּמִפְּנָיו, pensiamo che non si debba ritoccare il testo (come BICKELL, BUDDE, DUHM e molti altri, che cambiano in וּפְנֵי) e neppure aggiungere אֲשֶׁר. Non mette neanche conto di spiegare *obscura per obscurius* leggendo מִפְּנֵי come stato costrutto, seguito da un'intera frase oppure interrotto da un verbo finito. Il passo parallelo che può chiarire lo stico è Gn 18,17, in un contesto molto interessante per il nostro tema: « Il Signore pensava: "Devo tener nascosto ad Abramo quanto sto per fare..." ». In esso כָּסָה è costruito con מִן, mentre nel nostro testo con מִפְּנֵי, creando uno stilema poetico molto amato (stessa preposizione con due significati diversi). Il parallelo, talvolta addotto, con Is 60,2 è fuorviante, perché nel nostro caso il soggetto è Dio, mentre אֹפֶל è oggetto.

[219] Dio ha fatto vedere a Giobbe tenebre e oscurità, mentre – alla pari degli altri « amici di Dio » – egli pensava di esserne risparmiato. Il versetto è dunque un'ulteriore accusa a Dio, cui non possono certo rimanere nascosti i "tempi" e i "giorni" (cf lo sviluppo successivo). La difficoltà per la traduzione sta nel dove porre la fine della domanda. A nostro parere, solo il מַדּוּעַ iniziale è domanda (non è escluso che si alluda al senso etimologico della congiunzione: מָה יָדוּעַ, « che cos'è noto? »). Il resto è invece affermazione. Ciò toglie anche la difficoltà della negazione (che molti, con la LXX e due Mss, vorrebbero eliminare). Per נִצְפַּן, « essere nascosto a », Ger 16,17 lo costruisce con מִנֶּגֶד, una preposizione parallela al מִן del nostro versetto. La stessa forma verbale ricompare in Gb 15,20, ma costruita con לְ, e quindi con un significato diverso (« essere riservato per »).

[220] I vv. 2-12 hanno molti verbi alla 3ª plurale senza soggetto esplicito. Ad essi non si deve attribuire arbitrariamente un soggetto, né « i malvagi » (cf LXX: ἀσεβεῖς), né un generico « alcuni » (cf Vg: *alii*), perché questo è il modo aramaizzante di costruire le forme impersonali (cf *GK,* § 144fg). Il modo migliore di tradurre queste frasi è di renderle con verbi passivi.

[221] Lasciamo il TM; la LXX ha ποίμνιον σὺν ποιμένι ἁρπάσαντες, e presuppone quindi il participio וְרֹעִי invece di וַיִּרְעוּ.

[222] Il Ni. di √חבא significa « essere nascosto », mentre il Pu., come nel nostro versetto « essere costretti a nascondersi ». Il verbo sembra già attestato anche in una glossa cananaica delle lettere di Tell el-ʿAmārna (*EA*, 256,7: ḫiḫbē Hi., con il senso di « mantenere nascosto »).

*il loro lavoro è cercar preda sin dall'alba.*
*– Il deserto serva da nutrimento per i loro[224] figli!*

6    *Nella campagna altrui[225] vanno a spigolare[226]*
    *e racimolano la vigna del malvagio;[227]*

7    *nudi passano la notte, senza alcun abito*
    *e nessuna coperta contro il freddo;*

8    *sono inzuppati[228] dallo scroscio dei monti*
    *e, non avendo rifugio, s'abbarbicano[229] alla roccia;*

9    *l'orfano viene strappato dalla mammella*
    *e il lattante[230] del povero pignorato;*

10    *essi se ne vanno[231] nudi, senza abiti;*

---

[223] Lo הֵן iniziale è diversamente interpretato: Syr e Tg lo leggono come fosse הָיָך; la Vg come pronome di 3ª plurale (= הֵם). Quest'ultima è la soluzione più probabile, in quanto ora il soggetto non è più impersonale e, per chiarezza, deve essere segnalato. Sullo *shift* consonantico הֵם > הֵן nel tardo ebraico, cf E. J. KUTSCHER [1964: 42].

[224] Interpretiamo il v. 5b come una sorta di sentenza contro il povero, che Giobbe attribuirebbe a Dio: « Il deserto [sia] il nutrimento per i loro figli ». Il cambio dalla 3ª plurale alla 3ª singolare è duro per le nostre concordanze grammaticali, ma comune nelle lingue semitiche. Si veda anche al v. 6.

[225] Le versioni antiche farebbero pensare a un'aplografia: LXX (πρὸ ὥρας οὐκ αὐτῶν ὄντα) e Syr (ܣܝܢ ܕܠܡܗ) « e in campagna mietono un foraggio non loro »; ܣܝܒܐ traduce בְּלִיל in 6,5) ma il Tg (בְּלִי־לֹו = דְלָא דִלְהֹון) e la Vg (*non suum*) confermano il nostro testo. Il pronome di 3ª singolare non ci fa problema (cf nota precedente); non riteniamo quindi necessario alcun cambiamento, contro molti moderni che, seguendo C. F. HOUBIGANT, emendano in בַּלַיְל o בְּלֵילָה.

[226] Il K ha l'*hapax* Hi. יַקְצִירוּ, mentre il Q propone il Qal יִקְצֹורוּ. Si può ben supporre che la correzione del Q sia dovuta all'eccezionale Hi.

[227] La √לקש (cf arabo لَقَسَ) significa « arrivare tardi », in senso botanico o stagionale. Già nel calendario di Gezer, לקשׁ è il mese della semina tardiva, in quanto viene dopo זרע; in ebraico abbiamo לֶקֶשׁ « erba tarda » (Am 7,1) e מַלְקֹושׁ « pioggia tarda (primaverile) » (cf, ad es., Gb 29,23). Nel nostro caso, il verbo indicherebbe il « racimolare » ciò che ancora rimane a vendemmia ormai avvenuta. Bisogna poi lasciare a רָשָׁע il significato di « malvagio », senza correggere in עָשִׁיר « ricco » o vedere in רָשָׁע un equivalente dell'arabo رَسَغ « ricco », come vuole A. GUILLAUME [1968: 108]; la sua argomentazione, tuttavia, non convince per i molti salti semantici che essa comporta, sebbene in arabo letterario sia testimoniato il sintagma رَسَغَ العَيْشَ, nel senso di « aumentare i mezzi di sussistenza », recensita anche in *Lane*, III, 1080. D'altra parte, è noto che in molti testi, soprattutto sapienziali, "ricco" e "malvagio" si equivalgono (cf M. SÆBØ [1993: 450]).

[228] La √רמב, comune alle altre lingue semitiche, significa « essere bagnato, inzuppato »: cf 8,16 (רָטֹב) e Sir 43,22.

[229] Il significato fondamentale del verbo חבק, al Qal come al Pi., è « abbracciare ». L'immagine, avendo come oggetto « la roccia », è quindi molto forte.

[230] Già la LXX mostra di vocalizzare וְעַל־עֹנִי invece del TM וְעַל־עָנִי. Il cambiamento di vocalizzazione, introdotto da A. KAMPHAUSEN e J. D. MICHAELIS, dopo É. P. DHORME è accettato da quasi tutti i critici.

[231] N. H. TUR-SINAI, 363s, traduce: « Those spin – naked without clothing, and hungry, they carry the sheaf ». In base alla tesi che il libro di Giobbe sia la traduzione da un originale aramaico, egli sostiene che il redattore non abbia compreso correttamente

> *devono portare covoni, e sono affamati;*
> 11    *spremono olio col frantoio,*[232]
> *pigiano nel tino, e sono assetati.*
> 12    *Dalla città gemono i moribondi*[233]
> *e i feriti chiedono aiuto.*
> *– Ma Eloah non fa insulsaggini!*[234]
>
> 13    *« Essi*[235] *furono tra i ribelli contro la Luce:*[236]
> *non hanno tenuto conto*[237] *delle sue vie,*
> *non sono rimasti nei suoi sentieri*[238] *»*.

---

l'originale אֹזֵל, forma parallela – attestata anche ad Elefantina – per עזל « to spin », e si è confuso con il più usuale אֹזֵל « to go » (= הלך ebraico). Nell'originale 10a sarebbe stato un perfetto parallelo di 11a, come 10b di 11b. La tesi dell'originale aramaico è molto improbabile; molto più improbabile la supposta incomprensione.

[232]   Vocalizziamo il TM בֵּין־שׁוּרֹתָם come duale בֵּין־שׁוּרֹתַם , letteralmente « fra due macine ». La proposta di leggere questo duale risale a G. BEER in *BH*. Meno probabile è vocalizzare בֵּין־שִׁירֹתָם « fra i loro canti » (G. W. H. BICKELL), o בְּאֵין־שִׁירֹתָם « privati dei loro canti » (E. F. SUTCLIFFE [1949: 174-76]). E. F. SUTCLIFFE propone di spostare il v. 9 dopo il v. 3 (con É. P. DHORME e altri), ottenendo un primo tristico con 8ab + 10a e un secondo con 10b + 11ab: « In hunger they carry the sheaves; Bereft of their songs they press out the oil; They tread the wine-vats and thirst ». Per altre congetture si veda L. ALONSO SCHÖKEL - J. L. SICRE DÍAZ, 350; tr. it. 394.

[233]   La LXX traduce: οἳ ἐκ πόλεως καὶ οἴκων ἰδίων ἐξεβάλλοντο, mostrando di leggere un testo che poteva suonare: מֵעִיר וּבָתֵּיהֶם יְנַדֵּהוּ « sono cacciati dalla città e dalle loro case ». Preferiamo tenere il TM, con l'unica variante nella vocalizzazione (מְתִים invece del TM מְתִם). Si potrebbe anche tradurre « nella città », dando a מִן senso locativo (cf *sopra*, nota 212, in 23,12).

[234]   Il TM וֶאֱלוֹהַּ לֹא־יָשִׂים תִּפְלָה non ha bisogno di essere corretto: per il senso di תִּפְלָה, si veda a pag. 50[23]; il verbo שִׂים, nel senso di « fare », è abbastanza frequente. 2 Mss e la Syr leggono תְּפִלָּה invece del TM תִּפְלָה. La diversa vocalizzazione sarebbe conseguenza di intendere לֹא־יָשִׂים come ellisse di לֹא־יָשִׂים לֵב: « Dio non presta attenzione alla [loro] supplica » Questo sintagma, tuttavia, richiederebbe anche una preposizione עַל o אֶל davanti al complemento. Perciò noi preferiamo dare al verbo שִׂים il senso e la costruzione normali (cf *KB*, IV, 1234). Il v. 12b sarebbe quindi un'incidentale, spietatamente ironica, che crea un ottimo rimando a 1,22.

[235]   Il pronome הֵמָּה è in posizione enfatica, con funzione anaforica: va riferito ai poveri descritti nei vv. 2-12. G. FUCHS [1993: 129-33] trova nei vv. 13. 16b. 17 un frammento del mito della rivolta degli astri (o degli angeli). Per il v. 13 è possibile trovare in quel mito l'ispirazione delle metafore seguenti. L'affermazione, dopo l'inizio enfatico con pronome personale, è costruita con tre qatal, da intendersi con valore passato; ne è conferma l'esplicitazione della copula הָיוּ.

[236]   Non eliminiamo il בְּ nell'espressione בְּמֹרְדֵי אוֹר, ma gli attribuiamo un significato partitivo; meno probabile un בְּ-*essentiæ* (G. FUCHS [1993: 130]).

[237]   Per questo significato dell'Hi. di √נכר cf Dt 33,9 e Sal 142,5.

[238]   Per l'ultimo dei tre verbi, 4 Mss hanno שׁוּבוּ (LXX: ἐπορεύθησαν); preferiamo leggere יֵשְׁבוּ con la vocalizzazione massoretica, dal verbo יָשַׁב, « abitare » e quindi « vivere » (cf Lv 25,28s; 26,5; Dt 12,10...). Si produce così una specie di crasi delle immagini di Sal 1,1. G. FUCHS [1993: 131] sostiene che נְתִיבָה in Giobbe ricorre solo in contesti mitici (18,10; 19,8; 24,13; 30,13; 38,20; 41,24): ma 19,8 e 30,13 non sono affatto convincenti.

14     *A favore della luce[239] sta l'omicida...!*
       *Egli uccide povero e indigente*
       *e di notte si comporta come il ladro;[240]*
15       *e l'occhio dell'adultero spia il crepuscolo,*
       *pensando: « Occhio non mi vedrà »,*
       *e si mette un velo in volto.[241]*
16       *Violano le case nelle tenebre,[242]*
       *di giorno se ne stanno nascosti:*
       *non amano la luce.[243]*

17     *Ma stessa cosa è l'alba per lui e la tenebra fitta:*
       *egli conosce bene la paura del buio.[244]*
18     *È leggiero sulla superficie dell'acqua,*
       *maledetta è la sua eredità sulla terra,*
       *non imbocca più la via delle vigne.[245]*

---

La lista è anche un po' approssimativa: in 18,10 e 41,24 vi è infatti נָתִיב, che ricorre anche in 28,7 (non citato), dove il contesto non è mitico.

[239] Con la sentenza precedente, si giustifica l'inizio enfatico del v. 14 con לָאוֹר, che crea una inclusione minore con la fine del v. 16. Il sintagma ל קוּם potrebbe essere giudicato variazione stilistica per קוּם עַל, « rivoltarsi, ergersi contro » (cf Dt 19,11; Gdc 9,18; Is 31,2...); ma preferiamo lasciare l'espressione nel suo senso giudiziario positivo (cf P. BOVATI [1986: 217ss], analogamente a Gb 19,25 (dove però non è espresso il complemento di termine לְי; si veda *KB*, III, 1016). Ne deriva un'amara ironia.

[240] La forma iussiva וּבַלַּיְלָה יְהִי כַגַּנָּב fa difficoltà, ma preferiamo mantenerla, piuttosto che tentare inutili congetture. Per l'uso dello iussivo in luogo dell'jiqtol, si veda *GK*, § 109k.

[241] Si potrebbe anche intendere in stato costrutto il sintagma סֵתֶר פָּנִים, nel senso di « riparo del volto », cioè « velo » (cf Sal 31,21); per il verbo שִׂים con il significato di « mettere su, indossare », si veda Rut 3,3.

[242] Non troviamo la necessità di spostare alcun versetto: v. 16a potrebbe riferirsi ancora all'adultero, ma preferiamo sottolineare il parallelismo con quanto segue e accettare quindi il duro cambiamento dalla 3ª singolare alla 3ª plurale, intollerabile per le nostre lingue. Quanto al verbo חָתַר, tipico di Ezechiele, può avere il significato di « entrare » in senso non lecito, e quindi « violare », come è attestato da Am 9,2; che manchi la preposizione בְּ non è difficile da giustificare in poesia; si potrebbe anche motivare come crasi stilistica per evitare la serie cacofonica di *ba... ba... ba...*.

[243] La presenza del sintagma לֹא־יָדְעוּ אוֹר richiama antiteticamente יָדְעוּ, « i suoi [di Dio] amici », del v. 1. Non ci convince G. FUCHS [1993: 129-33], anche se può essere accettabile l'ipotesi che questi versetti abbiano in filigrana un'allusione al mito delle stelle ribelli.

[244] I due stichi del v. 17 iniziano con כִּי: il primo è da interpretarsi come avversativo, venendo dopo la negazione del v. 16; il secondo come enfatico. La prima parte del versetto si può spiegare con costruzioni simili (cf Ger 48,7; Sal 14,3; 53,4; 55,15; 71,10), in cui יַחְדָּו sembra essere sinonimo di יַחַד, avverbio molto amato da Giobbe (su 45x nella *BHS*, ben 13x in Giobbe). Anche l'uso del vocabolo בַּלָּהָה, « paura, terrore » è tipico di Gb (su 10x nell'AT, ben 5x in Gb: 18,11. 14; 24,17; 27,20; 30,15; e 3x in Ez: 26,21; 27,36; 28,19).

[245] L'alternanza tra la 3ª persona singolare e la 3ª plurale è intraducibile nelle nostre lingue, pena l'incomprensibilità del testo. La prima parte del versetto, contro le diverse

19 *Arsura e caldo assorbono le acque del disgelo,*
*nello Še'ol si perdono:*[246]

20 *il grembo lo dimentica, diventa delizia dei vermi,*
*non è più ricordato,*[247]
*– e l'ingiustizia fu spezzata come un albero.*[248]

21 *Colui che si prende cura della sterile che non genera*
*e della vedova che nessuno rende felice,*[249]

22 *e trascina i potenti con la sua forza,*[250]
*è apparso,*[251] *ma non s'interessa dei viventi.*[252]

---

proposte di modifica, non va cambiata: קַל־הוּא è frase nominale, in cui l'aggettivo קַל ha valore negativo di "inconsistenza", come le nubi in Is 19,1 (Sir 8,16 lo usa in senso etico). È un breve quadro che descrive la perdita dell'"eredità" dei padri; per la costruzione « ... פְּנֵי דֶרֶךְ » si possono vedere anche Gdc 20,42; 1 Sam 13,17s; Ez 43,1.

[246] È importante lasciare חָטָאוּ del TM con la vocalizzazione verbale (l'allungamento vocalico è dovuto alla pausa), senza voler correggere in "peccatori"; sono i poveri che si perdono nello Še'ol, secondo il senso etimologico del verbo חָטָא, attestato anche in Gb 5,24; Pro 8,36; Is 65,20 (cf l'akkadico ḫaṭû e l'arabo خَطِئَ). La descrizione dello Še'ol continua nel v. 20a.

[247] Diversa è l'interpretazione proposta da J. B. BURNS [1989: 480-85], con la banale e rinnovata proposta di emendare il TM רֶחֶם מְתָקוֹ רִמָּה in רְחוֹב מְקוֹמוֹ: « The square of his (native) place forget him, his name is no longer remembered – thus evil is felled like a tree ». In risposta, si veda J. B. GEYER [1992: 118-20].

[248] La seconda parte del versetto è un altro commento polemico per l'operato divino: questo è il modo di Dio per « spezzare » l'ingiustizia, far perire il giusto insieme con il colpevole. Bisognerebbe leggere, a illustrazione del nostro passo, Gn 18,16-33 e concludere: « חָלִלָה לְּךָ ». Eppure, Dio – a parere di Giobbe – si è proprio comportato così!

[249] Per comprendere i vv. 21-22, bisogna sentire la forte carica ironica sprigionata dal contrasto tra le prime tre righe, che preparano la teofania, e la quarta, che è accusa e disillusione insieme. Nel v. 21, lasciamo רֹעֶה come participio dal verbo רָעָה, con il significato di « prendersi cura » (cf soprattutto Ez 34!). La costruzione della parte restante del versetto è strettamente parallela, per cui אַלְמָנָה e עֲקָרָה sono entrambi oggetto del verbo רֹעֶה; לֹא יֵיטִיב va dunque considerato parallelo a לֹא תְחַלֵּד. Per il significato che abbiamo attribuito all'Hi. di יטב, « far felice », si vedano in modo particolare Rut 3,7; Qo 11,9; con Dio soggetto: Dt 8,16; Zac 8,15; Sal 51,20.

[250] La sequenza di un weqatal dopo un participio non è anormale (cf Is 6,2s 1 Sam 2,22; 2 Sam 17,17; GK, § 112k); il significato è iterativo, come il participio precedente. Il verbo מָשַׁךְ è usato anche in Gb 21,33 (con soggetto il potente malvagio e oggetto tutti gli uomini) e in 40,25 (con oggetto il Leviatan), sempre nel senso di « trascinare (con violenza) ». La specificazione בְּכֹחוֹ è un tipico attributo divino negli inni (qualche testo come esempio: Es 9,16; 15,6; Ger 10,12; 51,15; Sal 65,7...), per cui la riferiamo all'azione di Dio.

[251] קוּם, oltre ad essere il verbo caratteristico delle teofanie (cf S. AMSLER, in THAT, II, 639; si ricordino soprattutto Sal 76,10; 102,14 e il grido קוּמָה יהוה), assume tutto il suo valore giudiziario: Dio si alza per giudicare (cf P. BOVATI [1986: 217-19]).

[252] Fa molto discutere l'ultimo sintagma di questo versetto: וְלֹא־אַמִין בַּחַיִּין: per quanto abbiamo detto, il soggetto rimane Dio e il significato del verbo non è « credere », bensì « far conto di », e quindi – al negativo – potremmo tradurre « infischiarsene » o

23    *Permette a loro di vivere al sicuro e starsene tranquilli,*[253]
      *ma i suoi occhi sono sopra i loro passi:*[254]
24    *se sono un po' in alto, non son già più:*[255]
      *vengono buttati giù, come tutti, stretti insieme*
      *e tagliati come un mannello di spighe.*[256]

25    *Non è così? Chi può tacciarmi di menzogna*
      *o contraddire la mia parola?*[257]

## 3.2 Analisi retorica

Solo dopo 23,14 si ha una prima cesura significativa, identificabile a partire dal vocabolario. Il versetto seguente, introdotto dall'avverbio conclusivo ʿal-kēn e ripreso nel v. 16 con la ripetizione di bhl, anche se in altra coniugazione, segna l'inizio di un nuovo sviluppo, caratterizzato dal

---

« disprezzare » (cf questo significato anche in Gb 39,24). Altri testi che confermerebbero questo significato sono: Sal 78,32 (si noti la diversità con 78,22) e Dt 28,66.

[253] Il primo stico va spiegato in base alla costruzione di נָתַן con duplice לְ, come è attestata anche in Est 8,11 e 2 Cr 20,10 (similmente in Sal 55,23, ma senza il לְ davanti all'infinito): nel nostro caso, in luogo dell'infinito abbiamo il sostantivo (è inutile cambiare la vocalizzazione in לָבֶטַח, come proponevano K. BUDDE e G. BEER in BH). Per la consecutio di wᵉjiqtol dopo un'infinitiva si veda GK, § 111v.

[254] Il secondo stico è ironico, come viene esplicitato nella frase seguente: gli occhi di Dio sono sopra chi pensa di essere tranquillo... per la sciagura, non per il bene! Giustamente annota D. WOLFERS [1988a: 25]: « [...] not to serve out to them their deserts of reward or punishment, but to make sure that their success and prosperity do not endure ». All'alternanza delle terze persone tra singolare e plurale siamo ormai abituati.

[255] La vocalizzazione del TM in וְאֵינֶנּוּ si deve quindi lasciare, sapendo però che si tratta dello stesso soggetto impersonale di רוֹמּוּ (da √רמם, forma parallela di רוּם « essere elevati »).

[256] Gli ultimi due stichi del versetto sono lo sviluppo di un'unica immagine: l'abbattimento indiscriminato, come un colpo di falce durante la mietitura. La √מכך significa « abbassarsi »; qui è usata all'Ho. (hapax), quindi « essere abbassati » (da altri) o, con più forte connotazione, « essere buttati giù ». Letteralmente, il sintagma רֹאשׁ שִׁבֹּלֶת significa « testa della spiga »; per rendere meglio l'immagine di una mano che stringe insieme un po' di spighe per permettere all'altra di falciarle, traduciamo con « mannello di spighe ». Cambiamo solo la vocalizzazione del massoretico יִמָּלוּ (Qal da √מלל I) in יִמֹּלוּ, Ni. da √מול, « tagliare », « circoncidere » (se ci dovesse essere un'allusione alla circoncisione, l'immagine sarebbe ancora più sferzante). Non c'è bisogno per noi di alcun altro cambiamento. Non è sufficiente il supporto della LXX (ὥσπερ μολόχη come in 30,4) per cambiare כָּכֹל in כְּמַלּוּחַ. Il verbo קפץ significa « mettere insieme », « unire », « chiudere » (specie le mani o la bocca): e qui il Ni. calza molto bene con l'immagine della mietitura.

[257] Soltanto in questo passo אַל sarebbe usato come sostantivo, per cui interpretiamo il sintagma שִׂים לְאַל nel senso di "porre al no" = "negare", piuttosto che "ridurre a nulla". Per la prima parte del versetto si può rimandare a 9,24b. 11QtgJob ci ha riconsegnato la prima parte del versetto quasi integralmente: [ מַן ]אפו יתיבני פתגם ויס, « ... chi dunque mi risponderà una parola e ... » (cf K. BEYER [1984: 286]; Le Targum de Job..., 28s).

vocabolario della "paura". Il grido di lamento iniziale (23,2)[258] viene dunque a trovarsi in parallelo alla denuncia di 23,15ss.

In 23,3-14, lo sviluppo è ben controllato.[259] Il desiderio di raggiungere il luogo della dimora divina (v. 3) è una risposta solo indiretta alla provocazione di Elifaz nel cap. 22. Giobbe, infatti, capovolge la prospettiva: non è Dio a convocarlo in giudizio, ma egli stesso a citare Dio, se solo potesse trovarlo. E incontratoLo, non Gli rivolgerà nessuna richiesta di "grazia", ma al contrario si difenderà, se Dio lo accuserà, e protesterà la sua innocenza, se non lo schiaccerà con la sua forza. Per questo, il desiderio iniziale si tramuterà in paura, nella nuova sezione (vv. 15ss).

Il desiderio frustrato di trovare Dio è ripreso nei vv. 8-9, con la sequenza dei quattro punti cardinali (*qedem, 'āḥôr, śᵉmō'l, jāmîn*), ciascuno dei quali è accompagnato da una negazione. Guardandole nell'insieme del dramma, queste negazioni creano un potente arco narrativo con i discorsi di Dio, e in particolare con la seconda risposta di Giobbe in 42,1-6.

All'interno di questa cornice (vv. 3 e 8-9), sta la descrizione di un immaginario dibattimento processuale, che, secondo il protagonista, si chiude con la sua agognata vittoria (vv. 4-7). Le azioni di Giobbe (vv. 4-5 e 7) costringeranno Dio ad assumersi esplicitamente il suo ruolo di accusatore (v. 6).

I vv. 10-14 sono un parallelo speculare dei vv. 4-7: infatti, sono le azioni di Dio (v. 10 e 13-14) a porre in evidenza la protesta d'innocenza di Giobbe (vv. 11-12), che verrà poi ripresa all'inizio del cap. 27 e sviluppata soprattutto nel cap. 31. La correlazione tra il v. 10 e 13-14 è confermata anche dalle costruzioni sintattiche: il *kî* enfatico introduce due affermazioni perentorie in 10a e 14, mentre in 10b e 13 vi sono frasi condizionali.

La seconda parte del discorso (23,15-24,1), riprendendo il lamento iniziale, giustifica la "paura" di confrontarsi con Dio e, insieme, è una nuova efferata accusa contro di Lui. A Dio non sono certo nascosti i "tempi"; Egli avrebbe potuto far morire Giobbe, invece che farlo assistere al "giorno" di tenebra, come ha sempre fatto per i suoi amici (cf, ad esempio, 2 Re 22,20 per Giosia). Giobbe, invece, pur essendo un "amico di Dio" (cf 29,4), ha dovuto assistere alle "tenebre" del « giorno di Jhwh ». E il suo caso, purtroppo, è solo una controprova dell'arbitrarietà dell'agire divino, in quanto Dio è solito travolgere nella stessa sciagura innocenti e colpevoli, pervertendo così il principio "etico" di dare a ciascuno quanto si merita.

La menzione dei « giorni di Jhwh », vale a dire lo *jôm jhwh* minacciato dai profeti (cf Am 5,18-20; Is 13,9; Sof 1,14-18; Gl 2,1-2), genera la lunga descrizione seguente (24,2-24). In modo davvero impressivo, Giobbe accumula diversi elementi per esprimere l'oscurità del « giorno del

---

[258]   Cf anche gli esordi di 6,2-4 e 10,1.
[259]   Si veda anche l'analisi di N. C. HABEL, 346-48.

giudizio » (si ricordi Sof 2,15s). Si potrebbero ricordare le descrizioni di analoghi periodi oscuri, quali troviamo, ad esempio, nelle *Lamentazioni di Ipuwer*[260] o nella cosiddetta *Teodicea Babilonese*.[261]

Le descrizioni sono spezzate da notazioni che, per Giobbe, esplicitano la responsabilità di Dio (vv. 5b. 12b. 13 e 20b). Queste sentenze intercalari isolano cinque quadri: vv. 2-5; 6-12; 13-16; 17-20 e 21-24. I primi due quadri e il quarto possono essere interpretati come l'"inconsistente leggerezza" della vita dei poveri, ingiustamente oppressi. Il terzo quadro – quello centrale – è una sorta di disputa sui veri "ribelli" contro la luce. Il quinto ne è l'esplicitazione tematica: Dio non s'interessa dei viventi.

I vv. 13-16, i più importanti per il nostro tema, assumono quindi un rilievo centrale a livello compositivo: il v. 13 sarebbe la citazione di una (presunta) sentenza divina, quasi un'autogiustificazione attribuita a Dio per motivare quanto è successo, mentre i vv. 14-16 sono la replica ironica di Giobbe, che ricorda a Dio chi sono i veri "ribelli contro la luce", i.e. l'omicida, il ladro e l'adultero.

Alla stessa trama logica appartengono i due quadri dei vv. 17-24. La maggior parte dei commentatori moderni[262] li vorrebbe attribuire a Sofar o a Bildad, perché essi descriverebbero il destino dei peccatori e, quindi, non sarebbero pertinenti per il personaggio Giobbe. Se il soggetto di questi ultimi versetti fossero davvero i "peccatori", essi sarebbero una stonatura nello spartito di Giobbe. Ma essi si riferiscono ancora al povero e alla responsabilità di Dio nella sua sciagura! Il quarto quadro (vv. 17-20), infatti, descrive la fine immeritata del "povero" (ovvero dell'"innocente"), travolto dalla catastrofe insieme a coloro « che non amano la luce ». Il quinto quadro (vv. 21-24) è l'ultima accusa: quel Dio, conosciuto un tempo come "difensore delle vedove" e misericordioso, ora si è rivelato inaffidabile e impietoso. Anche qui, le difficoltà nascono se si considera il malvagio come soggetto; nessuna difficoltà insormontabile rimane, al contrario, se si attribuisce la sezione al « Dio crudele »,[263] contro cui Giobbe si sta scagliando.

Infine, il discorso si chiude con una provocazione, probabilmente diretta a tutto l'uditorio e non più soltanto ai suoi interlocutori (v. 25): un

---

[260] Cf *ANET*, 441ss.

[261] Cf W. G. LAMBERT [1960: 63ss] e W. VON SODEN [1990a]. D. WOLFERS [1988a: 21] fa notare che il cap. 24 si avvicina alla *Teodicea Babilonese* anche nella struttura, in quanto anch'essa è formata da stanze di cinque righe con ciascuna una riga intercalare.

[262] Tra i commentari recenti, possiamo ricordare le eccezioni di R. GORDIS, N. C. HABEL e J. E. HARTLEY, con motivazioni diverse. HABEL pensa che Giobbe « is making concessions to the position of the previous speaker » (p. 355); GORDIS li definisce « a quotation [...] of the standpoint of the friends » (p. 269). Anche G. RICCIOTTI e N. PETERS non hanno colto la complessa dinamica ironica del passaggio in esame.

[263] L'aveva già intuito correttamente K. BUDDE, almeno per quanta riguarda il v. 22.

versetto – almeno uno! – la cui attribuzione non è stata messa in discussione.

In sintesi, questa potrebbe essere la struttura del discorso:

*Prima sezione (23,2-14)*

A. *lamento  (23,2)*

B. *sviluppo: il desiderio di trovare Dio diventa paura (23,3-15)*

    a. desiderio di trovare Dio (23,3)

        I. il confronto immaginato
        b. la difesa di Giobbe (23,4-5)
          c. l'accusa di Dio (23,6)
        b'. la vittoria di Giobbe (23,7)

    a'. impossibilità di trovare Dio (23,8-9)

        II. il confronto immaginato
        c. discernimento di Dio (23,10)
          b. la protesta d'innocenza di Giobbe (23,11-12)
        c'. arbitrarietà di Dio (23,13-14)

*Seconda sezione (23,15-24,24):*

A. *lamento: paura d'incontrare Dio e motivazione (23,15-24,1)*

B. *sviluppo: la prova del comportamento arbitrario di Dio (24,2-24)*

    *1° quadro:* i poveri sono travolti dalla sciagura (24,2-5)
      – v. 5b: « Il deserto serva da nutrimento per i loro figli »

    *2° quadro:* i poveri non hanno più nulla (24,6-12)
      – v. 12b: « Ma Eloah non fa insulsaggini! »

    *3° quadro:* i veri ribelli contro la luce (24,13-16)
      – (tutto il v. 13 è una sentenza da attribuire a Dio)

    *4° quadro:* la fine dei poveri (24,17-20)
      – v. 20b: « e l'ingiustizia fu spezzata come un albero »

    *5° quadro:* Dio non s'interessa dei viventi ( 24,21-24)

*Conclusione retorica (24,25)*

## 3.3 Analisi simbolica

I simboli diairetici predominano in tutto il discorso. Anche sotto questo profilo, si conferma la struttura unitaria studiata nel paragrafo precedente, articolata in due sezioni complementari: sul "giudizio immaginato" (*prima sezione*), si getta il cupo presentimento dell'arbitrarietà divina, documentata e descritta nella seconda sezione.

Il simbolismo giudiziario[264] è la più esplicita espressione dello schema diairetico. Nel presente contesto, attraverso la dilatazione tematica della ricerca dell'accusatore e la protesta d'innocenza,[265] esso esprime la convinzione di Giobbe di essere già oggetto di una decisione ingiusta di Dio. E l'ingiusta sentenza è stilata utilizzando principalmente il simbolismo delle tenebre.

Prima, però, di analizzare il simbolismo della seconda sezione, che più direttamente compete al nostro tema, mette conto di soffermarsi, seppur velocemente, sulla metafora dell'*oro*, che appare come termine di paragone in 23,10. L'oro, come ogni elemento simbolico, è in sé ambiguo. G. Durand[266] l'ha messo bene in luce, analizzando le strutture ambivalenti del simbolo aureo sia a livello psicologico, sia a livello sociologico. Questa opposta valorizzazione, che trova la sua conseguente collocazione sia nello schema diairetico sia nello schema dell'intimità, la ritroviamo nella poesia giobbiana. In Gb 28, come avremo modo di vedere, l'oro si pone tra le immagini del mistero, dell'intimità e della ricerca ostinata del tesoro.[267] Nel nostro passo, al contrario, l'oro è simbolo della purità e della luce: è una "goccia di luce",[268] è la "luce minerale" e il riflesso della luce celeste, come lo definiscono le tradizioni indiane.[269] Nella tradizione egiziana, d'oro era la carne del sole e, per estensione, la carne degli dèi e dei faraoni.[270] Anche nella tradizione greca l'oro evoca il ricco simbolismo solare: fecondità, ricchezza, dominio, centro di calore e d'amore, sorgente di luce e conoscenza.[271] Analoghe valenze si ritrovano nella cultura india precolombiana, in cui l'oro è cantato come "seme del Sole".[272]

---

[264] Come abbiamo già visto nell'analisi a pag. 135.

[265] Si veda poco più sotto, a pag. 167.

[266] G. DURAND [1969: 54. 165s. 299-306].

[267] Con la possibilità di degenerare in valenze negative, come la materializzazione dello spirituale e dell'estetico, l'avarizia; così, ad es., in Gb 31,24s (cf P. DIEL [1954: 172], G. DURAND [1969: 302s]). L'oro, in quanto risultato della "digestione" alchimistica, può essere un analogo del simbolismo degli escrementi, e quindi espressione di quel *sentimento dell'avere* o complesso del piccolo profitto, che G. BACHELARD [1938a: 131] definisce sinteticamente come "complesso d'Arpagone".

[268] LANZA DEL VASTO [1951: 137].

[269] *DSym*, 705.

[270] Cf G. POSENER [1959: 198s].

[271] Apollo, il dio-sole, era tutto rivestito d'oro, compresa la sua armatura. Per questi dati, rimandiamo a *DSym*, 707.

[272] L. ALONSO SCHÖKEL [1988: 148] riporta un interessantissimo documento, proveniente dal Museo dell'oro di Bogotá:

*Con la fuerza de su luz il Sol creó el universo*
*y dio vida y permanencia.*
*También creó el jaguar, con el color de su poder.*
*Y la voz del trueno, que es la voz del sol.*
*Al oro le infundió su "potencia" y su luz.*
*Al chamán el poder de proteger a los hombres.*

Eppure, un uomo "luminoso" come l'oro ha sperimentato le tenebre e l'oscurità (23,17), una sorta di "crogiuolo" senza motivo: è il nocciolo dell'accusa di Giobbe. Per comprendere pienamente la logica dell'argomentazione, bisogna esplicitare due coordinate.

La prima coordinata è la valenza metaforica della luce per il benessere e la gioia, e la valenza antitetica della tenebra e della tetra oscurità per la sciagura e il negativo in genere. Essa è tanto comune nella tradizione biblica,[273] in tutto l'ambito culturale dell'Antico Vicino Oriente,[274] ed è un patrimonio tanto condiviso da ogni esperienza umana,[275] che non ha bisogno di particolare dimostrazione. Alcuni passaggi degli altri discorsi giobbiani possono comunque arricchire la nostra analisi.

Si legga, ad esempio, Gb 21,17, in cui Giobbe reclama la mancata punizione del malvagio; qui la metafora è esplicitata dal parallelismo tra l'estinzione della lampada e la sciagura (cf Pro 13,9):

> *Quante volte si spegne la lampada dei malvagi*
> *o su di essi s'abbatte la sciagura,*
> *e Dio ripartisce loro sventure nella sua ira?*[276]

---

*El día en que el maíz se siembra,*
*el oro, semilla del Sol, se ofrece al agua en la laguna,*
*y entonces la tierra florece y da su fruto... vida.*
Le ultime righe del testo s'illuminano, tenendo presente un rito compiuto in occasione della semina del mais e trasmessoci da antichi cronisti. Il re o il capo-tribù, ricoperto di polvere d'oro, s'immergeva nel lago, deponendo l'oro nell'acqua. Il simbolismo dell'acqua come fonte di vita si coniuga qui con quello dell'oro, che, quale "seme del Sole", porta nelle acque la sua forza luminosa e divina.

[273] I testi della Bibbia ebraica che potremmo citare sono molti. Per la metafora delle tenebre, si vedano: Sal 23,4; Pro 24,20; Lam 3,2. 6; Is 5,30; 8,22s; 45,7; Ger 23,12; Am 5,18. 20; Sof 1,15; per la metafora della luce: Sal 18,29 (= 2 Sam 22,29); 27,1; 36,10; 43,3; 97,11; 118,27; Is 9,1; (10,17); 58,8; 60,19s; Mic 7,8. Cf l'analisi di S. AALEN [1951: 71-73] (alle pp. 308ss viene analizzato lo stesso tema nel "Medio Giudaismo", chiamato da AALEN, con un vocabolario ormai desueto, "Spätjudentum"); B. JANOWSKI [1989: 1-29 e 180-91].

[274] Si veda la ricca documentazione di B. JANOWSKI [1989], E. TH. REIMBOLD [1970: 183-203], che spazia ben oltre i confini spazio-temporali dell'Antico Vicino Oriente; G. MENSCHING [1967], W. VON SODEN [1960], E. HORNUNG [1965], G. GNOLI [1967]; per il mondo greco, si veda anche R. BULTMANN [1948: 13-15].

[275] Cf E. CASSIRER [1923ss: II, 118s], H. BLUMENBERG [1957], G. DURAND [1969: 96-98].

[276] Risolviamo le difficoltà del terzo stico nel modo seguente: 1) esplicitando il soggetto e il complemento di termine, impliciti in ebraico; 2) חֲבָלִ֑ים lo facciamo derivare da חֶבֶל III « rovina, perdizione » (cf KB, I, 275), che trova un buon parallelo nell'akkadico *ḫablu*; 3) יְחַלֵּק è per noi il verbo caratteristico della "spartizione giusta", √חלק II (cf i significati dell'arabo خَلَقَ « misurare » e dell'etiopico ኈለቈ « enumerare »). M. DAHOOD [1964a: 407] propone di tradurre: « (or) does He destroy the corrupt in His wrath? ». Egli spiega חֲבָלִים come il plurale di un ipotetico sostantivo חֶבֶל « arrogant, corrupt », parallelo a רְשָׁעִים del primo stico e fa derivare יַחְלֵק da √חלק III « sterminare » (cf M. DAHOOD [1963e: 548], che segnala lo stesso verbo in Lam 4,16 e il sostantivo חַלְקוֹת di Sal 73,18;

A conclusione di un altro importante discorso (cc. 16-17),[277] in un testo che purtroppo non è di facile lettura, Giobbe parla della sua esperienza come di una notte in cui si attende invano l'alba che non verrà, quasi un anticipo orrendo dell'ombra dell'Abisso:[278]

**17,**11 *I miei giorni passano come un'infamia per me,*[279]
*e sono infranti i desideri del mio cuore...*

12 *Che la notte si cambi in giorno*
*e la luce si avvicini vincendo le tenebre.*[280]

13 *Non ho più speranza!*[281] *Lo Šeʾol è la mia casa,*
*e nella Tenebra stendo il mio giaciglio;*

14 *al sepolcro dico: « Babbo! »,*
*« Mamma » e « Sorelle » alle marmegge.*

15 *Dov'è mai la mia speranza?*
*la mia attesa, sì... chi l'ha vista mai?*[282]

---

F. CH. FENSHAM [1962: 5] aveva già portato l'attenzione sul verbo akkadico di Ras Shamra ḫalāqu con questo significato). In sé il suggerimento è accettabile, ma elimina il pensiero retributivo espresso dal verbo √חלק II.

[277] Per l'analisi della struttura letteraria dell'intero discorso si possono vedere N. C. HABEL, 267-70, e D. J. A. CLINES, 375-77.

[278] Questa citazione anticipa in parte il registro esistenziale (pagg. 169-198).

[279] Contro la sticometria massoretica, leggiamo il versetto come distico (si veda l'elenco dei moderni che seguono questa lettura in L. ALONSO SCHÖKEL - J. L. SICRE DÍAZ, 253; tr. it. 286s, o in A. DE WILDE, 197s; anche N. C. HABEL e D. J. A. CLINES leggono un tristico). יְמֹתַי lo facciamo derivare da זְמָּה nel senso di « infamia » (cf 31,11!; Lv 18,17; 19,29; 20,14...; *KB*, I, 261) e lo interpretiamo come predicativo del soggetto יָמַי: questa soluzione potrebbe spiegare anche la LXX (ἐν βρόμῳ) senza bisogno di supporre altra preposizione. La proposta di A. C. M. BLOMMERDE [1969: 81] di leggere זמתי ימי come catena costrutta interrotta da un verbo è troppo astrusa (« The days of my plans have gone by »). מורשי = מאַרשי da √ארש « desiderare » (cf ugaritico *iršt*; akkadico *erištu* « desiderio »). Per una discussione dettagliata rimandiamo a É. P. DHORME, 228, ripreso a D. J. A. CLINES, 374.

[280] Il versetto è giudicato molto difficile. La LXX lo omette; S. R. DRIVER - G. B. GRAY e M. H. POPE lo spostano; A. DE WILDE, 198, lo ricostruisce solo sulla base del contesto (« Nachts seufze ich nach dem Tag, auf das Licht hoffe ich aus dem Dunkel »). Con diverse sfumature sintattiche, É. P. DHORME, 229s, R. GORDIS, 184, L. ALONSO SCHÖKEL - J. L. SICRE DÍAZ, 253s; tr. it. 287, N. C. HABEL, 267 e D. J. A. CLINES, 374, lo subordinano al versetto precedente (bisognerebbe far notare a Clines che Sicre accetta da Gordis solo questa costruzione e non il significato di קָרוֹב « excellent, praiseworthy »!). A nostro parere, la 3ª plurale di יָשִׂימוּ va interpretata come passivo aramaizzante (*GK*, § 144fg), qui con valore iussivo; lo stesso valore iussivo si protrae anche nel secondo stico, in cui קָרוֹב è per noi infinito assoluto (per questa *consecutio* si veda *GK*, § 113z). Il significato della preposizione מִפְּנֵי è comparativo e sta ad indicare la desiderata vittoria della luce sulle tenebre.

[281] Con F. J. DELITZSCH, G. FOHRER, P. FEDRIZZI, L. ALONSO SCHÖKEL - J. L. SICRE DÍAZ, isoliamo אִם־אֲקַוֶּה e lo interpretiamo come giuramento. חֹשֶׁךְ è un sinonimo di Šeʾol in questo versetto.

16      *Nello Šeʾol scenderà,*
        *quando insieme sprofonderemo nella Polvere.*[283]

L'allusione allo Šeʾol tenebroso (17,13) richiama la terribile conclusione del discorso dei cc. 9-10,[284] in cui lo Šeʾol è presentato nella sua valenza di "nulla".

Infine citiamo, dall'ultima arringa di Giobbe, il passo che in modo diretto ed esplicito stabilisce la correlazione tra luce e bene, tenebra e male (30,26):

> *Aspettavo il bene, e giunse il male,*
> *attendevo la luce, e venne il buio!*[285]

La seconda coordinata che regge l'argomentazione del cap. 24 è appunto la "sapienza" da cui Giobbe muove la sua accusa: Dio ha nelle sue mani tutti gli eventi e ai suoi "amici" risparmia la sciagura (24,1; si ricordino i paralleli illuminanti di Abramo in Gn 18,17 e di Giosia in 2 Re 22,20). Il fatto dunque che non gli abbia risparmiato la tenebra è una conferma di essere già stato da Lui giudicato "colpevole".

Anche a questo riguardo, si trovano alcuni paralleli negli altri discorsi giobbiani. Immediatamente prima del drammatico "grido" alla madre terra, in 16,16-17, Giobbe mette in contrasto l'"ombra di morte" che si è abbattuta su di lui e la certezza della propria innocenza:

16      *Ho il volto arrossato di pianto*
        *e sulle pupille si è stesa l'ombra funerea.*[286]
17      *Eppure non vi è violenza nelle mie mani*
        *e la mia preghiera è senza macchia.*[287]

---

[282] Il *waw* che introduce il secondo stico ha valore enfatico (cf anche A. C. M. BLOMMERDE [1969: 82]). La ripetizione di תִּקְוָתִי fa problema a molti moderni, che a conferma del sospetto di corruzione testuale portano le traduzioni antiche (LXX: μου... ἡ ἐλπίς / τὰ ἀγαθά μου; Syr: ܣܒܪܝ, ܘܬܘܟܠܢܝ / ܣܒܪܝ; Vg: *præstolatio mea / patientiam meam*; Tg: סְבָרִי / מְתִינָתִי). In verità, eccettuata la LXX che sembra presupporre un טוֹבָתִי, tutte le altre versioni sembrano tradurre con due vocaboli diversi lo stesso originale; la Syr sdoppia il primo (« mia speranza e mia fiducia »). La ripetizione dello stesso vocabolo non è impossibile, tenendo conto anche del *waw* enfatico iniziale.

[283] Seguiamo a grandi linee la proposta di M. DAHOOD [1962: 62s]. בַּדֵּי sarebbe forma contratta da בְּ + יְדֵי come in ugaritico e fenicio *bjd* diviene *bd* (cf *DISO*, 104, righe 13-16). Nel cananaico di Tell el-ʿAmārna è attestato un *ba-di-ú*, da un originale *ba-jadihû* (cf *UT*, nn. 310 e 450). Tuttavia – contro l'obiezione di D. J. A. CLINES, 375 – a nostro parere la forma è ormai lessicalizzata ed equivale alla semplice preposizione di luogo. Sempre seguendo un suggerimento di M. DAHOOD, già presente in H. G. A. EWALD, 191, vocalizziamo il verbo al singolare con *nun* energico (תֵּרַדְנָה).

[284] Cf l'analisi nel paragrafo 4.2 (pagg. 181-198).

[285] Stessa correlazione in Is 5,20; 45,7.

[286] Leggiamo con il K חֳמַרְמְרָה (Poʿalal da √חמר III « essere rosso »; cf *KB*, I, 317), la cui finale può essere spiegata come duale o 3ª femm. plurale (*GK*, § 44m). Per il significato preciso di עַפְעַפַּים cf pag. 107[16].

All'inizio del cap. 31, troviamo il passo più nitido per comprendere questa prospettiva da cui il protagonista giudica il suo caso:

2    *Ma qual è stata la ricompensa di Eloah da lassù?*
   *Quale la sorte di Šaddai dall'alto?*
3    *Non è forse una sciagura riservata all'empio,*
   *o una sventura riservata al malfattore?*
4    *Ma non vede le mie vie?*
   *Non conta forse tutti i miei passi?*

Con segno positivo – i. e. la luce come simbolo di benessere e del "Dio favorevole" – ritroviamo la stessa coordinata ideologica nella descrizione del passato felice in 29,2-6:

2    *Potessi tornare come ai mesi d'un tempo,*
   *ai giorni in cui Eloah mi proteggeva,*
3    *quando la sua lampada splendeva[288] sul mio capo*
   *e alla sua luce camminavo nelle tenebre!*
4    *Ai giorni della mia giovinezza,[289]*
   *quando Eloah era intimo della mia tenda,[290]*

---

[287] B. DUHM e A. DE WILDE spostano il v. 17 dopo il v. 14, senza ragioni convincenti. Per il senso concessivo di עַל (= עַל אֲשֶׁר) si veda, ad es., Is 53,9.

[288] Il TM בְּהִלּוֹ (inf. costrutto Qal da √הלל I « splendere »; cf arabo هَلَّ) potrebbe anche essere rivocalizzato in Hi. בַּהֲלוֹ, forma contratta per בְּהַהֲלוֹ (cf in Is 23,11 לְהַשְׁמִיד); già il Tg leggeva all'Hi. (כַּד אַנְהָרוּתֵיהּ שְׁרָגֵיהּ עֲלָוֵי רֵישִׁי). Preferiamo, tuttavia, mantenere il Qal, spiegando il suffisso וֹ- come "pronome prolettico", attestato con l'infinito costrutto anche in Ez 10,3 e 42,14 (*HSyn*, § 68b; C. BROCKELMANN lo chiamava « vorweisendes Suffix »). Come ricorda A. C. M. BLOMMERDE [1969: 108s], è molto comune in fenicio: ad es., in *KAI*, 14,1. 9-10; 26, I,17-18 e 26, III,4-5. Per l'immagine in ambito biblico, M. H. POPE cita Sal 18,28; 36,9; 97,11; 112,4; Is 1,10; Mic 7,8. BLOMMERDE, come paralleli ugaritici con immagine analoga, rimanda a *UT*, 117, 17-18 (*wpn mlk nr bn* « e il volto del re brillò su di noi ») e 1015, 9-10 (*pn špš nr bj mid* « il volto del sole [= del re] brillò intensamente su di me »).

[289] La difficoltà di questo stico è dovuta all'immagine creata da חָרְפִּי: si allude all'autunno come stagione della maturità e dei frutti (così anche L. ALONSO SCHÖKEL - J. L. SICRE DÍAZ, 410 e 414; tr. it. 461 e 465), oppure alla stagione della giovinezza? La √חרף I originariamente significa « essere / fare presto » (cf l'akkadico *ḫarāpu*), da cui l'arabo خروف « agnello », l'akkadico *ḫurāpu* « agnello di un anno » e forse l'ugaritico *ḫprt* « animale di un anno » (*UT*, n. 992). Solo con un calendario che poneva l'inizio dell'anno in autunno, la √חרף cominciò ad indicare anche l'autunno (cf M. H. POPE, 209). Noi manteniamo il significato originario (cf anche Sym: ἐν ἡμέραις νεότητός μου; Vg: *in diebus adolescentiæ meæ*; la Syr è più ambigua: ܒܚܢܘܬܝ, ܣܡܟܐ).

[290] Nel secondo stico il TM, tradotto letteralmente, reciterebbe: « quando l'intimità di Eloah [era] sopra la mia tenda » (cf la discussione in L. ALONSO SCHÖKEL - J. L. SICRE DÍAZ, 410; tr. it. 461). Non è necessario cercare in סוֹד un verbo, quale forma parallela di √יסד (cf Sal 2,2 e 31,4), come propone R. GORDIS, 318. Molti moderni, in base a LXX (ὅτε ὁ θεὸς ἐπισκοπὴν ἐποιεῖτο τοῦ οἴκου μου), Sym (ὁπότε περιέφρασσεν ὁ θεὸς τὴν σκενήν μου) e Syr (ܟܕ ܚܝܠ ܐܠܗܐ ܡܣܬܪ ܗܘܐ ܠܡܫܟܢܝ « quando Dio era uno scudo che proteggeva la mia tenda »), correggono in בְּסוֹךְ; la congettura crea una relazione con

5      *quando Šaddai stava ancora dalla mia parte,*
       *intorno a me stavano i miei figli,*
6      *quando i miei piedi si bagnavano nel latte*
       *e la pietra rigurgitava rivi d'olio per me!*[291]

Camminare nelle tenebre alla luce di una lampada, portata non da un servo, bensì da Dio stesso, era una certezza e una fonte di sapienza. Si ricordi Pro 20,27: « La coscienza umana (*nišmat ʾādām*) è una lampada (*nēr*) di JHWH, che scruta l'intimità delle viscere (*beṭen*) ». Ma per Giobbe, ora che tutto si è oscurato, è come se fosse stato distrutto "il suo sentiero" (30,13: *nāteʿsû neṯîbāṯî*); egli è confuso e disorientato (30,16-19). Tuttavia – "sino alla morte" – non sconfesserà la sua innocenza e la sua decisione di vivere nella giustizia (27,2-6).

Le due coordinate ci aiutano ad interpretare il ricco simbolismo della terza (24,13-16) e quinta scena (24,21-24), dal momento che le altre si possono globalmente intendere come una sequenza unitaria che descrive l'inconsistente esistenza del povero, travolto dalla catastrofe nel "giorno

---

1,10, ma non è giustificata. Senza correggere il testo, D. W. THOMAS [1946: 63-66], seguito da N. H. TUR-SINAI e S. TERRIEN, 199, giunge allo stesso risultato leggendo סוֹד come infinito di √סדד « coprire, proteggere » (che, come verbo, sarebbe tuttavia un *hapax* e avrebbe il solo parallelo akkadico *sadādu* citato da TUR-SINAI). I discepoli di M. DAHOOD, seguendo un suggerimento del maestro [1953], trovano in עלי אלוֹה un nome divino composto (« Dio Altissimo ») e leggono בְּסוֹד quale forma contratta tra בְּ e l'infinito costrutto di √יסד « consolidare » (cf A. C. M. BLOMMERDE [1969: 109]: « when God Most High established my tent »; lo seguono L. VIGANÒ [1976: 53s] e A. R. CERESKO [1980: 11s]). Nella terza edizione, M. H. POPE, 209, si accoda a questa proposta, eliminando tuttavia אֱלוֹהַ come variante del titolo ʿAliy: « As I was in the prime of my life, When ʿAliy founded my family ». La prima edizione del 1965 aveva opzioni un po' diverse: « As I was in the autumn of my life, When God protected my tent ».

[291] Traduciamo הֲלִיכַי con « piedi », seguendo M. DAHOOD [1964a: 404] (cf *sotto),* e leggiamo בְּחֵמָה quale assimilazione per בְּחֶמְאָה (in questa forma compare in 20,17); si veda un immagine simile in Ct 5,12. Nel secondo stico, tenendo presente un frantoio, non vi sono difficoltà; solo עִמָּדִי lo interpretiamo come *dativus commodi.* M. DAHOOD [1965b: 60, n. 1057], A. C. M. BLOMMERDE [1969: 109] e A. R. CERESKO [1980: 12s], traducono: « When my feet were bathed with cream and balsam, When rivers of oil flowed over my legs ». Essi legano וְצוּר e lo ־ di יָצוּק al primo stico e vocalizzano וְצוֹרִי (« balsamo », che sarebbe attestato in ugaritico, *ẓrw,* e nel cananaico di Tell el-ʿAmārna, *ṣurwa);* leggono poi עַמָּדִי « le mie colonne, i.e. gambe » (parallelo a הֲלִיכַי); e fanno derivare יָצוּק da √צקי, leggendolo all'infinito צִק. A parte i molti cambiamenti richiesti, va comunque detto che *UT, ʿnt* II, 31-33 (= *KTU,* 1.3 II 31-33), citato da Ceresko per dimostrare la fissità della "coppia parallela" *jṣq / rḥṣ* non è convincente, in quanto *jṣq šmn šlm bṣ*ʿ è in parallelo con lo stico precedente e *trḥṣ jdh btlt ʿnt* con quello seguente (cf *MLC,* 182).

G. FUCHS [1993: 141-61] dedica a questi versetti e ai capp. 29-31 un'analisi dettagliata. Ella vede in 29,2-6 la descrizione paradisiaca dell'« Urzeit und Urmensch », in quanto il sintagma יְמֵי־קֶדֶם (o la sostituzione paradigmatica di spiccato sapore poetico יַרְחֵי־קֶדֶם) sarebbe un chiaro rinvio al "tempo mitico" (*ibid.,* 147); nello stesso modo intende l'immagine parallela di 20,17. In questi due passi, non ci sembra che il sottofondo sia mitico.

di JHWH". Per il povero incolpevole – come per Giobbe stesso – l'alba è come la tenebra fitta (24,17) e la sua vita si perde nello Šeʾol: che giustizia è mai questa (24,20)?

In 24,13 potrebbero esservi echi di una tradizione mitica,[292] su cui ritornerà Bildad nell'intervento immediatamente seguente (25,1-6). Tuttavia, anche se sono identificabili delle allusioni a miti precedenti, non è sufficiente una ricerca meramente "archeologica". Rimane ancora da svolgere il compito di un'ermeneutica instaurativa, che inizia nel momento in cui ci si domanda il senso "teleologico" dei simboli che compaiono in questi eventuali miti.

Ora, i due elementi simbolici che entrano nella breve sentenza di 24,13 sono la "rivolta" e l'accusa di "trasgressione". Per quanto riguarda quest'ultima, non possiamo non collegarci immediatamente alla protesta d'innocenza menzionata poco sopra[293] e ampiamente sviluppata nel cap. 31.[294] In modo negativo la trasgressione e in modo positivo la protesta d'innocenza, mettono in gioco l'ordine del mondo e quindi « la giustizia e il diritto » (mišpāṭ ûṣᵉdāqâ).[295] Ordine cosmico e giustizia, nel pensiero del protagonista, come nella tradizione culturale mediorientale antica e biblica, sono interdipendenti.[296] Proprio su questo punto Giobbe dovrà "cambiare mentalità", al momento della teofania.

Non ci stupisce, allora, che – con feroce ironia – si citi un'immaginaria sentenza divina, che accusa i poveri di essersi rivoltati contro la "luce", i.e. l'ordine cosmico, fondato sulle colonne di mišpāṭ ûṣᵉdāqâ. La figura di questa divinità (immaginata) e l'azione stessa della rivolta hanno una forte carica antitetica.[297] Dello stesso tono è anche l'iconografia più diffusa

---

[292] G. FUCHS [1993: 129-33] trova le reliquie dell'antico mito della rivolta degli astri e della conseguente punizione in 24,13. 16b-17.

[293] Cf pag. 161.

[294] Sul tema "etico" di Gb 31 si vedano S. Y. TANG [1966s], E. OSSWALD [1970], J. BARTON [1979], M. B. DICK [1983], G. FOHRER [1974]. Vi sono effettivamente molti tratti in Gb 31 che richiamano le "confessioni negative" del Libro dei Morti egiziano (cf soprattutto E. KUTSCH [1986a]). Tuttavia, non abbiamo nel testo biblico sottolineature magiche, caratteristiche del Libro egiziano, anche nella formulazione stessa della "confessione" (cf S. MORENZ [1960: 134s; tr. it. 168s]). Ciò che più avvicina i due testi è la figura di "testamento morale" che, mentre nei testi egiziani voleva essere magicamente la distruzione del male, nel libro di Giobbe, in modo drammatico, prepara l'irruzione di JHWH dalla tempesta.

[295] Il tema è anche "sapienziale". Per un adeguato studio di מִשְׁפָּט in Giobbe, si vedano D. COX [1977] e S. H. SCHOLNICK [1982].

[296] Il tema è molto ampio e non possiamo se non indicare alcuni contributi che lo sviluppano: K. KOCH [1955], H. GESE [1958], H. H. SCHMID [1966], [1968], H. D. PREUß [1970], G. VON RAD [1970], [1974], G. ZIENER [1967], D. COX [1977], J. ASSMANN [1990b], L. G. PERDUE [1990]. Soprattutto si vedano gli appunti critici di G. L. PRATO [1982: 52s].

[297] Cf G. DURAND [1969: 178s].

della giustizia:[298] tratti solari e aurei[299] e, frequentemente, i simboli della bilancia (ad es., *Mȝ'ʾt* davanti a Osiride) e della spada.[300] Non è dunque casuale che nel solenne giuramento di Gb 31, in un contesto in cui l'antitesi è espressa persino dalla struttura sintattica,[301] si ritorni al simbolo della bilancia (v. 6)[302] e a quello degli astri (vv. 26ss).[303] Questi ultimi rappresenterebbero la "falsa" luce che impedisce di raggiungere il Dio trascendente (*ʾēl mim-maʿal*) e conduce all'ingiustizia.[304]

---

[298]  Cf *DSym*, 99s e 550: gli autori ricordano che "spada" e "bilancia" sono anche allusione ai due modi fondamentali di considerare la giustizia secondo Aristotele: giustizia distributiva (*cuique suum*) e missione equilibratrice (*sociale*).

[299]  Come tratto "solare" del culto nel tempio salomonico si potrebbero ricordare quegli enigmatici scudi d'oro fatti costruire da Salomone (מָגִנֵּי הַזָּהָב אֲשֶׁר עָשָׂה שְׁלֹמֹה) rubati dal tempio durante l'invazione di Šišaq (= Šešonq) d'Egitto e fatti sostituire da Roboamo con scudi di bronzo (מָגִנֵּי נְחֹשֶׁת; 1 Re 14,25-28 e il parallelo 2 Cr 12,9-11). Non vi potrebbe essere celato un rimando al macrocosmo, fondato appunto su "diritto e giustizia"?

[300]  Di questa abbiamo già parlato a pag. 145[179].

[301]  Parliamo della struttura sintattica della formula di giuramento in ebraico. Il riferimento originario è al rito di automaledizione (cf Ger 34,18 e Gn 15,7-21). Anche se ormai lessicalizzato, esso spiega come mai il giuramento positivo venga espresso con la negazione (אִם־לֹא = « [mi succeda così] se non... » = « giuro di... ») e il giuramento negativo senza la negazione (אִם = « [mi succeda così] se... » = « giuro di non... »). Per altri particolari al riguardo si vedano S. H. BLANK [1951], A. S. KAPELRUD [1982] e G. J. WENHAM [1982].

[302]  « Mi soppesi con una bilancia giusta, e così Eloah conoscerà la mia integrità » (31,6). Il versetto viene significativamente dopo il giuramento di non aver guardato alla « vergine » [ʿAnat?] (בְּתוּלָה: v. 1) e di non aver seguito « vanità » (שָׁוְא: v. 5). In tutt'e due i casi siamo in presenza di un giuramento di fedeltà jahwista, contro le altre pratiche religiose. Quanto all'identificazione di בְּתוּלָה con la dea ʿAnat (= Ištar - Astarte - Venere, la dea della fecondità), si veda G. JESHURUN [1928], W. L. MICHEL [1982s], A. R. CERESKO [1980: 107], D. N. FREEDMAN [1983: 143]; e, per la testimonianza del culto in suo onore a Elefantina, A. VINCENT [1937: 622-53]. Per l'uso di שָׁוְא come appellativo per gli idoli, si vedano M. DAHOOD [1965b: 31], [1966-1970: III, 297; per Sal 139,20), A. C. M. BLOMMERDE [1969: 113], A. R. CERESKO [1980: 107. 111s] e F. V. REITERER [1993: 1109]. Si potrebbe citare, come prova contro l'identificazione idolatrica di Gb 31,1, il testo di Sir 9,5, che si trova in contesto certamente non "teologico". Tuttavia, è diverso anche il sintagma: in Gb 31,1 si ha אֶתְבּוֹנֵן עַל־בְּתוּלָה, mentre in Sir 9,5 בבתולה אל תתבונן « non fissare il tuo sguardo sulla [donna] vergine ».

[303]  26. *Guardando la luce* [אוֹר; i.e. il sole] *risplendere*
     *e la nobile luna procedere,*
     27. *mai nel segreto il mio cuore si lasciò sedurre*
     *a lanciare un bacio con la mano alla bocca.*
     28. *Anche questo è un crimine,*
     *perché avrei tradito El, che sta sopra.*
     Dal punto di vista simbolico si noti che i vv. 26ss seguono il giuramento di non aver fatto affidamento sull'oro e sui beni materiali (vv. 24-25). Sia nella materializzazione dell'oro, sia nell'adorazione degli astri, abbiamo una "luce" degenerata.

[304]  Sul rapporto tra falsa divinità e ingiustizia, si veda il Capitolo IV, a proposito di Gb 11,11 (pag. 219[88]).

Per Giobbe, sono ben altri i ribelli contro la luce e coloro che non vogliono aver niente a che spartire con essa (cf l'inclusione fra 14a: *lāʾôr jāqûm* e 16c: *lōʾ-jādᵉ< û ʾôr*), restando tuttavia impuniti o comunque puniti alla pari dei poveri innocenti: l'omicida, l'adultero e il ladro. Essi, in effetti, agiscono nell'oscurità. Di qui la forza del simbolo. La loro opera tenebrosa è giudicata in prospettiva etica,[305] rivelando la carica negativa della notte;[306] su di essa, come sullo Šeʾol, il potere di Dio sembra limitato e in essa non solo l'occhio umano (v. 15b), ma persino l'occhio divino sembra non veder nulla.[307]

La vivida descrizione in 24,14-16 è un tocco magistrale, non solo da un punto di vista formale, ma anche simbolico. Lo schema polemico e diairetico, che predomina in tutto il discorso, raggiunge qui il suo acme. Il comportamento delle tre figure "notturne" è infatti in netta opposizione a quello del povero, di cui si torna a parlare nella quarta sezione (vv. 17-20): quest'ultimo « conosce bene la paura del buio » (v. 17b), mentre "quelli della notte" lo cercano come condizione per poter agire indisturbati (v. 15b); per il povero non c'è distinzione tra alba e tenebra fitta (v. 17a), in quanto la sua vita è tutta un anticipo dello Šeʾol tenebroso, mentre per "quelli della notte" la scelta del tempo è decisiva per la riuscita dei loro piani (v. 16).

Eppure Dio pensa di far giustizia, recidendo tutti allo stesso modo (vv. 20c; 24). La "falce"[308] della morte (v. 24), che tutti annienta « come un mannello di spighe », dovrebbe essere lo strumento di una giustizia che pone tutti sullo stesso piano. Al contrario, anche nella morte Dio agisce con ingiustizia, sia per il momento sia per il modo in cui si arriva ad essa (cf capp. 21 e 27).

Che senso rimane a quest'assurda esistenza?

## 4. IL REGISTRO ESISTENZIALE E METAFISICO

Per rispondere alla domanda esistenziale, al protagonista del dramma vengono affidati molti interventi, che assumono talvolta il valore di autentiche "meditazioni metafisiche". La ricchezza di questo materiale non è

---

[305] L'accenno a tre comandamenti (cf Es 20,13-15 e Dt 5,17-19) non è da trascurare, anche perché sono usati gli stessi tre verbi: רָצַח, גָּנַב e נָאָף. Questo dato è un'ulteriore conferma della potenza di trasformazione artistica di tutta l'opera; pur partendo da un tempo e da una situazione particolari, l'autore ha saputo creare un capolavoro universale.

[306] Mancano ancora in Giobbe quelle valenze più ontologiche del simbolo notturno, che si faranno strada con il Medio Giudaismo e che verranno recepite anche nei testi biblici (cf, ad es., Sap 5,6; 1 Ts 5,4-5 e Gv 3,20).

[307] Si veda qualcosa di analogo in 22,12-14: la nube, simbolo esodico della presenza trascendente di JHWH, nelle parole che Elifaz pone in bocca a Giobbe (quasi fosse un empio), diventa un ostacolo al fatto che Dio, dall'alto, possa vedere quanto operano gli uomini. Su questo tema, ci soffermeremo di più a pag. 190.

[308] Cf *DSym*, 429s.

un ostacolo alla scelta di privilegiare alcuni testi, sulla base della presenza del simbolismo luminoso. Per questo, abbiamo scelto il cap. 14, che, accanto alla particolare cura compositiva, ha il pregio di ritessere buona parte delle trame simboliche e tematiche sparse qua e là negli altri discorsi, e il cap. 10, per il singolare vigore poetico della sua conclusione.

Continua, come nei due registri precedenti, il *Regime diurno* del simbolismo, con la sue strutture diairetiche e polemiche. Ma, riprendendo il simbolismo già trovato nel grido di apertura del cap. 3, c'imbatteremo anche nel *Regime notturno* con i suoi aspetti di "angoscia", di speranza frustrata davanti al non-senso dell'esistere e al nulla, e di "discesa" alla ricerca di un senso, che è la risposta al desiderio di vivere.

### 4.1 Gb 13,28-14,22: l'elegia sulla condizione umana [309]

#### 4.1.1 Il testo

13,28   *Imputridisce come marciume,*[310]
      *come veste rosicata dalle tarme,*[311]

14,1   *l'uomo, generato da donna,*
      *breve di giorni, sazio di pena;*[312]

2   *come un fiore sboccia*[313] *e avvizzisce,*[314]
      *fugge via come l'ombra, senza fermarsi.*

3   *E addosso ad uno così tu fissi*[315] *gli occhi?*

---

[309] Prendiamo a prestito questo titolo da D. J. A. CLINES, 338.

[310] Le ragioni strutturali che ci spingono ad unire 13,28 allo sviluppo del cap. 14 sono esposte nel paragrafo seguente, dedicato all'analisi retorica (pagg. 175ss). Dal punto di vista sintattico, l'inizio del v. 28 con וְהוּא potrebbe essere un segno di cesura con quanto precede: *waw* avversativo e pronome prolettico. Lasciamo invece cadere i sospetti di glossa (K. BUDDE) e le varie proposte di spostarlo altrove: M. H. POPE dopo 14,2 (con C. SIEGFRIED), E. O. A. MERX dopo 14,2a, G. BICKELL dopo 14,3.
La vocalizzazione del TM per כְּרָקָב è confermata dalla Vg (*putredo*), mentre LXX (ἴσα ἀσκῷ) e Syr (ܐܟ ܚܡܬܐ) presuppongono כְּרָקֶב « come un otre ». Il paragone del TM è più forte e lo preferiamo a quello, del resto pure inedito, dell'otre.

[311] Per quanto riguarda l'immagine di עָשׁ « tarma » in questo passo e in tutto la *BHS*, si veda l'accurato e analitico studio di A. PASSONI DELL'ACQUA [1993]. עָשׁ I (cf *KB*, III, 848) va messo in correlazione con l'akkadico *ašāšu* (*AHw*, 79b), l'ugaritico *ʿt* (A. CAQUOT - E. MASSON [1977: 18]), l'arabo عثّة (*Lane*, V, 1951) e l'etiopico ዕሠ (*LLÆ*, 1026s e *Leslau*, 57).

[312] Per il corretto significato di רֹגֶז, rimandiamo a pag. 109[25].

[313] Attribuiamo alla √יצא questo significato per estensione semantica, senza necessità di ricorrere all'ipotesi di M. DAHOOD [1962: 60], che vedeva qui un'ulteriore conferma della √wdʾ (arabo وضأ) nel senso di « brillare, apparire ».

[314] וַיִּמָּל deriva da √מלל I, attestata anche in fenicio (*DISO*, 155) e in arabo (مَلّ « divenire secco, bianco »): cf anche Gb 18,16 (per Gb 24,24 si veda a pag. 157[256]).

[315] פָּקַח è il verbo tipico per indicare l'apertura degli occhi, come l'arabo فَقَح (*Lane*, VI, 2424), che indica anche lo sbocciare dei fiori, come il siriaco ܚܡܣ. Su 17 ricorrenze in

    *Proprio me*[316] *ti porteresti in giudizio?*
4    *Chi può trarre il puro dall'impuro?*
    *Nessuno!*[317]

5    *Visto che i suoi giorni sono già stabiliti,*
    *il numero dei suoi mesi dipende da te*
    *e gli hai imposto un limite*[318] *invalicabile,*
6    *allontana da lui il tuo sguardo e sia lasciato in pace,*[319]

---

Qal nella *BHS*, solo due passi hanno un complemento oggetto diverso da עֵינַיִם: Sal 146,8 (accusativo della persona) e Is 42,20 (אָזְנַיִם).

[316] La maggior parte dei moderni, seguendo LXX, Syr e Vg correggono in un pronome alla terza persona. M. DAHOOD [1963f: 499] e A. C. M. BLOMMERDE [1969: 69] vi trovano una prova eccellente per sostenere che il suffisso י- in ebraico può indicare anche il pronome di 3ª maschile singolare, come in fenicio e in ugaritico. Nonostante tutto, il repentino cambio in prima persona è molto efficace dal punto di vista drammatico e noi preferiamo lasciarlo.

[317] Il versetto è molto discusso, a causa della brevità del secondo stico (cf la rassegna di L. ALONSO SCHÖKEL - J. L. SICRE DÍAZ, 216s; tr. it. 242s). Per ovviare ad essa, B. DUHM aggiungeva מֵחַטָּאוֹת dopo לֹא אֶחָד (« nessuno è senza peccato »), ma senza alcun motivo. Il fatto che manchi nel Ms 17 di B. KENNICOTT non è ragione sufficiente per considerarlo una glossa redazionale (G. BICKELL, G. BEER, T. K. CHEYNE, K. BUDDE). La Vg (*quis potest facere mundum de inmundo conceptum semine nonne tu qui solus es*) e il Tg מַן יִתֵּן דַּכֵי מִן גְּבַר דְּאָסְתְּאָב בְּחוֹבִין אִלּוּלְפוֹן אֱלָהָא דְּהוּא חַד דְּיִשְׁבּוֹק לֵיהּ « Chi trarrà qualcosa di puro da un uomo che è macchiato di peccati, se non Dio che è unico e che ha misericordia di lui? »), tentano di esplicitare l'espressione brachilogica originaria.

Richiamandosi a queste due versioni, M. DAHOOD [1971c: 438] trova nel secondo stico un titolo divino: « The Victor » (לֹא da √Pj * « essere forte »). Lo seguono A. C. M. BLOMMERDE [1969: 69s]: « the Mighty One alone »; e L. VIGANÒ [1976: 96], il quale interpreta anche אֶחָד come un secondo titolo (« il Vincitore, l'Uno »). Meno convinto è F. I. ANDERSEN, 171, che però guarda positivamente a queste congetture. Tuttavia, se si rispondesse positivamente alla domanda retorica, l'argomentazione giobbiana sarebbe notevolmente svigorita.

[318] Leggiamo al singolare חֻקָּיו con il K, invece del plurale חֻקָּיו del Q. Con il significato di « limite di tempo » il lessema ricompare al v. 13 (cf anche Sir^M 41,3: מוֹת חוּקֶךָ). Il verbo che lo regge, עָשִׂיתָ, non ha bisogno di correzioni (G. BEER, K. BUDDE e B. DUHM proponevano שַׁתָּ in parallelo al v. 13), avendo un campo semantico tanto ampio da poter giustificare tutte le antiche versioni (LXX: ἔθου; Sym: ἔταξας; Vg: *constituisti*).

[319] Si veda la discussione in D. J. A. CLINES, 283. Anche noi facciamo derivare il TM ויחדל da √חדל I « lasciare, finire, cessare » (cf akkadico ḫadālu, etiopico ኀደለ; arabo خَذَلَ; per lo *shift* consonantico dall'arabo *ḏ* all'ebraico *d*, si vedano G. GARBINI [1960: 194-96] e D. W. THOMAS [1957: 8]). Tuttavia vocalizziamo come jiqtol Ni. וְיֶחְדַּל (*hapax*), evitando così di toccare il testo consonantico. I commentari più recenti accettano concordemente la congettura introdotta da K. BUDDE, che leggeva l'imperativo וַחֲדַל, attestato anche da un Ms.

Benché recepita da *KB*, I, 281, non ci sembra convincente per il nostro passo l'ipotesi di una √חדל II « divenire grasso, prosperare », parallela all'arabo خَدِلَ (cf PH. J. CALDERONE [1961: 454s] e [1962: 412-19], D. W. THOMAS [1957: 8-16]); essa può spiegare bene 1 Sam 2,5 con oggetto עַד III « nutrimento » (cf però *KB*, III, 744 con altra congettura), parallelo a לֶחֶם. A partire da qui, A. C. M. BLOMMERDE [1969: 70s] vi legge un

*finché, come un salariato, abbia saldato*[320] *la sua giornata.*

7  *Sì, c'è speranza persino per una pianta:*
   *se viene tagliata, ributta*
   *e continua a gettar polloni;*
8  *anche se le sue radici invecchiano nel terreno*
   *e il suo ceppo muore nella terra asciutta,*
9  *al sentore dell'acqua può rinverdire*[321]
   *e mettere il tallo come arboscello.*[322]
10 *L'uomo, invece, quando muore, è senza forze:*[323]
   *quando un essere umano spira, non esiste più.*[324]

11 *Viene a mancare l'acqua dai laghi,*
   *i fiumi si prosciugano e seccano,*
12 *ma*[325] *l'uomo giace e non risorge;*
   *passerà il cielo,*[326] *ma egli non sarà risvegliato,*[327]

---

tristico: עָדִי « lifetime » sarebbe in parallelo a יוֹמוֹ (il suffisso viene preso da יִרְצֶה e sarebbe un caso di *scriptio continua*) e oggetto di וְיֶחְדָּל. Ecco la sua improbabile traduzione: « Look away from him / that he may enjoy his lifetime / that he may be pleased with his day like a labourer ».

[320] La √רצה II (aramaico רְצָא) significa « contare, pagare, saldare » (cf *KB*, IV, 1195) e quindi, come già notava É. P. DHORME, 179, la frase indica il saldo della giornata. R. GORDIS, 148, preferisce il senso di « to count, complete » e traduce con « complete his day ».

[321] L'Hi. di √פרח I significa « rifiorire, ributtare » e non c'è bisogno di correggere in Qal (contro *KB*, III, 909). Qui è intransitivo come in Sal 92,14 e Pro 14,11.

[322] נֵטַע « piantina, arboscello », come in Is 5,7; 17,10s (cf LXX: νεόφυτον).

[323] La √חלש, come in aramaico e in siriaco (ܚܠܫ), significa « essere debole »: cf i paralleli antitetici in Gio 4,10 (חַלָּשׁ ≠ גָּבּוֹר) e in Ez 32,18 (חֲלוּשָׁה ≠ גְּבוּרָה). Con questo significato, non vi è bisogno di correggerlo né sulla base della LXX, che ha ᾤχετο (→ וַיֵּהֲלֹךְ come al v. 20; così A. DILLMANN), né creando altre congetture. G. H. B. WRIGHT, H. GRAETZ [1887: 405], K. BUDDE e S. R. DRIVER - G. B. GRAY propongono di correggere in וַיַּחֲלֹף, come in 9,11; allo stesso risultato, ma senza correggere il testo, giunge A. GUILLAUME [1963b: 91s] e [1968: 94], a causa dello scambio frequente in ebraico fra שׁ e פ (A. GUILLAUME [1954: 3]). I. EITAN [1923: 25-28] e [ 1924: 42-44] suppone l'esistenza di una radice omografa, da porre in relazione con l'arabo خَلَشَ « to reap with a sickle ». G. R. DRIVER [1962: 16] propone invece la relazione con l'arabo خَلَشَ « to carry off suddenly », accettata anche da *KB*, I, 311. Se dovessimo accettare una delle ultime due proposte, dovremmo avere in ebraico חלשׁ e non חלשׁ.

[324] וְאַיּוֹ (cf anche 20,7) è reso dalla LXX con οὐκέτι ἔστιν e dalla Syr ܘܠܐ ܡܟܝܠ, non perché presuppongano un ebraico diverso (וְאִין o וְאֵינֶנּוּ; così propongono E. O. A. MERX, C. SIEGFRIED e G. BEER), bensì perché interpretano la domanda in senso retorico, come noi stessi proponiamo (contro D. J. A. CLINES, 329). È quindi inutile la proposta di M. DAHOOD [1982b: 54] di vedere attestato qui il raro avverbio אִי con il suffisso di 3ª maschile singolare.

[325] Il confronto non è con l'acqua che viene a mancare, bensì con il ciclo stagionale delle acque (cf, ad es., Sal 126,4). Per questo diamo al *waw* valore avversativo (cf D. J. A. CLINES, 329).

*né sarà più ridestato dal suo sonno.[328]*

13    *Se almeno tu mi nascondessi nello Šeʾol,*
      *mi tenessi celato finché sia passata la tua ira*
      *e fissassi un termine per ricordarti di me!*
14    *Ma se l'uomo muore, non tornerà in vita.[329]*
      *Ogni giorno della mia milizia rimango in attesa,[330]*
      *finché non giunga per me il cambio...*
15    *Chiamami e ti risponderò;*
      *abbi nostalgia per l'opera delle tue mani!*
16    *Quando, perciò,[331] conti i miei passi,*

---

[326] « Passerà il cielo »: lett. « finché non [ci sarà più] il cielo ». La traduzione vuole evitare di introdurre allusioni estranee alla risurrezione finale, che il TM di Giobbe non ha. Il sintagma עַד־בִּלְתִּי שָׁמַיִם è discusso, perché בִּלְתִּי davanti a un sostantivo si trova solo qui e in Is 14,6. La LXX (ἕως ἄν ὁ οὐρανὸς οὐ μὴ συρραφῇ), Aq (ἕως ἄν κατατριβῇ οὐρανός), Sym e Th (ἕως [ἄν Ms 250] παλαιώθη ὁ οὐρανός secondo la siroexaplare, cf A. M. CERIANI [1874: 43 *recto*]; F. FIELD [1875: II, 27; J. ZIEGLER [1982: 272s]) e la Syr (ܐܕܡܐ ܕܢܒܠܐ ܫܡܝܐ) sembrano presupporre עַד־בְּלוֹת שָׁמַיִם; il verbo בָּלָה è del resto usato, con immagini simili, anche in Is 51,6 e Sal 102,27. Questa lettura viene seguita da buona parte commentatori contemporanei. A. C. M. BLOMMERDE [1969: 71], nella stessa direzione, spiega בלתי, in modo un po' troppo macchinoso, come infinito da בָּלָה con l'antica desinenza genitivale. In realtà nelle versioni antiche c'è, a nostro parere, un tentativo di rendere plausibile l'interpretazione risurrezionistica (si veda anche al v. 14).

[327] La 3ª plurale dell'Hi. יָקִיצוּ la interpretiamo come un passivo aramaizzante (cf GK, § 144fg), molto frequente in Gb. Il verbo deriva √קִיץ II « svegliare » (cf KB, III, 1026), comune per il risveglio dal sonno (1 Sam 26,12; Is 29,8; Ger 31,26; Sal 3,6; 17,15; 73,20; Pro 6,22) e dall'ubriachezza (Gio 1,5; Pro 23,35); nell'apocalittica diventerà uno dei verbi tipici della risurrezione (Is 26,19 e Dn 12,2). Meno probabile la proposta introdotta da H. M. ORLINSKY [1937s: 65], ripresa da G. R. DRIVER [1955c: 77] e accolta da KB, III, 1019, di vedervi la radice ebraica קוץ II « spalancare, aprire », parallela all'akkadico *kâṣu* e all'arabo (قوض√) قاض, che sarebbe attestata anche in Is 7,6. Impone invece qualche ritocco consonantico la proposta di M. H. POPE, 108, di leggervi la √יקץ « to be awake » (cf ugaritico *jqg* e arabo يقظ).

[328] Il Ni. יֵעוֹרוּ e il suffisso plurale di מִשְׁנָתָם sono giustificabili come alternanza tra 3ª singolare e plurale, dal momento che si sta parlando dell'"uomo" in senso collettivo.

[329] La domanda הֲיִחְיֶה è retorica ed equivale ad una negazione. La LXX ha ζήσεται, insinuando così una visione risurrezionistica. Più fedele al pensiero di Giobbe è la versione di Aq e Th: μήτι ζήσεται (cf F. FIELD [1875: II, 27]).

[330] Il Pi. di √יחל è usato in modo assoluto, come in 13,15 e in Gn 8,10. 12; Sal 71,14.

[331] Diamo forza temporale (presente!) a כִּי־עַתָּה: l'immagine di « contare i passi » è negativa come in 31,4, contro quanto afferma Sicre in L. ALONSO SCHÖKEL - J. L. SICRE DÍAZ, 217; tr. it. 243. I vv. 16s quindi continuerebbero la richiesta di Giobbe, perché Dio agisca con quella "benevolenza" che già gli era stata chiesta, ad es., in 7,17-21. Così risolviamo la difficoltà di avere una negazione solo nel secondo stico. Non sono necessarie correzioni, né aggiungendo una negazione al primo stico (come la Syr; con lo stesso risultato, M. DAHOOD [1969: 338] interpreta לֹא come *double-duty modifier*), né togliendola al secondo (cf G. R. DRIVER [1973: 110], che interpreta לֹא in frase esclamativa con significato positivo).

    *non stare ad osservare il mio peccato:*

17    *sigilla in un pacchetto[332] la mia trasgressione*
    *e passa sopra[333] alla mia colpa.*

18    *La montagna frana per un'alluvione,[334]*
    *la rupe si stacca dal suo posto,*

19    *l'acqua macina i sassi e un'inondazione[335] trascina via il terreno...*
    *così tu annienti la speranza dell'uomo!*

20    *Lo schiacci e se ne va per sempre,[336]*

---

[332] In egiziano *ḥtm* è il « sigillo-scarabeo » (cf *WÄS*, III, 350s), corrispondente all'ebraico חוֹתָם; da qui deriva il verbo denominativo « sigillare », comune a tutte le lingue semitiche. Vocalizziamo חְתֹם come infinito assoluto (così anche R. GORDIS, 151), e non come participio passivo alla maniera dei massoreti. Ad esso diamo valore di imperativo; è noto che l'infinito assoluto può assumere questo valore (*GK*, § 113bb).

צְרוֹר (cf il verbo √צרר in Is 8,16) è un documento impacchettato e assicurato da legacci esterni (i לִמֻּדִים di Is 8,16!); sopra di essi veniva spalmata (cf √טפל del secondo stico) la ceralacca, in cui s'imprimeva il sigillo. Il versetto è dunque molto coerente (per questa interpretazione, si veda N. H. TUR-SINAI, 240s).

[333] Cf la nota precedente per il significato originario della √טפל. Metaforicamente, in sintagma con שֶׁקֶר עַל, il verbo si trova in 13,4; Sal 119,69; Sir 51,5.

[334] Il sintagma הַר־נוֹפֵל יִבּוֹל è strano, in quanto la √נבל « appassire » è normalmente predicato di fiore o foglia (Is 1,30; 28,1. 4; 34,4; 40,7s; Ger 8,13; Ez 47,12; Sal 1,3; 37,2). Metaforicamente, viene utilizzato con soggetti diversi, come la terra (Is 24,4: metonimia?) o anche le persone (Sal 18,46; Es 18,18). Le antiche versioni sembra leggessero יִפּוֹל נָפֹל: la LXX ha un testo asteriscato preso da Th (※ καὶ πλὴν ὄρος πῖπτον διαπεσεῖται – cf J. ZIEGLER [1982: 274]), simile a Syr (ܠܐ ܢܦܠ ܘܠܐ ܬܘܒ ܐܬܐ ܠܗ). Così emendano C. SIEGFRIED, H. GRAETZ [1887: 406], G. BEER, K. BUDDE, G. GERLEMAN e molti altri contemporanei.

In verità, l'immagine dei vv. 18-19a è molto coerente, un autentico *crescendo* verso la dura affermazione di 19b: « così tu annienti la speranza dell'uomo ». Il soggetto è sempre, per noi, l'acqua nella sua potenza distruttrice, in tre momenti sequenziali: l'alluvione che fa franare la montagna, l'acqua impetuosa che macina i sassi franati e li riduce in polvere, il fiume in piena che trascina via il terreno polveroso (עֲפַר־אֶרֶץ). Noi quindi vocalizziamo הַר נוֹפֵל יִבּוּל. Il sostantivo יִבּוּל sarebbe una formazione parallela a מַבּוּל dalla √יבל II, che richiama l'akkadico *biblu, bubbulu* (*AHw*, 125a e 135a) e l'arabo وَبِل « diluviare ». L'intuizione era già presente in N. H. TUR-SINAI, 241, ma con ulteriori cambiamenti consonantici nel resto della frase. Davanti a יִבּוּל ci dovrebbe essere una preposizione come מִן: la preposizione è di fatto presente nel secondo stico (מִמְּקוֹמוֹ) e influisce anche sul primo, fenomeno abbastanza diffuso in poesia (chiamato da M. DAHOOD *double-duty modifier*). L'omissione della preposizione è spiegabile anche per ragioni eufoniche.

[335] La vocalizzazine massoretica di סְפִיחֶהָ « le sue xxx » è problematica: a chi si riferisce il pronome di 3ª femminile? A. C. M. BLOMMERDE [1969: 72] vocalizza סְפִיחַ־יָהּ, trovando un ottimo esempio di superlativo con nome divino (cf, ad es., עֲרִיף־יָהּ di Is 5,30; שַׁלְהֶבְתְיָה di Ct 8,6 o רוּחַ אֱלֹהִים di Gn 1,2). Ma, anche nella sua proposta, rimane il problema del significato preciso di סְפִיחַ. Con H. GRAETZ [1887: 406], K. BUDDE, G. BEER e la massima parte dei contemporanei, spieghiamo ספיחה come metatesi per סְחִיפָה (cf סֹחֵף מָטָר di Pro 28,3 e נִסְחַף di Ger 46,15). Si vedano maggiori dettagli in D. J. A. CLINES, 284s.

> *gli sfiguri il volto*[337] *e gli fai attraversare lo Šelaḥ.*[338]

21    *Se i suoi figli sono onorati, non lo saprà;*
     *se disprezzati, non se ne accorgerà.*
22    *Ma la sua carne soffre in lui*
     *e il suo animo in lui si affligge.*[339]

### 4.1.2 Analisi retorica

Il discorso dei capp. 12-14 è probabilmente il più armonico e uno dei meglio riusciti di tutto il dramma, dal punto di vista letterario.[340] Che l'autore vi abbia investito la sua migliore arte retorica ce lo dicono anche l'ampiezza e la posizione: è il più lungo discorso di Giobbe, se escludiamo l'arringa finale, e si trova alla fine della prima serie di interventi.

Le tre parti[341] del discorso, perfettamente bilanciate (12,2-13,2; 13,3-27 e 13,28-14,22), portano a maturazione molti temi apparsi nella prima

---

[336] La sintassi del primo stico è controversa. Per risolvere il problema D. J. A. CLINES, 285, accetta il senso di « utterly, once for ever » per לָנֶצַח. Noi lo colleghiamo a וַיַּהֲלֹךְ, seguendo la Vg (*roborasti eum paululum ut in perpetuum pertransiret*), É. P. DHORME, 186, e A. C. M. BLOMMERDE [1969: 72], senza dare tuttavia valore enfatico al *waw* di וַיַּהֲלֹךְ. L'inversione poetica è presente anche in altri versi di Giobbe (cf anche in 4,6; 10,8...) ed anche l'espressione in quanto tale trova buoni paralleli in 4,20 e 20,7. Il verbo הָלַךְ anche in ebraico può indicare l'ultima dipartita per estensione semantica, mentre « morire » è il primo significato nell'arabo هلك (*Lane*, VIII, 3044) e nell'etiopico ሖለከ (secondo *LLÆ*, 18, ma non secondo *Leslau*, 215).

[337] Il sintagma מְשַׁנֶּה פָּנִים è stato accostato da B. HALPERN [1978] all'espressione akkadica *pānū(tu) šanūtu* « doppia faccia, i.e. essere sleali », attestata in tre lettere di Tell el-ʿAmārna (*EA*, 244, 38-43; 250, 57-59; 253, 26-28) e parallela all'altra espressione *libbu šanû* « cambiare cuore, i.e. decisione » (*EA*, 119, 42-44). Egli traduce così il secondo stico: « He [= l'uomo] acts (once) with treasonous intent, and you dispatch him ». Ma il soggetto di מְשַׁנֶּה rimane Dio! R. GORDIS, 152, citando IBN EZRA, spiega il volto sfigurato con il *rigor mortis*. Ipotesi accettabile.

[338] שֶׁלַח corrisponde all'Acheronte della mitologia greca e, in quanto fiume degli inferi, equivale allo Stige (M. TSEVAT [1954]). Secondo D. LEIBEL [1963s], il fiume infernale sarebbe attestato in Gb 33,18; 36,12; Gio 2,8; Ne 4,11; Ct 4,13. A partire di qui, M. DAHOOD [1969: 359s] ipotizza il verbo denominativo Pi. √שלח « to make cross the infernal river », possibile a suo parere anche per 8,4 e Is 43,14; accettiamo questa proposta nella nostra traduzione.

[339] La costruzione del versetto è discussa ampiamente in R. GORDIS, 152s. Sono chiari alcuni elementi, che aiutano la comprensione dell'insieme: il parallelo tra נֶפֶשׁ e בָּשָׂר (cf 12,10) e il senso riflessivo dei due עָלָיו. Ciascuno soffre nel suo corpo e nel suo spirito (cf la ripresa del tema nei capp. 21 e 27).

[340] Una breve rassegna delle ipotesi per l'analisi letteraria dei capp. 12-14 si può trovare in D. J. A. CLINES, 285-88. In particolare noi ci riferiamo a L. ALONSO SCHÖKEL - J. L. SICRE DÍAZ, 216ss. 253. 260s; tr. it. 244-47. 253. 260s, e N. C. HABEL, 215-17 (per Gb 12,1-13,5); 226-28 (per Gb 13,6-28) e 235-39 (per Gb 14).

[341] Siamo anche noi a favore di una tale suddivisione. In modo analogo, anche se con qualche spostamento di versetti, si vedano H. H. ROWLEY, L. ALONSO SCHÖKEL E N. C. HABEL. D. J. A. CLINES, con il solo criterio del cambiamento dell'interlocutore cui

serie di dialoghi, soprattutto l'idea di un confronto processuale con Dio (13,2-27). A partire da 13,28,[342] l'attenzione si porta sulla condizione esistenziale dell'uomo. Potremmo considerare questa terza parte uno sviluppo della fugace considerazione apparsa in 13,25 e un complemento alle riflessioni già esposte nei due primi interventi giobbiani (capp. 7 e 10).

Una prima sezione è identificabile sulla base dell'inclusione fra 14,1 (*qᵉṣar jāmîm*) e i vv. 5-6 (*jāmājw... jômô*). Il "giorno" della vita umana ne rappresenta infatti il tema. In 13,28-14,6 risalta la compattezza dei primi tre versetti: due paragoni iniziali (13,28: *kᵉrāqāb... kᵉbeged*), bilanciati da due altri paragoni (14,2: *kᵉṣîṣ... kaṣ-ṣēl*), inquadrano l'assioma esistenziale di 14,1; vista la ripresa di *rōgez*,[343] possiamo condiderare questo assioma la sintesi di uno dei temi principali della prima serie di discorsi. L'inclusione dei vv. 5-6 riprende un'analoga considerazione sul "limite" invalicabile imposto all'uomo, con una richiesta che ha in sé un nuovo paragone: come un giornaliero, possa almeno terminare in pace la sua giornata. Al centro, stanno due domande. La prima (v. 3) è la conseguenza della condizione miserabile in cui versa l'uomo: quale senso o quale utilità può esserci per Dio confrontarsi con un essere simile? La seconda (v. 4) è una premessa alla richiesta dei vv. 5-6. Essa riprende un pensiero già portato nell'arena della discussione dagli amici (cf 4,17), benché essi lo abbiano addotto come argomentazione per accusare Giobbe: al contrario, per il protagonista se tutti gli uomini vivono in una situazione che nessuno può trasformare in "innocenza", almeno siano lasciati vivere in pace, alla stregua di salariati che attendono la fine della loro giornata lavorativa.

Una nuova inclusione (*tiqwâ* nei vv. 7 e 19) inquadra parzialmente la seconda sezione, esplicitando il tema principale: l'annientamento della speranza. La seconda sezione, che abbraccia i vv. 7-22, ha uno sviluppo più articolato, scandito da un assioma – quasi un ritornello con variazioni paradigmatiche – sulla morte umana quale viaggio senza ritorno (vv. 10. 12. 14a. 19b e 20). Ciascuna delle riprese è accompagnata da un ricco corredo di immagini, desunte dal mondo vegetale (vv. 7-9) o da fenomeni geologici (vv. 11 e 18-19a). Esse hanno, come comune denominatore, l'acqua: un'acqua che feconda (v.9), che giace tranquilla (v. 11), o che

___

Giobbe si rivolge (amici – Dio), propone una divisione in due sezioni (la cesura cadrebbe tra 13,19 e 13,20).

[342] Le motivazioni che ci spingono a considerare 13,28 come inizio del terzo sviluppo sono: 1) di ordine sintattico (cf pag. 170[310]); 2) il cambio d'immagine rispetto a quanto precede e la coerenza con le immagini che seguono; 3) anche tentando di unirlo a 13,24-27, come ad es. N. C. HABEL, 226-28, rimarrebbe un'appendice estranea, per il repentino cambio di persona (dalla 1ª alla 3ª singolare); a meno di intervenire con correzioni; 4) la simmetria che si viene a creare con 14,2, ponendo così al centro il v. 14,1, come dimostriamo nel testo qui di seguito. La cesura è confermata anche dalla struttura strofica di P. W. SKEHAN [1961: 16-18] e di E. C. WEBSTER [1983: 42s].

[343] Cf 3,17. 26; con altri significati in 37,2 e 39,24.

distrugge (vv.18-19).[344] La sequenza delle immagini lascia a parte i vv. 13-17 e 20-22, che sono in effetti una ripresa del tema esistenziale:[345] il desiderio impossibile di rifugiarsi nello Šeᵓol, la vuota attesa di avere il "cambio" e di vedere archiviata una trasgressione che è comune all'esistenza di ogni mortale (v. 4). Il desiderio dello Šeᵓol appare una soluzione improponibile, perché laggiù tutto quanto accadrà non lo riguarderà più, mentre il problema riguarda la sofferenza che egli sta ingiustamente sopportando in *questa* vita (vv. 21-22).

Ecco dunque la trama dell'argomentazione:

*1ª parte: Il "giorno" della vita umana (13,28-14,6)*

A. la condizione umana (13,28-14,2)
 a. due paragoni (13,28)
  x. *assioma* (14,1)
 a'. due paragoni (14,2)

B. prima domanda (14,3)
B'. seconda domanda (14,4)

A'. richiesta per la condizione umana, con altro paragone (14,5-6)

*2ª parte: l'annientamento della "speranza" (14,7-22)*

*I quadro:*
 a. l'albero (7-9)
  b. *assioma* (10)

*II quadro:*
 a. laghi e fiumi (11)
  b. *assioma* (12)

 *X. la condizione umana (13-17):*
  a. desiderio di essere nascosto nello Šeᵓol (13)
   b. *assioma* (14aα)
  a'. desiderio e richieste (14aβ-17)

*III quadro:*
 a. alluvione (18-19a)
  b. *assioma* (19b)

 *X. la condizione umana (20-22):*
  b. *assioma* (20)
  a. contrasto tra lo Šeᵓol e questa vita (21-22)

---

[344] Si potrebbe ricordare anche l'acqua dello שֶׁלַח del v. 20. Essendo, tuttavia, un'allusione incerta, non la elenchiamo a questo punto.

[345] È chiaro che prendiamo questo attributo in senso lato, non legandolo al sistema filosofico del nostro secolo che parlerebbe d'irriducibilità ontologica dell'esistente.

### 4.1.3 Analisi simbolica

Paul Diel ha sintetizzato il simbolismo mitico in due temi: la causa prima della vita (tema *metafìsico*) e la ricerca della condotta di vita (tema *etico*).[346] Con questa schematizzazione,

> « dans leur signification la plus ample et la plus profonde, les images pré-mythiques et mythiques concernent l'éphémérité de la vie temporelle et l'angoisse devant la mort intemporelle et éternelle. [...] Les symboles métaphysiques concernent l'angoisse de *la mort et son insondable mystère*, et partant aussi *le mystère de la vie*, aboutissant inéluctablement à la mort ».[347]

Nell'analisi seguente, abbiamo in effetti un esempio della ricchezza simbolica che un grande poeta può creare davanti a ciò che M. Eliade ha chiamato « la terreur de l'histoire ».[348] Seguendo la trama dell'analisi retorica precedente, passiamo dunque in rassegna i simboli che gravitano attorno ai due temi: il "giorno" e la "speranza". Nonostante le apparenze, li troveremo strettamente connessi al polarismo simbolico di luce e tenebre.

Le coordinate del "giorno" dell'uomo sono tracciate dalle due espressioni del v. 14,1b: limitatezza – brevità (*q<sup>e</sup>ṣar jāmîm*) e fragilità – debolezza (*š<sup>e</sup>ba<sup>c</sup> rōgez*). Ad illustrare questa seconda coordinata vi sono le immagini della *putredo*, della *tarma*, del *fiore* e dell'*ombra*, il cui paradigma è, da una parte, la corrosione e il decadimento e, dall'altra, l'instabilità sfuggente. Ad illustrare la prima, vi sono invece il *destino* (*ḥōq*), la *schiavitù* (il giornaliero) e la *milizia* (v.14).[349]

Il plesso di immagini si può organizzare attorno ad un'unica struttura simbolica diairetica, suggerita dalle domande centrali della prima parte (vv. 3-4) e ripresa negli sviluppi esistenziali della seconda (vv. 13-17 e 20-22): la *gigantizzazione* di Dio e la miseria dell'uomo. La figura della "schiavitù" e l'opposizione incolmabile tra puro / impuro sono simbolismi tipici del medesimo registro esistenziale.

La lotta impari, che Dio scatena contro l'uomo, era già stata denunciata nel discorso dei capp. 6-7, culminando nella feroce accusa di 7,20:

> *Se ho peccato, che cosa ti ho fatto, sentinella dell'uomo?*
> *Perché m'hai preso a bersaglio da divenire di peso a me stesso?*

---

[346]  Si veda, ad es., P. DIEL [1954: 23].
[347]  P. DIEL [1975: 17].
[348]  M. ELIADE [1947: 235].
[349]  Questa tavolozza di immagini trova un parallelo e un complemento in Gb 7. In quel capitolo vi è anche la feroce parodia dell'antropologia "regale" del Sal 8 (cf 7,17-18), che è ben lontana dalla rilettura dello stesso inno, presente in Sal 144. Si veda L. G. PERDUE [1991: 130].

L'accusa di Giobbe contro l'"immoralità" del comportamento divino è insieme la dichiarazione dell'assurdità della sua sofferenza. Non dimentichiamoci che per il nostro protagonista, come anche per i suoi amici, la sofferenza da lui sperimentata è considerata il frutto di una decisione divina (*rōgez* « castigo ») e la conseguenza di una trasgressione della norma.[350] Di qui, Giobbe, convinto della propria innocenza e cosciente di condividere l'"impurità" con tutto il genere umano, deduce che la potenza di Dio è una prepotenza immotivata. Dio dovrebbe "aver nostalgia" per l'opera delle sue mani e passare sopra alla colpa; ma i suoi intenti sono ben altri (cf il cap. 10, qui sotto).

Fin qui, niente di nuovo rispetto alla gigantizzazione della divinità, che già abbiamo analizzato nel registro cosmico. Ora, però, ad essa si affiancano due nuovi simboli: la *schiavitù*[351] e l'*impurità*, che marcano la sproporzione tra la potenza dell'Altissimo e l'infima miseria della creatura, rendendo inutile e impossibile un confronto giudiziario con Dio.

Il sema che unisce le immagini impiegate per illustrare il simbolismo della schiavitù è il *limite*; in termini contemporanei, potremmo dire la mancanza di libertà. È un aspetto innegabile dell'esperienza umana: ma è anche l'unico? Nelle parole di Giobbe, una parte della realtà viene assolutizzata a scapito di una visione globale. Gli psichiatri chiamerebbero questo atteggiamento *Spaltung*:[352] una "scissione" nella percezione della realtà, che impedisce di vedere l'orizzonte d'insieme, fissandosi su un unico aspetto. Di segno esaltante (ὕβρις) o deprimente (*angoscia*), essa è in entrambi i casi una considerazione unilaterale e rappresenta una struttura tipica del *Regime diurno* dell'immagine.[353] Ai fini del dramma giobbiano, è un indizio molto importante per capire verso quale direzione Giobbe dovrà camminare per riconquistare il senso *globale* della sua esistenza.

Vi è in questo simbolismo una critica alla visione "solare"[354] dell'esistenza umana, quale emerge, ad esempio, da Gn 1,26-28, dal Sal 8 e dalla tradizione sapienziale dei Proverbi. Siamo solo alla prima tappa di un cammino iniziatico che condurrà Giobbe ad una comprensione più profonda e autentica del "limite" e della libertà.

---

[350] Una buona analisi della mentalità che attribuiva alla sofferenza un senso in relazione alla "volontà di Dio" e allo scarto dalla norma etica si può trovare il M. ELIADE [1947: 139-66].

[351] Per il simbolismo della *schiavitù* si possono ricuperare le analisi di L. G. PERDUE [1991: 61-72] (cf pag. 113[46]).

[352] Cf E. MINKOWSKI [1953: 212s], citato da G. DURAND [1969: 210].

[353] Cf G. DURAND [1969: 208-11].

[354] Sull'eroe solare e, in genere, sul simbolismo solare, si veda M. ELIADE [1949: 135] (e tutto il capitolo dedicato al sole, pp. 115-38).

L'annientamento della "speranza", come abbiamo visto, è il catalizzatore della seconda parte del capitolo. Le immagini che commentano il ritornello con variazioni – « quando l'uomo muore, non torna più in vita » – collocano l'uomo come microcosmo in un mondo in cui egli si sente diverso (cf la vegetazione nei vv. 7-9 e il ciclo delle piogge nel v. 11[355]), ma in qualche modo partecipe della stessa avventura (cf l'alluvione nei vv. 18s). Il simbolo, infatti, traduce sempre una situazione umana in termini cosmologici (e viceversa), svelando così la solidarietà fra le strutture dell'esistenza umana e le strutture cosmiche.[356] In particolare, l'ambivalenza del simbolo dell'*acqua*,[357] denominatore comune di tutte queste immagini, esprime bene l'alternativa del dramma esistenziale, vita o morte: entrambe sono attribuite a un Dio dalla "doppia faccia", il Dio creatore (v. 15) e il Dio distruttore (vv. 18-20).[358]

Tuttavia, almeno per ora, Giobbe è troppo condizionato dal pensiero che sia l'« ira » divina a causare la sua sofferenza e non riesce a sollevarsi ad una contemplazione del cosmo che abbracci tutti i fenomeni; avrà bisogno che Dio stesso lo guidi in questa avventura liberante, per scoprire ciò che sta "oltre". Per ora, egli scopre solo *una* delle relazioni che lo legano al cosmo che lo circonda.

In quanto antitesi, si potrebbe interpretare la sequenza delle immagini come un "sogno" o un "desiderio" di risurrezione, quasi che l'affermazione di una nuova vita oltre la morte possa sciogliere l'enigma della giustizia di Dio nella vita presente.[359] Ma ci si ricordi che il pensiero della risurrezione non sfiora minimamente il protagonista.[360] Anzi, è proprio la certezza della morte come confine ultimo della vita a tessere la trama delle immagini: esse portano a negare[361] la possibilità di *ritorno* in vita per l'uomo e a mostrare l'insindacabile decisione divina.

Possiamo notare una certa complementarietà tra le due parti del capitolo. Nella prima vi è infatti un'antitesi al simbolismo *solare*: il giorno dell'uomo declina, ma non ci sarà per l'uomo una nuova aurora come per

---

[355]  Stando l'interpretazione da noi accolta a pag. 172[325].

[356]  Cf M. ELIADE [1960: 27].

[357]  Cf *DSym*, 374-82: 376; L. ALONSO SCHÖKEL [1988: 143-57] ha studiato questo simbolismo per leggere Gv 3,5. Si ricordi poi quanto abbiamo già detto circa il rapporto tra il simbolismo dell'acqua e lo scorrere del tempo (pag. 145[174]).

[358]  Si ricordi anche l'inno a Marduk in *Ludlul bēl nēmeqi* (I, 1-40), già citato a pag. 138 (cf W. VON SODEN [1990b: 114-17]).

[359]  Questo si verificherà con gli scritti del Medio Giudaismo (cf, ad es., 4 Esd 7) e influenzerà sensibilmente la tradizione cristiana. Cf L. ALONSO SCHÖKEL J. L. SICRE DÍAZ, 234s; tr. it. 266s.

[360]  Di questo parere è anche il recente contributo di H. STRAUß [1993].

[361]  Così vanno interpretati anche gli elementi simbolici del *sonno* (cf J. G. S. S. THOMSON [1955: 423s], T. H. MCALPINE [1987], D. J. A. CLINES, 330) e dell'inutile attesa di un cambio (*ḥălîpâ* del v. 14b).

il sole.[362] Nella seconda vi è invece un'antitesi al simbolismo *lunare* della vegetazione e del ciclo stagionale:[363] per Giobbe, la vita dell'uomo non partecipa al ritmo del "perenne ritorno" del giorno e della notte, dell'estate e dell'inverno (cf Gn 8,22), un tema che può essere facilmente ritrovato in altre letterature.[364]

Il desiderio di essere nascosto nello Šeʾol richiama il simbolismo *notturno* del cap. 3 e delle sezioni analizzate nel registro etico-sapienziale.[365] È un desiderio subito giudicato assurdo: « Ma se l'uomo muore, non tornerà in vita » (14,13a). Davanti all'« ira » divina non c'è alcun rifugio. Cadere nelle fauci della morte sarebbe la più eclatante sconfitta, perché Giobbe non accetterebbe quanto afferma Sal 139,8 o Am 9,2, benché come presenza negativa: il regno dei morti non è un luogo in cui Dio è presente (cf anche 30,23-24). L'unica possibilità rimane allora attendere – invano? – il "cambio" (v. 14b).[366]

Il sorite di immagini dei vv. 14,18-19, accettando la lettura filologica proposta, ha un'efficacia straordinaria: la montagna si sgretola in pietre, le pietre sono macinate in polvere, la polvere è spazzata via... Una frantumazione che non lascia traccia,[367] un futuro che è una regressione al caos delle tenebre: il nulla, come diremmo con il nostro linguaggio metafisico.

### 4.2 Gb 10,1-22: il giorno di Dio e il giorno dell'uomo

Il registro esistenziale raggiunge in questa pagina le vette di una meditazione propriamente metafisica. Il poeta pone a confronto il tempo dell'uomo e il tempo di Dio.

Le tenebre dello Šeʾol sono descritte nell'ultimo versetto con un'esuberanza lessicale da mettere a dura prova il nostro vocabolario. Esse divengono l'espressione simbolica del nulla, il baratro verso cui è tragicamente sbilanciata l'inconsistente leggerezza della vita umana.

---

[362] Si ricordi il simbolismo solare egiziano o mesopotamico (cf M. ELIADE [1949: 123-30]).

[363] Per la ricchezza di questo simbolismo, si veda M. ELIADE [1949: 139-64].

[364] Si ascolti, ad esempio, questo "canto anonimo sudanese di Denca", riportato nell'edizione italiana (a cura di A. NEPI) di L. ALONSO SCHÖKEL - C. CARNITI [1991-1993: tr. it. II, 259]: « *Nel tempo che Dio creò tutte le cose il sole creò; / e il sole nasce e muore e ritorna... / le stelle creò; / e le stelle nascono, e muoiono e ritornano; / l'uomo creò; / e l'uomo nasce e muore e non ritorna più* ».

[365] Per Gb 3, cf pag. 123; per Gb 10,20-22, pag. 185 e per Gb 17,13-16, pag. 163.

[366] Lo Šeʾol ha ormai solo le caratteristiche tetre della via senza ritorno e del nulla, in cui persino il volto è sfigurato; in esso non vi sono più legami con il mondo dei vivi (v. 21). Il commento di L. ALONSO SCHÖKEL (cf pag. 180[359]) è possibile, perché si è spostato 14,13a dopo 14,19.

[367] La descrizione più efficace della frantumazione operata da Dio nella vita di Giobbe sta nell'antitesi tra passato felice e presente di angoscia, descritta nei capp. 29-30: « Sono diventato (וָאֶתְמַשֵּׁל) come polvere e cenere » (30,19). Confessione importante, perché offre la chiave di comprensione di 42,6.

## 4.2.1 Il testo

1    *Sono nauseato della mia vita!*
     *Voglio abbandonarmi[368] alla protesta,[369]*
     *sfogando l'amarezza del mio animo.*

2        *Dirò a Eloah: « Non condannarmi!*
         *Fammi sapere di che cosa mi accusi![370]*

3        *Ti sembra buona cosa opprimere[371]*
         *e rigettare la fatica delle tue mani,[372]*
         *mentre concedi luce al piano dei malvagi?[373]*

---

[368] Il verbo אֶעֶזְבָה è stato variamente interpretato. Si potrebbe accogliere il suggerimento di M. DAHOOD [1959], trovando qui la √עזב II « to set, prepare », corrispondente
all'ugaritico *ʿdb* e al sudarabico *ʿdb*; essa s'inquadra però meglio in altri contesti (cf, ad
es., Es 23,5). Tra le sfumature possibili per √עזב I, preferiamo il valore riflessivo, con L.
ALONSO SCHÖKEL - J. L. SICRE DÍAZ, 178s; tr. it. 205 (lì si può trovare una rassegna delle
altre principali opzioni).

[369] La sfumatura precisa di עָלַי è molto discussa. Sulla base della LXX (ἐπ'αὐτόν),
molti moderni, da E. O. A. MERX in poi, hanno pensato di correggere in עָלָיו « contro di
Lui ». A. C. M. BLOMMERDE [1969: 58] trova un ottimo caso per sostenere che il suffisso
pronominale *-î* vale anche per la 3ª maschile singolare, come in fenicio e in ugaritico. Noi
la interpretiamo come preposizione senza suffisso, reggente il successivo שִׂחִי. La vocalizzazione corretta sarebbe dunque עֲלֵי e la costruzione con √עזב sarebbe simile a quella di
Es 23,5 o di 1 Cr 16,37 (dove tuttavia la preposizione è לְ).

[370] L'interrogativa indiretta עַל מַה־תְּרִיבֵנִי – dipendente dall'imperativo הוֹדִיעֵנִי – si
spiega tenendo presente che il verbo רִיב può avere in accusativo il partner della lite giudiziaria bilaterale (Dt 33,8; Is 27,8) ed esprimere l'oggetto della contesa con la preposizione עַל (cf Gn 26,21s). Per il significato specifico di « accusare » della √ריב, si veda P.
BOVATI [1986: 32]. A. C. M. BLOMMERDE [1969: 58s] legge, in luogo della preposizione,
il titolo divino עַל (= עֶלְיוֹן), che bilancerebbe אֱלוֹהַּ del primo stico e darebbe, a suo giudizio, una corretta metrica di 4 + 4 accenti.

[371] Il significato della √עשׁק, che appartiene al campo semantico dell'ingiusta op-
pressione (cf J. PONS [1981]), è bene illustrato da alcuni testi biblici (ad es., Is 52,4; Ger
7,6; 21,12; Am 4,1...) e dall'aramaico עֲשַׁק (*DISO*, 223); si potrebbe ricordare anche l'etiopico ዐመፀ / ዐወፀ, che, tra altri significati, ha anche quello di « torcere, opprimere »
(*Leslau*, 73); oppure il raro verbo arabo عسق « accanirsi crudelmente contro qc. », richiamato da KB, III, 849. L'oggetto del verbo è il medesimo che appare nel secondo stico
(יְגִיעַ כַּפֶּיךָ).
    Circa il modo di argomentare attraverso domande nei discorsi di Giobbe dei capp. 3-
14 e particolarmente in questo discorso, si veda J. F. J. VAN RENSBURG [1991].

[372] Il verbo מָאַס, come abbiamo già avuto modo di notare (pag. 83[157]), è importantis-
simo per l'atteggiamento di Giobbe nei riguardi della (sua) vita: cf 5,17; 7,5. 16; 8,20;
9,21; 19,18; 30,1; 31,13; 42,6 (34,33; 36,5). יְגִיעַ כַּפֶּיךָ – invece del più comune מַעֲשֵׂה יָדֶיךָ
– allude all'attività creatrice di Dio con un tocco squisitamente antropomorfico (cf Sal
128,2; Ag 1,11).

[373] Il sintagma עֲצַת רְשָׁעִים potrebbe avere tre significati: 1) da עֵצָה I (√יעץ) « consiglio, progetto »; essendo un lessema importante nell'argomentazione del libro (cf 5,13;
12,13; 18,7; 21,16; 22,18; 29,21; 38,2; 42,3) lo preferiamo anche in questo passo; 2) dalla
medesima radice, ma con il significato di « comunità, gruppo », sulla cui attestazione a

4     *Hai forse occhi di carne*
      *e vedi come vede un mortale?*
5     *I tuoi giorni sono forse come i giorni di un mortale,*
      *e i tuoi anni come i giorni*[374] *di un uomo,*
6     *perché*[375] *tu debba indagare sulla mia colpa*
      *e inquisire il mio peccato,*
7     *sebbene*[376] *Tu sappia che non sono colpevole*
      *e che nessuno mi strapperà dalla tua mano?*

8     *Le tue mani mi hanno modellato*[377] *e creato;*
      *e poi, cambiata faccia,*[378] *mi hai inghiottito.*[379]

---

Qumrān si veda J. WORRELL [1970: 65-74]; R. BERGMEIER [1967: 231] lo suggerisce per il nostro versetto e per Gb 21,16; 22,18 e Sal 1,1, con il senso di « Gesamtheit der Frevler »; si veda anche H. P. STÄHLI [1978: 649s]; 3) da *עֲצָה II (da porre in relazione all'aramaico עֲצִי « essere duro », al siriaco ܟ « essere costretto », all'arabo عَصَا « essere ribelle ») con il senso di « disobbedienza » secondo G. R. DRIVER [1947ss: 411] e [1968: 45] o di « condotta, comportamento » secondo P. A. H. DE BOER [1955: 51s]. La presenza in ebraico di questa radice è giustamente considerata dubbia da *KB,* III, 821.

[374]   Non v'è ragione per cambiare il TM, che insiste sui « giorni » dell'uomo. Per la ripetizione dello stesso lessema nei due stichi, si veda R. GORDIS, 508-13.

[375]   Il כִּי non è interrogativo, ma consecutivo-finale; perciò la domanda si protrae ed abbraccia anche i vv. 6-7 (contro D. J. A. CLINES, 246s). I sintagmi בִּקֵּשׁ לְ (cf Pro 18,1; Ger 5,1) e דָּרַשׁ לְ (cf 2 Sam 11,3; e, usato in modo assoluto, Dt 13,15; 17,4. 9; 19,18; Sal 10,13; 2 Cr 24,22) sono caratteristici dell'istruttoria giudiziaria (P. BOVATI [1986: 220-23]).

[376]   Il valore concessivo di עַל è ben documentato (cf anche 16,17; 34,6; *GK,* § 119aa²; *KB,* III, 782). A. C. M. BLOMMERDE [1969: 59] unisce il secondo stico al primo (*waw apodoseos*); cf anche D. J. A. CLINES, 246s. A nostro parere, וְאֵין מִיָּדְךָ מַצִּיל sta in parallelo con לֹא אַרְשִׁיעַ ed entrambe le frasi sono rette da עַל־דַּעְתְּךָ כִּי. Le varie proposte di emendare questo secondo stico per ottenere un miglior parallelismo sono mero esercizio accademico (cf, ad es., G. BEER: וְאֵין בִּידִי פֶּשַׁע e B. DUHM: וְאֵין בִּידִי מַעַל).

[377]   Il verbo √עצב I non è molto usato (un'altra ricorrenza in Hi., Ger 44,19), ma trova un ottimo parallelo nell'arabo عَصَب (*Lane,* V, 2057-60): il senso originario della radice è dunque quello di « legare, fasciare ».

[378]   Il secondo stico è difficile. Lo dimostra anche la diversità delle versioni antiche. Tuttavia, Syr (ܘܡܚܐ ܦܬܟܬܐ ܟܐ ܟܠܗ ܠܫܘܚܠܦܐ ܘܡܠܘܚܕܗ) e LXX (μετὰ ταῦτα μεταβαλών με ἔπαισας) ci conducono verso un'interpretazione accettabile. יַחַד può essere un avverbio di tempo, come in 6,2; Is 42,14; 45,8; qui però con significato di contemporaneità (« nello stesso tempo ») e non di posteriorità, come invece hanno tradotto LXX e Syr. Interpretiamo poi סָבִיב (lett.: « girato ») come participio passivo aramaizzante o come aggettivo verbale di forma *qaṭil* con significato passivo, attributo del soggetto del verbo seguente. Non è dunque necessario correggerlo con altra forma (cf le varie congetture in D. J. A. CLINES, 221).

[379]   Il suggerimento di A. GUILLAUME [1962] distrugge il contrasto con lo stico precedente e toglie un importante simbolismo caotico, predicato qui per Dio stesso. A. GUILLAUME vorrebbe infatti attribuire a questo verbo, come in 2,3 e 37,20, il significato più blando di « to afflict, distress », in parallelo all'arabo بَلَغَ. Ma non si deve dimenticare che la √בלע nella Bibbia ebraica è il verbo caratteristico dello Šeʾol (Is 5,14; Pro 1,12), dei mostri delle origini (Ger 51,34) e delle diverse loro epifanie storiche (Sal 124,3s), anche

9    *Ricordati che di argilla mi hai fatto*
     *e in polvere mi farai tornare.*
10   *Ecco,*[380] *mi hai versato come latte,*
     *mi hai fatto cagliare come cacio;*
11   *mi hai rivestito di pelle e carne,*
     *mi hai tessuto con ossa e tendini;*
12   *mi hai accordato vita e favore*
     *e la tua cura ha custodito il mio spirito...*

13   *E tuttavia, questo serbavi nel cuore,*
     *ora so che tu pensavi così:*
14   *se avessi peccato, mi avresti osservato*[381]
     *e non mi avresti condonato la mia colpa.*
15   *Se fossi colpevole, guai a me!*
     *Benché sia innocente, non posso alzare la testa,*
     *sazio di vergogna ed esperto di miseria come sono;*[382]
16   *e se fosse alzata,*[383] *mi daresti la caccia come a un leone,*
     *e faresti nuove prodezze contro di me,*
17   *rinnovando le tue schiere*[384] *contro di me*

---

se bisogna ammettere che in alcuni testi il valore etimologico della radice è ormai lessicalizzato. Si veda al riguardo G. FUCHS [1993: 81].

Il *wajjiqtol* posto alla fine della frase non fa difficoltà, dal momento che lo spieghiamo come un *waw apodoseos*. La frase סָבִיב יַחַד è dunque asindetica.

[380]  Il significato enfatico di הֲלֹא è già riconosciuto da *GK*, § 150e. Per questi versetti
si veda, in particolare, F. VATTIONI [1966: 317-23].

[381]  La traduzione tenta di rendere la drammatica relazione tra שָׁמְרָה רוּחִי וּפְקֻדָּתְךָ di
12b e וּשְׁמַרְתָּנִי del presente stico. La √שׁמר e la √פקד possono avere la sfumatura di inquisitoria forense (cf P. BOVATI [1986: 220-23]).

[382]  Anche noi pensiamo che רָאֹה sia stato costrutto da רָאָה – aggettivo verbale di
forma *qaṭil*, come שָׂבֵעַ del primo stico –, ma non lo consideriamo una variante ortografica
di רָוֶה: Sal 91,16 e Is 53,11 hanno lo stesso parallelismo ראה / שׂבע; Lam 3,15 e Ger 31,14
hanno רוה / שׂבע (per la documentazione rimandiamo a D. J. A. CLINES, 222). Nel Qal di
√ראה « vedere » è tuttavia possibile pensare a un aggettivo verbale con il significato di
« esperto », i.e. uno che ha visto coi propri occhi; si potrebbe trovare un'ottima correlazione con lo stativo akkadico *amir* (*AHw*, 41b; cf *KB*, IV, 1082).

[383]  Il soggetto di וְיִגְאָה è רֹאשִׁי del versetto precedente. È inutile cambiare la forma
verbale in 2ª persona (soggetto = Dio; cf M. H. POPE) o in 1ª persona (soggetto = Giobbe;
cf S. R. DRIVER - G. B. GRAY). Quest'ultimo emendamento è stato riproposto anche da D.
M. STEC [1994] a partire dal Tg, che ha ואֲרוּם ידיה יתי תצוד אריא היך דיה « Egli [= Dio] alza
la sua mano; come a un leone tu mi dai la caccia ». D. M. STEC elimina lo *he* di ידיה,
quale dittografia e legge il primo verbo come Aph'el 1ª persona; per cui si avrebbe: « E
(se) io alzo la mia mano... ». Questa lettura si avvicinerebbe alla LXX (ἀγρεύομαι γὰρ
ὥσπερ λέων εἰς σφαγήν) e alla Syr (ܘܐܢ ܐܬܬܪܝܡܬ ܐܝܟ ܐܪܝܐ ܨܐܕܝܟ).

[384]  Le diverse opzioni critiche per questo versetto sono discusse ampiamente in L. L.
GRABBE [1977: 63-66]. Ci hanno convinto le scelte di W. G. E. WATSON [1982]: עֵדֶיךָ è
da mettere in relazione alla √*dw*, attestata in arabo (cf عَدْو « nemico » in campo militare:
*Lane*, V, 1980) e nell'ugaritico *ʿdn*. Al riguardo WATSON cita *UT*, Krt 85-88 (= *KTU* 1.14
II 32-35), che preferiamo presentare nell'interpretazione di G. DEL OLMO LETE [*MLC*,

*raddoppiando la tua collera con me,*
*con truppe fresche³⁸⁵ sopra di me.*

18    *Allora, perché mi hai fatto uscire dal grembo?*
      *Sarei spirato³⁸⁶ senza che occhio mi vedesse,*
19    *e sarei come se non fossi mai esistito,*
      *condotto dall'utero all'urna! ».*

20    *Quanto pochi³⁸⁷ sono i miei giorni! Dio desista³⁸⁸*
      *e si allontani³⁸⁹ da me, così d'aver un po' di gioia,*
21    *prima di partire – senza più tornare –*
      *verso la terra di tenebra e di ombra infernale,*
22    *terra in cui il crepuscolo³⁹⁰ è come l'oscurità,*

---

203]: ʿdn ngb wjṣi | ṣbu ṣbi ngb | wjṣi ʿdn mᶜ | ṣbuk ul mad « La truppa di rinforzo si ponga in marcia, il miglior esercito di rinforzo. Esca le truppe compatta: il tuo esercito sia una forza immensa » (cf anche CML, 84).

³⁸⁵ Con É. P. DHORME, 139, M. H. POPE, 81, e W. G. E. WATSON [1982: 256] giudichiamo un'endiadi חֲלִיפוֹת וְצָבָא. WATSON cita a sostegno un convincente testo neobabilonese, YOS 3, 188, 8s (cf anche AHw, 313a): ḫantiš ᴸᵁḫalpi šuprānu ṣābē pitinūtu ᴸᵁkidinnija u nēpišu « Quickly, do send replacements, strong men, troops under my protection and equipment ».

³⁸⁶ La LXX, passando sopra alla forza condizionale di questo jiqtol, lo congiunge con il לָמָּה dello stico precedente, aggiungendo una negazione: ἵνα τί οὖν ἐκ κοιλίας με ἐξήγαγες καὶ οὐκ ἀπέθανον ὀφθαλμὸς δέ με οὐκ εἶδεν.

³⁸⁷ Il versetto è un distico, in cui si bilanciano i due מְעַט e i due verbi precativi, come sono tramandati dal K (il Q li corregge in וְחָדַל e וְשִׁית). La frase הֲלֹא־מְעַט יָמַי può essere resa con un'interrogativa o, meglio, con un'esclamativa (cf sopra, nota 380).

³⁸⁸ Il soggetto sottinteso di יַחְדָּל e שִׁית è Dio. Nella traduzione dobbiamo esplicitarlo. Per il primo verbo si veda soprattutto il parallelo di 7,16 (ed Es 14,12; 2 Cr 35,21). LXX (ὁ χρόνος τοῦ βίου μου), Syr (ܪܢܘܐ ܐܟܬܠܐܡ) e Vg (dierum meorum) sembrano leggere יְמֵי חֶלְדִּי: questa congettura (a nostro parere facilior) è stata proposta da G. H. B. WRIGHT ed accolta da molti critici contemporanei.

³⁸⁹ Il verbo שִׁית è usato in modo intransitivo anche in 38,11 (costruito con בְּ; cf poi Sal 3,7 e Is 22,7).

³⁹⁰ La ridondanza è voluta, ed è quindi fuori luogo pensare che l'intero verso sia una glossa di 21b (G. BICKELL, B. DUHM, G. HÖLSCHER) o che vi sia una qualche dittografia (E. O. A. MERX, C. SIEGFRIED, H. H. GRAETZ [1887: 405], TH. K. CHEYNE [1887], G. BEER). Il significato di עֵיפָתָה – identico a עֵיפָה, con l'antica finale dell'accusativo (cf GK, § 90g) – è desumibile dal parallelismo antitetico di Am 4,13 (שַׁחַר); una prova che si tratti di un termine che indica solo una relativa oscurità può venire anche dal parallelo akkadico apû / epû, usato per descrivere la luce di un tempo rannuvolato (cf AHw, 62).

L'interpretazione di N. H. TUR-SINAI, 185-87, non è convincente. Il suo punto di partenza è un testo magico di Arslan Tash (Siria settentrionale) in ebraico squisitamente biblico, risalente all'VIII o VII secolo a.C. e pubblicato per la prima volta dal conte DU MESNIL DU BUISSON [1939], che l'aveva comprato da un antiquario. TUR-SINAI stesso, quando aveva ancora il suo nome originario di HARRY TORCZYNER [1947], l'aveva ritradotto, dando un'interpretazione molto diversa da quella di DU MESNIL, condivisa anche da W. F. ALBRIGHT [1939] e da TH. H. GASTER [1942]. Egli troverebbe in quello scongiuro l'attestazione di un demone femminile chiamato appunto עֵפָתָא (che corrisponderebbe a

*ombra infernale senza avvicendamenti:[391]*
*quando viene chiaro,[392] rimane uguale al buio.*

## 4.2.2 Analisi retorica

Il profondo *pathos* che vibra in tutta la partitura non ha impedito al poeta di dominare la composizione, una vera e propria eruzione di sentimenti. Ne è uscito, anche da un punto di vista retorico, un capolavoro limpido e severo.[393]

Il v. 1 va pensato in relazione con la conclusione della prima parte del discorso (9,35) e funge da esordio alla lamentazione, rivolta al « Tu » di Dio (vv. 2-19). All'estremo opposto (vv. 20-22), sta invece il tragico epilogo, introdotto da *hălō'* con sfumatura enfatica. In esso, Giobbe, rivolgendosi a Dio con la terza persona, porta all'acme la tensione della sua protesta con la domanda di una tregua di sollievo, subito rintuzzata però dalla tetra prospettiva di avere davanti il viaggio senza ritorno verso il "nulla".

I vv. 2-7 presentano un primo sviluppo, innervato da vocabolario giudiziario: molte domande, che sono propriamente delle accuse spietate. Con più attenzione, si può identificare un'architettura simmetrica all'interno della sezione: *'al-taršî'ēnî* (v. 2a) viene ripreso da *lō'-'erša'* (v. 7a); l'atteggiamento di Dio contro la "fatica delle sue mani" e a favore dei *rešā'îm* (v. 3), trova il suo simmetrico nell'iniqua inquisitoria di una colpa che non esiste (v. 6); e, al centro, la domanda ripetuta dei vv. 4-5, che pone in questione Dio e il suo modo di agire troppo simile a quello dei mortali (*'ĕnôš* è volutamente ripetuto in entrambi i versetti).

La *mot-crochet* "tua mano" (v. 7b: *mij-jād'kā*; e v. 8a: *jādèkā*) segna il passaggio dal primo al secondo sviluppo. A dire il vero, nella domanda

---

עֵיפָתָה del nostro versetto). Data l'iconografia della tavoletta, troviamo più adeguata l'interpretazione di עפתא come titolo della dea chiamata פרדששא בן ססם (linee 1-2): « alata » oppure « volante » (עוף√). Al di là di questo problema, la tavoletta è interessante per il parallelo simbolico tra il *sol levante* e la nuova nascita invocata.

[391] סְדָרִים sta ad indicare gli avvicendamenti tra luce e tenebra; la mancanza di essi equivale alla tenebra assoluta, come specificato nello stico seguente.

[392] וַתֹּפַע (Hi. da יפע√) è in 3ª femm. sing., come sempre accade con i fenomeni naturali (cf *GK,* § 144c). G. R. DRIVER [1955c: 76s], citato anche in *KB,* II, 475, propone di tradurre gli ultimi due stichi con « a land of darkness without ray of light, gloomy as deep darkness »; ma la sua proposta si fonda su paralleli non convincenti: dove avrà mai trovato che l'arabo غَيّ indica « cloud foreboding rain »?

[393] L. ALONSO SCHÖKEL - J. L. SICRE DÍAZ, 189; tr. it. 215, afferma che « questo discorso s'ha da porre tra i migliori monologhi drammatici, p.e. quello di Sigismundo ne *La vida es sueño* di Calderón ». Per un'analisi della struttura letteraria, in connessione con il cap. 9, si veda anche N. C. HABEL, 184-89. Davanti a un simile capolavoro si avverte la ristrettezza di un interesse esclusivamente *formgeschichtlich*, che si limita a catalogare il pezzo a seconda delle componenti della "lamentazione" (cf C. WESTERMANN [1956: 70s e 74s]).

del v. 3 e nella provocazione delle domande centrali si è già anticipato il nuovo tema, che ora viene svolto con un dittico antitetico: l'opera creatrice di Dio e... la sua opera distruttrice. L'antitesi è subito annunziata nel v. 8,[394] in quell'enigmatico *jaḥad sābîb* (se la nostra ricostruzione filologica ha sufficientemente convinto[395]). Ad ogni modo, i due quadri del dittico sono ben individuabili.

L'opera creatrice (vv. 9-12) si apre con un invito a Dio perché si ricordi di come ha fatto l'umanità (v. 9). È un rimando indiretto alla tradizione mitica mesopotamica[396] e, più direttamente, alla rilettura di essa in Gn 2-3. Poi, introdotta dall'avverbio *hălō'*, vi è la descrizione – piena di meraviglia – della formazione del corpo umano nel grembo materno (vv. 10-12), un "genere" che avrà successo in altre pagine (cf Sal 139,13ss; Qo 11,5; Sap 7,1s; 2 Mac 7,22).[397] Vengono menzionati sette elementi: quattro riguardano le componenti fisiche (*'ôr, bāśār, 'ăṣāmôt, gîdîm*) e tre la relazione "spirituale" con Dio stesso (*ḥajjîm, ḥesed, rûaḥ*). Ciascuno di questi ultimi tre elementi esprime le dimensioni del singolare rapporto dell'uomo con Dio: la vita, segno di lealtà e di grazia, garantita dalla presenza dello spirito divino (cf Gn 6,3). Questo legame è sintetizzato dagli ambigui *pᵉquddâ* e *šāmar* (v. 12b). Essi esprimono la "cura provvidente", che faceva nascere la domanda piena di stupore al poeta di Sal 8,5:[398]

> *Che cos'è il mortale per ricordarti di lui* (tizkᵉrennû)
> *e l'adamita per prendertene cura* (tipqᵉdennû)?[399]

Sulla bocca di Giobbe, essi diventano motivo di accusa contro la perversa inquisizione, che Dio sta compiendo.

Il *waw* avversativo di *wᵉ'ēlleh* (v. 13) apre in antitesi il secondo quadro, che esplicita il perverso progetto divino: creare per punire e distruggere! Con una sequenza parallela a quella precedente, abbiamo qui un'introduzione (v. 13) e l'esposizione del proposito attribuito a Dio, nelle linee generali (v. 14). Di seguito, vengono distinte due alternative: l'ipotesi – irreale, per Giobbe – della colpevolezza (v. 15a) e quella – reale – dell'innocenza (v. 15b-17), arricchita da immagini venatorie e belliche.

La protesta si conclude con il "perché" caratteristico delle lamentazioni (vv. 18-19). Siamo alla conclusione di tutta l'argomentazione: le parole di Giobbe, pur essendo quasi una ripetizione di 3,11ss, hanno ora un peso specifico esponenziale. Dopo i due discorsi che Giobbe ha già tenuto,

---

[394] Si noti l'inizio non verbale יָדֶיךָ che è un indizio forte per porre qui la cesura.

[395] Cf pag. 183[378].

[396] Cf in particolare *Enūma eliš* VI, 5-34 e *Atraḥasīs* I, 210-30.

[397] Cf su questo lo studio di F. VATTIONI [1966].

[398] Non si dimentichi la parodia del Sal 8, che si legge in 7,17-21.

[399] Si noti che le radici √זכר e √פקד creano un'inclusione per il primo quadro.

la grave denuncia sembra concentrarsi nel *waw* conclusivo di *w$^e$lāmmâ* (è molto importante, quindi, sottolinearlo nelle traduzioni).

Sintetizziamone la struttura:

*A. Nuovo esordio (10,1)*

*B. Protesta e lamentazione (10,2-19)*

Primo sviluppo: colpevole di che cosa?
   a. richiesta (*ʿal-taršîʿēnî*: v. 2)
      b. domanda sull'operato di Dio (v. 3)
         c. il giorno di Dio e il giorno dell'uomo (vv. 4-5)
      b'. domanda sull'operato di Dio (v. 6)
   a'. costatazione (*lō' 'eršaʿ*: v. 7)

Secondo sviluppo: Dio creatore e distruttore

*1. Dio creatore*
   a. annuncio del tema (v. 8)
      b. in generale (v. 9)
         c. in particolare, la nascita individuale (vv. 10-12)

*2. Dio distruttore*
   a. annunzio del tema (v. 13)
      b. in generale (v. 14)
         c. in particolare, le due alternative (vv. 15-17)

Conclusione della lamentazione (*w$^e$lāmmâ*: vv. 18-19)

*A'. Epilogo: la via del non-ritorno (10,20-22)*

### 4.2.3 Analisi simbolica

Il genio di un compositore sta nella sua capacità di declinare e riformulare in modi sempre inattesi e inediti un tema. E il libro di Giobbe è davvero un'opera geniale.

Pur avendo già ascoltato molti temi simbolici presenti in questa pagina, non possiamo non ammirare la capacità di svilupparli con nuovi stimoli per l'uditore e per l'interprete. Tutti i simboli sono attratti e orientati da un magnetismo poetico verso la conclusione della lamentazione e l'epilogo (vv. 18-19 e 20-22): una sottile trama narrativa collega lo sviluppo simbolico della pagina, convogliando tutti i simboli verso la tenebra senza ritorno, che non soltanto chiude il presente discorso, ma porta anche ad un primo approdo l'arco simbolico iniziato con il cap. 3. La dialettica tra il giorno di Dio e il giorno dell'uomo apre il campo d'indagine dall'inizio della vita umana sino alla sua conclusione. L'"occhio" di Dio scruta e domina il breve "tempo" della vita concessa all'uomo: ma quello che sembrava dapprima un occhio benevolo e giusto, in seguito si mostra perverso e iniquo. Ma allora, che senso avrebbe venire alla luce, per essere sopraffatti *senza motivo* dalla sciagura e venire poi ributtati per sempre nelle tenebre del nulla?

Il simbolo forense, che è massicciamente presente nello sviluppo dei vv. 2-7 e che abbiamo già avuto modo di analizzare precedentemente,[400] assume nel presente contesto una nuova valenza, essendo strutturato attorno ai temi – propriamente "metafisici" – della *differenza* tra il modo di vedere di Dio e dell'uomo, tra i giorni dell'uomo e i giorni di Dio. Vogliamo fissare l'attenzione sui due simbolismi di queste domande, l'occhio e il tempo: nel cuore del primo sviluppo, reclamano un Dio "altro" rispetto alla perversione del giudizio (vv. 2s e 6s), che dovrebbe essere solo umana.

Vedere è un'azione intrinsecamente diairetica e diurna: si vede solo con un po' di luce. E il simbolo dell'*occhio*[401] si accompagna alla luce come lo strumento al suo oggetto. Tanto la mitologia universale quanto l'immaginario della psicanalisi concordano nel legare l'occhio e la visione alla trascendenza e alle strutture ascensionali.

Nell'algebra psicanalitica, ad esempio, il *super-ego* è anzitutto occhio del padre, poi occhio del re e occhio di Dio, dato lo stretto legame stabilito tra il "complesso di Edipo", l'autorità politica e l'imperativo etico.[402]

Ma è soprattutto nella mitologia che troviamo un ricco patrimonio simbolico. In molte culture il sole è considerato l'"occhio" del dio supremo: Sūrya, il dio-sole figlio di Dyaus, nel *Ṛgveda* (I, 115, 1; VII, 61, 1; X, 37,1) è l'occhio del cielo o anche l'occhio di Mitra e di Varuṇa, vede molto lontano e spia il mondo intero.[403] Presso gli egiziani, il sole è l'occhio di Horus-Raᶜ;[404] presso i persiani, è l'occhio di Ahura Mazdā; presso i greci, l'occhio di Zeus...[405] E il passaggio da "colui che tutto vede" a "colui che tutto vendica" è immediato.

Nel grande inno mesopotamico a Šamaš troviamo, accanto al titolo di "illuminatore del cielo" (*mušnamir šamāmi*), quelli di "signore del diritto"

---

[400] Si vedano le pagg. 135ss.

[401] Cf G. DURAND [1969: 169-72], *DSym*, 686-89 e C. J. BLEEKER [1963a].

[402] Alludiamo all'analisi psicanalitica condotta da CH. BAUDOUIN [1943: 89-91] sull'opera di V. Hugo, particolarmente ne *La Conscience*: l'occhio che perseguita il fratricida Caino è il Dio «testimone», contemplatore e giudice. L'analisi stimolante di BAUDOUIN è molto attenta ai simbolismi usati da V. Hugo; si vedano soprattutto il cap. 3 "L'œil et le mystère. Le complexe spectaculaire" (pagg. 65-94) e il cap. 8: "Dieu, conscience et châtiment. Le surmoi" (pagg. 213-39).

[403] M. ELIADE [1949: 130].

[404] Sulla complessa simbolica dell'occhio solare nell'antico Egitto, si veda E. HORNUNG [1965: 76s], con ulteriore bibliografia, e [1989: 170].

[405] Per la documentazione analitica, si veda M. ELIADE [1949: 119-26].

(*bēl kitti*) o "signore della giustizia" (*bēl mēšari*).[406] In una preghiera di scongiuro, sempre rivolta a Šamaš, dopo il titolo di "giudice verace che scruti i paesi", così lo si invoca:

> *Tu osservi cos'è giusto per il malvagio e l'iniquo;*
> *Dallo zenit all'orizzonte sono diffusi i tuoi raggi,*
> *Tu annienti il nemico malvagio e perfido.*[407]

E vengono subito alla mente molti passi biblici, coerenti con questo simbolismo: si pensi agli "occhi" della visione di Ezechiele (1,18; 10,12), a quelli della pietra di Zaccaria (3,9) o del candelabro (4,10); oppure alla capacità penetrante di Dio nel Sal 139,1-12, che diventa subito di seguito (vv. 19-22) motivo per l'orante di supplicare un suo intervento vendicatore.[408]

Senza allontanarci troppo dal nostro libro, l'"occhio" di Dio che deve (o dovrebbe) vedere è uno dei temi più ricorrenti nei dialoghi (cf 7,19; 11,11; 12,22; 14,3. 6; 22,13s; 24,15). In particolare, vi sono tre passi che danno rilievo a questo simbolismo. Il primo è riferito all'"occhio" divino, nella terza sezione dell'"interludio" del cap. 28 (vv. 21-28). A differenza di tutte le creature – compreso l'uomo – che non riescono a "vedere" la sapienza (28,21), e persino a differenza dei mitici, Abaddon e Môt, che conoscono la fama della sapienza solo per sentito dire, l'onniveggente Dio (28,24) « la vide e la misurò, la fissò e la scrutò » (28,27).[409] Gli altri due passi sono invece riferiti all'"occhio" di Giobbe. Il desiderio di Giobbe di vedere Dio con i propri occhi (19,27) e la confessione che questo desiderio è stato adempiuto (42,5), porteranno a concludere che all'uomo è dato "vedere" la sapienza non *direttamente*, come fosse Dio, ma *tramite* Dio.

Anche il simbolismo del *tempo*, per esprimere la differenza ontologica tra l'uomo e Dio, non è esclusivo patrimonio del nostro libro. Tra i testi biblici, ricordiamo almeno Sal 39; 90; 102;[410] e Qo 3,1-11:[411] sono pagine

---

[406] Cf B. JANOWSKI [1989: 35-41]. Anche Marduk, nell'inno che apre *Ludlul bēl nē-meqi*, viene cantato come colui che « scruta il pensiero degli dèi nel [loro] cuore » (I, 29-32; cf W. VON SODEN [1990b: 116]).

[407] Cf M. J. SEUX [1976: 424] da *KAR*, n° 32, linee 25ss (E. EBELING [1919: 35ss].

[408] Cf anche Am 9,8; Sal 39,14; Pro 5,21; 15,3; 22,12; positivamente, come cura amorevole: Dt 11,12; 1 Re 9,3; Zc 12,4; Sal 33,18; 34,16.

[409] Rimandiamo all'analisi dell'"inno", pagg. 255-283.

[410] W. J. URBROCK [1974] studia in parallelo Gb 10 e questi due salmi con metodo storico-formale. Per l'analisi dei loro simboli si vedano G. RAVASI [1981: I, 705-19], [1983: II, 863-97], [1984: III, 29-50]; L. ALONSO SCHÖKEL - C. CARNITI [1991-1993: I, 574-88; tr. it. I, 659-75; II, 1164-82; tr. it. 250-72; II, 1270-83; tr. it. II, 384-400]. Si veda anche il recente studio di TH. KRÜGER [1994].

Per il Sal 39, il sentimento tragico della vita e la stretta relazione con Giobbe sono stati particolarmente evidenziati da L. ALONSO SCHÖKEL - C. CARNITI [1991-1993: I, 586s; tr. it. I, 672-74].

in cui si percepisce una riflessione sul senso del tempo umano in rapporto al "tempo" divino, come in questo intervento di Giobbe.

Senza difficoltà, si trovano pagine analoghe in ogni cultura,[412] perché l'orrore della morte, per la coscienza umana pensante, fu sempre avvertito come *il* problema per eccellenza. Nella sua radicalità, il problema è lucidamente esposto da F. Alquié o da G. Bachelard.[413] Anche il nostro protagonista è chiamato a superare il desiderio di liberarsi dalla passione del tempo e a comprendere che non gli è possibile l'azione totale, perché « l'azione umana comincia solo con l'accettazione della passione, prima e inevitabile, che è quella del tempo ».[414]

In antitesi all'effimera esistenza umana, sbarrata dalla morte, le divinità o gli esseri semi-divini sono pensati come i possessori di una vita "senza termine" o in grado di autorigenerarsi. Emblematico, a questo riguardo, è il ciclo narrativo di Gilgameš,[415] la prima di una lunga serie di sublimi pagine poetiche dedicate alla limitatezza del tempo umano.

Riascoltiamo, tra le molte voci poetiche, il nostro Ungaretti:

> *L'uomo, monotono universo,*
> *crede allargarsi i beni*
> *e dalle sue mani febbrili*
> *non escono senza fine che limiti.*
> *Attaccato sul vuoto al suo filo di ragno,[416]*
> *non teme e non seduce*
> *se non il proprio grido.*
> *Ripara il logorio alzando tombe,*

---

[411] A nostro parere, le 14×2 coppie di azioni antitetiche di Qohelet non vanno interpretate come la ricerca del "tempo opportuno"; esse, piuttosto, esprimono l'esperienza dell'azzeramento del tempo, che porta a scoprire quell'anelito di "eternità" (עוֹלָם) donato da Dio al cuore dell'uomo. Contro quest'ultima interpretazione, già esposta da F. J. DELITZSCH, è A. LAUHA [1978: 68]; più corretta ci sembra l'interpretazione di G. RAVASI [1988: 148s]. Si vedano anche E. JENNI [1978a: 218s] e H. D. PREUß [1986: 1156].

[412] Per il pensiero indiano, dove la dialettica è fondamentale, si veda M. ELIADE [1951].

[413] Il rimando è a F. ALQUIÉ [1943] e a G. BACHELARD [1950].

[414] F. ALQUIÉ [1943: 150].

[415] La morte dell'amico Enkidu (VII, 37-271) fa sorgere in Gilgameš l'ossessione della morte:

> « *Non sarò forse, quando io morirò, come Enkidu?*
> *Amarezza si impadronì del mio animo,*
> *la paura della morte mi sopraffece ed ora io vago per la steppa* » (IX, 3-5).

Da quel momento in poi, l'unico obiettivo di Gilgameš sarà di sfuggire all'inesorabile sorte dell'uomo, nella ricerca dell'eterna giovinezza. Per questo decide di andare da Utanapištim (« l'uomo dalla vita prolungata »), il famoso eroe del diluvio che aveva ottenuto dagli dèi il dono dell'immortalità (IX, 1-36). Si veda l'edizione italiana di G. PETTINATO [1992: 195ss].

[416] È impossibile non sentire dietro questo verso poetico una eco di Gb 8,14s.

> *e per pensarti, Eterno,*
> *non ha che la bestemmia.*[417]

Per il nostro tipo di ricerca, va tuttavia notata non tanto la relazione tra il tempo "mitico" e il tempo "profano",[418] quanto la valenza simbolica dell'analogia istituita tra la finitezza dei giorni dell'uomo e l'infinita estensione dei giorni di Dio.[419] Dal momento che l'"eternità" di Dio è immaginata come un prolungamento infinito dell'effimero tempo umano,[420] non è difficile trovare anche in questo simbolismo la struttura di *gigantizzazione* della divinità.

Entrambi i simboli delle domande dei vv. 4-5 sono dunque isomorfi al simbolismo giudiziario e alla sua valenza diairetica: "innocente-colpevole", "puro-impuro" sono infatti categorie archetipiche del *Regime diurno*.

Il secondo sviluppo della sezione (vv. 8-17) porta all'acme il tema di un Dio dalla "doppia faccia" (v. 8: *jaḥad sābîb*),[421] accusato di tenere un comportamento contradditorio, anzi perverso.

La dolcezza delle immagini del primo quadro, in cui Dio è presentato nella sua cura nascosta e materna a dare forma al nascituro nel grembo,[422] sta inclusa fra il richiamo alla "polvere" (v.9: *ʿāpār*) e allo spirito (v. 12: *rûªḥ*), i due elementi che in Gn 2, al seguito delle precedenti tradizioni

---

[417] G. UNGARETTI, *La Pietà* (1928), in *Vita di un uomo; Tutte le poesie*, a cura di L. PICCIONI, Mondadori, Milano [1]1969 [[10]1982], 171.

[418] Si vedano per questo argomento le pagine fondamentali di M. ELIADE [1949: 326-43].

[419] È evidente che questa analogia è possibile solo in un contesto "mitico": in linguaggio dialettico-filosofico non si accetterebbe una tale relazione. Tuttavia, lo spirito umano dispone di un pensiero intuitivo e analogico, oltre che di un pensiero causale e logico (cf P. DIEL [1975: 59]).

[420] Si vedano le immagini iperboliche del Sal 90: בְּדֹר וָדֹר (v. 1), מֵעוֹלָם עַד־עוֹלָם (v. 2), כִּי אֶלֶף שָׁנִים בְּעֵינֶיךָ כְּיוֹם אֶתְמוֹל כִּי יַעֲבֹר וְאַשְׁמוּרָה בַלָּיְלָה (v. 4). עוֹלָם può indicare sia l'« eternità », sia la totalità del « mondo » (cf E. JENNI [1978a] e H. D. PREUß [1986]).

[421] A proposito di questo significato di סָבִיב mette conto di ricordare l'intrigante episodio della donna di Teqoa (2 Sam 14,2b-20), quando alla fine la donna confessa a Davide (v. 20): לְבַעֲבוּר סַבֵּב אֶת־פְּנֵי הַדָּבָר עָשָׂה עַבְדְּךָ יוֹאָב אֶת־הַדָּבָר הַזֶּה « Per dare alla cosa un'altra faccia, il tuo servo Ioab ha agito così ». Su questo episodio cf L. ALONSO SCHÖKEL [1976: 193].

[422] Anche l'inno introduttivo di *Ludlul bēl nēmeqi* sviluppa gli stessi simboli in un contesto a struttura antitetica (cf pag. 138). Si leggano le righe I, 18-22:

> *Egli* [= Marduk] *perdona, e subito*    *la gestante ha le doglie:*
> *corre ad assistere*    *il suo grembo;*
>   *egli si preoccupa di lei,*    *come una mucca del suo vitello.*
> *Pungenti sono i suoi colpi,*    *trapassano il corpo;*
>   *[ma] dolci sono le sue fasciature,*    *guariscono dalla morte.*

Per la traduzione critica, si veda W. VON SODEN [1990b: 115s].

mitiche,[423] esprimono il paradosso della miseria e grandezza dell'essere uomo e la sua ambigua condizione di materia e di spirito.[424] Ma l'ambiguità per Giobbe non sta nell'uomo, bensì in Dio stesso. Al Dio creatore è infatti attribuita la stessa « vorace »[425] distruzione (cf √blᶜ), che normalmente è il predicato delle forze caotiche![426]

L'antitesi in Dio è presentata con simboli di sorprendente coerenza. È una controprova che il poeta autenticamente ispirato non solo produce immagini, ma è anche condotto da esse. Sul primo quadro regna il *Regime notturno* dell'intimità e del grembo, con una serie di azioni che descrivono l'inizio e la nuova gestazione: la materia prima è composta da elementi "molli" – come argilla, polvere, latte, formaggio, carne, pelle –, per cui su di essi non si agisce "colpendo", ma "plasmando" o "modellando".[427] Le allusioni sono quindi all'artista modellatore, al vasaio[428] o al tessitore[429] (vv. 8 e 11).

Sul quadro opposto, regna invece il *Regime diurno* con due simbolismi esplicitamente polemici, quello *venatorio* e quello *militare*.[430] Caccia e guerra sono l'emblema del simbolismo polemico,[431] in cui balza in primo piano il valore della prodezza e dell'impresa dell'eroe solare. Con pungente ironia, Giobbe lo ricorda (v. 16b: *titpallā'-bî*): l'eroe – Dio stesso – in questa *corrida* ha un bersaglio troppo facile e la sua è una prodezza

---

[423] Il parallelo חֹמֶר « argilla » è forse un'allusione a *Enūma eliš* e ad *Atraḫasīs*, più che non al racconto genesiaco.

[424] Cf l'analogia con il mito di Prometeo impostata da P. DIEL [1975: 152s].

[425] Cf G. DURAND [1969: 131s] per la valenza negativa e diurna dell'atto di divorare (alle pagg. 233-39 la valenza positiva ed eufemizzata del *Regime notturno*).

[426] Si veda a pag. 183[379].

[427] La differenza dello strumento è un elemento simbolico molto importante, com'è stato sottolineato dagli studi di A. LEROI GOURHAN, citati da G. DURAND, a prova della sua categorizzazione dei simbolismi in chiave "posturale".

[428] Non vogliamo citare tutti i paralleli biblici. Uno, tuttavia, è necessario per comprendere l'immagine del v. 8. Si tratta di Ger 18, e specialmente il v. 4: « Ora, il vaso d'argilla che il vasaio stava modellando tra le mani gli riuscì male ed egli tornò a fare un altro vaso, come gli sembrava giusto ».

[429] Il lavoro e i prodotti della *tessitura* sono universalmente simboli del divenire. G. DURAND [1969: 369-72] e *DSym*, 950s. Il vocabolario che indica l'"inizio" o l'"inaugurazione" in latino e nelle lingue neolatine ha uno stretto legame con la tessitura (*ordiri, exordium, primordia*). Nel libro di Giobbe, il simbolismo assume connotazione negativa, in quanto viene sottolineata la velocità del divenire (Gb 7,6, con la *taurija* di תִּקְוָה « speranza » e « filo »; ugualmente in Is 38,12).

[430] I due simbolismi sono molto amati dalla poetica dell'Antico Vicino Oriente. Anche in campo biblico, il loro elenco sarebbe lunghissimo; basti pensare alla letteratura salmica.

[431] G. DURAND [1969: 160], rimandando a F. SICILIA DE ARENZANA, ricorda l'interpretazione simbolica della *corrida*: l'eroe luminoso – il *matador* – lotta contro l'animale delle tenebre e alla fine ottiene, quale trofeo, l'orecchio dell'animale.

chisciottesca, visto che l'avversario è un essere « sazio di vergogna ed esperto di miseria ».

Non sfugga l'accenno particolare al leone (v. 16a). L'animale ha un'importante tradizione mitica; tra altre valenze,[432] ricordiamo quella di "divoratore del sole", parente prossimo dunque del Κρόνος greco.[433] L'allusione è dunque ancora una volta al dominio divino sulla luce e sulle tenebre: Giobbe, tuttavia, non è certo il leone divoratore della luce...

Il grido di lamentazione (vv. 18-19) riprende il simbolismo del cap. 3, aggiungendo un nuovo elemento,[434] che ci rimanda al v. 4. « Senza che occhio mi vedesse »: è un desiderio che riguarda gli occhi umani; ma come non ricordare quell'"occhio" divino, di cui si è detto poco sopra (cf anche 7,8)?[435] È importante mettere in particolare evidenza la relazione con il cap. 3,[436] perché abbiamo qui la conclusione e l'esplicitazione dei simboli là anticipati.

Un primo arco drammatico è istituito dalle domande di 3,11 (lāmmâ lōʾ mē-reḥem ʾāmût mib-beṭen jāṣāʾtî wᵉʾegwāᶜ) e 3,20 (lāmmâ jittēn lᵉᶜāmēl ʾôr wᵉḥajjîm lᵉmārê nāpeš) in relazione a 10,18 (wᵉlāmmâ mē-reḥem hōṣēʾtānî ʾegwaᶜ wᵉᶜajin lōʾ-tirʾēnî). Quanto era implicito nel cap. 3, perché solo indirettamente attribuito a Dio, ora viene apertamente denunciato: è Dio ad aver dato la luce, ma è ancora Dio a provocare una vita piena di amarezza. Le accuse, accumulate nei due discorsi dei capp. 6-7 e 9-10, esplodono ora in tutta la loro tragica portata contro il Dio dalla "doppia faccia".

Un secondo arco drammatico esplicita la radicalità dell'annientamento desiderato (cf 3,16 con 10,19). In due espressioni lapidarie, che sono in

---

[432] Cf DSym, 575-77. Non ha importanza chiedersi se l'autore volesse esplicitamente usare questo simbolo in vista della valenza simbolica da noi esplicitata. L'aggressività e la forza sono un corredo simbolico caratteristico del Regime diurno. Questo è sufficiente per introdurre la nostra relazione.

[433] Anche l'immagine della divinità solare greco-egiziana Serapide era normalmente un simulacro a tre teste, ciascuna delle quali rappresentava una dimensione del tempo: cane per il futuro, lupo per il passato e leone per il presente. Si veda MACROBIO, Saturnalia, 1.20, 13-18 (testo critico in MACROBIUS [1963: 114s]). Nella Nrisiṇa - uttara - tāpanīya - Upaniṣad « Upaniṣad dell'uomo leone », il leone è assimilato alla potenza terribile di Viṣṇu, il dio solare di Viṣṇu (« disco di Viṣṇu »); si veda H. ZIMMER [1946], nell'indice dei miti alla voce: « Vishnu: avatars of ».

[434] L'elemento visivo era presente in 3,16b, ma predicato del feto che non ha visto la luce.

[435] N. C. HABEL, 200s, ha acutamente osservato quest'allusione all'"occhio" di El.

[436] Benché l'evidente relazione sia richiamata dalla maggior parte dei commentatori, non tutti sono attenti a mostrare la dinamica che unisce drammaticamente il cap. 10 con il cap. 3. Si vedano soprattutto L. ALONSO SCHÖKEL - J. L. SICRE DÍAZ, 192; tr. it. 220, e N. C. HABEL, 200s.

Significativamente, l'ampio studio di L. BASSET [1994] prende in esame Gb 3 (pagg. 45-123) e Gb 10 (125-95).

parallelo nel v. 19, Giobbe denuncia l'assurdo di una vita che è non-vita, di un essere che è un non-essere (ka'ăšer lō'-hajîtî 'ehjeh) e di un grembo che sarebbe stato preferibile che fosse divenuto un anticipo del sepolcro (mib-beṭen laq-qeber 'ûbāl). « Cuna y sepulcro en un botón hallaron », recita un verso felice di Pedro Calderón de la Barca, che potremmo prendere a prestito per sintetizzare la paronomasia di quest'ultima espressione.

Il tracciato dal grembo al sepolcro è quello di ogni vita umana. Qui, però, non c'è tempo intermedio. Siamo ormai lontani dall'eufemizzazione della tomba del cap. 3,[437] il cui antro tenebroso diventa il nuovo grembo della madre terra. Al contrario, assistiamo a un processo di enfatizzazione antifrastica,[438] in quanto è il grembo che diviene una tomba. Torna alla memoria un'elegia di Teognide, molto simile alle parole di Giobbe in 10,18s e 3,11ss:

> Di tutti i beni il più nobile per gli uomini è di non essere mai nati
> e di non aver mai visto gli ardenti raggi del sole;
> e se si nasce, quanto prima di raggiungere le porte dell'Ade
> e di riposare sotto uno spesso manto di terra.[439]

Un terzo arco drammatico unisce la descrizione dello Še'ol di 3,13-19 con l'opprimente tenebra del nulla di 10,20-22. Se nel cap. 3 Giobbe pensa allo Še'ol come a un luogo di relativa tranquillità insieme ai grandi e di annullamento di tutte le discriminazioni,[440] ora esso è percepito, nella sua valenza più radicale, come la "terra di non-ritorno" (cf 7,9-10) e il risucchiamento nel nulla originario.[441] Si chiarisce così quel desiderio di morte

---

[437]  L'"eufemizzazione" è un processo caratteristico del Regime notturno. Per la documentazione dell'eufemizzazione del sepolcro nel mito, nel folklore e nella poesia, rimandiamo a G. DURAND [1969: 269-74]. Cf quanto abbiamo detto a pag. 120.

[438]  Si noti il parallelismo del v. 19a con la costruzione antitetica: לֹא־הָיִיתִי e אֶהְיֶה.

[439]  πάντων μὲν μὴ φῦναι ἐπιχθονίοισιν ἄριστον
μηδ' ἐσιδεῖν αὐγὰς ὀξέος ἠελίου,
φύντα δ' ὅπως ὤκιστα πύλας Ἀΐδαο περῆσαι
καὶ κεῖσθαι πολλὴν γῆν ἐπαμησάμενον (425-428).
Testo critico in THEOGNIS [1975: 81s]. Teognide, il cui periodo di attività va collocato tra il 550 e il 540 a.C., rieccheggia in molti poeti posteriori, tra cui principalmente SOFOCLE, Edipo a Colono (1224-1227; testo critico in SOPHOCLES [1990: 408]), che sembra ispirarsi direttamente a lui:
μὴ φῦναι τὸν ἅπαντα νι-
κᾷ λόγον· τὸ δ', ἐπεὶ φανῇ,
βῆναι κεῖθεν ὅθεν περ ἥ-
κει πολὺ δεύτερον ὡς τάχιστα.
Si ricordino anche gli altri testi citati a pag. 104[3].

[440]  Cf pag. 112.

[441]  Sembra di risentire il pessimismo di alcune pagine egiziane, del periodo seguente alla crisi di Tell el-ᶜAmārna. Citiamo alcune righe dal Canto dell'arpista: « Nessuno viene di là, che ci dica la loro condizione, che riferisca i loro bisogni, che tranquillizzi il nostro cuore, finché giungiamo a quel luogo dove sono andati essi. [...] Vedi, non c'è chi porta

ripetuto più volte a partire dal cap. 3. L'angoscia che sorge nell'uomo Giobbe non deriva però da affermazioni nihiliste; ma il baratro del nulla che gli si spalanca davanti è la paradossale espressione del desiderio irrisolto e incompiuto della relazione con il Dio vivo, sorgente dell'essere.[442] Quest'angoscia nasce sì dal rifiuto di accettare la condizione umana nella sua reale limitatezza,[443] ma soprattutto dall'incertezza di aver davanti un Dio che, nonostante il limite, possa rimanere la suprema possibilità di vita. Su questo Giobbe riceverà la risposta tanto attesa.

L'epilogo del cap. 10 è una conclusione coerente con la logica simbolica di quanto precede: le domande dei vv. 4-5, l'antitesi tra il Dio creatore e il Dio distruttore e la lamentazione finale. La brevità della vita e la richiesta che Dio si allontani per un momento, per poter avere una attimo di gioia,[444] sfociano in una considerazione che, *cum grano salis*, potremmo definire "metafisica": il nulla dello Šeʾol è un abisso in cui scivola la vita, ma è anche una forza che penetra in essa, rendendola assurda.

Sono versetti sovraccarichi, l'abbiamo già notato nella discussione filologica. Ma se dovessimo dar credito a coloro che li considerano una glossa o tentano in qualche modo di mitigare la violenza "tenebrosa" delle immagini, distruggeremmo una delle pagine simbolicamente più dense.

Per cogliere la valenza di questo simbolismo, ci rifacciamo a E. Th. Reimbold, che dedica il primo capitolo del suo studio a ricostruire le strutture di quella che egli chiama *Allnacht* e *Urfinsternis*.[445] Nei meandri di questa ricca ricerca, troviamo la costante equivalenza tra le tenebre originarie e il tentativo di esprimere, con un simbolo, il concetto aporetico

---

con sé i propri beni; vedi, non torna chi se n'è andato » (traduzione di E. BRESCIANI [1969: 207]).

[442] Cf A. BONORA [1983: 159].

[443] Cf D. COX [1974: 525], M. CHIOLERIO [1992: 36-47] e soprattutto B. COSTACURTA [1988: 243]: « Paradossalmente, quando si è confrontati con la morte e terrorizzati da essa, allora si vuole morire, desiderando la non-vita come fuga ultima e disperata da un ineluttabile pauroso che si è incapaci di sopportare. Non vivere (più) significa non dover (più) morire ».

[444] È la stessa richiesta di 7,19-21 e Sal 39,14, il cui vocabolario è strettamente parallelo al nostro versetto (הָשַׁע מִמֶּנִּי וְאַבְלִיגָה בְּטֶרֶם אֵלֵךְ וְאֵינֶנִּי). Il "tono tragico" di questa pagina l'ha colto magistralmente L. ALONSO SCHÖKEL: « È Dio che lo ha fatto, soltanto Lui può disfarlo. Io non gli chiedo beni, soltanto che mi lasci. Così raggiungerò in pace il mio destino: non essere » (L. ALONSO SCHÖKEL - C. CARNITI [1991-1993: I, 586; tr. it. I, 672]).

[445] E. TH. REIMBOLD [1970: 18-86]. Il primo termine vorrebbe indicare la notte primordiale in quelle concezioni per cui l'ordine cosmico attuale è l'epifania di un'armonica cooperazione dei singoli elementi; il secondo, invece, vorrebbe alludere alla vittoria della luce dopo un combattimento contro le tenebre originarie (*ibid.*, 18s e 77s).

del nulla originario,[446] che è ambivalente: da una parte, infatti, è tenebra assoluta; dall'altra, è origine del mondo attuale.

Del resto, la descrizione di Gn 1,2 tramanda un patrimonio simbolico che ha radici profonde. All'inizio delle cosmogonie egiziane, specialmente nella teologia di Memphis ed Hermopolis, stavano le tenebre.[447] L'inizio del *Terzo inno orfico*, dedicato alla Notte, mostra come questa rappresentazione fosse passata anche nella cultura greca:

> *Notte, genitrice di dèi e di uomini, te canta il mio inno.*
> *{Di tutto la Notte è l'inizio; chiamiamola Kypris}.*[448]

Attraverso i pre-socratici ed Esiodo (*Theogonia*, 116-125),[449] possiamo seguirne le orme sino ad Omero,[450] che nell'Iliade (XIV, 259) canta:

> *Se la Notte, domatrice di dèi e uomini, non avesse salvato.*[451]

La ricerca di simbolismi analoghi potrebbe allargarsi alle culture più lontane della Cina antica, della Polinesia o delle civiltà precolombiane del Messico.[452] In particolare, vanno ricordate le prime tre stanze del fondamentale inno vedico di *Ṛgveda* X, 129, che offriamo nella traduzione di Valentino Papesso:

1. *Allora non c'era il non essere, non c'era l'essere;*
   *non c'era l'atmosfera, né il cielo (che è) al di sopra.*
   *Che cosa si moveva? dove? sotto la protezione di chi?*
   *Che cosa era l'acqua (del mare) inscandagliabile, profonda?*

2. *Allora non c'era la morte, né l'immortalità;*
   *non c'era il contrassegno della notte e del giorno.*
   *Senza (produr) vento respirava per propria forza quell'Uno;*
   *oltre di lui non c'era nient'altro.*

---

[446] Il *ni-ente* viene reso con frasi dalla caratteristica struttura « *quando-non-ancora* », come nel caso di Gn 1,2; 2,4b-6, di *Enūma eliš* e di *Atraḫasīs*. Altra documentazione in E. TH. REIMBOLD [1970: 49s].

[447] Cf S. SAUNERON - J. YOYOTTE ET ALII [1959: 51s] per la documentazione.

[448] Νύκτα θεῶν γενέτειραν ἀείσομαι ἠδὲ καὶ ἀνδρῶν. {Νὺξ γένεσις πάντων, ἣν καὶ Κύπριν καλέσωμεν}. Edizione critica del testo greco in W. QUANDT [1955: 4]. Tutte le date dal VI secolo a.C. al IV secolo d.C. sono state ipotizzate per questi inni. La data più probabile è la seconda parte del III secolo d.C., secondo A. N. ATHANASSAKIS [1977: VIIs] o « non ante alterius p. Chr. n. saeculi finem », secondo W. QUANDT [1955: 44*], senza negare la possibilità che possano essere esistiti prima di questa data alcuni inni o almeno parte di essi.

[449] Cf E. TH. REIMBOLD [1970: 21-19]; per l'ermeneutica di questo passo di Esiodo, *ibid.* 24. Per il testo critico, si veda HESIODUS [1970: 10].

[450] Anche Omero è discusso da E. TH. REIMBOLD [1970: 19s].

[451] εἰ μὴ Νὺξ δμήτειρα θεῶν ἐσάωσε καὶ ἀνδρῶν. Cf. HOMERUS [1902: ad locum].

[452] Una rassegna si può trovare nell'esauriente opera a più mani S. SAUNERON - J. YOYOTTE ET ALII [1959] oppure in *DMR*, tr. it. 319-91.

3. *Tenebra ricoperta da tenebra era in principio;*
   *tutto questo (universo) era un ondeggiamento indistinto.*
   *Quel principio vitale che era serrato dal vuoto,*
   *generò se stesso (come) l'Uno*
        *mediante la potenza del proprio calore.*[453]

La discesa nello Šeʾol è analoga all'entrata in questa "notte originaria", che sta ai margini del mondo creato o sotto ad esso e che, pur essendo stata circoscritta dalla vittoria della luce al momento della creazione, non venne annullata.[454] Per Giobbe, entrare in quella notte è dunque ripiombare nel caos originario. Più alla radice, a suo parere, la creazione stessa è corrosa dalla potenza del caos che la circonda, senza che Dio non voglia (o non possa) far nulla.

Dallo stretto legame tra lo Šeʾol e le tenebre originarie, la cui sconfitta viene ripresentata ogni mattino dalla vittoria del giorno sulla notte, si comprende a quale radicalità Giobbe abbia portato il suo problema: a differenza della vittoria originaria della luce e della sua ripresentazione nel ciclo quotidiano, davanti al nulla tenebroso dello Šeʾol per il mortale non vi è speranza. Ma è proprio così?[455]

La domanda esige che venga reimpostata correttamente la relazione tra JHWH, il creato e la potenza del caos; in termini metafisici, tra l'essere e il divenire.

## 5. CONCLUSIONE

Non vogliamo sintetizzare l'analisi sin qui svolta, ma soltanto lanciare alcune provocazioni dal punto in cui ci troviamo, dopo aver considerato il polarismo simbolico di luce e tenebre negli interventi di Giobbe.

La massiccia prevalenza del *Regime diurno* e le strutture caratteristicamente diairetiche sono già state messe in luce: l'antitesi polemica, la gigantizzazione della divinità in opposizione all'annientamento dell'uomo – che potremmo definire la dimensione tragica della vita –, l'assolutizzazione di un unico punto di vista e la ricerca della non-contraddizione, la preferenza per i simboli verticalizzanti, che esprimono una visione chiara e

---

[453] Si veda V. PAPESSO [1931: 170]. Il *Rgveda* – o *Veda* delle *ṛc* (versi laudativi) – dovrebbe risalire ad un periodo tra il 1500 e il 1000 a.C. (cf H. ZIMMER [1951: 9, *nota*]).

[454] Anche nella concezione biblica, lo Šeʾol corrisponde all'abisso che si trova sotto il mare (cf Gb 26,5: מִתַּחַת מָיִם; Sal 18,17: מִמַּיִם רַבִּים) o sotto ai suoi flutti (cf Sal 42,8: תְּהוֹם־אֶל־תְּהוֹם קוֹרֵא לְקוֹל צִנּוֹרֶיךָ; 69,2: מָיִם; 40,3: מִטִּיט הַיָּוֵן). Per questo, talvolta שְׁאוֹל e תְּהוֹם sono interscambiabili.

[455] Si noti che formuliamo questa domanda all'interno dell'orizzonte giobbiano, senza cioè supporre la possibilità della risurrezione. Tuttavia, come vedremo nel Capitolo V, la risposta di Dio è capace di fondare anche questo nuovo aspetto della speranza, che si svilupperà con l'apocalittica e sarà accolto dal giudaismo farisaico e dal cristianesimo.

distinta.[456] Vogliamo invece coagulare l'analisi sin qui svolta attorno ad alcuni nodi, che andranno ripresi nei capitoli successivi per scoprire il dinamismo simbolico globale nel dramma giobbiano.

1. In primo piano, abbiamo il simbolismo giudiziario, che, essendo il simbolo diairetico per eccellenza, è in grado di ricondurre ad unità le valenze dei tre registri analizzati: cosmico, etico-sapienziale ed esistenziale-metafisico. L'accusa contro l'onnipotenza arbitraria di Dio e la protesta d'innocenza sono la conclusione "tragica", fondata su una precomprensione teorica, la cui struttura "dualistica" innerva tutte le valenze simboliche. Il presupposto da cui parte Giobbe è la teoria della retribuzione, alimentata dalla predicazione profetica e sostenuta dalla tradizione sapienziale. I discorsi del protagonista la mettono in crisi, mostrandone sino all'estremo le conseguenze contraddittorie. Si noti che, per criticare questa teoria, Giobbe utilizza lo schema giuridico più amato dalla predicazione profetica, il *rîb*. Verrà alla fine rimpiazzata da un'altra teoria?

2. Gli schemi antitetici del simbolismo portano ad una figura contraddittoria di Dio, quasi un Giano bifronte: il Dio creatore e il Dio distruttore. La tragicità della vicenda di Giobbe, sulla base dell'assunto rigidamente monoteistico,[457] non sembra dare alternative: o l'onnipotenza di Dio non è veramente tale oppure Dio è ingiusto e la sua onnipotenza è prepotenza arbitraria e perversa. Sembra di trovarci davanti al famoso argomento di Epicuro, che ci è stato riportato da Lattanzio (*De ira dei*, XIII, 20-21):

> « *Deus, inquit, aut uult tollere mala et non potest, aut potest et non uult, aut neque uult neque potest, aut et uult et potest. Si uult et non potest, inbecillus est, quod in deum non cadit; si potest et non uult, inuidus, quod aeque alienum est a deo; si neque uult neque potest, et inuidus et inbecillus est ideoque nec deus; si et uult et potest, quod solum deo conuenit, unde ergo sunt mala aut cur illa non tollit? ».*[458]

Giobbe scarta l'alternativa dell'impotenza: Dio rimane l'Onnipotente e l'Altissimo; e quindi scatta l'accusa di "invidia". Ma la sequenza drammatica di luce e tenebra non può aggiungere nulla a questo dilemma radicale?

---

[456] Cf per tutte queste caratteristiche G. DURAND [1969: 202-15].

[457] Non vogliamo dire che una prospettiva politeista annulli il problema; piuttosto lo sfuma e lo eufemizza, drammatizzandolo. Si pensi, ad es., alla sacra *trimūrti* (« triplice forma ») dell'induismo, con la caratteristica iconografia di corpo a tre teste, per rappresentare *Brahmā*, il dio della creazione, *Viṣṇu*, il dio della conservazione, e *Rudra-Śiva*, il dio della distruzione (cf H. R. ZIMMER [1951: 412s] e *DMR*, tr. it. 350s).

[458] Riportiamo il testo critico curato da CH. INGREMEAU (LACTANTIUS [1982: 158-61]). Egli si scosta leggermente da H. USENER (EPIKUROS [1966: 252s]), su cui si fonda la traduzione italiana di M. ISNARDI PARENTE (EPIKUROS [1974: 388s]). Sul problema critico di questo testo, riportato anche da SESTO EMPIRICO, *Pyrrh. Hypot.*, III, 9-11, ma senza citare Epicuro, cf W. SCHMID [1962: 786] e CH. INGREMEAU (LACTANTIUS [1982: 310s]).

3. L'esaltazione di un'onnipotenza divina così concepita conduce all'angoscia e alla svalutazione della condizione umana. Il giorno dell'uomo è un cammino senza senso, o meglio, a senso unico verso la notte dello Šeʾol. L'uomo si scopre una nullità e uno schiavo, soggetto ad un despota, in balía del caso. Non gli rimangono nemmeno le norme etiche, perché la reazione divina all'operato umano sembra smentirle. Eppure, la luce e le tenebre hanno le loro leggi... Forse, vi è bisogno di una nuova visione della storia e della creazione che sappia dare ragione della coesistenza di luce e tenebra, perché, come diceva l'adagio parmenideo citato all'inizio del capitolo, « tutto è pieno nello stesso tempo di luce e di invisibile notte, di entrambe in modo eguale, e quindi nulla vi è che non abbia entrambe ».

CAPITOLO IV

## « L'OSCURITÀ SARÀ COME L'AURORA »

## GLI INTERVENTI DEGLI AMICI

καὶ λεκτέον
ὡς ὁ μὲν θεὸς δίκαιά τε καὶ ἀγαθὰ εἰργάζετο,
οἱ δὲ ὠνίναντο κολαζόμενοι·
ὡς δὲ ἄθλιοι μὲν οἱ δίκην διδόντες,
ἦν δὲ δὴ ὁ δρῶν ταῦτα θεός,
οὐκ ἐατέον λέγειν τὸν ποιητήν.
Ἀλλ' εἰ μὲν ὅτι ἐδεήθησαν κολάσεως λέγοιεν
ὡς ἄθλιοι οἱ κακοί, διδόντες δὲ δίκην
ὠφελούντο ὑπὸ τοῦ θεοῦ, ἐατέον.
(Platone) *

Non dovrebbe creare problema il fatto di analizzare *ad modum unius* i discorsi dei tre amici. Essi, infatti, svolgono nel dramma un unico ruolo antagonistico, benché siano presentati con una certa gerarchia – Elifaz è l'amico "maggiore"[1] – e siano caratterizzati con sfumature complementari: Elifaz è pacato e prudente, Bildad irruente e sbrigativo, Sofar speculatore e dialettico. L'autore ha voluto mettere in scena personaggi con diversi caratteri, senza nascondere la ripetitività delle argomentazioni: anche questo è un espediente che fa parte della struttura del dramma.

---

* *Rep.*, II, 19, 380b: « Bisogna dire che la divinità ha fatto solo una cosa giusta e buona, e che coloro che sono stati castigati ne hanno tratto profitto; ma non è permesso ai poeti di dire che quelli puniti siano miserabili e che la divinità sia stata l'autrice dei loro mali; se, al contrario, i poeti dicessero che i malvagi, essendo miserabili, hanno avuto bisogno del castigo, e che la loro punizione era una condanna della divinità, lo dicano pure ». Testo critico in PLATO [1932: 84s].

[1] Ad Elifaz il drammaturgo affida tre discorsi in punti nevralgici: è lui a iniziare le due serie di dialoghi ed è lui a concludere, fatta eccezione della breve replica di Bildad in 25,1-6. Anche nell'epilogo Elifaz è l'interlocutore diretto del verdetto divino (42,7-8).

Nei discorsi degli amici, la declinazione del simbolismo luce e tenebre crea un sensibile chiaroscuro con i discorsi di Giobbe: molti simboli si rincorrono a mo' di *fugato*, si creano assonanze e dissonanze, ma alla fine si giunge ad approdi opposti. Avvocati di Dio – di una certa figura di Dio, che ha qualche aspetto di verità – essi esprimono anche attraverso il loro linguaggio simbolico la certezza del loro principio non-contraddittorio, ma falso, se esasperato e non bilanciato da altre considerazioni: Dio è buono e giusto e se una sventura si abbatte sull'uomo, essa è causata dalla sua colpa e mira alla correzione, perché nessun uomo è "innocente" davanti a Dio.

L'autore del dramma aveva davanti a sé un pubblico che condivideva questo principio, con una gloriosa tradizione alle spalle: la predicazione profetica, la storia deuteronomista e la tradizione sapienziale. Ci è difficile dire se vi erano già state dispute tanto radicali come quella del suo protagonista (sicuramente qualche disputa parziale, visto che il problema della "teodicea" attraversa un po' tutte le letterature dell'Antico Vicino Oriente). Egli dunque doveva far sorgere qualche dubbio nel pubblico, in modo che questi fosse in grado di provocare un progressivo distanziamento dalle proprie certezze teoriche. Quando la "teoria" non risponde ai problemi dell'esperienza, occorre avere l'umiltà di reimpostare il problema. Gli amici sono messi in scena proprio per rappresentare coloro che non vogliono affrontare questa fatica e, ideologicamente, si attestano sulle loro posizioni. Dal momento che in gioco è il rapporto tra Dio e Giobbe, la loro "ideologia" li porta a perdere un amico, ma anche il vero Dio.

## 1. LA NOTTE "RIVELATRICE": Gb 4,12-21

Sin dal primo intervento di Elifaz traspira una nuova atmosfera, che dà l'intonazione alle strutture simboliche sviluppate dagli amici. La notte – quella notte tenebrosa invocata dal primo grido di Giobbe, reliquia della notte originaria del caos e anticipo della notte dello Še'ol – viene ora eufemizzata in *notte rivelatrice*:[2] notte trasparente e illuminante, ambientazione numinosa di un principio "chiarificatore" della condizione umana e svelamento del mistero: quasi una ripresa della *notte salvifica* dell'esodo,[3] con la sua dialettica di vita e gioia per i giusti, di morte e paura per gli empi. Ecco le parole di Elifaz (4,12-21):

---

[2] Cf E. TH. REIMBOLD [1970: 204-6]. In effetti, anche i discorsi di Dio (38,19-21) ritorneranno sul carattere rivelatore della notte: là tuttavia avremo una valenza ciclica e drammatica del simbolo, mentre nelle parole di Elifaz vi è soltanto una valenza eufemizzante.

[3] Cf Es 12,42 e 13,21s, una notte narrativamente anticipata dalla nona piaga (Es 10,21-23) e rivissuta nel memoriale della liturgia pasquale. Bisognerebbe ricordare le variegate riletture midrašiche del tema. Ci basti alludere al dittico di Sap 17,1-18,4 e alla digressione di *Tg. Neof.* Es 12,42 studiata da R. LE DÉAUT [1963] sulla base del codice Neofiti I della Biblioteca Vaticana.

12      *In segreto mi giunse[4] una parola,*
         *il mio orecchio ne ghermì solo un susurro.[5]*
13      *Fra gli incubi delle visioni notturne,[6]*
         *quando grava sugli uomini il sopore,*
14      *paura e sgomento mi colsero,[7]*
         *un brivido[8] scosse le mie ossa.*
15      *Una ventata mi sfiora il viso,*
         *i peli[9] del mio corpo s'arricciano...*
16      *In piedi, senza che io possa riconoscere il suo aspetto,*

---

[4] Il Pu. יְגֻנַּב ha qui il significato di « essere portata furtivamente » (cf D. J. A. CLINES, 110). L. KOPF [1958: 250s] e ]1959: 169], ponendo il verbo in relazione all'arabo جنب « tenere lontano », vorrebbe escludere il sema di segretezza. Meno convincente la proposta di J. LUST [1975: 309], che traduce: « A word was hurled upon me ». Suggestivo invece il collegamento di R. J. Z. WERBLOWSKY [1956: 105s], con Ger 23,30: egli collega la visione di Elifaz allo « stealthy movement » (cf arabo جنب e Gb 21,18) dei falsi profeti per procurarsi la parola divina, contro la manifestazione aperta di Dio (cf Gb 38,1).

[5] Per שֵׁמֶץ si veda a pag. 140[153]. Sym ha compreso correttamente, traducendo con ψιθυρισμός « bisbiglio », che è il significato originario di שֵׁמֶץ. Solo in seguito venne ad assumere il senso generico di « un poco » (cf Sir 10,10; 18,32), come traducono Tg (קְצָת) e Syr (ܩܠܝܠ ܡܢܗ).

[6] Nel sintagma בִּשְׂעִפִּים מֵחֶזְיֹנוֹת לָיְלָה fa difficoltà il primo lessema. Il parallelo di 20,2 ci spinge a cercare un significato vicino ad « agitazione » (dovuta a paura), come in شغف « essere agitato » (cf Lane, IV, 1566). Le versioni antiche ci dimostrano che vi era difficoltà a comprendere il senso preciso del vocabolo: φόβοι δὲ καὶ ἠχὼ νυκτερινή (LXX); ἐν παραλλαγαῖς ἀπὸ ὁραματισμῶν νυκτός (Aq); ἐν ἐκπλήξει ἀπὸ ὁραμάτων νυκτερινῶν (Sym; cf J. ZIEGLER [1982: 229]); Syr: ܒܕܚܠܬܐ ܡܢ ܚܙܘܐ ܕܠܠܝܐ; Vg: *in horrore visionis nocturnae*. M. H. POPE, 36s, lo giudica equivalente a שְׂרַעִפִּים di Sal 94,19; 139,23 (con un *reš* epentetico; ipotesi accolta anche da *KB,* IV, 1266).

[7] פַּחַד ... וּרְעָדָה formano un'endiadi, anche se separata dal verbo קְרָאַנִי.

[8] Nonostante l'ironia inopportuna di D. J. A. CLINES, 111, rivocalizziamo il TM רֹב come רֵב « brivido, fremito », sulla base dell'akkadico *rību* (cf G. R. DRIVER [1955c: 73]). Già A. B. EHRLICH era giunto a un simile significato ricorrendo all'arabo ريب (cf *Lane,* III, 1198). Meno plausibile è invece la proposta di J. C. L. GIBSON [1975: 266] di leggere רִב (= רִיב) « contesa, *rîb* ».

[9] La tradizione giudaica, già con Tg (מצלהבא עלעולא בשרי), ha preso שַׂעֲרַת nel senso di « tempesta », in parallelo a רוּחַ, qui al maschile – come in 41,8 – « soffio, folata »: essa è stata ripresa da N. H. TUR-SINAI, R. GORDIS, M. DAHOOD [1967b], A. C. M. BLOMMERDE [1969: 40s], N. C. HABEL e D. J. A. CLINES. Da M. DAHOOD in poi, si accetta di vedere nella forma שׂערת l'antica desinenza del femminile (cf anche G. JANSSEN [1975s]); DAHOOD corroborava la sua ipotesi trovando nei due stichi un *break-up of stereotyped phrase* (רוּחַ סְעָרָה in Sal 148,8 ed Ez 1,4). SH. M. PAUL [1983], a favore della lettura massoretica, ha attirato l'attenzione su espressioni akkadiche simili per indicare spavento (*šārat zumrišu* sarebbe l'esatto parallelo di שַׂעֲרַת בְּשָׂרִי); ed avanza la possibilità di un *double entendre,* ovvero un caso di *taurija.* L'anticipo della סְעָרָה a questo punto potrebbe anche essere un'ottima ironia narrativa, ma rischia di mortificare troppo la tensione del dramma, soprattutto in relazione alla « tempesta » temuta da Giobbe in 9,17. Del resto, il Pi. di √סמר, con valore intransitivo, ma intensivo rispetto al Qal di Sal 119,120, non fa difficoltà (cf *GK,* § 52k), per cui anche noi preferiamo mantenere il significato di « peli » (שַׂעֲרַת femminile collettivo).

*una figura, davanti ai miei occhi...*
*silenzio... poi odo una voce:*[10]

17    *« L'uomo può forse essere innocente davanti a Eloah?*[11]
      *Un mortale può essere puro davanti al suo Creatore?*

18    *Se*[12] *persino dei suoi servi Egli diffida*
      *e i suoi angeli accusa di follia,*[13]

19    *quanto più quelli che abitano in case d'argilla,*
      *le cui fondamenta stanno sulla polvere!*
      *Sono schiacciati ancor prima delle tignuole,*[14]

---

[10] Il versetto va lasciato nel suo stile spezzato, per creare *suspense*. Chi non coglie queste sfumature e propone amputazioni varie (cf G. FOHRER), deve forse andare a rileggersi le grandi tragedie classiche. L'ultimo stico non va interpretato alla luce dell'ossimoro di 1 Re 19,12 (cf per questo versetto l'interpretazione di M. MASSON [1992]), quasi fosse un'endiadi (contro le argomentazioni di D. J. A. CLINES, 112, che traduce con « a thunderous voice »). Del resto, la mancanza di sequenza narrativa è caratteristica di questa descrizione, tutta all'jiqtol (cf anche l'inizio del v. 15 con וְרוּחַ ).

[11] Per la corretta interpretazione forense di questi sintagmi con מִן si vedano P. BOVATI [1986: 89], che cita *GK,* § 133b n. 2, F. HORST, 74-76 e L. ALONSO SCHÖKEL - J. L. SICRE DÍAZ, 139s; tr. it. 160. Soprattutto in Gn 38,26 e 1 Sam 24,18, è evidente che il senso della preposizione comparativa מִן non è comparativo (= uno più dell'altro), ma oppositivo (= uno sì e l'altro no).

[12] Altra ricorrenza di הֵן con valore di congiunzione ipotetica (cf pag. 140[153]). Per l'*a fortiori* costruito in correlazione con אַף si vedano anche 9,13s; 15,15s e 25,5s (cf L. JACOBS [1972]).

[13] La costruzione è chiara, in quanto *śîm b^e + oggetto* è un sintagma attestato anche in 1 Sam 22,15 e significa « accusare qualcuno di qc. » (cf *KB,* IV, 1233 §10b). Il problema è invece l'*hapax* תְהֳלָה: L. L. GRABBE [1977: 41-43] rifiuta la relazione istituita da A. DILLMANN [*LLÆ,* 552] con l'etiopico ተሀለ « vagare »; ugualmente la rifiuta *Leslau,* 572. In effetti è difficile giustificare un cambio *h > ḥ*. Tuttavia, DILLMANN citava anche l'arabo وَهَلَ « vagare », che potrebbe essere collegato con il tigrè ወሀለ (cf *WTS,* 427). Il sostantivo avrebbe dunque il senso di « follia », com'era stato ipotizzato anche da É. P. DHORME (da *√הלל). Le traduzioni antiche, pur non essendo concordi, sottolinenano maggiormente l'aspetto di "ingiustizia" (LXX: σκολιόν τι « qualcosa d'ingiusto »; Sym: ματαιότητα « leggerezza d'animo »; Vg: *pravitatem*; Tg: עֲיִלָא « ingiustizia »; Syr: ܪܡܘܬܐ « stupore »). Vanno comunque escluse tutte le congetture che correggono il testo consonantico. Ci sembra troppo artificiosa la proposta di A. C. M. BLOMMERDE [1969: 41s], che traduce: « and to his angels he ascribes no glory » (vocalizzando תְהִלָּה e mantenendo la negazione del primo stico quale *double-duty modifier*). Un significato come « splendore » per תְהִלָּה potrebbe trovare anche un buon parallelo in 25,5; ciò nonostante, non riusciamo a convincerci del tutto.

[14] Scegliamo una sticometria diversa da quella del TM, che ci sembra rispettare meglio i parallelismi di 19b-20a e 20b-21b (cf anche S. R. DRIVER - G. B. GRAY, 26, M. H. POPE, 38).
      Si veda l'ampia discussione in A. PASSONI DELL'ACQUA [1993: 405-7]. M. DAHOOD [1962: 55s] e A. C. M. BLOMMERDE [1969: 41-43] leggono il terzo stico יְדְכָּאוּ מִלְּפְנֵי עֹשֵׂם « [wuold] they be pure before their Maker? »: דכא sarebbe una variante dialettale (aramaizzante) per זכה; il *mem* di יְדְכָּאוּם viene unito alla preposizione seguente; il *mem* di עֹשֵׂם viene preso per aplografia dal מִבְּקָר seguente, come già proponevano H. W. HERTZBERG e N. H. TUR-SINAI. Anche L. ALONSO SCHÖKEL - J. L. SICRE DÍAZ traducono

20    *dall'alba al tramonto sono stritolati.[15]*
      *Senza accorgersi,[16] periscono per sempre:[17]*
21    *ecco, viene strappato ciò che resta in loro,[18]*
      *muoiono, senza sapienza! ».*

Si potrebbero ricordare molte notti simili nei racconti biblici: le notti di Isacco (Gn 26,24) o di Giacobbe (Gn 28,10-22), la notte di Balaam (Nm 22), le notti di Zaccaria (1,8) e di Daniele (2,19 e 7,2). E il tema della *notte rivelatrice* potrebbe essere facilmente rincorso nella fenomenologia religiosa dell'umanità di ogni tempo.[19] Ci preme annotare soprattutto la

---

in questo modo. Noi preferiamo mantenere il TM, interpretando la 3ª plurale del verbo come passivo aramaico (cf *GK*, § 144fg) e dando a לִפְנֵי valore temporale, con implicito significato comparativo (cf già S. R. DRIVER - G. B. GRAY, 26), come in 8,12.

[15] יֻכַּתּוּ (Ho. o, forse meglio, Qal passivo da √כתת « rompere, stritolare ») è un ottimo parallelo a יְדֻכְּאוּ di forma attiva, ma con significato passivo. Il significato, molto forte, può essere illustrato con efficacia da Dt 9,21 (oggetto: il vitello d'oro). D. J. A. CLINES, 113 e [1980: 354-57] sottolinea il valore di possibilità che i verbi hanno nei vv. 19b-21; la sfumatura è implicita nel tempo presente italiano. Troppo prosastico aggiungervi un verbo modale.

[16] Il parallelismo con 21b ci aiuta a risolvere il problema del sintagma מִבְּלִי מֵשִׂים. Escludiamo anzitutto due congetture che cambiano il testo consonantico. La prima fu introdotta da E. O. A. MERX: מִבְּלִי מוֹשִׁיעַ « senza nessuno che possa salvare »; la seconda da N. HERZ [1900: 160], con un perfezionamento di M. DAHOOD [1962: 55], condiviso da A. C. M. BLOMMERDE [1969: 43]: מִבְּלִי(ם) שֵׁם (cf 30,8; in questo caso si tratterebbe di un *mem* enclitico in una catena costrutta). Le soluzioni accettabili sono: 1) מֵשִׂים sostantivo con il significato di « attenzione » (F. HORST, 61, e *BHS*); 2) ellissi per לֵב מִבְּלִי מֵשִׂים (per l'anomalia del participio Hi., cf D. J. A. CLINES, 113).

[17] Nonostante tutto, preferiamo mantenere questo significato per לָנֶצַח (per il significato di superlativo, « completamente », si vedano D. W. THOMAS [1956: 106-9], P. R. ACKROYD [1968s], L. KOPF [1958] e la discussione di D. J. A. CLINES, 113). Il valore temporale quadra bene anche nelle espressioni parallele di 14,20 e 20,7.

[18] Lo stico presenta non poche difficoltà. Il verbo נָסַע anche altre volte è in sintagma con la tenda (אֹהֶל in Is 38,12) o con i suoi paletti (יְתֵדוֹתָיו in Is 33,20). Ciò condurrebbe a dare a יֶתֶר il senso di « corda » (della tenda), come in Gb 30,11 e Sal 11,2: questo è anche il significato dell'arabo وَتَر e dell'etiopico ወተረ « corda (dell'arco) » (cf *LLÆ*, 914 e *Leslau*, 622); si potrebbe forse citare anche l'egiziano *w^rt* « fune ». Sarebbe quindi una formazione sinonimica di מֵיתָר (Sal 21,13; Es 35,18; 39,40...). Tuttavia con questa soluzione non si capisce che cosa ci stia a fare בָּם: da qui le molte proposte di correzione (cf *BHS*: בָּיוֹם) o i tentativi di smussare il contrasto leggendo בְּ come equivalente di מִן (documentazione in D. J. A. CLINES, 114).

A nostro parere, vi è una *taurija*, che unisce l'immagine della tenda al senso di יֶתֶר (I) « ciò che resta » (Tg: אתנשיל סעיד מנהון; Syr: ܡܘܬ̈ܪܗܘܢ; e i grammatici ebrei medievali, che hanno tuttavia preferito la sfumatura di « preminenza », come in Gn 49,3). Nella traduzione, poiché non possiamo rendere la *taurija*, siamo costretti ad optare per un solo significato. Letteralmente, dunque, lo stico suonerebbe: « viene strappato *il loro resto (di forze) / la loro corda* che è in loro ».

[19] Citiamo almeno la vocazione di Maometto con la consegna del Corano nella notte El-Qadr (لَيْلَة الْقَدْر), la notte della potenza divina (*Corano*, Sura 97,1-4), e la coreografia

valenza positiva assunta dal simbolo delle tenebre: la notte che per gli uomini è momento di paura e di incubi (vv. 13s; cf Sir 40,5s), la notte che per Giobbe era un richiamo del caos originario e dell'angoscia esistenziale, diventa ora, *eufemisticamente*,[20] la notte in cui si svela il "mistero" e l'agire segreto di Dio.[21] Tra l'immersione caotica nella notte (Giobbe) e l'eufemizzazione che annulla l'elemento tragico (Elifaz), non vi può essere forse una *drammatizzazione ciclica*, che trovi nel ritmo del divenire la motivazione del "lato oscuro" della realtà?

L'importanza data alla cornice notturna della visione è avvalorata dal fatto che, lungo il dramma, si ritornerà più volte alla tesi qui espressa da Elifaz (cf Giobbe in 9,2; lo stesso Elifaz in 15,14-16; Bildad in 25,4-6; Elihu in 32,2) e, alla fine, potremo considerare l'intera argomentazione degli amici una deduzione derivata dalla premessa di questa rivelazione "notturna", mentre gli interventi s'irrigidiranno in una fredda teoria, che condanna l'amico innocente.

D'altra parte, l'esperienza umana ridotta a "principio razionalistico" è una palese manifestazione del simbolismo diairetico.[22] Ma non ci soffermiamo, per ora, sui particolari simbolismi di questa pagina, in quanto verranno tutti ripresi dagli interventi successivi, che analizzeremo seguendo la stessa traccia dei tre "registri", già percorsa per gli interventi di Giobbe. Da un primo sguardo panoramico, ci si accorge che la proporzione è cambiata: quantitativamente prevale il registro etico-ideologico, il registro cosmogonico è messo in sordina (bisognerà capirne i motivi) e il registro esistenziale assume nuove connotazioni, lontane dall'angoscia di Giobbe.

## 2. IL REGISTRO COSMOGONICO (E COSMICO)

La breve – e quasi unica[23] – sezione che sviluppa il registro cosmogonico corrisponde all'ultimo intervento di Bildad, al cui centro sta la ripresa della tesi di Elifaz. In esso si allude ai miti cosmogonici e l'asse simbolico luce e tenebra svolge un ruolo determinante.

---

notturna dell'"illuminazione di Buddha" in *Vinayapitaka* III, 3s; *Mahāvagga* I, 5; *Itivuttaka* 112; *Anguttara-nikāya* IV, 23. Per altra documentazione, E. TH. REIMBOLD [1970: 205-6]; sul senso religioso della notte rivelatrice, M. ELIADE [1960].

[20] Ripetiamo questo termine, perché, secondo G. DURAND [1969: 310-13], è una delle strutture che caratterizzano il *Regime notturno* dell'immagine.

[21] Cf anche gli altri testi in cui Dio agisce durante il "sonno epifanico" (תַּרְדֵּמָה) dell'uomo: Gb 33,15 (ripresa della visione di Elifaz); Gn 2,21 (creazione della donna); 15,12 (giuramento con Abramo); 1 Sam 26,12 (Davide e Saul); Is 29,10 (JHWH contro Gerusalemme); soltanto in Pro 19,15 תַּרְדֵּמָה ha un significato "laico".

[22] Cf G. DURAND [1969: 203-7].

[23] Altri sviluppi sono presenti in 15,7-8. 25-28, che, per ragioni di coerenza con l'insieme del cap. 15, analizzeremo nel quadro del registro esistenziale (pagg. 235-251).

Non è tuttavia del tutto esatto dire che il registro non venga utilizzato negli altri discorsi degli amici. Propriamente, bisogna riconoscere che esso subisce una trasformazione, in quanto il registro cosmico, sulla bocca degli amici, appare collegato non ai miti delle "origini", bensì agli interventi "storici" di Dio e quindi viene a svolgere il ruolo di premessa o di illustrazione del registro etico-ideologico. In questa linea dovremo guardare anche all'inno di 5,9-15.[24]

Questo dato non deve passare inosservato, e non andrà dimenticato nel momento in cui leggeremo i "discorsi divini" dei capp. 38-41. Il punto prospettico degli amici non è l'*atto creazionale*,[25] ma la *storia*, benché non si faccia esplicito riferimento ai grandi "eventi fondatori" della confessione di fede. Anche in questo gli amici sono i portavoce tipici delle tradizioni a loro precedenti.[26]

---

[24] Non è quindi del tutto corretto unire questo testo con Gb 9,5-10, come fa J. L. CRENSHAW [1975: 135s] e [1967: 42-51], discutendo degli influssi sapienziali sulle "dossologie" – di mano tardiva – presenti nel libro di Amos. Per il problema della loro datazione, si vedano J. L. CRENSHAW [1975: 24] e W. BERG [1974: 315-19].

[25] Va notato che, sotto questo aspetto, Elihu aggiunge qualcosa di nuovo rispetto agli amici: si confronti, ad es., il diverso sviluppo di 5,9-16 e 36,22-37,24. Il cap. 37 non è un doppione dei discorsi divini successivi, ma un'interpretazione del dominio di Dio sulla creazione, opposta – o almeno complementare – rispetto a quella conclusiva del dramma originario.

[26] L'affermazione richiederebbe una panoramica di tutti i problemi critici aperti e discussi in questi ultimi anni. Non potendo aprire l'intero fronte della discussione, ci limitiamo a brevissimi cenni. Il tema del Dio creatore nelle tradizioni profetiche è stato introdotto nella teologia profetica dal profeta anonimo dell'esilio (Is 40-55), che ha preceduto Giobbe e gli ha offerto un'ampia strumentazione teologica e "filosofica" (sui rapporti tra Giobbe e il Secondo-Isaia, si veda W. F. ALBRIGHT [1940: 331-33], S. L. TERRIEN [1966], R. ALBERTZ [1974]. È più discutibile, invece, la ragione del disinteresse teologico per il tema della creazione nelle tradizioni storiche prima dell'esilio, ad es., nel cosiddetto « kleines geschichtliches Credo » (Dt 26,5-10 e Gs 24), che inizia con la figura di Abramo. Per quanto riguarda, poi, il "fantomatico" J in Gn 1-11, rimandiamo al nostro contributo G. BORGONOVO [1994]: la nostra ipotesi è che quel testo, pur rinviando a molte tradizioni mitiche e teologiche precedenti, non sia stato scritto prima dell'esilio. Ancora più irto di problemi è il discorso sulle tradizioni sapienziali (cf l'opera ormai classica di G. VON RAD [1970]; e lo *status quæstionis* della ricerca in C. WESTERMANN [1991]). Il ruolo della חָכְמָה nella creazione e, più precisamente, nell'atto creativo, sviluppato in Pro 1-9 (soprattutto Pro 8,22-31), potrebbe essere posteriore a Giobbe. Contro la datazione alta di CH. KAYATZ [1966: 135], si sono pronunciati i recenti commentari di O. PLÖGER [1984: 113] e A. MEINHOLD [1991: 47].

## Gb 25,2-6: contro chi non sorge la sua luce?

### 2.1 Il testo

2    Signoria[27] e terrore stanno presso Colui
     che ha fatto pace nei suoi alti cieli.
3    Si possono forse contare le sue schiere?
     E contro chi non sorge[28] la sua luce?
4    E allora, come può un mortale essere innocente con El?[29]
     Come può essere puro un nato di donna?
5    Se persino[30] la luna può non risplendere[31]
     e le stelle non sono pure ai suoi occhi;
6    quanto più il mortale, un verme,
     l'adamita, un lombrico!

### 2.2 Analisi retorica

L'estrema concisione del passo è pari alla compattezza logica.[32] L'esordio (v. 2) è d'intonazione innica e presenta Dio che domina delle schiere celesti con il titolo di « Pacificatore delle altezze » (ʿōśeh šālôm bimᵉrômājw).[33]

---

[27] L'infinito assoluto הַמְשֵׁל funge da sostantivo (cf Is 14,23; 1 Sam 15,23; *GK*, §85c). 11QtgJob ha: שׁ[ל]טן ורבו עם אלהא ע]בד[ שלם במרו[נ]מה, « Dominio e grandezza sono con Dio, egli fa pace nelle sue altezze » (cf K. BEYER [1984: 286]; *Le Targum de Job...*, 28s).

[28] Il sintagma קוּם עַל non deve essere ridotto a semplice complemento di luogo, data la sua primaria valenza giudiziaria (cf pag. 155²³⁹) e bellica (cf, ad es., Dt 28,7; 2 Sam 18,31; Sal 3,2; 92,12...). È la vittoria cosmogonica della luce sulle tenebre.

[29] Per comprendere il sintagma וּמַה־יִּצְדַּק אֱנוֹשׁ עִם־אֵל del v. 4 rimandiamo a pag. 204¹¹. A differenza di 4,17a, in cui si usa la preposizione מִן, qui abbiamo עִם: si sottolinea la relazione invece del confronto oppositivo.

[30] Interpretiamo הֵן come congiunzione ipotetica (cf pag. 140¹⁵³); la correlazione con אַף (v. 6) costruisce un argomento *a fortiori* – קַל וָחֹמֶר direbbero i rabbini – come in 4,18s; 9,13s e 15,15s (per questo, si veda L. JACOBS [1972]). עַד con significato di « persino » è attestato nelle frasi negative (cf Es 14,28; 1 Sam 2,5...).

[31] Per la strana forma יַאֲהִיל, da √הלל, si potrebbe accogliere la spiegazione di É. P. DHORME: la vocalizzazione massoretica sarebbe stata sviata dalle due *matres lectionis* introdotte per facilitare la lettura: la forma corretta sarebbe dunque יְ(א)הֲ(י)ל (cf É. P. DHORME [1924: 352]), e sarebbe da considerare un Qal (come 31,26; cf *GK*, § 67p); oppure pensare ad un *hapax* Hi. da una parallela √אהל (cf *KB*, I, 18). In 11QtgJob, si può leggere ...[זכי וכוכביא לא]..., nonostante le lacune (cf *Le Targum de Job...*, 28s); possiamo quindi dedurre che il verbo sia tradotto con זכה. Per l'immagine espressa, preferiamo pensare alle fasi lunari piuttosto che alle macchie lunari (si vedano le pagg. 210s).

[32] Cf l'analisi letteraria di N. C. HABEL, 366-68. Egli, tuttavia, unisce 25,2-6 a 26,5-14: « When the two pieces [...] are brought together, a basic coherence of structure and theme is evident » (p. 366). La nostra soluzione è invece ben diversa...

[33] Abbiamo già richiamato l'attenzione sul sottofondo mitico presente nel nostro passo e studiato da G. FUCHS [1993: 133-35]. Il titolo di עֹשֶׂה שָׁלוֹם è usato anche da Is 45,7, in opposizione a בּוֹרֵא רָע.

Da qui derivano due argomenti, che ridimensionano ogni ambizione umana, accentuando la sproporzione tra la misera condizione del mortale e lo splendore delle potenze celesti. La prima argomentazione è composta da quattro domande (vv. 3-4: *hă-jēš... we'al-mî... ûmah... ûmah...*): i "punti cardinali" del cosmo di Bildad. La seconda è un *a fortiori*, che porta all'estremo la distanza tra gli splendidi corpi celesti (luna e stelle) e il misero mortale (verme e bruco).

## 2.3 Analisi simbolica

Inversamente proporzionale alla brevità è invece la ricchezza simbolica. In pochi stichi abbiamo una completa rassegna del *Regime diurno*, dalle tipiche strutture diairetiche ai simbolismi archetipici, ed alcuni accenni al *Regime notturno* del divenire, sviluppati in modo antifrastico.

Anzitutto, soffermiamoci sul titolo innico di "pacificatore delle altezze". Se compreso nel quadro della tradizione mitica, che si può rintracciare in alcune reliquie poetiche della Bibbia ebraica[34] e che verrà esplicitata soprattutto negli scritti apocalittici posteriori,[35] esso esprime un indubbio simbolismo antitetico e polemico. È la vittoria cosmogonica della luce contro le tenebre (v. 3b: *qûm 'al*), una vittoria che si ripresenta ogni mattino con il sorgere del sole e ad ogni nuovo anno.[36] La vittoria cosmogonica, l'inizio del nuovo anno e l'inizio di ogni nuovo giorno sono *eventi* che appartengono allo stesso asse simbolico, anzi sono lo *stesso* evento.[37]

Come hanno illustrato gli studi di Hans Peter Stähli e, molto più ampiamente, quello di Berndt Janowski,[38] nell'ambito culturale dell'Antico

---

[34] Cf Is 14,14s; 24,21; Sal 68,19; 71,19; 93,4.

[35] Ricordiamo almeno il mito della battaglia di Michele e i suoi angeli contro Satana e i suoi angeli di Ap 12,7-9 e del *Libro dei Vigilanti* = *Hen. æth.* 18-21 (per la traduzione italiana cf P. SACCHI [1981: 494-99]).

[36] Non ci si dimentichi che a Babilonia, durante la festa dell'*akītu* che durava 12 giorni, veniva proclamato più volte nel tempio di Marduk il poema di *Enūma eliš* (cf altri particolari e altre "feste di capodanno" in M. ELIADE [1949: 335-39] e [1947: 81ss], G. DURAND [1969: 323-26).

[37] Cf M. ELIADE [1960] e [1949: 335-41]; H. FRANKFORT - H. A. GROENEWEGEN FRANKFORT [1946a: 24]: « For the mythopoeic mind each repetion coalesces with – is practically identical with – the original event ». Il contributo dei Frankfort è molto importante per l'analisi dei concetti di "causalità", "spazio" e "tempo" nell'antica cultura della Mezzaluna Fertile in rapporto alla mentalità greca ed ebraica (post-esilica). Le sue intuizioni andranno riprese nelle conclusioni.

[38] H. P. STÄHLI [1985: 39-45]; B. JANOWSKI [1989: 174-79]. Il secondo studio, cui rimandiamo per un'analisi aggiornata di questo simbolismo nelle fonti letterarie ed iconografiche dell'Antico Vicino Oriente, è la prima parte di un'opera che prevede un secondo tomo, dedicato all'ambito biblico (non è ancora apparso). Nelle pagg. 1-10 (*status quæstionis*), egli illustra la sua prospettiva di voler ancorare lo studio del motivo dell'aiuto divino "al mattino" alla valenza propriamente simbolica e non più principalmente a istituzioni che in qualche maniera erano collegate con il mattino nel campo giuridico-cultuale, come il rito di "incubazione" nel santuario (H. SCHMIDT) oppure il diritto di "asilo" (L.

Vicino Oriente, la vittoria della luce sulle tenebre, sul caos e sulla morte, è – nello stesso tempo – conservazione dell'ordine giuridico e atto giudiziario: salvatore e giudice (*Retter und Richter*) sono i due aspetti della stessa manifestazione del dio-sole, comunque esso si chiami.[39]

Entro questo orizzonte, possiamo percepire meglio, sul piano simbolico, la trama narrativa intessuta tra i vv. 2-3 e il v. 4: l'archetipo simbolico del puro ≠ impuro è infatti la conclusione di quel giudizio (innocenza ≠ colpevolezza) che Dio, attraverso il *sol invictus*,[40] rinnova ogni mattino, quale simbolo vittorioso sul caos delle tenebre. G. Bachelard l'aveva già notato: i valori positivi dell'esistenza o gli slanci utopici contro la negatività della vita possono essere riassunti dal simbolismo della purità,[41] in quanto essa ha in sé una forte connotazione di separazione e di catarsi. Nel nostro contesto, dal momento che il simbolo è utilizzato in modo antifrastico, per denunciare l'impossibilità dell'uomo di "essere puro" davanti a Dio, il risultato è una *gigantizzazione* della figura di Dio a tal punto da schiacciare – letteralmente – la coscienza umana. I simboli che seguiranno lo dimostrano.

Al simbolismo solare-*diurno*, con la vittoria sugli avversari,[42] si accompagna nel v. 5 il simbolismo lunare-*notturno*, che, nella sua intrinseca valenza, allude al *ritmo* del divenire, che si realizza nell'antitesi di morte e

---

DELEKAT), approfondendo le intuizioni di J. ZIEGLER [1950] e di J. W. McKAY [1979]. Anche H. P. STÄHLI (pagg. 38s) critica lo studio di J. ZIEGLER, in quanto si è accontentato di mostrare il "daß", ma non si è posto la domanda sul "warum" sia così e non altrimenti.

[39] In Mesopotamia il dio $^d$UTU-*šamaš*, nel regno hittita il dio $^d$UTU ŠAMÊ = *ištanu* o la dea $^d$UTU-*uš* = *takanaš* (accanto ad essa compare talvolta la dea-sole di Arinna, che corrisponde all'ugaritico *špš arn*), ad Ugarit la dea *šapšu*, in Egitto – teologia tradizionale – il dio Amon-Re (*imn-r<sup>ʿ</sup>w*). Anche nelle nostre lingue occidentali assistiamo all'instabilità nel "genere" del sole (femminile in tedesco: *die Sonne*). Non ci pare convincente una motivazione esclusivamente etimologica, come quella offerta da G. DURAND [1969: 167]. Si può avere una risposta più soddisfacente, nel tener presente la *coincidentia oppositorum* e quindi l'ambivalenza del simbolismo solare (e lunare), "diurna" e "notturna", maschile e femminile, come ad esempio è studiato da M. ELIADE [1949: 130-33]: « Un fatalisme quasi mécanique accule à la "cécité" et au "dessèchement" ceux qui ne valorisent qu'un aspecte des hiérophanies solaires, comme il conduit à l'orgie permanente, à la dissolution et à la régression dans un état larvaire [...] ceux qui se condamnent exclusivement au "régime nocturne de l'esprit" » (133). Si veda quanto diremo in seguito a proposito del simbolismo lunare.

[40] Abbiamo usato questo giro di frase per non introdurre in Giobbe (e, in genere, nella tradizione biblica) l'identificazione del sole con Dio. Si veda quanto abbiamo detto alle pagg. 117ss; S. AALEN [1951: 85], H. FRANKFORT - H. A. GROENEWEGEN FRANKFORT [1946b: 363]. Sulla "concezione drammatica della natura" e sul principio di "causalità" ritorneremo nelle conclusioni.

[41] Cf G. BACHELARD [1942: 181].

[42] Alla medesima tipologia di simbolismo solare, a nostro avviso, appartiene anche l'inizio di Sal 8 (cf soprattutto il v. 3: לְהַשְׁבִּית אוֹיֵב וּמִתְנַקֵּם).

di rinascita, e all'*eterno ritorno* del tempo.[43] Non ci sembra quindi pertinente trovare a questo punto una seconda schiera di "angeli" lunari
(negativi), che si affiancherebbe o addirittura combatterebbe contro la
schiera di "angeli" solari (positivi) del v. 3, quasi fosse un anticipo della
battaglia apocalittica tra gli angeli di Dio e gli angeli di satana.[44] Il simbolismo ci spinge invece verso un'altra interpretazione.

La luna e le stelle hanno in comune il ritmo ciclico delle loro appari-
zioni – il mese lunare o l'anno zodiacale –, a differenza del sole, che rimane sempre uguale a se stesso, senza alcun divenire.[45] Per tre notti al
mese la luna non appare; e lo stupendo planetario celeste ha sempre suscitato enorme meraviglia all'occhio attento degli astronomi babilonesi, che
non potevano certo leggere le circonvoluzioni zodiacali con una cosmologia copernicana. Guardando ad esse, l'uomo ha scoperto il divenire.

Ma vi è una valenza latente nel simbolismo lunare che merita di essere esplicitata: la "polarità" o la "bi-unità".[46] È un tema particolarmente
amato da M. Eliade,[47] in quanto espressione della *coincidentia oppositorum*, che a suo parere è la struttura dominante del pensiero simbolico. Il
carattere dialettico e ambivalente di molte divinità lunari è attestato pressoché in tutte le tradizioni religiose: ricordiamo almeno la babilonese Ištar
– e le sue omologhe Astarte, Athena, Venere...[48] – in cui convivono gli

---

[43] Cf M. ELIADE [1949: 160-62. 334s] e [1947: 81], nel capitolo « La régénération du
temps »; G. DURAND [1969: 321-33].

[44] Così G. FUCHS [1993: 134[63]], secondo cui si parlerebbe di due gruppi di stelle: le
stelle luminose (גְּדוּדִים), nel v. 3a, alleate del sole e le stelle oscure (כּוֹכְבִים), nel v. 5b, alleate della luna. L'esplicitazione di questo simbolo si avrebbe appunto in Ap 12,7-9.

[45] Questo è tanto più vero quanto più ci si avvicina all'equatore, dal momento che la
differenza tra il solstizio invernale e quello estivo tende progressivamente a decrescere.
Molte lingue hanno conservato nel vocabolario lo stretto legame tra la misurazione del
tempo e le fasi lunari: ad es., nelle lingue indoeuropee, la più antica designazione degli
astri è "lunare" (√mēnōt dalla √mē; cf tedesco Monat e Mond) e da questa radice è derivata l'unità di misura del *mensis* (in sanscrito *māmi* significa « io misuro »; cf *IEW*, 703s.
731s); nelle lingue semitiche, la √wrḫ può indicare il mese (la luna nuova in akkadico:
*warḫu*) o la luna stessa (ebraico יָרֵחַ o l'ugaritico *jrḫ*). Il nostro vocabolo « Luna » (contra-
zione da *louksnā* dalla √leuk; cf greco λευκός, latino *lux, lumen*) sottolinea esclusivamente il carattere luminoso del nostro satellite. Per il rapporto tra luna e tempo si vedano
M. ELIADE [1949: 139-41] e G. DURAND [1969: 325-33].

[46] Solo in questo senso si può ricuperare l'opposizione di G. FUCHS tra le due "schiere di angeli", di cui abbiamo parlato alla nota 44.

[47] M. ELIADE [1949: 354-56]. Molto interessante è la recensione dell'incontro tra Eliade e C. G. Jung proprio sul tema della *coincidentia oppositorum*. È nota infatti la posizione di Jung a riguardo della divinità, compreso lo stesso JHWH in Giobbe: la *coincidentia oppositorum* sarebbe una delle formule più utilizzate e tra le più arcaiche per esprimere
la realtà di Dio (si ricordi il suo *Antwort auf Hiob*).

[48] Il riferimento principale resta E. NEUMANN [1956: 123-69; tr. it. 124-75].

aspetti di fecondità e pace insieme a quelli di distruzione e guerra.[49] La dialettica degli opposti si proietta, in alcune pagine bibliche, anche sulla figura di JHWH (cf, ad es., Es 20,5-6; 34,6-7; Dt 5,9-10; 32,39; 1 Sam 2,6-7; 2 Re 5,7).[50] Non c'è bisogno di andare molto lontano, perché nel suo primo intervento Elifaz ci dà un saggio della concezione "ambivalente" di Dio (5,8-18).

Leggiamo questa sezione, perché il simbolismo luminoso del v. 14 appare come immagine ispiratrice delle altre estensioni simboliche:[51]

8      *Da parte mia,[52] io farei una petizione a El,*
       *a Dio[53] presenterei il mio caso.[54]*

9      *Egli fa prodigi incomprensibili,[55]*
       *meraviglie senza numero,*

10     *Lui che invia la pioggia sopra la terra*
       *e manda l'acqua sulla campagna:[56]*

11     *solleva[57] in alto gli umili,*
       *e rialza al sicuro[58] gli afflitti;*

---

[49] Per una documentazione a più ampio raggio ci si riferisca a G. DURAND [1969: 332-39].

[50] È chiaro che questi passi vanno interpretati con un'ermeneutica che rispetti il loro contesto e l'insieme della rivelazione biblica. Così, il contrasto presente nel testo di Es 34,6s – la "cartà d'identità" del Dio esodico (A. GELIN) – tra le "mille" generazioni di favore (נֹצֵר חֶסֶד לָאֲלָפִים) e le "poche" di castigo (פֹּקֵד עֲוֹן אָבוֹת ... עַל־שִׁלֵּשִׁים וְעַל־רִבֵּעִים) non vuole rimarcare l'ambivalenza di JHWH, bensì l'illogica sproporzione tra l'infinita misericordia e l'irrisoria punizione.

[51] Per la struttura letteraria di tutto il primo discorso di Elifaz rimandiamo a K. FULLERTON [1930: 326-40] e N. C. HABEL, 118-23.

[52] L'avverbio iniziale אוּלָם ha un valore avversativo molto forte (cf 1,11; 2,5; 11,5; 12,7; 13,3s; 14,18; 17,10; 33,1; è usato 10x in Gb, su un totale di 19 ricorrenze nella Bibbia ebraica). Anche il pronome enfatico אֲנִי contribuisce a rimarcare il diverso atteggiamento suggerito da Elifaz in contrapposizione alla protesta di Giobbe. L'ironia dell'autore sta nel mettere sulla bocca di Elifaz un vocabolario giuridico che in effetti apre la strada al desiderio del protagonista di confrontarsi direttamente con Dio in un giudizio bilaterale.

[53] Nella sezione poetica אֱלֹהִים non compare molte volte (20,29; 28,23; 38,7; nei discorsi di Elihu: 32,2 e 34,9). Di solito, il parallelo di אֵל è אֱלוֹהַ oppure שַׁדַּי.

[54] È molto discusso il significato preciso di דִּבְרָה: il senso più appropriato l'ha colto SH. M. PAUL [1979: 235s], trovando nel linguaggio giuridico accadico (*awātam šakānum*) un parallelo al sintagma ebraico שִׂים דִּבְרָה « to put / lay a case » (davanti alle autorità).

[55] וְאֵין חֵקֶר e, nel secondo stico, עַד־אֵין מִסְפָּר sono due frasi circostanziali, che svolgono la funzione di aggettivi predicativi (cf *GK*, § 156a).

[56] חוּץ è l'esterno della casa o, come in questo caso, l'esterno della città (cf 18,17; Sal 144,13; Pro 8,26).

[57] Traducendo letteralmente « gli umili » (שְׁפָלִים) e « gli afflitti » (קֹדְרִים) sarebbero soggetto rispettivamente di לָשׂוּם (infinito costrutto con il valore del tempo finito precedente; cf *GK*, § 114p) e di שָׂגְבוּ. Preferiamo girare la frase per mantenere come soggetto Dio.

[58] Interpretiamo יֶשַׁע come accusativo avverbiale (*GK*, § 118q).

12   *sconvolge i piani dei furbi,*
     *così che le loro mani non abbiano successo;*[59]
13   *irretisce i sapienti con la loro stessa sagacia*[60]
     *e il progetto dei perversi fallisce presto:*[61]
14   *in pieno giorno si trovano al buio*
     *e a mezzogiorno brancolano come fosse notte;*
15   *salva dalle loro fauci il vinto*[62]
     *e dalla mano del potente il povero,*
16   *così l'afflitto ha una speranza*
     *e l'ingiustizia*[63] *deve tapparsi la bocca.*

---

[59] Il significato preciso di תּוּשִׁיָּה è molto controverso (cf S. R. DRIVER - G. B. GRAY, II, 30-32, per lo studio di tutte le ricorrenze in rapporto alle antiche versioni; ma la cosa non porta a risultati convincenti). In ugaritico, *KTU*, 1.3 II 27 e forse anche *CTA*, 3:B.27 (cf per questo testo J. C. DE MOOR [1971: 94]), *tšjt* è usato in parallelo a *šmḫt* « gioia » ed ha il senso di « vittoria, successo ». È questo, a nostro parere, il significato fondamentale anche in ebraico. Termine caratteristicamente « sapienziale », se in parallelo con חָכְמָה, dà a questa la sfumatura di « savoir faire », se applicata all'uomo, oppure di « progetto », se applicata a Dio. Cf anche 6,13; 11,6; 12,16; 26,3 e 30,22 (6 altre ricorrenze nella Bibbia ebraica).

[60] 1 Cor 3,19 (ὁ δρασσόμενος τοὺς σοφοὺς ἐν τῇ πανουργίᾳ αὐτῶν) cita questo testo, ma non secondo la LXX (ὁ καταλαμβάνων σοφοὺς ἐν τῇ φρονήσει). La traduzione di Paolo rende meglio il senso del testo ebraico. Secondo B. SCHALLER [1980: 26], Paolo avrebbe utilizzato « eine revidierte Septuagintafassung des Hiobbbuches ».

[61] Il Ni. di √מהר significa « passare presto » e quindi « sparire, fallire ». Altrove è usato solo al participio (Is 32,4; 35,4; Ab 1,6).

[62] Il TM (וַיֹּשַׁע מֵחֶרֶב מִפִּיהֶם) fa difficoltà per la strana sequenza dei due מִן. Il sospetto è accresciuto dal fatto che 19 Mss (cf G. B. DE ROSSI [1784-1787: IV, 106]) hanno וַיֹּשַׁע מֵחֶרֶב מִפִּיהֶם e il medesimo testo sembra alla base di Syr (ܡܢ ܚܪܒܐ ܘܡܢ ܦܘܡܗܘܢ), Tg (מִן קְטִילָא דְפוּמְהוֹן) e Vg (*a gladio oris eorum*). È una *lectio facilior*, a meno che anche queste antiche versioni – inverosimilmente – giudicassero enclitico il secondo *mem* (come N. M. SARNA [1955: 108-10]). L'immagine sarebbe quella di Sal 57,5; 59,8 e 64,4. Questa difficoltà ha sturato la fantasia dei critici, che hanno normalmente cercato un complemento oggetto, per bilanciare il parallelo אֶבְיוֹן. Tra tutte le congetture che non cambiano il testo consonantico, mette conto di ricordare quella che H. EWALD, 99, e É. P. DHORME, 60s, attribuiscono erroneamente a L. CAPPEL (noi non siamo riusciti a trovarla nei suoi scritti) e che va invece attribuita a J. D. MICHAELIS [1774: 220s]. Essa venne ripresa da J. A. DATHE, 23, e, in modo impreciso, da J. C. DÖDERLEIN, 10; nella versione di quest'ultimo è entrata nei commentari contemporanei (cf J. STEINMANN, H. H. ROWLEY). Si tratterebbe di rivocalizzare come participio Ho. מָחֳרָב « debellato, vinto », ma non da √חרב I (DÖDERLEIN), bensì da √חרב II, verbo denominativo di חֶרֶב (cf *KB*, I, 335). Un verbo denominativo da questa radice è attestato anche in siriaco ܚܪܒ « uccidere », in arabo حَرَبَ e in etiopico-tigrè ሐረበ nel senso di « combattere » (cf *WTS*, 68). Il fatto che sia *hapax* è una ragione in più per spiegare come mai i massoreti non l'abbiano riconosciuto. Con questa traduzione, si crea un'immagine simile a Sal 22,22; 57,5. L'obiezione sollevata da S. R. DRIVER - G. B. GRAY, che cioè il verbo non sia mai predicato di persone ma solo di città (Ez 26,2) o di regioni (Ez 29,12), è fuori luogo, perché riferita a √חרב I. Preferiamo questa soluzione, perché ricostruisce un parallelismo perfetto, benché il TM non sia del tutto impossibile, in quanto potrebbe essere inteso come un'endiadi (R. GORDIS) oppure מִפִּיהֶם potrebbe avere valore predicativo (lett.: « dalla spada che esce dalla loro bocca »).

17   *Dunque, è fortunato l'uomo che Eloah corregge:*
     *non rifiutare la lezione di Šaddai!*
18   *Poiché lui stesso ferisce e lenisce,*
     *colpisce e la sua mano*[64] *guarisce.*

Le parole di Elifaz sono rilevanti per la nostra discussione. Dopo la proposta di "presentare il caso" a Dio (v. 8), un anticipo ironico del desiderio di Giobbe di "farGli causa", Elifaz loda un Dio "operatore di meraviglie"[65] (vv. 9s): il primo motivo di lode è il prodigio della pioggia, che viene citata a conferma della « potenza trasformista » di questo Dio, come ha correttamente notato D. J. A. Clines.[66] L'Onnipotente è in grado di « cambiare » le sorti (o di « cambiare » il suo atteggiamento?): il tema viene declinato in diverse situazioni a favore dei "deboli" (vv. 11 e 15s) contro i "potenti" (vv. 12s). Nel mezzo l'antitesi più acuta, che non poteva non essere rappresentata dall'asse simbolico luce e tenebra (v. 14). Che si tratti di un cambiamento di atteggiamento di Dio e non solo di una cambiamento di sorte, Elifaz lo rimarca con la sua conclusione (vv. 17s): il "negativo" è una correzione ($\sqrt{jkh}$) e una lezione ($\sqrt{jsr}$) per l'uomo.[67] È lo stesso Dio a « ferire e lenire, colpire e guarire ».

Anche nelle parole di Giobbe troneggiava la figura di un Dio "dalla doppia faccia", benché l'argomentazione del protagonista camminasse su

---

[63] Il v. 16b è quasi identico a Sal 107,42 (וְכָל־עַוְלָה קָפְצָה פִּיהָ); anche Is 52,15 ha פֶּה come oggetto del verbo $\sqrt{}$קפץ « unire, chiudere » (cf akkadico *kapāṣu* [*AHw*, 443], arabo قفص, etiopico ፆአጸ [*LLÆ*, 438s]).

[64] Se il K יְדוֹ è esatto, come noi pensiamo, il verbo va vocalizzato תִּרְפֶּינָה i.e. 3ª femminile singolare con *nun* energico (cf per questo *GK*, § 58i; sarebbe comunque una smentita dell'affermazione del § 58k, secondo cui il *nun* energico non si trova mai con la 3ª f. s.).

[65] Non è certo casuale, nel contesto geografico e religioso della zona siro-palestinese, che la "potenza" divina si manifesti anzitutto con il dono della pioggia. Ricordiamo i cicli mitici ugaritici (J. C. DE MOOR [1971]) e, per stare ai testi biblici, si vedano Gb 36,27s; 38,26s; Ger 5,20-25; 14; Sal 4; 135; 147, etc.

[66] Abbiamo forzato un po' la traduzione del « *transforming* power » originale (D. J. A. CLINES, 145). Contro la sua esclusione, tuttavia, citando il prodigio della pioggia, Elifaz potrebbe forse alludere al tema del "giudizio", esplicitato in Am 5,8 (J. L. CRENSHAW [1975: 128]; W. BERG [1974]).

[67] Questa giustificazione tradizionale della sofferenza, particolarmente amata dai sapienti (Pro 3,11s) e dalla scuola deuteronomista (Dt 8,5; 2 Sam 7,14s), sarà ripresa e sviluppata nei discorsi di Elihu (cf, ad es., 33,19-30; 36,8-16). L. ALONSO SCHÖKEL - J. L. SICRE DÍAZ, 145; tr. it. 167, ricorda l'ambivalenza della $\sqrt{}$יכח, che in campo giuridico indica l'argomentazione processuale, ma sempre con un sottofondo pedagogico. Si veda, al proposito, P. BOVATI [1986: 34-38]: « L'intenzionalità del "correggere", propria della controversia, mette in luce che il fine del procedimento giudiziario è l'*emendamento* dell'avversario, non semplicemente la sua punizione » (pag. 36). Secondo Elifaz, dunque, il dolore di Giobbe è una prova che Dio lo sta accusando e un avvertimento perché si penta (cf Gb 22). Ma Giobbe è « uomo integro e retto, timorato di Dio e alieno dal male » (1,1. 8; 2,3).

vie ben diverse. Poco importa, però, se le parole di Giobbe suonavano come denuncia dell'arbitrarietà divina, mentre quelle di Elifaz sono un "inno" a Dio che interviene a favore degli oppressi, su richiesta (*drš*) dell'orante. Il risultato non cambia: un Dio dal "miracolo" facile non è se non la controparte di un Dio dall'altrettanto facile "castigo". Dietro ai simbolismi antitetici, proiettati su Dio, s'intravede il pericoloso *impasse* provocato dal rigido monoteismo ebraico[68] e dalla convinzione che la storia e la natura sono un teatro in cui si attua la "volontà di Dio". È evidente, infatti, che l'affermazione monoteistica ha fatto esplodere il problema cruciale della concezione drammatica della vita e della natura, che in prospettiva politeistica poteva essere di fatto smussato, attribuendo a diverse divinità il ruolo positivo o negativo. L'autore di Giobbe, avvertendo con acume l'impossibilità di continuare in questo *impasse*, proporrà una sua via d'uscita, dedotta proprio dal polarismo simbolico di luce e tenebre. A esternarla, chiamerà in scena nientemeno che Dio stesso (capp. 38-41).

Ma ritorniamo al breve intervento di Bildad, per un'ultima osservazione. La distanza invalicabile tra il macrocosmo dei corpi celesti, che pure possono non risplendere, e il microcosmo della vita umana si fa tragica: all'uomo – e ciò vale per gli amici di Giobbe, come per Giobbe stesso – non è data possibilità di rinascita, al contrario degli astri. Il loro splendore ciclico diventa quindi ancora di più un simbolo oppressivo, di fronte al lento tramonto dell'esistenza. Il registro cosmico scivola nella considerazione esistenziale (e si nota quanto artificiosa sia la nostra suddivisione, la quale mantiene, comunque, soltanto un valore espositivo). Agli occhi di Bildad e degli altri amici, l'uomo è solo miseria e bassezza: « schiacciato ancor prima delle tignuole » (4,19), « detestabile e corrotto » (15,16) dice Elifaz; « verme e lombrico » (25,6) lo definisce Bildad.

La valenza di questi simboli teriomorfi – tignuola, verme, lombrico – è in sé eloquente. Non vogliamo però darne un'interpretazione allegorica alla maniera di C. G. Jung,[69] bensì sottolineare la struttura antitetica, tipica del *Regime diurno* dell'immagine, che contrappone e sceglie (si ricordi la percezione esclusiva della *Spaltung*). La dimensione globale della realtà scompare, rimane soltanto l'aspetto negativo e miserabile; quanto rende grande l'uomo davanti a Dio è dimenticato e rimane solo la sua miseria. Basterebbe leggere Is 41,14, per sentire come lo stesso simbolo teriomorfo del « verme » possa avere altre armoniche, che vengono invece trascurate nella prospettiva "schizomorfa" di Bildad:

---

[68] Si vedano, al riguardo, F. LINDSTRÖM [1983], E. NOORT [1984], W. SPARN [1990], E. M. GOOD [1992] e H. P. MÜLLER [1992].

[69] Il verme, nell'interpretazione junghiana, simbolizzerebbe l'aspetto distruttore della *libido*. Si veda l'interpretazione del *maṇḍala* atipico della tavola XXXI/B in C. G. JUNG [1976c: tr. it. 367]. Cf anche *DSym*, 1001.

*Non temere, verme di Giacobbe* (tôlaᶜat jaᶜăqōb),
*larva di Israele* (mᵉtê jiśrāʾēl)*:*
*io sono il tuo avvocato* (ᶜăzartîk) *– oracolo di* JHWH *–*
*e tuo redentore* (wᵉgōʾălēk) *è il Santo d'Israele.*

Per venerare Dio e salvare la sua "giustizia" bisogna proprio giungere a tanto disprezzo per l'uomo? Gli amici di Giobbe sono ben lontani dalla buona notizia del II-Isaia e dalla prospettiva di colui che ha scritto Gn 1,26-28!

## 3. IL REGISTRO ETICO-IDEOLOGICO E SAPIENZIALE

Con insistenza che diventa progressivamente spietata, gli amici fanno del "caso" di Giobbe una variabile che non può e non deve mettere in crisi il loro *principio ideologico*. L'autore concede molto spazio a questa dimostrazione, anche perché – non va mai dimenticato! – essa era il tentativo di "teologia della storia" che aveva mosso la predicazione profetica per lunghi secoli, a partire dalle dure parole di Amos (VIII sec. a. C:), ed aveva avuto una realizzazione storiografica di grande profilo con la scuola deuteronomistica. Ma ogni semplificazione è deleteria, soprattutto quando si passa dalla storia di tutto il popolo, alla vicenda personale di ciascun uomo (cf Ez 18!). Gli amici, volendo dimostrare troppo, suscitano solo un moto di rifiuto. È quanto appunto vuole il nostro autore: convincere lo spettatore che una "teologia della storia" rigidamente retribuzionista diventa insostenibile:

4,7     *Prova a ricordare: quale innocente è mai perito?*
        *Quando mai i giusti sono stati sterminati?*
8       *Io ho sempre visto che quanti coltivano malvagità*
        *mieteranno le disgrazie seminate.*[70]

Le parole di Elifaz, proclamate all'inizio del suo primo intervento, verranno riprese e coniugate in tutti i modi possibili dallo stesso Elifaz, da Bildad e da Sofar, fino all'estenuazione del principio stesso. Leggendo di seguito tutti i discorsi degli amici, si prova alla fine una vera e propria ripulsa per una teoria che non riesce a rendere ragione della realtà dei fatti. Lo spettatore, infatti, *sa* quanto è avvenuto nel prologo.

Ma anche questo fa parte dell'abilità di un drammaturgo che deve *distruggere* le convinzioni del suo uditorio, prima di *costruire* la sua proposta. Del resto, il principio cristallino, quasi "razionalistico", è un elemento tra i più caratteristici del simbolismo solare e diurno, in cui impera il principio di non-contraddizione, che nel nostro dramma viene applicato

---

[70] Lett.: « Secondo quanto ho visto, coloro che coltivano malvagità e seminano disgrazia, le mieteranno ».

alla difesa della "giustizia" di Dio.[71] La « sindrome della spada », come la chiama G. Durand, calza a pennello per gli interlocutori di Giobbe.

Scegliamo il primo discorso di Sofar, perché perché in esso l'asse simbolico luce / tenebra svolge un importante ruolo ispiratore. Proprio da questo intervento abbiamo preso il titolo per l'intero capitolo.

### Gb 11,2-20: le tenebre diventeranno come l'aurora

#### 3.1 Il testo

2    *Rimarrà senza risposta un tale sproloquio[72]*
     *e un ciarlatano dovrà aver ragione?*

3    *Davanti a te[73] la gente dovrebbe tacere,[74]*
     *mentre tu prendi in giro, senza che nessuno ti svergogni.[75]*

4    *Tu hai detto: « La mia teoria[76] è limpida »*

---

[71] Si legga questa descrizione del "razionale", citata in G. DURAND [1969: 209] da E. MINKOWSKI [1953: 203]: « Le rationnel se complaît dans l'abstrait, dans l'immobile, dans le solide et le rigide; le mouvant et l'intuitif lui échappent; il pense plus qu'il ne sent et ne saisit d'une façon immédiate; il est froid à l'instar du monde abstrait; il discerne et sépare, et de ce fait, les objets, avec leurs contours tranchants occupent dans sa vision du monde une place privilégiée; ainsi il arrive à la précision de la forme ».

[72] Il TM vocalizza רֹב דְּבָרִים « molte parole, sproloquio », ma con LXX (ὁ τὰ πολλὰ λέγων), Sym (ὁ πολύλαλος), Vg (*qui multa loquitur*) e Tg (מְסַגֵּי מִלַּיָּא), QIMḤI e un buon numero di contemporanei preferiscono l'altra vocalizzazione רַב דְּבָרִים « chiacchierone », per ottenere un miglior parallelismo con il secondo stico. R. GORDIS, 120, ha dimostrato in modo convincente che il parallelo astratto + concreto è pure accettabile; si veda anche al v. 11 (altri esempi: Is 13,11; 14,4; Sal 26,4; Pro 10,18; 11,2; 12,27; 17,4). Il sintagma אִישׁ שְׂפָתָיִם « uomo di due labbra, ciarlatano » deve essere interpretato alla luce dell'analogo דְּבַר שְׂפָתָיִם di 2 Re 18,20 (= Is 36,5) e Pro 14,23.

La LXX aggiunge un terzo stico (εὐλογημένος γεννητὸς γυναικὸς ὀλιγόβιος), che nella Siroexaplare è preceduto da ÷, i.e. non presente nel testo ebraico (cf J. ZIEGLER [1982: 258]).

[73] Interpretiamo בַּדֶּיךָ come forma contratta e ormai lessicalizzata da בְּ + יְדֵי (+ suffisso), come in 17,16 (בַּדֵּי שְׁאֹל) e in 41,4 (בַּדָּיו « davanti a lui », i.e. davanti a Leviatan): cf a pag. 164[283]. Normalmente lo si legge come soggetto del verbo יַחֲרִישׁוּ: בַּד IV significherebbe « chiacchiera, millanteria » (cf KB, I, 105). A. C. M. BLOMMERDE [1969: 60] lo collega al fenicio *bd* (KAI, 14, 6) e forse all'ugaritico *bd*, che indica un canto o una canzone satirica (M. H. POPE, 84).

[74] Il K יַחֲרִישׁוּ è corretto, in quanto il verbo חרשׁ√ all'Hi. ha normalmente valore intransivito (cf KB, I, 344; a nostro parere anche qui e 41,4); il soggetto è il *plurale tantum* מְתִים « uomini, gente » (cf ugaritico *mt*, akkadico *mutu* [AHw, 690s]; l'etiopico ፍት ha il significato specifico di « *vir*, marito » [LLÆ, 183 e Leslau, 371], ma non l'ebraico, come vorrebbe N. C. HABEL, 202).

[75] מַכְלִם è il participio Hi. di כלם√ in *scriptio defectiva*, come spesso capita nel nostro libro, soprattutto nelle forme pausali (cf 14,9; 21,10; 22,29; 29,13).

[76] LXX (καθαρός εἰμι τοῖς ἔργοις) e Syr (ܕܒܗ݂ܪ ܐܬܕܒܪܬ « giustamente mi sono comportato ») non sono motivo sufficiente per cambiare il TM in לְכָתִּי o *similia*,

*e ancora:*[77] « *Sono sempre stato puro ai tuoi occhi* »?

5      *Al contrario, se Eloah potesse parlare*
       *e aprire le sue labbra in dialogo con te,*[78]

6      *Egli ti svelerebbe i segreti della sapienza,*
       *poiché il suo progetto ha due facce.*[79]
       *Anzi, sappi*[80] *che Eloah ti condona*[81] *già parte del tuo peccato.*

7      *Puoi forse scoprire la profondità*[82] *di Eloah*

---

come proponevano un tempo G. BEER, B. DUHM, G. J. E. HOFFMANN e J. G. STICKEL. Sofar, infatti, si riferisce al discorso e alla dottrina di Giobbe.

[77] L'avverbio interrogativo del v. 2 estende la sua forza anche sui vv. 3-4. Nel v. 4, seguendo D. J. A. CLINES, interpretiamo le due frasi come due citazioni indipendenti, sintesi di quanto Giobbe ha finora cercato di dimostrare. A dire il vero, זַךְ è stato usato finora solo da Bildad (8,6; cf poi 16,17 e 33,9); tuttavia potremmo pensare che Sofar citi 9,20s (תָּם) e 9,30 (זכ). L'aggettivo בַּר è usato invece solo qui. Non sfugga l'ironia in rapporto al prologo.

[78] « In dialogo con te » sviluppa il pronome עִמָּךְ che è complemento anche del primo stico (*double-duty modifier*). Anche in italiano può rimanere sottinteso nella prima riga. Non ci convince il significato dato da A. C. M. BLOMMERDE [1969: 25 e 60] « contro di te ».

[79] Il secondo stico è oscuro a motivo del corretto significato da attribuire a כִּפְלַיִם e תּוּשִׁיָּה: ha ragione SICRE nell'affermare che è difficile trovare due autori che coincidano nella loro traduzione. Rimandiamo a lui per una buona rassegna delle opinioni (cf L. ALONSO SCHÖKEL - J. L. SICRE DÍAZ, 195; tr. it. 223). Il duale כִּפְלַיִם è un attributo essenziale della "figura" divina cui Sofar e amici pensano; per questo non va corretto con il *facilior* כִּפְלָאִים « come meraviglie », magari spiegando il *kap* come *kap asseverativum*, alla maniera di R. GORDIS, 121, o con כְּפוּלִים « ripiegato, i.e. nascosto » (A. DE WILDE, 156s, che rimanda a C. EPPING - J. T. NELIS, 68). Puro esercizio filologico il nuovo testo coniato da J. J. SLOTKI [1985: 229s]. כֶּפֶל « doppio » è ben attestato nelle lingue semitiche (cf *KB*, II, 469) e la vocalizzazione duale dà un'ulteriore conferma alla nostra interpretazione. La "duplicità" potrebbe riferirsi al Dio "ambiguo", "a due facce", i.e. buono con i giusti, tremendo con gli empi; oppure al lato nascosto e a quello manifesto della sapienza, come vorrebbero M. H. POPE, 84, e N. C. HABEL, 207. Quanto a תּוּשִׁיָּה, si veda quanto abbiamo già detto a pag. 213[59]. La conseguenza del "piano vittorioso" viene precisata dal terzo stico.

[80] Il *waw* dell'imperativo וְדַע esprime enfasi e conseguenza (cf *GK*, § 154b).

[81] Nonostante tutto, Dio non è un freddo ragioniere: se dovesse punire sino in fondo il peccato di Giobbe (!), la pena sarebbe ancora maggiore. La forma יַשֶּׁה è l'Hi. da נשׁה I « dimenticare », attestato in ugaritico *nšj*, accadico *našû*, arabo نسي (poco convincente è W. W. MÜLLER [1963: 312] che cita *RÉS*, 2646; si veda invece *Lane*, VIII, 3033, e *VAI*, III, 1503s), etiopico ነስዐ nella forma ተነስዐ (*LLÆ*, 643 e *Leslau*, 403). Meno probabile è farlo derivare da √נשׁה II = נָשָׂא I, come, ad es., N. C. HABEL, 203 (le due radici sono numerate in ordine inverso rispetto al nostro). Contro quanto afferma *KB*, III, 688, il מִן seguente è partitivo.

[82] חֵקֶר mantiene qui il significato fondamentale della √חקר « essere profondo » (*KB*, I, 334), come anche in 38,16 e come ha ben intuito Paolo in 1 Cor 2,10 (τὰ βάθη τοῦ θεοῦ), che sembra aver presente il nostro testo.

> *o raggiungere*[83] *la sommità di Šaddai?*
> 8    *È alta più dei cieli:*[84] *che cosa puoi fare?*
>      *È profonda più dello Šeʾol: che ne comprendi?*
> 9    *È estesa più della terra,*[85]
>      *è vasta più dell'oceano.*
> 10   *Se Egli passa*[86] *e imprigiona*
>      *o cita in giudizio,*[87] *chi può farlo cambiare?*
> 11   *Poiché Egli conosce gli idolatri*[88]

---

Con questo s'illumina il parallelo תַּכְלִית che letteralmente sarebbe « perfezione » oppure « estremità »; qui è migliore il secondo significato, come in Gb 26,10 e 28,3. Lo traduciamo con « sommità » per bilanciare i due lessemi.

[83] La ripetizione dello stesso verbo non è uno stilema estraneo a Giobbe (cf R. GORDIS, 508-13; E. ZURRO [1987: 16]; quest'ultimo è un ampio studio che analizza tutti i vari stilemi e le strutture di ripetizione nella poetica ebraica e ugaritica). Tuttavia, seguendo A. R. CERESKO [1982: 560s], giudichiamo la ripetizione un caso di "antanaclasi" (ripetizione dello stesso lessema con due significati diversi), che Ceresko trova anche in 28,12s; 31,25. 29. Nel secondo stico מָצָא sarebbe parallelo all'ugaritico *mǧj* (distinto da *mṣa* o *mẓa* « trovare »; cf *UT*, nn. 1524 e 1520), all'aramaico מְטָא « raggiungere » (*DISO*, 148) e all'etiopico ᎐ᎃᎅ. Lo stilema era già stato notato da A. GUILLAUME [1968: 89].

[84] La sequenza nei vv. 8-9 è ben fissata: altezza – profondità – lunghezza – larghezza, con i rispettivi termini di paragone: cielo – Šeʾol – terra – mare. Per tre volte, in 8b-9, la struttura sintattica si ripete: aggettivo + מִן + termine di paragone. L'eccezione sta in 8a, dove abbiamo גְּבֹהֵי שָׁמַיִם: per questo, già Vg (*excelsior cælo est*) uniformava la costruzione agli altri tre stichi, quasi fosse גְבֹהָה מִשָּׁמַיִם. La maggior parte dei commentatori contemporanei accetta questa interpretazione.

[85] Lo stico ebraico è אֲרֻכָּה מֵאֶרֶץ מִדָּהּ. Tuttavia, מִדָּהּ – che leggiamo מִדָּה – è per noi un accusativo di relazione, che limita il significato dell'attributo אֲרֻכָּה. Letteralmente andrebbe tradotto: « quanto a misura ».

[86] Il verbo √חלף ha Dio come soggetto anche in altri passi del libro (4,15; 9,11), indicando una sua improvvisa entrata in scena. Non c'è motivo, quindi, di cambiare in יַחְטֹף « afferra » o יַחְתֹּף « rapisce » (R. GORDIS, 122s). L'emendamento fu introdotto da G. BEER sulla base della LXX (καταστρέψῃ); ma, come ha correttamente osservato F. HORST, la traduzione greca quadra bene anche con il TM.

[87] Per il significato giuridico dell'Hi. di √קהל, si veda P. BOVATI [1986: 207s] (cf Ez 16,40; 23,46; Pro 5,14). Ad un significato simile (« speak out against ») giunge anche R. GORDIS, 123, facendo riferimento all'arabo قَالَ (√قول) « parlare ». Ma il riferimento all'arabo, oltre che difficilmente giustificabile a livello filologico, nonostante l'affermazione di GORDIS, non è molto illuminante. Anche altre relazioni con l'arabo non ci hanno convinto pienamente. N. H. TUR-SINAI [1952] suggerisce il parallelo con l'arabo أَجهَلَ « non far sapere, far dimenticare », sulla base del cananaico *gâlu / qâlu* delle lettere di Tell el-ʿAmarna, e propone questa traduzione del versetto: « Denn Er, vergeht es, schließt Er's weg / macht es vergessen, und wer bringt es wieder? ». A. GUILLAUME [1968: 90] pone invece קְהַל in relazione all'arabo قَهَلَ « administred a severe reprimand ». L'interpretazione di É. P. DHORME, 146, è singolare. Egli traduce: « S'il passe et s'il tient caché, Et s'il divulgue, qui l'en empêchera? » (יַקְהִיל e יַסְגִּיר sarebbero da interpretare in parallelismo antitetico, « tener nascosto » e « divulgare »). Il senso sarebbe che Dio può mantenere un segreto o svelarlo, a suo piacimento.

[88] Il sintagma מְתֵי־שָׁוְא va interpretato alla luce della predicazione profetica, ugualmente a Gb 15,31 e 31,5 (cf soprattutto Is 5,18; 59,4; Ger 18,15; Lam 2,14; Ez 12,24;

*e vede l'iniquità, vuoi che non*[89] *ci faccia caso?*

12    *Ma il grullo acquisirà il senno,*
      *quando un onagro nascerà somaro.*[90]

13    *Se tu, però,*[91] *disporrai per Lui*[92] *il tuo cuore*
      *e a Lui tenderai le tue mani,*
14    *– se c'è iniquità nella tua mano, allontanala,*
      *e non permettere che l'ingiustizia abiti nella tua tenda*[93] *–,*

15    *allora potrai alzare il tuo viso, libero da colpa,*[94]

---

13,6-9. 23): שָׁוְא è dunque la « vuotezza » dell'idolo e il parallelo אָוֶן « iniquità » lo conferma (è un altro caso di parallelismo tra concreto e astratto; cf *sopra*, nota 72). Quanto al legame tra idolatria ed ingiustizia, bisognerebbe rifarsi a testi come Ez 8,17 (dopo quattro denunce di culti idolatrici, l'accusa d'ingiustizia) o Sal 82 (cf L. ALONSO SCHÖKEL - C. CARNITI [1991-1993: II, 1073-87; tr. it. II, 144-59).

[89] וְלֹא יִתְבּוֹנָן fa difficoltà se viene assunto come negazione (cf Syr che non traduce il לֹא); ma in verità si tratta di una domanda (cf L. ALONSO SCHÖKEL - J. L. SICRE DÍAZ, 196; tr. it. 223s, con la rassegna delle altre proposte). La mancanza dell'avverbio interrogativo è spiegabile, in quanto è necessario il *waw copulativum* per la struttura sintattica e davanti al *waw* l'avverbio viene di preferenza sottaciuto (cf *GK*, § 150a). Diventa quindi inutile rivocalizzare come לֹא enfatico (cf I. EITAN [1922: 9s], F. NÖTSCHER [1953: 375], G. R. DRIVER [1973: 110] e *BHS*) o attribuire il valore di sostantivo « nulla » (N. H. TUR-SINAI, 195, A. C. M. BLOMMERDE [1969: 61]).

[90] Un'ampia rassegna della storia interpretativa del versetto si trova in L. ALONSO SCHÖKEL - J. L. SICRE DÍAZ, 196s; tr. it. 224s. Essendo chiaramente un detto proverbiale, bisogna partire dalla logica sottesa, quella di un evento che non succederà mai, già individuata da E. F. SUTCLIFFE [1949b: 70s]: « A witless wight may get wit when a mule is born a stallion ». Tuttavia la sua proposta di cambiare il TM פֶּרֶא אָדָם in פֶּרֶד « stallone » è inaccettabile, nonostante sia stata accolta da G. GERLEMAN (*BHS*); è anche scorretto tradurre עַיִר con « mulo », in quanto עַיִר è l'« asino maschio » (cf Zc 9,9 e l'arabo عَيْر). L'idea del cambiamento impossibile va piuttosto cercata nel fatto che l'onagro della steppa non potrà mai diventare un asino domestico. Per אָדָם = אֲדָמָה (come in 36,28 e in Gn 16,12, con lo stesso sintagma פֶּרֶא אָדָם; Ger 32,20; Zc 9,1; 13,5; Pro 30,14) si veda M. DAHOOD [1963d: 123s]. La nostra traduzione è comune a M. H. POPE, 86, L. ALONSO SCHÖKEL, D. J. A. CLINES, 256.

Nel primo stico, come già aveva intuito É. P. DHORME, 147, il sintagma אִישׁ נָבוּב (lett.: « uomo vuotato », che in italiano corrisponde bene a « grullo ») sembra essere dovuto alla ricerca di paronomasia con יִלָּבֵב.

[91] L'avversativa è resa con il pronome personale אַתָּה, usato in modo enfatico.

[92] Il pronome va preso da אֵלָיו del secondo stico (*double-duty modifier*), che continua l'apodosi del primo stico. Il sintagma כּוּן√ (Hi.) + לֵב + אֶל è ben attestato: cf 1 Sam 7,3; 1 Cr 29,18 (Esd 7,10; 2 Cr 12,14; 19,3; 20,33; 30,19 hanno לְ al posto di אֶל; 1 Cr 28,2; 29,19 hanno sottinteso לִבּוֹ).

[93] Con D. J. A. CLINES, interpretiamo questo versetto come un'incidentale, subordinata alle apodosi del versetto precedente. Il plurale di אֹהֶל « tenda » è comune per i nomi di abitazione (18,21; 21,18; 39,6; cf M. DAHOOD [1965b: 37] e A. C. M. BLOMMERDE [1969: 61]). Le antiche versioni hanno interpretato correttamente e non vi è bisogno di ipotizzare un testo ebraico diverso, benché una quarantina di Mss abbiano il singolare (cf G. B. DE ROSSI [1784-1787: IV, 110]).

*sarai sicuro[95] e non dovrai temere nulla.*

16     *Tu stesso[96] dimenticherai le tue disgrazie,*
         *le ricorderai come acqua passata.*

17     *La vita risorgerà più fulgida del meriggio[97]*
         *e l'oscurità[98] sarà come l'aurora.*

18     *E sarai sicuro che c'è una speranza;*
         *sarai protetto[99] e al sicuro ti coricherai:*

---

[94] מוּם (מְאוּם in 31,7) « macchia » fisica (Lv 21-22, *passim*...) o morale (Pro 9,7; Sir 11,33; 44,19).

[95] מֻצָק indica la solidità del metallo; quindi « solido », « compatto » (cf anche 38,38; 41,15s e 37,18). Sicre (L. ALONSO SCHÖKEL - J. L. SICRE DÍAZ, 197; tr. it. 225) lo fa derivare da √צוּק « perseguitato »; anche se possibile, questo significato è improbabile, dal momento che tutto il versetto esprime l'apodosi del periodo ipotetico iniziato con il v. 13. È migliore il parallelismo "alzare il volto"/"essere sicuro" e "senza colpa"/"senza paura".

[96] Nonostante tutto, non vi sono ragioni sufficienti per correggere אַתָּה in עַתָּה (molti contemporanei da J. J. REISKE in poi). S. R. DRIVER - G. B. GRAY, II, 72, avevano già fatto notare che la Syr non poteva essere portata a sostegno di questo emendamento, in quanto עַתָּה corrisponde normalmente al siriaco ܗܳܫܐ, mentre ܐܢ̱ܬ traduce normalmente אַתְּ (e potrebbe essere una ripresa del v. 15).

[97] Lett.: « La vita risorgerà più del meriggio ». Non è possibile accettare il suggerimento di N. H. TUR-SINAI, 200. Per spiegare questo versetto, egli cita il testo magico di Arslan Tash (cf la discussione di pag. 185[390]). In particolare, per il nostro passo, interessa la scritta che si trova attorno alla figura divina maschile dello scongiuro e che TUR-SINAI interpreta così: סז זת פתחי ואור לן עד יצא שמש חלד חלד « Sz [rappresentata come una lupa], open an olive for me, that we shall have light, until the sun rises, the morning shines » (cf H. TORCZYNER [1947: 29]; la vocalizzazione è sua). Tuttavia, si vedano le diverse interpretazioni del conte DU MESNIL DU BUISSON [1939: 424s], A. DUPONT-SOMMER [1939], W. F. ALBRIGHT [1939: 9s] e TH. H. GASTER [1942: 44]: tutti costoro sono concordi nell'interpretare l'ultima riga come חל ולד « concepisci e genera », per cui viene a mancare il supporto all'interpretazione di TUR-SINAI, che traduce così il nostro passo: « Brighter than noon shall keep eternal light / Demonic darkness shall be like the morn ».
חֶלֶד va invece interpretato come « tempo della vita » (cf arabo خُلد « durata, eternità » e Sal 39,6; 89,48). Non riteniamo poi possibile che תעפה dello stico successivo sia da interpretare come metatesi per עפתה e che questi sia il demone femminile notturno discusso anche in 10,22. Il supporto per l'identificazione è troppo fragile, come abbiamo già visto, e non convince. Con il significato di « (durata della) vita » si comprende il senso del verbo יְקוּם: una vita che non conosce tramonto e rimane più fulgida dell'accecante luce del meriggio. Abbiamo l'immagine diametralmente opposta a quella di Gb 10,22.

[98] Il TM vocalizza come 3ᵃ femminile sing. jiqtol da √עוּף II o √עיף II « essere oscuro » (cf *KB*, III, 757 e 775), come fosse una protasi asintetica di periodo ipotetico, la cui apodosi sarebbe תִּהְיֶה. Noi vocalizziamo come sostantivo תְּעֻפָה « oscurità », con 3 Mss (cf G. B. DE ROSSI [1784-1787: II, 110]), Syr (ܘܚܫܘܟܐ ܐܝܟ ܨܦܪܐ) e molti commentatori contemporanei. La √עיף è attestata anche in arabo غَاب « tramontare » (cf A. GUILLAUME [1963s: 13]), e potrebbe corrispondere all'akkadico *apû* / *epû* « coprire », detto delle nubi (*AHw*, 62; cf anche *KB*, III, 775). La costruzione del TM non è impossibile, e ricorda quella usata da Giobbe in 10,22b.

[99] Contro la vocalizzazione massoretica, adottiamo l'emendamento introdotto da A. B. EHRLICH, 227, e accolto anche da *KB*, I, 327. Leggiamo quindi וְחָפַרְתָ Pu. da una possibile *√חפר III « proteggere » (*hapax* in ebraico), attestata anche in arabo خَفَر (cf *Lane*,

19    *quando ti sdraierai, nessuno ti spaventerà,*
      *e molti cercheranno il tuo favore.*[100]

20    *Gli occhi dei malvagi, invece, languiscono,*[101]
      *viene loro meno un luogo di rifugio,*[102]
      *la loro speranza è solo un soffio.*[103]

## 3.2 Analisi retorica

Razionalità e ordine logico sono le caratteristiche formali del discorso di Sofar. Presunzione di sapere e di spiegare rimandando all'imperscrutabile sapienza divina, quasi fosse un principio chiaro e distinto, è la caratteristica contenutistica. Anche questa è una qualità del nostro poeta: modulare i discorsi a seconda del personaggio in azione. Ora parla il filosofo, il più "teorico" tra gli antagonisti di Giobbe. Sofar non dice schiocchezze, anche se l'autore – accentuando la saccenteria dell'amico – fa l'occhiolino allo spettatore, perché non s'inganni a schierarsi dalla parte del suo personaggio. Il carattere "sapienziale" delle sue parole è innegabile. La disposizione retorica è perfetta.[104] Non è casuale che l'inno alla Sapienza del

---

II, 772). Per la critica della proposta di E. Lipiński [1980: 71-73] si veda D. J. A. Clines, 256s.

[100] Lett.: « rasereneranno il tuo volto ». Il sintagma חִלָּה פָנִים è abbastanza comune in ebraico. D. R. Ap Thomas [1956: 239s] – la cui proposta è stata accolta da *KB*, I, 304 – lo mette in relazione all'arabo خلو « essere vuoto, libero, chiaro », sulla scia di G. R. Driver e S. D. Margoliouth. Egli cita *Corano* 12,9: يُخْلُ لَكُم وجهُ ابيكم « the face of your father shall be cleared towards you » (A. Y. Alî [1934: I, 552] traduce: « so that the favour of your father may be given to you alone »). Tra le diverse possibilità, egli arriva alla conclusione che il sintagma ebraico doveva originariamente significare « rasserenare il volto di qc. ». L'espressione, ormai lessicalizzata, è diventata caratteristica per la supplica a Jhwh (Es 32,11; 1 Sam 13,12; 1 Re 13,6; 2 Re 13,4; Ger 26,19; Zc 7,2; 8,21s; Ml 1,9; Sal 119,58; Dn 9,13; 2 Cr 33,12). Talvolta, tuttavia, ha come specificazione di "volto" anche persone umane, come nel nostro versetto e in Sal 45,13; Pro 19,6; Sir 33,20. 22.
Il soggetto è רַבִּים che può essere tradotto con « molti » o « grandi ». Il parallelo stringente con Pro 19,6a ci fa optare per la prima possibilità.

[101] Il verbo √כלה « finire, diventare debole » è predicato degli occhi, come in 17,5 (gli occhi dei figli); Ger 14,6; Sal 69,4; Lam 2,11; 4,17.

[102] Stessa costruzione אָבַד מָנוֹס מִן in Ger 25,35; Am 2,14; Sal 142,5.

[103] L'espressione ebraica è, come sempre, molto concisa, dal momento che non viene espressa la copula: וְתִקְוָתָם מַפַּח־נָפֶשׁ. Il significato fondamentale di מַפַּח – *hapax* nella Bibbia ebraica, in quanto è attestato solo in Sir 30,12 – è quello di « soffio, respiro », derivando dalla √נפח « soffiare », ben documentata in altre lingue semitiche. In arabo, si distingue tra نَفَخ « soffiare (con la bocca) » e نَفَح « soffiare (del vento) » (cf *Lane*, VIII, 2820s); in akkadico *napāḫu* ha offerto la radice per designare il "fabbro", *nappāḫu*, dal momento che nelle antiche fucine il mantice era lo strumento principale (*AHw*, 732a); cf anche in etiopico ነፍሐ o anche ነፍሐ (*LLÆ*, 712 e *Leslau*, 388). מַפַּח־נָפֶשׁ è dunque il « soffio della gola », cioè il « respiro ».

[104] Si veda anche lo studio della struttura letteraria di N. C. Habel, 203-6.

cap. 28 riprenda alcuni temi e simboli di questo discorso di Sofar, sebbene con diverse valenze.

L'esordio (vv. 2-3) è una formula abbastanza stereotipa per giustificare l'intervento nel dialogo.[105] Fatti i convenevoli di rito, il discorso si dispiega con una logica stringente: una *pars destruens* (vv. 4-11), un detto proverbiale a mo' di sommario e una *pars construens*, fondata sul principio della benedizione condizionale (vv. 13-20). 17 stichi per la prima parte, due stichi per il proverbio, 17 stichi per la seconda parte: un equilibrio perfetto.

La citazione sommaria della posizione di Giobbe (v. 4) fa parte del gioco drammatico. Per poter contestare l'esperienza di Giobbe, occorre ricondurre le sue affermazioni in un confine teorico già noto e insostenibile. Ad esse, Sofar contrappone[106] due argomenti, formalmente distinti dal cambio di soggetto grammaticale e dalla costruzione sintattica (ottativa con *mî-jittēn* e domande).

Il primo argomento (vv. 5-6), facendo appello al mistero nascosto della *ḥokmâ* divina e al suo "duplice" (*kiplajim*) manifestarsi come premio e come castigo, si conclude con una condanna di Giobbe e una giustificazione di Dio: Dio sta già condonando una parte della colpa di Giobbe (v. 6b).

Il secondo argomento (vv. 7-11) è fondato sull'impossibilità di sondare gli abissi del mistero di Dio: le sue quattro dimensioni (cielo, Šeʾol, terra, mare = altezza, profondità, lunghezza, larghezza: *gᵉbōhâ, ʿămuqqâ, ʾărukkâ, rᵉḥābâ*) travalicano le modeste capacità umane (vv. 7-9). Per questo il giudizio divino è insindacabile, ma certamente giusto (vv. 10-11). Difendendo Dio, Sofar indirettamente accusa Giobbe di colpe mai commesse. La complicità ironica istituita nel prologo del dramma tra l'autore e lo spettatore svilisce l'accurata dimostrazione di Sofar, e il proverbio del v. 12 suscita un sorriso sardonico: Sofar sta pensando a Giobbe, ma lo spettatore a chi lo applicherà?

La *pars construens* del discorso (vv. 13-20) è impostata sul principio sapienziale della retribuzione condizionale.[107] La protasi (vv. 13-14: entrambi introdotti da ʾ*im*) è un'ulteriore accusa indiretta a Giobbe: analoga condizione era stata ipotizzata da Elifaz in 5,8; da Bildad in 8,5-6; e verrà ripresa da Elifaz in 22,21-24. È un'ipotesi reale nell'intenzione di Sofar;

---

[105] Tutti i discorsi degli amici si aprono con analoghi esordi: 4,2 e 15,2s (Elifaz), 8,2 e 18,2s (Bildad), 20,2s (Sofar). Fa eccezione l'ultimo intervento di Elifaz. Nel cap. II abbiamo cercato una ragione per diversità (cf pag. 98).

[106] Bisogna sottolineare la forza avversativa di וְאוּלָם del v. 5a (cf pag. 212[52]). Potremmo paragonarlo al *sed contra* dell'argomentazione scolastica.

[107] Cf F. HORST, 168, e soprattutto C. WESTERMANN [1956: 101]; quest'ultimo ha correttamente segnalato la relazione delle parole di Sofar con la *Form* delle *Bedingungssätze* di Dt 28,3-6; 30,5-9; Sal 91; 128.

ma, ironicamente, diventa un'ipotesi irreale: non potrà mai avverarsi, perché Giobbe è già nelle condizioni di giustizia ipotizzate dall'amico.

L'apodosi sviluppa anzitutto l'alternativa positiva con una lunga litania di "benedizioni" per il giusto (vv. 15-19), che richiama i passi analoghi di 5,19-26 (Elifaz); 8,21 (Bildad); 22,25-30 (Elifaz).[108] Essa è introdotta dall'enfatico *kî-ʾāz* ed è inquadrata da un'inclusione (v. 15a: *tiśśāʾ pānèkā*; v. 19b: *wᵉḥillû pānèkā*). L'alternativa negativa di "maledizioni" per il malvagio è invece molto più breve (v. 20) a questo punto.[109]

Il linguaggio ci avvicina alla tradizione dei sapienti (cf, ad esempio, Pro 2,1-22; 3,21-26), ma con una declinazione originale di motivi in risposta alle provocazioni di Giobbe.[110] In particolare, vengono disegnate tre aree semantico-simboliche per rimarcare gli esiti alternativi: la luce (v. 17 ≠ v. 20a), la sicurezza (vv. 18-19a ≠ v. 20bα) e la speranza (v. 18a ≠ v. 20bβ). Una soluzione davvero "chiara e distinta"... ma "falsa", essendo errato il presupposto della colpevolezza di Giobbe.

Ecco dunque la struttura letteraria del discorso di Sofar:

A. Esordio (vv. 2-3)

B. *Pars destruens* (vv. 4-11)

    a. citazione dell'affermazione di Giobbe (v. 4)

    b. argomentazioni:
      – i segreti della *ḥokmâ* divina e la colpa di Giobbe (vv. 5-6)
      – le dimensioni divine irraggiungibili e il suo giudizio (vv. 7-11)

A'. Conclusione proverbiale (v. 12)

---

[108] C. WESTERMANN [1956: 101] sottolinea giustamente che nel primo ciclo ne parlano tutti e tre gli amici; nessuno ne parla nel secondo ciclo; e il tema viene ripreso dalla conclusione di Elifaz nel cap. 22. Non troviamo invece così decisivo notare il diverso *Sitz-im-Wort* delle *Bedingungssätze* rispetto al motivo dello *Schicksal der Frevler*: il primo proviene dal contesto sapienziale (cf soprattutto Proverbi), mentre il secondo dai salmi di lamentazione, e precisamente dalle *Feindklage* (pag. 96). E, ad ogni modo, non è corretto affermare che nel libro le due alternative non siano mai unite, come invece nella tradizione sapienziale (cf, ad es., Pro 12,7-21). Oltre al nostro testo, si vedano almeno il Gb 5 e 8,21-22.

[109] Più esteso è l'argomento in 4,7-11; 5,2-7; 15,17-35 (Elifaz); 8,8-19; 18,5-21 (Bildad) e 20,4-25 (Sofar). Come è stato notato da molti commentatori, la sorte del malvagio è l'unico argomento che rimane agli amici nel secondo ciclo di discorsi, mentre nel primo ciclo appare come uno tra gli altri. Si comprende come mai Giobbe vi presti tanta attenzione, sia nel cap. 21, sia nel cap. 27 (secondo il TM e la nostra interpretazione).

[110] N. C. HABEL, 205s, rifacendosi alla dissertazione di J. C. HOLBERT [1975: 172ss], che non abbiamo potuto consultare, mostra le molte allusioni e insinuazioni ironiche che collegano le parole di Sofar ai precedenti discorsi di Giobbe. Le citiamo telegraficamente: לֵב (13a → 10,13), עַוְלָה (14b → 6,29. 30), נָשָׂא (15a → 10,15), פָּנִים (15a → 9,27), עָמָל (16a → 3,10. 20; 7,3), תְּעֻפָה (17b → 10,22), תִּקְוָה (18a. 20b → 6,8; 7,6), שָׁכַב (18b → 7,4. 21), חָפַר (18b → 3,21), כָּלָה (20a → 7,9).

B'. *Pars construens* (vv. 13-20)

    a. condizioni per la felicità (vv.13-14)

    b. esiti:
        – positivo (vv. 15-19)
        – negativo (v. 20)

### 3.3 Analisi simbolica

Prima di entrare nell'analisi del simbolismo del discorso, spendiamo una parola per interpretare la struttura formale dominante nelle parole di Sofar.

G. Durand la chiamerebbe *geometrismo*,[111] una struttura in cui prevalgono la simmetria e la distinzione nitida delle antitesi tipiche del *Regime diurno* dell'immagine. Il linguaggio poetico crea immagini e dà origine a nuovi linguaggi; il "geometrismo" invece ordina un linguaggio già creato. Non vi è produzione, ma riproduzione di simboli. E « l'immaginazione riproduttrice è la prosa dell'immaginazione produttrice ».[112] La tesi ideologica frena l'immaginazione produttrice, impedisce alla parola di fluire con immagini inedite e favorisce la cristallizzazione di immagini già note. L'immaginazione non inquieta più, ma è dominata e posta al servizio del concetto. È appunto la sensazione che l'interprete avverte davanti alle parole di Sofar.

Il *Regime diurno* regna in tutta la pagina. Nella *pars destruens*, accanto alla già nota antitesi archetipica « puro » ≠ « impuro », troviamo il simbolismo cosmico a illustrare l'irraggiungibilità della sapienza. La cosa più rilevante è che, pur parlando di "mistero" e di "segreti", non si utilizzano dei simboli di intimità (*Regime notturno*), come avverrà nel cap. 28, bensì simboli spettacolari e ascensionali.[113] È la dimensione aperta delle quattro[114] misure cosmiche (altezza, profondità, lunghezza e larghezza) e dei quattro elementi cosmici (cielo, inferi, terra e mare) a catturare l'immaginazione di Sofar. In questa visione solare, non vi è spazio per

---

[111] Il vocabolario di « geometrismo morbido » proviene dal campo psichiatrico (E. MINKOWSKI [1953: 89]) ed esprime la scelta preferenziale per la simmetria e per la logica più formale, tanto nella rappresentazione quanto nel comportamento. Cf G. DURAND [1969: 211s].

[112] Citazione di JEAN PAUL RICHTER, riportata da G. BACHELARD [1957: 17]. Anche per quanto segue, alludiamo ad idee espresse dal grande filosofo francese.

[113] Per trovare un diverso sviluppo simbolico della grandezza smisurata della חָכְמָה divina si potrebbe guardare al Sal 139: in esso, i molti merismi e polarismi abbracciano tutte le dimensioni, con un buon equilibrio tra simboli spettacolari e simboli mistici dell'intimità. Si veda L. ALONSO SCHÖKEL - C. CARNITI [1991-1993: II, 1580-1600; tr. it. II, 773-96].

[114] Già il "quattro" è il numero cosmico per eccellenza. Cf una buona documentazione in *DSym*, 794-98.

l'angoscia o l'ombra. Tutto è illuminato dalla chiarezza, dalla distinzione, dall'elevazione ideale, ma è anche abbagliato, come fotografia sovraesposta, provocando superficialità, freddezza, vertigine.

La profondità di Dio, superando tutto quanto è creato e rivelato, potrebbe far percepire il "limite" della condizione umana. Nelle parole di Sofar essa è invece "illuminazione" e chiarificazione. Che la *ḥokmâ* divina non sia disponibile all'uomo è un'affermazione ineccepibile. Sarà anche il punto prospettico da cui lo stesso Giobbe ricomprenderà la figura di Dio. Ma Sofar utilizza l'argomento quale criterio di verifica del principio solare della retribuzione e così giustifica l'atteggiamento di Dio contro Giobbe: dal momento che l'uomo non conosce quanto Dio, deve fidarsi... della "legge" della retribuzione. Il dramma, alla fine, offrirà un'altra soluzione. Far appello all'inconoscibile per verificare una teoria ben conosciuta, non è certo un grande argomento. Tanto è vero che Giobbe, dalla stessa premessa, deduce l'accusa per un'onnipotenza divina arbitraria e perversa.[115]

Nella *pars construens*, abbiamo identificato tre assi simbolici – la luce, la notte sicura e la speranza – presenti nella lunga alternativa positiva e, almeno in parte e più sinteticamente, anche nell'alternativa negativa. Con sorpresa, scopriremo il loro isomorfismo e la fitta trama simbolica ad essi collegata.

In opposizione alla prospettiva notturna di angoscia espressa dal protagonista, nelle parole di Sofar è promessa la *piena luce* per il giusto che si rivolge a Dio e allontana l'ingiustizia dalla sua tenda:[116] il v. 17 va letto in sinossi con 10,22 per sentirne il netto contrasto. In entrambi i casi lo schema diairetico annulla ogni movimento che tenda verso un esito sintetico e drammatico, in cui si possano alternare le immagini del giorno e le figure della notte: per Giobbe è la notte a fagocitare il giorno, per Sofar (e gli amici) è il giorno a soppiantare la notte.

Nel v. 17, in cui riecheggia la promessa di Is 58,10, non vi è riferimento al crepuscolo, ma solo all'alba e al meriggio. L'alba è il momento del *sol levante*,[117] sintesi del simbolismo ascensionale[118] e luminoso.[119] Il meriggio è il momento del sole abbagliante e vittorioso.[120]

---

[115] È importante notare alcuni contrappunti tematici. Gb 11,10s richiama 9,11s tanto strettamente da far pensare ad alcuni di essere in presenza di frasi spurie in bocca di Sofar (cf ad es., G. BEER e B. DUHM). In verità, l'argomento è sfruttato da Giobbe e da Sofar in due modi opposti: mentre per Sofar è motivo per non poter sindacare contro l'operato di Dio, per Giobbe è la prova della sua onnipotenza arbitraria. Un altro contrappunto si crea tra 11,8s e 23,8s: per Sofar l'estensione del creato non è sufficiente a contenere la חכמה divina, mentre per Giobbe tutto l'universo è un teatro in cui non è possibile trovare Dio.
Anche queste relazioni preparano il cap. 28 e i discorsi di Dio in 38-41.

[116] Sono le stesse condizioni con cui l'autore ci aveva presentato Giobbe nel prologo (1,1. 8; 2,3)! L'ironia drammatica è evidente.

[117] Cf G. DURAND [1969: 167].

Elifaz, nel suo appello finale, dopo aver invitato Giobbe ad una liturgia penitenziale (!) per riconciliarsi con Dio, nel descrivere la nuova situazione di benessere riprende alcuni di questi simboli:

22,26 *Allora[121] tu potrai stare contento davanti a Šaddai*
   *e ad Eloah potrai alzare il volto.[122]*
27    *Quando lo supplicherai, ti esaudirà,*
   *e tu scioglierai i tuoi voti.[123]*
28    *Se prenderai una decisione,[124] avrai successo[125]*

---

[118] Non dimentichiamo, nel nostro contesto, tra i simboli di elevazione il תִשָּׂא פָנֶיךָ del v. 15a.

[119] Collegato all'alba è il simbolismo dell'oriente. L'oriente, essendo il paese della nascita e della risurrezione del sole, è sempre stato un punto geografico ad alta carica simbolica nella tradizione biblico-cristiana, come in tutte le altre culture. Facciamo soli alcuni esempi: l'orientamento del tempio di Gerusalemme (cf G. J. TAYLOR [1993: 66-86. 277-81]); l'orientamento delle antiche basiliche cristiane (cf M. M. DAVY [1976]); le grandi tradizioni mitiche degli antichi messicani che chiamavano l'oriente il paese della risurrezione e della giovinezza, dal momento che da lì ogni mattino risorgevano Nanahuatl (« quello dalla pelle a squame ») e Quetzalcoatl (« il serpente piumato »). Si vedano J. SOUSTELLE [1940: 58-60] e *DMR*, tr. it. 273-76.

[120] Per illustrare la potenza negativa del sole si potrebbero ricordare, in ambito biblico, 2 Re 4,19; Is 49,10; Sal 121,6; Gdt 8,2s. Presso gli aztechi, il sole allo zenit prende il nome del dio guerriero Huitzilopochtli (« colibrì della sinistra »). Ci è rimasto un mito che lo riguarda, trascritto nel XVI secolo. Egli è generato dalla madre terra e dall'anima di un guerriero sacrificato; trasformato in colibrì, egli decapita la dea lunare Coyolxauhqui (« colei che è ornata di campanelli ») insieme alle stelle. Cf *DMR*, I, 274-76 e II, 1150-57; J. SOUSTELLE [1940: 59]. Il mito, dal punto di vista simbolico, è molto interessante, come ha notato G. DURAND [1969: 169], in quanto « se trouvent reliés en un saisissant isomorphisme le soleil, l'Est et le Zénith, les couleurs de l'aurore, l'oiseau et le héros guerrier dressé contre les puissances nocturnes ».

[121] Il versetto inizia con כִּי־אָז come 11,15. L'Hit. di √ענג è usato anche in Gb 27,10; Sal 37,4. 11; Is 55,2; 58,14; 66,11. R. GORDIS, 251, suggerisce per questo verbo il significato di « to implore, importune », che sarebbe, per metatesi, parallelo all'arabo غَنِجَ « cercare un favore » oppure غَنِجَ « fare moine », e quindi « importunare ». Questo significato calzerebbe meglio anche in 27,10; Is 57,4; Sal 37,4. Ma i campi semantici dei due verbi arabi non permettono questa estensione (cf *Lane* VI, 2299 e VIII, 3028). Anche l'altra sua ipotesi di collegare semanticamente √ענג con il verbo נָגַע « toccare » ("toccare il mantello" per "implorare", come in 1 Sam 15,26) è troppo fantasiosa. Più interessante è, invece, il suggerimento di A. C. M. BLOMMERDE [1969: 99] di dare al sintagma הִתְעַנַּג עַל il significato di « stare contento davanti a » (cf LXX ἔναντι, come in 27,10), costruzione parallela a הִתְיַצֵּב עַל di 1,6.

[122] Il secondo stico è un parallelo a 11,15. La LXX aggiunge ἱλαρῶς « lietamente », ma si tratta di un'interpretazione del gesto più che di una traduzione.

[123] La condizione è abbastanza convenzionale, sebbene non con √עתר, ma con √קרא (cf, ad es., Sal 4,4; 18,7; 34,7...). L'adempimento dei voti è legato all'esaudimento della supplica, come sottolinea l'interpretazione della LXX δώσει δέ σοι ἀποδοῦναι τὰς εὐχάς (cf Sal 22,26; 50,14; 56,13; 61,9; 65,2; 66,13; 76,12; 116,14. 18; Gio 2,10).

[124] Il verbo √גזר « tagliare, decidere » ha un'analoga estensione semantica del latino *cædere, decidere*; si veda Est 2,1 (al Ni.), come illustrazione di una decisione regale.

*e brillerà la luce sui tuoi sentieri.*[126]

Non sfugga, nelle parole di Sofar come in quelle di Elifaz, l'isomorfismo simbolico tra "illuminazione" e posizione "verticale" («alzare la testa»; in negativo, si vedano Gn 4,5s; 2 Sam 2,22; Esd 9,6). È l'idea portante della tipologia posturale di G. Durand e acutamente G. Bachelard l'ha definita il *differenziale verticale.*[127] Lo schema ascensionale si congiunge, nel simbolo, con la funzione sociologica della sovranità e del "capo",[128] cui Sofar allude nel v. 19b (*« molti cercheranno il tuo favore »*).[129]

Anche nell'alternativa negativa del v. 20, il simbolismo luminoso è declinato in modo da non mettere in dubbio la vittoria della luce: « gli occhi dei malvagi languiscono ». Non vi è dunque alcuna zona d'ombra nella visione solare di Sofar: sono invece le capacità soggettive dei malvagi a venir meno.

Il simbolo della cecità[130] ha una lunga tradizione letteraria: basti ricordare Balaam,[131] l'Edipo re sofocleo oppure l'anziano re cieco Dhṛtarāṣṭra dell'epopea indù del *Mahābhārata.*[132] Anche nella nostra lingua, il

---

[125]  Il verbo קוּם con il dativo *etico* ha la sfumatura di « aver successo » anche in Pro 15,22; e, negativamente, in 7,7 e 8,10.

[126]  Il verbo נָגַהּ « brillare » viene usato anche in 18,5 (Bildad); il significato di questo versetto si avvicina all'irruzione di luce e gioia in Is 9,1. Le דְּרָכֶיךָ di Giobbe saranno dunque di segno opposto rispetto allo אֹרַח עוֹלָם di cui Elifaz aveva parlato nel v. 15. A. DE WILDE, 238, ha notato il contrasto simbolico fra le parole di Elifaz e la condizione tenebrosa denunciata da Giobbe (16,16; 19,8; 23,17; 30,26).

[127]  Cf G. BACHELARD [1943: 16s]: « La vie de l'âme, toutes les émotions fines et retenues, toutes les espérances, toutes les craintes, toutes les forces morales qui engagent un avenir ont *une différentielle verticale...* ».

[128]  Cf G. DURAND [1969: 152s].

[129]  L'interpretazione di R. GIRARD [1985] dà particolare rilievo alle pagine in cui si descrive la caduta e l'emarginazione sociale del capo o la sua reintegrazione. La lettura di Girard è molto stimolante, anche se sulla complessità di Giobbe sembra vincere la prospettiva storico-religiosa di Girard stesso e il libro diventa un "caso" della sua teoria sulla *violenza* e sul *capro espiatorio*. Per una discussione più organica dell'opera, segnaliamo A. BONORA [1989], B. A. LEVINE [1985] e R. STIVERS [1993].

[130]  Cf G. DURAND [1969: 101ss].

[131]  Nm 24,3. 15, se sta la lettura di שְׁתֻם הָעָיִן = סְתֻם הָעָיִן « orbo, monocolo ».

[132]  Una presentazione sommaria dell'epopea si può trovare in *DMR*, tr. it. 1070-78; con la sua ipotesi fondamentale delle tre funzioni, si veda G. DUMÉZIL [1968]. La migliore traduzione completa del testo è quella curata da J. A. B. VAN BUITENEN [1973ss]. Il racconto della nascita di Dhṛtarāṣṭra si trova in I, 106.

Il *Mahābhārata* (« la grande storia dei discendenti di Bharata ») è il più lungo racconto della letteratura indù e uno dei più estesi della letteratura di tutti i tempi. Nella recensione settentrionale conta più di 90 mila versi (*śloka*), divisi in 18 canti (*parvān*) di lunghezza diseguale. Composto tra il IV sec a.C. e il IV sec d.C. (epoca della redazione definitiva), contiene materiali molto più arcaici (cf G. DUMÉZIL [1968: 33s]). Data la sua caratteristica epico-narrativa, ne è stata tentata anche una versione filmica sotto la regia di P.

passaggio dal senso fisico al senso etico-sapienziale è una metafora da lungo tempo lessicalizzata (o forse è una semplice estensione semantica): la cecità fisica è l'esperienza più efficace per parlare della cecità spirituale. Tuttavia, nell'immaginario e nei racconti non manca l'eufemizzazione della cecità, che conduce ad un'interpretazione positiva del simbolo. Così, ad esempio, Balaam in Nm 22-24 e Tiresia, il mitico indovino della tragedia greca,[133] non vedono le realtà mondane, ma sono in grado di "vedere" al di là di essa; e il re Dhṛtarāṣṭra, pur essendo cieco, è il teorico della sua discendenza e lo strumento del destino.[134] Non è questa, tuttavia, la valenza simbolica del nostro contesto: qui il "languire degli occhi" ha caratterizzazione "diurna" e negativa (per antitesi).[135]

Il simbolo appare singolare, se confrontato con gli altri passi dei dialoghi, in cui gli amici si servono delle tenebre per descrivere l'esito negativo della vita del malvagio.

Già lo abbiamo ascoltato nel primo discorso di Elifaz (5,14).[136] Similmente, nel secondo intervento di Bildad, leggiamo una serie di simboli ambientati nello spazio intimo della tenda:

**18,5**  *Sì, la luce del malvagio si estingue*
     *e più non brilla la fiamma del suo focolare;[137]*
**6**  *la luce si oscura nella sua tenda*
     *e la lampada che sta sopra di lui si estingue.*

---

BROOK (1990): la versione televisiva dura sei ore, mentre la versione cinematografica è ridotta a tre ore.

[133] Ad es., Edipo saluta Tiresia, alla sua entrata in scena, con queste parole:
ὦ πάντα νωμῶν Τειρεσία, διδακτά τε
ἄρρητά τ' οὐράνιά τε καὶ χθονοστιβῆ,
πόλιν μέν, εἰ καὶ μὴ βλέπεις, φρονεῖς δ' ὅμως
οἴᾳ νόσῳ σύνεστιν.
(*Edipo Re*, 300-303; cf SOPHOCLES [1990: 132s]). « O Tiresia, che tutto scruti e che insegni ciò che è indicibile a labbra umane in cielo e sulla terra, anche se non vedi, tuttavia conosci a quale sciagura è in preda la città [= Tebe] ».

[134] Per questo, G. DUMÉZIL [1968: 157] cataloga la sua cecità fra le « mutilations (ou déficiences) qualifiantes ».

[135] È molto interessante quanto dice G. DURAND [1969: 102] sull'interpretazione diurna di questo simbolismo: essa assimila la cecità spirituale all'intelligenza decaduta (cf Re Lear) e all'inconscio in opposizione alla chiaroveggenza lucida della coscienza.

[136] Si veda a pag. 213.

[137] Nelle nostre lingue, cambiare o il plurale רְשָׁעִים o il suffisso di אֹשׁוֹ: l'alternanza tra la 3ª singolare e la 3ª plurale, avvertita come tocco poetico nelle lingue semitiche, è per noi insostenibile. Il גַּם iniziale ha valore enfatico, come pure la ripetizione del verbo דָּעֵךְ « estinguersi », usato intransitivamente (l'arabo دَعَكَ è invece transitivo, « strofinare, schiacciare »; cf *Lane*, III, 882). L'immagine è molto convenzionale nella letteratura popolare (cf 21,17; Pro 13,9; 20,20; 24,20). Il dotto commentario di A. SCHULTENS, 410, cita al riguardo un proverbio di origine araba: *Mala fortuna extinsit meam lucernam.*

Nonostante la convenzionalità dell'immagine, il riferimento alla lampada della tenda e al focolare è molto suggestivo. G. Bachelard ha dedicato tutto uno studio alla "fiamma di una candela", che viene da lui definita « un des plus grands *opérateurs d'images* ».[138] Commentando tre sillabe di Novalis, « *Licht macht Feuer* », egli mostra il valore verticalizzante della fiamma e, soprattutto, come profondo *rêveur*, l'idealità della luce che precede la materialità del fuoco. Citando Claude de Saint-Martin, conclude: « Le mouvement de l'esprit est comme celui du feu, il se fait en ascension ».[139] Da qui sgorga una cosmologia e una metafisica della lampada, perché quella creatura che crea la luce ricorda il compito dell'uomo di liberare energie spirituali da una materia opaca.[140] Con questa profonda percezione simbolica, si comprende come la lampada e il focolare siano stati simboli fondamentali in tutte le antiche culture, compresa la tradizione biblica.[141] Nell'ampia gamma di significati che il simbolismo del fuoco assume,[142] la lampada, avendo la necessità di essere continuamente alimentata di olio per poter continuare ad illuminare, significa continuità e trasmissione.[143] Il focolare diviene invece il "centro" e l'"ombelico" del microcosmo familiare: dalla sua luce e dal suo calore si propaga la vita per la famiglia, essendo anche il luogo dove si prepara il nutrimento. Non

---

[138]   G. BACHELARD [1961: 1].

[139]   G. BACHELARD [1961: 62].

[140]   G. BACHELARD [1961: 93s]: « Le rêveur sait que cette créature crée la lumière. C'est une créature créante. [...] Une bonne lampe, une bonne mèche, de bonne huile et voilà une lumière qui réjouit le cœur de l'homme. Qui aime la belle flamme aime la bonne huile. Il suit la pente d toutes les rêveries cosmogoniques dans lesquelles chaque objet de monde est un germe de monde. [...] L'homme, d'une flamme légère, vient libérer des forces de la lumière emprisonnées dans la matière ». Si leggano anche queste parole di J. SERVIER, citate in *DSym*, 559: « La lampe est une représentation de l'homme: comme lui, elle a un coprs d'argile, une âme végétative, ou principe de vie, qui est l'huile, un esprit qui est la flamme ».

[141]   Cf M. GIRARD [1991: 150]: si ricordino 2 Sam 21,17; 1 Re 11,36; 15,4; Sal 132,17 e l'interessante racconto leggendario di 2 Mac 1,18-36. Non si può non ricordare la grande potenza evocativa del simbolismo liturgico della nostra "veglia pasquale", quando dal nero ed inerte carbone, una vita pietrificata dalla morte, esplode luminosa e viva la fiamma del nuovo fuoco, « Lumen Christi ».

[142]   Ricordiamo almeno i due principali, legati il primo al *Regime diurno* (fuoco purificatore: cf G. DURAND [1969: 194-98]) e il secondo al *Regime notturno* (fuoco e simbolismo ritmico-sessuale: cf G. DURAND [1969: 380-85]). Al fuoco sono legate diverse figure mitiche come Prometeo, Icaro e la fenice. Il nome della fenice in egiziano deriva dalla √*wbn* « splendere ». Un accenno alla fenice, secondo l'interpretazione dei giudei medievali e di molti moderni, si potrebbe avere anche in Gb 29,18 (cf W. F. ALBRIGHT [1950: 3], M. DAHOOD [1974c] e una discussione più ampia in G. FUCHS [1993: 143s), sebbene sia stato negato dall'opera più ampia dedicata a questo mito (cf R. VAN DEN BROEK [1972: 58-60]). Per l'analisi dei tre miti in relazione alla poetica del fuoco, si vedano gli appunti, purtroppo incompleti, lasciati da G. BACHELARD [1988].

[143]   Nella tradizione biblica, ricordiamo soprattutto la lampada del tempio. Per la documentazione di altre tradizioni, cf *DSym*, 558s.

si estingue di notte, ma con la morte della famiglia.[144] Nel discorso di Ger 25, l'esito simbolico è particolarmente efficace, per l'accumulo degli elementi evocati (v. 10):

> *Farò sparire da loro*
> *la voce di gioia e la voce d'allegria,*
> *la voce dello sposo e la voce della sposa,*
> *la voce della macina e la luce della lampada.*

Lo stesso Sofar, nel suo secondo intervento, ritornando ancora sul castigo riservato all'empio e alla sua discendenza con i rigidi schemi della retribuzione, utilizza un simbolismo, in cui spicca il registro sapienziale ed ideologico:

> **20,26** *Tenebra totale è in agguato per i suoi cari;*
> *lo divorerà un fuoco non attizzato da uomo,*
> *che consumerà chi rimane nella sua tenda.*[145]

All'acme della tensione drammatica, nel discorso conclusivo, Elifaz[146] giunge ad imputare a Giobbe colpe mai commesse (22,5-9) e conclude la sua accusa, applicando all'amico la sorte del malvagio:

---

[144] Cf *DSym*, 462s.

[145] Il versetto ha alcuni punti che fanno discutere i critici, benché il TM sia buono. Nel primo stico, il sintagma טָמוּן לְצְפוּנָיו sembra sovraccarico e si vorrebbe trovare una prova nella LXX (πᾶν δὲ σκότος αὐτῷ ὑπομείναι), per omettere טָמוּן e leggere לוֹ צָפוּן. Le altre versioni antiche, però, confermano il TM. Aq: ἀποκέκρυπται τοῖς ἐγκεκρυμμένοις αὐτοῦ (cf J. ZIEGLER [1982: 302]); Syr: ܡܛܫܝܢ ܠܗ ܒܫܘܚܬܗ; Vg: *omnes tenebrae absconditae sunt in occultis eius*; Tg: כל חשכא טמיע לטשייותיה. Segnaliamo la Syr, perché, a nostro parere, ha colto la corretta dinamica dell'ebraico: טָמוּן « nascosto » (come una trappola o una rete: cf Gb 18,10; Sal 9,16; 31,5; 35,7s...) si riferisce al soggetto כָּל־חֹשֶׁךְ, mentre לְצְפוּנָיו è il complemento di termine, « per i suoi cari », i.e. per la sua progenie (ܠܒܢܘܗܝ). Il secondo stico inizia con il verbo dalla strana vocalizzazione תְּאָכְלֵהוּ: con R. GORDIS, 221, potremmo considerarlo un Pi. o con D. YELLIN si potrebbe pensare ad una variante del Qal, paragonabile all'etiopico *jĕqatĕl* (su questo cf G. GARBINI [1960: 134]). La forma è comunque femminile, come femminile è normalmente il soggetto אֵשׁ. Tuttavia, l'attributo לֹא־נֻפָּח e il verbo יֵרַע seguenti sono al maschile. אֵשׁ può essere anche maschile, come in Ger 48,45 e Sal 104,4; in Ger 20,9, come nel nostro passo, sono usati entrambi i generi. Da un punto di vista sintattico riteniamo il terzo stico una relativa implicita, in funzione attributiva, parallela al participio precedente (e ciò spiegherebbe il maschile della forma verbale). Quanto al verbo יֵרַע lo facciamo derivare da √רעה « pascere », il cui campo semantico è molto ampio (cf *KB*, IV, 1175). La proposta di A. GUILLAUME [1964: 295] è di far derivare יֵרַע da √ירע « essere spaventati », da collegare all'arabo ورع o يرع « essere timidi », e di mettere come soggetto שָׂרִיד « chi resta ». Ma il risultato della sua traduzione è molto debole: « The survivor in his tent is terrified ». La nostra traduzione è già presente in A. SCHULTENS, 483s, il quale, a commento dell'« ignis non sufflatus », cita ESCHILO, *Prometeo*, 358s: ἀλλ' ἦλθεν αὐτῶι Ζηνὸς ἄγρυπνον βέλος, | καταιβάτης κεραυνὸς ἐκπνέων φλόγα « Ma su di lui [= Tifone] venne il dardo vigilante di Zeus, il fulmine che s'abbatte in una fiamma di fuoco ». Si veda anche *Prometeo*, 879s.

**22**,10 *Per questo, ti accerchiano trappole,*
*la paura ti atterrisce all'improvviso,*
11 *per il buio[147] non sei in grado di vedere*
*e acque impetuose ti sommergono.*

La sequenza delle immagini è molto efficace. C'interessa notare la sintassi simbolica, che pone in parallelo simboli venatori (la « trappola »), il terrore del buio, su cui ci soffermeremo tra breve, e la valenza negativa dell'acqua. A proposito di quest'ultima, G. Bachelard, parlando dell'opera di Edgar Poe, ha mostrato magistralmente l'aspetto inquietante dell'acqua ostile: il *mare tenebrarum* come doppione della tenebra e « substance symbolique de la mort ».[148] Nella letteratura biblica abbiamo una ricca collezione di testi in cui appare il simbolo dell'acqua ostile; primo fra tutti va ricordato il *mabbûl* di Gn 6-9, con il suo carattere "doppio" di distruzione e di rigenerazione della nuova umanità, le acque dell'esodo, il cui carattere ordalico è esplicitato dal *midrāš* di Sap 19, e i *majim rabbîm*, che non hanno mai perso completamente la loro originaria identificazione con l'abisso caotico, domato dal Creatore. A mo' di esempio –citiamo solo alcuni testi, in cui il simbolo è particolarmente vivo – si vedano Is 8,5-10 (interessantissimo per la trasformazione narrativa del simbolo); Ct 8,7 e Sap 5,21-23.

Ritorniamo al nostro cap. 11. Il secondo asse simbolico cui dobbiamo prestare attenzione è la *notte sicura*, sviluppato nei vv. 18b-19a. Nella poetica salmica il simbolo è presente in Sal 3,6 e 4,9,[149] ed è amato anche dai sapienti (cf Pro 3,24). Lo spazio e il tempo del sonno non appartengono al dormiente. La coscienza si ritira dal suo compito di vigilanza. C'è bisogno di un'altra sentinella, che prenda il suo posto e permetta di abbandonarsi, con sicurezza, tra le braccia del sonno. Si legga al riguardo il bellissimo quadretto – purtroppo di difficile interpretazione – di Is 21,11s:

---

[146] Simboli analoghi sono usati da Elifaz anche nel suo secondo intervento (cf 15,20-24), che tuttavia avremo modo di studiare nel prossimo paragrafo. Alle tenebre, si uniscono in quei versetti il terrore e la paura, temi su cui ritorneremo tra poco.

[147] Dal momento che la LXX ha tradotto con τὸ φῶς σοι σκότος ἀπέβη, a partire da E. O. A. MERX in poi, molti commentatori propongono di correggere in אוֹר חָשֵׁךְ ripetendo la costruzione di 18,6. Tuttavia l'emendamento non è necessario. חֹשֶׁךְ potrebbe essere un accusativo con valore causale (cf *GK*, § 118l; un esempio analogo si può trovare in Is 7,25 יִרְאַת שָׁמִיר וָשָׁיִת « per paura di spine e rovi »). Il secondo stico è ripetuto in 38,34.

[148] G. DURAND [1969: 103s], che rimanda a G. BACHELARD [1942: 66-78]: « La nuit seule donnerait une peur moins physique. L'eau seule donnerait des hantises plus claires. L'eau dans la nuit donne une peur pénétrante » (p. 119s). È un ulteriore esempio di ambivalenza del simbolo.

[149] Cf L. ALONSO SCHÖKEL - C. CARNITI [1991-1993: I, 175; tr. it. I, 194s]. P. CLAUDEL parafrasava così Sal 4,9: « Il y a cette paix en moi, qui va à la rencontre du sommeil. Il y a ce trésor en moi d'une espérance que Tu m'as donnée, afin que nous nous la partagions à nous deux » (citato da L. JACQUET [1975: 259]).

11. « *šōmēr, mah–mil-lajlâ?*              « Sentinella, qual nuova dalla notte?
*šōmēr, mah–mil-lêl?* ».                  Sentinella, qual nuova dalla notte? ».
12. *ʾāmar šōmēr:*                        Rispose la sentinella:
« *ʾātâ bōqer wᵉgam–lajlâ,*              « Il mattino è giunto, la notte è finita.
*ʾim–tibʿājûn bᵉʿājû,*                   Se volete domandare, domandate;
*šûbû ʾētājû* ».                          venite un'altra volta! ».[150]

Nel Sal 121 è Jнwн stesso la "sentinella" per il suo popolo e l'immagine è il baricentro di tutta la composizione.[151] Con una simile sentinella la notte non fa più paura (cf anche Lv 26,6).[152] Sofar non esplicita chi sarà il custode del sonno del giusto: il simbolo da lui usato tende invece a *eufemizzare*[153] la notte stessa, che Giobbe aveva presentato nella sua ombra terrificante (cf soprattutto 7,4. 13s). Egli si limita ad annullare la *nox atra* di Giobbe, la « *nuit noire* » come la chiamerebbe V. Hugo.[154]

« Du scheinst nur furchtbar – Köstlicher Balsam / Träuft aus deiner Hand », cantava Novalis nei suoi *Hymnen an die Nacht*.[155] L'eufemizzazione dell'*horror noctis*,[156] che tanta parte ha nei miti, nelle credenze e

---

[150] Il passo è molto difficile, essendo un oracolo e, per di più, brevissimo. L. ALONSO SCHÖKEL - J. L. SICRE DÍAZ [1980: I, 195; tr. it. 215], lo definisce « uno de los oráculos más enigmáticos del AT ». Ottimo esempio di ironia paradossale, secondo L. ALONSO SCHÖKEL [1987: 189; tr. it. 198]. In 12a, וְגַם va interpretato come verbo da√גמם « finire »: la prima parte del versetto lo conferma, come anche il parallelo arabo جمّ « essere abbondante » o « colmare la misura » (anche nella forma جمّ: – cf *Lane*, II, 448-50). Si veda anche A. SCHEIBER [1961: 455s].

[151] L. ALONSO SCHÖKEL - C. CARNITI [1991-1993: II, 1474; tr. it. II, 635]. In un computo sillabico, il titolo di יהוה שֹׁמְרֶךָ sta esattamente al centro della composizione, preceduto e seguito da 58 sillabe (*ibid.*, solo tr. it. 635).

[152] Nella composizione del Sal 121 l'eufemizzazione della notte è data poeticamente dalla quadruplice ripetizione di una litote (espressione negativa di contenuto positivo), che è la figura retorica tipica del *Regime notturno* (cf G. DURAND [1969: 318 e 489s].

[153] Il *Regime notturno* dell'immagine è costantemente sotto il segno dell'eufemismo e dell'antifrasi (cf G. DURAND [1969: 224]): nel mezzo della notte lo spirito cerca la sua luce e la "caduta" si eufemizza in "discesa", l'"abisso" diventa "caverna" (o simili).
L'eufemizzazione si fonda sulla polivalenza del simbolo ed è espressione di quel polarismo insito in ogni percezione simbolica. Tuttavia, è una "tonalità" particolare con cui l'immagine viene descritta o percepita. La notte può essere oscura o luminosa: ma una descrizione eufemizzante "rimuove" la polarità negativa dal proprio campo percettivo.

[154] Citato da G. GENETTE [1969: 115]. Nel medesimo contesto, Genette cita anche un verso di J. RACINE, la cui fonetica rende molto bene il senso dell'orrore della notte: « C'était pendant l'horreur d'une profonde nuit ». L. ALONSO SCHÖKEL ci ha suggerito un equivalente verso di LUIS DE GÓNGORA Y ARGOTE: « infame turba de nocturnas aves ».

[155] Sono tre versi (76-78) del *Primo inno alla notte* (cf NOVALIS [1978: 150]).

[156] Si veda, ad es., J. HEMPEL [1960: 362s]: « Für unsern jetzigen Zusammenhang ist herauszustellen, daß von den Ängsten der Fiebernächte mit ihren wüsten Träumen und Halluzinationen wie von den allzu häufig bei Nacht erfolgenden Gefährdungen durch Bestien, Räuber und Gespenster her das Dunkel *als solches* als Sphäre der Not erscheint [...] ». Questa valenza della notte va generalizzata e non limitata a coloro che giacciono malati o in pericolo di morte, come sembra sostenere J. HEMPEL.

nei racconti popolari di tutti i popoli, è un simbolo perspicuo di sicurezza e di "solarità" antifrastica. Sarebbero molte le citazioni a disposizione: dalla demone notturna *Lîlît* agli scongiuri mesopotamici contro i demoni della notte.[157] Nello stesso processo si potrebbe ricordare la ricca documentazione letteraria e iconografica della tradizione egiziana circa il viaggio notturno del Sole (in particolare l'*Amduat*),[158] quando il dio-sole (*R'w*) entra nella Dat (*Dȝt*) e deve affrontare, aiutato da Seth, il serpente Apophis, prima di rinascere il mattino seguente (settima ora dell'*Amduat*).[159] Le parole di Sofar assicurano la vittoria sulla paura della notte, negandola. Ma la vittoria sulla notte, come mostreranno i discorsi divini, si potrà affermare anche in altro modo, perché essa è il grembo da cui nasce il giorno, corrispettivo esistenziale della vittoria della luce sulla potenza caotica delle tenebre. Non è soltanto un uso pragmatico degli alberghi moderni calcolare il numero dei giorni computando le notti: pressoché tutte le culture antiche,[160] come anche la cultura biblica (cf Gn 1) e le tradizioni liturgiche ebraica e cristiana, iniziano il giorno a partire dal tramonto del giorno precedente. È la notte che genera il giorno, e non viceversa.

Nell'alternativa negativa del v. 20 non abbiamo il simbolismo del sonno sicuro, ma il "luogo di rifugio" (*mānôs*). Non un "tempo", ma un "luogo" sicuro viene negato al malvagio. In ogni modo, si tratta di un simbolo di intimità (*Regime notturno*), che G. Durand[161] scopre come isomorfo delle tenebre, in quanto anche la caverna, nella sua ambivalenza,[162] ha sempre bisogno di eufemizzazione per poter diventare luogo di rifugio.[163] Davide (2 Sam 22,3), Geremia (16,19) e Sal 59,17 lo attribuiscono a Dio stesso come predicato.

Da ultimo, la speranza. La speranza è un nodo nevralgico nell'esperienza di Giobbe (cf 4,6; 6,8; 7,6; 14,7. 19; 17,15; 19,10; 27,8) e sarà l'approdo finale in 42,6. Ma, a fondarla, non basta la riaffermazione del principio ideologico e solare di Sofar (v. 18a e 20b), già ribadito da Elifaz in 5,16 e da Bildad in 8,13-15. Il più grande miracolo è davvero la speranza, perché la fede è "forma" della speranza (cf Eb 11,1; tutto il capitolo è un'illustrazione di questo tema). Sono indimenticabili alcune frasi di

---

[157] Si veda lo studio di C. J. BLEEKER [1963b], molto breve, ma ricco e stimolante. E inoltre: G. BACHELARD [1948: 76-79], G. DURAND [1969: 97-99].

[158] Si veda la bibliografia a pag. 114[49], in particolare B. JANOWSKI [1989: 135-54].

[159] Cf E. TH. REIMBOLD [1970: 125-27] e B. JANOWSKI [1989: 149].

[160] Si veda *DSym*, 682, per la documentazione.

[161] G. DURAND [1969: 275s].

[162] L'ambivalenza della "grotta" è stata messa in luce dall'analisi sempre cattivante di G. BACHELARD [1948: 194-97]: in ogni « grotte d'émerveillement » sussiste sempre la « caverne d'effroi » (p. 197).

[163] G. BACHELARD [1948: 200]

M.me Gervaise nel *Portico del mistero della seconda virtù* di Charles Péguy, in quel suo stile saldamente fluttuante:

> *La foi que j'aime le mieux, dit Dieu, c'est l'espérance.*
> *La foi ça ne m'étonne pas.*
> *Ça n'est pas étonnant. [...]*
> *La charité, dit Dieu, ça ne m'étonne pas.*
> *Ça n'est pas étonnant. [...]*
> *Mais l'espérance, dit Dieu, voilà ce qui m'étonne.*
> *Moi-même.*
> *Ça c'est étonnant.*
> *Que ces pauvres enfants voient comme tout ça se passe*
> *       et qu'ils croient que demain ça ira mieux.*
> *Qu'ils voient comme ça se passe aujourd'hui*
> *       et qu'ils croient que ça ira mieux demain matin.*
> *Ça c'est étonnant et c'est bien la plus grande merveille de notre grâce.*
> *Et j'en suis étonné moi-même.*[164]

*Questa* speranza potrà riaccendersi in Giobbe solo incontrando un Dio *diverso*, come solennemente egli stesso afferma in 19,25-27. Perché la speranza è Dio.


## 4. IL REGISTRO ESISTENZIALE E METAFISICO

Non vi sono molte sezioni nei discorsi degli amici che sviluppano questo registro. Una, tuttavia, merita di essere affrontata nel suo insieme, sia per l'importanza strutturale nella trama del dramma, sia per le allusioni mitiche e l'utilizzo dell'asse simbolico luce e tenebre. Parliamo del secondo intervento di Elifaz (cap. 15).

Un lungo discorso di Elifaz aveva aperto il primo ciclo di dialoghi, un altrettanto lungo intervento apre il secondo. A dire il vero, questo capitolo sviluppa tutt'e tre i registri che abbiamo distinto nella nostra analisi per ragioni espositive: è un'ulteriore conferma che ogni schema risulta alla fine troppo rigido nei riguardi di una composizione di alto profilo poetico.

Troveremo elementi simbolici che abbiamo già avuto occasione di discutere. Su di essi sorvoleremo, per concentrare invece la nostra attenzione su alcune sezioni, che hanno apporti notevoli per il registro esistenziale e metafisico.

---

[164] CH. PÉGUY [1957: 529 e 532; tr. it. 161 e 164].

## Gb 15,2-35: « Sei forse stato generato come primo uomo? »

### 4.1 Il testo

2    *Può un saggio rispondere con ventosa conoscenza*[165]
     *e riempirsi di Qadīm i suoi polmoni,*[166]
3    *argomentando*[167] *con ragioni inconsistenti*[168]
     *e con*[169] *discorsi anodini?*
4    *Ma tu, tu*[170] *distruggi la religione!*
     *Tu svaluti*[171] *la supplica a El!*
5    *Poiché la tua bocca moltiplica la tua colpa,*[172]
     *scegliendo il linguaggio dei furbi;*[173]

---

[165] דַּעַת־רוּחַ può essere accusativo di relazione (« rispondere con ventosa conoscenza »: cf 32,12; 40,2) oppure oggetto della risposta (« controbattere ventosa conoscenza »: cf Gn 41,16; Pro 18,23; Ne 8,6). Per il parallelismo, preferiamo la prima possibilità. La traduzione vuole alludere a *Eneide* XI, 389-91: *an tibi Mavors / ventosa in lingua pedibusque fugacibus istis / semper erit?* (testo critico in VERGILIUS [1907: 363]).

[166] Lett.: « il suo ventre ». Preferiamo la precisazione in italiano. קָדִים è il vento dell'est e lo lasciamo come nome proprio. Non vogliamo essere troppo audaci, ma di fronte a questa immagine è impossibile non pensare a *Enūma eliš* IV, 99, riferito a Tiāmat: *iz-zu-ti šārē kar-ša-ša i-ṣa-nu-ma* « e i venti furiosi le gonfiarono il ventre ».

[167] הוֹכֵחַ è infinito assoluto con valore circostanziale (cf *GK*, § 113h).

[168] Il verbo √סכן « aver cura di » (cf l'akkadico di Tell el-ʿAmārna *sakānu* [*AHw*, 1011]; in fenicio il *škn* era il « prefetto ») ha normalmente in Giobbe la sfumatura di « giovare »: cf 22,2; 34,9; 35,3. Il suggerimento di E. LIPIŃSKI [1980: 73s] di trovare qui il significato etimologico di √סכן « incorrere in un pericolo », come in Qo 10,9, è fuori luogo a causa del parallelismo.

[169] וּמִלִּים prende la stessa preposizione di בְּדָבָר del primo stico (*double-duty modifier*), come già aveva ben compreso la LXX (ἐν ῥήμασιν / ἐν λόγοις).

[170] Traduciamo così l'espressione doppiamente enfatica in ebraico: אַתָּה + אַף. L'Hi. di √פרר è l'antonimo di כָּרַת quando l'oggetto è בְּרִית (cf Gn 17,14; Lv 26,15; 26,44...). In questo caso si tratta dell'annullamento del "legame" (*re-ligio*) con Dio, espresso con il merisma יִרְאָה che, com'è noto, è la רֵאשִׁית חָכְמָה (Sal 111,10; Pro 1,7; 4,7).

[171] Il verbo גָּרַע significa propriamente « tagliare, tosare », ma assume diverse sfumature a seconda dell'oggetto. Qui ad esempio equivale a « ridurre » (come in Es 21,10 ed Ez 16,27); verrà ripetuto nel v. 8b con il senso di « togliere, portar via » (come in 36,7; Dt 4,2; 13,1; Ger 26,2; Qo 3,14).

[172] Lo stico è molto discusso, sia per la determinazione del soggetto, sia per il significato del Pi. di √אלף. Syr (ܪܥܐܠ), LXX (ἔνοχος εἶ ῥήμασιν στόματός σου) scelgono פִּיךָ come soggetto; Vg invece עֲוֹנֶךָ: *docuit enim iniquitas tua os tuum*. Il Tg riproduce l'ambiguità del TM (ארום יאלף סורחנך פומך). Il parallelismo con il secondo stico e il versetto seguente, pur non essendo ragioni decisive, ci fanno propendere per la soluzione di Syr e LXX (non molto condivisa dai commentatori moderni, ma accolta da J. MERCERUS, A. SCHULTENS, J. G. EICHHORN, F. W. K. UMBREIT, H. G. A. EWALD, S. LEE, L. HIRZEL, A. HEILIGSTEDT). M. DAHOOD [1963b: 294] e A. C. M. BLOMMERDE [1969: 73] stanno con questa scelta e leggono יַאֲלֵף come Pi. di √אלף II, denominativo di אֶלֶף « mille », con il significato di « moltiplicare per mille »; il verbo (in Hi.) è attestato in Sal 144,13. Condividiamo questo significato.

6    *la tua stessa bocca ti condanna, non io;*
     *contro di te testimoniano[174] le tue labbra.*

7    *Sei forse stato generato come primo uomo?*
     *Sei stato partorito prima delle colline?*

8    *Hai forse preso parte[175] al consiglio di Eloah*
     *e ti sei portato via la sapienza?*

9    *Che cosa sai più di noi?*
     *Che cosa capisci in più rispetto a noi?[176]*

10   *Tra di noi vi sono canizie venerande,[177]*
     *più anziani di tuo padre.*

11   *Sono troppo poca cosa per te le consolazioni di El*
     *e la parola che ti viene rivolta con dolcezza?[178]*

12   *Che cosa ti ha portato via il senno?[179]*
     *A che cosa ammiccano[180] i tuoi occhi?*

---

[173] Lett.: « e tu scegli il linguaggio dei furbi ». Si potrebbe interpretare עֲרוּמִים come plurale di astrazione (così A. C. M. BLOMMERDE [1969: 73]; è accettato da L. ALONSO SCHÖKEL - J. L. SICRE DÍAZ, 238; tr. it. 271). Noi preferiamo il concreto. BLOMMERDE propone di trovare in עֲרוּמִים il complemento oggetto e in לְשׁוֹן il soggetto del secondo stico. La sua traduzione, improbabile: « since your tongue chooses guile ». Ma è molto più elegante il parallelo tra una parte del corpo (= la tua bocca) e il soggetto personale.

[174] Il maschile יַעֲנוּ ha come soggetto il femminile duale שְׂפָתֶיךָ, come in Sal 11,4; Pro 1,16; 5,2; 26,23 (cf GK, § 121d). Un sintagma analogo si può trovare in 2 Sam 1,16: פִּיךָ עָנָה בְךָ.

[175] Il sintagma בְּ שָׁמַע nel senso di « prender parte a » può essere dedotto dal significato di « testimone » assunto soprattutto dal participio שֹׁמֵעַ, come in akkadico šāmeʾānu (AHw, 1156); si vedano i testi in KB, IV, 1453.

[176] Letteralmente: « Che cosa sai e noi non sappiamo? [Che cosa] comprendi e questo non è con noi? ».

[177] « Canizie venerande »: intendiamo l'ebraico גַּם־שָׂב גַּם־יָשִׁישׁ a modo di endiadi. שָׂב (participio di שִׂיב: cf 1 Sam 12,2) appare soprattutto nel tardo ebraico (Sir 8,9; 32,3; 42,8): è però ben attestato in akkadico (šību), aramaico (סָב), siriaco (ܣܐܒ), arabo (شيب √) ed etiopico (ሦበ: cf LLÆ, 264 e Leslau, 539), e significa « avere i capelli bianchi ». יָשִׁישׁ « anziano » (cf 12,12; 29,8; 32,6; Sir 42,8).

[178] אַט « gentilezza, dolcezza » con לְ come in 2 Sam 18,5; Is 8,6; è usato come accusativo avverbiale in 1 Re 21,27.

[179] Lett.: « il cuore », ma la nostra simbolica anatomica è diversa. A. C. M. BLOMMERDE [1969: 73], riprendendo M. DAHOOD, sottolinea il valore dativale del suffisso di יִקָּחֲךָ che era già stato notato da N. H. TUR-SINAI, 249s (cf il sintagma in Os 4,11s).

[180] Il TM ha יִרְזְמוּן (5 Mss correggono in יִרְמְזוּן: cf G. B. DE ROSSI [1784-1787: IV, 111]. La LXX (ἐπήνεγκαν) sembra aver letto יִרְמוֹן (così anche 1 Ms ebraico); Syr conferma il TM, ma nella forma con metatesi רמז√ (ܘܠܚܫܐ ܚܛܝܐ ܚܕܗܘܠ); Vg esplicita parafrasando (et quasi magna cogitans adtonitos hàbes oculos). Il verbo רזם√ sarebbe attestato solo nel nostro passo. Nelle lettere di Lakish (III, 5; KAI, 193, 5) la lettura è molto dubbia secondo G. I. DAVIES [1991: 1s] e del tutto esclusa da R. DE VAUX [1939: 189], che legge עי׳ן, e da A. LEMAIRE [1977: 102], che legge אזן. Si potrebbe spiegare come semplice metatesi, in quanto il verbo è presente, oltre che in siriaco, anche in arabo رمز sempre con il significato di « far cenni » (con gli occhi). N. H. TUR-SINAI, 250, vorrebbe collegarlo con l'arabo رزم « divenire debole, diminuire », ma il campo semantico di questo

13    *visto che scagli contro El la tua ira,*[181]
      *lasciando uscire dalla tua bocca tali parole.*

14    *Che cos'è il mortale per poter essere puro*
      *e il nato da donna per poter essere innocente?*

15    *Se*[182] *non si fida nemmeno dei suoi santi,*[183]
      *e neppure gli esseri celesti*[184] *sono puri ai suoi occhi,*

16    *quanto più detestabile e corrotto*[185]
      *è l'uomo, che tracanna ingiustizia come acqua.*

17    *Te lo spiego: ascoltami!*
      *Ti racconto quanto ho contemplato in visione,*[186]

18    *quanto i sapienti hanno proclamato*
      *e i loro padri non tennero a loro nascosto*[187]

19    *– a loro soltanto fu dato il paese*
      *e nessun straniero dimorava*[188] *in mezzo a loro.*

20    *Tutti i giorni del malvagio passano nel tormento*[189]

---

verbo è troppo specifico (cf *Lane*, III, 1077s). La sua proposta è accolta da M. H. POPE, 116.

[181] Già la LXX aveva intuito la corretta sfumatura di רוּחֲךָ, traducendo con θυμόν (cf anche É. P. DHORME, 193 e molti contemporanei). Questa sfumatura di רוּחַ andrebbe bene anche in Pro 16,32; 25,28 e 29,11. La Vg, invece, lo pone come soggetto: *quid tumet contra Deum spiritus tuus.*

[182] הֵן anche qui equivale a אִם (A. C. M. BLOMMERDE [1969: 28] e pag. 140[153]).

[183] Leggiamo con Q בִּקְדֹשָׁיו; tuttavia il K potrebbe essere tenuto come *scriptio defectiva.*

[184] שָׁמַיִם qui comprende evidentemente tutti coloro che popolano il cielo, compresi gli astri, come afferma Bildad in 25,5.

[185] Abbiamo due participi Ni., di cui il primo, da √תעב, ha valore gerundivo (cf *GK*, § 116e). Li prendiamo come il predicato del soggetto אִישׁ, che si trova all'inizio del secondo stico (con LXX e Vg, anche A. C. M. BLOMMERDE [1969: 74]). Vg (*quanto magis*) e Sym (πόσῳ μᾶλλον; cf J. ZIEGLER [1982: 277]) hanno reso bene l'argomento *a fortiori*.

[186] חָזִיתִי non è רָאִיתִי: nel verbo usato dal "visionario" Elifaz si può scorgere un riferimento a 4,12-21, di cui ha appena ricordato il messaggio. Il verbo חָזָה sarà usato da Giobbe in 19,26s, quando proclama la sua speranza; negativamente in 23,9; 24,1; con ironia in 27,12 (Elihu in 34,32; 36,25); per il corrispondente sostantivo חִזָּיוֹן si veda 4,13; 7,14; 20,8 (33,15). La costruzione sintattica di questo stico si spiega dando a זֶה il valore di relativo (cf 19,19; Sal 23,22; 74,2; 104,8) e leggendo il *waw* di וַאֲסַפְּרָה come *waw apodoseos* dopo frase relativa (cf *GK*, § 143d).

[187] G. BEER e B. DUHM avevano proposto di rivocalizzare il TM וְלֹא כִחֲדוּ מֵאֲבוֹתָם in modo leggermente diverso: וְלֹא כִחֲדוּם אֲבוֹתָם (cf anche N. H. TUR-SINAI, 251); e così il *mem* da preposizione diviene suffisso pronominale. N. M. SARNA [1955: 110], M. DAHOOD [1962: 70], M. H. POPE, 116, A. C. M. BLOMMERDE [1969: 74], lo leggono come *mem* enclitico.

[188] A. GUILLAUME [1968: 95], partendo dalla distinzione possibile in arabo tra عَبَرَ « passare » e غَبَرَ « rimanere », un verbo più raro e letterario (cf *Lane*, VI, 2223s), dà al sintagma עָבַר בְּתוֹכָם il significato di « stayed long among them ». Per questo senso di עָבַר si possono citare anche Is 34,10 (אֵין עֹבֵר בָּהּ: detto della condanna di Edom) e Gl 4,17 (וְזָרִים לֹא־יַעַבְרוּ־בָהּ עוֹד) come promessa per la Gerusalemme futura).

    *come il numero di anni*[190] *predestinati all'oppressore.*[191]

21    *Il grido dei Terrori nei suoi orecchi,*
*quando è in pace,*[192] *piomba su di lui il Devastatore.*

22    *Non può far conto*[193] *di ritornare dalle tenebre:*
*è destinato*[194] *alla spada, lui.*

23    *Fugge davanti alla minaccia... ma dove?*[195]

---

[189]  È la risposta di Elifaz alla provocazione di Giobbe in 12,6. In questo primo stico il soggetto è ...כָּל־ e con questo soggetto concorda il verbo מִתְחוֹלֵל (cf *GK*, § 146c), come ha correttamente interpretato la LXX: πᾶς ὁ βίος ἀσεβοῦς ἐν φροντίδι (Aq: ἐν ὀδύνῃ; cf J. ZIEGLER [1982: 278]).

[190]  In questo stico la LXX non coglie la sfumatura esatta del sintagma מִסְפַּר שָׁנִים traducendo ἔτη δὲ ἀριθμητὰ δεδομένα δυνάστῃ. Viene seguita dalla grande maggioranza dei contemporanei. Ma S. R. DRIVER - G. B. GRAY, II, 98, hanno osservato che la traduzione della LXX sarebbe possibile solo se il sintagma fosse מִסְפַּר שְׁנוֹת che noi troviamo in 16,22 (e Nm 9,20). M. DAHOOD [1967a: 428s] e A. C. M. BLOMMERDE [1969: 75s] leggono מִסְפָּר שָׁנִים e traducono: « for beyond number are the years in store for the oppressor ». È una soluzione che distorce l'immagine di Elifaz, il quale sta insistendo sul fatto che il tempo dato ai malvagi è passato nel tormento. « Il numero di anni » è soggetto, in parallelo a « Tutti i giorni del malvagio » del primo stico. Il verbo seguente (נִצְפְּנוּ) è dunque una relativa asindetica.

[191]  A. GUILLAUME [1968: 95] fa notare che עָרִיץ è un attributo che viene affibbiato soprattutto ai babilonesi (cf Is 13,11; Ez 28,7; 30,11).

[192]  La LXX esplicita, parafrasando: ὅταν δοκῇ ἤδη εἰρηνεύειν.

[193]  Diamo a לֹא־יַאֲמִין una sfumatura modale. La LXX lo rende come fosse uno iussivo: μὴ πιστευέτω ἀποστραφῆναι ἀπὸ σκότους. L'Hi. di √אמן ha questo significato anche in 39,12. Anche in Gdc 11,20 vi è l'infinito costrutto senza ל.

[194]  Il K וְצָפוּ è la forma arcaica del participio passivo Qal dei verbi di ל"י (cf *GK*, § 75v; si veda anche עָשׂוּ in 41,25). La correzione del Q in וְצָפוּי è attestata in molti Mss (cf G. B. DE ROSSI [1784-1787: IV, 111]). Quanto al corretto significato, F. HORST, 218s, e M. H. POPE, 117, concordano per la sfumatura di « destinato a ». A. GUILLAUME [1968: 96] ha proposto il parallelo con l'arabo صَفَّ « riservare, porre a parte » (cf *Lane*, IV, 1693). Tuttavia, se così fosse, l'ebraico dovrebbe essere צָפוּף. Per M. DAHOOD [1970: 402] il verbo è צָפָה « far da guardia, controllare » (ugaritico *spj*) e trova in הוּא un caso di pronome indipendente che funge da complemento oggetto; la sua traduzione: « For the gods of desolation (*'elê ḥōreb*) watch him closely ». Ingegnosa, ma inverosimile.

[195]  In questi due versetti la LXX ha una sticometria diversa:

23 κατατέτακται δὲ εἰς σῖτα γυψίν
   οἶδεν δὲ ἐν ἑαυτῷ ὅτι μένει εἰς πτῶμα.
   ἡμέρα δὲ αὐτὸν σκοτεινὴ στροβήσει
24 ἀνάγκη δὲ καὶ θλῖψις αὐτὸν καθέξει,
   ὥσπερ στρατηγὸς πρωτοστάτης πίπτων.

Viene seguita da un buon numero di moderni (si veda la rassegna in L. ALONSO SCHÖKEL - J. L. SICRE DÍAZ, 239; tr. it. 271; ad essi bisogna aggiungere N. C. HABEL e D. J. A. CLINES). Proprio sulla base della LXX, a partire da E. O. A. MERX, si sono abbastanza imposti questi emendamenti per 23a: 1) rivocalizzare il TM אַיֵּה « dove? » in אַיָּה « avvoltoio »; 2) cambiare בְּיָדוֹ in פִּידוֹ visto che la LXX traduce פִּיד con πτῶμα anche in Gb 31,29. A nostro parere: 1) la Syr ha capito che לחם (da√לחם I) ha qui il significato di « minaccia », attestato in siriaco (cf *LSyr*, 364); dalla Syr viene esplicitato come « minaccia del giudizio » (ܠܠܘܣܡ ܪܗ.ܕܕ); non c'è bisogno quindi di correggere l'interrogativo

> *Sa che è pronto davanti a lui il giorno delle tenebre.*
>
> 24    *Lo terrorizza la paura* [196]
> *e l'angoscia l'opprime,*
> *come il re* [197] *pronto per l'attacco,* [198]
>
> 25    *quando stese la sua mano contro El*
> *e volle mostrarsi forte* [199] *contro Šaddai:*
> 26    *corse contro di lui a collo dritto,* [200]
> *dietro uno scudo massiccio e umbonato,*
> 27    *ma [El] gli coprì il volto col suo grasso,* [201]

---

אַיֵּה; 2) בְּיָדוֹ è la forma non contratta di בַּדּוֹ, preposizione ormai lessicalizzata (con suffisso), che significa « davanti a lui » (cf pag. 217[73]); è necessario quindi mantenere l'ossimoro יוֹם חֹשֶׁךְ, come soggetto della frase oggettiva.

[196]    Per ragioni di concordanza verbale leggiamo il versetto a tre stichi, contro la sticometria massoretica, seguendo A. B. EHRLICH, 243, e F. HORST, 219. Il verbo יְבַעֲתֻהוּ ha come soggetto צַר « ansia, paura » e dunque, nella nostra scelta va vocalizzato al singolare יְבַעֲתֻהוּ come fa anche la LXX; il secondo stico ha come soggetto מְצוּקָה « angoscia », per cui il verbo תִּתְקְפֵהוּ va bene al femminile. La proposta di N. H. TUR-SINAI, 255, di prendere lo ה dalla finale della parola precedente e il כ dall'iniziale della seguente per ottenere הִתְתַּקֵּף הֵךְ « si cinse come », è troppo macchinosa e inutile.

[197]    Non si tratta di un re qualsiasi e per questo vocalizziamo כַּמֶּלֶךְ. A parte Gb 29,25, מֶלֶךְ ricorre infatti in 18,14 (מֶלֶךְ בַּלָּהוֹת: « il re dei terrori », i.e. il re degli inferi) e in 41,26, quale predicato di Leviatan. Anche l'attributo עָתִיד ci rimanda a 3,8 (cf pag. 107[15]) e al combattimento mitico delle origini, esplicitato dalla descrizione dei difficili vv. 25-28. Non è un caso che la LXX non avesse i vv. 26s (sono infatti asteriscati, in quanto sono presi da Th). A. GUILLAUME [1968: 95] vi trova la descrizione della vicenda di Nabonide; allusione possibile anche per F. HORST, 232s.

[198]    È difficile determinare con precisione il significato dell'*hapax* כִּידוֹר: in ugaritico (*UT*, 23,10) *kdr* ricorre una volta associato al generico *'sr* « uccello » e forse potrebbe essere collegato con il siriaco ܟܕܪܐ « uccello da preda » (cf *KB*, II, 450). N. H. TUR-SINAI, 255, lo collega a Is 29,3 (כַּדּוּר) e gli dà il significato di « rebellion, war ». Rimane ancora valida la relazione ipotizzata da É. P. DHORME, 199, con l'arabo كدر che nella VII coniugazione indica l'« irrompere » del nemico o di un uccello da preda (cf *Lane*, VII, 2596).

Per meglio comprendere e apprezzare la descrizione di questo combattimento, ci si potrebbe rifare ai grandi duelli della letteratura epica greca: Omero, *Iliade*, VII, 216-225 (Ettore - Aiace); XI, 349-360 (Ettore - Diomede), XI, 434-471 (Ulisse - Soco), XIII, 643-659 (Menelao - Arpalione).

[199]    Questo significato dell'Hi. di √גבר è attestato anche in 36,9 e in Is 42,13, predicato di JHWH contro i suoi nemici (עַל־אֹיְבָיו יִתְגַּבָּר).

[200]    Il parallelo tra בְּצַוָּאר e מָגֵן ha indotto N. H. TUR-SINAI, 256, a trovare per il primo termine un senso nel campo semantico dell'armatura, precisamente « usbergo » (per proteggere il collo). Si veda la critica di D. J. A. CLINES, 343: non sappiamo se nell'Antico Vicino Oriente fosse mai esistita questa parte dell'armatura; essa è tipica delle armature del nostro Medioevo. L'analogia con Sal 75,6 (בְּצַוָּאר עָתָק) indica piuttosto un atteggiamento di arroganza e di sfida.

[201]    N. H. TUR-SINAI, 256, ha ragione di rifiutare l'interpretazione più comune del versetto quale immagine di benessere e di cercarne il senso in riferimento alla battaglia tra il Titano e Dio. Tuttavia la sua soluzione non convince: il Titano si ungerebbe di grasso, dovendo lottare in acqua a fianco del principe del Mare. Ipoteticamente, noi pensiamo che

*gli fece un'apertura*[202] *sul fianco,*

28 *ed egli dovette stabilirsi in città distrutte,*
*in case in cui nessuno abiterebbe,*
*destinate ad essere un mucchio di pietre.*[203]

29 *Il malvagio*[204] *non continuerà ad esser ricco,*
*non resisterà la sua fortuna,*
*la sua ricchezza non scenderà agli Inferi.*[205]

---

il soggetto dei due verbi sia El stesso che sconfigge il Titano. Alcuni rabbini medievali avevano intuito qualcosa del genere, ma per il v. 26. Le due immagini risultanti sarebbero dunque molto violente, riferendosi alla sanguinosa vittoria di El sul Titano.

[202] Se la nostra interpretazione è, per lo meno, accettabile, l'*hapax* פִּימָה deve avere un significato che possa quadrare con una vittoria crudele. Se al verbo, che regge il sostantivo, lasciamo il significato normale da עָשָׂה I « fare », dobbiamo supporre che פִּימָה indichi *che cosa* viene fatto. Non vi è dunque bisogno di ricorrere al parallelo all'arabo غَشَا « to cover », come aveva suggerito D. W. THOMAS [1966: 192]. Al sostantivo כֶּסֶל lasciamo il significato proprio di « fianco » (o grasso che avvolge i reni). Tenendo presente, ad es., la scena di *Enūma eliš* IV, 99-104 (soprattutto 102!), si può ipotizzare che פִּימָה sia una forma aramaizzante per פֶּה « bocca, apertura » (cf aramaico פּוּמָא, siriaco ܦܘܡܐ e arabo فَم). Possiamo solo considerare ipotetica la proposta... Ma di ipotesi anche più fantasiose è ricca la storia dell'interpretazione di questo versetto: si veda, ad es., F. J. DELITZSCH, 196, che proponeva di trovare un parallelo con il sanscrito *piv* « grasso ».

[203] Lo sconfitto è dunque costretto ad abitare nell'oltretomba. Si ricordi, a questo proposito, il mito dei Titani raccontato da ESIODO (*Theogonia*, 617-735). I Titani alteri (Τιτῆνες ἀγαυοί) sono fulminati da Zeus e ricoperti di pietre dai Centimani e vengono ricacciati nell'Ade, dove Poseidone chiude dietro a loro le porte di bronzo, sorvegliate dai Centimani. Il "mucchio di pietre", che sostituisce un glorioso mausoleo o almeno un'adeguata sepoltura, compare anche in Gs 7,26; 10,27.

[204] Per segnalare che Elifaz riprende il soggetto רָשָׁע lasciato al v. 24, prima della parentesi mitica, e per creare uno stacco, lo esplicitiamo nella traduzione, anche se in italiano risulta uno stico un po' sovraccarico.

[205] LXX: οὐ μὴ βάλῃ ἐπὶ τὴν γῆν σκιάν; Syr: ܘܠܐ ܢܬܒ ܥܠ ܐܪܥܐ ܢܨܒܬܗ (secondo MERX vi sarebbe un errore di ܡܠܐ « parole », plurale di ܡܠܬܐ, per ܡܠܐ « abbondanza »); Vg: *nec mittet in terra radicem suam*; Tg: ולא יתמחח לארעא מנהון (niente di ciò che è loro si estende sulla terra; מִנְלָם = לָם = מִן). Le antiche versioni, con le loro divergenze, dimostrano che vi sono tre problemi di vocabolario: 1) il verbo נָטָה – 2) אֶרֶץ – 3) מִנְלָם. Cominciamo da quest'utlimo problema, ricordando la spiegazione già offerta da SAADIAH (X sec.), che poneva in relazione l'*hapax* מנלם con l'arabo مِنال « acquisto, possedimento » (da √نيل VI « acquisire »), attestato ora anche in fenicio (*KAI*, 13,7: ʾl jnl zrˁ bḥjm « non abbia discendenza tra i vivi ») e, a quanto sembra, nell'eblaita *ma-ni-lum* (cf M. DAHOOD [1978: 430] e [1984: 461]). Nei dizionari bilingui di Ebla, *ma-ni-lum* traduce il sumerico ÁB « vacca / possesso » (cf G. PETTINATO [1979: 262]) e l'oscuro NE.DI (MEE 1, n. 4939 rev. III 33-34 = TM.75.G.10036; l'equivalente eblaita in MEE 1, n. 1438 rev. XI 26-27 = TM.75.G.2000 è *ma-ni-lu-um*). La corretta vocalizzazione ebraica sarebbe dunque *מְנִיל. La forma מנלם potrebbe essere un plurale in *scriptio defectiva*; oppure singolare con il *mem* enclitico (cf lo stesso M. DAHOOD [1962: 60s], seguito da A. C. M. BLOMMERDE [1969: 77] e da M. H. POPE, 118); o ancora, singolare con il suffisso pronominale di 3ª plurale (sul cambio tra la 3ª singolare e la 3ª plurale si veda a pag. 155[245]). Per gli altri due problemi, seguiamo M. DAHOOD [1962: 60s]: אֶרֶץ « inferi », come capita

30     *Egli non sfuggirà alle tenebre:*[206]
       *la fiamma infernale*[207] *seccherà la sua progenie,*
       *che finirà dentro le sue larghe fauci.*[208]
31     *Non si affidi alla vacuità, sbagliandosi,*[209]
       *perché la vacuità sarà la sua mercede.*[210]
32     *Precocemente appassirà*[211]
       *e i suoi rami non rinverdiranno.*
33     *Sarà come vite che danneggia il suo agresto*
       *o come ulivo che sbalza la sua mignola.*
34     *Poiché la banda degli empi è sterile*
       *e il fuoco divora le tende dei corrotti.*[212]

---

frequentemente in ugaritico (cf *KB,* I, 88), qui in parallelo con חֹשֶׁךְ (v. 30a); נָטָה Qal
« declinare, scendere » (cf *KB,* III, 654), senza bisogno di vocalizzarlo Hi. (come propone
M. DAHOOD [1978: 430]).

[206]  Nonostante la somiglianza con il v. 22a, non ci sono ragioni per omettere questo
stico; l'immagine è, tra l'altro, coerente con 29b e il resto del versetto (contro D. J. A.
CLINES, 362).

[207]  שַׁלְהֶבֶת « fiamma » dello Šeʾol (anche in Ez 21,3; Ct 8,6; Sir 51,4); cf aramaico
שַׁלְהוֹבִיתָא e siriaco ܫܲܠܗܘܼܒܝܼܬ, Šaphʿel da √ܠܗܒ « bruciare ». Per il fuoco del Tartaro, si
veda anche ESIODO, *Theogonia,* 697-700.

[208]  Questo terzo stico è molto dibattuto. La LXX (ἐκπέσοι δὲ αὐτοῦ τὸ ἄνθος) ha
ispirato molte congetture tra i commentatori moderni (si veda una rassegna in D. J. A.
CLINES, 344). La nostra traduzione ripropone un'intuizione di M. DAHOOD [1969: 343]:
invece del TM רוּחַ vocalizzare רֶוַח « ampiezza, larghezza », in parallelo all'arabo رُوح
« essere largo » (*KB,* IV, 1115s, discute se si debba pensare a due radici diverse, come
proponeva *LHAVT,* 760, o se si possa trattare di una sola radice). Il sintagma רֶוַח פִּיו significa « la larghezza della sua [Šeʾol] bocca ». Lo Šeʾol è stato evocato dalle « tenebre » e
dalla « fiamma ». Quanto a בְּ סוּר nel senso di « dirigersi a », si vedano i sintagmi simili in
*KB,* III, 706: importante è comunque il sintagma opposto del primo stico מִן סוּר.

[209]  Sono molte e disparate le soluzioni proposte per questo stico. Tra tutte, ricordiamo quella di A. GUILLAUME [1968: 96], che cerca tre paralleli arabi, a dire il vero per
nulla convincenti. Noi riteniamo che il primo שָׁו sia semplice variazione di שָׁוְא con il medesimo significato di « vanità », probabilmente con sfumatura idolatrica; e diamo al participio Ni. נִתְעָה (da √תעה « errare ») la sfumatura riflessiva, in funzione predicativa del
soggetto. È ingegnosa l'ipotesi di critica testuale di F. PERLES [1895: 54]: a suo parere,
per errore di trasmissione testuale, l'*aleph* che manca a שָׁו va preso dal תמלא del versetto
seguente, che diventerebbe quindi תִּמָּל (da √מלל).

[210]  Essendo applicata la legge del contrappasso, l'immagine commerciale calza bene.
Non sono necessari emendamenti (cf D. J. A. CLINES, 344).

[211]  בְּלֹא־יוֹמוֹ « prima del suo giorno » (cf akkadico *ina lā ūmišu, KB,* II, 487). La
LXX (ἡ τομὴ αὐτοῦ πρὸ ὥρας φθαρήσεται) esplicita l'immagine sostituendo al generico
"egli" un soggetto botanico « il suo tronco ». Per questo G. BEER, K. BUDDE e altri, pren-
dono come soggetto l'ultima parola del versetto precedente, vocalizzandola תְּמוֹרָתוֹ « la
sua palma ». Ma l'aggiunta o il cambio di vocalizzazione non sono necessari. Il verbo
תִּמָּלֵא non avrebbe bisogno di correzioni, se fosse accettata l'ipotesi di forme metaplasti-
che per i verbi ל"ל, come ha notato R. GORDIS, 166, per cui il Ni. da √מלא equivarrebbe al
Ni. da √מלל. Si veda anche l'ipotesi di F. PERLES citata qui sopra, alla nota 209.

35    « *Concepirono miseria, partoriranno disgrazia*
      *il loro grembo sta covando delusione[213]* ».

## 4.2 Analisi retorica

L'estensione del discorso e alcuni punti filologicamente difficili, so-prattutto i vv. 24b-28, non impediscono all'interprete di cogliere il dise-gno retorico del discorso di Elifaz. Questi, innanzitutto, risponde irritato alla *hybris* di Giobbe, evidenziata dalle sue parole arroganti; in un secon-do momento, proclama il principio ideologico che il malvagio non ha fu-turo. I due temi sono separati dall'invito retorico dei vv. 17-19, punto in-discutibile di cesura nel discorso.[214] Non è possibile, tuttavia, disgiungere completamente le due parti, come fossero tra loro indipendenti. L'analisi seguente lo mostrerà.

La prima sferzante accusa, diretta contro Giobbe (v. 4: *ʾap-ʾattâ*), isola l'esordio del discorso; un esordio, che dà alle parole di Elifaz la to-nalità di "disputa sapienziale".[215] Il campo semantico della strumentazio-ne linguistica unisce i vv. 5-6 (*lāšôn, śᵉpātèkā*, ripetizione di *pîkā*). Essi fungono da motivazione (*kî*) che specifica l'accusa generica del v. 4: alla condizione di colpa, comune a tutti i mortali, Giobbe ha aggiunto la *hybris* di una parola irriverente nei riguardi di Dio. Per illustrare l'accusa, Elifaz allude al mito del "primo uomo" (*riʾšôn ʾādām*): le due domande (vv. 7-8), ironicamente, vogliono far avvertire a Giobbe la sproporzione tra il suo desiderio titanico di rubare la *ḥokmâ* e la sua effettiva condizione di uomo, che verrà illustrata di seguito.

Dall'illusoria presunzione di Giobbe nasce il confronto tra la "cono-scenza" del protagonista e degli amici (v. 9). Per fondare la sua, Elifaz si appella al principio d'anzianità (v. 10). Il verbo *jādaʿ*, baricentro del con-fronto, richiama la *daʿat-rûᵃḥ* dell'esordio. Con il v. 9 inizia infatti un nuovo sviluppo dell'accusa. Giobbe non sa più riconoscere le consolazioni di Dio e l'aiuto degli amici (v. 11). Egli "ha perso la testa" e per questo

---

[212] שֹׁחַד « bustarella, tangente » è un concreto per indicare la corruzione. Il sintagma ebraico אָהֳלֵי־שֹׁחַד potrebbe anche essere inteso al singolare « la tenda del corrotto », come suggerisce A. C. M. BLOMMERDE [1969: 77].

[213] Il versetto probabilmente è un detto proverbiale, citato anche in Is 59,4; Sal 7,15; e similmente anche in Is 33,11. In Is 59,4 si usano infiniti assoluti in luogo di verbi finiti, come nel primo stico. L'ultimo sostantivo, מִרְמָה può avere un senso oggettivo (« falsi-tà »), come in Giobbe in 31,5b, in un contesto idolatrico; oppure soggettivo (« disingan-no »), come nel nostro caso e in Pro 14,8. 25.

[214] D. WOLFERS [1993: 400s], dà molta forza a questa cesura, tanto da considerare l'intervento di Elifaz composto da due discorsi: il primo (vv. 2-16) concluderebbe il primo ciclo di dialoghi, mentre il secondo (vv. 17-35) aprirebbe il secondo (cf quanto abbiamo già detto a pag. 96[209]). Si vedano anche C. WESTERMANN [1956: 43s. 93s], L. ALONSO SCHÖKEL - J. L. SICRE DÍAZ, 241s; tr. it. 273s, e N. C. HABEL, 248-52.

[215] Cf C. WESTERMANN [1956: 43s] che, per la prima parte del discorso, parla di *Streitgespräch* e più precisamente di *Zurechtweisen*.

sragiona (vv. 12-13). Si noti in questi ultimi versetti il coinvolgimento delle varie dimensioni antropologiche: la "mente" (*lēb* nell'antropologia ebraica), i "sensi" (*ʿênèkā*), la "passione" (*rûªḥ,* qui equivalente a ira) e la "bocca" (*pîkā*), che ci ricollega ai vv. 5-6. La "parola" è dunque l'errore di Giobbe: e lo spettatore, alla fine del dramma, se lo ricorderà, nel momento in cui Dio pronuncia il suo verdetto, rivolto proprio a Elifaz (cf 42,7s).

Il parallelo tra *tiwwālēd* del v. 7a e *jᵉlûd ʾiššâ* del v. 14b crea un contrappunto esistenziale evidente. Contro la fallace arroganza del "primo uomo", reimpersonata da Giobbe, Elifaz ritorna alla sua "visione", per dedurne la considerazione esistenziale autentica (vv. 14-16): l'uomo è « detestabile e corrotto », uno che « tracanna ingiustizia come acqua ».

La seconda parte del discorso, che si apre con l'esortazione dei vv. 17-19, inaugura quel martellamento ideologico circa le condizioni di vita del malvagio e del giusto. L'argomento verrà ripreso da tutt'e due gli altri amici nel secondo ciclo di dialoghi: una ripetizione tanto insistentemente voluta dal drammaturgo, perché appaia chiaramente il suo intrinseco esaurimento. In essa, ha un ruolo di rilievo l'asse simbolico di luce e tenebre.

Possiamo distinguere tre sviluppi, in base al soggetto della descrizione. Il primo abbraccia i vv. 20-25: al centro dell'attenzione sono i giorni di vita del malvagio, trascorsi nel tormento e nel terrore di quanto ineluttabilmente sta davanti a lui.

Il secondo sviluppo, generato dal paragone del « re pronto all'attacco » del v. 24b, è una riminiscenza della lotta mitica di colui che ha osato sfidare Dio ed è stato invece precipitato negli inferi (vv. 25-28).[216] Si noti, dal punto di vista sintattico, la sequenza di *wajjiqtol* che unisce i vv. 27-28 e crea uno stacco con il v. 29 seguente;[217] dal punto di vista tematico, siamo invece rimandati al mito del "primo uomo", cui si è alluso nei vv. 7-8. L'unitarietà delle due sezioni del discorso si manifesta anche per le allusioni mitiche comuni.

Il terzo sviluppo (vv. 29-34) torna ad avere come soggetto il malvagio. Ora si guarda al futuro fragile e inconsistente della vita di lui e della sua discendenza. Non sfugge all'orecchio attento la presenza massiccia del vocabolario che indica discendenza o proliferazione: *jōnaqtô, kippātô,*

---

[216] Oltre a N. H. TUR-SINAI, 255-57, che abbiamo già citato nelle note filologiche (cf pag. 240), si vedano anche S. TERRIEN, 129, e, in modo più sfumato, F. HORST, 230-32. Troppo superficiale l'esclusione di D. J. A. CLINES, 360.

[217] Questo impedisce di collegare il v. 28 con quanto segue (cf N. C. HABEL, 250): esso è, al contrario, la conclusione del mito titanico dei vv. 25-27. Anche F. HORST, 220 e 230, considera una strofa a sé stante i vv 25-28. Lo stacco era stato segnalato anche da C. SIEGFRIED, B. DUHM, 84s (che però escludeva il terzo stico del v. 28) e G. BEER [1897: 96], benché costoro deducessero da questo fatto che i versetti fossero un'aggiunta secondaria.

*bisrô, niṣṣātô, galmûd...*[218] Un detto proverbiale chiude questo terzo sviluppo (cf il vocabolario della generazione: *hārōh, jālōd, tākîn*) e insieme l'intero discorso, richiamando, a mo' d'inclusione, la *beṭen* del v. 2:

*Prima sezione: la condizione esistenziale e la conoscenza (15,2-16)*

A. la conoscenza e le parole del sapiente (vv. 2-3)
  B. accusa: annullamento della religione (v. 4)
    C. motivazione e specificazione dell'accusa: la "bocca" (vv. 5-6)
      D. il primo uomo e la sapienza (vv. 7-8)

A'. la conoscenza e l'anzianità (vv. 9-10)
  B'. accusa: rifiuto della consolazione di Dio e degli amici (v. 11)
    C'. motivazione: Giobbe è fuori di sé (cf la "bocca") (vv. 12-13)
      D'. la condizione reale dell'uomo (vv. 14-16)

*Seconda sezione: la vita e la sorte del malvagio (15,17-35)*

*introduzione:* il messaggio dei sapienti (vv. 17-19)

    A. la vita del malvagio (vv. 20-24)
        B. la sorte mitica del "ribelle" contro Dio (vv. 25-28)
    A'. il futuro del malvagio (vv. 29-34)

*conclusione:* detto proverbiale (v. 35)

### 4.3 Analisi simbolica

A questo punto del nostro discorso, dobbiamo porre in evidenza quegli elementi simbolici, su cui non abbiamo ancora avuto modo di sostare. E cominciamo da un tema centrale nella prima sezione, a riguardo della disputa sulla conoscenza: la *parola*. W. Vogels,[219] nella sua ricerca strutturale, ha dato particolare rilievo al "linguaggio" e L. G. Perdue[220] ha rimarcato che la tensione narrativa del dramma di Giobbe è la ricerca del modo corretto di parlare di Dio. Ma è in particolare nel cap. 15 che il tema della "parola" assume un ruolo primario: essa è l'arma brandita dal ribelle Giobbe ed è il capo di accusa che Elifaz imputa all'amico, evocando antiche immagini mitiche.

---

[218] Già C. WESTERMANN [1956: 93s], citando i paralleli dei salmi di lamentazione, e soprattutto il Sal 109, ha evidenziato le tre caratteristiche della sorte dell'empio: senza ricchezza, senza figli e senza ricordo. Quest'ultimo elemento, non presente nel cap. 15, si può tuttavia trovare in altre parti dei discorsi degli amici (cf 8,18; 18,17; 20,8-9).

[219] W. VOGELS [1980].

[220] L. G. PERDUE [1991: 75]: « The book of Job leads to the beginnings of a new metaphorical model of faith. And to use the concluding words of the divine judge, the book aims at *speaking correctly* about God, as Job, his servant, has done. The entire movement of the book is theological, that is, the articulation of language about and to God ».

G. Durand ha dimostrato, in alcune pagine sintetiche, l'isomorfismo tra parola e luce, rintracciabile pressoché in tutte le culture.[221] Non vogliamo ripercorrere la sua ricca sintesi comparativa, ma osservare le trame narrative che il simbolo crea nella nostra pagina. La "parola" di Giobbe viene giudicata come una sfida a Dio, una critica radicale al senso religioso (*jir'â*) e alla preghiera (*śîḥâ*). Il suo attacco spregiudicato è paragonato alla *hybris* dell'*Urmensch* mitico. Il poeta, che ha davanti a sé l'intero dramma, forse condivide, almeno in parte, l'accusa lanciata dal suo personaggio. Ma su un punto sorride, ironico. Elifaz è incapace di offrire a Giobbe un nuovo fondamento del senso religioso e un nuovo modo di vivere la *jir'at JHWH*: questo compito sarà svolto dal cap. 28 e dai discorsi di Dio. Egli si limita a imporre – d'autorità – il principio ideologico, arginando la "parola" di Giobbe con la "parola" dei saggi. Ma la *hokmâ* degli uomini non riesce a far incontrare Giobbe con il Dio della *hokmâ*. Per questo, la parola "luminosa" di Elifaz abbaglia, ma non illumina. Il principio ideologico, che abbiamo già ampiamente illustrato, è sicuramente lucido e incontrovertibile, ma falso, perché non *verificato* dall'esperienza. L'"illuminismo" di Elifaz non risolve l'angoscia di Giobbe e diventa in realtà "oscurantismo". La "parola", nonostante la sua veneranda tradizione, diventa chiacchera nebulosa e oscura, e nasconde il vero volto di Dio.

Il *Regime diurno*, intonato dall'arma della parola, prevale nella pagina e lo vediamo particolarmente attivo nelle due allusioni mitiche; ad esso, si contrappongo però alcuni elementi del *Regime notturno*, e in primo luogo quella struttura metonimica della percezione che, seguendo G. Durand, chiameremo *gulliverizzazione*: il soggetto non percepisce più l'interezza equilibrata della realtà, ma « il dettaglio diviene rappresentativo dell'insieme ».[222] Alla *gigantizzazione* della divinità, condivisa dal protagonista, in Elifaz e negli amici si aggiunge la monotona e insistente svalutazione dell'essere umano, « detestabile e corrotto ». A questo proposito,

[221] Cf G. Durand [1969: 172-77]. Accanto al vangelo giovanneo e al racconto di creazione di Gn 1, Durand ricorda la tradizione egiziana, i testi upaniṣadici, la tradizione germanica... soffermandosi soprattutto sul valore simbolico della recitazione del *mantra*. Al riguardo, citando M. Eliade, afferma che « un *mantra* est un symbole dans le sens archaïque du terme: il est en même temps la réalité symbolisé et le signe symbolisant ». Su questo si veda S. Gupta [1987].
[222] Le figure retoriche di sineddoche e metonimia attuano lo stesso procedimento. Con questo termine, tuttavia, si vuol sottolineare una particolare insistenza del particolare, che raggiunge anche atteggiamenti patologici (cf G. Durand [1969: 315-20]). Al di là delle valenze sessuali che la psicanalisi è subito pronta ad attribuire, utilizziamo il concetto psicologico di *gulliverizzazione* per esprimere quella percezione di oggetti, immagini o problemi come se fossero costituiti solo da una loro parte o da uno degli aspetti che compongono l'insieme (si noti l'analogia con il procedimento metonimico).

non deve andar perduta la valenza esistenziale del messaggio avuto in visione e di nuovo esposto nel nostro discorso (cf v. 14):[223]

> *mâ-ʾĕnôš kî-jizkeh*
> *wᵉkî-jiṣdaq jᵉlûd ʾiššâ.*

La nuova formulazione riecheggia, infatti, la domanda piena di stupore di Sal 8,5 per quel "centro" della creazione che è appunto l'uomo:[224]

> *mâ-ʾĕnôš kî-tizkᵉrennû*
> *ûben-ʾādām kî tipqᵉdennû*

e insieme fa ricordare l'amara parodia pronunciata da Giobbe in 7,17:

> *mâ-ʾĕnôš kî tᵉgaddᵉlennû*
> *wᵉkî-tāšît ʾēlājw libbekā.*

Eccoci, dunque, alla domanda cruciale sull'esistenza umana. Che cosa è mai l'uomo: un *ben-ʾādām* oppure un *jᵉlûd ʾiššâ*? un *nitᶜab wᵉneʾĕlāh* oppure un re, "incoronato di gloria e onore", "di poco inferiore agli dèi (*mᵉᶜaṭ mē-ʾĕlōhîm*[225])"? Elifaz risponde a questa domanda citando due pagine mitiche, che si sovrappongono come in un caleidoscopio: il "primo uomo" e la "lotta titanica".[226] Le cita in modo antifrastico: vale a dire, la vicenda del mito serve ad affermare che cosa l'uomo *non* sia e come *non* debba essere. Anche questa è una struttura caratteristica del simbolismo "notturno".

Il mito del "primo uomo" (vv. 7-8) esprime una struttura polemica del rapporto tra l'uomo e Dio, com'è evidente nelle versioni "storicizzate" in Is 14,4-21, per il re di Babilonia, e in Ez 28,1-10. 11-19, per il principe di Tiro.[227] Elifaz afferma – correttamente – che Giobbe non può avere la

---

[223] Cf quanto abbiamo detto commentando le parole di Bildad (pagg. 210-211).

[224] Un'interpretazione del Sal 8 nella prospettiva dell'ideologia regale, e in rapporto con il mito dell'*Urmensch* è offerta da I. ENGNELL [1957s].

[225] Non è da escludere che anche il v. 11a alluda a Sal 8,6: הַמְעַט מִמֶּךְ תַּנְחֻמוֹת אֵל.

[226] Anche per questi miti, non siamo interessati ad un discorso "archeologico", che si domandi da dove siano stati desunti o per quali vie tradizionali siano giunti sino al libro di Giobbe (cf per questo tipo di interesse lo studio di G. FUCHS [1993: 101-106]). Il materiale di altre tradizioni è per noi pieno di interesse: si pensi, ad es., al mito di Adapa, al mito della caduta degli angeli (Gn 6,1-4; Is 14; Ap 12; *Hen. æth.* 8-9) o al ciclo greco di Prometeo e dei titani (sulla cui interpretazione simbolica si veda P. DIEL [1954: 233-50]). Ma esso viene citato non come *præparatio*, bensì come testimonianza parallela in vista dello studio di un sistema simbolico. La nostra domanda "teleologica" riguarda infatti quale strutture simboliche vengano poste in azione da un mito e quale sia la loro valenza.

[227] È difficile stabilire con precisione, dato il carattere molto allusivo delle parole di Elifaz, a quale versione del mito si riferisca l'autore di Giobbe. Va comunque escluso che vi sia un'allusione diretta di Gn 2-3, per due elementi: l'umanità di Gn 2-3 non nasce (יֻלָּד), ma è plasmata dalla terra (Gn 2,7: וַיִּיצֶר יהוה אֱלֹהִים אֶת־הָאָדָם עָפָר מִן־הָאֲדָמָה); in secondo luogo, l'umanità non ha una sapienza illimitata. Il testo di Gn potrebbe essere,

presunzione d'uguagliare il primo uomo (affermazione antifrastica). Ma c'interessa evidenziare la figura polemica e concorrenziale di divinità presente nell'allusione mitica.

Il primo uomo era dotato di una vastissima *ḥokmâ* e partecipava alle decisioni di Dio e al suo consiglio (*sōd*). Il suo desiderio di essere uguale a Dio[228] l'ha condotto a sfidare Dio, cercando di carpirgli (*rāgaᶜ*) la sapienza.[229] Per questo Dio l'ha punito e l'ha cacciato dal suo monte (o dal suo giardino, o negli inferi).[230]

L'analisi retorica ci ha permesso di collegare i vv. 7-8 con i vv. 14-16: alla figura mitica del primo uomo, Elifaz contrappone la realtà miserabile di questo essere « detestabile e corrotto ». Fra la colpa vanitosa che non accetta i propri limiti e l'umiliazione avvilente che non scopre i propri

---

invece, una rielaborazione "eziologica" originale a partire da questo e da altri elmenti mitici (cf G. BORGONOVO [1994], G. FOHRER, 268s; N. C. HABEL, 253; D. J. A. CLINES, 349, la cui bibliografia, che dipende da Fohrer, è trascritta in modo non sempre corretto). Oltre ai testi di Is 14 ed Ez 28, si potrebbero avere allusioni al mito dell'*Urmensch* anche in Pro 8,22-31 (applicato alla חָכְמָה); in Dn 7 (applicato al בַּר אֱנָשׁ) e, secondo Fohrer, anche in Sir 49,16. Per una panoramica più completa delle diverse rappresentazioni del mito dell'*Urmensch* nella Bibbia ebraica e per la discussione delle loro ascendenze, si vedano: W. BOUSSET [1907: 160-223] e [1926: 267. 352. 489s], W. SCHENCKE [1913: 7-15 e 73-77], H. GUNKEL [1895: 420-22], I. ENGNELL [1957s: 276s], H. SCHMIDT [1931: 38 e 42s], W. STAERK [1938: 7-144], S. MOWINCKEL [1949: 73s], secondo cui « der biblische Adam und der Urmensch sind zwei wesenverschiedene Konzeptionen; erst in der spätjüdischen Adam-legende ist Adam, infolge späterer Beeinflussung durch Idéen anderer Art, ein kosmologischer Urmensch geworden »; questo, a nostro parere, è corretto e vale per lo אָדָם di Gn 2-3, ma non significa che il mito fosse del tutto sconosciuto in Israele e a Babilonia (pag. 73); S. MOWINCKEL [1951: 273-89 e 382-85; tr. ing.: 420-37], con ulteriore bibliografia (pag. 383; tr. ing. 422); in questo ampio studio sul messianismo, la sua posizione è più sfumata: « Både Anthropos-skikkelsen og Menneskesønnen går tilbake til mytene om Urmennesket » (pag. 280; tr. ing. 431); R. N. WHYBRAY [1971: 54-56]. Per la tradizione vedica, si ricordi la figura di *Manu* (dalla √*man* « pensare », da cui proviene anche l'inglese *man* o il tedesco *Mann*...): in *Rgveda* è il progenitore di tutta la razza umana e in *Śatapatha Brāhmaṇa* (900 a.C. circa) è l'eroe che si salva dal diluvio e, dopo un sacrificio, riceve in dono la donna (*Iḍā / Iḷā / Ilā*), da cui provengono tutti gli uomini (1.8.1). Egli è anche il primo re ed è il primo ad offrire un sacrificio con il fuoco (1.5.1.7). Cf per questo L. ROCHER [1987].

[228] Gn 3,5 (וִהְיִיתֶם כֵּאלֹהִים); Ez 28,2 e 6 (וְאַתָּה אָדָם וְלֹא־אֵל וַתִּתֵּן לִבְּךָ כְּלֵב אֱלֹהִים).

[229] Si pensi alla complessa trama del ciclo greco di Prometeo, in cui è il simbolo del fuoco ad assumere il ruolo centrale (ESIODO, *Theogonia*, 535-616). Il fuoco, in questo contesto, è una sostituzione narrativa del simbolismo della luce e dello spirito e G. BACHELARD [1938b: 207] l'ha mostrato, citando l'espressione di Novalis (manteniamo la sua traduzione): « La lumière est le génie du phénomène igné ».

[230] La punizione divina è l'elemento comune in tutte le versioni del mito, ma essa viene declinata in modi diversi. Rimanendo in ambito biblico, ricordiamo che Gn 3,23 parla di "cacciata dal giardino", Ez 28,16 di "cacciata dal monte divino", Ez 28,8 di "sprofondamento nella fossa (Šeᵓol)", come anche Is 14,15.

desideri non ci potrebbe essere una terza via? L'uomo non è un re senza limiti, ma non è neppure uno schiavo senza aspirazioni.

Nell'esordio dei due discorsi divini che chiudono il dramma (38,3; 40,7), Dio invita Giobbe alla "lotta", ironizzando sulla pretesa del protagonista; lì verrà offerta una nuova immagine di Dio. Il rapporto con Dio non sarà più presentato in termini di concorrenzialità: la ḥokmâ non è un oggetto da rapinare al mondo divino,[231] ma la rivelazione di Dio stesso all'umanità (cf 28,28).

L'altra allusione mitica (vv. 25-28) sovrappone alla vicenda del primo uomo il racconto della lotta titanica,[232] le cui reliquie sono rintracciabili anche nella versione biblico-giudaica della caduta degli astri o degli angeli (cf Is 14; Ap 12 e, probabilmente, Gn 6,1-4; *Hen. œth.* 8-9). Elifaz cita questa lotta come eclatante esempio di vittoria divina contro coloro che « alzano il braccio contro Dio » e, compiendo il male, cercano di scalzare l'ordine stabilito.[233] Ancora una volta Dio è presentato con tratti polemici, con armi di aggressione e nella dialettica verticalizzante di cielo ed inferi.

L'errore o la presunzione di Elifaz è di spiegare con l'arma "solare" di un racconto, ormai diventato principio incontrovertibile, il terrore delle tenebre – la paura dello Šeʾol – ovvero il baratro del nulla, che sta davanti ad ogni uomo e non soltanto davanti al malvagio (vv. 20-24 e 29-34). Ogni uomo « sa che è pronto davanti a lui il giorno delle tenebre » (v. 23b), nessuno – e non soltanto il malvagio – può sfuggire alle tenebre dello Šeʾol (cf v. 30a). Giobbe l'ha ripetuto e lo ripeterà più volte.

Eppure il potenziale problema "metafisico" posto dal limite umano viene annullato dall'illuminismo ideologico. È quanto avviene anche nel secondo intervento di Bildad (18,18):

> *Dalla luce viene buttato nelle tenebre,*
> *esiliato dal mondo.*[234]

Nella parole di Bildad, questa è la sorte del malvagio. Ma è anche la sorte di ogni uomo! Occorre liberarsi da un principio razionalistico che

---

[231] Cf l'ἁρπαγμός di Fil 2,6! A proposito del collegamento tra il mito dell'*Urmensch* e Gb 28, si veda R. N. WHYBRAY [1971: 58-61].

[232] Per la versione greca del mito dei titani si veda ESIODO, *Theogonia*, 617-735.

[233] È difficile stabilire se dietro le allusioni mitiche vi sia anche una storicizzazione riferita direttamente a Nabonide, come suggeriscono F. HORST, 232s, e A. GUILLAUME [1968: 95]. Il problema può rimanere aperto e, ad ogni modo, non incide sulle valenze simboliche della pagina.

[234] L'annientamento del malvagio, descritto nei vv. 17-20, forma la sezione conclusiva del secondo intervento di Bildad. In ebraico i due verbi sono alla 3ª persona plurale, che equivale ad una forma passiva, soprattutto in aramaico. Si noti il parallelo tra la luce e il mondo (תֵּבֵל); sottinteso il parallelo tra le tenebre caotiche (חֹשֶׁךְ) e l'inesprimibile "nulla".

vorrebbe essere chiaro e definitivo, per saper cogliere il dramma della vita umana e avere il coraggio di interrogarsi su di essa. Occorre aspirare a comprendere, uscire dal già noto, per non essere trasportati inerti dall'emozione e dalla passione, che significherebbe permanere nella notte indeterminata dell'inconscio.

Un'ultima sosta, in questa analisi, merita di essere dedicata a ricomporre i frammenti delle immagini utilizzate da Elifaz per descrivere il "giorno di tenebre", cioè la *morte*. Infatti, pur non essendo citato esplicitamente, ma solo con il titolo di "devastatore" (*šôdēd*: v. 21b)[235] e con la possibile schiera dei suoi "terrori" (*peḥādîm*: v. 21a),[236] si sta parlando di *Môt*, con un corredo simbolico molto ricco: paura e angoscia (v. 24), città distrutte o case inabitabili (v. 28), la fiamma e le fauci (v. 30).

Le *fauci* di Môt, spesso descritte con immagini teriomorfe, hanno una lunga tradizione mitica alle spalle, che, per quanto riguarda l'ambito cananaico, ci è stata in parte riconsegnata dalla letteratura ugaritica. Ci basti riascoltare questo passo, tratto da *Baʿal e Môt*:

> *Sì, la mia gola è la gola di leoni della steppa*
> *o la gola del narvalo (che sta) in mare,*
> *o la cisterna che cercano i tori selvatici,*
> *o la fonte, che attrae le cerve.*
> *È vero, la mia gola divora i montoni,*
> *ah, davvero io ingoio a piene mani;*
> *sono sette le razioni del mio piatto*
> *e la mia coppa mesce a fiumi.*[237]

La fame di Môt, il cui alimento sono gli uomini e le moltitudini della terra,[238] è insaziabile. E non è difficile mostrare l'isomorfismo tra il simbolo divorante e le tenebre.[239] Anche nell'iconografia del Medievo cristiano è del resto molto comune la rappresentazione della morte come una gola infernale che divora i dannati.[240] Dalla bocca insaziabile si passa alla fiamma che divora senza consumarsi con un isomorfismo perfetto, che ne

---

[235] Il titolo שׁוֹדֵד potrebbe essere un titolo di Môt anche in Ger 15,8; in Gb 18,14 Môt è chiamato מֶלֶךְ בַּלָּהוֹת « re dei terrori ».

[236] Il parallelo di 15,21, קוֹל־פְּחָדִים, come in Is 24,18, va probabilmente interpretato in relazione al ruolo svolto dalle *Furiæ* latine o dalle Ἐρινύες della mitologia greca (cf N. C. HABEL, 258s; D. J. A. CLINES, 357; non sembra recepire questo senso, invece, H. P. MÜLLER [1989: 557]).

[237] *KTU*, 1.5 I 14-22: *pnp š npš lbim thw / hm brlt anḫr bjm / hm brkj tkšd rumm / ʿn kdd ajlt / hm imt imt npš blt ḥmr / pimt bklat jdj ilḥm / hm šbʿ jdtj bṣʿ / hm ks jmsk nhr*: cf *CML*, 68s, e *MLC*, 214s.

[238] *KTU*, 1.6 V 24s: *ʿnt aklj nšm / aklj hmlt arṣ*: cf *CML*, 80, e *MLC*, 232.

[239] Cf H. DONTENVILLE, citato da G. DURAND [1969: 95].

[240] G. DURAND [1969: 95] ricorda anche le figure dell'orco della mitologia europea e della dea Kali nella tradizione indù.

accentua la valenza distruttrice.[241] Nell'epica ugaritica, Môt abita in regioni desolate e lugubri: « la sua città è "Fangosa", una fossa la residenza del suo trono, una palude la terra del suo possedimento ».[242] La tradizione mitica greca conferma l'analogia tra il Tartaro e i luoghi inabitabili o le rovine.[243] Il simbolismo degli inferi come città in rovina potrebbe derivare dalla visione spettrale di una città distrutta e abbandonata (cf Is 13,19-22 e 34,9-17).

E la morte, figlia della notte,[244] è l'orribile baratro che si para davanti alla vita umana. L'angoscia esistenziale diventa invece per Elifaz strumento di attuazione del (falso) principio della giustizia divina. Il verbo $b^ct$ (al Pi.), che nel linguaggio di Giobbe esprimeva il terrore ingiustificato che Dio gli incuteva (7,14; 9,34; 13,11. 21), diventa il terrore esistenziale della morte sulla bocca di Elifaz (v. 24) e, in seguito, di Bildad (18,11).

Giobbe, nei discorsi del cap. 21 e 27, smaschererà l'equivoco. La morte è un problema esistenziale (e metafisico), non un principio di giustizia. Il cambio di registro è fatale: l'aspetto misterioso di tutto quanto esiste – il mistero di Dio – viene ridotto a un principio, a una "legge".

## 5. CONCLUSIONE

L'asse simbolico di luce e tenebre ci ha fatto percepire quanto diverso sia il risultato delle trame simboliche utilizzate dagli amici rispetto agli interventi di Giobbe. Pur avendo potuto apprezzare il *fugato* dei temi simbolici – che si rincorrono tra tutte le pagine del dramma – si è giunti a un esito opposto. Anche nei simboli degli amici prevale il *Regime diurno*. Anzi, nei loro discorsi il "principio chiarificatore" della retribuzione guida saldamente il mondo poetico del testo. Di fronte alla luce abbagliante di questo principio tutto viene annullato: l'esperienza di Giobbe, la sua innocenza (l'unica sua colpa è quella di essere uomo!), la sua parola, giudicata come presuntuosa *hybris* che si erge contro Dio, la paura della stessa morte, che si trasforma da motivo di angoscia per la brevità della vita umana in arma di punizione, vincolata allo stesso principio retributivo...

---

[241] A questo riguardo, si ricordi la descrizione del castigo di Datan e Abiram in Nm 16,31-35 e Sal 106,17-18, in cui sono presenti i due simboli delle fauci e del fuoco divoratore.

[242] *KTU*, 1.5 II 15-16: *tk qrth hmrj / mk ksu ṯbt / ḫḫ arṣ nḫlth*: cf *CML*, 70, e *MLC*, 217.

[243] Cf, ad es., ESIODO, *Theogonia*, 726-819. Nella *Theogonia* Ade e Tartaro si confondono, mentre in *Iliade*, VIII, 13-16, il Tartaro è considerato la regione di abitazione dei soli Titani e dista dall'Ade quanto il cielo dalla terra: τόσσον ἔνερθ' 'Αἴδεω ὅσον οὐρανός ἐστ' ἀπὸ γαίης (VIII, 16).

[244] Interessantissimo il testo di ESIODO, *Theogonia*, 211s, in quanto figli della medesima Notte sono l'orribile destino, il nero fato, la morte, il sonno e la stirpe dei sogni:
Νὺξ δ' ἔτεκεν στυγερόν τε Μόρον καὶ Κῆρα μέλαιναν
καὶ Θάνατον, τέκε δ' "Υπνον, ἔτικτε δὲ φῦλον 'Ονείρων.

1. Non c'è spazio per l'angoscia. Ma il rischio è quello di togliere spazio anche alla profondità. Dal momento che tutto deve coincidere con il *geometrismo* della teoria, la vita umana non sembra avere più nulla da dire, se non la conferma di quanto è già noto in partenza. Davanti all'annullamento della dimensione *tragica* della vita, anche Dio si riduce ad essere il garante della teoria retribuzionista. Ma se il principio è smentito dalla vita, forse che "dio" può essere smentito? Non resta allora che far appello alla sua grandezza e alla sua imperscrutabile sapienza. E così, mentre la "gigantizzazione" aveva portato Giobbe all'annientamento tragico della vita, ora una diversa interpretazione della stessa porta gli amici all'annientamento della dignità dell'uomo e della sua volontà di comprendere.

2. Abbiamo parlato di *gulliverizzazione*, intendendo con questo termine psicologico l'insistenza monocorde e unilaterale, che – della complessità della vita – ritiene il solo aspetto deprimente. L'uomo è un essere « detestabile e corrotto », vale meno di un verme: quali ragioni può accampare davanti a Dio? Ma l'inganno sta proprio qui. Se davvero l'uomo fosse *solo* così, non dovrebbe nemmeno osare istituire un paradigma di comportamento corretto al quale Dio si deve attenere, una "legge" che lo condizioni nel suo modo d'intervenire nella storia. Mentre proprio coloro che considerano arroganti le parole di Giobbe vorrebbero riuscire a stringere la grandezza di Dio con le parole di un principio umano, troppo umano.

3. Luce e tenebre hanno una valenza diversa nelle parole degli amici. La notte del giusto è presentata *eufemisticamente* come notte rivelatrice e chiara. La luce del malvagio diventa invece il parametro di *verifica* del loro principio. Dio, nelle loro parole, sarebbe il garante di questo ordine: un Dio ambivalente – come lo era anche per Giobbe – ma insidacabilmente "giusto". La sua "volontà" si esprime come premio per gli uni e castigo degli altri: questo è il suo modo di intervenire nella storia.

Di fronte alle provocazioni di Giobbe, Elifaz ha visto giusto: « *Tu distruggi la religione! Tu svaluti la supplica a El!* » (15,4). Era anche l'accusa che Platone rivolgeva ai poeti tragici e che abbiamo voluto mettere a cappello di questo capitolo. La critica di Giobbe non permette più di sostenere un Dio convenzionale. Costringe a cercare un altro modo per dire "Dio".

Il Dio vivo e vero che Giobbe ricerca non può più essere soltanto un principio di ordine e di giustizia (umana). Perché un Dio che risponde esclusivamente al principio della retribuzione è facile da comprendere, ma falso nella vita. Giobbe (e noi con lui) non ha bisogno di un Dio che gli dica che le tenebre e la morte non esistono, se non come strumento di punizione, perché lui le ha sperimentate, pur essendo innocente. Giobbe (e noi con lui) ha bisogno di un Dio che sia senso per quell'alternanza di luce e tenebre, che è la realtà della vita: un Dio che, *malgrado* le tenebre, gli mostri la via della luce.

# CAPITOLO V

## « LA VIA DEL SOLE NELLE TENEBRE »

## L'"INTERLUDIO" E I DISCORSI DI DIO

τῇ γὰρ ἑαυτοῦ καὶ πάντων ἀσχέτῳ
καὶ ἀπολύτῳ καθαρῶς ἐκτάσει
πρὸς τὴν ὑπερούσιον τοῦ θείου σκότους ἀκτῖνα
πάντα ἀφελὼν καὶ ἐκ πάντων ἀπολυθεὶς ἀναχεήσῃ.
Τούτων δὲ ὅρα ὅπως μηδεὶς τῶν ἀμυήτων ἐπακούσῃ
τούτους δὲ φημι τοὺς ἐν τοῖς οὖσιν ἐνεσχημένους
καὶ οὐδὲν ὑπὲρ τὰ ὄντα ὑπερουσίως εἶναι φανταζομένους
ἂν οἰομένους εἰδέναι τῇ καθ' αὑτοὺς γνώσει
τὸν θέμενον σκότος ἀποκρυφὴν αὐτοῦ.

(Dionysius Areopagita) *

Eccoci giunti al punto di approdo del dinamismo simbolico nel dramma giobbiano. I due capitoli precedenti, nella loro complessa dialettica, hanno entrambi evidenziato una prevalenza del *Regime diurno* del simbolismo, benché non siano mancati elementi del *Regime notturno*, soprattutto con alcune strutture antifrastiche. Quasi del tutto assenti sono state finora le strutture drammatiche o sintetiche.[1] La tonalità complessiva emergente dai dialoghi con gli amici è "diurna": sia nella sfida lanciata da

---

* DIONYSIUS AREOPAGITA, *Theologia mystica*, I, 1-2 [1899: 1000A; tr. it. 406s]: « Assolutamente sciolto da te stesso e da tutte le cose, togliendo di mezzo tutto e liberato da tutto, potrai essere elevato verso il raggio soprasostanziale della divina tenebra. Ma sta bene attento che nessuno di coloro che non sono iniziati ascolti queste cose; voglio dire quelli che aderiscono alle cose che sono e che non immaginano che esista alcunché in modo soprasostanziale al di là degli esseri, ma credono di conoscere con la loro propria scienza *colui che ha posto le tenebre come proprio nascondiglio* [LXX Sal 17 (=18), 12] ».

[1] Ci riferiamo sempre alla fenomelogia tipologica di G. DURAND. La presentazione sintetica delle strutture del *Regime notturno* nella differenziazione tra valenza mistica (o antifrastica) e valenza drammatica si può trovare in [1969: 425-33].

Giobbe di affrontare Dio in un *rîb*, sia nella martellante ripetizione del principio della retribuzione da parte degli amici. Anche il "notturno" dell'angoscia giobbiana è avvolto da questa vincente dinamica antitetica. Nonostante l'evidente dialettica e l'opposto esito, Giobbe e gli amici hanno considerato l'esperienza della vita umana con simboli che hanno condotto ad analoghe strutture diairetiche e antitetiche: Giobbe nell'accusare Dio di ambiguità perversa e di crudele ingiustizia, gli amici nell'accusare Giobbe di colpe mai commesse e di discorsi arroganti. In entrambe le posizioni, la figura di Dio e la considerazione dell'uomo erano clamorosamente compromesse dalle antitesi dei simboli: il "gigantismo" della divinità e il "gulliverismo" della vita umana sono le cifre sintetiche che racchiudono il dramma di un Dio sfigurato e di un uomo umiliato.

Alcuni critici mettono in dubbio che l'autore del dramma offra una soluzione al problema posto in modo tanto lucido e radicale dal protagonista. Come abbiamo potuto constatare nel Cap. II, alcuni attribuiscono a redazioni oppure a redattori successivi o il cap. 28, o i discorsi divini o entrambe le sezioni, trovando al contrario il "vero Giobbe" nel personaggio che dialoga con gli amici. Lo studio del simbolismo che offriamo in questo capitolo, ci darà invece una ragione in più per collegarle alla partitura del dramma e mostrerà la loro profonda dinamica, protesa verso una sintesi: un nuovo linguaggio per guardare e "parlare" del mistero di Dio.

Le ragioni che ci hanno spinto ad unire in un unico capitolo l'"inno" di Gb 28 e i discorsi di Dio sono già state esposte nel Cap II. Ma dobbiamo confessare che proprio in seguito all'analisi simbolica ci siamo convinti di quanto Gb 28, pur non essendo la sintesi di tutto il dramma,[2] sia una chiave di lettura essenziale e offra il punto di vista – voluto dall'autore – per comprendere il dialogo finale tra il Dio che parla dalla tempesta e il protagonista.

I tre registri, che abbiamo distinto nei due capitoli precedenti per ragioni espositive, ora convergono e si sovrappongono. Come avremo modo di costatare alla fine dell'analisi, non si tratta di una sovrapposizione estrinseca o funzionale. In essa si manifesta la forza "teoretica" messa in atto dalle strutture simboliche studiate: il registro sapienziale, attraverso il registro cosmico (e creazionistico) apre alla soluzione del registro esistenziale e metafisico. La "confessione" finale del protagonista – in linguaggio drammatico – significherà il riconoscimento di questo approdo.

---

[2] Ricordiamo quanto ha scritto M. JASTROW, 136, che definisce il cap. 28 un commentario dell'intero libro di Giobbe.

## 1. IL "LUOGO" DELLA SAPIENZA (Gb 28)

### 1.1 Il testo

1     Certo,[3] vi è una miniera[4] per l'argento
      e un giacimento per l'oro che viene poi raffinato;[5]
2     il ferro è estratto dal suolo
      e dalla pietra[6] si fonde[7] il rame.
3     Pone un limite alle tenebre[8]
      e scruta sino all'estremo
      la pietra dell'oscurità e dell'ombra infernale:[9]

---

[3] Il כִּי è enfatico (cf R. GORDIS, 304, N. C. HABEL, 389). L'inizio di un brano lirico con כִּי יֵשׁ non fa difficoltà, soprattutto tenendo presente la struttura d'insieme (cf *sotto*). All'inizio di frase כִּי יֵשׁ si trova in 14,7; Qo 6,11; Ger 31,6; mentre le composizioni poetiche di Gs 22,34 e Is 15,1-9 iniziano con un כִּי enfatico.

[4] מוֹצָא indica la « sorgente » d'acqua in 2 Re 2,21; Is 41,18; 58,11; Sal 107,33; 2 Cr 32,30; oppure la « levata » del sole in Sal 65,9; 75,7; o semplicemente l'« uscita » in Ez 42,11; 43,11. In questo passo la LXX traduce, interpretando correttamente: τόπος ὅθεν γίνεται. M. DAHOOD [1962: 67] lo fa derivare da יצא = wḍ³ « essere lucente », e traduce con « fonderia »; sarebbe un sinonimo di מַצְרֵף (Pro 17,3 e 27,21). Preferiamo lasciare il senso principale alla √יצא, con il preformativo locale מ- (cf *GK*, § 85e, n.4), in quanto l'inno seguente non è centrato sul tema della raffinazione, bensì del "luogo". Il parallelismo tra i due versetti è tra argento / oro, מוֹצָא / מָקוֹם.

[5] N. C. HABEL, 389, e S. A. GELLER [1987: 177[6]] fanno notare che la relativa asindetica non dipende dal "luogo", ma dall'oro. Non si tratta dunque del luogo di raffinazione, bensì del luogo da cui si estrae l'oro che poi viene purificato. La 3ª persona plurale, indeterminata, di יָזֹקּוּ equivale ad un nostro passivo (aramaismo frequente in Gb).

[6] Il מִן del primo stico estende la sua forza anche sul termine parallelo del secondo (*double-duty modifier*). Cf A. C. M. BLOMMERDE [1969: 106].

[7] אֶבֶן « pietra » è femminile (cf però Qo 10,9); יָצוּק – se da √יצק – è invece un participio passivo maschile, che sembra non concordare né con אֶבֶן, né con נְחוּשָׁה « rame, bronzo ». Per S. A. GELLER [1987: 177s[7]] אֶבֶן sarebbe qui al maschile. Dalla difficile concordanza grammaticale sono scaturite diverse proposte di correzione: in יוּצָק come forma parallela a יֻקַּח del primo stico (da G. BEER in poi, suggerito anche da *BHS*) oppure in יָצַק (J. G. E. HOFFMANN). Ma non è necessario cambiare il TM, in quanto si potrebbe: 1) far derivare la voce da √צוק, equivalente di √יצק come in 29,6; 1 Sam 2,8; Is 26,16, con soggetto indeterminato; 2) intendere יָצוּק come *scriptio defectiva* per יְצוּקָה attestata nel nostro capitolo anche al v. 14 (cf A. NICCACCI [1981: 29], che fonda questa possibilità sullo studio di D. N. FREEDMAN [1969] e rimanda a M. DAHOOD [1974a: 125]); 3) meglio ancora, vocalizzare יָצֹק (infinito assoluto), con soggetto indeterminato, equivalente al nostro passivo (cf 1b). A. C. M. BLOMMERDE [1969: 106] propone qualcosa di simile, leggendolo però come infinito costrutto.

[8] Il soggetto è implicito. È una caratteristica di questa pagina lirica. Se si esplicitasse – com'è evidente – "l'uomo" (אָדָם con K. BUDDE o אֱנוֹשׁ con G. BICKELL; così anche L. ALONSO SCHÖKEL - J. L. SICRE DÍAZ, 392; tr. it. 442), s'introdurrebbe un elemento estraneo, la cui presenza è alla fine ingombrante. Il sintagma שִׂם קֵץ לְ è *hapax*; per cogliere la corretta sfumatura si deve tener presente il parallelo חֹקֶר ... לְכָל-תַּכְלִית. Non si pone fine in assoluto alle tenebre, ma si fanno arretrare i suoi confini.

4    *una galleria perforata da stranieri,*[10]
     *prostrati da Nergal,*[11]

---

[9] אֹפֶל וְצַלְמָוֶת « oscurità e ombra infernale » è un sintagma troppo importante nel simbolismo del dramma, per sfumarlo o per ometterlo del tutto (cf 10,22!), come propongono C. SIEGFRIED e G. FOHRER, 390. Per R. GORDIS, 305, seguito da D. WOLFERS [1989s: 236], il sintagma אֶבֶן אֹפֶל וְצַלְמָוֶת alluderebbe alla *lava vulcanica,* i.e. « the stone of the Underworld ». Il parallelo tra le miniere e il mondo degli inferi viene ripreso subito dopo nel difficile v. 4.

[10] Il v. 4 è un'autentica *crux interpretum* e le proposte di soluzione sono innumerevoli. Ricordiamo solo alcune traduzioni. L. WATERMAN [1952: 168s]: « The people of the lamp [נֵר עָם] break open passageways / that are forgotten of the foot, / that wind about, a zigzag course far from men ». S. T. BYINGTON [1942: 206]: « An intruding people breaks into ravines / that were forgotten by feet; / they suffer privations, they rove from men ». A. NICCACCI [1981: 30s]: « Apre uadi lontani dall'abitato, / che sono dimenticati dai passanti, / che sono aridi e conducono lontano dagli uomini ». D. WOLFERS [1989s: 236] adotta la sticometria proposta per la prima volta da D. YELLIN (3b+4aα; 4aβ + 4b) e presenta una traduzione ardita: « The very stone of the Underworld / Erupts in a stream from near some vagrant exile. | These forgotten ones, off the beaten track / They languish; they wander away from humankind ». Già questa molteplicità discorde è un indizio che stimola a cercare, al di là dell'interpretazione massoretica, qualche accenno (mitico?) cancellato da essa, perché non più compreso. Ci sembra che M. B. DICK [1979a] abbia la proposta migliore; a lui dunque ci rifaremo per le nostre scelte. Per comprendere quanto segue, si tenga presente che il lavoro dei minatori era pericoloso, e proprio per questo era svolto da "stranieri", molto spesso schiavi o prigionieri. Una descrizione impressionante ci è stata lasciata da STRABONE (*Geographia* XII, 3, 40). Benché sia della fine del I sec. a.C., ci offre un quadro valido anche per i secoli precedenti, in quanto le tecniche di lavoro in miniera non erano cambiate di molto (cf R. J. FORBES, « Ancient mining techniques » in [1963: 192-243]): εἰργάζοντο δὲ δημοσιῶναι, μετελλευταῖς χρώμενοι τοῖς ἀπὸ κακουργίαις ἀγοραζομένοις ἀνδραπόδοις· πρὸς γὰρ τῷ ἐπιπόνῳ τοῦ ἔργου καὶ θανάσιμον καὶ δύσοιστον εἶναι τὸν ἀέρα φασὶ τὸν ἐν τοῖς μετάλλοις διὰ τὴν βαρύτητα τῆς τῶν βώλων ὀδμῆς, ὥστε ὠκύμορα εἶναι τὰ σώματα. καὶ δὴ καὶ ἐκλιπέσθαι συμβαίνει πολλάκις τὴν μεταλλείαν διὰ τὸ ἀλυσιτελές, πλειόνων μὲν ἢ διακοσίων ὄντων τῶν ἐργαζομένων, συνεχῶς δὲ νόσοις καὶ φθοραῖς δαπανωμένων « L'esecuzione del lavoro era affidata ad appaltatori, che vi impiegavano come minatori dei criminali da loro comprati sui mercati dove erano venduti come schiavi per punizione dei loro misfatti. In effetti, al carattere di pena di questo mestiere si aggiunge il fatto che l'aria di queste miniere, a quanto si dice, è non solo mortale, ma anche a mala pena respirabile, a causa dell'esalazione insopportabile dei minerali. È per questo che la vita dei minatori è di breve durata. E inoltre capita spesso che lo sfruttamento minerario si fermi per condizioni svantaggiose, essendo necessari più di 200 lavoratori, ma diminuendo questi continuamente per malattie e decessi » (STRABON [1981: 108s]). Leggiamo il primo stico con M. B. DICK [1979a: 217] così: פָּרַץ נַחַל מֵעַם גָּר – una correzione vocalica molto vicina all'emendamento introdotto da H. GRAETZ [1887: 410] e accolto da buona parte dei commentatori contemporanei (פָּרַץ נְחָלִים עַם גָּר). Già le versioni antiche – Syr (ܡܢ ܥܡܐ ܢܘܟܪܝܐ) e Vg (*a populo peregrinante*) – avevano inteso in questo modo l'ebraico מֵעַם גָּר.

[11] Il secondo stico lo interpretiamo come apposizione di עָם גָּר che è il soggetto di tutt'e due le linee seguenti. Com'è noto, con il soggetto collettivo עָם vi può essere la concordanza singolare, soprattutto se il predicato precede il soggetto, o plurale, se lo segue (cf

*vacillano, indeboliti da malattia.¹²*
5    *La terra:¹³ da essa proviene il pane*
*mentre il suo sottosuolo¹⁴ è sconvolto da un fuoco,¹⁵*
6    *le sue pietre sono un giacimento di lapislazzuli,¹⁶*
*la cui polvere è oro;¹⁷*

---

¹² *GK*, § 145b-g). Il participio הַנִּשְׁכָּחִים lo interpretiamo come Ni. da √שׁכח II, attestato anche nell'ugaritico *ṯkḫ* (cf *KTU*, 1.5 I 4. 30s). Il significato è stato correttamente determinato da J. J. M. ROBERTS [1975a]: « to bend, droop », e quindi, al Ni., « essere piegati / curvati » (si veda un'ampia discussione sul significato della radice in *KB*, IV, 1381s). Dal momento che l'ebraico non distingue le due consonanti protosemitiche *ṯ* e *š*, fondendole nell'unico suono שׁ, le due radici si confondono. La √שׁכח II potrebbe andar bene anche per Sal 31,13; 59,12; 77,10; 102,5; 137,5.

Il TM מִנִּי־רָגֶל nasconde un'allusione – non più riconosciuta dai massoreti – a Nergal, il dominatore degli inferi e dio delle malattie (cf, ad es., la vicenda dell'*Epopea di Erra*); il suo nome in sumerico significa eufemisticamente « signore della grande città » (ᵈNÈ. ERI₁₁. GAL). Nell'ambito cananaico Nergal è talvolta identificato con Melqart (cf W. F. ALBRIGHT [1968: 127]), con Môt (M. H. POPE, 135, a proposito di Gb 18,13) o con Rešep (cf W. F. ALBRIGHT [1968: 111 e 121]). Per questa documentazione rimandiamo a M. B. DICK [1979a: 218s].

¹² L'interpretazione di M. B. DICK permette di accordare a דַּלּוּ (da √דלל) il suo significato normale di « essere deboli », senza bisogno di ricorrere all'ipotesi di una √דלל II « penzolare », che non sarebbe mai attestata altrove. Discostandoci dalla vocalizzazione massoretica, leggiamo poi מֵאֱנוֹשׁ (M. B. DICK [1979a: 218]): אֱנוֹשׁ da √אנשׁ I « essere debole, malato », è usato normalmente con valore aggettivale (cf *KB*, I, 68); come sostantivo potrebbe significare « malattia ». A giustificazione della nostra traduzione, si ricordi il passo della *Geografia* di STRABONE, citato alla nota 10.

¹³ אֶרֶץ è un *casus pendens*, che è posto all'inizio della frase e regge quanto segue (vv. 5-6). La medesima costruzione viene ripetuta nei vv. 7-8 con נָתִיב (cf S. A. GELLER [1987: 178s¹⁰]). Essendo un brano lirico, non bisogna appiattire la traduzione.

¹⁴ תַּחְתֶּיהָ è un sostantivo: « il suo [= della terra] sottosuolo » o semplicemente « il suo posto » (come in 40,12; Es 16,29; Lv 13,23; etc; cf *KB*, IV, 1586s). La concordanza tra תַּחְתֶּיהָ e נֶהְפַּךְ – vocalizzato come *qatal* e non come participio – è corretta. Nonostante il suffisso plurale, il lessema תַּחַת è attestato solo al singolare. Non c'è quindi bisogno di alcun emendamento: S. A. GELLER [1987: 178¹⁰] propone נֶהְפָּכִים, pensando ad un participio.

¹⁵ כְּמוֹ־אֵשׁ potrebbe essere tradotto anche quale comparativo « come da un fuoco », nel qual caso si spiega la caduta del בְּ (cf *GK*, § 118w). Vi può forse essere un accenno alle tecniche di estrazione mineraria (cf R. J. FORBES [1963: 192ss]); il fuoco era usato per spaccare la roccia. Anche nella descrizione del "monte divino" di Ez 28,14 appare lo stesso sintagma; tuttavia, in Ez sembra che אַבְנֵי אֵשׁ (akkadico *aban išāti*) sia un termine generico per indicare le « pietre preziose », da intendere come « pietre purificate dal fuoco » (cf W. ZIMMERLI [1969: II, 685] e S. A. GELLER [1987: 162s]).

¹⁶ L'identificazione di סַפִּיר con il lapislazzuli sembra migliore (cf documentazione in W. ZIMMERLI [1969: II, 674], BK III, 722], pur essendo entrambe pietre di colore azzurro o blu (il tardo latino *lazulus* deriva dal persiano *lazvard* « azzurro »). Il lapislazzuli ha anche venature d'oro.

¹⁷ La costruzione del secondo stico וְעַפְרֹת זָהָב לוֹ è difficile per quel לוֹ finale. Riferiamo לוֹ al מְקוֹם־סַפִּיר del primo stico. Quanto al fatto che la polvere (עַפְרֹת lett.: « polveri ») sia oro, possiamo ricordare quanto scriveva Ašurballit al Faraone in una lettera di

7        un sentiero[18] non conosciuto dai rapaci[19]
         né avvistato dall'occhio del falcone,
8        non battuto da serpenti,[20]
         né attraversato[21] dal grifone.[22]

---

Tell el-ʿAmārna (*EA*, 16,14): *ḫurāṣu ina mātīka eperu šū* « nella tua terra l'oro è come polvere » (citata da S. A. GELLER [1987: 162]).

[18] נָתִיב « sentiero » (cf 18,10 e 41,24) è una nuova designazione delle gallerie minerarie. Quanto segue, compreso il v. 8, dipende tutto da נָתִיב e in ebraico è espresso all'attivo, con relative asindetiche; le giriamo in passivo per motivi di stile italiano.

[19] עַיִט, attestato anche nell'ugaritico ʿṭ e nell'arabo عَيْطَة, non sembra indicare una specie, quanto una classe di uccelli (i « rapaci ») contrapposta a צִפּוֹר « (uccelli) canterini ». Si veda la discussione in G. R. DRIVER [1955a: 5s]: cf Is 18,6; 46,11; Ger 12,9. Per quest'ultimo testo, si veda la disputa tra G. R. DRIVER [1955b: 139s], H. P. MÜLLER [1967] e J. A. EMERTON [1969: 182-88].

L'identificazione di אַיָּה con l'arabo يُؤْيُؤ era già stata data da IBN BARŪN (cf P. WECHTER [1941: 187]; si veda anche *Lane*, VIII, 2973). Secondo G. R. DRIVER [1955a: 11] sarebbe un rapace: « falcone, poiana, albanella » (« large falcon, buzzard, harrier »).

[20] בְּנֵי־שָׁחַץ lett.: « figli di fierezza », e quindi « bestie feroci », secondo la maggior parte dei contemporanei, che seguono la spiegazione data a suo tempo da É. P. DHORME, 369. Lo stesso sintagma ricomparirà in 41,26. Le antiche versioni mostrano qualche indecisione al riguardo. LXX (versetto asteriscato, da Th): υἱοὶ ἀλαζόνων; Aq: ‹υἱοὶ› βαναυσίας; Sym: τέκνα σκανδάλου; Syr: ܚܝܘܬܐ « animali »; Tg1: בני דָאדם « uomini » e Tg2: בנייא דאריוון « (figli dei) leoni » (sul problema di questa duplice traduzione, cf *nota seguente*). 11QtgJob è troppo frammentario in questo punto. È tuttavia rimasto תנין, il mostro mitologico, che potrebbe essere la traduzione del TM בְּנֵי־שָׁחַץ (cf *Le Targum de Job...*: 34). Ciò confermerebbe la tesi « mitologica » sostenuta da S. MOWINCKEL [1963: 96-98]. שָׁחַץ significa « fierezza, arroganza » (cf l'etiopico ሠሐጸ: *LLÆ*, 234; *Leslau*, 528). Il parallelo arabo, talvolta citato, non è tuttavia pertinente: شخص (cf *Lane*, IV, 1517) ha un campo semantico diverso (« corpo, figura di qc. » oppure « qc. che ha altezza e apparenza ») e, sulla base dei cambiamenti consonantici tra le lingue semitiche, l'ebraico שׁ dovrebbe equivalere all'arabo س e non اش! La sfumatura mitologica è confermata da 41,26: essendo il Leviatan il loro re, sostiene S. MOWINCKEL, i בְּנֵי־שָׁחַץ sono quelli a lui simili, i.e. « serpenti » o, con un vocabolo mitologico più esplicito, i « dragoni ». Del resto, רַהַב – altro nome del mostro delle origini (cf H. GUNKEL [1895: 48ss]) – ha un significato etimologico analogo: « superbia, ribellione ». Con G. FOHRER, 391, riteniamo che sia la paronomasia a giustificare l'utilizzo di שָׁחַץ nel nostro contesto.

[21] Il verbo עָדָה « passare sopra, attraversare » è usato solo nel difficile testo di Pro 25,20 in ebraico, ma è molto comune in aramaico e in siriaco, come equivalente all'ebraico עָבַר; è attestato anche in arabo (عدو: cf *Lane*, V, 1977-81), in etiopico (ዐደወ o ኀለወ: cf *Leslau*, 56) e – forse – nell'ugaritico ʿdj (cf *RS*, 24.244, linea 66, discusso da M. C. ASTOUR [1968: 25]).

[22] LXX = Th (λέων), Syr (ܐܪܝܐ), Vg (*leæna*) e rendono il שַׁחַל ebraico con « leone ». Per il Tg tradizionale, la cosa è più complessa, in quanto abbiamo nel v. 8 uno dei casi di « *multiple translation* », studiati da D. M. STEC [1994: 85-94]. Seguendo la sua numerazione (*ibid.*, 184*s), Tg1 ha: לא הליכו ביה בני דאדם ולא סטא עלוהי חיויא « Non vi camminarono i figli degli uomini, né vi si diresse il serpente »; mentre il Tg2 ha un testo un poco diverso: לא טיילו בה בנייא דאריוון ולא זאר עילוי ליונא « Non vi camminarono i figli dei leoni, né vi si diresse il leone ». Secondo É. P. DHORME, 369, שַׁחַל indichirebbe qui il « leopardo »; secondo M. DAHOOD, l'« aquila ».

9      *Contro la dura pietra stende la sua mano,*[23]
       *sovverte i monti dalle radici,*[24]
10    *trivella gallerie*[25] *nelle rocce,*[26]
       *e il suo occhio vede ogni prezioso,*
11    *esplora*[27] *le sorgenti dei fiumi*[28]

---

Per la corretta identificazione di שַׁחַל – come anche per il שַׁחַץ dello stico precedente – rimandiamo all'ampio studio di S. MOWINCKEL [1963]. Egli opta per il significato mitologico di « grifone » (norvegese *ögle*, inglese *wyvern*), seguito da L. L. GRABBE [1977: 91-93], M. H. POPE, 202, e S. A. GELLER [1987: 179s[12. 14]].

Non significa tuttavia che שַׁחַל indichi sempre un animale mitologico: in 4,10; 10,16; Os 5,14; 13,7; Pro 26,13, il significato corretto è quello di « leone ». Del resto, nelle lingue semitiche, i nomi che indicano il « leone » e il « serpente » sono instabili. Ad esempi, אַרְיֵה in ebraico è il leone, mentre in tigrè ኣርዌ significa serpente (cf *WTS*, 359); נָחָשׁ in ebraico è il serpente, mentre in akkadico normalmente *nēšu* significa « leone »; in *Gilgameš* XI, 287s, tuttavia, *nēš qaqqari* « il leone di [= che striscia sulla] terra » è evidentemente un serpente (abbiamo la stessa combinazione di idee nel greco χαμαιλεῶν, lett. « il leone che sta a terra »). Non è imprecisione zoologica, ma creatività del pensiero mitico.

[23] Il soggetto è ancora implicito ed è « l'uomo », come nel v. 3. Ma אָדָם viene volutamente esplicitato solo nel v. 28.

[24] Non ci sono ragioni sufficienti per correggere il TM. H. D. HUMMEL [1957: 103] e A. C. M. BLOMMERDE [1969: 106] sganciano la preposizione -מְ e la trasformano in *mem* enclitico: *hāpak-m šōreš hārîm* « he overturns the base of mountains ». Ma il sintagma שֹׁרֶשׁ הָרִים sarebbe attestato solo qui, mentre הָפַךְ הָרִים è utilizzato anche in Gb 9,5 (il soggetto del verbo è Dio) e מִשֹּׁרֶשׁ si trova, con significato simile, anche in Ez 17,9.

[25] יְאֹרִים è il plurale di יְאֹר « il Nilo », dall'egiziano *itrw* (cf copto ⲈⲒⲞⲞⲢ / ⲒⲞⲢ, *WÄS*, I, 146). Propriamente, il plurale indicava i canali del Nilo (cf Es 7,19. 25; 8,1; Sal 78,44; Is 7,18; Ez 29,3ss. 10). Poi è passato ad indicare genericamente tutti i canali che dalle sorgenti portavano acqua dentro le mura di una città, come il famoso "canale di Ezechia" (cf 2 Re 19,24; Is 37,25) e, per metonimia, le loro gallerie.

[26] S. A. GELLER [1987: 180[16]] offre un'interessante discussione. Egli non nega la possibilità di avere in בַּצּוּרוֹת il plurale di צוּר « roccia », che però altrove è sempre צוּרִים: vi potrebbe essere un influsso del versetto seguente, in cui vi è נְהָרוֹת (forma parallela a נְהָרִים). Tuttavia, Th (ὀχυρώματα; cf J. ZIEGLER [1982: 331]) e Syr (ܒܣܘܪ̈ܐ) interpretano come fosse בְּצוּרוֹת « fortezze », che in Ger 33,3 viene letto metaforicamente come "cose irraggiungibili" o, seguendo il Tg (נטרין) e la spiegazione di QIMḤI, viene interpretato come equivalente di נְצוּרוֹת (scambio *b/n*). Avremmo quindi un'espressione parallela a quella del versetto seguente: בְּצוּרוֹת יְאֹרִים :: מִבְּכִי נְהָרוֹת, il cui parallelo spiegherebbe un passo dell'epopea di *Kirta* (*KTU*, 1.16 VI 5): *nṣrt tbu pnm* « nel luogo segreto ella entra dentro » (*MLC*, 319 e *CML*, 101, interpretano *nṣrt* come un participio, « singhiozzando », parallelo a *bkt* « piangendo »). Se il suggerimento dovesse essere accolto, potremmo tradurre così il presente stico: « penetra nei luoghi segreti dei fiumi ».

[27] Con la LXX (ἀνεκάλυψεν), Th (ἐξηρεύνησεν; Aq secondo il Ms 612; si veda J. ZIEGLER [1982: 331s] e Vg (*scrutatus est*), molti moderni, a partire da C. F. HOUBIGANT, emendano il TM חִבֵּשׁ in חִפֵּשׂ « esplora, ricerca ». Allo stesso risultato, ma per altra via, approdava M. H. POPE, 203, già nella prima edizione del suo commentario (p. 181), seguito da A. C. M. BLOMMERDE [1969: 107]: essi mantengono il TM, ma attribuiscono a חִבֵּשׁ lo stesso valore di חִפֵּשׂ, dato il frequente interscambio tra *b/p*. Ci sembra la soluzione migliore. Sia la proposta di N. H. TUR-SINAI, 401, che vocalizza חֻבַּשׁ come equivalente di

> *e porta alla luce cose nascoste.*[29]
>
> 12    *Ma*[30] *la Sapienza da dove proviene?*[31]
>       *Dov'è il luogo della conoscenza?*[32]
>
> 13    *Il mortale non ne conosce la dimora*[33]

---

הוֹבִישׁ « prosciuga » (cf Sal 74,15), secondo uno scambio tra *h/ḥ* attestato a suo parere anche in 21,27 (תחמסו), sia il significato usuale di √חבשׁ « sbarrare, chiudere », sono più difficili da comprendere in un contesto minerario. Non si tratta, tuttavia, della ricerca di oro o pietre preziose nei fiumi, come voleva S. T. BYINGTON [1942: 207]. Le "sorgenti dei fiumi" sono negli inferi e presso il luogo in cui abitano gli dèi (cf *nota seguente*). Si ricordi la descrizione dell'Eden con la stretta relazione tra i quattro fiumi e l'oro o le pietre preziose in Gn 2,11s.

[28] Il TM מִבְּכִי נְהָרֹות tradotto letteralmente suona « dal pianto dei fiumi »: è indubbiamente un'immagine un po' strana. La letteratura ugaritica ci ha offerto la soluzione dell'enigma. « Le fonti dei fiumi » stanno presso la dimora di El (*KTU*, 1.4 IV 20-24 e paralleli): *idk lttn pnm / ʿm il mbk nhrm / qrb apq thmtm / tglj ḏd il wtbu / qrš mlk ab šnm* « Così ella volse il volto verso El (che dimora) alla fonte dei fiumi, dentro la sorgente degli oceani. Si diresse al monte di El ed entrò nella dimora del Re, il padre di anni » (*CML*, 59, e *MLC*, 200). Con N. H. TUR-SINAI, 401, e tutti i commentari più recenti vocalizziamo dunque מִבְּכִי נְהָרֹות, esatta corrispondenza del sintagma ugaritico.

[29] Leggiamo תַּעֲלָמָה senza *mappîq* con la maggior parte dei contemporanei, a partire da K. BUDDE, 166. M. DAHOOD [1966-1970: I, 267], leggendo da יָצָא « essere brillante » (=√wḍʾ), traduce: « and makes dark place shine with light », seguito da A. C. M. BLOMMERDE. Ma il significato di תַּעֲלָמָה è quello di « nascosto », non di « oscuro ».

[30] È importante esplicitare il *waw* avversativo, in relazione al כִּי enfatico, posto all'inizio del poema. Nel v. 20 la sfumatura del *waw* è invece conclusiva.

[31] Il TM vocalizza al Ni. תִּמָּצֵא da מָצָא « trovare », che, pur formando con מֵאַיִן un sintagma un po' aspro, non è del tutto impossibile (cf Os 14,9). Ma nel versetto seguente, תִּמָּצֵא è costruito con בְּ. Perciò preferiamo vocalizzare al Qal תִּמְצָא da מָצָא « giungere → provenire » (*KB*, II, 586, n.1; si veda a pag. 219[83]), in perfetta sinonimia con il v. 20, ma con due verbi diversi. Non c'è bisogno quindi di cambiare il testo consonantico, nonostante l'attestazione di due manoscritti, com'è stato proposto da alcuni moderni: תֵּצֵא (con il Ms 157 di B. KENNICOTT; così, ad es., É. P. DHORME, 371) o תָּבוֹא (con il ms 150 di B. KENNICOTT; così G. BEER, in *BH*). Si veda la discussione di S. R. DRIVER - G. B. GRAY, II, 195.

[32] Il parallelismo tra חָכְמָה e בִּינָה è molto utilizzato in ambito sapienziale: oltre alle tre ricorrenze del nostro capitolo (vv. 12. 20. 28), si vedano 38,36; 39,17; e inoltre Dt 4,6; Pro 1,2; 4,5. 7; 7,4; 9,10; 16,16; 23,23; Is 11,2; 29,14; (Dn 1,20). Per tradurlo bene, si tengano presenti i due termini greci, che hanno un'eco culturale per noi più evocativa: σοφία e γνῶσις.

[33] Per ottenere un miglior parallelismo, sulla base della LXX (οὐκ οἶδεν βροτὸς ὁδὸν αὐτῆς), molti contemporanei – da C. F. HOUBIGANT in poi – hanno corretto עֶרְכָּהּ « il suo prezzo » in דַּרְכָּהּ « la sua via », i.e. la via che conduce ad essa. Ma M. DAHOOD [1969: 355] ha trovato un parallelo convincente tra *bʿlt bhtm* e *bʿl ʿrkm* (« Signora della casa » e « Signore della dimora ») in *RS*, 24.249 (righe 2-4), un testo "liturgico" pubblicato da CH. VIROLLEAUD [1968: 588]. Si dovrebbe ipotizzare quindi una diversa radice (*עֶרֶךְ II), con il significato di « dimora, costruzione ». Un'iscrizione nabatea potrebbe confermare questo significato: *ʿrkwtʾ wbtʾ* « abitazioni e case » (*CIS*, II, 350, 2: qui è tradotto con « portici e case »). Si veda altra documentazione in *KB*, III, 837s. L'ipotesi di M. DAHOOD è rifiutata troppo drasticamente da S. A. GELLER [1987: 181[21]].

*e non si trova nella terra dei viventi.*
14    *Tehom dice:[34] « Non è in me ».*
*Jam ripete: « Neppure con me ».*
15    *Non si scambia con oro di massello[35]*
*e non si pesa argento come suo prezzo;*
16    *non si paga con l'oro di Ofir,[36]*
*né con preziosa corniola[37] o lapislazzuli;*
17    *non la eguaglia oro o cristallo,[38]*
*né si scambia con vasi[39] d'oro fino;*
18    *non contano coralli e quarzite,[40]*
*senza rubini[41] si acquista la sapienza;*

---

[34] תְּהוֹם è normalmente femminile (cf però Gio 2,6; Ab 3,10; Sal 42,8). Se fosse femminile, il verbo seguente andrebbe vocalizzato al femminile, nonostante la mancanza della *mater lectionis* (אָמְרָ). Sarebbe un altro caso di *scriptio defectiva*: cf A. C. M. BLOMMERDE [1969: 107] e, in generale, per le particolarità ortografiche di Giobbe, D. N. FREEDMAN [1969].

[35] סְגוֹר è un'espressione brachilogica per זָהָב סָגוּר « oro di massello », equivalente a *ḫurāṣu sagru* in akkadico (cf 1 Re 6,20s; 7,49s; 10,21; 1 Cr 4,20. 22; 2 Cr 9,20), da cui proviene anche il greco χρυσός. Un'ottima discussione di tutti i metalli e le pietre preziose menzionati nei vv. 15-19 si trova in G. HÖLSCHER, 70-72.

[36] תְּסֻלֶּה è Pu. da √סלה II = סָלָא « pagare » (cf Lam 4,2), probabilmente un verbo denominativo da « cesto » per misurare (arabo سَلّ; cf *Lane*, IV, 1397, e *VAI*, I, 600). כֶּתֶם « oro » deriva dall'egiziano *ktmt* (cf *WÄS*, V, 145); dalla XII dinastia in poi designa un tipo di oro molto raffinato: *nb-n-ktm* « oro *ktm* ».

[37] L'identificazione precisa della pietra preziosa שֹׁהַם è discussa (cf *KB*, IV, 1323). Tuttavia, la relazione con l'akkadico *sāmtu* « rosso, onice » (*AHw*, 1019) oppure *siāmum*, *sāmu* « essere rosso » (*AHw*, 1038s) fa pensare ad una pietra preziosa che tenda al rosso.

[38] זְכוֹכִית è un altro vocabolo del commercio "internazionale", derivato dall'akkadico *zakakatu*. Esso indica un tipo di vetro-cristallo, costruito in Egitto a partire dal IV millennio a.C. Una curiosità: questo cristallo è stato trovato anche nella tomba di Tutankhamon (cf N. C. HABEL, 391).

[39] Si può vocalizzare al plurale (כְּלִי) con LXX = Th (σκεύη χρυσᾶ), Sym (σκεύεσι χρυσοῖς) e Tg. Il Targum presenta qui uno dei due versetti con triplice traduzione (cf *sopra*, nota 22): T1 מאני אובריזין « vasi d'oro obrizzo »; T2 מאני דהבא סניא « vasi d'oro fuso »; T3 מאני פוזייא « vasi aurei » (cf D. M. STEC [1994: 187*]).

[40] רָאמוֹת « coralli » oppure un tipo di perle: genere d'importazione secondo Ez 27,16. Il vocabolo sembra essere attestato anche ad Ugarit come *rimt* (*KTU*, 1.3 III 4; cf *MLC*, 621s). In ogni caso, si tratta di gioielli che si portano al collo. G. HÖLSCHER, 72s, ricorda la stretta somiglianza esistente in arabo per i vocaboli che indicano un genere di perle (مَرْجَان) e il corallo (مَرْجَان).

Il secondo vocabolo – גָּבִישׁ – sembra essere un'abbreviazione per אֶלְגָּבִישׁ « chicco di grandine » (Ez 13,11. 13; 38,22), ma anche « cristallo di rocca », cioè « quarzite », equivalente all'egiziano *irḫbś* (cf *WÄS*, I, 116). Tuttavia, nel nostro contesto, il significato è più generico, attestato dall'akkadico *algamišu* « pietra preziosa » (*AHw*, 35).

[41] Lett.: « e l'acquisto della sapienza è senza rubini ». A. NICCACCI [1981: 31] ha intuito che la frase deve avere valore negativo, dal momento che nei vv. 15-19 tutti gli stichi sono al negativo; ma, facendo valere il לֹא del primo stico, deve dare a מִן un senso strumentale mai documentato altrove. La forza negativa del nostro stico sta invece nella

19    *non la eguaglia il topazio⁴² di Kuš,*
      *non si compra con l'oro più puro.*

20    *E dunque, la Sapienza da dove viene?*
      *Dov'è il luogo della conoscenza?*

21    *È nascosta agli occhi di tutti gli animali,⁴³*
      *è celata agli uccelli del cielo.*

22    *Abaddon e Môt dicono:*
      *« Ne abbiamo sentito parlare ».⁴⁴*

23    *Dio solo⁴⁵ ne comprende⁴⁶ la via,*
      *Egli solo ne conosce il luogo;*

24    *poiché Egli vede sino alle estremità della terra*
      *e guarda sotto tutti i cieli,⁴⁷*

25    *per stabilire⁴⁸ al vento il suo peso*

---

stessa preposizione מִן (cf *KB,* II, 566). מֶשֶׁךְ (da מָשַׁךְ « trarre, estrarre ») è da intendere come « acquisizione »; non è un sinonimo di מֶכֶר « prezzo », per cui il parallelo con Pro 31,10 (וְרָחֹק מִפְּנִינִים מִכְרָהּ) può diventare fuorviante. Quanto a פְּנִינִים, visto che in Lam 4,7 vi è un confronto giocato sul colore rosso, potrebbero forse essere identificati con i « rubini » (cf anche M. H. POPE, 204, e N. C. HABEL, 391).

⁴² פִּטְדָה « topazio » (cf G. HÖLSCHER, 71, J. S. HARRIS [1963-1965: 46-48], W. ZIMMERLI [1969: II, 673] e J. M. GRINTZ [1974s]). Si discute se la pietra che noi chiamiamo "topazio" fosse conosciuta prima dei greci. Il vocabolo τοπάζιον sembra comunque derivare dal sanscrito *pīta* « giallo (color del burro) » e *pītâsman* « pietra gialla, topazio » (F. E. KOENIG, citato da G. HÖLSCHER). Tuttavia, in PG XLIII, 296 si dice che il τοπάζιον è più rosso (ἐρυθρός) del carbonchio (ἄνθραξ), rubino di color rosso vivo. La provenienza etiopica del topazio è attestata ancora in PLINIO (*Hist. Nat.* XXXVII, 9, 24): *Iuba auctor est et in quadam insula Rubri maris ante Arabiam sita nasci, quae Necron uocetur, et in ea, quae iuxta gemmam topazium ferat, cubitalemque effossam a Pythagora Ptolemaei praefecto* (cf PLINIUS [1972]).

⁴³ Il parallelo con il secondo stico, « gli uccelli del cielo », ci fa preferire per כָּל־חַי un significato equivalente a כָּל־חַיָּה « tutti gli animali »; questo crea un merismo con valore di inclusione con il v. 28, in cui finalmente compare lo אָדָם (animali – uomo). Anche se non esplicitato nella traduzione, siamo d'accordo con A. C. M. BLOMMERDE [1969: 107s], che considera enfatico il *waw* di וְנֶעֶלְמָה.

⁴⁴ La somiglianza con 42,5 non deve indurre in inganno. In realtà, le due frasi hanno una diversa sfumatura. Qui, come similmente in 2 Sam 7,22 e Sal 44,2, si sottolinea il fatto di aver sentito parlare di qualcuno (o qualcosa): l'oggetto del verbo udire è la fama. In 42,5, il contrasto è fra l'"ascoltare" – per sentito dire – e il "vedere" Dio.

⁴⁵ Benché non vi sia alcun avverbio, la posizione iniziale di אֱלֹהִים gli conferisce un valore enfatico. La contrapposizione è creata in questo caso dall'asindeto.

⁴⁶ 6 Mss hanno הֵכִין (cf G. B. DE ROSSI [1784: IV, 123]), ma il parallelismo dà ragione al TM.

⁴⁷ Il TM ha תַּחַת כָּל־הַשָּׁמַיִם (cf anche 37,3 e 41,3) e normalmente i commentatori moderni traducono come se fosse כָּל־תַּחַת הַשָּׁמַיִם o addirittura propongono di cambiare il testo. Ma il senso è diverso: Dio, dalla sua altezza, riesce a vedere tutto: sia in orizzontale (primo stico), sia in verticale (secondo stico). Il suo sguardo penetra nei « sette cieli » e giunge sino alla terra. Il v. 24 è considerato una glossa da K. BUDDE [1882: 222], ma senza ragioni consistenti.

> *e distribuire le acque con misura.*[49]
> 26 *Quando tracciò alla pioggia un canale*[50]
> *e una rotta al temporale,*[51]
> 27 *allora la vide e la misurò,*[52]
> *la fissò e la scrutò,*
> 28 *e disse all'uomo:*[53]
> *« Badate!*[54] *Temere il Signore è sapienza,*
> *allontanarsi dal male è conoscenza! ».*

---

[48] La costruzione in 25a לַעֲשׂוֹת è diversa da בַּעֲשׂתוֹ di 26a e non v'è motivo per non rispettarla. Di conseguenza il v. 25 viene ad essere una continuazione dello sguardo di Dio del v. 24 (cf É. P. DHORME, 377, che però traduce al passato e unisce anche il v. 26).

[49] Il sintagma מַיִם תִּכֵּן בְּמִדָּה non sembra equivalere a שׂוּם לַיָּם חֻקּוֹ di Pro 8,29. Là il significato è quello di aver dato dei limiti all'irruenza delle acque del mare; qui è la distribuzione delle piogge (v. 26). Il *qatal* תִּכֵּן potrebbe forse essere letto come infinito תַּכֵּן.

[50] חֹק potrebbe significare: 1) « legge, decreto »; 2) « limite, confine » come in Ger 5,22; Sal 148,6; Pro 8,27. 29) « solco, canale » (da √חקק « scavare, incidere »), come vorrebbe M. H. POPE, 205, ottenendo un buon parallelo per דֶּרֶךְ. In 38,25, un contesto molto simile, דֶּרֶךְ ha come parallelo תְּעָלָה « canale ». Secondo BerR XIII,10 ciascuna goccia di pioggia la sua strada da seguire (cf per questo e per la connessione tra lampi e pioggia E. F. SUTCLIFFE [1953]).

[51] Il sintagma לַחֲזִיז קֹלוֹת è variamente interpretato, già nelle antiche versioni: LXX ha ἐν τινάγματι φωνάς; Syr ܘܚܙܘܐ ܕܩ̈ܠܐ « visioni di voci »; Vg *procellis sonantibus*. É. P. DHORME, 377, fondandosi sull'arabo حزيز, traduce con « rimbombo dei tuoni ». Ma dal punto di vista fonetico il parallelo arabo corretto deve essere خنذيذ « ciclone, temporale », un lessema attestato anche ad Ugarit. Infatti, in ugaritico (*KTÚ*, 1.14 II 39s: cf *CML*, 84, e *MLC*, 551) abbiamo la coppia parallela *ḥdd* = חֲזִיז e *jr* = יוֹרֶה « pioggia ». חֲזִיז dovrebbe dunque essere un tipo di pioggia (cf Zc 10,1), specificato da קֹלוֹת « tuoni », corrispondente al nostro « temporale ».

[52] Due sono i problemi del v. 27: 1) il preciso significato dei quattro verbi e soprattutto del secondo; 2) il referente dei quattro pronomi oggettivi (הָ-). Quanto al primo problema, ci sembra di vedere una struttura chiastica a-b-b'-a', in quanto troveremo un parallelo strutturale tra רָאָה e חֵקֶר anche nei vv. 3 e 10; di conseguenza, diamo al Pi. סֵפֶּר il significato di « misurare », in parallelo a הֵכִין « fissare »; quest'ultima radice va tenuta, nonostante 5 Mss abbiano הֱבִינָהּ – contro quanto dice S. A. GELLER [1987: 182³³]. Quanto al secondo problema, S. L. HARRIS [1983] ha proposto di porre in relazione i quattro pronomi alla creazione in quanto tale e non alla sapienza. La sua proposta, benché intrigante, non ci sembra però coerente con l'andamento sintattico dei vv. 21ss e scinderebbe il nesso illuminante tra il v. 23 e il v. 27 (cf *sotto*, nell'analisi retorica).

[53] Queste prime parole sono fuori dal ritmo poetico e vanno spiegate come anacrusi (cf, ad es., 38,11). לְאָדָם è con l'articolo e quindi, con il TM, va inteso nel senso collettivo di « umanità ». Non vi sono sufficienti ragioni per vocalizzare senza l'articolo e trovare quindi un'allusione ad "Adamo" o all'Uomo primordiale.

Il v. 28 manca in un Ms (cf É. P. DHORME, 378), ma è una prova troppo labile per insinuare, dal punto di vista critico, che il versetto sia secondario. 11QtgJob ce ne ha riconsegnato alcune tracce, sebbene molto frammentarie: ...ומסטיא ...[לבני]ן ואמר (cf *Le Targum de Job*...: 36s). ומסטיא « allontanarsi » è il medesimo vocabolo adottato dalla Syr (ܘܡܣܛܐ).

[54] Con questo imperativo, vogliamo dare risalto allo הֵן dell'originale, che svolge una funzione interpellativa importante.

## 1.2 Analisi retorica

La peculiare bellezza di questa *pièce* lirica ha attirato l'attenzione di molti commentatori, che ci hanno consegnato diverse ipotesi di struttura letteraria.[55] L'evidente *ritornello* dei vv. 12 e 20 ha offerto un indiscutibile indizio. Ma questo solo indizio è insufficiente a stabilire un'adeguata correlazione della fitta trama di ricami poetici presenti in questa pagina di alta poesia. Stabilito infatti che il ritornello marchi una pausa, bisogna ancora decidere se porre la cesura prima o dopo di esso. A questo scopo, non dobbiamo lasciarci prendere la mano da schemi alienigeni provenienti dalla nostra estetica poetica, come il concetto di "strofa",[56] oppure da pregiudizi soggettivi, che, con semplificazioni, costringono la fantasia poetica in strutture troppo rigide, tanto da cambiare la stessa disposizione del testo[57] o da eliminare alcuni stichi, se questo diventasse necessario per salvaguardare le *proprie* assunzioni.[58] Le poesie, diceva Goethe, sono come le vetrate di una cattedrale. Non potete ammirarle stando fuori sulla piazza:

> *Kommt aber nur einmal herein,*
> *Begrüßt die heilige Kapelle!*
> *Da ist's auf einmal farbig helle*
> *Geschicht' und Zierart glänzt in Schnelle.*[59]

Entriamo dunque anche noi a contemplare *dall'interno* la bellezza compositiva di questo brano lirico.

La presenza del ritornello dei vv. 12 e 20 non deve offuscare l'ulteriore correlazione con il v. 28, in cui è presente la medesima coppia parallela *ḥokmâ* e *bînâ*: le prime due volte in una domanda, la terza volta

---

[55] Tra i commentari, privilegiamo L. ALONSO SCHÖKEL - J. L. SICRE DÍAZ, 396s; tr. it. 447s, e N. C. HABEL, 391-95. Alcuni studi particolarmente attenti alla composizione letteraria sono: M. LÖHR [1926], P. PASCUAL RECUERO [1956], D. J. CLARK [1982], A. NICCACCI [1981: 34-41], P. VAN DER LUGT [1988b: 278-92], D. WOLFERS [1989s: 236-40].

[56] È ancora il limite dell'approccio di P. VAN DER LUGT [1988b]. Su altri punti ci trova invece pienamente d'accordo. Egli, per avere "strofe" di otto versetti ciascuna, separa i vv. 1-4 (come "introduzione") da 5-12 (1ª strofa). Il resto dell'inno sarebbe composto di due altre strofe (vv. 13-20 e 21-28). Ricordiamo che alle pagg. 266-78, P. VAN DER LUGT offre un'ottima carrellata storica su questo problema.

[57] Così, ad es., D. WOLFERS[1989s: 235]: dal momento che nei vv. 7-8 si menzionano degli animali, li sposta dopo il v. 12, per avere tre strofe di 20 + 20 + 19 righe.

[58] A parte il tanto disputato v. 28, di cui abbiamo già detto nel *Capitolo II*, si vedano, ad es., M. LÖHR [1926], che ritiene originari i vv. 1-2. 5-8. 12; 13-20 e 21-27 (tre strofe di 14 linee ciascuna); A. DE WILDE, 267-70, che elimina i vv. 1-4; oppure lo studio, per altri versi molto stimolante, di S. A. GELLER [1987], che, oltre al v. 28, ritiene secondari i vv. 15-19, una digressione introdotta per distrarre: « a mortal poetic sin » (p. 175).

[59] Citata da S. A. GELLER [1987: 177²].

in una affermazione rivolta da Dio all'uomo.[60] Solo qui (v. 28) viene nominato ʾādām, mentre lungo tutto il poema era rimasto implicito, creando in taluni casi (vv. 3 e 9) una certa fatica interpretativa. È vero che nel v. 13 appare il suo sinonimo ʾĕnôš,[61] in una frase negativa, ma di ʾādām si parla soltanto nel versetto finale.

Proprio a causa di questa fondamentale correlazione, preferiamo considerare anche le due domande del ritornello come chiusura, e non come apertura di sezioni:[62] porre la cesura dopo una domanda ci sembra migliore anche da un punto di vista stilistico. Abbiamo quindi tre "strofe" (nel senso più ampio del termine):[63] vv. 1-12; 13-20 e 21-28. Mentre le ultime due sono ben equilibrate (16 e 17 stichi), la prima sezione abbraccia ben 26 stichi. La cosa non dovrebbe stupire, una volta messe da parte le regole della nostra metrica.

La prima sezione, lunga e difficile, contiene alcune relazioni che abbiamo già avuto modo di notare, discutendone la traduzione. Ricordiamo, anzitutto, lo stretto legame che sussiste tra il kî enfatico iniziale e il waw avversativo della domanda del v. 12. Vengono così isolati i vv. 1-2, che fungono da introduzione. In essi, ad ogni minerale si attribuisce un luogo di provenienza: argento → môṣāʾ, oro → māqōm, ferro → mēʿāpār e rame → (mē)ʾeben. Il ritornello del v. 12 riprende, in inclusione, il primo versetto (√mṣʾ e māqôm), opponendo ai metalli pregiati la coppia sapienza-conoscenza: mentre i metalli hanno un "luogo", rimane aperta la domanda sul "luogo" della sapienza. Non si tratta di domanda retorica, cui si deve rispondere negativamente, ma di vero e proprio interrogativo.

I vv. 3 e 9 sono simmetrici:[64] iniziano in modo simile, sottintendendo il soggetto dell'azione (« uomo »), e hanno sviluppi che sintatticamente si

---

[60] Cf P. VETTER [1897: 47]: « Diese Gliederung ist durch einen Kehrvers, der v. 12 und v. 20 als Frage, v. 28 als Antwort steht, sichergestellt ». La medesima idea è ripresa da A. DE WILDE, 269.

[61] La menzione di אֱנוֹשׁ in 4b scompare secondo quanto abbiamo detto a pag. 257[12].

[62] Cf anche J. G. STICKEL (1-4. 5-8. 9-12. 13-16. 17-20. 21-24. 25-28); F. J. DELITZSCH (come J. G. STICKEL, eccetto le ultime due strofe, con una divisione più acuta: 21-25 e 26-28); P. VETTER [1897: 47] (1-12. 13-20 e 21-28); A. DE WILDE, 267-70, che elimina i vv. 1-4 in quanto sarebbero un'aggiunta secondaria (l'inno originario sarebbe 5-12. 13-20 e 21-28); P. VAN DER LUGT [1988b: 286]. Questi, essendo troppo legato al concetto di "strofa", spezza alcune relazioni importanti: introduzione (vv. 1-4); I-a (vv. 5-8) I-b (vv. 9-12) II-a (vv. 13-16) II-b (vv. 17-20); III-a (vv. 21-24) III-b (vv. 25-28).

[63] Condividiamo la posizione di G. FOHRER, 55, che preferisce parlare di « stilistische Abschnitte », piuttosto che di « Strophen in metrischen Sinn ». Sull'uso del vocabolario tecnico di "strofa", talvolta problematico, rimandiamo a studi esplicitamente dedicati: M. LÖHR [1918], W. A. IRWIN [1946], P. W. SKEHAN [1961], E. C. WEBSTER [1983]; e soprattutto a P. VAN DER LUGT [1988a] e [1988b].

[64] La simmetria è stata notata anche da D. J. CLARK [1982], che propone per i vv. 1-11 una struttura concentrica, sbilanciando – a nostro parere – alcune relazioni, come quelle tra i vv. 5-6 e 7-8: a) vv. 1-2; b) v. 3; c) v. 4; a) vv. 5-6; c) vv. 7-8; b) v. 9; a) vv. 10-11.

prolungano rispettivamente nei vv. 3-4 e 9-11: sei stichi ciascuno. La correlazione è profonda, al di là del semplice raffronto quantitativo.

In effetti il primo stico del v. 3 (*qēṣ śām laḥōšek*) trova il suo parallelo inclusivo nell'ultimo stico del v. 11 (*wᵉtaʿălūmâ jōṣîʾ ʾôr*); l'attività dell'uomo che scruta sino all'estremo limite nel v. 3 (*ûlᵉkol-taklît hûʾ ḥôqēr*) è ripresa dall'occhio attento a tutto ciò che è prezioso in 10b (*wᵉkol-jᵉqār rāʾătâ ʿênô*); la pietra del terzo stico del v. 3 (*ʾeben*) è ancora la pietra contro cui l'uomo stende la sua mano in 10a (*ḥallāmîš*) e la descrizione del "mondo infernale", che con fatica viene fatto arretrare dall'uomo (v. 4), è di nuovo al centro della descrizione nei vv. 9b. 10a e 11a. Nei vv. 9-11, l'attività mineraria è descritta come una conquista "illuminante", con continue allusioni alla "luce": l'uomo "vede" ogni prezioso (10b), fa uscire alla luce ciò che è segreto (11b), le gallerie da lui scavate nella roccia sono *jᵉʾōrîm* (10a; paronomasia con *ʾôr* « luce ») e giungono sino alle fonti delle *nᵉhārôt* (11a; paronomasia con la *nᵉhārâ* « raggio di luce » di 3,4 ).[65]

All'interno della simmetria tra i vv. 3-4 e 9-11, vi è un'ulteriore correlazione tra i vv. 5-6, dedicati alla *ʾereṣ*, e i vv. 7-8, dedicati al *nātîb*. La struttura sintattica simile – entrambi i lessemi si trovano enfaticamente in *casus pendens* all'inizio delle frasi – invita a leggere queste due parti in parallelo.

Anzitutto, la "terra". Essa è un dono di Dio all'uomo, come dice Sal 115,16:

> *I cieli sono cieli di JHWH,*
> *ma la terra l'ha data agli uomini;*

ma essa è anche un compito per l'*homo faber*, che deve "dominarla" con sapienza regale (*kābaš*: Gn 1,28), per trarvi ciò che è buono e serve alla sua vita: il *pane* in superficie e le ricchezze minerarie dal sottosuolo.[66] In

---

Per altra via, anche A. NICCACCI [1981: 34-41] mette in evidenza la simmetria tra i vv. 3-4 e 9-11. Egli trova una sequenza di tre elementi ("luogo" - "limitazione per alcuni esseri viventi" - "attività"), che si ripete il tutt'e tre le parti (1-11; 12-19 e 20-28):

| | | | |
|---|---|---|---|
| *1. luogo* | vv. 1-6 | v. 12 | v. 20 |
| *2. limitazione* | vv. 7-8 | vv. 13-14 | vv. 21-22 |
| *3. attività* | vv. 9-11 | vv. 15-19 | vv. 23-28 |

Per i vv. 1-11, si avrebbe una struttura più complessa, con questo ordine (pag. 37):

| | | |
|---|---|---|
| *1. luogo* | vv. 1-2 | vv. 5-6 |
| *2. limitazione* | – | vv. 7-8 |
| *3. attività* | vv. 3-4 | vv. 9-11 |

È una conferma dell'armonia lirica della composizione.

[65] È vero che queste allusioni sembrano un po' troppo sosfisticate; ma non sono impossibili, vista la sensibilità poetica del nostro autore. Cf S. A. GELLER [1987: 164].

[66] Si veda, per questa medesima dialettica, il passo di Dt 8,7-10, quasi un inno alla *terra* (d'Israele), in cui per sette volte è ripetuto אֶרֶץ. In quella pagina deuteronomica viene espressa la meraviglia per le ricchezze generate dal grembo fecondo della madre terra, che è il soggetto principale della lode. In Dt 8 il lavoro dell'uomo sembra quasi sparire

entrambi i casi, è rimarcata la stupefacente sinergia tra la materia prima offerta dalla terra e la lavorazione da parte dell'uomo, simbolicamente rappresentata dal *fuoco* (v. 5b).

Il "sentiero" tracciato dal progresso umano nelle viscere delle terra segna la superiorità dell'uomo sugli animali. I vv. 7-8 ricordano due specie di animali emblematici: gli uccelli rapaci e i serpenti (rettili mitologici).[67] Gli uni volano alto, gli altri s'inabissano nel profondo; i primi hanno una vista perfetta, i secondi sono i "più astuti" (*ʿārûm*: Gn 3,1); entrambi sono animali d'attacco e di lotta; ma né gli uni né gli altri possono seguire l'uomo nel suo percorso tecnologico.[68]

Le relazioni di simmetria che abbiamo trovato nei vv. 1-12 non devono far dimenticare altre relazioni "lineari", che confermano il lirismo della pagina. Il v. 1 aveva aperto la pagina parlando di *môṣāʾ* e *māqôm*; i vv. 5-6 richiamano gli stessi lessemi (*jēṣēʾ* e *mᵉqôm*[*-sappîr*]), formando un'unità minore, confermata dalla ripetizione di *ʾeben* (vv. 2b. 3b. 6a). Se l'occhio dei rapaci è incapace di vedere il "sentiero" creato dall'uomo (v. 7b), l'occhio dell'uomo è invece in grado di vedere ogni prezioso (v. 10b).

Le relazioni si moltiplicano, se dovessimo guardare anche alle allitterazioni, elemento essenziale della poetica. Evidenziamo due soli esempi. Il primo è la saldatura dei vv. 1-2, la cui sonorità è data dalla fusione dei tre registri principali di sibilanti (*š, s, ṣ, z*), palatali (*k, q*) e labiali (*m, p, b̲, b, w*): *kî jēš lakkesep môṣāʾ* :: *ûmāqôm lazzāhāb jāzōqqû / barzel mēʿāpār juqqāḥ* :: *wᵉʾeben jāṣûq nᵉḥûšâ*. L'interesse del secondo esempio sta invece nel fatto che le allitterazioni in sequenza chiastica collegano due versetti appartenenti a sviluppi diversi (8b e 9a): *lōʾ-ʿādâ ʿālājw šāḥal* :: *baḥallāmîš šālaḥ jādô*.[69]

La seconda sezione (vv. 13-20) non giunge senza preparazione: l'oro, l'argento, il lapislazzuli e le altre pietre preziose, una volta estratti e lavorati, diventano oggetto di scambio economico. Ciò che l'uomo non produce da sé, lo acquista da altri. Ma questo non vale per la sapienza. Il limite, dopo il successo tecnologico cantato nella prima parte del poema, è ancora

---

davanti a ciò che la terra offre già di suo, mentre in Gb 28 è il lavoro dell'uomo che "collabora" con la terra a balzare in primo piano.

[67] Nel caso in cui non si accetti la lettura mitologica di "serpenti", si può far ruotare il confronto sull'aspetto della forza: il "re" degli uccelli (aquila) e il "re" degli animali terrestri (leone).

[68] Falcone e serpente (cobra, *urœus*) erano anche gli emblemi dell'Alto e del Basso Egitto, incisi sulla doppia corona dei faraoni. Che vi sia anche una qualche allusione a quegli emblemi e alla super-potenza egiziana?

[69] Siamo stati ispirati da S. A. GELLER [1987: 157 e 164].

più clamoroso (v. 13s): la sapienza non si trova (*timmāṣē*ʾ) in quella ʾ*ereṣ*, "dominata" dall'*homo faber*, ma nemmeno nel mare e nell'abisso.[70]

La particolarità saliente di questi versetti è la loro formulazione in negativo. Tutti gli stichi, direttamente o indirettamente, contengono una negazione: l'avverbio negativo *lōʾ* ricorre 10 volte, 3 volte nei vv. 13-14 e sette volte nei vv. 15-19. I vv. 13-14 hanno *quattro* stichi negativi (in 14b la negazione è ʾ*ên*): il numero cosmico è coerente con la negazione della presenza della *ḥokmâ* nel mondo dei viventi e in quello sotterraneo, in cui l'uomo si addentra con la sua ricerca mineraria. I vv. 15-19 sono composti da *dieci* stichi: un decalogo che nega[71] la possibilità di acquistare o possedere la sapienza. Giudicare questi versetti una digressione o, peggio ancora, una distrazione dal tema, è solo una dichiarazione di incomprensione da parte dell'interprete. Essi, con esuberanza lirica e finezza poetica, dicono che la sapienza non si trova nella regione dell'avere.

Dal punto di vista formale, non deve sfuggire la struttura simmetrica sottesa alla descrizione, i cui nodi principali sono: *lōʾ-tᵉsulleh* – *bᵉketem* (v. 16) – *lōʾ-jaᶜarᵉkennâ* (v. 17) :: *lōʾ-jaᶜarᵉkennâ* – *bᵉketem* – *lōʾ tᵉsulleh* (v. 19).[72] Vengono menzionati ben 13 materiali preziosi per scambi commerciali: ma la sapienza rimane irraggiungibile per l'*homo œconomicus* e la domanda (v. 20) ancora insoluta.

La struttura della seconda sezione si reduplica nella terza (vv. 21-28), anche se con risultati opposti. Il v. 21 è un parallelo del v. 13, come il v. 22 (Tehom, Jam) lo è del v. 14 (Abaddon e Môt): la formulazione è ora positiva, benché il contenuto rimanga negativo.[73] La ripresa del tema della seconda sezione è funzionale sia a quanto precede sia allo sviluppo seguente. Da una parte, l'antitesi è tra l'uomo che non può trovare la sapienza nelle cose create (vv. 15-19) e Dio che ne conosce la via e il luogo (vv. 23ss); dall'altra, tra gli animali (v. 21) e l'uomo, che ha un rapporto preferenziale con il suo Creatore (v. 28).

Anche i vv. 23-27. 28 hanno al loro interno una struttura speculare, a nostro parere molto importante per stabilire i "tempi" dell'azione di

---

[70] Ci sembra effettivamente troppo trovare nella sequenza dei "quattro attori mitici" Tehom, Jam, Abaddon e Môt un'allusione ai quattro elementi cosmici aria, acqua, fuoco e terra (cf P. PASCUAL RECUERO [1956: 260]).

[71] Le negazioni sono otto; ai sette לא, bisogna aggiungere il מן privativo di 18b.

[72] Cf E. ZURRO [1987: 217]. D'altra parte, A. R. CERESKO [1975] non menziona Gb 28, pur offrendo uno studio molto analitico dedicato allo schema chiastico e simmetrico nel semitico nord-occidentale: 40 esempi ugaritici (pp. 75s), 6 esempi fenici, 4 esempi dalle iscrizioni di Seffîre (p. 77), 119 esempi biblici al di fuori di Giobbe (pp. 77-81) e 21 esempi in Giobbe (pp. 82-88).

[73] Il pur accurato studio di S. A. GELLER [1987: 165s], avendo escluso i vv. 15-19, unisce in un'unica sezione (negativa) i vv. 12-14 e 20-22. Ad essa si contrapporrebbe la terza sezione (positiva) dei vv. 23-27. Con questa scelta, ci sembra che la ricerca di una logica ferrea abbia distrutto il disegno originale del poeta.

Dio:[74] *jir'eh* (24b) – *la'ăśôt* (25a) – *ba'ăśōtô* (26a) – *rā'āh* (27a).[75] Scindendo i due versanti della struttura, scopriamo nei vv. 24-25 l'azione provvidente di Dio, punto di partenza (*kî-hû'*) per riconoscere l'azione creatrice *ab initio*. Nei vv. 26-27 (e 23) siamo quindi rimandati al momento creativo. Dio è soggetto e la *ḥokmâ* è oggetto di tutt'e sei i verbi: *hēbîn darkāh, jāda' m<sup>e</sup>qômāh, rā'āh, waj<sup>e</sup>sapp<sup>e</sup>rāh, hĕkînāh w<sup>e</sup>gam-ḥăqārāh*. Il *wajjo'mer* del v. 28 potrebbe allora essere considerato come l'ultimo elemento di un settenario di verbi:[76] Dio porta a compimento la sua opera parlando allo *'ādām*, mai nominato sino a questo punto del poema.[77]

Alla domanda dei vv. 12 e 20 viene finalmente data una risposta: la sapienza non ha un "luogo" fisico o geografico, ma l'uomo stesso che s'interroga circa la sapienza è questo "luogo", in quanto uditore della rivelazione di Dio:

> « Quello che l'*homo faber* e l'*homo œconomicus* non riescono a raggiungere, lo raggiunge l'*homo religiosus*. Rispettando Dio ed evitando il male, l'uomo raggiunge la sua statura di *homo sapiens* ».[78]

Le relazioni tra le tre "strofe" del poema sono dunque molto più articolate e complesse di quanto possa apparire ad una prima lettura superficiale. La terza sezione infatti, oltre ad essere in antitesi alla seconda, è anche parzialmente parallela alla prima, in quanto contrappone l'attività creatrice di Dio alla creatività tecnologica dell'uomo. La capacità di ricerca e di trasformazione che l'uomo sperimenta con i metalli preziosi è solo una sfocata imitazione del rapporto che intercorre tra Dio e la sapienza. Se l'uomo vuole "avere" la sapienza, non ha che da "esserne" il luogo.

Ecco quindi, in sintesi, la struttura del capitolo:

---

[74] Il v. 23 ha due verbi stativi in *qatal*, e quindi il loro valore temporale non è determinato. Al passato dobbiamo invece interpretare la sequenza verbale che inizia con il v. 27. Il v. 24 ha due verbi in *jiqtol*: la sfumatura non deve essere annullata. Quanto al Pi. *qatal* תִּכֶּן, essendo in parallelismo con לַעֲשׂוֹת, potrebbe essere vocalizzato come infinito costrutto (תַּכֶּן).

[75] Cf E. ZURRO [1987: 213]. È un altro esempio non registrato da A. R. CERESKO [1975].

[76] Cf L. ALONSO SCHÖKEL - J. L. SICRE DÍAZ, 397; tr. it. 448. Potremmo definirlo come "settenario antitetico", in quanto il settimo elemento supera e integra i primi sei (cf W. M. W. ROTH [1962], L. ALONSO SCHÖKEL [1969: 258-61 (spagnuolo)], N. NEGRETTI [1973: 40-44]). Questo tipo di struttura numerica, oltre che in ambito biblico (Gn 1,1-2,4a; Dt 16,8; Gs 6; 1 Re 18,44; 20,29), è molto diffuso nelle letterature dell'Antico Vicino Oriente. Ricordiamo alcuni esempi, prendendoli dallo studio di N. NEGRETTI. In akkadico: *Maqlû* IV, 108-13; *Gilgameš* XI, 127-30. 141-46. 215-18 (= 225-28); in ugaritico: *KTU*, 1.14 III 2-5; 1.17 II 32-42; 1.22 I 21-27.

[77] Com'è noto, nel versetto vi è pure l'unica ricorrenza, presente nel libro, del nome divino אֲדֹנָי (nel sintagma יִרְאַת אֲדֹנָי); il che ha permesso a molti di mettere in dubbio l'autenticità del passo. Si veda a pag. 65.

[78] L. ALONSO SCHÖKEL - J. L. SICRE DÍAZ, 397; tr. it. 448. Cf anche E. NIELSEN [1976s] e CH. BALDAUF [1983].

*1ª sezione: la grandezza dell'homo faber (vv. 1-12)*
    A. vv. 1-2: la fonte (*môṣā'*) e il luogo (*māqôm*) dei metalli preziosi
      B. vv. 3-4: l'uomo fa regredire le tenebre
        C. vv. 5-6: la capacità dell'uomo di "dominare" la terra
          C'. vv. 7-8: il "sentiero" dell'uomo inaccessibile agli animali
      B'. vv. 9-11: l'uomo porta alla luce le cose segrete
→ A'. v. 12: domanda sul luogo (*mē'ajin / māqôm*) della *ḥokmâ / bînâ*

*2ª sezione: il limite dell'uomo (vv. 13-20)*
        D. vv. 13-14: l'uomo non ne conosce la dimora
          E. vv. 15-19: la sapienza non è un bene commerciabile
→ A''. v. 20: domanda sul luogo (*mē'ajin / māqôm*) della *ḥokmâ / bînâ*

*3ª sezione: Dio, il Creatore, rivela all'uomo la sapienza (vv. 21-28)*
        D'. vv. 21-22: la sapienza è nascosta agli animali e agli esseri mitici
          E'. vv. 23-27: Dio solo ne conobbe la via, in quanto creatore
→ A'''. v. 28: Dio rivela all'uomo che cosa è *ḥokmâ / bînâ*

## 1.3 Analisi simbolica

### 1.3.1 Prima sezione

Sarà sorprendente anche per il lettore scoprire la ricchezza interpretativa che viene sprigionata dai simboli della nostra pagina lirica. È stata anche la nostra esperienza, in certa misura inattesa, anche se prevedibile. A partire dalla struttura della prima sezione, centriamo l'obiettivo sui principali simboli di ogni sua parte, e precisamente: il "luogo" della metallurgia (elemento A) e, correlativamente, il "luogo" dell'attività mineraria (elemento B-B'), la "madre terra" nel suo rapporto con l'uomo (elemento C) e gli animali (elemento C').

Il valore simbolico della ricerca e della trasformazione dei *metalli* è stato ampiamente studiato, in stretta relazione con l'alchimia, la quale non va ridotta a momento pre-empirico della chimica moderna, ma valorizzata come autentica "mistica" della materia.[79] Dobbiamo fare un piccolo sforzo di abbandonare la nostra mentalità analitica moderna e riassumere la visione sintetica del poeta, per scoprire il simbolismo celato nella metallurgia.

---

[79] Per la valorizzazione dell'alchimia si vedano M. ELIADE [1956: 8 e 119-29], G. BACHELARD [1938a: 44] e G. DURAND [1969: 346-49]. G. BACHELARD [1948: 329] afferma che « la pensée alchimique nous prouve la *réversibilité des métaphores* ». Gli studi che abbiamo trovato più utili per il nostro approccio e ai quali spesso rinvieremo sono M. ELIADE [1937], [1956], G. BACHELARD [1938a]. Tuttavia, la produzione al riguardo è sterminata, anche perché abbraccia diversi campi – dalla storia della scienza e alla psicologia junghiana. Se ne può avere un saggio nelle note bibliografiche di M. ELIADE [1956: 159-82].

I metalli ricordati nei vv. 1-2 – argento, oro, ferro e rame (bronzo) – hanno una lunga tradizione culturale, per la quale non possiamo che rinviare ad opere specificamente dedicate alla storia della tecnologia.[80] Il nostro intento è di lasciarci portare dalle valenze simboliche che essi sprigionano e che ci introducono in una nuova regione del *Regime notturno* sinora non esplorata. È facile obiettare che le valenze simboliche, che ora svilupperemo, non sono tutte eplicitate dal testo di Giobbe. Rimane comunque il dato essenziale: l'autore ha scelto come simbolo portante per questa sua pagina lirica la ricerca e la trasformazione dei metalli (preziosi).

M. Eliade ha dedicato il primo capitolo del suo studio sulla metallurgia[81] a mostrare la connessione tra i metalli e il cielo: questa valenza simbolica, implicita in Gb 28, permetterà di apprezzare poi l'analogia tra i metalli e la *ḥokmâ*. La relazione dei metalli con il "cielo" ha radici storiche precise, dal momento che le *meteoriti* furono i primi metalli ad essere sfruttati.[82] Già da questo accenno emerge, accanto alla caratterizzazione "celeste" dei metalli, per cui nella loro fusione si porta a compimento una *coniunctio* tra cielo e terra,[83] la caratterizzazione femminile della terra. A parte la simbolizzazione "solare" dell'oro, di cui abbiamo già avuto modo

---

[80] Cf una panoramica generale nei volumi VII-IX di R. J. FORBES [1963], [1964a] e [1964b].

[81] M. ELIADE, « Météorites et métallurgie » in [1956: 14-20].

[82] A parte lo sfruttamento "tecnologico", la venerazioni delle pietre cadute dal cielo è un dato molto diffuso nella storia religiosa dell'umanità. L'esempio più famoso rimane la *Kaʾaba* de La Mecca (altra documentazione in A. DAUBRÉE [1890: 447-49] e M. ELIADE [1956: 14s].

[83] Una valenza che hanno portato con sé per lungo tempo. Basti ricordare tutti i riti o le pratiche religiose che nelle culture premoderne hanno sempre accompagnato il lavoro minerario e metallurgico (cf M. ELIADE [1956: 45-64]). R. EISLER [1926] ha valorizzato lo stesso legame tra i metalli e i "cieli", sostenendo che il fenomeno meteoritico aveva fatto pensare che i cieli fossero costituiti da diversi metalli (argento, oro, ferro, rame). Presso i babilonesi, ciascun cielo, come ciascun metallo attraverso il suo colore, era dominato da un dio. Un testo neobabilonese precisa questi rapporti tra dèi e metalli: Enlil – oro, Anum – argento, Ea – bronzo, Ninidni – pietra. Sul tema di questa corrispondenza, si veda M. ELIADE [1937: tr. fr. 43-49]. Questa correlazione è continuata sino all'epoca moderna. Ricordiamo due opere: il *Bergbüchlein*, un breve dialogo di 21 pagine tra l'esperto Daniel "der Bergverständig" e l'apprendista Knappius, stampato ad Augsburg nel 1505, il cui autore dovrebbe essere CALBUS FRIBERGIUS (una sintesi francese è presente in A. DAUBRÉE [1890]); e l'opera di LEONARDO DI PISA (*Camilli Leonardi cui accessit sympathia septem metallorum ac septem selectorum lapidum ad planetas*, Paris 1610). Il primo scritto ci offre l'equivalenza tra i metalli e i corpi celesti (A. DAUBRÉE [1890: 387]): oro – Sole, argento – Luna, stagno – Giove, rame – Venere, ferro – Marte, piombo – Saturno e mercurio – Mercurio. Il secondo ci offre il parallelo tra metalli e pietre preziose: turchese – piombo, smeraldo – ferro, ametista – rame, cristallo di rocca – argento, magnete – mercurio, diamante (zaffiro) – oro, cornalina – stagno (citato in A. DAUBRÉE [1890: 449].

di parlare,[84] l'origine celeste dei metalli è rintracciabile ancora – in parte – nel vocabolario del ferro,[85] il metallo che ha svolto il ruolo decisivo nello sviluppo tecnologico.[86]

Il lavoro metallurgico è sempre stato considerato dall'uomo un atto di potenza sulla natura, tale da avvicinare l'opera dell'uomo a quella del Creatore. La metallurgia, come l'alchimia, è infatti una cosmogonia in miniatura.[87] Dal momento che la vita delle cose inanimate era pensata in analogia a quella umana, anche i metalli e i minerali hanno una nascita, un sesso, una morte.

I minerali sono in qualche modo degli *embrioni*,[88] che vengono estratti dal grembo della madre terra prima del tempo, per accelerarne la maturazione. L'uomo si sostituisce alla natura, per condurla più velocemente alla perfezione. L'alchimia dice che tutti i metalli, maturando lentamente nel grembo della terra, sarebbero diventati oro.[89] L'uomo, estraendoli prematuramente, si sostituisce al *tempo geologico* e si assume la responsabilità di portarli a piena maturazione.[90] In questo processo,

---

[84] Cf pagg. 161ss.

[85] In sumerico, il ferro era detto AN.BAR « metallo celeste » o « metallo-stella »; Campbell Thompson lo traduce « fulmine celeste (di meteorite) ». Si discute se il vocabolo akkadico *parzillu*, da cui anche l'ebraico בַּרְזֶל, derivi dalla pronuncia del sumerico AN.BAR o da un altro vocabolo sumerico (BAR.GAL « il grande metallo »), come ad es. sostiene A. W. PERSSON [1934: 113], oppure derivi dal caucasico *varkil*, a causa della finale in *-ill*: da qui, secondo F. BORK (in OLZ 25 [1922] 19) e W. O. GAERTE (in AfO 8 [1933] 310) si avrebbero sia l'akkadico che il latino *ferrum*, per diversa traformazione fonetica (le citazioni di Bork e Gaerte sono prese da R. J. FORBES [1950: 463] e « The early story of iron » in [1964b: 248]). Anche in Egitto, almeno a partire dal Nuovo Regno, il ferro era detto *bjꜣ-n-p.t* « metallo del cielo » (equivalente al copto ⲂⲈⲚⲒⲠⲈ; cf *WÄS*, I, 436), come anche presso gli hittiti e, a quanto sembra, anche presso i greci (σίδηρος potrebbe essere messo in relazione con il latino *sidus, sideris* « stella » e il lituano *svidùs* « brillante » o *svýsti* « brillare », dalla √*sueid-*; cf *IEW*, 1042).

[86] Anche se l'oro è sempre stato nella storia dell'umanità il metallo "perfetto" e "maturo" per eccellenza, il primato "tecnologico" va al ferro. Sull'importanza del ferro per la metallurgia in generale e sul suo valore commerciale, si veda R. J. FORBES, « The early story of iron » in [1964b: 175-295]; sulla sua mitologia, M. ELIADE [1956: 21-26]. In Mesopotamia, ad esempio, pochi anni dopo Ḫammurabi, il ferro era valutato otto volte l'argento (cf R. J. FORBES [1964b: 248]).

[87] Proprio su questa analogia, M. ELIADE [1956: 54-59] collega il rito sacrificale (anche umano), legato alla metallurgia in Mesopotamia e in Egitto: come vi fu un sacrificio nel momento in cui venne creato l'uomo (cf *Enūma eliš* VI, 5-10 o *Atraḫasīs* I, 225-30), così ogni creazione è sempre una vita che nasce da una morte.

[88] Cf la discussione su *kūbu*, un termine che compare più volte in un testo metallurgico assiro della biblioteca di Assurbanipal: « embrioni divini » (R. EISLER), un genere di demoni (F. THUREAU-DANGIN), « feticci » (J. RUSKA) o « aborti » (H. ZIMMERN)? Si vedano *AHw*, 498a, e M. ELIADE [1937: tr. fr. 99-101], [1956: 34 e 62s].

[89] G. BACHELARD [1948: 247], M. ELIADE [1956: 41].

[90] Riportiamo due citazioni da M. ELIADE [1956: 43]. La prima è tratta da una *pièce* di B. JONSON (n. 1572 - m. 1637), *The Alchemist*:

s'insinua la finalità *mistica* dell'alchimista che, mentre lavora a edificare se stesso, mira a perfezionare l'opera della natura, partendo dalla *materia prima* per condurla ad essere *pietra filosofale*. È questo l'orizzonte esatto per comprendere il senso della ricerca del *Lapis Philosophorum* della letteratura alchimistica; e si comprende come non siano mancate correlazioni, interferenze, e talvolta addirittura sostituzioni, tra l'*opus alchymicum* e l'esperienza del sacro.[91]

Anche a riguardo della "sessualità" dei minerali,[92] il nostro testo non ha esplicitazioni dirette; è tuttavia impossibile non sottolineare la valenza del *mysterium coniunctionis* presente nel simbolismo metallurgico, che l'alchimia esprimeva anche in termini di ἱερός γάμος. E la *coniunctio* avviene attraverso una "morte" e un ritorno allo stadio di *materia prima*, dalla quale emerge, come nuova creazione, il metallo o la *pietra filosofale*, ripresentazione del simbolismo mistico della *coincidentia oppositorum* delle origini.[93] Arte metallurgica, alchimia e cammino iniziatico percorrono quindi analoghi sentieri simbolici, come ha sottolineato con forza M. Eliade.[94]

Questo è l'universo simbolico della metallurgia. E questo simbolismo, meglio di ogni altro, è in grado di esprimere appieno sia la valenza

---

SURLY - *The egg's ordained by nature to that end,*
       *And is a chicken* in potentiā.
SUBTLE - *The same we say of lead, and other metalls,*
       *Which would be gold, if they had time.*
MAMMON -*And that*
       *Our art doth further.* (atto II, scena 2)

La seconda citazione è tratta dalla *Summa Perfectionis*, un'opera alchimistica del XIV secolo: « Ciò che la natura può perfezionare solo in un grande arco di tempo, noi lo possiamo fare in poco tempo, con la nostra arte ».

[91] Cf M. ELIADE [1956: 139-44]. È per questa analogia che in molti alchimisti medievali e umanisti, si è potuto affermare che il possesso del *Lapis Philosophorum* equivale alla piena conoscenza di Dio. Tuttavia, la virtù prima della "pietra filosofale" è di trasformare tutti i metalli in oro, o meglio di far "maturare" tutte le realtà facendone precipitare il loro ritmo temporale (si ricordi il tema dell'*Elixir Vitæ*).

[92] La "sessualità" delle pietre e dei minerali dipende dalla forma, dalla durezza o dal colore. G. BOSON [1914: 73] parla della « pietra *musa* maschile e della pietra del rame femminile ». La sessualizzazione della metallurgia è rimasta anche nel vocabolario tecnico: in mineralogia, ad es., la "matrice di un minerale" è la massa rocciosa che lo include. Il *Bergbüchlein*, citato da A. DAUBRÉE [1890: 388] afferma: « Dans l'union du mercure et du soufre au minerai, le soufre se comporte comme la semence masculine et le mercure comme la semence féminine dans la conception et naissance d'un enfant ». Ampia documentazione in M. ELIADE [1956: 29-32].

[93] Andrebbe ricordato al riguardo l'acrostico *VITRIOL* dell'alchimista BASIL VALENTINE: *Visita Interiora Terrae Rectificando Invenies Occultum Lapidem*. Questo percorso iniziatico è tracciato in quattro tappe cromatiche nell'alchimia: dalla *nigredo*, all'*albedo*, verso la *citrinitas* e la *rubedo*. Cf M. ELIADE [1956: 138].

[94] Cf M. ELIADE [1956: 142-44].

mistica sia la valenza sintetica e drammatica del *Regime notturno*.[95] Con esse, innegabilmente, ci sentiamo in una nuova dimensione del fatto simbolico, in cui è vincente la valenza della trasformazione e quindi la logica concessiva del "malgrado". La partecipazione e l'ambivalenza, che sono caratteristiche della logica simbolica, aprono così a nuove possibilità di speranza, integrando in una nuova sintesi l'illuminismo "diairetico" del *Regime diurno* e la tenebra angosciante del *Regime notturno*.[96] Ma abbiamo ancora molti elementi da raccogliere, prima di poter comprendere sino in fondo le potenzialità della nuova valenza simbolica.

Anche le *miniere*, con le loro gallerie sotterranee che si spingono sino alle « sorgenti dei fiumi » (i.e. il mondo divino e infernale),[97] sono un simbolo eloquente per esprimere la struttura drammatica di luce e tenebra (cf elemento B e B' della struttura). L'uomo « pone un confine alle tenebre » (v. 3a) e « porta alla luce cose nascoste » (v. 11b): è una lotta contro gli inferi pericolosa, ma alla fine vittoriosa (v. 4). Egli osa stendere la mano contro la "pietra infernale" per scrutare là dove regnano le tenebre (vv. 3b e 9a) e la sua opera sconvolge le montagne dalle radici (v. 9b), quasi fosse il Creatore. Il linguaggio dell'attività "vittoriosa" dell'uomo contro le tenebre degli inferi richiama la potenza della divinità: l'inclusione tra v. 3a e 11b richiama 12,22 e il *taklît* di 3aβ rimanda a 26,10. Il verbo *hāpak* (vv. 5 e 9) è la cifra sintetica della potenza del Dio distruttore (cf 9,5; 12,15; 30,21; 34,25), cristallizzata nella memoria collettiva con il paesaggio spettrale di Sodoma e Gomorra (cf Gn 19,25; Dt 29,22; Am 4,11; Is 13,19; 34,9; Lam 4,6, etc.). Il verbo *ḥāqar* (v. 3) illustra una capacità tipica di Dio: si ricordino 13,9 e soprattutto 28,27, oltre a Sal 139,1. 23; Ger 17,10... Sembra quasi che si voglia smentire Elifaz, il quale aveva definito « incomprensibili » (*ʾên-ḥēqer*: 5,9) i prodigi divini, definizione ripresa dallo stesso Giobbe in 9,10; oppure che si voglia rispondere positivamente alla domanda di Sofar in 11,7: *haḥēqer ʾĕlôᵃh timṣāʾ ʾim ʿad-taklît šaddaj timṣāʾ?* Ma l'analogia tra l'uomo e Dio è tragicamente ironica: Dio scruta i segreti della sapienza o il cuore umano, l'uomo scruta... le pietre. E così, mentre Dio può narrare le *taʿălūmôt ḥokmâ* (11,6), l'uomo deve

---

[95] Cf G. DURAND [1969: 390 e 399-410]. Secondo G. DURAND, sarebbero quattro le strutture principali di questa fase del *Regime notturno*: l'*armonizzazione*, che si radica nel ritmo del gesto erotico; la *dialettica*, che mantiene ad ogni costo i contrari nell'armonia; la *struttura storica*, che è l'anima stessa della sintesi come divenire; e il *progresso*, come volontà di accelerare la storia e il tempo, al fine di "perfezionare" la natura e dominarla.

[96] A partire dagli studi psichiatrici di E. BLEULER, G. DURAND [1969: 480-84] scopre nella categoria spaziale la forma caratteristica dell'immaginario e distingue tre categorie di eufemizzazione nelle strutture sintetiche del *Regime notturno*: quella del *malgrado* o del *contro*, quella dell'*alternativa* e quella della *simultaneità*. La creatività del simbolismo è una funzione tipicamente eufemizzante e quindi generatrice di speranza.

[97] Cf pag. 260[28].

accontentarsi di portare alla luce la *ta'ălūmâ* di quanto sta celato sotto terra (v. 11).

L'accesso alle miniere è sempre stato accompagnato da un alone di sacralità,[98] dal momento che veniva sentito come un'entrata nelle viscere della madre terra e come una sfida alle potenze infernali: un elemento non estraneo al nostro testo, se sta l'interpretazione filologica da noi accolta per il v. 4. Tuttavia, ciò che prevale nella prima sezione dell'inno, è la vittoria – almeno parziale – che l'uomo riesce ad evincere sul mondo infernale tenebroso: una vittoria "maschile" (*šālaḥ jādô*: v. 9a) nel grembo materno della terra.[99] Riprenderemo questa notazione sul "femminile", quando tratteremo del rapporto di Dio con la sapienza. Per ora, del simbolo della grotta mette conto di sottolineare la valenza *mistica* (nel senso attribuito a questo termine da G. Durand): la grotta è infatti un simbolo tanto ricco da assumere quasi valore archetipico.[100]

Di contro alle strutture ascensionali ed esteriori del *Regime diurno*, si ha con la "caverna" la penetrazione interiore, nel profondo, verso un centro. Allontanandosi dall'imboccatura della grotta – i.e. dalla luce –, ci si inoltra verso il centro e, nonostante le tenebre, si giunge a una nuova "luce". Esplicitando la logica del "malgrado": nonostante le tenebre, l'uomo è in grado di portare alla luce ciò che è nascosto; nonostante si avvicini all'*Urgrund* caotico, è in grado di "scrutare" sino all'estremo limite (*l'kol-taklît hû'ḥôqēr*) la pietra infernale per estrarne i minerali; nonostante la forza avversa di Nergal e degli inferi (v. 4), l'occhio umano è in grado di "vedere" ciò che è prezioso.

La logica sintetica del "malgrado" è espressa anche in quei due singolari vocaboli, che il poeta adopera nei vv. 10a e 11a per designare le miniere: le miniere sono *j'²ōrîm* che si addentrano sino alle sorgenti delle *n'hārôt*.[101] Sono *come* corsi d'acqua, ma, *nello stesso tempo*, esse sono scavate e illuminate dal fuoco (v. 5b), un eccellente esempio di ambivalente materializzazione della materia.[102] Sono scavate nella tenebra oscura, ma, *nello stesso tempo*, alludono a quella luce – *'ōr* e *n'hārâ* – portata dalla supremazia tecnologica dell'uomo. La "caverna" diventa così un luogo di "svelamento" e la tenebra caotica un giacimento da cui estrarre

---

[98] Cf M. ELIADE [1956: 48] ricorda tutte le mitologie delle miniere, che pullulano di spiriti, fate, fantasmi... « On a surtout le sentiment de s'ingérer dans un ordre naturel régi par une loi supérieure, d'intervenir dans un processus secret et sacré ».

[99] Delfi, la più celebre "grotta" della Grecia antica significa « utero » (δελφύς). E secondo l'allegoresi psicanalitica, la "caverna" è principalmente l'organo femminile. Cf G. DURAND [1969: 275], che rimanda a C. G. JUNG.

[100] Cf E. NEUMANN [1956: 51-63; tr. it. 48-62], G. DURAND [1969: 226 e 275]. Anche CH. BAUDOUIN [1952: 57s e 61] ha notato che in Lucrezio le immagini del "vaso" e della "cavità" in genere sono antitetiche al *Regime diurno* del sistema epicureo.

[101] Cf pag. 266[65].

[102] Sulla dialettica acqua-fuoco, si veda G. BACHELARD [1942: 112-17].

tesori. Del resto, lo stesso Platone non ha forse utilizzato il simbolo della "caverna" in uno dei miti centrali dei suoi dialoghi?[103]

Metallurgia e caverna hanno isomorfismi simbolici evidenti: uno di essi, in particolare, non deve andar perduto. Lo esprimiamo con un pensiero di un alchimista, trasmessoci da un codice riprodotto da G. Carbonelli: « *Et in che l'oro si vogli mettere in opra è necessario che si riduchi in sperma* ».[104] La regressione alchimistica allo stato fluido della *materia prima*, la penetrazione sino al limite delle tenebre caotiche, come d'altra parte ogni rituale iniziatico, riproducono il passaggio cosmogonico dal *chaos* al *kosmos* e insinuano la necessità di una via che passa attraverso la « morte ». Il poeta sta forse offrendo una nuova interpretazione del *regressus ad uterum* desiderato da Giobbe (cf soprattutto capp. 3 e 10), quasi si trattasse di un cammino iniziatico. Sprofondato nella notte cosmica e nel caos originario, Giobbe ne può uscire come « nuova creatura », con una nuova concezione di Dio. Nel simbolo, non poteva essere espressa in modo più profondo la "necessità" della morte per la vita e della sofferenza per la conoscenza, perché ogni accesso ad un nuovo livello di comprensione, come ogni "nuova creazione", ripropone lo stesso itinerario cosmologico, che parte dalle tenebre informi delle origini.[105] Non si tratta di una risposta al "perché" della vicenda di Giobbe, ma di un'immersione in quel mistero, i cui confini abbracciano l'intero universo e comprendono la finitudine dell'uomo.

Al centro della prima sezione dell'inno abbiamo il riferimento alla terra, la *madre terra*,[106] cui abbiamo già rimandato nella nostra analisi

---

[103] Cf PLATONE, *Rep.*, 514a-517. Il simbolismo della "caverna" è universale. Nel taoismo, ad es., vi sono i luoghi santi chiamati *tung-t'ien* « cieli-grotte ». Famoso è quello di Lin-wu tung-t'ien: è la grotta di Tung-t'ing, un'isola del lago T'ai-hu, situato un tempo tra i regni di Wu e di Yüe. In essa furono nascosti i « cinque talismani » che Yü il Grande ricevette da un « uomo divino ». Più tardi, il re Ho-lü di Wu, contemporaneo di Confucio, inviò un eremita a cercarli e questi dovette percorrere migliaia di *li*, prima di raggiungere una città da cui emanava una luce "lunare". Trovò i talismani, ma, a causa del loro carattere enigmatico, il re dovette interpellare Confucio per la loro decifrazione. Si veda, con ulteriori documentazioni, M. KALTENMARK, « Grotte e labirinti. Cina antica », in *DMR*, tr. it. I, 845-48. Tra gli aztechi, si raccontava che in una caverna era nascosto il mais prima di venire donato agli uomini. *Cincalco*, la « casa del mais », era un luogo buio, situato ad Ovest, come gli inferi ed era custodito da Oztoteotl « il dio delle caverne ». Cf G. STRESSER PÉAN *et alii*, « Terra. Mesoamerica », in *DMR*, tr. it. III, 1778s. Si potrebbero ricordare, a questo proposito, tutte le grotte legate in qualche modo al parto e all'allattamento.

[104] Il testo è citato da M. ELIADE [1956: 131].

[105] Cf M. ELIADE [1956: 133]: « Une naissance, une construction, une création d'ordre spirituel, a toujours le même modèle exemplaire: la cosmogonie ». Cf anche M. ELIADE [1947: 83s], [1949: 349ss].

[106] Sull'archetipo del "femminino" applicato alla terra-madre, si veda in particolare il cap. IV dell'ampio studio di E. NEUMANN [1956: 51-63; tr. it. 48-62].

precedente. L'uomo, mantenendo con la madre terra una relazione singolare, si scopre diverso dagli animali, rappresentati nei vv. 7-8 dai rapaci e, probabilmente, dai rettili. La superficie della terra genera il grano, le sue viscere generano i metalli e le pietre preziose; e l'uomo, per mezzo del fuoco (v. 5b), trasforma e "porta a maturazione" – direbbe l'alchimia – l'uno e gli altri. La caratterizzazione "embrionale" dei metalli e delle pietre preziose, di cui abbiamo detto poco sopra, si basa sulla concezione della terra come "matrice", entro cui cresce e prende forma ciò che è seminato dal cielo.[107] Per questa ragione, forse, il v. 6 sceglie tra tutti i metalli e le pietre preziose i due che hanno valenza solare e celeste per eccellenza: l'oro e il *lapislazzuli*.[108]

Che i minerali "crescessero" nel grembo della madre terra è una credenza molto diffusa nell'antichità[109] e in molte culture prescientifiche. In sanscrito, ad esempio, lo smeraldo è chiamato *aśmagarbhaja* « nato dalla roccia »[110] e A. Daubrée riporta l'interpretazione alchimistica di De Rosnel circa il rosso dei rubini:

> « Le rubis, en particulier, prend naissance peu à peu dans la minière; premièrement il est blanc, et, en mûrissant, il contracte graduellement sa rougeur; d'où vient qu'il s'en trouve d'aucuns qui sont tout à fait blancs, d'autres moitié blancs et moitié rouges. [...] Comme l'enfant se nourrit du sang dans le ventre de sa mère, ainsi le rubis se forme et se nourrit ».[111]

La metallurgia, come l'agricoltura, mette dunque l'*homo faber* in una condizione di dominio sulla madre terra, un dominio che può sfociare nel

---

[107] Si veda la citazione di pag. 273[92]; e inoltre A. DUBRÉE [1890: 447].

[108] Il blu di questa pietra è quello del cielo stellato. Per questo a Babilonia, la barba di Sīn, il dio-luna, era fatta di lapislazzuli. Si ricordi anche il pavimento di lapislazzuli (סַפִּיר) che sta ai piedi di JHWH in Es 24,10. Cf M. ELIADE [1937: tr. fr. 51-56] e le relazioni che abbiamo ricordato a pag. 271[83].

[109] Cf PLINIO, *Hist. Nat.*, XXXIV, 49, 164s: *Mirum in his solis metallis, quod derelicta fertilius reuiuescunt. Hoc uidetur facere laxatis spiramentis ad satietatem infusus aer, aeque ut feminas quasdam fecundiores facere abortus. Nuper id conspertum in Baetica Samariensi metallo, quod locari solitum X CC annuis, postquam obliteratum erat, X XLV locatum est* (testo critico in PLINIUS [1953], a cura di H. LE BONNIEC). STRABONE, *Geographia*, V, 2, 6: τοῦτό τε δὴ παράδοξον ἡ νῆσος ἔχει καὶ τὸ τὰ ὀρύγματα ἀναπληροῦσθαι πάλιν τῷ χρόνῳ τὰ μεταλλευθέντα, καθάπερ τοὺς πλαταμῶνάς φασι τοὺς ἐν Ῥόδῳ καὶ τὴν ἐν Πάρῳ πέτραν τὴν μάρμαρον καὶ τοὺς ἐν Ἰνδοῖς ἅλας, οὓς φησι Κλείταρχος « Un'altra particolarità curiosa di quest'isola [= Æthalia] è che le miniere da cui si è estratto il minerale si riempiono di nuovo con il tempo, come si constata, sembra, a Rodi nelle cave di pietra, a Paro nelle cave di marmo e nelle Indie, nelle saline menzionate da Clitarco » (testo critico in STRABON [1967], a cura di F. LASSERRE).

[110] Cf *SEDEPA*, 114.

[111] A. DAUBRÉE [1890: 383]. La citazione è presa da DE ROSNEL, *Le Mercure indien* (1672, pag. 13). Cf anche M. ELIADE [1956: 36] e G. BACHELARD [1948: 247].

sogno faustiano di onnipotenza.[112] È il sogno degli alchimisti, che cercavano nella materia il *Lapis Philosophorum*, trasformando tutti i metalli in oro. Ma proprio a questo proposito, la seconda sezione del nostro inno avrà qualcosa da dire.

Un'ultima annotazione circa gli animali dei vv. 7-8, rapaci e serpenti. Se è corretta l'identificazione,[113] ci troviamo davanti ad un polarismo carico di armoniche simboliche: il volo e lo strisciare, l'alto e il basso, la picchiata dei rapaci e la mossa fulminea dei rettili, con il comun denominatore della "sagacia", gli uni nel vedere da lontano, gli altri nel penetrare dentro l'oscurità. Non è un caso se, nell'iconografia alchimistica, l'aquila e gli uccelli in genere rappresentano il punto di arrivo della "grande opera", mentre il serpente ne è la base.[114]

Il sentiero tracciato dal progresso tecnologico fa dunque eccellere l'uomo nella sua grandezza e lo distanzia dagli animali. Non è una considerazione innovativa, essendo condivisa da tutta la tradizione biblica (cf Gn 1,26-28; 2,18-20; Sal 8,6-9; Sir 17,4; Sap 9,2); ma, al centro della nostra sezione, assume una particolare importanza, dimostrando che lo ʾādām – mai nominato esplicitamente nel testo ebraico sino al v. 28 – ha una singolare posizione nel teatro di tutto il creato. Eppure la sua grandezza è limitata. Vi è "qualcosa" che sfugge al suo dominio: la ḥokmâ.

### 1.3.2 Seconda sezione

I vv. 13-19 sono tutti al negativo. Dopo aver descritto il grande successo tecnologico, il poeta, con un abile chiaroscuro, rimarca i limiti di quello che noi oggi chiameremmo "potere tecnologico" o "illuminismo scientifico". Anche il numero "13" – tanti sono i metalli e le pietre preziose menzionati di seguito – aggiunge un'ulteriore nota di finitudine.[115]

---

[112]   Basti ricordare quanto scriveva JEAN REYNAND, alla fine del XVIII secolo: « Ce que la nature a fait dans le commencement, nous pouvons le faire également, en remontant au procédé qu'elle a suivi. Ce qu'elle fait peut-être encore à l'aide des siècles, dans ses solitudes souterraines, nous pouvons le lui faire achever en un seul instant, en l'aidant et en la mettant dans des circonstances meilleures. Comme nous faisons le pain, de même nous purrons faire les métaux. [...] Concertons-nous donc avec la nature pour l'œuvre minérale, aussi bien que pour l'œuvre agricole, et les trésors s'ouvriront devant nous » (J. REYNAND, in *Études encyclopédiques*, t. IV, 487, citato da A. DAUBRÉE [1890: 383s]).

[113]   Come abbiamo detto nelle note filologiche, la difficoltà sta nel decidere se il v. 8 parla di "serpenti" o di "leoni". In questa seconda possibilità, il confronto ruoterebbe attorno al sema della "forza".

[114]   Cf G. DURAND [1969: 147], che cita l'incisione *Alchemia recognita*.

[115]   Manca un'unità per avere la pienezza di due settenari. L'aritmo-simbologia di R. ALLENDY spiega il numero "13" come un principio di attività (3) che si situa in un tutto (10) che lo contiene e lo limita. Sarebbe dunque un insieme parziale e limitato: « Au point de vue cosmique, l'initiative du *13* est plutôt mauvaise, parce que l'action de la créature – non harmonisée avec la loi universelle – ne peut être qu'aveugle et insuffisante » (R. ALLENDY [1948: 359]). Sulle altre valenze negative legate a questo numero, che hanno un

La *ḥokmâ* non è una realtà da possedere o da conquistare. Per "acquisirla", occorre entrare in un'altra dimensione, collocarsi su una diversa lunghezza d'onda. Rispondendo alla domanda-ritornello del v. 12, si afferma – sempre in negativo – la singolarità della sapienza rispetto alle cose create nel modo più radicale ed eloquente: *quattro* negazioni[116] (vv. 13s) e il radicale polarismo geografico di *'ereṣ haḥajjîm* e *t^eḥôm / jām*, secondo soltanto al polarismo di luce e tenebre, e alla separazione del cielo rispetto a tutto ciò che vi sta sotto (cf Gn 1,9-10).

L'*homo faber* potrebbe illudersi di pensare che, con mezzi di indagine più raffinati e con nuove "scoperte", sia in grado di "penetrare" nell'arcano delle realtà e scoprirvi la *ḥokmâ*. Non è forse stato il sogno anche degli alchimisti? Proprio la speculazione alchimistica ci ha stimolato a scoprire nei vv. 15-19, al di là dell'ovvio senso "economico",[117] un'ulteriore valenza simbolica, che dà ragione di questo sfoggio di oro e pietre preziose.[118]

In questi versetti, vi è una particolare insistenza sull'*oro*, menzionato per ben cinque volte in diverse qualità: *s^egôr* (15a), *ketem 'ôpîr* (16a), *zāhāb* (17a), *pāz* (17b) e *ketem ṭāhôr* (19b). La valenza simbolica del metallo prezioso a questo punto non è più quella luminosa del *Regime diurno*, ma quella "digestiva" del *Regime notturno*: l'oro è qui considerato come "sostanza" preziosa, risultato della "digestione" metallurgica.[119]

G. Bachelard, in un capitolo stupendo dedicato alla « psicanalisi del realista »,[120] mostra che le analogie tra il realista e l'avaro[121] diventano le analogie tra il superamento di un approccio scientifico alla realtà, legato in modo esclusivo al concetto di "sostanza", e il superamento del desiderio

---

ricco sostrato mitologico e sono passate nella superstizione popolare, si veda F. C. ENDRES - A. SCHIMMEL [1984: tr. it. 193-96] e *DSym*, 964s.

[116] Non c'è bisogno di ricordare la valenza cosmica del numero "quattro". Cf F. C. ENDRES - A. SCHIMMEL [1984: tr. it. 87-103] e *DSym*, 794-98.

[117] Il confronto "economico" tra la sapienza e i beni terrreni è molto comune nella letteratura sapienziale: si pensi a testi come Pro 2,4; 3,13-18; 8,17-21; 16,16. Ma il simbolismo non si accontenta del valore "economico": è quanto dimostra il nostro studio.

[118] Si noti bene che non è decisivo per noi se il poeta abbia conosciuto le speculazioni alchimistiche e mineralogiche (ad es., babilonesi) e le abbia utilizzate. L'importante è la valenza del simbolo, che attraversa anche le assunzioni della scienza.

[119] Dal punto di vista psicanalitico, è associabile all'"escremento". Cf la documentazione raccolta da G. DURAND [1969: 302-6] ad illustrazione del "mito digestivo" (cf anche G. BACHELARD [1938a: 169s e 178]. In ambito di simbolismo sociologico, è molto interessante cogliere, negli studi di G. DUMÉZIL sulle società indoeuropee, l'opposizione tra l'eroe guerriero (simbolismo diurno) e l'uomo ricco (simbolismo notturno); essa trovò un'emblematica sintesi nella Roma antica, con la fusione di sabini e romani, i primi bramosi di *opes* e i secondi dediti alla guerra.

[120] È il cap. VII di G. BACHELARD [1938a: 131-48].

[121] G. BACHELARD [1938a: 131s]: « Du point de vue psychanalytique et dans les excès de la naïveté, tous les réalistes sont des avares. Réciproquement, et cette fois sans réserve, tous les avares sont réalistes ».

dell'"avere", per raggiungere l'autentica dimensione dello spirito. È proprio a questo livello, a nostro parere, che si pone il valore simbolico dei vv. 15-19: la *ḥokmâ* non è il risultato di un'arte esoterica e nemmeno può essere un bene da possedere. Se il *vas mirabile* degli alchimisti è « una specie di *matrix* o di *uterus* da cui nasce il *filius philosophorum*, la Pietra miracolosa »,[122] ben diversa è la via per raggiungere la sapienza secondo il nostro inno, perché essa appartiene a un diverso ordine di realtà, che nessun "esperimento" umano può produrre. L'*homo faber*, in nessun modo, nemmeno con la sua capacità tecnologica più sofisticata, può trovare o "produrre" la sapienza.

È tuttavia, il modo di "essere nel mondo" può aprire all'uomo una nuova strada di ricerca. È la via tracciata nella terza sezione dell'inno. La singolarità dell'uomo e la singolarità della sapienza hanno un punto d'incontro.

### 1.3.3 Terza sezione

Nell'analisi della struttura abbiamo visto lo stretto parallelo tra i vv. 21s e 13s. Tuttavia, mentre i vv. 13s introducono l'impossibilità di trovare la sapienza nel creato, i vv. 21s istituiscono una doppia antitesi: 1) tra le realtà create e Dio, che solo conosce direttamente la *ḥokmâ*; 2) tra gli animali e l'uomo, che da Dio riceve una parola di rivelazione (v. 28). L'attività mineraria e l'arte metallurgica, cantate nella prima sezione dell'inno, vengono richiamate da alcuni vocaboli importanti (*māqôm, rā'â, ḥāqar*). L'arte metallurgica diventa ora un simbolo per comprendere il rapporto tra Dio e la sapienza. Quest'intuizione generale ha bisogno di alcune precisazioni, per cogliere la ricchezza dell'analogia, senza lasciarci prendere subito da quei problemi teologici che pure mantengono la loro irrinunciabile importanza.[123] Il lampo della fantasia poetica precede il passo cadenzato del linguaggio teologico.

Se nella "caverna" mineraria lo sguardo dell'uomo giunge sino all'estremo limite della luce, lo sguardo di Dio abbraccia la totalità della terra e dei cieli (v. 24), in una dimensione che supera le capacità umane. L'analogia tra la ricerca mineraria umana e la relazione divina con la sapienza rivela la sua asimmetria, come subito viene detto dal v. 23: *'ĕlōhîm hēbîn darkāh w^e hû' jāda^c 'et-m^e qômāh.*[124] L'opera metallurgica è posta in atto

---

[122] C. G. JUNG, *Psychologie und Alchemie*, 325, citato da M. ELIADE [1956: 131].

[123] Ci riferiamo soprattutto all'identificazione della חָכְמָה: è evidente che il problema ha una rilevanza di primo piano in riferimento alla tradizione sapienziale successiva, che ne ha fatto quasi un'"ipostasi". Si pensi ai grandi testi di Pro 8, Sir 24, Ba 3,9-4,4, Sap 7,22-8,1 e agli esiti giudaici e neotestamentari.

[124] Il parallelismo tra דֶּרֶךְ e מָקוֹם, che in 28,23 è riferito alla חָכְמָה, verrà significativamente ripetuto in 38,19 per la "luce" e le "tenebre". È un indizio di enorme peso, per comprendere sia la relazione tra il cap. 28 e i discorsi di Dio, sia la figura stessa della חָכְמָה.

dall'uomo per mezzo del fuoco (v. 5b); Dio, invece, è qui presentato come dominatore del vento e dell'acqua (v. 25). Per entrambi, l'oggetto da trasformare è la terra, che esprime il carattere ambivalente del simbolismo femminile:[125] in positivo, la madre terra "genera" (vegetazione e metalli), in negativo trattiene nella prigionia tenebrosa dell'"abisso" e della "morte" (cf v. 22).

Il simbolo metallurgico, illuminato dalle speculazioni alchimistiche, riconduce il metallo alla *materia prima* e, attraverso la sua trasformazione, ripresenta una cosmogonia in miniatura.[126] Anche l'attività provvidente di Dio nel creato è una ripresentazione della creazione *in illo tempore* (v. 26), si fonda su quel "momento"[127] ed è opera di "trasformazione": il simbolo della pioggia ha infatti una valenza drammatica stagionale,[128] specialmente in un clima subtropicale, in cui si può distinguere con chiarezza la stagione "secca" dalla stagione "umida".[129] Come il ciclo della luce e delle tenebre ripresenta quotidianamente quanto avvenne all'origine, così il ciclo delle piogge ripresenta ogni anno l'atto creativo come "eterno ritorno" (cf Gn 8,22).

È facile trovare testi che confermano gli isomorfismi simbolici di pioggia e ri-creazione. Prendiamo questo significativo testo talmudico, in cui pioggia, nascita e risurrezione esprimono lo stesso dominio divino:

> « R. Joḥanan disse: tre chiavi il Santo, Benedetto Egli sia!, ha tenuto nelle sue mani e non le ha affidate alla mano di alcun inviato: la chiave della pioggia, la chiave della nascita e la chiave della risurrezione dei morti. [...] In terra d'Israele si parla anche della chiave del sostentamento [...]. Perché R. Joḥanan non include anche questa? Perché a suo parere il sostentamento è la pioggia ».[130]

---

[125] Cf E. NEUMANN [1956: 74; tr. it. 72].

[126] Cf *sopra*, pag. 272. Per comprendere il valore profondo che lega le speculazioni alchimistiche alla cosmogonia si possono leggere i due capitoli che M. ELIADE [1956: 92-118] dedica alle tradizioni cinese ed indiana.

[127] Forse è anche per questo che i vv. 25s possono essere interpretati, senza troppe difficoltà, in riferimento sia al momento iniziale, sia all'azione provvidente di Dio.

[128] Cf G. DURAND [1969: 339-44], in cui si analizza il *dramma agro-lunare* che « sert de support archétypal à une dialectique qui n'est plus de séparation, qui n'est pas non plus inversion des valeurs, mais qui, par ordonnance en un récit ou en une perspective imaginaire, fait servir situations néfastes et valeurs négatives au progrès des valeurs positives » (pagg. 343s).

[129] Sarebbero molti i testi biblici in cui il simbolo della "pioggia" ha valore di trasformazione. Ricordiamo almeno Dt 28,12; Is 55,10-11; Sal 65,10-14; 104,6-14; 126,4. In Giobbe, lasciando per ora a parte il cap. 38, il simbolo della pioggia era già apparso in 5,9-10 e 12,15. Proprio dalla valenza simbolica di trasformazione stagionale, del resto, sono sorti i grandi cicli mitici della letteratura ugaritica, come *Baʿal e Môt*. Per la documentazione di altre aree culturali, si veda M. ELIADE [1949: 268-74].

[130] b. Taan 2a-b; per il testo, si veda תלמוד בבלי..., 11s.

Nel contesto di questo corredo simbolico a valenza drammatica, non ci stupisce di trovare la *ḥokmâ*. La "femminilità" di tale figura non è un banale accidente grammaticale: ne è, al contrario, l'indizio della struttura simbolica fondamentale. Essa è oggetto delle azioni di Dio e corrisponde analogicamente ai metalli e alle pietre preziose, su cui l'uomo esercita il suo potere: i quattro enigmatici verbi del v. 27 (« vedere », « misurare », « fissare » e « scrutare ») trovano probabilmente una migliore spiegazione, se si tiene presente questo parallelo. In un certo senso, quindi, la sapienza è la *pietra filosofale* dell'"alchimia" divina. Se è così, potremmo definirla, con termini più vicini alla nostra sensibilità, il "senso" o la "causalità" – efficiente e finale – dell'opera divina.

C. G. Jung e la sua scuola parlerebbero di archetipo del femminino,[131] che corrisponde a quanto G. Durand inquadra nel *Regime notturno* a struttura sintetica.[132] Comunque si definisca, la sottolineatura emergente è quella della "trasformazione". Il punto di partenza è la notte *caotica*: quella che precede l'inizio assoluto della creazione, ma anche quella che rimane attorno all'ordine creato e intrattiene con esso il "dramma" della vita. La psicologia del profondo vede riprodotto in questo magma indistinto l'inconscio, da cui emergono tutte le conquiste della personalità umana.[133] Non è forse stato anche il punto di partenza dell'itinerario di Giobbe (soprattutto i capp. 3 e 10)?

Il punto di arrivo, nella ruota vorticosa della vita, che implica nascita e morte, luce e tenebra, è la trasformazione e l'illuminazione. Dio solo ne conosce la via e i modi, ma ha voluto comunicarsi nella finitudine all'uomo, suscitando in lui quella ricerca insaziabile e quell'inquietudine che è una domanda sempre aperta. È quanto verrà sviluppato dai discorsi di Dio e per ora solo accennato.

L'itinerario iniziatico, come il *vas* della trasmutazione alchimistica, soggetto alla purificazione del fuoco, deve accettare la tenebra per approdare all'illuminazione:[134] la "pietra filosofale" in questa singolare opera

---

[131] Cf soprattutto il capitolo finale di E. NEUMANN [1956: 305-14; tr. it. 322-32], dedicato alla figura della *Sofia*.

[132] Cf G. DURAND [1969: 441-45].

[133] « Nel potere femminile dell'inconscio, generatore e nutriente, protettore e trasformatore, agisce in profondità una saggezza infinitamente superiore alla saggezza della coscienza quotidiana; essa interviene come origine della visione e del simbolo, del rituale e della legge, della poesia e della profezia, risolvendo e imprimendo un orientamento alla vita umana » (E. NEUMANN [1956: 310; tr. it. 327]).

[134] Vi è un'intrigante rappresentazione della *trimūrti* indiana, riportata da E. NEUMANN [1956: 313; tr. it. 331], che esprime bene la struttura drammatica del simbolismo femminile e dell'opera alchimistica. Nella cornice di un triangolo si trovano: una tartaruga alla base, a rappresentare lo stadio caotico iniziale; su di essa, un teschio che raffigura la Grande Madre come madre terribile, da cui si sprigionano le due fiamme della conflittualità del divenire; e, al di sopra del teschio, un fiore di loto, che rappresenta la Grande Madre come Sofia. C. G. JUNG [1944: 147; tr. it. 175] spiegava così l'immagine:

non è altro che la possibilità di un dialogo voluto da Dio con un uomo, che si scopre insieme "grande" e "misero".

Il "luogo" della sapienza è dunque l'incontro tra la domanda dell'uomo e la rivelazione di Dio: « Badate! Temere il Signore è sapienza, allontanarsi dal male è conoscenza! » (v. 28).[135] Questa conclusione non è affatto una concessione alla "pietà tradizionale" e tanto meno una glossa di qualche redattore maldestro, ma un altro modo di esprimere il tema dell'immagine (*ṣelem* / *dᵉmût*) di Gn 1,26s. L'uomo scopre di essere *simbolico*, partner di quel dialogo che lo lega al Dio Creatore. La *ḥokmâ*, anticipabile dalla domanda dell'uomo e comunque non disponibile come risultato della sua ricerca, è invece una risposta eccedente, che proviene da Dio stesso.[136] È il senso del tutto,[137] di quella creazione di cui l'uomo si sente coscienza, in dialogo con il suo Creatore.

### 1.3.4 Conclusione a mo' di preludio...

Per comprendere la novità delle strutture simboliche del nostro inno in riferimento alla *ḥokmâ*, potremmo rifarci alle parole di Giobbe in 9,4-10 oppure a quelle di Sofar in 11,5-9. Le strutture antitetiche del *Regime*

---

« Il tutto è una corrispondenza dell'*opus* alchimistico nel quale la tartaruga simbolizza la *massa confusa*, il teschio, il *vas* della trasmutazione, il fiore, il *Selbst*, la totalità » (citato da E. NEUMANN [1956: 312; tr. it. 330].

[135] Corretta ci sembra la conclusione di CH. BALDAUF [1983: 66], che tuttavia considera il v. 28 un'aggiunta: « Die rechte Weisheit für den Menschen ist, wenn er im Wissen um die Möglichkeiten wie auch um die Grenze seiner eigenen Weisheit sich der Weisheit Gottes unterstellt ».

[136] Da questo punto di vista, la *ḥokmâ* di Gb 28 è molto di più del semplice "savoir faire", ma anche della "weltimmanente Weisheit" di cui parla G. VON RAD [1970: 190; tr. it. 135]. D'altra parte, non è ancora identificata con la תּוֹרָה come invece avviene in Sir 24 e Ba 3,9-4,4. L'identificazione tra חָכְמָה e תּוֹרָה sta alla fine di uno sviluppo teologico che parte dalle premesse di Dt 4,6 e dall'autopresentazione di "donna Sapienza" in Pro 1-9 (soprattutto 8,22-31). Si legga anche Sir 3,21-22:

| | |
|---|---|
| פְּלָאוֹת מִמְּךָ אַל תִּדְרוֹשׁ | [21] Non cercare cose troppo difficili per te, |
| וּמְכוּסֶה מִמְּךָ אַל תַּחְקוֹר | non indagare cose per te troppo grandi. |
| בַּמֶּה שֶׁתּוּרְשֵׁית הִתְבּוֹנָן | [22] Bada a quanto ti è stato comandato, |
| וְאֵין לְךָ עֵסֶק בְּנִסְתָּרוֹת | ché non devi occuparti di cose misteriose. |

Accanto al tema delle "cose troppo difficili" (cf, ad es., Dt 30,11-14; Sal 131; Ger 45,5), in questo testo del Siracide sembra che la conoscenza della *tôrâ* sia sufficiente per se stessa e possa addirittura esimere l'uomo da ogni ulteriore ricerca e dalla contemplazione della natura. La prospettiva di Giobbe è diversa: l'uomo deve cercare, rimanendo disponibile – alla fine della ricerca – a riconoscere l'alterità di Dio (cf Gb 42,2-6).

[137] Cf anche G. VON RAD [1970: 193s; tr. it. 137]: « Diese "Weisheit", "Vernunft" muß also etwas wie den von Gott der Schöpfung eingesenkten "Sinn", ihr göttliches Schöpfungsgeheimnis bedeuten, wobei nur zu bedenken ist, daß das Gedicht weniger an etwas Ideelles, sondern eher fast an etwas Dingliches gedacht hat ». L'affermazione va a nostro parere capovolta, in quanto si tratta di qualcosa di ideale, più che di qualcosa di concreto.

*diurno* di quei discorsi hanno ceduto ora il posto alle strutture sintetiche e drammatiche del *Regime notturno*. La grandezza della *ḥokmâ* divina non schiaccia il desiderio umano di comprendere e conoscere, ma si presenta come la risposta, l'unica possibile, in grado di giustificare il carattere drammatico della vita, con i suoi aspetti di vita e di morte, con i suoi momenti di luce e di tenebra.

Proprio guardando le meraviglie del creato, l'uomo Giobbe verrà condotto a scoprirvi una costante drammatica, che non cancella le tenebre – e in genere il negativo –, ma li integra in un *divenire* in cui, « malgrado » tutto, si dispiega il progetto vitale vittorioso, voluto dal Creatore. Ad assicurare che questo *divenire* conduca, « malgrado » tutto, verso la luce e verso la vita sta appunto il Creatore, che dalla notte caotica primordiale ha plasmato questo universo. Con questo garante, il momento della notte o del caos – pur rimanendo un momento in sé "negativo" – *può* assumere un "senso". E l'uomo si scopre, mistero nel mistero, come il luogo in cui questo "senso" *può* essere confessato e vissuto, venerando il Creatore e vivendo lontano dal male.

In questa prospettiva, i tre "registri", che ci hanno accompagnato nell'analisi degli interventi di Giobbe e degli amici, si trovano sovrapposti in un perfetto movimento caleidoscopico: il registro cosmologico è il punto di accesso per comprendere il registro esistenziale e metafisico e da esso nasce un nuovo registro ideologico, una nuova "sapienza", frutto di un'iniziazione che è, ad un tempo, il risultato di una cosmogonia e di un itinerario maieutico.[138]

Con questo, abbiamo anche trovato un bandolo per leggere i discorsi di Dio e le risposte di Giobbe. La nostra lettura sarà limitata rispetto alla potenzialità poetica di quelle pagine e cercherà di mostrare come il poeta accompagni il suo protagonista a passare da un simbolismo dell'antitesi ad un simbolismo della sintesi, da una percezione schizofrenica che separa la luce dalle tenebre, come fossero due "entità" contrapposte, ad una visione drammatica che, nel divenire del tempo, coglie la forza di trasformazione delle tenebre in luce, fondandosi sull'atto della creazione. Quanto avviene nell'"eterno ritorno" del tempo è simbolo di quanto avvenne *in illo tempore* e la "creazione" è simbolo del mistero di Dio, non solo della sua onnipotenza.[139] Dio rimane al di là di essa. Affidandosi a questo mistero, Giobbe potrà avere una ragione per continuare a sperare, nonostante tutto.

È la stessa fede che Paolo trova in Abramo. Questi – παρ' ἐλπίδα ἐπ' ἐλπίδι (Rm 4,18) – ha creduto che quanto Dio aveva promesso poteva portarlo a compimento proprio perché è un Dio « che chiama all'esistenza le cose che non esistono » (Rm 4,17).

---

138  Cf M. ELIADE [1957: 303].
139  In questa prospettiva, si possono ricuperare alcune riflessioni di C. G. JUNG. Cf per questo CH. MAILLARD [1992: 430].

## 2. «DETESTO POLVERE E CENERE, MA NE SONO CONSOLATO» (Gb 38,1-42,6)

Dei discorsi di Dio, di cui abbiamo già affrontato i principali problemi interpretativi nel Capitolo II,[140] scegliamo le due pericopi che meglio illustrano l'ipotesi formulata nella conclusione del precedente paragrafo. La prima di esse è imperniata sull'asse simbolico luce e tenebre, collocato nel centro dello sviluppo poetico; la seconda usa, *ironicamente*, gli isomorfismi simbolici più eloquenti del *Regime diurno*, l'arma e l'eroe. Le due pericopi ci permetteranno di apprezzare pienamente la seconda risposta di Giobbe: attraverso la contemplazione della creazione, il poeta ha condotto il suo protagonista da un simbolismo a struttura antitetica (*Regime diurno*) verso un simbolismo a struttura drammatica (*Regime notturno*). L'asse simbolico di luce e tenebre – come nel resto del libro – si mostra anche in queste pagine, direttamente o indirettamente, il perno attorno al quale si muovono gli altri simboli. Non potrebbe essere diversamente, dal momento che l'argomentazione si snoda nel teatro della creazione e rinvia immediatamente a quanto avvenne *ab initio*.

In questi ultimi anni, abbiamo assistito al fiorire di una ricca letteratura dedicata allo studio di questi capitoli; tra di essi, come abbiamo già ricordato presentando globalmente i problemi di Gb 38,1-42,6, ci rifaremo soprattutto a quelli di Othmar Keel e Veronika Kubina.[141]

Un'ultima considerazione, prima di addentrarci nell'analisi delle pericopi scelte. Nei dialoghi con gli amici Dio è sempre stato presentato con diversi titoli più o meno arcaicizzanti: *ʾēl, ʾĕlôᵃh, šaddaj, ʾĕlōhîm*... Solo ora – escludendo il prologo in prosa – compare finalmente il nome del Dio dell'esodo: JHWH. Persino il cap. 28, che avrebbe potuto utilizzarne il nome nel sintagma classico della tradizione sapienziale *jirʾat JHWH*, non ha voluto anticipare la rivelazione teofanica (« dalla tempesta ») di 38,1, servendosi invece del parallelo *jirʾat ʾădōnāj*.

Nella dinamica del dramma, l'irruzione del nome divino in questo preciso momento è carica di conseguenze: l'autentica "figura" di Dio non va cercata nelle diverse approssimazioni tentate, nei dialoghi, da Giobbe o dagli amici, ma nei discorsi di JHWH « dalla tempesta ».[142] L'analisi simbolica darà corpo a questa affermazione formale.

---

[140] Cf pagg. 78-87.

[141] Segnaliamo gli studi più recenti che mettono in evidenza la dinamica complessiva dei discorsi divini: G. FOHRER [1962], M. TSEVAT [1966], H. D. PREUß [1977], H. L. ROWOLD [1977], O. KEEL [1978], J. G. WILLIAMS [1978], S. BACHAR [1978s] e [1979s], V. KUBINA [1979], S. O. FADEJI [1980], J. G. WILLIAMS [1985], D. E. GOWAN [1986], J. VAN OORSCHOT [1987], S. H. SCHOLNICK [1987], H. P. MÜLLER [1988], B. SARRAZIN [1988], J. TSEMUDI [1988s], J. VERMEYLEN [1990], PH. J. NEL [1991]. Alcuni di questi studi, insieme a capitoli di commentari, sono stati raccolti da R. B. ZUCK [1992].
Per la struttura complessiva di Gb 38,1-42,6, si vedano le pagg. 78-87.

[142] שְׂעָרָה / סְעָרָה (Gb 9,17; Na 1,3) « tempesta » è forma parallela di סַעַר. La coreografia teofanica della tempesta è bene illustrato da testi come 2 Re 2,1. 11; Is 29,6; Ez

## 2.1 Gb 38,2-38: "Dov'è la via in cui abita la luce?"

### 2.1.1 Il testo

2    *Chi è costui che ottenebra il [mio] progetto*[143]
    *con parole da ignorante?*

3    *Cingiti i fianchi come un valoroso:*[144]
    *io ti farò domande e tu m'istruirai!*

4    *Dov'eri quando gettai le fondamenta della terra?*
    *Dillo, se sei tanto esperto!*[145]

5    *Chi fissò le sue misure? – di certo lo sai! –*
    *Chi vi tese sopra la corda?*[146]

6    *In che cosa furono immersi*[147] *i suoi basamenti?*
    *Chi gettò la sua pietra angolare,*[148]

7    *mentre le stelle del mattino gioivano insieme*
    *e tutti i figli di Elohim* [149] *applaudivano?*

---

1,4; Sal 107,25; Zc 9,14. Può anche essere strumento di giudizio: cf Is 40,24; 41,16; Ger 23,19 (= 30,23); 25,32; Ez 13,11. 13; Am 1,14. La relazione più importante è con Gb 9,16-18, in cui Giobbe poneva l'alternativa tra l'impossibile speranza di una risposta divina e l'essere travolto dalla sua tempesta. JHWH entra in scena per rispondere e *proprio* dalla tempesta (per la strana scrittura di הַסְּעָרָה ׀ מִן, cf pag. 75[111]).

Per la descrizione del fenomeno atmosferico in quelle regioni, si vedano D. NIR [1957] e Y. LEVY TOKATLY [1960].

[143] L'Hi. di √חשׁך va mantenuto nel senso forte di « oscurare », in quanto in tutte le altre ricorrenze nella Bibbia ebraica il soggetto è Dio (cf Sal 105,28; 139,12; Ger 13,16; Am 5,8; 8,9). Per « progetto », cf pag. 81[146. 148].

[144] Il sintagma אֱזָר־נָא כְגֶבֶר חֲלָצֶיךָ viene spiegato da C. H. GORDON [1950s: 131ss] come ordalia giudiziaria: si tratterebbe di una lotta con cintura, attestata in un documento di Nuzi. Con lui è d'accordo N. H. TUR-SINAI (in והספר הלשׁון 3 [1955] 140-47); contro si è espresso H. L. GINSBERG [1950: 158]. Il TM כְגֶבֶר è stato letto anche da Syr e Tg con il valore di כְגִבּוֹר: non c'è tuttavia bisogno di correggere la vocalizzazione, in quanto si può pensare che il poeta alluda al senso etimologico della radice (cf akkadico *gabru*, « forte »). Cf anche Gdc 5,30; 2 Sam 23,1; Ger 41,16. Una parziale sinonimia è attestata dai due testi paralleli di Sal 18,26 (גְבַר) e 2 Sam 22,26 (גִּבּוֹר).

[145] Lett.: « se conosci la scienza ». 11QtgJob legge חָכְמָה invece di בִּינָה (del resto, sono coppia parallela in Gb 28,12. 20. 28; 38,36 e 39,17). M. DAHOOD [1966-1970: III, 266], in base alla personificazione della sapienza di Pro 8, traduce: « Tell if you are acquainted with Understanding » (cf il sintagma יוֹדֵעַ בִּינָה in 1 Cr 12,33 e 2 Cr 2,12).

[146] נָטָה קָו « tendere la corda (per misurare) »: cf Is 44,13; Ger 31,39s; Zc 1,16.

[147] L'Ho. di √טבע « sprofondare, essere immerso » (cf akkadico *ṭebû*) è utilizzato anche in Pro 8,25 per le basi dei monti, in un contesto cosmogonico simile.

[148] Il sintagma יָרָה אֶבֶן פִּנָּה sembra essere vocabolario tecnico, equivalente all'akkadico *nadû*, al greco καταβάλλειν o al latino *fundamentum iacere* (cf *KB*, II, 416).

[149] כָּל־בְּנֵי אֱלֹהִים in questo versetto, a motivo del parallelismo, deve indicare « tutti gli astri » in quanto partecipi del mondo divino אֱלֹהִים (si noti che non ha l'articolo!). Per l'equivalenza tra « astri » e « mondo divino » in Gb, si ricordino 4,18; 15,15; 25,2s. 5. Si possono comprendere le correzioni "teologiche" delle versioni antiche: la LXX (πάντες

8        *Quando Jam[150] eruppe fuori dalle porte,[151]*
         *e uscì prorompendo[152] dal grembo,*
9        *io gli misi come abito le nubi*
         *e i nembi come fasce;[153]*
10       *gli imposi[154] la mia legge,*
         *disposi spranghe e battenti*

---

ἄγγελοί μου), 11QtgJob (כל מלאכי אלהא), Syr (ܚܕܗ ܡܠܐܟ̈ܐ ܘܪ, ܡܠܚܗܐ) e Tg
(כל כתי מלאכיא), che addolciscono il TM. La scena è una trascrizione cosmica di un "rito
di fondazione" (si vedano due esempi in Esd 3,10s e Zc 4,7-9), ma potrebbe anche essere
un'eco di *Enūma eliš* IV, 133ss (cf G. FUCHS [1993: 193]).

[150] Il TM ha la sequenza narrativa ויסך e non vi è alcun segno di domanda fino al v.
12. Molti moderni, a partire da E. ROSENMÜLLER, hanno adottato la lettura di Vg (*quis
conclusit ostiis mare...?*) che potrebbe aver letto ... מִי סָךְ oppure aver sottinteso la domanda, a continuazione del v.6. Tuttavia la LXX ha il verbo alla 1ª persona (ἔφραξα δὲ
θάλασσαν πύλαις) ed anche la Syr non ha qui domande (ܘܣܟܬ ܪܘܪ ܒ̈ܐ), mentre
11QtgJob ha una domanda con il verbo alla 2ª persona (התסוג בדשין ימא « hai fermato tu
il mare con porte...? »). Il confronto diretto tra JHWH e Jam, che rilegge la tradizione mesopotamica dell'*Enūma eliš* e soprattutto quella cananaica di *Ba'al e Jam*, potrebbe giustificare un cambiamento di stile. Noi manteniamo il testo consonantico, vocalizzando al
passivo וַיִּסַּךְ – Ho. o Qal passivo da √נסך « versare » – con A. C. M. BLOMMERDE [1969:
132s] e G. FUCHS [1993: 194]. La preposizione בְּ in בְּדְלָתַיִם – qui in parallelo con מִן –
può assumere un valore analogo (cf *KB*, I, 101, n. 13).

[151] Che si tratti delle « porte del grembo » ci viene suggerito dal parallelo רֶחֶם e dal
confronto con 3,10. Anche qui bisogna dar ragione a A. C. M. BLOMMERDE (cf *nota precedente*). Il v. 10 riprende דְּלָתַיִם con significato leggermente diverso (cf H. GUNKEL
[1895: 92] e G. FUCHS [1993: 195]).

[152] La √גיח indica il « prorompere » dell'acqua da un luogo chiuso (cf גִּיחוֹן), come i
paralleli in arabo جَاحَ e in siriaco ܓܘܚ. Nell'etiopico tigrè, invece, *'ḏḥ* indica lo spuntare
del giorno (cf *WTS*, 591s).

[153] חֲתֻלָּה è *hapax*, ma il suo significato si può ricavare dal Pu. e Ho. del verbo in Ez
16,4. È attestato anche in ugaritico (*htl* in *KTU*, 1.12 I 19). Circa il motivo delle « fasce »
nella letteratura ugaritica si vedano M. H. POPE, 294 e G. FUCHS [1993: 198s], che cita
anche l'inno omerico a Hermes (riga 151), ESIODO (*Theog.*, 485ss) e un testo mandaico
(*Ginza*, VIII, 158s), già segnalato da H. GUNKEL [1895: 92²]. La coppia עֲרָפֶל / עָנָן la assumiamo in senso collettivo (cf Dt 4,11; 5,22; Sal 97,2; Ez 34,12; Gl 2,2; Sof 1,15).

[154] Il verbo וָאֶשְׁבֹּר è molto discusso. 11QtgJob, anche in questo stico, ha una domanda alla 2ª persona: ותשוה לה תחומין ודת « Gli hai assegnato tu dei limiti e una legge...? »;
in ogni modo, il sintagma שָׁבַר חֹק è interpretato nel senso di « assegnare una legge (limi-
tante) ». Lasciando da parte le molte proposte di correzione, ricordiamo le tre che non
cambiano il testo consonantico: 1) dare a שָׁבַר il significato dell'arabo شِبْر « to measure by
span » (cf TH. H. GASTER [1950: 456], ma solo nella prima edizione del 1950; M.
DAHOOD [1966-1970: I, 89s]; A. GUILLAUME [1968: 130], per il quale le equivalenze ش =
שׂ e س = שׁ sono « antiquated and untenable »); 2) attribuire al sintagma שָׁבַר חֹק il senso
tecnico per indicare la delimitazione dei confini (cf G. LIEDKE [1971: 163 e 169]); 3) allargare il campo semantico di שָׁבַר, attribuendogli anche il significato di « imporre, decre-
tare » (cf R. GORDIS, 444, che rimanda al Tg tradizionale: ופסקית עלוהי גזירתי « decretai
la mia legge su di lui »). È la soluzione che preferiamo, anche perché dà senso al possessivo di חֻקִּי, altrimenti sentito come superfluo, oppure da emendare in חֹק, in base a Pro
8,29. Dobbiamo riconoscere che la scelta è stata determinata dallo studio della struttura.

11    *e dissi:*[155] « *Fin qui giungerai e non oltre!*
      *Pongo un litorale*[156] *contro l'arroganza delle tue onde!* »

12    *Da che vivi, hai mai comandato al mattino*
      *e insegnato*[157] *a Šaḥar il suo posto,*
13    *perché afferri i lembi della terra*
      *e le stelle nefaste*[158] *vengano sbattute fuori?*

---

[155] Come in 28,28, si tratta di anacrusi; non per questo il verbo va eliminato (cf R. GORDIS, 445, e N. C. HABEL, 521).

[156] Già le antiche versioni mostrano imbarazzo davanti alla costruzione di questo stico. La LXX traduce come fosse גליך גאון בך ישבת ופא (ἐν σεαυτῇ συντριβήσεταί σου τὰ κύματα), che è molto vicina alla versione araba di SAADIAH (اموجك قدرة تضعف وهاهنا) « e qui si piegherà la potenza delle tue onde »). È l'emendamento proposto a suo tempo da F. PERLES [1895: 87]. Anche per R. GORDIS, 445, all'origine della corruzione scribale presente nel TM starebbe ישיח בגאון appunto ישבת גאון (il suggerimento venne introdotto la prima volta da G. BICKELL). La Vg interpreta come se il verbo fosse שבר√ (*et hic confringes tumentes fluctus tuos*) e viene seguita da un buon numero di moderni; Syr mette il verbo alla 2ª persona (ܬܣܝܡ ܗܘܝܬ), come anche una tradizione manoscritta del Tg (תשוי « tu porrai »: cf D. M. STEC [1994: 269*]). A. C. M. BLOMMERDE [1969: 133] propone *jišatab* da שבב√ « rompere » (ugaritico *ṯbb*, secondo M. DAHOOD [1964b: 101]), coniugazione con -*t*- infisso, che spiegherebbe a suo parere *1 Aqht*, 108 e 123 (= *KTU*, 1.19 III 1-2 e 16-17) e Os 8,6; Lam 1,7; Sal 89,45 (cf Lv 26,19). Il suggerimento non è sostenibile: *CML*, 117s, e *MLC*, 393s leggono la forma *jtb* come errore per *jtbr* e la radice *ṯbb* – sinora – non è attestata in ugaritico. Tra l'altro, la vittoria di Baʿal contro Jam è narrata in *KTU*, 1.2 IV 27 così: *jqt bʿl wjšt* [da *št* = ebraico שׁית] *jm jklj ṭpṭ nhr* « Baʿal trasse fuori Jam e lo buttò giù, e fece fuori il giudice Nahar ». E. ROSENMÜLLER propone di sottintendere חק dopo שׁית. F. E. KOENIG, 400, volle mantenere il TM: « Sondern hier wird man Posto fassen gegen den Übermut deiner Wellen ».
Nessuna delle proposte ci convince pienamente. A nostro parere, il TM è corrotto a causa dell'aplografia di un *alep*: non si potrebbe escludere un'originaria scrittura "concatenata" di questo genere: פאשית. La lettura sarebbe dunque גליך בגאון אשית וֽפאה. Ciò spiegherebbe anche la scrittura פא: non variante per פה, del resto mai attestata altrove, ma *scriptio defectiva* per פֵּאָה « lato, sponda, confine » (Pro 8,29 ha פִּיו).

[157] Il K ha יָדַעְתָּה שַׁחַר (per la 2ª persona con la *mater lectionis* si veda *GK*, § 44g), trattando שַׁחַר come nome proprio; il Q, meno plausibilmente, corregge in יִדַּעְתָּ הַשַּׁחַר: il senso fattitivo del Pi. va mantenuto ed è costruito con il doppio accusativo. Ci si ricordi del poema ugaritico *La nascita degli dèi belli e graziosi* (= *KTU*, 1.23), dedicato a *Šḥr* e *šlm* (cf P. XELLA [1973]). Il Pi. di יָדַע potrebbe forse essere letto anche in Sal 104,19b.

[158] L'immagine della luce come abito inizia in questo versetto e continua anche nel prossimo. רְשָׁעִים è scritto con la עַיִן תְּלוּיָה « ʿajin sospesa » (cf anche v. 15; il נ di Gdc 18,30, מֹנַשֶּׁה, ad evitare forse che si leggesse Mosè, e la ע in Sal 80,14, מִיַּעַר, per indicare la metà esatta del Salterio). Nel nostro versetto e nel v. 15 la scrittura sembra indicare una correzione scribale: purtroppo in 11QtgJob non abbiamo se non poche lettere che possono essere restituite a partire dai frammenti D1 e D2, a mala pena leggibili (כנפֿי[ אֱרְ]עֱא] che corrisponderebbero al TM כנפות הארץ; cf *Le Targum de Job*...: 70s).
Lo studio di G. R. DRIVER [1953] offre una chiave interpretativa interessante. La menzione dei רְשָׁעִים non sarebbe fuori luogo a questo punto, anzi è d'importanza capitale. Tuttavia, potrebbe essere una semplificazione davanti ai dati astronomici tanto sofisticati,

14   *Essa si trasforma come terra sigillata[159]*
     *e quelle si tingono[160] come un abito:*
15   *alle stelle nefaste è tolta la loro luce*
     *e viene spezzata la Linea del Navigatore.[161]*
16   *Sei mai giunto sino alle sorgenti[162] di Jam*
     *e nelle profondità[163] di Tehom hai mai passeggiato?*
17   *Ti sono state forse rivelate[164] le porte di Môt?[165]*

---

e quindi incomprensibili: si parla sì di "malvagi", ma questi non sono uomini, bensì stelle! Anche la tradizione omerica ricorda alcune stelle nefaste:

ὅν τε κύν' Ὠρίωνος ἐπίκλησιν καλέουσι·
λαμπρότατος μὲν ὅ γ' ἐστὶ κακὸν δέ τε σῆμα τέτυκται (Iliade, XXII, 29s)

« che gli uomini chiamano con il soprannome di Cane d'Orione: è lucentissima, ma è un omen sfavorevole ». Si tratta quindi di *Sirio*. Forse all'origine ci poteva essere שערים « chiomati », un termine che trova il suo corrispondente arabo شِعْرَى « chiomato = *Canis Major* » o al duale شِعْرِيانْ « i due chiomati = *Canis Major* e *Minor* ». La conferma viene dal parallelismo del v. 15 (cf *infra*).

[159]   Il verbo תֵּתְהַפֵּךְ ha come soggetto la אֶרֶץ del v. 13a. Secondo É. P. DHORME, 531, חֹמֶר חוֹתָם « argilla di sigillo » corrisponde alla nostra « terra sigillata », i.e. ceramica dipinta con minio o vermiglio, detta in arabo طِين مَختوم, in greco σφραγίς e *lemnia* da PLINIO, *Hist. Nat.*, XXXV, 14, 1. La luce del mattino dipinge di colori il nero della notte.

[160]   Per l'immagine della luce e delle tenebre come abito, si ricordi anche *Enûma eliš* IV, 19ss. Anche questo parallelo mostra che non è possibile accettare la lettura dell'esegesi giudaica medievale (cf RASHI), che vi trova allusioni alla morte, al giudizio e alla risurrezione, applicando il verbo ai malvagi e leggendo, ad es., כְּמוֹ לְבוּשׁ. R. GORDIS, 446, cita l'emendamento di un suo studente, R. GILBERT ROSENTHAL (וְיִתְיַצְּבוּ כְּלָם יֵבֹשׁוּ) « They are arraigned [in judgment], all put to shame »). Pur accogliendo la correzione di K. BUDDE, 243, G. BEER (*BH*) e buona parte dei contemporanei, teniamo come soggetto רְשָׁעִים e quindi leggiamo וְיִצְטַבְּעוּ (Hit.) o וְיִצָּבְעוּ (Ni.) da צבע √ « colorarsi, tingersi ».

[161]   Anche qui, come nel v. 13, accogliamo il suggerimento di G. R. DRIVER [1953: 211]. L'ebraico זְרוֹעַ רָמָה potrebbe essere un termine astronomico e corrispondere all'arabo ذِراع: *Lane*, III, 962, riporta le annotazioni del cosmografo arabo del XIII secolo Al-Kazwīnī (Zakarijjaʾ b. Muḥammad b. Maḥmūd, Abū Jaḥjā): questi, nella sua famosa opera di astronomia e geografia dal titolo altisonante « Le meraviglie della creazione e i prodigi del creato » (عَجائِبُ المَخلوقات وغَرائِبُ المَوجودات), distingue الذِراع المَبسوطة « il braccio disteso » (= α e β *Geminorum*); e الذِراع المَقبوضة « il braccio contratto » (= α e β *Canis Minoris*). Questo "braccio" che si alza dall'orizzonte verso lo zenit, è la *Linea del Navigatore*, che comprende quindi: Sirio (α *Canis Majoris*), Procione (α *Canis Minoris*), Castore e Polluce (α e β *Geminorum*).

[162]   נִבְכֵי da *נֵבֶךְ è *hapax*, ma è attestato in ugaritico nelle due forme *nbk* e *npk* (cf documentazione in PH. REYMOND [1958: 60] e *KTU*, 1.4 IV 20-24, citato a pag. 260[28]). La LXX ha dunque visto bene traducendo πηγὴ θαλάσσης. Il vocabolo va messo in relazione con מבכי (נַהֲרוֹת) di 28,11 ed è documentato anche a Qumrān (1QHod 31,5 נבוכי מים).

[163]   חֵקֶר « profondità » richiama immediatamente 5,9; 9,10; 11,7 (con altra sfumatura in 8,8; 34,24; 36,26) ed è tradotto molto bene da Syr con ܬܗܘܡܐ ,ܐܫܬܣ̈ܘܗܝ « le fondamenta di Tehom ». ESIODO, *Theog.*, 736-741, ci ha dato una descrizione simile dell'abisso, dimostrando quanto fosse diffusa questa rappresentazione cosmologica nell'Antico Vicino Oriente.

*Hai mai visto le porte[166] dell'Ombra infernale?*
18    *Hai coscienza della vastità del mondo?[167]*
*Dillo, se lo conosci tutto![168]*

19    *Dov'è la via[169] in cui abita la luce?*
*E dov'è il luogo delle tenebre?[170]*
20    *Certamente tu puoi ricondurla nei suoi confini*
*e riconoscere[171] i sentieri di casa sua!*
21    *Lo dovresti sapere, visto che allora eri già nato*
*e il numero dei tuoi giorni è infinito!*

---

[164] Si potrebbe dare al Ni. נִגְלוּ il significato di « essere aperte, aprirsi » (cf Vg: *numquid apertae tibi sunt portae mortis*), ma il secondo stico fa preferire il senso di « essere rivelate ». Per il sottofondo mitico, si veda G. FUCHS [1993: 205-7].

[165] Nel mito della « Discesa di Inanna [= Ištar] agli inferi », la dea ha dovuto attraversare sette porte per entrare nell'oltretomba, chiamata KUR.NU.GE₄.A, in akkadico *erṣet la tāri* « la terra senza ritorno ». Si veda il testo in É. P. DHORME [1907: 326-341] e la traduzione in D. WOLKSTEIN - S. N. KRAMER [1983: tr. it. 57]; cf anche É. P. DHORME [1945: 258-65]; A. S. KAPELRUD [1950] e W. HEIMPEL [1986]. Il tema delle « porte degli inferi » è diffuso in tutta l'area mediorientale (si ricordi anche *Gilgameš* IX, 140-197) ed anche nella Bibbia ebraica (cf Is 38,10; Sal 9,14; 107,18) e greca (Sap 16,13).

[166] La LXX ha πυλωροὶ δὲ ᾅδου « custodi degli inferi », vocalizzando שֹׁעֲרֵי צַלְמָוֶת come soggetto della frase. Ma la ripetizione dello stesso lessema nei due stichi dello stesso versetto non fa problema (cf subito *sotto* al v. 22 e pag. 219[83]). A. C. M. BLOMMERDE [1969: 134 e 29] interpreta il *waw* all'inizio dello stico e nel v. 22b come *waw* enfatico.

[167] N. C. HABEL, 541, seguendo un suggerimento di M. DAHOOD [1963c: 52], vorrebbe dare ad אֶרֶץ il significato di « inferi », così da continuare l'immagine dei versetti precedenti. In effetti, אֶרֶץ può avere questo significato: cf Es 15,12; Ger 17,13; Gio 2,7; Sal 22,30; 71,20; Sir 51,9 (cf akkadico *erṣetu* e ugaritico *arṣ*). Ma nel nostro contesto il significato è più ampio e abbraccia tutto il mondo, *compresi* gli inferi (v. 4!; cf G. FUCHS [1993: 193].

[168] Il pronome כֻּלָּהּ ha un riferimento immediato e non ambiguo, i.e. אֶרֶץ di 18a.

[169] Sebbene il sintagma אֵי־זֶה הַדֶּרֶךְ sembri essere un modismo idiomatico (cf 1 Re 13,12; 2 Re 3,8; 2 Cr 18,23), l'abbiamo voluto lasciare, in modo da mantenere i due lessemi « via » e « luogo », che creano un'importante relazione con la חָכְמָה di 28,23.

[170] Questo versetto è centrale per il nostro tema e la sua importanza apparirà nell'analisi successiva. È davvero sorprendente che molti commentatori lo giudichino una glossa (ad es., G. FOHRER, 492) oppure lo considerino fuori posto (cf H. RICHTER [1958: 12-14]). A. DE WILDE, 364, e G. FUCHS [1993: 207] hanno attirato l'attenzione sul parallelo con ESIODO (*Theog.*, 745-757: specialmente 749); ma è più importante guardare alla letteratura egiziana, che ha sviluppato molto l'iconografia e la mitologia del viaggio notturno del sole. Per ora, basti dire che אוֹר potrebbe anche essere inteso come metonimia per il « sole » (cf chiaramente in 31,26 e quanto abbiamo detto alle pagg. 117ss).

[171] Non c'è bisogno di alcun emendamento per תָּבִין. Il sintagma richiama 28,23a (הֵבִין דַּרְכָּהּ) – un'altra relazione con il cap. 28! A nostro parere, tutt'e due i כִּי con cui iniziano i due stichi sono da interpretare in senso enfatico (cf anche G. FUCHS [1993: 204]). Il pensiero continua nel v. 21, con feroce ironia. Il pronome del verbo (נֹ-) e i suffissi pronominali in ־ֶי si riferiscono alla luce, in quanto i due stichi del v. 19 esprimono una sola realtà (cf. *sotto*, pag. 311).

22    *Sei mai entrato nei depositi[172] della neve?*
*Hai mai visto i depositi della grandine,*
23    *che io serbo per il tempo d'ostilità,[173]*
*per il giorno di guerra e battaglia?*

24    *Per quale via si diffonde il lampo[174]*
*e il Qadim si riversa[175] sulla terra?*
25    *Chi scava un canale[176] al temporale*

---

[172] Anche in questo versetto viene ripetuto lo stesso lessema אֹוצָר « deposito, magazzino » e quindi, per metonimia, « tesoro » (da √אצר אֹצָר « accumulare », cf arabo أَصَر e وصر). Potrebbe essere un altro caso di antanaclasi (cf pag. 219[83]): così la intende A. GUILLAUME [1968: 131], che collega il secondo אֹצְרֹות all'arabo وضراء « large rock ». Ma, con le versioni antiche, è meglio mantenere la ripetizione. In senso cosmico, אֹוצָר appare anche in Dt 28,12 e 32,34 (= cielo); Ger 10,13; 51,13; Sal 135,7 (= deposito dei venti); Sal 33,7; Sir 39,17; 43,14 (= le acque); Ger 50,25; Sir 39,30 (= arsenale delle armi di JHWH).

[173] Facciamo derivare צָר dalla √צרר II, che significa « essere nemico, opporsi », e non dalla √צרר I, che significa « essere nell'angustia » (KB, III, 990s). Al sostantivo corrispondente diamo il senso di « inimicizia, ostilità » a motivo dei paralleli קְרָב וּמִלְחָמָה: il significato è attestato anche in akkadico ṣerru « nemico, inimicizia » (AHw, 1093) e in ugaritico ṣrrt (cf M. DAHOOD [1972b: 97]).

[174] La menzione di אֹור « luce » a questo punto sembra far difficoltà, dal momento che siamo in un contesto di fenomeni atmosferici. Da qui le diverse proposte di correzione. Trascuriamo quelle che cambiano il testo consonantico in רוּחַ, introdotta da H. G. A. EWALD per creare un parallelo a קָדִים, oppure in אֵד (cf 36,27), introdotta da J. G. E. HOFFMANN. Rimangono tre possibilità: 1) vocalizzare אֹור « calura » (cf G. R. DRIVER [1955c: 166]), che avrebbe secondo A. GUILLAUME [1968: 131] un ottimo parallelo nell'arabo أوار; 2) trovare un parallelo a קָדִים nel campo semantico anemologico, come R. GORDIS, 448, che vede in אֹור la trascrizione del greco ἀήρ (da *αϝερ), corrispondente all'ebraico talmudico (e moderno) אֲוִיר; 3) dare a אֹור il significato di « lampo », attestato anche in 37,11 con lo stesso Hi. di √פוץ, che troviamo nel secondo stico (cf E. J. KISSANE e N. C. HABEL, 522). Optiamo per quest'ultima possibilità, tenendo conto del contesto creato dai vv. 22s e 25.
In un recente contributo, G. GARBINI [1995: 89] ha tentato di dimostrare che la fonte di Gb 38,22-38 sia da cercare in EPICURO, Lettera a Pitocle. Sulla base di questo confronto, si chiarirebbe anche il senso di אֹור nel v. 24: il fenomeno ricordato originariamente sarebbe l'arcobaleno, definito da Epicuro « illuminazione del sole sull'aria acquosa » (109). Il suggerimento è plausibile e il confronto con Epicuro è molto interessante, ma non necessariamente si deve concludere che Gb ne dipenda (contro G. GARBINI [1995: 90]). L'elenco dei fenomeni meteorologici ricordati è un bagaglio culturale che può essere di molto precedente lo stesso Epicuro. La novità di Epicuro, nella Lettera a Pitocle, sta nell'aver voluto dare a questi fenomeni una risposta "razionale", che potesse scalzare ogni fantasia "mitica".

[175] L'Hi. יָפֵץ ha qui un senso intransitivo (cf anche Es 5,12; 1 Sam 13,8; KB, III, 868s), a meno di vocalizzarlo Qal יָפֵץ come fanno K. BUDDE, S. R. DRIVER - G. B. GRAY, G. HÖLSCHER. Questo verbo esclude, almeno nel nostro testo, la soluzione offerta da M. DAHOOD [1966-1970: III, 180]: sulla base di Sir[B] 31,13 e 38,1, egli attribuisce alla √חלק II il senso di « creare, formare », radice attestata anche nell'arabo خَلَق (cf, a suo parere, anche Ger 10,16; Sal 119,57; Lam 3,24).

*e una via alla pioggia torrenziale,[177]*

26    *per far piovere su una terra disabitata[178]*
*e su un deserto in cui non vi è alcun uomo,*

27    *e così dissetare il deserto più deserto[179]*
*e far germogliare un cespite[180] d'erba?*

28    *Ha forse un padre la pioggia?*
*Chi genera le precipitazioni[181] di rugiada?*

29    *Dal grembo di chi esce il ghiaccio?*
*E la brina del cielo, chi la partorisce?*

30    *Come pietra l'acqua si solidifica[182]*
*e si rapprende la faccia di Tehom.[183]*

31    *Puoi tu cingere il coro delle Pleiadi[184]*

---

[176] פֶּלֶג תְּעָלָה « scavare un canale » richiama il sintagma di 28,26 (cf pag. 263[50]). 11QtgJob è ben conservato e dimostra la libertà del traduttore o la volontà di togliere ogni riferimento al "canale" della pioggia: מן שוי למטרא זמן וארח לעננין קלילין « Chi ha assegnato un tempo alla pioggia e un sentiero alle nubi leggere? » (cf *Le Targum de Job...*: 72s).

[177] Per חֲזִיז קֹלוֹת si veda a pag. 263[51]. Un altro rimando al cap. 28!

[178] Per la costruzione si veda 12,24 (cf *GK*, § 152u).

[179] « Deserto più deserto » cerca di rendere l'endiadi paronomastica שֹׁאָה וּמְשֹׁאָה, usata anche in 30,3. 11QtgJob traduce שיתא ושביקה « arbusti e sterpaglie », cambiando il TM ed ottenendo un parallelo più stretto con lo stico seguente.

[180] Non mette conto di ricordare tutte le proposte di correzione del testo consonantico. Il TM מֹצָא « fonte, sorgente » va invece mantenuto. 11QtgJob traduce perfettamente: צמחי דתאה « germogli d'erba ».

[181] L'*hapax* *אֶגְלֵי è stato tradotto da 11QtgJob con [ע]נני « nubi ». Similmente Sim συστροφάς « rovesci » e Aq συστάδας « addensamenti », contro le altre versioni antiche, che sono concordi nel tradurre אֶגְלֵי־טָל con « gocce di rugiada ». L'arabo أَجَلَ « raccogliere », da cui proviene anche مَأجَل « cisterna » (cf W. W. MÜLLER [1963: 306]), sembra dar ragione a Sim e Aq, esprimendo l'idea di insiemi più che la distinzione delle parti.

[182] Normalmente l'Hit. di √חבא significa « nascondersi ». Da qui i diversi tentativi congetturali: *a)* G. BICKELL introdusse l'idea che questo verbo sia una forma dialettale per √חמא (da cui proviene חֶמְאָה « latte cagliato »); *b)* E. O. A. MERX introdusse la proposta d'invertire i verbi nei due stichi, richiamando l'attenzione su 41,9; Es 9,24 ed Ez 1,4; *c)* N. C. HABEL, per non cambiare l'ordine, ipotizza uno stilema poetico, per cui il predicato del primo stico vale per il secondo e *vice versa*; 4) riprendendo la traduzione di SAADIAH [*The book of theodicy...*: 385], in modo per noi convincente, A. GUILLAUME [1968: 131] ha citato a sostegno l'arabo خبا (cf خَبِيَّة; *Lane*, II, 507), che giustificherebbe per l'Hit. di √חבא il significato di « solidificarsi ».

[183] Non vogliamo perdere la metafora poetica della "faccia di Tehom": תְּהוֹם qui è l'immensa distesa di acque che sta sotto e intorno alla terra ed affiora nei laghi.

[184] Per la corretta identificazione di Pleiadi e Orione, si veda a pag. 127[97]. Non c'è ragione per supporre che מַעֲדַנּוֹת sia una metatesi per מַעֲדֹרֹת, come per primo propose G. HÖLSCHER, 90, in base a LXX (δεσμòν) e Tg (כמתא שירי). Nemmeno è convincente la derivazione da √עדן I « essere piacevole », per cui il sostantivo significherebbe le « dolci influenze » delle Pleiadi (cf Levi ben Gersom, † 1345). Il senso di מַעֲדַנּוֹת è illuminato dai paralleli ugaritico ʿdn « schiera, truppa » e arabo عَدَانَة « compagnia, gruppo » (cf G. R. DRIVER [1956b: 2]. Ritroviamo così l'appellativo classico delle Pleiadi: ἄστρων αἰθέριοι

*o sciogliere la cintura di Orione?*[185]

32    *Puoi far spuntare Venere*[186] *a suo tempo*
      *e guidare Aldebaran*[187] *con il suo gruppo?*

33    *Conosci le leggi dei cieli*
      *e puoi imporre i destini*[188] *sulla terra?*

---

χοροί (SOFOCLE, *Elettra*, 467s), *Pleiadum chorus* (ORAZIO, *Carmina*, Lib. IV, XIV, 21), *Pleiadum spisso cur coit igne chorus* (PROPERZIO, *Elegiae*, Lib. III, V, 36). תְּקַשֵּׁר è costruito con l'accusativo come nell'unica altra ricorrenza del verbo in Pi., Is 49,18, dove l'oggetto sono coloro che ritornano in Gerusalemme.

[185] Per comprendere l'immagine del nostro stico, dobbiamo rifarci all'iconografia mitica di Orione (cf pag. 304[231]). 11QtgJob ha compreso correttamente, traducendo מִשְׁכוֹת con סיג (in Ct 7,3 la donna è cinta da סוּגָה בַּשּׁוֹשַׁנִּים « una cintura di gigli »). Il lessema va posto in relazione con l'ugaritico *mṯk* (*KTU*, 1.15 I 2: cf M. DAHOOD [1965b: 59 e 65]) e con l'arabo مَسَكَة « braccialetto (da polso o caviglia), legame » e potrebbe essere letto anche al singolare מָשְׁכַת, come propone G. R. DRIVER [1956b: 4], a meno che si tratti di un singolare con desinenza fenicia.

[186] Anche per l'identificazione di מַזָּרוֹת le ipotesi sono infinite: Iadi (cf M. A. STERN [1864s: 264-69]), il planetario che ruota attorno ad Alcione delle Pleiadi (cf J. G. LANSING [1884s: 240]), lo zodiaco (cf N. HERZ [1913: 577], e Tg: שטרי מזליא), i pianeti (cf G. R. DRIVER [1956b: 8]; questo articolo offre uno *status quæstionis* alle pagg. 5-8). Come per le altre identificazioni, il contributo più convincente proviene da G. SCHIAPARELLI [1903: 95-111]; alle pagg. 95-102 vi è un ottimo *status quæstionis* sino all'inizio del nostro secolo. M. ALBANI [1994: 125], pur trascrivendo salomonicamente *Mazzaroth*, la ritiene un'identificazione possibile. G. SCHIAPARELLI accetta l'interpretazione della Vg, secondo cui מַזָּרוֹת (o מַזָּלוֹת in 2 Re 23,5) è Venere, per quattro ragioni principali: 1) è un plurale, ma da prendere *ad modum unius* (בְּעִתּוֹ): l'identificazione con Venere, nella duplice figura di Lucifero (= "stella del mattino") e di Vespero (= "stella della sera"), renderebbe ragione di questa singolarità; 2) l'apparizione periodica dell'astro; 3) la sequenza di 2 Re 23,5: sole – luna – מַזָּלוֹת – milizia celeste: è Venere il corpo celeste più splendente dopo la luna; 4) l'iconografia astronomica babilonese (pagg. 104-9). Dal punto di vista etimologico, מַזָּרוֹת si potrebbe collegare, secondo G. R. DRIVER [1956b: 8], all'akkadico *mazzaltu* (< *manzaltu*) « posto, luogo di stazionamento », dalla √*nzl* o √*zwz*, da cui anche מְזוּזָה.

[187] עַיִשׁ indica le Iadi (cf pag. 127[97]), ma essendo qui distinta da בָּנֶיהָ « i suoi figli », scegliamo il nome della sua stella principale, Aldebaran.

[188] מִשְׁטָרוֹ è un *hapax*. Nella tradizione punico-fenicia *mšṭr* è un titolo militare (cf *DISO*, 170). In ebraico abbiamo שׁוֹטֵר, che designa un qualche incarico burocratico; in Es 5,6 *passim*, e in 2 Cr 26,11 è associato a סוֹפֵר (cf J. VAN DER PLOEG [1954: 185ss]). La √שׁטר « scrivere, registrare » si è mantenuta viva in tutte le lingue semitiche: in akkadico (*šaṭāru*: cf *AHw*, 1203), in aramaico palmireno (cf *DISO*, 295s), in arabo سَطَر. Tuttavia è proprio a partire dall'akkadico che va spiegato l'*hapax*: a nostro parere מִשְׁטָרוֹ è una citazione dell'akkadico *maštaru* « scritture », assunto come termine tecnico per indicare i "destini", un tema centrale nella teologia mesopotamica. I babilonesi infatti consideravano il cielo stellato una « scrittura divina »: *šiṭir(tu) šamê/šamāmi* (cf N. H. TUR-SINAI [1949: 419-33], G. HÖLSCHER, 95, G. FOHRER, 508, J. VAN DER PLOEG [1954: 189], O. KEEL [1978: 60]); sapendola leggere, si potevano scoprire i "destini" degli uomini (e degli dèi). Su questa basilare concezione per la teologia mesopotamica si veda J. BOTTÉRO [1982]. Una concezione analoga ci è data dalla relazione delle due parti del Sal 19 (legge celeste –

34    *Ti basta alzare la voce alle nubi,*
      *perché ti copra[189] un acquazzone?*

35    *Sei tu a scagliare i fulmini perché vadano a segno*
      *ed essi ti rispondono: « Eccoci! »?*

36    *Chi ha posto in Thot[190] sapienza?*

---

legge etica). Sulla perfetta obbedienza dei corpi celesti si vedano Sal 148,6; Ba 3,34s; SalS 18,10-12 (O. KEEL [1978: 60]).

בָּאָרֶץ potrebbe essere complemento di luogo (« imporre... sulla terra ») o sintagma dipendente dal verbo שִׂים (« imporre... alla terra »; per בְּ שִׂים cf *KB,* IV, 1233). Preferiamo la prima possibilità.

[189] La LXX traduce con ὑπακούσεταί σου, come fosse תַּעֲנֶךָ. L'emendamento viene adottato da alcuni contemporanei, al seguito di G. BICKELL, perché vi vedono una confusione con 22,11 e Is 60,6. Ma non vi è ragione sufficiente per correggere il TM.

[190] Il versetto è molto discusso a causa dei due vocaboli טֻחוֹת e שֶׂכְוִי. Una rassegna delle diverse interpretazioni si può trovare in R. GORDIS, 452s, e G. BORGONOVO [1988: 586-92]. Riassumiamole in cinque ipotesi fondamentali:
1) טֻחוֹת e שֶׂכְוִי sarebbero rispettivamente « reni » e « cuore » e quindi il testo si riferisce all'interiorità dell'uomo, come anche dimostrerebbe Sal 51,8. In questa linea troviamo i grammatici giudei medievali (RASHI, IBN EZRA), sulla scia di Tg1 (כוליין e לבא) e di Vg (*in visceribus hominis*) e Tg2 (כולייתא), limitatamente a טֻחוֹת;
2) derivata dalla prima ipotesi – dal concreto all'astratto – i due termini si riferirebbero a « misteri » o « cose segrete » (J. C. DÖDERLEIN, H. GUNKEL);
3) טֻחוֹת e שֶׂכְוִי indicherebbero fenomeni atmosferici, e in particolare le « nubi » (cf A. DILLMANN e ultimamente N. C. HABEL, 523);
4) טֻחוֹת e שֶׂכְוִי sarebbero l'« ibis » e il « gallo », due animali legati a divinità e "annunciatori" di acqua: l'ibis legato a Thot, annunziatore delle piene del Nilo, e il gallo legato ad Ahura Mazdā (secondo G. HÖLSCHER, 97), annunziatore delle piogge. È la tradizione giudaica ad offrire la seconda identificazione: Tg2 (תרנגול), y. Ber 63a, b. RHSh 26a e le בִּרְכוֹת הַשַּׁחַר. Quest'ultimo testo, tratto da b. Ber 60b, rimane ambiguo:

בָּרוּךְ אַתָּה יי אֱלֹהֵינוּ מֶלֶךְ הָעוֹלָם אֲשֶׁר נָתַן לַשֶּׂכְוִי בִינָה לְהַבְחִין בֵּין יוֹם וּבֵין לָיְלָה

« Benedetto sei tu, Signore nostro Dio, Re dell'universo, che dai al gallo intelligenza per distinguere fra giorno e notte » (cf S. R. HIRSCH [1978: 12]; PH. BIRNBAUM [1977: 15s]) oppure « Benedetto sei tu [...] che dai alla mente intelligenza per distinguere fra giorno e notte » (cf *Alcalay,* 2609). Si veda ulteriore documentazione in G. BORGONOVO [1988: 589]). Sul rapporto tra il gallo e la pioggia, si vedano: per la tradizione letteraria, LUCIANO DI SAMOSATA, *De Dea Syria,* cap. 48; per la tradizione popolare palestinese, J. A. JAUSSEN [1924]; per la tradizione iconografica, O. KEEL [1981: 221-23]. L'identificazione di טֻחוֹת con l'ibis, l'uccello di Thot, è invece moderna e molto problematica. Essa si basa sull'interpretazione del geroglifico di Thot introdotta da É. H. NAVILLE [1877: 28-31] e da G. MASPERO [1912: 119s], ma giustamente contestata da P. BOYLAN [1922: 5] e da W. F. ALBRIGHT [1922: 195];
5) infine, vedere in טֻחוֹת « Thot » e in שֶׂכְוִי « Mercurio ». Fu J. G. E. HOFFMANN, 87, a proporre nel suo telegrafico commento questa identificazione, ripresa poi da M. H. POPE, 302. È l'interpretazione per noi più convincente, almeno sulla base della documentazione che siamo riusciti a raccogliere. טֻחוֹת sarebbe la trascrizione ebraica dell'egiziano *ḏḥwtj* (cf *WÄS,* V, 606), che è il nome di Thot prevalso a partire dalla XVIII dinastia (cf P. BOYLAN [1922: 1-10]). Dal punto di vista etimologico, non dovrebbe però essere un aggettivo derivante da nome geografico, « the dweller in *ḏḥwt* », come sostiene P. BOYLAN [*ibid.:* 5], bensì un aggettivo derivante dalla radice egiziana *ṣḥw* « brillare, essere lucente »

> *Chi ha dato a Mercurio conoscenza?*
> 37   *Chi può contare*[191] *le nubi con sapienza?*
> *E gli otri del cielo, chi può riversarli,*[192]
> 38   *quando la polvere si fonde in mota*
> *e le zolle s'impastano insieme?*[193]

## 2.1.2 Analisi retorica

Le domande accumulate nella prima parte di questo primo discorso di JHWH seguono un piano preciso e non casuale.[194] Il tracciato pedagogico

---

(semitico √*dḥw*), i.e. « brillante », come da *mȝʿt* « giustizia » deriva l'aggettivo *mȝʿtj* « giusto ». La forma più antica dovrebbe essere stata *ṣaḥautî*, divenuta poi *ḏaḥutej* e, a partire dal XIII secolo a.C., *teḥowt* (cf W. F. ALBRIGHT [1922: 195]). Da questa forma derivano la pronuncia fenicia *taḥût*, le trascrizioni neobabilonese *ṭiḥûtu* e greco-alessandrina Θωυθ. L'espansione in Fenicia del culto di Thot e dei miti a lui collegati è testimoniata da FILONE DI BYBLOS. Costui ci ha tramandato una cosmogonia di un certo *Sanchunjaton* (XIII secolo a.C.), il cui nome è tipicamente semitico: nome divino (סָכּוּן « Mercurio / Thot ») e verbo (יתן/נתן « dare »). I frammenti della sua opera ci sono giunti tramite le citazioni di EUSEBIO DI CESAREA, nella sua *Præparatio Evangelica*. Sull'attendibilità storica di Sanchunjaton e sui rapporti con la letteratura ugaritica, si vedano O. EIßFELDT [1939], [1952a] e [1952b].

Quanto a שכוי, J. G. E. HOFFMANN lo ha identificato con Mercurio, il pianeta di Thot, sulla base del copto: « kopt. ⲡⲓ ⲥⲟⲩⲭⲓ = Planet Merkur, der Krokodilsgott "Sobk" altägypt. » (pag. 87). La critica sollevata da O. KEEL [1978: 60] è troppo affrettata, dal momento che in copto è effettivamente attestato ⲥⲟⲩⲕⲏ come denominazione del pianeta Mercurio (cf *Crum*, 368).

[191] Come già segnalava J. G. E. HOFFMANN, 87, le identificazioni del v. 36 chiariscono anche il senso del verbo יְסַפֵּר di questo stico, in quanto Thot-Mercurio era considerato il סֹפֵר dei cieli, che amministrava le risorse d'acqua e teneva il computo del tempo (cf P. BOYLAN [1922: 83-87] e W. F. ALBRIGHT [1922: 193]).

[192] יַשְׁכִּיב potrebbe essere un caso di *talḥîn* a parere di A. GUILLAUME [1968: 132]: come Hi. di שָׁכַב significa « mettere in posizione orizzontale » (per versare), ma potrebbe anche alludere al significato dell'arabo سَكَبَ, che nella forma أَسْكَبَ significa « versare ».

[193] Diamo all'infinito בְּצֶקֶת (da √יצק « fondere ») significato intransitivo, attestato anche in 1 Re 22,35, creando così un ottimo parallelo con il secondo stico. Data la brevità del secondo stico, H. GRIMME [1899: 265], seguito da K. BUDDE, ha proposto di leggere וּרְגָבִים בְּרַגְבִים invece del semplice וּרְגָבִים « e le zolle » (cf 21,33). Ma alla fine di una sezione uno stico più breve non è affatto fuori luogo.

Come efficace descrizione della siccità dei camp¹ prima della pioggia, si può leggere *KTU*, 1.6 III 22 - IV 5, in cui El invita ʿAr a innalzare una supplica a Šapšu perché Baʿal, il Vittorioso (*alijn*), il principe (*zbl*) e signore della terra (*bʿl arṣ*), faccia piovere.

[194] La stessa affermazione varrebbe anche per la seconda parte, che non prendiamo direttamente in considerazione. Per la seconda parte si vedano O. KEEL [1978: 61-125, con un ampio studio dedicato al retroterra iconografico della Mezzaluna fertile], N. C. HABEL, 530-35, e la breve nota di J. E. MILLER [1991], che propone questa struttura simmetrica:

A1 - il leone in cerca di preda (38,39s)

A2 - e il corvo, suo spazzino (38,41)

 B - la capra montana che abbandona i suoi figli appena nati (39,1-4)

del "viaggio" in cui Dio vuole accompagnare Giobbe può essere ricostruito sulla base di alcuni indizi, letterariamente evidenti: il modo di formulare le domande,[195] le "pause interpellative", in cui JHWH provoca ironicamente la saccenteria di Giobbe (cf vv. 4b. 5aβ. 18b. 20-21), e le "digressioni circostanziali", che si soffermano su qualche effetto o su qualche circostanza del fenomeno descritto (cf vv. 7. 8-11. 13-15. 23. 26-27. 30. 38). In base e questi indizi, cerchiamo di trovare un ordine, non dimenticando tuttavia che non siamo di fronte ad un trattato, ma ad una pagina lirica.

I vv. 2s sono introduttivi e svolgono una funzione strutturante di grande rilievo, in quanto collegano i due discorsi di Dio (cf 40,7s).[196] Il v. 2 verrà poi citato quasi letteralmente nella seconda risposta di Giobbe in 42,3a, a significare il compimento riuscito dell'itinerario "iniziatico", in cui JHWH ha condotto il protagonista. Il verbo decisivo è *maḥšîk*,[197] che sintetizza l'accusa mossa da Giobbe nei dialoghi con gli amici: esso viene ripreso da *ḥōšek* nel v. 19.

Dopo l'introduzione, le domande ci portano al momento fondazionale della creazione, con una prima pausa circostanziale al v. 7. Non vanno perse le inclusioni minori del v. 4b (*haggēd ʾim-jādaʿtā bînâ*) con il v. 18b (*haggēd ʾim-jādaʿtā kullāh*) e del v. 4 (*ʾêpōh hājîtā bᵉjosdî-ʾareṣ... jādaʿtā*) con il v. 21 (*jādaʿtā kî-ʾāz tiwwālēd*).

I vv. 8-11 sono identificabili per la loro peculiarità: a parte il v. 8, negli altri versetti JHWH parla in 1ª persona,[198] quasi a sottolineare il vittorioso confronto su Jam, attraverso la potenza della sua parola, i.e. della sua legge (*ḥuqqî*).

Con il v. 12 riprendono le domande in 2ª persona, ma subito vi è una lunga pausa circostanziale, che si estende sino al v. 15: il mattino e l'aurora hanno dunque un particolare valore agli occhi del nostro poeta. Collocati in contesto cosmogonico, ricordano infatti che l'aurora è quella ripresentazione quotidiana della creazione *in illo tempore*, che ha circoscritto le forze caotiche.

---

C - l'asino selvatico, non addomesticabile (39,5-8)

C' - il bufalo, non addomesticabile (39,9-12)

B' - lo struzzo che abbandona le uova e tratta duramente i suoi piccoli (39,13-18)

A1' - il cavallo, che ama la guerra (39,19-25)

A2' - i rapaci, spazzini dopo la battaglia (39,26-30).

A conclusioni simili è giunto anche L. G. PERDUE [1991: 203ss], che unisce gli animali a coppie, disposte in cinque strofe (38,39-41; 39,1-4. 5-12. 13-25. 26-30).

[195] Le domande sono formulate in due modi: *a)* con verbi alla 2ª persona (« hai mai...? sei mai...? ») in frasi introdotte dall'avverbio interrogativo הֲ; *b)* con frasi introdotte da אֵי־זֶה / מִי o altri pronomi interrogativi, e con verbi alla 3ª persona.

[196] Cf per questo V. KUBINA [1979: 121] e N. C. HABEL, 526s.

[197] In 42,3a viene rimpiazzato dal sinonimo מַעְלִים (daעלם; per il corrispondente ugaritico *ǵlm* si veda M. DAHOOD [1952: 206]).

[198] La 1ª persona di JHWH ricomparirà soltanto nel v. 23a.

Il nuovo sviluppo (v. 16) ci conduce nelle profondità degli abissi e degli inferi: la stessa domanda (*hăbā'tā*) verrà ripeuta all'inizio del v. 22. Il v.18b, richiamando in inclusione 4b, segna uno primo stacco in questo viaggio nel mistero della creazione e ci spinge a isolare i vv. 19-21.[199]

Davanti all'irruzione della duplice domanda del v. 19, importantissima nell'itinerario del poeta, alcuni critici si sentono spiazzati e non hanno altro da suggerire che l'ipotesi di una glossa o di un disordine nel testo.[200] I due versetti di "pausa interpellativa", che accompagnano il v. 19 sono una prova della decisiva importanza della domanda, soprattutto per il fatto che non troveremo più questo tipo di ampliamenti in seguito. L'avverbio *'āz* e il verbo *jāda'tā* del v. 21a ci riportano al v. 4, al momento fondazionale:[201] un ulteriore indizio per rimarcare la centralità di questi versetti. Siamo al cuore del "viaggio": il cammino del sole nelle ore notturne.[202]

In effetti, da questo punto in poi cambia lo scenario. Giobbe è ora invitato a contemplare i fenomeni atmosferici, mettendoli in relazione alle perfette leggi degli astri. I primi due versetti (vv. 22s) si staccano dai seguenti, a motivo del soggetto in 2ª persona. Come abbiamo già notato, in 22a viene ripetuto lo stesso verbo di 16a (*hăbā'tā*). Aggiungiamo un'altra particolarità per giustificare la simmetria tra i vv. 22s e 16-18. Il parallelismo dei vv. 17 e 22 è costruito con lo stesso stilema dell'antanaclasi:[203] nel v. 17, infatti, *ša'ărê māwet* è ripreso da *w<sup>e</sup>ša'ărê şalmāwet tir'eh*; nel v. 22, *'ōş<sup>e</sup>rôt šāleg* da *w<sup>e</sup>'ōş<sup>e</sup>rôt bārād tir'eh*.[204]

---

[199] G. FUCHS [1993: 207] nota questo stacco (« es ist eine Art von retardierendem Moment »), ma, ciò nonostante, collega questi versetti a 16-18.

[200] Cf pag. 290[170]. Molto interessante è invece la lettura di L. G. PERDUE [1991: 203-18], che titola la sezione « Restabilization of metaphors of cosmology » e la struttura in due sezioni di 4+6 strofe [Sezione A: *I*: la terra (4-7); *II*: il mare (8-11); *III*: il cielo (12-15); *IV*: gl'inferi (16-18); Sezione B: *I*: luce e tenebre (19-21); *II*: neve... (22-24); *III*: pioggia (25-27); *IV*: pioggia e rugida (28-30); *V*: costellazioni (31-33); *VI*: nubi (34-38)]. Il limite di questa divisione è di uniformare i vv. 19-21 ai fenomeni meteorologici seguenti e di dare un rilievo a sé stante alle costellazioni, che invece sono citate solo in relazione alle stagioni.

[201] אָז compare in contesti chiaramente cosmogonici, come 28,27 e Pro 8,22; Sal 93,2. È il tempo mitico dell'origine e M. ELIADE lo tradurrebbe con *in illo tempore* (cf, ad es., [1949: 331]).

[202] Non siamo d'accordo nello smembrare il parallelismo, come se la "via della luce" debba necessariamente essere divisa dal "luogo delle tenebre", dopo la separazione di Gn 1,3-5. È invece interessante ricordare la spiegazione offerta da ESIODO (*Theog.*, 749) sulla "casa" (δόμος; cf בֵּית del v. 20b) di Νύξ ed Ἡμέρα: la casa è la medesima, ma le due non vivono mai insieme, poiché quando una entra, l'altra esce.

[203] Nella retorica classica, « antanaclasi » (che in greco significa propriamente « ripercussione ») sta ad indicare la ripetizione ravvicinata della stessa parola, magari con significato diverso.

[204] In questo confermiamo l'intuizione di A. C. M. BLOMMERDE [1969: 134] di trovare la stessa costruzione nei due versetti, anche se non vi è bisogno di dare ai due *waw* di apertura del secondo stico un valore enfatico (cf note filologiche).

Con il v. 24 inizia una lunga sezione con domande introdotte da vari pronomi interrogativi e con due pause circostanziali, che descrivono la pioggia che cade nel deserto (vv. 26s) e la solidificazione del ghiaccio (v. 30). Particolarmente importante è la prima di queste pause, perché anticipa il tema che verrà ripreso e ampiamente sviluppato in 38,39-39,30, ovvero la cura vigilante del creatore per quegli spazi del creato che non sono abitati dall'uomo e per quelle creature che non sono direttamente al suo servizio. Ma non va dimenticato il parallelo tematico con l'aurora dei vv. 12-15: come infatti il mattino è la ripresentazione della vittoria della luce *in illo tempore*, il ritmo regolare delle piogge salvaguarda l'ordine del creato, evitando che la terra diventi di nuovo deserto (= caos).[205]

Dal v. 31 sino al v. 35 vi sono nuovamente domande rivolte al "tu" di Giobbe. In questa sezione il tema è espresso esplicitamente dal v. 33: le leggi eterne (*ḥuqqôt*) degli astri e la loro "scrittura" sulla terra. Non possiamo non porre in relazione queste leggi con la legge (*ḥuqqî*) imposta a Jam (vv. 10s). Il tipo di stelle citate e i vv. 34s fanno pensare in questo caso all'alternanza stagionale, e precisamente all'inizio della stagione piovosa.[206]

Da ultimo, abbiamo i vv. 36-38, con quattro domande introdotte da « chi? » e una frase circostanziale di chiusura. Si tratta ancora della pioggia, ma, se dovesse essere accettata la lettura con la menzione di Thot e di Mercurio, il tema dovrebbe essere spostato sul calcolo del tempo.

Possiamo quindi tracciare il seguente schema complessivo, per cogliere anche visivamente la dinamica della pericope in esame:

*Introduzione al primo discorso: 38,2-3 (→ maḥśîk)*

*Prima parte: 38,4-38*

    A. il momento fondazionale: vv. 4-7
    B. la nascita di Jam e la legge a lui imposta: vv. 8-11 (→ *ḥuqqî*)
    C. il mattino e l'aurora, ripresentazione della creazione: vv. 12-15
       D. gli abissi e gli inferi: vv. 16-18 (→ *hăbāʾtā*)

       *X. la luce e le tenebre: vv. 19-21 (→ ʾôr / ḥōšek)*

       D'. i depositi di neve e grandine: vv. 22-23 (→ *hăbāʾtā*)
    C'. la pioggia e il ghiaccio: vv. 24-30
    B'. le leggi degli astri e le stagioni: vv. 31-35 (→ *ḥuqqôt*)

---

[205] Anche O. KEEL [1978: 60] ha sottolineato questo importante parallelo.

[206] Per questa interpretazione, si veda l'analisi simbolica seguente. Ci sembra però eccessivo assumere questo elemento come criterio organizzatore della sezione 38,22-38, come propone A. DE WILDE, 357. Egli – mettendo tra parentesi alcuni versetti a suo giudizio secondari – intravede questi quadri stagionali: inverno (vv. 22s e 29s), primavera / estate (vv. 24-27 [e perché mai?]) e autunno (vv. 31-38). La valenza "ciclica" è istituita dal nostro poeta per mezzo di molteplici elementi simbolici, con una ricchezza che trasforma liricamente il punto di partenza meteorologico.

A'. le stagioni e il computo del tempo: vv. 36-38

*(Seconda parte: 38,39-39,30*

*Conclusione: 40,1-2)*

## 2.1.3 Analisi simbolica

« Il simbolo traduce una situazione umana in termini cosmologici, e viceversa; più precisamente, svela la solidarietà tra le strutture dell'esistenza umana e le strutture cosmiche ».[207] Davanti a questa pagina, più che altrove, la prospettiva di M. Eliade rivela la sua profonda verità, perché la nostra pericope è la chiave di volta per comprendere la "risposta" di Dio e quindi la dinamica stessa del dramma giobbiano.

I molti simboli che analizzeremo svilupperanno delle valenze, che – *in nuce* – si trovano già nei due versetti introduttivi. L'ironia è pungente e ironico è il timbro dominante nell'orchestrazione dei discorsi di Dio. Non bisognerà mai scordarselo nel leggere lo spartito.

Giobbe, sin dal grido iniziale del cap. 3, ha accusato Dio di non avere un piano "giusto", anzi di non avere un piano *tout court*; e ha letto la sua esperienza come un'ingerenza vittoriosa del caos dentro lo spazio ordinato della vita. Ha sfidato Dio a confrontarsi in giudizio, pensando a un Dio dalla doppia faccia: "onnipotente" e, proprio perché tale, "perverso", visto che perseguita *senza motivo* un innocente.

L'analisi delle parole giobbiane ci ha fatto percepire – attraverso i simboli utilizzati – che in Giobbe, come negli amici, prevale la struttura diairetica e ascensionale (*Regime diurno*). Le prime parole di JHWH sono invece, con l'antifrasi dell'ironia, un invito a mettersi in un altro universo simbolico. Nella creazione, la dialettica di luce e tenebre non è solo antitesi polemica (*maḥšîk ʿēṣâ*), ma anche sintesi drammatica ed evoluzione. E dal modo con cui Dio agisce nel creato, si deve comprendere che Egli non è un despota che annienta il negativo una volta per sempre, ma un Creatore che lo domina e lo integra in una nuova sintesi insperata. Egli non è il "gigante" che può tutto e il contrario di tutto, ma il Creatore e il "garante" di un senso per tutto quanto avviene nella creazione, inevitabilmente soggetta alla legge della finitudine.

JHWH non è Šaddai o Eloah! E il primo discorso di JHWH si concluderà provocatoriamente con il richiamo a queste "figure" di divinità (cf 40,2).

Con JHWH, l'uomo non ha bisogno di lottare: è il senso ironico del v. 3 (*ʾĕzor-nāʾ kᵉgeber ḥălāṣèkā*). Ma non deve nemmeno sentirsi schiacciato da Lui (cf 40,3-5), perché Dio è da sempre dalla sua parte, essendo il

---

[207] M. ELIADE [1960: 27]. In questo modo, chi comprende un simbolo « réussit à sortir de sa situation particulière et à accéder à une compréhension de l'universel ».

Creatore. L'uomo non ha quindi bisogno di "conquistarsi" il favore della divinità. La sua grandezza sta invece nel percepire, *simbolicamente*, il singolare modo di essere di JHWH.

Siamo così pronti a percorrere questo itinerario di meraviglie.

### 2.1.3.1 Il "tempo"

Come in tutte le culture antiche, il mito cosmogonico, descritto nei vv. 4-7, è il modello esemplare di ogni azione e di tutti i "tempi".[208] Anche per il nostro poeta ciò che avvenne *in illo tempore* è emblematico ed è la misura per comprendere quanto da esso è derivato. Tuttavia, se teniamo presenti le tradizioni cosmogoniche dell'Egitto, di Canaan e della Mesopotamia, che – almeno parzialmente – abbiamo citato nel corso del dramma,[209] non può non destare stupore la singolarità di questa cosmogonia: non vi sono tracce di "lotta" originaria, non vi sono "divinità" antagoniste e, se di *chaos* originario si può parlare, esso è in realtà quel "non-ancora" indistinto, entro cui si colloca l'attività di JHWH. Il negativo non ha una sua identità distinta dal positivo, ma è, per così dire, il momento dell'originario indistinto, da cui nasce l'ordine cosmico, tramite l'attività ordinatrice del Creatore. La *coincidentia oppositorum* non sta nell'atteggiamento divino – creatore e distruttore[210] –, bensì in quell'indistinto originario, in cui opera il Creatore. Sin da questo inizio, appare evidente che JHWH non è bifronte. È la realtà finita ad essere dialettica. Dio è unilateralmente positivo.[211]

L'inizio non è disponibile all'uomo (« Dov'eri tu...? »); egli non ha preso parte al giubilo dei *kôkʰ͏ê bōqer* e dei *bʰ͏nê ʾĕlōhîm*. All'uomo non è neppure disponibile la notte: non solo la fissazione del tempo della notte astronomica, ma anche di quello della "notte psichica". Tuttavia, l'esito della notte di *quel tempo* può illuminare la notte di *questo tempo*, perché la folgorazione dell'immaginazione simbolica – come la "memoria", compresa in essa – annulla le barriere del tempo e dello spazio e spinge l'uomo a trovare una speranza contro la "putrefazione" della morte.[212] Questo, del resto, era il senso autentico per cui si rappresentavano i miti cosmogonici all'inizio del nuovo anno,[213] e si guardava all'*inizio*, in particolari frangenti della vita sociale e individuale, per dare senso al tempo

---

[208] Cf M. ELIADE [1949: 344s], con ricca documentazione.
[209] Cf soprattutto in Gb 26,5-13 (pagg. 139ss). Per quanto riguarda *Behemot* e *Leviatan*, si veda quanto diremo più avanti (pagg. 316ss).
[210] Cf C. G. JUNG [1952], M. ELIADE [1949: 351s] e [1986].
[211] Il v. 23 è l'unico elemento polemico rimasto, in quanto JHWH stesso si presenta come combattente. Il parallelo simmetrico con Môt e Jam (vv. 16-18) ci spinge a integrare questo accenno entro il tema del dominio di JHWH sulle forze negative, come dirà anche la sezione su *Behemot* e *Leviatan* (40,15-41,26).
[212] Cf l'importanza attribuita da G. DURAND [1969: 461-72, qui pag. 170] allo spazio come forma *a priori* dell'immaginazione simbolica, quale veicolo di eufemizzazione.
[213] Si ricordi la festa dell'*akītu* a Babilonia (cf M. ELIADE [1949: 335-39]).

seguente.[214] Il tempo originario mitico sta infatti al termpo ordinario, come l'essere sta al divenire.

La struttura letteraria ci invita a trovare nei vv. 36-38 il pannello simmetrico al primo quadro, benché i problemi filologici, che soprattutto nel v. 36 non possono essere risolti con assoluta certezza, ci impongano di assumere *cum grano salis* le riflessioni seguenti. Comunque, accanto alle ipotetiche identificazioni di Thot (*ṭūḥôt*) e Mercurio (*śekwî*), vi è un dato certo. Proprio in questo versetto compaiono i due lessemi-chiave del cap. 28: *ḥokmâ* e *bînâ*.[215] A meno di considerare il nostro poeta uno sprovveduto improvvisatore – cosa che nessuno si sentirà mai di sostenere – o di pensare ad aggiunte posteriori – ipotesi da noi esclusa –, la loro comparsa deve avere un particolare significato.

Cerchiamo anzitutto di comprendere le valenze simboliche di questi riferimenti, per noi un po' esoterici. Thot / Mercurio è una figura "lunare",[216] a motivo del legame con il ciclo delle stagioni e, in genere, con la determinazione del tempo. Infatti, tra le molti attribuzioni che Thot ha ricevuto attraverso i secoli e le variazioni della mitologia egiziana, rimane primaria quella di *scriba* e di *annalista*, vale a dire "colui che determina il tempo".[217] La ragione va ricercata – probabilmente – nell'osservazione

---

[214] A Babilonia, ad es., durante la festa dell'*akītu* vi era anche il momento della « fissazione dei destini » per il nuovo anno che iniziava, riproducendo la « fissazione dei destini » al momento della creazione. Qualche traccia di questa mentalità si può ancora trovare in alcune usanze o credenze dei nostri contadini: i giorni che vanno da Natale all'Epifania o i primi dodici giorni dell'anno sono considerati preannunzio meteorologico per ciascuno dei mesi dell'anno seguente. Un pensiero analogo anche in *Rgveda* IV, 33 (cf M. ELIADE [1949: 338s]).

[215] Ricompariranno, ma in senso negativo, in 39,17, nella descrizione dello struzzo: « Eloah gli ha negato sapienza e non l'ha fatto partecipe dell'intelligenza ».

[216] Sulla caratterizzazione lunare di Thot, si veda P. BOYLAN [1922: 62-75 e 83-87]. Molti altri aspetti di questa divinità sono analizzati da P. BOYLAN: Thot come fondatore dell'ordine sociale e del rituale sacro (pagg. 88-91), autore delle "parole divine" (pagg. 92-97), l'onnisciente (pagg. 98-106), il creatore (pagg. 107-23), il mago (pagg. 124-35), il dio dei morti (pagg. 136-41). Sui rapporti tra Thot e Mercurio, nell'astrologia e nell'alchimia, si vedano G. DURAND [1969: 347-49] e *DSym*, 499s e 624. L'incontro della mitologia egiziana e greca ha provocato una sorta di *communicatio idiomatum* tra Thot e Hermes, rendendo davvero poliedrica questa figura: sorgente di ogni sapienza e conoscenza, e interprete (ἑρμηνευτική!) per eccellenza, dio dell'ermetismo e dell'ermeneutica. La speculazione ermetica e poi alchimistica l'ha resa una figura centrale sotto il titolo di Hermes Trismegisto, principio stesso del divenire e sublimazione dell'essere.

Sull'importanza della luna per il computo del tempo, non c'è bisogno di ritornare (cf G. DURAND [1969: 339-44]). Riportiamo solo un testo egiziano della Grande Oasi, citato da P. BOYLAN [1922: 83]: « La luna [maschile!] nella notte, governatore delle stelle, che distingue le stagioni, i mesi e gli anni: torna eternamente, crescendo e descrescendo ». Anche a Babilonia, Sīn, il dio-luna, aveva il titolo di *muaddu ūmī arḫi u šatti* « colui che determina giorni, mesi e anni ».

[217] Due dei titoli di Thot sono *ḥśb ʿḥʿ* « il calcolatore del tempo » (Edfu R. I, 112) e *ḥśb rnpwt* « il calcolatore degli anni » (Edfu R. I, 27; cf l'elenco di tutti i titoli in P.

astronomica, dal momento che l'orbita di Mercurio, la più piccola attorno al sole, lo ha fatto apparire particolarmente veloce.

Per l'uomo, che vive l'esperienza inesorabile del tempo, il divenire può assumere una valenza "messianica" e "progressista": il ciclo stagionale (cf soprattutto il v. 38), in un superbo *mélange* simbolico, diventa così un'alchimia di dimensioni cosmiche.[218] In essa si rivela una "sapienza" e una "conoscenza", che possono gettare un fascio di luce sul senso del tutto. Il *dramma* stagionale esprime, analogamente alla luna, il ciclo dell'eterno ritorno e ha ragione G. Durand quando nota che le stagioni sono un soggetto facilmente rappresentabile nelle arti di ogni genere, perché immediatamente percepite in piena sintonia con il divenire della vita umana.[219]

Il poeta sta compiendo un passo decisivo verso la desacralizzazione della natura e la conquista del concetto di una "legge" della creazione, che non dipende né dai capricci degli dèi, né da una decisione etico-giuridica divina.[220] La novità sarebbe davvero grande: la *ḥokmâ* non si rivela nella "legge" della retribuzione, ma nella "legge" stessa della creazione.

### 2.1.3.2 Le "leggi"

Condividiamo la prospettiva di Gisela Fuchs nel presentare i vv. 8-11 come « ironia della lotta caotica ».[221] In effetti, qui non abbiamo tracce della violenta battaglia di Marduk contro Tiãmat o di Baʿal contro Jam, eccetto forse le azioni di contenimento in 10b. Al contrario, JHWH ha un atteggiamento materno e premuroso nei riguardi del mare, che viene fasciato come un neonato[222] e a cui viene imposto – con la sola parola – un limite o una "legge" (*ḥōq*),[223] alla maniera di un figlio troppo irrequieto o

---

BOYLAN [1922: 193]). La caratterizzazione "lunare" del computo del tempo è rimasta anche in arabo, dove l'annalista era chiamato مؤرّخ, dal denominativo أرّخ (*Lane*, I, 46), che deriva da *warḫ* « luna » (eb. יָרֵחַ).

[218] Cf un'allusione a questa metallurgia cosmica in 38,38a: בְּצֶקֶת עָפָר לַמּוּצָק.

[219] A questo proposito, si potrebbe aprire una panoramica sull'astrobiologia, che effettivamente, nella ricerca dell'analogia tra costanti astronomiche e umane, può essere considerata una prima tappa verso l'idea di κόσμος e la concezione scientifica moderna.

[220] Sul concetto di "causalità" del pensiero mitico, si vedano alcune pagine illuminanti di H. FRANKFORT [1946a: 15s]: il mito non ricerca il "come", ma il "chi", cercando dietro ogni evento una volontà e una decisione che spieghi l'accaduto.

[221] Cf G. FUCHS [1993: 195-200]: « Die Ironisierung des Chaoskampfes ».

[222] L'atto di "fasciare" il neonato (cf Ez 16,4) ha un valore rituale e giuridico e corrisponde al riconoscimento paterno di mettere il bimbo sulle ginocchia (cf, ad es., Gn 48,12; 50,23). Il rito della "fasciatura" viene ripreso anche in Lc 2,7 per Gesù (il verbo ἐσπαργάνωσεν è il medesimo che, in prima persona, appare in Gb 38,9 LXX). Cf G. FUCHS [1993: 197].

[223] Il limite posto al mare è un tema abbastanza diffuso anche nella Bibbia ebraica: cf Sal 89,10; 104,9; 148,6; Pro 8,29; Ger 5,22. Ma l'originalità del nostro testo sta nell'aver *eufemizzato* il motivo della "lotta" in un'azione di pedagogia o di vassallaggio contro l'irruenza delle onde marine. Il motivo sarà ripreso in OrMan 3 ([Domine...] *qui signasti*

di un vassallo insubordinato. Il mare non viene annientato, ma dominato, allo stesso modo dei due "mostri" che verranno descritti in 40,15-41,26.

Quanto è diverso il simbolismo di questi versetti da 26,10-13! Il mare, simbolo per eccellenza delle forze negative,[224] cambia di segno: per l'ambivalenza del simbolo e per la sua *eufemizzazione*, può divenire – positivamente – un grembo materno da cui fluisce la vita. Su questa caratterizzazione femminile del mare dobbiamo sostare un momento.

J. Przyluski ha cercato di dimostrare che le figure della "grande dea" semitica e ariana convergono in una divinità molto più arcaica che è insieme la « Madre Terra e Venere marina ».[225] Madre (*mama-nana*) e acqua hanno anche una sorprendente assimilazione fonetica: il geroglifico per indicare l'acqua (il cui valore fonetico è « n » e Nun in egiziano è il nome del grande oceano originario) e il pittogramma che ha dato origine alla lettera « m » nell'alfabeto cananaico-fenicio (*mêm* « acqua », scritto in antico ebraico ) ne sono solo degli esempi.[226] In akkadico, lo stesso termine *pû* indica il litorale marino, la sorgente di un fiume e la bocca dell'utero;[227] e il sostantivo *nagbu* « sorgente » ricorda da vicino l'ebraico *n^eqēbâ* « femmina », che suona come femminile di *neqeb* « galleria, perforazione ».[228] Vi è dunque un positivo che può nascere dal negativo caotico

---

*mare verbo praecepti tui, qui conclusisti abyssum et signasti terribili et laudabili nomini tuo*).

[224] Sulla valenza negativa del mare si vedano H. GUNKEL [1895: 91-111], PH. REYMOND [1958: 182-94], O. KAISER [1959: 140-59], O. KEEL [1972: 63-66], A. LELIÈVRE [1976: 253-75], O. KEEL [1978: 55].

[225] J. PRZYLUSKI [1950: 41]. Nel secondo capitolo del suo libro (« Les noms de la grande déesse », pagg. 34-45), PRZYLUSKI dimostra che la semitica di Astarte / Ištar e l'ariana Tanai / Danai affondano le loro radici in una figura divina molto più arcaica che « personnifiait en même temps la Terre feconde et les Eaux fertilisantes » (pag. 39). Il rapporto con il mare è evidente nella dea ugaritica *'ṯrt ym* « Ašerâ del mare » e in Τηθύς (= mare), sposa di Oceano e madre di tutti gli dèi secondo Omero (*Iliade*, XVI, *passim*; cf Tiāmat e Apsû in Mesopotamia), mentre in Esiodo appare come figlia di Urano e madre di venticinque fiumi e di quarantun oceanidi. Il mito di Afrodite unirebbe i due aspetti (dea della fecondità e dea marina) e il nome stesso è segno della fusione dei due elementi: *aphrô*, divinità asiatica della fecondità, e *\*deti*, nome pre-ellenico della dea marina. La paronomasia con ἄφρος « schiuma » ha fatto prevalere la combinazione Ἀφροδίτη, come se il nome significasse « colei che cammina sulla schiuma (del mare) » (pagg. 43-45).

[226] Cf G. DURAND [1969: 256-58].

[227] Cf *AHw*, 872. L'idea proviene da M. ELIADE [1956: 33], che ricorda anche il sumerico BÙR, BURU₃ « fonte », « miniera » e « vagina » e l'egiziano *bꜣbꜣ* « utero » e « galleria (di perforazione). Dobbiamo mettere in relazione la פָּאָה di 11b (secondo la nostra ipotetica lettura filologica) con questo simbolismo?

[228] Cf *AHw*, 710 (cf a pag. 743 *naqābu* « perforare, deflorare ») e *KB*, III, 679. G. DURAND [1969: 258] ricorda anche la relazione etimologica che C. G. JUNG vorrebbe trovare tra *mater* e *materia*, e tra ὕλη « legno → materia » e la radice indoeuropea *sū-*, che si ritrova in ὕειν « piovere ».

del simbolo marino dominato da JHWH, come *in illo tempore* dalle acque nacque la terra (Gn 1,9-10).

Il pannello simmetrico (vv. 31-35) ricorda altre leggi, le *ḥuqqôt šā-majim*,[229] e al comando imperioso di JHWH su Jam contrappone – con innegabile *humour* – il vuoto grido dell'uomo alle nubi perché rovescino pioggia.[230]

Il cielo ha le sue leggi. L'uomo le può contemplare e interpretare sempre più perfettamente, ma non cambiare. Non può cingersi della bellezza delle Pleiadi, non può sciogliere la cintura di Orione,[231] non può stabilire il momento dell'apparizione periodica di Venere e delle Iadi. Queste costellazioni (o pianeti[232]) hanno un molto probabile riferimento al ciclo stagionale: le Iadi lo portano impresso nel loro stesso nome,[233] e la tradizione astronomica classica ha parecchi testi[234] che confermano anche il legame delle Pleiadi e di Orione con i cambiamenti di stagione, la cui valenza "lunare" è indubbia.[235]

---

[229] חֻקּוֹת per le "leggi del cielo" si ritrova solo in Ger 31,35 (חֻקֹּת יָרֵחַ וְכוֹכָבִים) e 33,25 (חֻקּוֹת שָׁמַיִם וָאָרֶץ).

[230] Come nota L. ALONSO SCHÖKEL, 562; tr. it. 633, vi potrebbe essere un gioco nell'uso di קוֹל « voce, tuono »: se JHWH alza la sua voce (= tuono) le nubi rovesciano acqua (cf il sintagma חֲזִיז קֹלוֹת in 28,26 e 38,25), mentre se Giobbe alzasse la sua voce...

[231] Il mito di Orione ha un parallelo nel poema ugaritico di *Aqht* (cf TH. N. GASTER [1950: 322]). Orione era un cacciatore che vestiva una pelle di leone, con alla vita una cintura, raffigurata nella costellazione da tre stelle ($\zeta,\epsilon,\delta$ *Orionis*). Dal punto di vista astronomico va osservato che Orione rimane invariato quanto alla posizione relativa delle sue stelle (cf J. G. LANSING [1884s: 239]). Per questo ordine fisso, le stesse di questa costellazione hanno ricevuto diversi titoli dagli astronomi arabi (cf Al-Kazwīnī): نِظَام الْجَوْزَاءِ « regolarmente ordinate », نِطَاق الْجَوْزَاءِ « eternamente ordinate », فَقَار الْجَوْزَاءِ « magnificamente ordinate ».

[232] Quanto a Venere, è noto che il pianeta, a motivo del suo diverso moto di rivoluzione (224d 16h 48m) rispetto alla Terra, ha delle fasi simili a quelle lunari. Dal momento poi che la sua orbita è compresa dentro quella della Terra e giace quasi sul suo stesso piano, Venere – come Mercurio – appare sempre a fianco del Sole da un lato o dall'altro, con un massimo di elongazione di 48°, e quindi appare o al mattino o alla sera, a seconda dei diversi periodi. Il suo splendore è pari a sei volte quello di Giove e a quindici volte quello di Sirio.

[233] Cf HYGINUS, *Fabulæ*, 192, 3: « Quidam aiunt in modum Y litterae positas inde Hyades dici; nonnulli quod oriantur pluuias efficiunt (est autem Graece hyin pluere » (testo critico in HYGINUS [1993: 162], curato da P. K. MARSHALL).

[234] Cf G. R. DRIVER [1956b: 4], che cita ARISTOTELE, *Meteor.*, II, V, 4. Possiamo ricordare anche PROPERZIO, *Elegiæ*, Liber II, XVI, 51s: « non haec Pleiades faciunt neque aquosus Orion, / nec sic de nihilo fulminis ira cadit » (testo critico in PROPERTIUS [1947], curato da D. PAGANELLI; oppure STAZIO, *Silvæ*, Liber I, VI, 21-24: « Non tantis Hyas inserena nimbis / terras obruit aut soluta Plias, / qualis per cuneos hiems Latinos / plebem grandine contudit serena » (testo critico in STATIUS [1944], curato da H. FRÈRE; cf anche I, III, 95s e III, II, 76s).

[235] L'associazione simbolica di Luna - acqua - prima pioggia - purificazione appare chiaramente nelle cerimonie degli Incas in occasione della festa della Luna, Coya Raimi,

Le "leggi dei cieli" dicono che vi è un piano (ʿēṣâ), la cui scrittura sulla terra – o "destini" (maštaru)[236] – è poeticamente simboleggiata dall'acqua che discende dalle nubi e dal fuoco dei fulmini (vv. 34s);[237] essa non è nelle mani dell'uomo, ma di un Dio che trascende la natura e la cui "volontà" è unicamente orientata al bene.[238] La natura ha quindi una sua autonomia e la dialettica del divenire non va ascritta ad una "volontà" divina ambigua,[239] ma alla finitudine del creato.

### 2.1.3.3 La "dialettica"

I due pannelli simmetrici dell'elemento C e C' della struttura presentano due fondamentali dialettiche dell'"eterno ritorno" nel divenire della creazione: il giorno e la notte (vv. 12-15) e le stagioni (vv. 24-30).

---

dal 22 settembre al 22 ottobre, che segna l'inizio della stagione delle piogge (cf DSym, 767).

[236] Il retroterra di questi concetti deve essere trovato nella speculazione mesopotamica riguardante i "destini", il cui confronto con la teologia della storiografia deuteronomistica è particolarmente istruttivo (cf W. G. LAMBERT [1972: 66s]). In sumerico, il concetto è espresso anzitutto con NAM.TAR: TAR significa « decidere » e NAM va probabilmente interpretato come preformativo per l'astratto. In akkadico, il termine più comune è šīmtu, sostantivo da šiāmu, šâmu « fissare, determinare ». Accanto a questo lessema principale, vi sono due altri sinonimi che illustrano il concetto di "destino": il sumerico ME (akkadico parṣu) con il significato di « decreto » (cf ebraico פֹּה) e il sumerico GIŠ.ḪUR (akkadico uṣurtu) con il significato di « disegno » (cf ebraico עֵצָה).

[237] « Dio invia il suo angelo con ciascuna goccia di pioggia » (tradizione esoterica islamica, citata da DSym, 767). Non sfugga la compresenza di entrambi gli elementi, l'acqua e il fuoco: dal cielo scende una fecondità non solo materiale, ma anche spirituale (cf Is 45,8; Sal 85,11-14; Dt 32,2). Pure presso gli aztechi, Tlaloc, il dio della pioggia, è anche il dio del fulmine, chiamato la "pioggia di fuoco" e dimora nel mezzo dell'oceano in una terra paradisiaca chiamata Tlalocan (cf J. SOUSTELLE [1940: 47] e [1955: 10 e 17s]; DMR, tr. it. 278-80). Per il tema della pioggia fecondante si può citare anche il mito greco di Danae.

[238] Noi infatti, nella preghiera di Gesù, chiediamo al « Padre dei cieli » di attuare il suo "disegno" anche sulla terra: γενηθήτω τὸ θέλημά σου, ὡς ἐν οὐρανῷ καὶ ἐπὶ γῆς (Mt 6,10), che potrebbe riecheggiare la preghiera di Nabucodonosor di Dn 4,32 (cf M. PHILONENKO [1992]), non lontana dal senso del nostro testo.

[239] Ci sembrano molto importanti le conclusioni di H. FRANKFORT [1946b: 363-73], nelle quali si sottolinea la singolarità delle teologie bibliche più avvedute rispetto ai "monofisismi" egiziani e mesopotamici. JHWH è davvero il "Santo" e l'"Altro", colui che non può essere identificato con i fenomeni naturali, né condizionato da alcuna realtà. Solo un Dio che trascende tutti i fenomeni e che non è in alcun modo condizionato da essi, può essere l'unico fondamento di ogni esistenza. E solo un mondo desacralizzato può diventare oggetto di ricerca scientifica. Tuttavia, H. FRANKFORT (pag. 373) afferma: « in transcending the Near Eastern myths of immanent godhead, they [= gli ebrei] created [...] the new myth of the will of God ». Se questo è vero per la profezia, per la storiografia deuteronomistica e per buona parte della tradizione sapienziale, non ci sembra esprimere appieno la novità di Giobbe: si parla di "volontà" (o di "piano") di Dio, ma essa è al di là delle leggi della finitudine e del divenire, e dice la loro "finalità". Sulla mentalità mitica in relazione allo scarto negativo della sofferenza, si veda anche M. ELIADE [1947: 139-51].

Il primo quadretto descrive con tratti originali il passaggio dal buio indistinto della notte alla rifrazione dei colori e alla plasmazione delle forme per opera della luce mattutina. L'aurora, come vittoria quotidiana della luce sulle tenebre, è una ripresentazione della vittoria creazionale *in illo tempore*: un simbolo tanto evocativo non poteva non arricchirsi immediatamente di valenze etiche (cf, ad es., Sal 101,8; 104,22s). Abbiamo già incontrato più volte questo sviluppo simbolico, che ha reso il "mattino" lo scenario cronologico più adatto per ambientare l'intervento vittorioso divino e il trionfo etico-giuridico della giustizia.[240] Ma non dobbiamo perdere l'originalità con cui il simbolo viene qui presentato.

L'accenno alle « stelle nefaste » – se sta la nostra ricostruzione filologica – è più ricco del diretto riferimento etico ai « malvagi ».[241] La valenza simbolica del nostro quadretto, in sintonia con il resto della pericope, ci fa sentire invece nella progressiva trasformazione del *Regime notturno* più che nell'antitesi radicale del *Regime diurno*: non separazione, ma trasformazione; non soppressione, ma eufemizzazione.

Il confronto con il cap. 3 è decisivo. Mentre là Giobbe presumeva di annullare la gioiosa apparizione di Šaḥar (3,9), qui Dio parla di un'ordinata alternanza di notte e giorno. Mentre Giobbe voleva oscurare le stelle dell'alba, Dio « non sbatte fuori » le stelle nefaste (attenzione alla chiave ironica del v. 13!), ma con tocco di grande artista fa in modo che esse vengano ridipinte come terra sigillata o tinte come nuovo abito. La luce del giorno, anche qui considerata una creatura indipendente dagli astri come in Gn 1, spegne lo splendore delle stelle nefaste (negativo),[242] ma spezza anche il « braccio alzato » della Linea di Navigatore (positivo), punto di orientamento nel buio della notte. Negativo e positivo non vengono annientati, ma trasformati in un nuovo paesaggio di luci e colori, che ripresenta la vittoria originaria sul negativo caotico ed offre nuovi punti di orientamento, ancora più sicuri.

Non può non destare stupore la mancanza del *sol levante* in questa epifania mattinale.[243] Questo silenzio potrebbe essere spiegato come risposta jahwista al ruolo di primo piano svolto dalla divinità solare nelle

---

[240] Cf pagg. 209ss. Ricordiamo gli studi di J. ZIEGLER [1950], J. W. McKAY [1979], H. P. STÄHLI [1985: 39-45], B. JANOWSKI [1989: 180-91], I. CORNELIUS [1990: 26].

[241] Se si dovesse tradurre רְשָׁעִים dei vv. 13b e 15a con « malvagi », la funzione etica dell'aurora sarebbe antitetica alla notte dell'omicida, dell'adultero e del ladro di 24,14-17. Quando arriva la luce, i malvagi si ritirano. Questa immagine sarebbe equivalente a Sal 101,8 o 104,22s (per le bestie feroci notturne).

[242] Nel simbolo delle « stelle nefaste », possiamo ritrovare tutte le figure del negativo notturno: coloro che operano il male (cf Gb 24,14-17), dèmoni notturni (cf Sal 91,5s), spiriti del male (cf *KAI*, 27), etc.

[243] Nonostante tutto lo studio iconografico di I. CORNELIUS [1990] sia impostato in questa chiave, non bisogna dimenticare che nella presente descrizione manca il sole!

letterature cananaica, mesopotamica ed egiziana:[244] non la divinità solare, ma la legge della creazione guidata da JHWH assicura la "trasformazione" della notte in giorno e la vittoria dell'ordine sul *chaos*. Possiamo, però, aggiungere un motivo più prettamente simbolico. Se davvero, come abbiamo visto, il *sol levante* è uno dei simboli più perspicui della struttura diairetica (*Regime diurno*), sarebbe fuori luogo nel nostro contesto, in cui prevalgono le strutture dialettiche e drammatiche. La generazione della luce avviene qui in un divenire (*Regime notturno*), in cui si assiste ad una sorta di *Aufhebung* di tipo hegeliano.

Un'analoga valenza simbolica hanno la pioggia e gli altri fenomeni ad essa collegati – rugiada, ghiaccio, brina... – che troviamo nel quadro simmetrico dei vv. 24-30.[245] Come la luce aurorale ripresenta l'inizio della creazione, impedendo alle tenebre di fagocitare il giorno, così la pioggia impedisce al deserto di avanzare e quindi di far ricadere la terra nel caos. Vi sono molti testi biblici in cui il deserto, nella sua ambivalenza simbolica,[246] viene sentito come sinonimo del *chaos* delle origini: ricordiamo soprattutto Gn 1,2a (*tōhû wābōhû*); Is 45,18s; Ger 4,23-26. La stessa valenza simbolica può essere trovata negli scritti mistici, come ad esempio in Meister Eckhart, per il quale il deserto, raggiunto attraverso l'esperienza spirituale, coinciderebbe con l'indifferenziazione originaria e sarebbe paragonabile al "mare" del buddhismo.[247]

Leggendo il simbolo con segno opposto, si ha l'equivalenza tra pioggia e opera creazionale (cf in modo particolare Gn 2,4b-5; Sal 65,10-14). Questo simbolismo è particolarmente vitale nel contesto geografico siro-palestinese, dove la lotta tra il deserto e la terra coltivata si gioca sulla variazione millimetrica delle precipitazioni annuali.

Ebbene, in questo quadro simbolico, Giobbe è invitato a rendersi conto di due meraviglie. La prima è l'ampiezza di orizzonte del disegno provvidenziale del Creatore che abbraccia anche il deserto-caos e Tehom: Dio fa piovere persino dove non ci sono uomini e raggrinza «la faccia di *tᵉhôm*» con il ghiaccio (v. 30b). Per Giobbe, deve essere un indizio che la potenza del caos è sotto controllo.

---

[244] Per tutti questi testi e l'iconografia corrispondente, si vedano: l'ampia ed esauriente rassegna del già citato B. JANOWSKI [1989: 30-179] e il complemento iconografico di I. CORNELIUS [1990]. Cf anche le pagg. 117ss.

[245] Il simbolismo fecondatore della pioggia, in quanto elemento che scende dal cielo, abbraccia anche i campi dello spirito e della luce spirituale (si ricordino i testi citati a pag. 305²³⁷).

[246] L'ambivalenza del simbolo del deserto appare soprattutto nella sublime pagina di Os 2: luogo di condanna (v. 5) e di rigenerazione (v. 16). Per una trattazione globale del simbolo del deserto si veda N. WYATT [1987] e, in riferimento soprattutto al II-Is, E. FARFÁN NAVARRO [1992].

[247] Cf *DSym*, 349s.

La seconda meraviglia è la "generazione" dei fenomeni atmosferici. L'ironia nei vv. 28s è sottile. Che la pioggia e le altre precipitazioni siano il "seme divino" che cade dal cielo per fecondare la terra è uno dei mitemi più diffusi in tutte le culture e le religioni di società con economia agraria.[248] Nella letteratura biblica, i testi più rilevanti al riguardo sono quelli in cui Osea tenta l'inculturazione jahwista della tradizione cananaica, fortemente radicata nella mitologia agraria (Os 2,5. 7. 23-25; 14,6).[249]

Si legga, al riguardo, anche questa invocazione azteca al dio della pioggia Tlaloc:

> O mio capo, primo tra gli stregoni!
> A te appartengono gli alimenti,
> A te, che li produci, facendo germinare tutto![250]

Si ricordi anche Indra,[251] il dio più popolare della religione vedica, dio di tutte le umidità e toro « dai mille testicoli » (*Ṛgveda* VI, 46, 3). Tra i 250 inni a lui dedicati nel solo *Ṛgveda*, citiamo queste strofe da *Ṛgveda* II, 12, che fondono insieme molti motivi:

> 1. *Colui che appena nato,*
> *come primo fornito d'intelletto protesse,*
> *dio, gli dèi con la sua capacità, all'impeto del quale*
> *cielo e terra ebber paura per la grandezza del suo valore,*
> *questi è, o genti, Indra.*
> 2. *Colui che la terra vacillante consolidò,*
> *che gli oscillanti monti fermò,*
> *che più vasta misurò l'atmosfera,*
> *che puntellò il cielo,*
> *questi è, o genti, Indra.*
> 3. *Colui che uccise il serpe, fece scorrere i sette fiumi,*
> *che le vacche spinse fuori col levar di mezzo Vala,*
> *che tra due pietre generò il fuoco,*
> *che è il conquistatore nelle battaglie,*
> *questi è, o genti, Indra. [...]*
> 12. *Colui che, forte toro dalle sette redini,*
> *liberò al corso i sette fiumi,*
> *che Rauhiṇa salente al cielo respinse*
> *con la folgore imbracciata,*
> *questi è, o genti, Indra.*

---

[248] Cf pag. 305[237] e M. ELIADE [1949: 80-88]. Rileviamo questo dato dalla tradizione cinese (*DSym*, 766): l'influsso della pioggia è *yin* (= aspetto oscuro, femminile), mentre quello della rugiada è *yang* (= aspetto luminoso, maschile); entrambe tuttavia sono di origine lunare e la loro alternanza è un segno dell'armonia del mondo.

[249] Cf anche Is 5,6; Ger 6,8; 14,22; Sal 4,7; 85,13.

[250] Citata da J. SOUSTELLE [1955: 18].

[251] Cf M. ELIADE [1949: 81s].

13. *Perfino il Cielo e la Terra a lui si inchinano,*
*all'impeto di lui perfino i monti hanno paura.*
*Colui che è noto come bevitore di sóma,*
*che ha la folgore al braccio, la folgore in mano,*
*questi è, o genti, Indra.*[252]

Nella storia religiosa dello jahwismo, JHWH stesso è stato pensato quale "dio della pioggia e dei fulmini",[253] alla pari di Enlil,[254] di Hadad, o del concorrente cananaico Ba'al (cf, ad es., Gdc 5,4; 1 Re 18,38; Sal 18,15; tutto il salmo 29). E poi – sublime esempio d'ironia socratica – Dio non sta forse manifestandosi a Giobbe « dalla tempesta »?

Con tutto questo, JHWH conduce Giobbe ad un traguardo decisivo, passando dalla domanda mitica del « chi? » alla domanda scientifica del « come? ». Il vero Dio non va confuso con le leggi della natura: è al di là di esse, in uno "spazio" irraggiungibile.

### 2.1.3.4 Lo "spazio"

Certamente, se si volesse illustrare un'impresa impossibile, oggi si adotterebbero altri "spazi", nel macrocosmo delle galassie dell'universo in espansione o nel microcosmo subatomico dei quanti di energia. Ma l'immagine poetica va colta su altra lunghezza d'onda. Così, nel pronunciare *raḥăbê-ʾāreṣ* (v. 18a: « vastità della terra ») si crea uno spazio poetico più reale che non nell'offrire un'informazione scientificamente esatta.[255]

I vv. 16-18 e 22s sembrano ripresentare immagini che abbiamo già ascoltato da Sofar in 11,7-9, a proposito della « profondità di Eloah ». Eppure, il valore simbolico dei due contesti è opposto. Per Sofar possiamo parlare di un'"immensità esteriore", che schiaccia l'uomo nella sua piccolezza davanti all'inaccessibilità di Dio; qui, al contrario, dovremmo parlare di un'"intima immensità",[256] che ci porta in un'interiorità mistica, perché « il mondo è grande, ma in noi è profondo come il mare ».[257]

Il simbolo del viaggio, e in particolare del viaggio negli inferi, è ampiamente sfruttato in tutte le letterature: dal viaggio notturno del sole in Egitto alla barca funebre di Ištar, da Gilgameš a Ulisse... Tutta l'esistenza è un viaggio e l'uomo si scopre *viator*. G. Bachelard intravede nel

---

[252] Si veda l'intero inno, composto da 15 strofe in V. PAPESSO [1931: II, 1-3].

[253] Cf anche il recente contributo iconografico di O. KEEL [1994].

[254] In sumerico EN.LÍL significa « signore del vento » ed era anche chiamato EN. UG. UG. GA « signore degli uragani » (cf G. FURLANI [1928: I, 118]).

[255] Il suono della parola poetica è già parte del suo significato ed ha un valore performativo. Ha pienamente ragione M. PICARD [1955: 14], quando nota: « Das W in Welle bewegt die Welle im Wort mit, das H in Hauch lässt den Hauch aufsteigen, das T in fest und hart macht fest und hart ». E in ogni lingua vi è una psicologia fonetica...

[256] Prendiamo a prestito questa dizione dal titolo di un altro stupendo capitolo di G. BACHELARD, « L'immensité intime » in [1957: 168-90, cap. VIII].

[257] RAINER MARIA RILKE, citato da G. BACHELARD [1957: 168].

"complesso di Caronte" la radice simbolica di ogni avventura e nella morte stessa il « vecchio capitano », che spinge ogni vivente a intraprendere viaggi.[258]

Dio propone a Giobbe un viaggio impossibile (cf Am 9,2; Sal 139,7-12), o possibile soltanto come ultimo viaggio senza ritorno (10,21s). Ma la morte potrebbe valere non solo come l'*ultimo* viaggio, bensì anche come il *primo* di tutti i viaggi, quello archetipico.[259] Se è vero che non è dato all'uomo di raggiungere le sorgenti di Jam e le profondità di Tehom, dimora di El secondo la mitologia cananaica,[260] nemmeno con la perforazione di miniere (cf 28,11), e non gli è dato di intraprendere quel viaggio che quotidianamente il sole percorre secondo la mitologia egiziana (cf *infra*), Giobbe può tuttavia "immaginare" quegli spazi.

Gli spazi delle profondità dell'abisso e delle porte di Môt, come gli spazi dei depositi di neve e grandine, stanno sotto il dominio dell'immagine[261] e l'uomo scopre di "conoscere" anche un al di là delle cose, che non coglie direttamente con i sensi. Usando l'analogia della pittura, potremmo dire che l'immaginazione simbolica ricrea quella terza dimensione che dà "profondità" alle due dimensioni fisiche della tavola, e manifesta così tutto il suo potere *meta*fisico di ergersi contro il terrore della storia, come "anti-destino".[262] Come scrive G. Bachelard,

> « l'ailleurs et le jadis sont plus forts que le *hic et nunc*. L'*être-là* est soutenu par un être de l'ailleurs. L'espace, le grand espace, est l'ami de l'être ».[263]

Siamo ormai al cuore del "mistero". Lo spazio irraggiungibile non è solo denuncia del limite umano. Positivamente, è espressione dell'uomo

---

[258] « O mort, vieux capitaine, il est temps! levons l'ancre! » (CH. BAUDELAIRE, *Les Fleurs du Mal; La Mort*) citato da G. BACHELARD [1942: 90; alle pagg. 85-95 si descrive il "complesso di Caronte"]. Cf anche G. DURAND [1969: 285s].

[259] Cf G. BACHELARD [1942: 87s], che presenta la morte come « premier navigateur »: partire – del resto – è un po' morire...

[260] Si ricordi il testo *KTU*, 1.4 IV 20-24, citato a pag. 260[28].

[261] Il *Regime notturno* di questo simbolo appare anche nelle conoscenze scientifiche moderne, che possono solo "immaginare" lo spazio quadri-dimensionale dell'universo in espansione o i "modelli atomici". Nella stessa regione *notturna*, potremmo anche porre il cosiddetto "principio di falsificazione", con la sua caratteristica formulazione di negazione della negazione.

[262] Così A. MALRAUX definisce l'arte plastica (citato da G. DURAND [1969: 470]).

[263] G. BACHELARD [1957: 188]. Questo spazio "detemporalizza" il tempo e diviene un luogo di coesistenti, per usare un termine di Leibniz, un luogo in cui « le lointain est le présent, l'horizon a autant d'existence que le centre » (pag. 184). Proprio da qui nasce il ruolo fondamentale, che G. DURAND [1969: 461-80] attribuisce allo spazio nella sua "fantastica trascendentale": « Au commencement ontologique de l'aventure spirituelle, ce n'est pas le devenir fatal que l'on trouve mais sa négation: à savoir la fonction fantastique » (pag. 469).

come "essere simbolico": uno spazio non dominato, né posseduto, ma solo immaginato, occasione di una scoperta inattesa.

### 2.1.3.5 Il "mistero"

Il centro – non solo materiale – della pericope sono i vv. 19-21. Qui vengono portate al livello di massima tensione le strutture del *Regime notturno*, che abbiamo incontrato sino a questo punto.

Cerchiamo anzitutto di comprendere bene il v. 19. Il parallelismo non deve indurci a separare i due stichi, come se si trattasse di due realtà diverse: la via della luce e il luogo delle tenebre. Infatti, la distribuzione dei sintagmi nella struttura del parallelismo crea talvolta apparenti separazioni (si vedano anche i vv. 28s). L'esempio più chiaro è Zc 9,17:

> *il grano dà vigore ai giovani*
> *il vino dà vigore alle ragazze*

in cui il senso ovvio è che pane e vino danno vigore a giovani e ragazze.[264]

Gb 28,23 ha già usato la coppia parallela *derek / māqôm*, parlando della "conoscenza" che Dio ha della *ḥokmâ*. La medesima coppia parallela appare ora a proposito della "luce" e delle "tenebre". La *ḥokmâ* allude quindi all'alternanza, anzi alla *coniunctio* di luce e tenebre, in quanto la domanda verte sulla dimora della luce nel luogo delle tenebre. Il v. 19, « *Dov'è la via in cui abita la luce? E dov'è il luogo delle tenebre?* », potrebbe allora essere parafrasato: « Dove sta la luce (= il sole[265]) quando si trova nel luogo delle tenebre? ».

Ci troviamo così nel contesto simbolico del "viaggio notturno del sole", tanto importante nella tradizione iconografica e letteraria egiziana. Mette conto di tardare un momento su di esso, aiutati dai molti contributi di E. Hornung,[266] per scoprirne le analogie con il simbolismo giobbiano.

I documenti egiziani che più ci interessano sono l'*Amduat* e il *Libro delle porte*:[267] il loro corredo simbolico – iconografico e lessicale – è

---

[264] דָּגָן בַּחוּרִים וְתִירוֹשׁ יְנוֹבֵב בְּתֻלוֹת, versetto ben noto per la versione della Vg: *nisi frumentum electorum et vinum germinans virgines*. Questo tipo di parallelismo potrebbe essere considerato un caso particolare di *break-up of stereotyped phrase* (cf E. Z. MELAMED [1961], L. ALONSO SCHÖKEL [1987: 84s], W. G. E. WATSON [1984: 327-32]).

[265] Cf pag. 290[170].

[266] Si vedano E. HORNUNG [1956], [1963], [1965], [1967], [1971: tr. it. 135-48], [1972], [1979a], [1989: 95-114], [1991].

[267] Questi testi – immagini e parole – erano un *vademecum* per il viaggio nell'oltretomba, originariamente riservato ai soli faraoni (da Thutmosis I al periodo di el-ʿAmārna). Attorno al 1000 a.C. assistiamo ad un processo di relativa "democratizzazione", che rende partecipi di questo privilegio anche le classi dei sacerdoti e dell'alta burocrazia (cf E. HORNUNG [1989: 96]).

davvero esuberante[268] e, assunto nel suo insieme, ha una netta valenza di trasformazione. Il sole entra vecchio e stanco nelle porte occidentali dell'orizzonte per rinascere come « bambino »[269] il mattino seguente, dopo dodici ore di reimmersione nell'abisso indistinto originario: un viaggio a ritroso nello spazio e nel tempo.[270] Con innumerevoli scene, viene descritto l'incedere maestoso del dio sole nella sua barca in un tragitto che, attraverso la morte, lo porta alla rinascita. In questo percorso, egli viene difeso dall'attacco dei "nemici" e in particolare di Apophis, il serpente caotico senza inizio e senza fine, e sconfigge il dio Seth,[271] che aveva ucciso il fratello Osiride e l'aveva fatto a pezzi.

Con un simbolismo ancora più eloquente, nella dodicesima ora dell'*Amduat*, il percorso del dio sole con il suo corteo attraversa un enorme serpente dalla coda alla bocca, per uscirne rigenerato: questo serpente è « colui che stringe il mondo » e rappresenta la zona illimitata della creazione al di là del mondo ordinato, l'oceano primordiale Nun.[272]

Una prima osservazione: il "viaggio notturno del sole" dimostra che la tenebra originaria non è stata abolita, ma solo ricacciata indietro dalla luce. Il regno della luce – e quindi il mondo governato dagli dèi e dal faraone – finisce ai confini del mondo. Le tenebre, in cui dimora il "nemico" Apophis e i suoi alleati, circondano il mondo creato e lo minacciano continuamente.[273] L'ordine del creato è sempre il risultato di una tensione drammatica ed è garantito dalla presenza di *M3ˤt* (Maat), la dea della giustizia. Perciò i maghi posseggono formule che possono invocare la soppressione dell'ordine creato e il ritorno al caos originario:

---

[268]   E meriterebbe uno studio a parte per l'ampia gamma dei simboli utilizzati.

[269]   Cf *WÄS*, II, 313 (n. 12); E. HORNUNG [1971: tr. it. 136s]. Nel Papiro di Berlino 3049, 9, 3, il dio sole *Rˤw* è chiamato « colui che ringiovanisce giorno per giorno, senza raggiungere la sua fine » (*ibid.*, 145).

[270]   Nel *Libro delle Caverne*, il dio sole annuncia: « Io entro nel mondo dal quale sono uscito, io mi stabilisco nel luogo della mia prima nascita » (citato da E. HORNUNG [1971: tr. it. 145]). La rinascita mattinale del sole è quindi la ripetizione della cosmogonia originaria.

[271]   Nel *Libro delle Porte* II, 54ss, Apophis appare come un serpente da cui spuntano dodici teste umane, le teste di coloro che ha divorato; quando passa il dio sole, le teste escono dalle spire e divorano il serpente, così che Apophis "è distrutto"; ma, appena il dio sole è passato oltre, le teste entrano di nuovo nelle sue spire, e vengono ingoiate dal serpente, che rimane indistruttibile e la cui pericolosità può essere fermata solo per un attimo (cf E. HORNUNG [1971: tr. it. 141-43]). Sulla figura ambigua di Seth, si veda la monografia di H. TE VELDE [1967].

[272]   Cf E. HORNUNG [1965: 80], [1971: tr. it. 144], [1963: II, 178], [1989: 105s].

[273]   Cf E. HORNUNG [1963: II, 168]. Tra gli alleati di Apophis vi sono anche i dannati; ad essi sono inflitte molte pene, tra cui la mancanza assoluta di luce: « Essi non vedono i raggi del dio sole e non odono la sua voce: sono sempre nelle tenebre » (*Libro delle Caverne*, 33,9 e 48,9; citato da E. HORNUNG [1965: 78]).

« *Se quello dall'acqua (il coccodrillo) apre la sua bocca,*
*se egli fa un movimento brusco con le sue braccia,*
*allora può far precipitare la terra nelle acque primordiali*
*e il sud diventerà nord e la terra si capovolgerà* ».[274]

Importantissima, per la valenza simbolica, è una seconda osservazione. Le tenebre non sono soltanto « luogo di annientamento » (*ḥtmt*),[275] ma anche elemento di rigenerazione: in esse il sole – e con lui tutto il creato – si rinnova e si ripresenta ringiovanito ogni mattino.[276] Iconograficamente, l'ambivalenza simbolica e la forza sintetica di questo pensiero le troviamo perfettamente raffigurate in una vignetta tratta dai papiri mitologici:[277] in essa l'Uroboros – il serpente che si morde la coda, simbolo del non-essere che circonda il creato e insieme del tempo in cui il creato è immerso – disegna il cerchio solare entro cui è posto il dio sole bambino, portato dalle braccia del dio Šu, perché possa di nuovo intraprendere il suo cammino quotidiano. In modo icastico si trovano raffigurate le principali strutture sintetiche del *Regime notturno*: la drammatizzazione dei contrari, il progressismo ciclico e, soprattutto, la *coincidentia oppositorum*.

In effetti, la *coincidentia oppositorum* è il punto di incandescenza del simbolismo del viaggio notturno del sole. Tenebre e luce non sono soltanto in opposizione antitetica, come *Rꜥw* contro Apophis. Il sole si reimmerge nelle tenebre originarie per rinnovarsi e continuare il suo eterno viaggio quotidiano. Tenebre e luce sono due momenti coessenziali per ristabilire e rinnovare ogni giorno l'ordine della creazione.[278]

Il confronto fra il ricco materiale simbolico egiziano e lo scarno accenno del nostro testo potrebbe sembrare sproporzionato.[279] Eppure il

---

[274] Citato da E. HORNUNG [1971: tr. it. 148]. Altre minacce di questo genere sono riportate da S. SCHOTT [1960: 319-30].

[275] Da *ḥtm* « perire ». Così è chiamato il terzo e più profondo "girone" degli inferi, la *Dat* (*Dꜣt*): è invisibile, e completamente oscuro (cf E. HORNUNG [1989: 98s]).

[276] Cf E. HORNUNG [1965: 79]. Per questo, il viaggio notturno del sole diventa una promessa per il *ba* dei defunti beati, che si affidano a Osiride, colui che muore e risorge: « Der Sonnenlauf führt dem Ägypter sichtbar vor Augen, daß eine Regeneration des Lichtes in der Finsternis und damit auch eine Regeneration des Lebens durch der Tod möglich sind » [1989: 109].

[277] Essa è stata pubblicata da A. PIANKOFF - N. RAMBOVA [*Mythological Papyri*, New York 1957, pag. 22, fig. 3] ed è riportata da E. HORNUNG [1971: tr. it. 147].

[278] Cf E. HORNUNG [1965: 80]. Perciò il sonno assume grande importanza nell'Antico Egitto, in quanto porta i mortali nel mondo degli dèi (cf A. DE BUCK [1939: 29]).

[279] Volendo allargare l'orizzonte, la tradizione più interessante da prendere in considerazione è l'innologia del *Rgveda*. In essa *támas* rappresenta il non-essere, che non può essere raffigurabile e minaccia continuamente l'ordine cosmico, rappresentato dall'alternanza regolare di *Rātri*, la dea della notte, e da sua sorella *Uṣas*, la dea dell'aurora. Le due formano una coppia, *Uṣāsānaktā* (che è un nome al duale). L'ordine instaurato dall'atto cosmogonico iniziale si ripresenta ogni mattino, ma ha la sua "memoria" principale nella

confronto è illuminante, in quanto ci permette di decifrare il simbolismo soggiacente e con questo acquisire il punto di arrivo della dinamica simbolica del dramma giobbiano. Inoltre, esplicitando questo simbolismo, viene creata una relazione strutturale importante con il secondo discorso divino: non si comprenderebbe correttamente la descrizione *mitologica* di Behemot e Leviatan, senza la cornice di questo simbolismo. E anche la domanda dei vv. 16-18 trova un sottofondo chiaroscurale, se considerata in parallelo con il viaggio notturno del sole.

Potati i riferimenti mitologici, in Gb 38,19-21 rimane l'allusione ad una "via" e ad un'"abitazione" della luce, ovvero del sole, durante la notte. È un simbolo cosmologico utilizzato con originalità anche dal Sal 19:

> 5     *Per il sole è posta una tenda in essi [i confini del mondo]:*
> 6       *egli è come sposo che esce dal talamo,*
>     *corre come un prode sulla sua via.*

JHWH invita Giobbe a percepire il "mistero", ciò che del cammino solare egli non conosce: che cosa fa il sole durante le ore notturne? scompare? si ritira? muore e rinasce, come afferma la cosmologia egiziana? Nulla viene detto, ma l'allusione ha una carica simbolica e una forza poetica ancora più grandi.

I vv. 20s aggiungono un tocco di sarcasmo. Se Giobbe deve percepire che vi è un lato della realtà a lui nascosto, ma controllato dal piano divino, non può certo pensarsi come uno degli dèi egiziani che accompagnano il sole nel suo viaggio notturno: Upuaut, « colui che apre la via » oppure Hathor « la signora della barca » oppure Horus « il timoniere ». Egli non sa, perché *in illo tempore* (ʾāz) non era presente a fianco del Creatore (come invece lo era la *ḥokmâ* – direbbe Pro 8,22-31).[280] E allora, come il sole rinasce dal grembo notturno e di notte l'uomo può sperare nella luce del mattino, perché anche la notte è parte di quell'ordine cosmico voluto e custodito dal Creatore, così la vita può presentare momenti oscuri di non-conoscenza, ma – *malgrado* questo – l'uomo deve continuare a sperare in JHWH, perché anche in quei momenti JHWH rimane l'unico Dio della vita.

Ma probabilmente c'è qualcosa di più. Nel cap. 28, abbiamo presentato la *ḥokmâ* come una figura di trasformazione. Potremmo ora comprenderla come l'ordine assicurato dal Creatore (cf l'egiziana *Mʒ'ʿt*), che impedisce all'alternanza di luce e tenebre di essere fagocitata nella "tenebra originaria" del caos. Non si dimentichi infatti l'importante correlazione tra 38,19 e 28,23: la via (*derek*) della luce e il luogo (*māqôm*) delle tenebre sono la via e il luogo della *ḥokmâ*, che soltanto Dio conosce. Se sta questo

---

prima Aurora dell'anno (*Ṛgveda* I, 92, 11; II, 38, 2-3; X, 127, 3; cf su tutto questo G. MONTESI [1957]).

[280] Cf pag. 297[201].

parallelo, bisogna ammettere che persino le tenebre sono una "via" per giungere alla *ḥokmâ* e un "luogo" in cui essa dimora.

Sentiamo il bisogno dell'aiuto dei mistici per esprimere il nostro pensiero. Chiamiamo in soccorso, prima di tutti, l'apostolo Paolo. Egli aveva ben compreso la lezione di Giobbe e l'intera sezione di 1 Cor 1-4, ad esempio, potrebbe essere illuminata dalle valenze sintetiche del simbolismo "sapienziale" cui il dramma di Giobbe ci ha condotto. Basti tuttavia 2 Cor 4,6 per mostrare quanto il rimando al Dio creatore, mediato dal simbolismo luce-tenebre, abbia aiutato l'apostolo a rendere ragione dello "scandalo" della croce:

> *Quel Dio che disse:* Dalle tenebre rifulga la luce, *rifulse nei nostri cuori per illuminarci e poter così conoscere la gloria divina sul volto di Gesù Cristo.*

Non è possibile dimenticare a questo punto san Juan de la Cruz, la cui esperienza mistica è stata vissuta nel segno della "notte oscura", *malgrado* la "notte oscura":

> *Que bien sé yo la fonte que mana y corre,*
> *aunque es de noche.*
>
> 1. *Aquella eterna fonte está escondida,*
> *que bien sé yo do tiene su manida,*
> *aunque es de noche. [...]*
>
> 5. *Su claridad nunca es oscurecida,*
> *y sé que toda luz della es venida,*
> *aunque es de noche. [...]*
>
> 10. *Aquí se está, llamando a las criaturas,*
> *y de esta agua se hartan, aunque a oscuras,*
> *porque es de noche.*
>
> 11. *Aquesta viva fuente que deseo,*
> *en este pan de vida yo la veo,*
> *aunque es de noche.*[281]

Ecco dunque il passo decisivo proposto a Giobbe nei discorsi divini: abbandonare la figura "diurna" dell'eroe solare e assumere la figura "notturna" del mistico, che sa scoprire l'autentica grandezza di Jhwh creatore con la logica della *coincidentia oppositorum*, persino nella notte di "polvere e cenere".

Il libro di Giobbe non parla di "risurrezione", a differenza dei testi egiziani che facevano del viaggio notturno del sole il paradigma illustrativo della nuova vita del faraone dopo la morte; e neppure, prima

---

[281] Dal *Cantar del alma que se huelga de conoscer a Dios por fe* (1578). Testo in (San) Juan de la Cruz [1940: 809; tr. it. 1047s].

dell'epilogo di 42,7-17, c'è traccia di "rigenerazione" o di "riabilitazione". Ma davanti a *questo* Dio, il protagonista può confessare a cuore aperto: *jādaᶜtī kî-kōl tûkāl wᵉlōᵓ-jibbāṣēr mimmᵉkā mᵉzimmâ* (42,2).

Ci resta da scoprire come il protagonista giunge a quest'ultima tappa del suo itinerario. Prima però, in una breve nota, vogliamo mostrare la stretta relazione del simbolismo del secondo discorso divino con quanto abbiamo letto nel primo, e in particolare con 38,19-21.

NOTA: *Il simbolismo di Behemot e Leviatan (40,15-41,26)*

Dal momento che non esponiamo analiticamente il secondo discorso divino, sia per ragioni di economia generale, sia perché in esso l'asse simbolico luce / tenebre non ha un ruolo di primo piano,[282] offriamo queste poche annotazioni per mettere in luce il legame di 40,15-41,26 con il primo discorso divino sotto l'angolatura del simbolismo.

Il nostro punto di partenza è lo studio di O. Keel.[283] Riassumiamo il suo contributo in tre tesi principali:

• per comprendere le due figure di *bᵉhēmôt* e *liwjātān* occorre rifarsi al retroterra mitologico egiziano. Essi sono, ad un primo approccio, l'ippopotamo e il coccodrillo, ma la fantasia mitica li trasforma nelle figure del "mostro", epifania del caos e nemico degli dèi e dell'ordine creato.[284] Pure l'abbinamento dei due, trova conferme nell'iconografia e nella letteratura egiziana;[285]

---

[282] Vi è un accenno al simbolismo della luce e del fuoco in 41,10-13, ma esso è parte della descrizione abbastanza convenzionale del mostro mitico (Leviatan):

10. *Il suo starnuto irradia luce,*
   *i suoi occhi sono come le pupille di Šaḥar;*
11. *dalle sue fauci erompono fiamme*
   *e sprizzano vampe di fuoco;*
12. *dalle sue nari esce fumo,*
   *come da caldaia accesa e bollente;*
13. *il suo respiro incendia carboni*
   *ed escono fiammate dalla sua bocca.*

Per la dialettica tra il mostro mitico e la creazione si vedano anche 40,19 e 41,26.

[283] O. KEEL [1978: 126-56].

[284] Il recupero della valenza fantastica della figura del Leviatan è sottolineata dal recente articolo di A. CAQUOT [1992: 69]: « Le Léviathan n'est pas un crocodile, c'est un dragon gigantesque, fruit non de l'expérience, mais de l'imagination inquiète d'un auteur ». Ciò era già rimarcato da O. KEEL sia per l'ippopotamo sia per il coccodrillo [1978: 132 e 143]. Se si giudica il testo con eccessiva razionalità, si corre il rischio di E. RUPRECHT [1971: 222-26], che trova in 40,15-41,3 la descrizione di un solo animale, mentre considera 41,4ss un'aggiunta posteriore, perché troppo fantastici e in contraddizione con la parte precedente (animale acquatico in 40,25-32, che emette fuoco in 41,11-13). La tesi di RUPRECHT viene valorizzata e seguita da G. FUCHS [1993: 225-62]. Tuttavia, solo ammettendo una "trasfigurazione mitica" si può comprendere come mai le due fiere, che nell'Antico Egitto erano preda di caccia regale, siano ritenute imprendibili dal nostro poeta: « Das konkrete Nilpferd aber nicht als solches, sondern als Symbol des Bösen zu

- colui che combatte i due mostri è presentato con l'iconografia di Horus, « il lontano », antica divinità del cielo, della luce e della regalità, che ha assorbito in sé diverse figure divine. Già a partire dal Regno Antico, tra gli attributi di Horus spicca infatti il titolo di *ṭmȝʿ* « quello dal braccio forte » (cf 40,14);[286]
- il rapporto tra il primo e il secondo discorso di JHWH non va letto alla luce della dialettica tra il "Dio della creazione" (primo discorso) e il "Dio della storia" (secondo discorso),[287] bensì come risposta alle due accuse principali di Giobbe: quella di un mondo dominato dal caos (cap. 3) e quella di un Dio sadico (cap. 9).

Pensiamo che la nostra analisi possa aggiungere a queste tesi alcuni complementi, che, in parte, recuperano alcune critiche mosse da G. Fuchs a O. Keel.[288]

Anzitutto, Behemot e Leviatan non entrano in scena all'improvviso nel secondo discorso di Dio. Il primo discorso, e soprattutto i versetti centrali della prima parte (38,19-21),[289] preparano la cornice entro cui collocare la descrizione fantastica dei due animali mitici. Anche il "viaggio notturno del sole" conosce infatti l'iconografia dell'ippopotamo e del coccodrillo[290] per raffigurare Seth.

---

jagen und zu überwinden ist dem Menschen nicht möglich » (*ibid.*, 132). I nomi stessi לִוְיָתָן e בְּהֵמוֹת sono una "trasfigurazione mitica" del dato zoologico: essa introduce i due animali in quel mondo simbolico, in cui si possono trovare anche Tiāmat e Qingu (cf *Enūma eliš* II, 33-38; così H. GUNKEL [1895: 48]) o Tiāmat e Apsû (*Enūma eliš* I, 1ss; così C. H. TOY [1891: 162s]) o il *ltn* dei testi ugaritici (cf, ad es., *KTU*, 1.5 I 1-2). Tuttavia l'ispirazione del nostro poeta è, in questo caso, soprattutto egiziana.

Una tradizione giudaica recensita da b. BB 74b-75a parla di una coppia di mostri delle origini, che Dio ha combattuto e vinto, uccidendo la femmina ed evirando il maschio. La tradizione sembra essere abbastanza antica (cf *Hen. æth.* 60,7-10; 4 Esd 6,49-52; 2 Ba 29,4; si veda A. CAQUOT [1992: 42]).

[285] Cf O. KEEL [1978: 151-54], E. HORNUNG [1989: 176s]. Anche PLUTARCO (*De Iside et Osiride*, 50) associa ippopotamo e coccodrillo a Seth-Tifone, come θηριωδέστατα « bestie ferocissime ».

[286] Cf O. KEEL [1978: 136]: « In der ägyptischen Spätzeit, in die die Gottesreden gehören, sehen wir weder den König noch Privatleute bei der Tötung des nun völlig verfemten männlichen Nilpferds, sondern ausschließlich den Gott Horus ». Si vedano anche H. W. FAIRMAN [1974: 34s] e E. HORNUNG [1989: 166s].

[287] Cf O. KEEL [1978: 141]. La dialettica venne introdotta da C. WESTERMANN [1956: 112s] ed è caratteristica della sua teologia biblica. È stata ripresa da E. RUPRECHT [1971: 209] e soprattutto da V. KUBINA [1979: 21-110].

[288] Cf G. FUCHS [1993: soprattutto 263s].

[289] A noi sembra che questi versetti siano i più importanti per comprendere le due figure. Tuttavia, è evidente che anche gli altri simboli sono coerenti con la medesima prospettiva. Per questo, si può trovare una relazione anche tra la potenza del mare domata (38,8-11) e la presentazione di Leviatan quale animale addomesticato (40,27-29), come rileva G. FUCHS [1993: 262].

[290] E. HORNUNG [1989: 101 e 174] ricorda che dal periodo di ʿAmārna, compare la figura di un mostro minaccioso, che unisce iconograficamente i tratti di leone, ippopotamo

Se questo è vero, la valenza simbolica globale non è quella dell'antitesi, bensì quella della trasformazione e dell'eufemizzazione. In questo dobbiamo dar ragione a G. Fuchs: non vi è traccia di annientamento e l'enigmatica origine del "mostro", come il suo destino non svelato, dicono solo che « origine e senso del male saranno sempre indisponibili alla ragione umana ».[291]

Gb 40,15ss sono da leggere in chiave ironica, percependo la venatura di sarcasmo nei confronti di Giobbe: Dio lo invita ad assumere il ruolo del "faraone", rappresentante di Horus. Non è quindi da escludere che vi sia anche una parodia della mitologia egiziana, almeno indiretta.

Contro quanto sostiene O. Keel, va detto che JHWH non si presenta direttamente come l'Horus che sconfigge il mostro caotico.[292] Al contrario, per mezzo dell'antifrasi dell'ironia, JHWH si presenta come un Dio che, pur non combattendo e non lottando, è in grado di tenere a bada tutto il "male" che attraversa la creazione e la storia. Di questa ironia dell'"eroico" torneremo a parlare nel prossimo paragrafo.

L'analisi simbolica conferma lo stretto legame dei due discorsi divini. Il dragone a forma di serpente,[293] una « creazione della paura » come l'ha definito H. Dontenville,[294] è un simbolo archetipico tra i più costanti, che unisce insieme il carattere teriomorfo a quello acquatico negativo.[295]

---

e coccodrillo, e incarna l'insieme delle forze negative. A partire dalla 19ª dinastia, il coccodrillo rappresenta il nemico del sole per eccellenza (cf la documentazione in O. KEEL [1978: 148-51]). Si può ricordare, inoltre, una vignetta del papiro di Cha (1430 a.C. circa, conservato al Museo Egizio di Torino), pubblicata da E. HORNUNG [1979a: 98]: è la descrizione della caccia del coccodrillo, descritta anche da ERODOTO (Hist., II, 70) e da Gb 40,25. Cf O. KEEL [1981: 223s] e [1978: tr. fr. 119]; manca, ovviamente, nell'edizione tedesca del 1978.

[291]  G. FUCHS [1993: 263].

[292]  Cf O. KEEL [1978: 155ss]. Anche O. KEEL (pag. 156) riconosce che non si tratta « um Vernichtung, sondern nur um die Kontrolle über diese Welt ». Tuttavia, sia la pericope dedicata al « Signore degli animali » (38,39-39,30) sia quella di Behemot-Leviatan presentano una "signoria" di Dio su un mondo ribelle e selvaggio. A nostro parere, le domande retoriche di 41,5-6 non devono avere come risposta « JHWH » (pag. 155), in quanto sono un'ironia del male irrapresentabile (ma ben sperimentabile nella realtà).

[293]  לִוְיָתָן deriva dalla √לוה I, che significa originariamente « girare, torcere » (cf KB, II, 496); si ricordino l'arabo لَوَى da √لوى (VAI, III, 1366s) e l'akkadico lawû « circondare » (AHw, 541).

[294]  Cf H. DONTENVILLE [La mythologie française, Payot, Paris 1948: 134s], citato da G. DURAND [1969: 105]. Quest'ultimo analizza le diverse figure del dragone giungendo a vedere in esso il « nœud où convergent et s'emmêlent l'animalité vermidienne et grouillante, la voracité féroce, le vacarme des eaux et du tonnere, comme l'aspect gluant, écailleux et ténébreux de "l'eau épaisse". [...] L'archétype vient résumer et clarifier les sémantismes fragmentaires de tous les symboles secondaires » (pagg. 106).

[295]  Sulle diverse "figure" del dragone nella letteratura biblica si possono vedere: O. EIßFELDT [1953], G. R. DRIVER [1956a], M. K. WAKEMAN [1973], M. DELCOR [1977], dedicato all'ambito apocalittico, J. DAY [1985], C. KLOOS [1986], Q. ZHAO [1992], uno studio che spazia nella mitologia cinese.

Il tratto da sottolineare maggiormente è che il dragone è animale "lunare" per eccellenza, data la sua conformazione polimorfa:

> « Le schème cyclique euphémise l'animalité, l'animation et le mouvement, car il les intègre dans un ensemble mythique où ils jouent un rôle positif, puisqu'en une telle perspective, la négativité, fût-elle animale, est nécessaire à l'avènement de la pleine positivité ».[296]

Il "bestiario lunare" di 40,15ss si trova dunque in stretta connessione con il simbolismo del primo discorso, perché ne sviluppa le medesime strutture cicliche e progressive. Non ci stupiremo allora di trovare in 40,19 lo stesso predicato che Pro 8,22 attribuisce alla *ḥokmâ*:

Gb 40,19a: *Esso è l'inizio delle opere di El* (*hûʾrēʾšît darkê-ʾēl*).
Pro 8,22a: JHWH mi ha fatto come inizio della sua opera
(*jhwh qānānî rēʾšît darkô*).

Senza entrare nei complessi problemi di traduzione posti da questo testo di Proverbi,[297] ci basti percepire l'analogia dei predicati: non perché Behemot e Leviatan rivestano lo stesso ruolo della *ḥokmâ*, ma perché questi come la *ḥokmâ* sono espressione simbolica sia della *coniunctio oppositorum*, sperimentata nella finitudine della creazione, sia della potenzialità di "trasformazione".

## 2.2 Gb 40,1-14: L'ironia dell'eroico

Già alla fine del primo discorso, Giobbe potrebbe capire. Potrebbe però anche fraintendere. Egli infatti temeva che Dio si manifestasse nella sua "potenza" e lo mettesse a tacere (cf Gb 9). Non è forse successo quanto il protagonista aveva previsto e quanto il primo commentatore del dramma – Elihu – ha astutamente anticipato in 36,22-37,24? « Ecco, El è *sublime nella sua potenza* » (36,22); « *Šaddai noi non Lo possiamo incontrare: il Sublime in potenza e diritto e il Sommo Giusto in giustizia non può rispondere!* » (37,23).

Il poeta era ben cosciente della sua "rivoluzione". La figura di Dio, presentata con i simboli del primo discorso divino, poteva essere interpretata come affermazione di un'"'onnipotenza" che mette a tacere i problemi sollevati dal protagonista. Era, del resto, un concetto di onnipotenza condivisa dal Giobbe dei dialoghi, dagli amici e soprattutto dall'uditorio. Per questo, bisognava togliere ogni possibile fraintendimento. Di qui, l'espediente della doppia risposta.

---

[296] G. DURAND [1969: 359].
[297] È nota la discussione suscitata dall'uso del poliedrico verbo קָנָה « creare, generare, acquisire ». Per l'approfondimento, si vedano, ad es., i commentari di A. BARUCQ [1964: 89-92], W. MCKANE [1970: 352-54] e O. PLÖGER [1984: 91s].

La conclusione del primo discorso di JHWH, cui si collega la prima risposta di Giobbe, e l'inizio del secondo discorso appaiono quindi come uno stratagemma narrativo per sottolineare *ironicamente* il superamento della figura di un Dio che si manifesta nella forza e che, al contrario, sceglie di manifestare la sua potenza nell'apparente debolezza. Il pubblico è così preparato a comprendere meglio le ultime parole del protagonista in 42,1-6.

**40,1**    *E JHWH, concludendo, interpellò Giobbe:*[298]
   2    *« Chi vuole un rîb con Šaddai, faccia da maestro!*[299]
         *Risponda l'accusatore*[300] *di Eloah! ».*

   3    *Giobbe rispose a JHWH:*
   4    *« Se vąlgo tanto poco,*[301] *che posso risponderti?*
         *Mi metto la mano sulla bocca.*[302]
   5    *Ho parlato una volta, e non replicherò,*[303]
         *una seconda, e non continuerò ».*

   6    *JHWH riprese a dire dalla tempesta:*
   7    *« Cingiti i fianchi come un valoroso:*

---

[298] I vv. 1-2 sono asteriscati nella LXX: mancavano originalmente e vennero assunti da Th (cf J. ZIEGLER [1982: 396]). Molti considerano non necessario il primo versetto, per cui lo vorrebbero sopprimere (cf B. DUHM, S. R. DRIVER - G. B. GRAY, G. HÖLSCHER, G. FOHRER). Non vi sono ragioni sufficienti per eliminarlo. Si deve mantenere, come stilema che introduce la conclusione del primo discorso, con la provocazione diretta a Giobbe. Per questo traduciamo lo stereotipo וַיַּעַן con la sfumatura di « concludendo ».

[299] In difesa del TM si vedano K. FULLERTON [1932s] e F. ZIMMERMANN [1934s]. Le difficoltà del primo stico sono legate alla vocalizzazione di הרב e di יסור. Esse vanno risolte in base al contesto giuridico-sapienziale e al parallelismo del secondo stico. Perciò, vocalizziamo הָרֵב « colui che fa un *rîb* » (participio da √ריב) - con Vg (*qui condendit*) e un buon numero di moderni - in parallelo a מוֹכִיחַ; e, in quanto parallelo a יַעֲנֶנָּה, spieghiamo il TM יִסּוֹר come Qal jiqtol da √יסר « istruire », similmente a R. GORDIS, il quale tuttavia l'interpreta come interrogativa.

[300] L'articolo manca davanti al participio מוֹכִיחַ, perché è in stato costrutto con אֱלוֹהַּ. Sul senso giudiziario di √יכח, si veda P. BOVATI [1986: 33-38].

[301] Il significato di √קלל al Qal è duplice: 1) « ęssere leggero »; e quindi 2) « essere inferiore » (cf ugaritico *ql*; akkadico *qalālum*; arabo قلّ); nel nostro caso, il secondo significato calza meglio. Interpretiamo lo הֵן iniziale con valore ipotetico (cf pag. 140[153]). J. B. CURTIS [1979: 506], lo interpreta con valore concessivo, citando a sostegno anche C. J. LABUSCHAGNE [1973: 1-14]: sarebbe attestato anche in Gb 9,11a; 19,7a e in altri 13 passi della Bibbia ebraica. Sempre J. B. CURTIS [1979: 506s] dà al מָה seguente l'improbabile significato relativo (« Although I was too light in what I answeres you... »).

[302] Il linguaggio non verbale di « mettersi la mano sulla bocca » indica ingiunzione al silenzio (Gdc 18,19), ma più spesso è segno di ammirazione (Gb 21,5; Mic 7,16; similmente Gb 29,9, con כַּף al posto di יָד ; in greco, cf Sap 8,12).

[303] Non c'è ragione sufficiente per correggere il TM אֶעֱנֶה in אֶשְׁנֶה, come aveva proposto F. HITZIG, seguito da molti moderni. È noto, infatti, che il verbo עָנָה ha un campo semantico molto ampio, in cui è presente anche il nostro « replicare » (cf, ad es., la formula stereotipa ... וַיַּעַן utilizzata anche nei vv. 1. 3. 6).

*io ti farò domande e tu m'istruirai!*[304]

8   *Tu dunque vorresti annullare il mio ordinamento*[305]
*e darmi torto per avere ragione?*

9   *Se davvero*[306] *hai un braccio come quello di El*[307]
*e puoi tuonare con una voce come la sua,*

10   *rivèstiti di gloria e onore,*
*bàrdati di fasto e splendore,*

11   *effondi l'impeto della tua collera,*[308]
*guarda a chi è superbo e umilialo,*

12   *guarda a chi è superbo e piegalo,*[309]
*con il tuo splendore atterrisci i malvagi,*[310]

---

[304] G. FOHRER, 494, riducendo ad un solo discorso le parole del Dio dalla tempesta, considera questi due versetti una glossa da mettere tra parentesi, in quanto evidente ripetizione di 38,1. 3. Ma solo ragioni soggettive possono giustificare tali *collage*.

[305] Il sintagma תָּפֵר מִשְׁפָּטִי richiama l'analogo paradigmatico בְּרִית (Hi.) פרר, « annullare il patto » (cf Lv 26,15). Il secondo stico è la formulazione più cristallina dello schema giudiziario soggiacente (cf P. BOVATI [1986: 174 e 320s]). Queste parole di Giobbe erano considerate dal Talmud blasfeme, ma motivate dalle circostanze (cf b. BB 16b).

[306] Al *waw* di וְאִם diamo valore enfatico (cf A. C. M. BLOMMERDE [1969: 29]).

[307] כָּאֵל equivale a כְּלָאֵל: come normalmente accade, quando al כ segue un'altra preposizione affermativa, questa seconda preposizione cade (cf *GK*, § 118 *s-w*).

[308] Già F. ZORELL (*LHAVT* 569) aveva accostato עֶבְרָה « inondazione, ira » all'arabo غبر « odio, rancore » (cf anche A. GUILLAUME [1968: 135]). Benché il significato non cambi, si passerebbe dal concreto all'astratto, perdendo la vivezza dell'immagine.

[309] I due stichi 11b e 12a sono identici, ad eccezione del verbo finale. La ripetizione enfatica è stilema frequente nel nostro poeta (cf pag. 219[83]). Anche se lo stesso 11QtgJob non traduce il רְאֵה di 12a (*Le Targum de Job...*: 78s), non vi sono ragioni per seguire B. DUHM, che sulla base della LXX cambiava in רְאֵה גְּבֹהּ הַכְנִיעֵהוּ.

[310] Questo stico presenta qualche difficoltà a causa dell'*hapax* הֲדָךְ. 11QtgJob lo traduce con הַטְפִי (cf *Le Targum de Job...*, 78s), dandogli quindi il significato di « distruggere », come la tradizione giudaica seguente. Nell'ebraico moderno il verbo הָדַךְ ha mantenuto il medesimo significato (cf *Alcalay*, 494]). Ad ogni modo, sono tre le soluzioni possibili:

1) leggere הֲדֹךְ inf. Hi da √דוך (usato solo in Nm 11,8) o √דכך « pestare, stritolare »: l'emendamento venne introdotto per la prima volta da J. G. E. HOFFMANN e trova buoni paralleli nell'ugaritico *dk*, nell'akkadico *dâku* « uccidere » (*AHw*, 152) o *dakāku* « stritolare » (*AHw*, 151), nell'arabo دك « schiacciare, distruggere » (*VAI*, I, 365) e nell'etiopico tigrè ደከ (*WTS*, 535; cf anche *KB*, I, 207s. 212);

2) ipotizzare una radice הדך, parallela all'arabo هدك « demolire (una casa) ». Ma A. GUILLAUME [1968: 135] nota onestamente che la radice è rarissima (*lege*: mai attestata!), come sinonimo di هدم (*VAI*, III, 1606). Il suggerimento fu proposto da E. F. K. ROSENMÜLLER e ripreso da S. R. DRIVER - G. B. GRAY, II, 326; lo si ritrova in un buon numero di commentari contemporanei (cf anche *KB*, I, 229);

3) una proposta più originale, che accogliamo anche noi, è stata offerta da M. DAHOOD [1968a], il quale legge così lo stico: *wehōdekā* (TM *wahadōk*) *rešacîm tehittēm* (TM *taḥtām*). Le correzioni vocaliche sarebbero quindi due: *a*) הֹדְךָ « con il tuo splendore », accusativo di mezzo, richiamerebbe la stessa costruzione del v. 10b (וְהוֹד וְהָדָר). La *scriptio defectiva* in Gb è abbastanza frequente (cf soprattutto עוֹד in Gb 1,16s, scritto poi עֹד

13     *nascondili tutt'insieme*³¹¹ *negli inferi,*³¹²
       *rinchiudili* ³¹³ *nella tomba!*³¹⁴
14     *Allora anch'io t'innalzerò un inno:*
       *"La tua destra ti ha dato successo!" ».*

L'interpellazione che conclude il primo discorso di JHWH (40,2) sma-
schera l'errore di Giobbe. Questi ha voluto istituire un *rîb* contro Dio,
pensando tuttavia ad una falsa figura divina: né gli attributi di Šaddai, né
quelli di Eloah (e nemmeno quelli di El: cf 40,9) possono far percepire la
singolarità della "potenza" di JHWH. Il Dio dell'esodo è il Dio creatore, ma
il suo modo di esserlo è originale. Non si può semplicemente trascriverlo
dal *già noto* di altre divinità o da una generica concezione del sacro, *fasci-
nans et tremendum.*

Quest'affermazione è carica di conseguenze, che esprimiamo nella
seguente formulazione, un po' paradossale. Se si vuole giudicare il modo
di agire di Dio nella storia – anche nella storia di Giobbe – bisogna guardare a un Dio che assuma in sé anche il titolo di Creatore:³¹⁵ un Dio in

---

nel v. 18); *b)* תֵּחְתָּם come Hi. iussivo da חָתַת « essere atterrito, distrutto » (cf Gb 7,14 [Pi.];
31,34 [Hi.]; 32,15 [Qal]); in parallelo all'imperativo del primo stico, riprende la stessa alternanza del v. 10, dove all'imperativo iniziale עֲדֵה corrisponde lo iussivo finale תִּלְבָּשׁ.
Preferiamo però leggere il ם- come suffisso anaforico di רְשָׁעִים (cf anche il seguente
טָמְנֵם), piuttosto che come *mem* enclitico.

³¹¹  È evidente la paronomasia tra l'iniziale טָמְנֵם e il בַּטָּמוּן finale. Il verbo טָמַן « nascondere » è usato anche in Gb 31,33. L'avverbio יַחַד « insieme » ha qui una sfumatura
che si avvicina al nostro « tutti ».

³¹²  עָפָר « polvere » assume spesso il significato di « inferi, oltretomba », come in
ugaritico: Gb 7,21; 10,9; 17,16; 20,11; 21,26; 34,15; Is 25,12; 26,5; 29,4; 34,9; 47,1; Ez
24,7; Sal 7,6; 22,30; Lam 2,10; Dn 12,2 (per i paralleli ugaritici si vedano A. SCHOORS
[1972: 12] e M. DAHOOD [1972b: 124s]). Questo senso illumina il più difficile parallelo
טָמוּן (cf nota 314).

³¹³  Il sintagma פְּנֵיהֶם חֲבֹשׁ dovrebbe essere tradotto: « avvolgi (o copri) i loro volti ».
Ma il contesto ci fa dubitare che questa traduzione sia corretta. Noi seguiamo la proposta
di É. P. DHORME, 564: egli collega il verbo חָבַשׁ all'arabo حَبَسَ che ha il significato fondamentale di « imprigionare » (cf *VAI*, I, 188s). Si vedano, a questo proposito, anche il siriaco ܚܒܫ (cf *LSyr*, 213) e l'etiopico tigrè ሐበሰ (cf *WTS*, 79). Sempre secondo DHORME,
פְּנֵיהֶם significherebbe « le loro persone », in analogia al latino *persona* o al greco
πρόσωπον (cf É. P. DHORME [1923: 59s]), e sarebbe equivalente al pronome di 3ª plurale.
Il testo di 11QtgJob è troppo lacunoso: si legge chiaramente solo תכסה « copri! », che dovrebbe tradurre l'ebraico חֲבֹשׁ.

³¹⁴  La Syr ha tradotto l'ebraico בַּטָּמוּן con ܒܥܦܪܐ « nella polvere », mostrando di
comprendere il riferimento all'oltretomba. Dal punto di vista grammaticale טָמוּן è un participio passivo, ma probabilmente è ormai lessicalizzato come sostantivo e potrebbe significare sia « nascondiglio » (cf N. H. TUR-SINAI, 454), sia « tomba ». A motivo del parallelismo, ha ragione N. J. TROMP [1969: 46 ] nel presentarlo come un sinonimo di « tomba » (cf anche Gb 3,16 e 18,10).

³¹⁵  Anche su questo punto, l'autore di Gb si trova in sintonia con il II-Isaia. Appare
invece in dialettica con la visione deuteronomistica, che nel "credo storico" non fa alcun

grado di dominare la luce e le tenebre o meglio, come allusivamente afferma Gb 38,19-21, in grado di far attraversare al sole la dimora delle tenebre, per ripresentarlo nuovo ogni mattino. D'altra parte, l'"onnipotenza" del Dio Creatore non è un attributo che possa essere trascritto acriticamente, sulla base di altre figure divine: la "carta d'identità" di questo Dio Creatore rimane la medesima rivelata nell'esodo (Es 34,6s).

Davanti ad un'onnipotenza che può tutto (e il contrario di tutto), Giobbe dovrebbe sì dichiararsi sconfitto e sentirsi tanto piccolo da non poter avere nulla da rispondere (40,4s). Ma questa sarebbe la conclusione cui giunge il "commento" di Elihu, non il dramma originario: « *Perciò lo temano i mortali! Chi è saggio di mente non lo può vedere* » (37,24).

Se così fosse, dovremmo mantenere le strutture diairetiche della *gigantizzazione* della divinità e della *gulliverizzazione* della condizione umana, che abbiamo trovato nell'analisi simbolica dei discorsi di Giobbe e degli amici.

Ma l'ironia con cui inizia il secondo discorso divino ce lo impedisce. Giobbe deve invece scoprire in JHWH non una divinità che schiaccia l'uomo, ma un "alleato" che lo potenzia nelle sue capacità e lo apre a una nuova speranza. Lo schema giudiziario contraddittorio, formulato con chiarezza cristallina in 40,8, è sentito inadeguato per esprimere questa nuova *partnership*.

In 40,9-14 abbiamo un capolavoro dell'ironia, propriamente un'*ironia dell'eroico*, con tonalità che rasentano il sarcasmo. Le strutture antitetiche, già analizzate in altre parti,[316] ricompaiono qui massicciamente, ma con valore antifrastico. Visto che JHWH non agisce con l'"onnipotenza" di El (*z^erô^a^c kā'ēl*: 40,9), sia Giobbe stesso a prendere il suo posto, così da poter ricevere alla fine da JHWH un inno di lode: *kî-tôšî^a^c l^ekā j^emînekā* (40,14b); sia Giobbe stesso a tenere a bada *b^ehēmôt* e *liwjātān* (40,15-41,26)... Con queste allusioni, non si può non sentire una certa satira contro la rappresentazione del faraone come incarnazione dell'Horus egiziano. Il braccio di JHWH (*z^erô^a^c jhwh*) non è il braccio di El. Egli rivela la sua vittoria in modi inediti.

Torna alla mente un'altra rivelazione dello *z^erô^a^c jhwh*, manifestata nella vicenda del servo isaiano (Is 52,13-53,12). Ancora una volta il dramma di Giobbe ci rimanda all'annuncio del Secondo Isaia:

**53,1**  *Chi potrebbe credere al nostro annuncio?*
*E il braccio di JHWH, a chi potrebbe essere rivelato?*

---

accenno alla "confessione" del Dio Creatore (cf, ad es., Dt 26,5-10 oppure Gs 24,2-13). O forse il dramma di Giobbe si pone proprio contro una tale esclusione?
[316] Si vedano soprattutto le pagg. 144ss.

Anche in questo quarto carme del servo, il centro della "rivelazione" $(53,10)$[317] è costruito sulle strutture simboliche sintetiche della drammatizzazione e della dialettica degli opposti, tipiche del *Regime notturno*:[318]

> Ma JHWH ha voluto prostrarlo con quella sofferenza,[319]
> Il Terribile ha reso la sua vita un sacrificio di espiazione:[320]
> vedrà una discendenza, prolungherà i suoi giorni,
> e il progetto di JHWH trionferà per mezzo suo.

L'affermazione del II-Is va interpretata correttamente, in modo antifrastico: il "braccio di JHWH" si manifesta *nonostante* l'apparente fallimento del servo, come « morte della morte ». Non si vuole affermare che JHWH sia direttamente il responsabile della sofferenza e della morte del servo; al contrario, l'affermazione è che il progetto (*ḥpṣ*) di JHWH, inaudito e sconcertante, può integrare anche l'apparente sconfitta, rendendo la morte del servo un sacrificio di espiazione e facendo trionfare, *malgrado* tutto, la benedizione e la vita. Il titolo di "Terribile", in questa interpretazione, assume un valore antifrastico di forte incisività: Il "Terribile" è, al contrario, Colui che trasforma la morte del servo – ingiusta e *senza motivo* – in sacrificio di espiazione (*ʾāšām*), a vantaggio di tutti. Il negativo diventa una via *possibile* per la rivelazione del positivo. La "potenza" di Dio si manifesta in questo singolare sacrificio, che – assunto nella sua radicalità – diviene un'eufemizzazione del tempo della vita,[321] attribuendo alla

---

[317] Non vogliamo entrare in tutti i problemi sollevati da questa pagina. Per una introduzione globale ad essi, rimandiamo almeno a C. WESTERMANN [1966], P. E. BONNARD [1972], L. ALONSO SCHÖKEL - J. L. SICRE DÍAZ [1980] e P. GRELOT [1981]. Il versetto citato è al centro di molte discussioni, soprattutto a causa della mancata concordanza di תָּשִׂים (normalmente corretto in יָשִׂים) con il contesto, a meno di assumere come soggetto נַפְשׁוֹ, soluzione molto improbabile. Cf C. WESTERMANN [1966: 205s. 215; tr. it. 307. 321s], P. E. BONNARD [1972: 267s. 276-78], che dà ai verbi un inverosimile valore precativo, e L. ALONSO SCHÖKEL - J. L. SICRE DÍAZ [1980: I, 329s. 333s; tr. it. 371. 376s].

[318] Il senso del versetto è chiarito dai parallelismi (A:B::B':A'). Manteniamo le consonanti del TM, con un leggero ritocco alla vocalizzazione nel primo stico:

אִם תָּשִׂים אָשָׁם נַפְשׁוֹ    וַיהוָה חָפֵץ דַּכְּאוֹ הֶחֱלִי
וְחֵפֶץ יְהוָה בְּיָדוֹ יִצְלָח    יִרְאֶה זֶרַע יַאֲרִיךְ יָמִים

[319] Il sostantivo חֳלִי è utilizzato anche nei vv. 3 e 4. L'articolo, quindi, ha valore anaforico, creando un rimando con la vicenda precedente.

[320] Il punto più problematico rimane questo stico. Per risolvere il problema di תָּשִׂים ricorriamo ad un suggerimento di M. DAHOOD [1982a: 568s]: egli interpreta אָם come nome divino da√אים « essere terribile » e la forma תָּשִׂים come terza maschile con prefisso *t-*, equivalente a יָשִׂים (cf già H. J. VAN DIJK [1969: 442s]). La proposta precedente di M. DAHOOD [1960: 406] e [1971b: 71], meno convincente, era di leggere *ʾĕmet śām ʾāšām napšô*: venne accolta anche da R. DE VAUX [1964:100] e dalla breve nota di J. R. BATTENFIELD [1982], che la trovava coerente con 1QIs[a].

[321] Sulla coerenza simbolica del sacrificio con le strutture drammatiche, si veda la documentazione di G. DURAND [1969: 353-58; tr. it. 309-12]. Egli ricorda, tra l'altro, le valenze antifrastiche e litotiche del linguaggio sacrificale in latino: « *Mactare* significa

morte – e quindi al divenire storico – un nuovo senso.[322] Ritroviamo, dunque, un simbolismo con le stesse valenze drammatiche della *ḥokmâ* e del *Lapis Philosophorum*.

Davanti a *questo* Dio, Giobbe "comprende" e, *malgrado tutto*, può confessare: « *Detesto polvere e cenere, ma ne sono consolato!* » (42,6). Davanti a questo medesimo Dio, Paolo un giorno potrà riconoscere: « *Ciò che è stoltezza di Dio è più sapiente degli uomini e ciò che è debolezza di Dio è più forte degli uomini* » (1 Cor 1,25).

---

"arricchire", "amplificare", e invece di dire *mactare deos bove*, abbreviando si dice *mactare bovem*; allo stesso modo *adolere* vuole dire "aumentare, arricchire", e invece di *adolere aram ture* si ha *adolere tus*, "bruciare, sacrificare incenso" » (pag. 355; tr. 310).

[322] Cf J. DE MAISTRE [*Traité des sacrifices*, Librairie Catholique Vitte, Lyon / Paris 1924, 24 e 32ss], citato da G. DURAND [1969: 358].

# Conclusioni

## DIRE "DIO"

*Naar Barnet skal vænnes fra,*
*da sværter Moderen sit Bryst,*
*det var jo og Synd,*
*at Brystet skulde see lifligt ud,*
*naar Barnet ikke maa faae det.*
*Saa troer Barnet, at Brystet har forandret sig,*
*men Moderen hun er den samme,*
*hendes Blik er kiærligt og ømt som altid.*
*Held den, der ikke behøvede*
*forfærdeligere Midler for at vænne Barnet fra!*
(S. Kierkegaard) *

Giunti al termine dell'analisi, dobbiamo ora apprezzare il dinamismo simbolico del libro di Giobbe. Esso metterà in luce, insieme alla stupenda architettura poetica del dramma, la forza teoretica di questo "teologo", che ha scelto la poesia, e più precisamente il dramma, per comunicare il suo pensiero.[1]

In queste conclusioni, cercheremo anzitutto di esplicitare il *tragitto simbolico* che il poeta ha percorso con il suo pubblico. Più radicalmente, si mostrerà che questo *tragitto simbolico* non è un'estemporanea rapsodia di immagini, in qualche modo ordinata, ma presuppone una visione propriamente *ontologica*, che considera l'uomo stesso come essere simbolico.

---

* S. KIERKEGAARD [1921: 74; tr. it. 21]: « Quando il bambino deve essere svezzato, la madre si tinge di nero il seno, perché sarebbe cosa crudele che esso restasse desiderabile quando il bambino non deve più trarne nutrimento. Così il bambino crede che *il seno è mutato*, ma la madre è sempre la stessa ed il suo sguardo è sempre pieno di tenerezza e di amore. Beata la madre che non deve ricorrere a più terribili espedienti per svezzare suo figlio ». (Abbiamo messo il corsivo, perché la traduzione italiana citata ha erroneamente « sua madre è mutata »).

[1] Cf soprattutto G. THEOBALD [1993: 320-49].

Da qui, la nostra riflessione è invitata ad andare oltre: a che cosa conduce la valenza simbolica della *ḥokmâ*? non significa forse l'allontanamento da una "concezione drammatica della natura" (A. J. Wensinck) tipica della mentalità arcaica,[2] la quale, indagando sul *perché* di un evento, mirava a stabilire il *chi* più che non il *come*? E il linguaggio per parlare di Dio nel teatro della creazione non ha forse da dire qualcosa contro i rischi di una "teologia della storia", che, se estremizzata, è interessata solo al Dio dell'elezione e dell'alleanza?

## 1. IL *TRAGITTO SIMBOLICO* DEL LIBRO DI GIOBBE

Le strutture simboliche predominanti nei discorsi di Giobbe con gli amici e nelle risposte di questi a Giobbe appartengono al *Regime diurno* dell'immagine. Di contro, le strutture simboliche prevalenti nel cap. 28 e nei due discorsi di JHWH con le rispettive risposte di Giobbe appartengono, in massima parte, al *Regime notturno*. Il tragitto simbolico all'interno del dramma è dunque dinamico.

Questo dinamismo si trova confermato da altri elementi, messi in luce dalla tessitura globale del libro.[3] Primo tra tutti, va ricordato l'uso dei nomi divini arcaicizzanti nella prima sezione del dramma, rapportati ad una figura distorta o quanto meno parziale della divinità, in tensione dialettica con JHWH, che, fatto intervenire proletticamente in Gb 28,28 come *'ădōnāj*, appare alla fine come l'atteso interlocutore di Giobbe.

Potremmo definire questo tragitto con diverse coppie di termini dialettici: dalla diairesi alla sintesi, dalla logica razionalistica dell'opposizione a quella mistica dell'antifrasi, dalla considerazione statica di un teorema alla percezione dinamica di un divenire, dall'antitesi polemica di una *gigantizzazione* di Dio e di una *gulliverizzazione* dell'uomo alla *coincidentia oppositorum* di un Dio che è insieme "onnipotente" e "debole" e di un uomo che è insieme "misero" e "grande"... Sono tutti elementi che abbiamo raccolto nelle analisi simboliche precedenti e che, da diversi profili, descrivono la dinamica simbolica del nostro dramma.

In questo tragitto, l'asse simbolico di luce e tenebre è apparso il vettore principale, svolgendo un ruolo sintetico ed esplicativo delle valenze dei due *Regimi* della "fantastica trascendentale".[4] Alla fine del percorso, si può percepire meglio la tensione che sussiste tra l'antitesi polemica di

---

[2] Si veda H. FRANKFORT [1946a: 15s].

[3] Ricordiamo lo studio di L. G. PERDUE [1991], che legge tutto il dramma di Giobbe come un itinerario che conduce il protagonista a ricostruire un linguaggio metaforico in grado di parlare di Dio. Si veda soprattutto l'ultimo paragrafo « The metaphorical process and the narrative quest for faith » (pagg. 269-73).

[4] La dizione è di NOVALIS [*Schriften II*, 365], ma è stata assunta da G. DURAND [1969: 438; tr. it. 382] per definire la sua archetipologia simbolica, a seguito di G. BACHELARD [1948: 5; tr. it. 26].

Gb 3,4 (la tenebra che fagocita giorno e luce, i.e. *Regime diurno*) e la drammatizzazione eufemizzante di 38,19 (la tenebra che porta in sé nuova luce, i.e. *Regime notturno*):

3,4     *haj-jôm hahû᾽ jᵉhî ḥošek...*
38,19   *᾽ê–zeh had-derek jiškon-᾽ôr*
        *wᵉḥošek ᾽ê–zeh mᵉqōmô.*

Tuttavia, il dinamismo simbolico del dramma giobbiano non deve essere ridotto a una cifra troppo semplicistica. Dall'archetipologia di G. Durand emerge che i due *Regimi* dell'immagine interagiscono sempre tra loro, così che si assiste a una sorta di "pedagogia negativa" dell'ambito socio-culturale di un'epoca sulla sua produzione simbolica.[5]

Per quanto riguarda l'interazione dei due *Regimi*, potremmo anche riferirci – in modo critico – alla dialettica junghiana tra *Animus* e *Anima*. Non vogliamo con questo abbracciare il tracciato analitico di Jung,[6] bensì, come G. Bachelard, sottolineare la costante compresenza in ogni costellazione simbolica di *Animus* e *Anima*, i.e. di *Regime diurno* e di *Regime notturno*:

« L'être projeté par la rêverie – car notre moi rêveur est un être projeté – est double comme nous-même, est, comme nous-même, *animus* et *anima*. Nous voici au nœud de tous nos paradoxes: *le "double" est le double d'un être double* ».[7]

Il mondo simbolico progettato dal poeta è la realizzazione di un ideale congiunzione delle due dimensioni di *Animus* e *Anima*, entrambe necessarie per una lettura adeguata del fatto umano, che è « maschio e femmina » (cf Gn 1,27).[8] E la fusione androgina del simbolo porta il poeta a un livello più alto di *Anima*. Per questo, C. G. Jung ha definito l'*Anima* come « archetipo della vita » e G. Bachelard inscrive le sue *rêveries* sulla *Rêverie* « sotto il segno dell'*Anima* ».[9]

Quanto alla "pedagogia negativa" dell'ambito culturale di un'epoca in rapporto al mondo simbolico prodotto, potrebbe trovare anch'essa un qualche riferimento all'impianto junghiano, che contrappone *Persona* ad *Anima*. Secondo Jung, infatti, « l'aspetto dell'immagine dell'anima – se

---

[5] Cf G. DURAND [1969: 439-55].

[6] Ad es., quando parla dell'inversione completa dell'immagine che un individuo fa del proprio io in rapporto alla determinazione psicologica del sesso. Cf C. G. JUNG [1921: tr. it. 417s] e [1940: tr. it. 38-41].

[7] G. BACHELARD [1960: 69]. Si vedano, più in generale, le pagg. 48-83.

[8] Si potrebbe ricuperare, in questo contesto, il simbolismo ermetico dell'"homo adamicus", il quale, « pur apparendo in forma maschile, porta sempre con sé Eva, cioè la sua donna, celata nel proprio corpo ». L'affermazione è di DOMINICUS GNOSIUS, *Hermetis Trismegisti Tractatus vere aureus de lapidis philosophici secreto*, 1610, pag. 101, citato da C. G. JUNG [1940: tr. it. 39].

[9] G. BACHELARD [1960: 81].

non il suo sesso – è motivato dai costumi e dalle pressioni sociali assai più che determinato fisiologicamente ».[10] Tuttavia, la correzione di G. Durand è decisiva. La pressione sociale è da lui considerata *negativa*, nel senso che la coscienza collettiva, come la coscienza individuale, ricostituirebbe la sua integrità sul piano dell'immagine, progettando una simbolizzazione complementare e antitetica alle sue strutture. Forme, miti e immagini di una cultura rimuoverebbero le aspirazioni fantastiche estranee al loro regime.[11]

Facciamo tesoro di queste due notazioni per comprendere meglio il dinamismo simbolico del libro di Giobbe. Il punto di partenza del tragitto simbolico è dominato dal *Regime diurno*. Esso, tuttavia, non cancella completamente la dimensione tragica e *notturna* della vita, specialmente negli interventi del protagonista (si pensi soprattutto a Gb 3 e 10). D'altra parte, il punto di arrivo, dominato dalle strutture sintetiche e drammatiche del *Regime notturno*, non elimina completamente la dimensione diairetica e *diurna* delle strutture simboliche, se non altro perché i discorsi divini si danno in un contesto caratteristicamente *antifrastico*, cioè quel *rîb* che nei discorsi divini giunge alla sua conclusione.

In secondo luogo, la "pedagogia negativa" di cui si è parlato ci aiuta, probabilmente, a farci un'idea dell'ambito culturale e teologico, da cui proviene il poeta del nostro dramma. Noi ce lo immaginiamo[12] come un contesto in cui la teologia deuteronomistica della storia, l'introduzione della responsabilità individuale (cf Ez 18) e l'acquisizione del principio monoteistico avevano forgiato una figura di Dio Onnipotente, dominata in modo *troppo unilaterale* dal principio diairetico della retribuzione. Era dunque un contesto troppo sbilanciato sul logos "chiaro e distinto" dell'*Animus*. E l'autore di Giobbe lo completa con una *progettazione radicata* nell'aspetto misterioso dell'*Anima*.

Il cap. 28 e i discorsi divini introducono questo *surplus* di *Anima*, con i simboli della *ḥokmâ* e del ciclo ordinato della "creazione".[13] Questi simboli non annullano del tutto le strutture del *Regime diurno* dell'ambiente

---

[10] G. DURAND [1969: 444]. Si veda, per questo, la definizione di *Anima* in C. G. JUNG [1921: tr. it. 416-22].

[11] Cf G. DURAND [1969: 446-49]. Si legga questa applicazione: « L'Occident a toujours eu tendance, en prenant modèle culturel sur ces monothéismes sémitiques, à "perdre sa chance de rester femme" selon le beau mot de Lévi-Strauss. L'on pourrait même dire que pour l'Occident le *Régime Diurne* des images a été mentalité pilote, de laquelle la diaïrétique platonicienne et le dualisme cartésien sont les illustrations » (pagg. 447s).

[12] Si veda il quarto paragrafo del presente capitolo (pagg. 336ss)

[13] Proprio in questo quadro potrebbe inserirsi una lettura sanamente "femminista" del libro di Giobbe, in quanto è l'archetipo del femminino a completare la rigida logica della considerazione del Dio della retribuzione dei dialoghi con gli amici. Si veda, ad es., M. DE GAULMYN [1988: 13]: « Job perd trois amis discoureurs et gagne trois filles. Job fait dans ses filles l'expérience de la paternité, après avoir fait celle de la maternité de Dieu ».

ideologico da cui sono prodotti,[14] ma introducono nuove possibilità per poter dire "Dio".[15]

## 2. DAI SIMBOLI AL SIMBOLO

Dobbiamo fare un altro passo. Il tragitto simbolico del dramma giobbiano deve infatti essere interpretato non solo come un'iride policroma di una feconda penna poetica, ma, più radicalmente, come un itinerario che conduce il protagonista dalla contemplazione dei simboli alla percezione di *essere* simbolo. Senza questo decisivo passo non si comprenderebbe la correlazione tra i discorsi divini e la seconda risposta di Giobbe: « *Avevo udito di te per sentito dire, ma ora i miei occhi ti vedono* » (42,5). Oppure, con saccenteria razionalistica, si potrebbe accusare il poeta di averci dato una soluzione del tutto impertinente al problema da lui stesso suscitato, rispondendo a problemi morali con problemi fisici.[16]

Ogni simbolo nasce da un'esperienza della realtà vissuta: ciò che non appartiene al mondo sperimentato dall'uomo, ciò che non è stato visto, osservato e vissuto non può tradursi in simbolo. D'altra parte – e proprio per questa ragione – il simbolo colloca l'uomo nel teatro della creazione e lo rende partecipe della medesima vicenda cosmica:

> « Le symbole traduit une situation humaine en termes cosmologiques, et réciproquement; plus précisément, il dévoile la solidarité entre les structures de l'existence humaine et les structures cosmiques ».[17]

L'avventura spirituale di Giobbe, proletticamente annunziata in Gb 28 e vissuta nell'itinerario dei discorsi divini, sta proprio nel comprendere la sua situazione particolare in *analogia* alla vicenda cosmica, che viene interpretata come "creazione" in divenire, fondata sull'essere del suo Creatore, eppure distinta da Lui. La nuova conoscenza che ne deriva è il risultato ad un tempo di una cosmogonia e di una maieutica.

Giobbe aveva bisogno della sua "prova" portata all'estremo "senza motivo" (cf *ḥinnām* in 1,9; 2,3; 9,17), per intraprendere quel cammino

---

[14] A questo proposito, basti ricordare Gb 28,28 e la sentenza con cui si chiude il grande *rîb* del dramma (Gb 42,7-8): in essa, JHWH sconfessa Elifaz con gli altri due amici, mentre approva la *nᵉkônâ* dei discorsi di Giobbe. A questi elementi si aggiunga anche il resto dell'epilogo, in cui i possedimenti di Giobbe sono raddoppiati rispetto al prologo.

[15] Non si tratta di giudicare positivamente o negativamente le strutture simboliche dell'uno o dell'altro *Regime* e nemmeno d'interpretarle in forma ingenuamente progressista (anche la storia e il progresso appartengono al territorio dell'immaginario!). Cf G. DURAND [1969: 454s].

[16] È la drastica opinione di E. BLOCH [1967: 180s]: « Jahwe antwortet auf moralische Fragen mit physikalischen, mit einem Schlag aus unermeßlich finsterweisem Kosmos gegen beschränkten Untertanen-verstand ». Si vedano diversi pareri, elencati con ironia e un pizzico di satira, da L. ALONSO SCHÖKEL - J. L. SICRE DÍAZ, 532ss; tr. it. 599s.

[17] M. ELIADE [1960: 27].

iniziatico, che l'ha introdotto in una nuova dimensione e gli ha permesso di cambiare la sua figura di divinità, acquisendo nello stesso tempo un nuovo linguaggio per parlare del vero Dio. Giobbe ne aveva bisogno, come il bimbo – secondo il detto di Kierkegaard citato nel cappello introduttivo di questo capitolo – ha bisogno di vedere il seno della madre dipinto di nero per essere svezzato. Noi – il pubblico – abbiamo bisogno di questo dramma, per seguire il medesimo cammino iniziatico e conquistare con Giobbe una diversa figura di Dio, che sia in grado di ascoltare e di rispondere non solo al nostro inno di lode nei giorni di benessere, ma anche al grido angosciato che denuncia l'assurdo della nostra vita nei giorni di dolore e fallimento.

Il Dio di Giobbe è un anticipo profetico del « Dio crocifisso ». Ci ritorna alla mente una lirica dei *Canti ultimi* di padre Turoldo, contemplazione della croce di Gesù:

> *No, credere a Pasqua non è*
> *giusta fede:*
> *troppo bello sei a Pasqua!*
>
> *Fede vera*
> *è al venerdì santo*
> *quando Tu non c'eri*
>                     *lassù!*
>
> *Quando non una eco*
> *risponde*
> *al* suo[18] *alto grido*
>
> *e a stento il Nulla*
> *dà forma*
>                *alla tua assenza.*[19]

Nella profondità della notte psichica, notte iniziatica seguita da rinascita mistica, il personaggio Giobbe percepisce di *essere* simbolo e quindi di partecipare al mistero della creazione. Alla fine del cammino, nella *possibilità* aperta dal simbolo del "viaggio notturno del sole", di fronte al "terrore della storia" si apre l'abissale alternativa della notte della fede: il Nulla o il vero Dio.

Giobbe *vede* il vero Dio, con una libertà che trova la sua fonte e il suo ancoramento in Dio stesso. Se questo è dunque l'esito, l'*onnipotenza* divina non significa più l'arbitrio di poter il tutto e il suo contrario, bensì la *possibilità* della vita e della luce, anche nella notte profonda, quando la

---

[18] Il testo ha « tuo » [= di Dio], ma il senso richiede un « suo » [= di Gesù]. La conferma di questo refuso ci viene dalla breve presentazione delle liriche sulla sofferenza di D. M. TUROLDO offerta da G. RAVASI [1994: 88].

[19] D. M. TUROLDO [1991: 103].

vittoria sembra ormai impossibile alle capacità umane (cf 42,2: *jādaᶜti kî-kōl tûkāl wᵉlōᵓ-ibbāṣēr mimmᵉkā mᵉzimmâ*).

Non si tratta, però, di un Dio che è la proiezione all'infinito della limitata capacità dell'*homo faber*.[20] Si ricordi l'asimmetria nel cap. 28 tra le capacità dell'*homo faber* e la relazione singolare di Dio con la *ḥokmâ*. Il poeta ha costruito il "caso" Giobbe in modo tale da chiudere questa facile scappatoia e portare ad incandescenza un nuovo linguaggio su Dio: un Dio sconosciuto che si possa manifestare come sconosciuto.[21]

È questo, ci sembra, il significato della confessione finale: « *Ora i miei occhi ti vedono* » (42,5). Con i suoi occhi, Giobbe conosce il Dio sconosciuto e sempre al di là delle nostre conoscenze.[22]

Attraverso i simboli della creazione, Giobbe scopre il suo *essere* simbolo: in esso « l'inattingibile medesimezza di Dio viene a parola ».[23] Nel dialogo finale, i titoli divini scompaiono: rimane soltanto il « Tu » dialogico, al di sopra e al di là dei possibili epiteti, perché Giobbe è giunto ormai alla percezione di *essere* egli stesso il simbolo.[24]

---

[20] Si potrebbero ricordare a questo riguardo le critiche heideggeriane all'onto-teologia della metafisica classica. Cf M. HEIDEGGER [1957: 70s]. Si veda al riguardo anche V. MELCHIORRE [1986: 413s].

[21] Cf V. MELCHIORRE [1986: 420].

[22] La sensibilità di una teologia apofatica, tipica anche della tradizione patristica orientale, trova in Giobbe un ottimo antesignano. Si potrebbe ricordare quanto lo Pseudo-Dionigi scriveva a proposito dei titoli divini: Διὸ καὶ ἐν πᾶσιν ὁ Θεὸς γινώσκεται, καὶ χωρὶς πάντων· καὶ διὰ γνώσεως ὁ Θεὸς γινώσκεται, καὶ διὰ ἀγνωσίας, καὶ ἔστιν αὐτοῦ καὶ νόησις καὶ λόγος καὶ ἐπιστήμη καὶ ἐπαφὴ καὶ αἴσθησις καὶ δόξα καὶ φαντασία καὶ ὄνομα καὶ τὰ ἄλλα πάντα, καὶ οὔτε νοεῖται οὔτε λέγεται οὔτε ὀνομάζεται· καὶ οὐκ ἔστι τι τῶν ὄντων, οὐδὲ ἕν τινι τῶν ὄντων γινώσκεται· καὶ ἐν πᾶσι πάντα ἐστὶ, καὶ ἐν οὐδενὶ οὐδέν, καὶ ἐκ πάντων πᾶσι γινώσκεται, καὶ ἐξ οὐδενὸς οὐδενί « Perciò Dio è conosciuto in tutti gli esseri e separatamente da tutti: Dio è conosciuto mediante la scienza come mediante l'ignoranza, e a lui appartengono il pensiero, la ragione, la scienza, il tatto, il senso, l'opinione, la rappresentazione, il nome e tutto il resto, e non è concepito né detto né nominato. Egli non è alcuno degli esseri né è conosciuto in alcuno degli esseri, ed egli è tutto in tutti e nulla in nessuno ed è conosciuto da tutti in tutte le cose e da nessuno in nessuna » (*De divinis nominibus* VII, 3 = PG 3, 872A; testo critico in DIONYSIUS ‹AREOPAGITA› [1990: 198; tr. it. 354s]).

[23] V. MELCHIORRE [1986: 423].

[24] Potremmo ricordare, a questo riguardo, quanto Ricœur scrisse a riguardo del nome JHWH, in relazione al titolo di "padre": « Le nom, c'est le nom propre. Le père, c'est un epithète. Le nom c'est une connotation. Le père c'est une description. Il est essentiel pour la foi d'Israël que la révélation de Yahvé s'élève à ce niveau terrible où le nom est une connotation sans dénotation, même pas celle de père. [...] La révélation du nom, c'est la dissolution de tous les anthropomorphismes, de toutes les figures et figurations, y compris celle du père. Le nom contre l'idole » (P. RICŒUR [1969: 475; tr. it. 500]).

3. LA *ḤOKMÂ* E LA FIGURA DI DIO

Il poeta, se è vero poeta, non solo descrive l'apparire delle cose, ma, descrivendo, *fa essere* ciò che si nasconde. Egli non solo chiama in scena il cielo o la terra, le stelle o gli animali, ma, chiamandoli in scena, *rivela* – nel simbolo, e in quanto simbolo – Colui che è il sempre presente, pur non essendo visibile e rappresentabile. Anche nel nostro dramma, JHWH parla a Giobbe dalla tempesta, ma non si presenta. Attraverso la carrellata sulla creazione, il poeta conduce il suo protagonista a *vedere* il vero Dio. Più precisamente, dal punto prospettico fissato nell'inno di Gb 28, il poeta conduce il suo protagonista a comprendersi come "luogo" in cui si rivela la *ḥokmâ* di JHWH, presente nel teatro della creazione.

Non vogliamo qui affrontare ancora una volta le questioni ampiamente studiate circa l'origine e l'identità di questa figura, ripercorrendo le ipotesi circa gli apporti del mondo culturale dell'Antico Vicino Oriente e, in particolare, la speculazione egiziana (*Mȝʿt*); e nemmeno tentare ancora una volta di tracciare l'evoluzione della figura della *ḥokmâ* all'interno della tradizione biblica.[25] Il nostro approccio è circoscritto alla valenza simbolica della *ḥokmâ*, mostrando, al termine del nostro studio, quale contributo essa offre al linguaggio su Dio.

Il simbolo della *ḥokmâ* appartiene al *Regime notturno*, è emanazione della tenebra della notte, « santa, inesprimibile e misteriosa »,[26] « potente grembo di rivelazioni »,[27] analoga al *chaos* originario e indistinto, da cui proviene il tutto. G. Bachelard ha sviluppato una « metafisica della notte »,[28] che struttura il *cogito* del poeta. E Novalis, anticipando le acquisizioni della psicanalisi, trova nella notte l'archetipo femminile di un « sole notturno », la cui luce è una conoscenza più profonda di quella diurna:

« *Wie arm und kindisch dünkt mir das Licht nun [...]*
*Himmlischer, als jene blitzenden Sterne,*
*dünken uns die unendlichen Augen,*
*die die Nacht in uns geöffnet* ».[29]

« *Du Nachtbegeisterung, Schlummer des Himmels kamst über mich [...]*
*blieb der ewige unerschütterliche Glauben an den*
*Nachthimmel und seine Sonne, die Geliebte* ».[30]

---

[25] Si veda il recente *status quæstionis* di C. WESTERMANN [1991].

[26] Cf il *Primo inno alla notte* di NOVALIS [1978: 149; tr. it. 41]: « Abwärts wend ich mich zu der heiligen, unaussprechlichen, geheimnisvollen Nacht » (seguendo l'*Athenaeumsdruck*).

[27] NOVALIS, *Quinto Inno alla notte* [1978: 165; tr. it. 91]: « Die Nacht ward der Offenbarungen mächtiger Schoß ».

[28] G. BACHELARD [1960: 124-47].

[29] NOVALIS, *Primo Inno alla notte* [1978: 151; tr. it. 47]: « Come infantile e grama ora, mi appar la Luce! [...] Più divini degli astri che lampeggiano lassù nel cielo, ne appaion gl'infiniti occhi interiori che in noi la Notte ha schiusi ».

La valenza "notturna" della *ḥokmâ* è una conferma di quanto abbiamo detto poco sopra.[31] Dalla sua caratterizzazione notturna, deriva anche la valenza sintetica e drammatica. La *ḥokma* è infatti un simbolo di trasformazione.[32] Il genere femminile del lessema[33] è molto di più di un accidente grammaticale: è, al contrario, la porta d'accesso al *surplus* del simbolo,[34] in quanto è proprio del "femminino" esprimere la *ciclicità* e la *sintesi* nell'"unione degli opposti". A questa valenza, noi siamo giunti grazie all'analisi dell'asse simbolico di luce e tenebra. In Gb 28, si ricordi il contrasto tra le capacità dell'*homo faber* che porta la luce sin nelle tenebre più profonde del grembo infernale, ma non riesce a "far luce" sul mistero della *ḥokmâ*, che Dio solo può scrutare. In 38,19-21, si ricordi la ricchezza antifrastica del simbolo del viaggio notturno del sole.

Dalla forza drammatica e ciclica di questo simbolo possiamo ora dedurre un contributo alla comprensione della figura di Dio. L'ambivalenza e l'opposizione non sono in Dio, ma nella *ḥokmâ* che si disvela nella creazione. Dio è al di là di essa, e rimane sempre identico a se stesso: ciò che muta e porta con sé il "lato oscuro" della realtà è la creatura finita, immersa nel flusso del divenire.[35]

Il libro di Giobbe segna quindi un passo in avanti rispetto alla teologia profetica, persino rispetto alla teologia deuteroisaiana, che pure ha offerto molti punti di appoggio alla riflessione del nostro dramma. Si prenda, ad esempio, un testo come Is 45,6s:

6    *Io sono JHWH e non v'è alcun altro:*
7    *che forma la luce e crea le tenebre* (jôṣēr ʾôr ûbôrēʾ ḥošek),
    *fa il bene e crea la sciagura* (ʿōśeh šālôm ûbôrēʾ raʿ).
    *Io sono JHWH, che fa tutto questo* (ʿōśeh kol-ʾēlleh).

---

[30] NOVALIS, *Terzo inno alla notte* [1978: 154; tr. it. 61]. La traduzione italiana citata segue l'edizione a stampa dell'Athenaeum. Il testo tedesco, invece, è preso dal manoscritto. Ecco una nostra traduzione: « Tu, Estasi notturna, Sonno del cielo, venisti sopra di me [...] rimase l'eterna incrollabile Fede nel cielo della Notte e nel suo Sole, l'Amata ».

[31] Cf pag. 332.

[32] Cf soprattutto le pagg. 282-283.

[33] È caratteristica comune all'ebraico חָכְמָה, al greco σοφία, all'italiano *sapienza*...

[34] Cf P. RICŒUR [1975b: 150].

[35] È questo, ci sembra, il punto più debole della *Antwort auf Hiob* di C. G. JUNG [1952]: « L'atteggiamento dualistico di Yahwèh, il quale da un lato schiaccia senza il minimo scrupolo la felicità e la vita umana, ma dall'altro sente di dover avere l'uomo quale suo *partner*, colloca questo in una situazione veramente insostenibile: da una parte Yahwèh si comporta in maniera irragionevole, come le catastrofi naturali e gli altri disastri imprevedibili, mentre dall'altra vuole essere amato, onorato, supplicato e lodato come "il Giusto" [...] Il Dramma è giunto alla sua conclusione per tutta l'eternità, la dualità della natura di Yahwèh è divenuta manifesta e qualcuno o qualcosa l'ha visto e registrato » (tr. it. 363 e 365). Al contrario, il punto di arrivo del libro di Giobbe sta nella scoperta di un volto di Dio che è *univocamente* quello positivo e, insieme, nella scoperta della finitudine della creazione (= principio di creazione).

Le parole del II-Isaia mettono in evidenza il dilemma in cui venne a trovarsi il problema della teodicea, una volta assunto il monoteismo teoretico.[36] Se si dovessero interpretare queste parole deuteroisaiane come affermazioni paritetiche, bisognerebbe concludere che JHWH è, in modo ambivalente, il dio dalla "doppia faccia".[37]

Il che non significa cadere nel tranello di alcuni modelli "monistici", affermando che: 1) tutte le calamità provengono da Dio; oppure che 2) tutto quanto avviene è volontà di Dio ed è per il bene dell'uomo; o ancora, che 3) tutto il negativo della vita è dovuto alle colpe dell'uomo. Il primo modello ridurrebbe Dio ad un essere eticamente indifferente o addirittura satanico, invidioso della felicità umana (cf il Giobbe dei dialoghi); il secondo, per giustificare Dio, eliminerebbe del tutto l'aspetto incomprensibile e assurdo dell'esperienza (cf gli amici); il terzo sarebbe la formulazione del principio di retribuzione, nella sua applicazione più rigida, ma anche più falsa.

La soluzione offerta da Giobbe è molto calibrata ed equidistante dagli estremi dualistici o monistici.[38] Dio, in quanto creatore, domina la luce e le tenebre, il benessere e la sciagura, e nulla di quanto avviene nella creazione è al di fuori della sua ʿeṣâ o del suo mišpāṭ. Tuttavia, un evento non deve essere letto immediatamente con categorie "etiche". Come mostrano i discorsi divini, quanto accade nella creazione va considerato anzitutto nella cornice della finitudine e della creaturalità, un divenire che nel dramma assume la figura simbolica della ḥokmâ.

L'orizzonte entro cui porre la lettura *etica* di un evento è, prima di ogni *teologia dell'alleanza*, è una *teologia della creazione*. Questo è il contributo teologico originale del libro di Giobbe.

## 4. LA TEOLOGIA DELLA CREAZIONE

Ogni confronto con un'opera d'arte e, *a fortiori*, con un testo che è Parola di Dio, costituisce un'occasione di arricchimento per chi è in continua ricerca e sa di non possedere in modo definitivo ed esauriente la verità, ma di esserne solo servo. Ogni generazione è chiamata a ripercorrere lo stesso cammino verso la verità, senza poter mai avere la presunzione di essere arrivata a conquistarla. Ogni passo compiuto è un arricchimento e dà una nuova prospettiva su quanto altri avevano già intuito e scoperto.

Il passo compiuto getta nuova luce e porta alla scoperta di ciò che altrimenti sarebbe rimasto solo implicito o sarebbe sfuggito inosservato.

---

[36] Cf, ad es., F. LINDSTRÖM [1983: 239-41].

[37] Alla maniera, ad esempio, di Marduk, com'è presentato nell'inno introduttivo di *Ludlul bēl nēmeqi* (I, 1-40). Cf la discussione di pag. 138.

[38] T. N. D. METTINGER [1987: tr. ingl. 198] parlando dei discorsi divini, li definisce « an Old Testament Gospel », in quanto Giobbe è invitato a non negare il male, ma, nello stesso tempo, a non considerarlo un aspetto della natura divina.

L'analisi simbolica condotta in queste pagine ci ha fatto percepire un nuovo rapporto tra la *teologia dell'alleanza* e la *teologia della creazione*. Il libro di Giobbe esprime infatti una visione teologica in dialettica rispetto
alla teologia della storia di stampo profetico o di ascendenza deuteronomistica.

Sarebbe interessante poter ricostruire diacronicamente gli sviluppi
che ora esporremo. Ma, non volendo entrare in inutili e forzate ipotesi,
dovremo accontentarci di considerare solo il rapporto sincronico del libro
di Giobbe con gli altri libri biblici. Del resto, comunque siano andate le
cose dal punto di vista storico (quando precisamente si formarono i racconti di creazione di Genesi? quando venne scritto il libro di Giobbe? e Pr
1-9? qual era lo *Sitz im Leben* ideologico, cui il dramma voleva rispondere?), la tensione che esporremo rimane presente in ogni impianto teoretico. La riflessione di questo paragrafo va posta nel contesto della discussione sul rapporto tra la teologia dell'alleanza e la teologia della creazione, una discussione che, con la sistematizzazione classica di G. von Rad[39]
e la precisazione di C. Westermann,[40] è andata talvolta percorrendo vicoli
angusti.[41]

Il punto di arrivo del tragitto simbolico giobbiano si trova in tensione
su due fronti. Da una parte, la valenza sintetica e drammatica della *ḥokmâ*

---

[39] Cf G. VON RAD [1960: tr. it. 168]: « Per paradossale che ciò possa suonare, la
creazione rientra nell'eziologia d'Israele! [...] L'ampio sviluppo della tradizione da Abramo fino a Giosuè rese necessari fondamenti diversi da quelli che poteva dare il 'credo'.
L'inizio di questa storia divina fu dunque retrodatato fino alla creazione ».

[40] Vanno almeno ricordati i diversi contributi di C. WESTERMANN, soprattutto la sintesi dedicata al tema della *Creazione* [1971], il suo monumentale commento a Genesi 1-11
[1974] e la sua "teologia" dell'Antico Testamento [1978]: « Non c'è un comune denominatore unico, cioè non è possibile dare a creazione e redenzione il comune denominatore
di articolo di fede o dato rivelato. L'unico comune denominatore è Dio stesso. Sia
nell'Antico come nel Nuovo Testamento, il discorso sull'attività creatrice di Dio ha in sé
una propria coesione e un senso; la sua origine e la sua storia è diversa da quella riguardante il tema dell'attività del Redentore » [1971: tr. it. 197].

[41] La posizione di G. VON RAD risente in modo abbastanza evidente della dogmatica
barthiana. Paradossalmente, la reazione di C. WESTERMANN arriva ad assumere tonalità
che la avvicinano ad una soteriologia dei "due ordini" (creazione e liberazione). Si veda
recentemente su questo problema E. SCHILLEBEECKX [1993] e l'ampia panoramica di L.
G. PERDUE [1994: 121-50].

Molto stimolanti sono anche le pagine dedicate da P. BEAUCHAMP [1990: 340-54] alla
creazione, come momento di concentrazione di tutte le figure: « [...] la création est le lieu
commun des figures puisque, dans la mesure où toutes expriment le même réel invisible,
elles tendent à se rassembler. Le pôle initial des figures est l'acte créateur. C'est lui qui
*concentre* et *excède* toute leur splendeur et toute leur énergie » (pag. 341). Egli vede in Dt
4,32 un « chemin de remontée » che dalla narrazione "storica" dell'esodo e del Sinai
giunge all'atto creatore, analogamente a Pro 8,22, in cui la חָכְמָה si autopresenta come il
« principio del cammino » di JHWH (רֵאשִׁית דַּרְכּוֹ). Anche l'invito alla domanda in Dt 4,32
(« Interroga... »), a suo parere, sarebbe da avvicinare allo stile interrogativo di Gb 38ss e
di Is 40-48.

si pone contro la struttura diairetica e il rigido geometrismo del principio retribuzionista, estremizzato e cristallizzato a seguito della teologia dell'alleanza di stampo profetico e deuteronomistico, accanto o prima della tradizione sapienziale. Dall'altra parte, i simboli creazionistici, assunti dal contesto mitico cananaico, mesopotamico o egiziano, sono stati trasformati criticamente per esprimere una peculiare figura di Dio: non un concorrente invidioso dell'uomo e della sua felicità, ma un Dio che, con la sua forza creatrice, è in grado di essere sempre – persino nel caso estremo di Giobbe – orizzonte di speranza (cf 42,6).

Rispetto alla teologia profetica pre-esilica e alla teologia deuteronomistica, Giobbe colloca il discorso su Dio nell'orizzonte della creazione, un orizzonte più ampio e comunque fondativo rispetto ad ogni discorso di alleanza.[42] Per il libro di Giobbe, non si può spiegare la realtà del male presente nell'esperienza umana, partendo immediatamente da un'etica dell'alleanza. Bisogna anzitutto presupporre che il Dio dell'alleanza è il Dio creatore, colui che ha posto in essere l'uomo e il mondo, in quanto realtà in divenire. Da questo punto di vista, la riflessione deuteroisaiana sull'unicità di Jhwh come Dio creatore e salvatore e il contributo ezecheliano sul principio della responsabilità individuale (cf Ez 18) hanno portato a incandescenza il problema della teodicea. Da quei presupposti può infatti sorgere un'intollerabile immagine di Dio, rappresentata nel dramma dagli interventi degli amici di Giobbe.

Se fosse vero – dal punto di vista cronologico – che fino a quel momento lo jahwismo non si era occupato esplicitamente della creazione, come problema *teo*logico, potremmo concludere che Giobbe, a seguito o insieme al II-Isaia, fu il momento propizio per la sua tematizzazione. E *forse*, dobbiamo essere grati anche al libro di Giobbe, se Genesi inizia con la stupenda narrazione di *Creazione e diluvio* (Gn 1-11).

Quanto ai miti provenienti dagli ambiti culturali circonvicini, bisogna riconoscere che la loro trascrizione fu molto accurata e orientata da una precisa *teo*logia.[43] Il fatto che Gb 28 e i discorsi divini siano strutturati prevalentemente a *Regime notturno* ci testimonia questo lavoro critico e

---

[42] Non si vuole, con questo, sminuire il valore di una teologia dell'alleanza (cf soprattutto il libro del Deuteronomio!), né misconoscere il fatto che l'attenzione alla storia come luogo di rivelazione ha portato la tradizione profetica a superare la visione "mitica" della natura, condivisa da tutte le culture dell'Antico Vicino Oriente. Grazie ai profeti gli eventi hanno perso la loro opacità e, in base alla concezione di un "tempo a senso unico", si sono trasformati in « teofanie negative » e in « collera di Jhwh » (cf M. ELIADE [1947: 154]). Tuttavia, il "simbolo" della « volontà di Dio », se astratto dall'orizzonte della « volontà del Dio creatore », poteva (e può tuttora) divenire un principio ideologico pericoloso, in quanto può attribuire a Dio quanto invece è da attribuire alla finitudine della creaturalità.

[43] Ci troviamo d'accordo con H. FRANKFORT [1946b: 366s]. Si ricordino a questo proposito gli studi, ampiamente citati, di L. G. PERDUE [1991] e G. FUCHS [1993].

mostra che i simboli della creazione, così com'è presentata nel libro di Giobbe, furono reinterpretati, nel momento in cui vennero applicati a JHWH.[44]

La rivelazione e l'alleanza – intese a modo di cifre sintetiche per indicare il *kerygma* delle tradizioni profetiche e deuteronomista – non sono state dimenticate,[45] ma inserite nella cornice fondativa della creazione.

---

[44] Ciò non vuol dire che, in seguito o a fianco dell'interpretazione giobbiana, si siano potuti avere altri tentativi di leggere gli "inizi" della creazione entro il quadro teologico dell'alleanza, come, ad es., Gn 2,4b-3,24. Si veda, al riguardo, il nostro contributo G. BORGONOVO [1994].

[45] Si ricordino Gb 28,28 e la sentenza conclusiva della teofania (42,7-8).

# BIBLIOGRAFIA GENERALE

Per le sigle di collane e riviste, rimandiamo a *Theologische Realenzyklopädie; Abkürzungsverzeichnis*, zusammengestellt von S. M. SCHWERTNER, W. De Gruyter, Berlin / New York [1]1976, [2]1994. Per le sigle dei libri biblici e degli scritti giudaici, si veda invece « Instructions for contributors », *Bib* 70 (1989) 580-87.

Altre sigle utilizzate nel corso del lavoro:

| | | | | |
|---|---|---|---|---|
| Aq | Aquila (130 d.C.) | | Po. | Polel |
| BM | British Museum (numerazione delle tavolette cuneiformi) | | Pu. | Pual |
| | | | Q | *q^erê* |
| Hi. | Hiphil | | Sym | Simmaco (175 d.C.) |
| Hit. | Hitpael | | Th | Teodozione (200 d.C.) |
| Ho. | Hophal | | TM | Testo Massoretico |
| K | *k^etîb* | | VAT | Vorderasiatische Abteilung der Berliner Museen (numerazione delle tavolette cuneiformi) |
| Ms(s) | manoscritto(i) | | | |
| Ni. | Niphal | | | |
| Pi. | Piel | | | |

## 1. TESTO EBRAICO

BH      *Biblia hebraica*, edidit R. KITTEL, Württembergische Bibelanstalt, Stuttgart [1]1937, [16]1973 (il libro di Giobbe è curato da G. BEER).

BHS      *Biblia hebraica stuttgartensia*, ediderunt K. ELLIGER - W. RUDOLPH, Deutsche Bibelstiftung, Stuttgart 1967-1977 (il libro di Giobbe è curato da G. GERLEMAN).

Per il testo ebraico di Siracide: *The Book of Ben Sira; Text, concordance and an analysis of the vocabulary*, ed. by Z. BEN HAYYIM ET ALII (The Historical Dictionary of the Hebrew Language), The Academy of the Hebrew Language and the Shrine of the Book, Jerusalem, 1973.

## 2. Versioni Antiche

(Nell'ordine alfabetico delle sigle utilizzate)

11QtgJob    cf *Le Targum de Job...*

Aq, Sym, Th cf F. Field [1875] e J. Ziegler [1982].

LXX    *Septuaginta; Id est Vetus Testamentum graece iuxta LXX interpretes,*
2 voll., edidit A. Ralphs, Deutsche Bibelstiftung, Stuttgart [1]1935,
[9]1984.
Per il testo di Giobbe, cf J. Ziegler [1982].

Saadiah (versione araba, 900 d.C.): Saadiah Ben Joseph al-Fayyûmî, *Oeuvres
complètes; Vol. V: Version arabe du Livre de Job*, publiée avec des
notes hébraïques par W. Bacher, accompagnée d'une traduction par
J. Derenbourg - H. Derenbourg, Ernest Leroux, Paris 1899.
——, *The book of theodicy; Translation and commentary on the Book
of Job*, edited by L. E. Goodman (YJS 25), Yale University Press,
New Haven 1988.

Syr    *The Old Testament in Syriac according to the Peshitta version; Part
II, Fasc. 1a: Job*, edited by L. G. Rignell, Brill, Leiden 1982.

Tg    Stec D. M., *The text of the Targum of Job; An introduction and critical edition* (AGJU 20), Brill, Leiden 1994.

Vg    *Biblia Sacra iuxta Vulgatam versionem*, 2 voll., edidit R. Weber,
Württembergische Bibelanstalt, Stuttgart [1]1969, [2]1975.

## 3. Dizionari e Strumenti di Consultazione

(Citati con sigle e qui elencati in ordine alfabetico, sulla base delle sigle, eccettuate le
prime tre concordanze)

Even Shoshan A., קונקורדנציה חדשה לתורה נביאים וכתובים - *A new concordance of
the Bible*, 3 voll., Kiryat Sepher, Jerusalem 1977-1980.

Lisowsky G., *Konkordanz zum hebräischen Alten Testament*, Württembergische
Bibelanstalt, Stuttgart [2]1958.

Mandelkern S., *Concordantiae hebraicae atque chaldaicae*, Schocken, Jerusalem / Tel Aviv [1]1896, [11]1978.

AAG    Segert S., *Altaramäische Grammatik mit Bibliographie, Chrestoma-
thie und Glossar*, VEB Verlag Enzyklopädie, Leipzig 1975.

AHw    *Akkadisches Handwörterbuch*, 3 Bände, unter Benutzung des lexika-
lischen Nachlasses von B. Meissner, bearbeitet von W. von Soden,
Otto Harrassowitz, Wiesbaden 1965-1981.

Alcalay    Alcalay R., *The complete Hebrew-English dictionary*, 3 voll., Mas-
sadah Publishing, Tel Aviv / Jerusalem 1965.

ANET    *Ancient Near Eastern Texts relating to the Old Testament - With
Supplement*, edited by J. B. Pritchard, University Press, Princeton
NJ [1]1950, [3]1969.

*Atraḫasīs*  cf W. G. LAMBERT - A. R. MILLARD [1969].

CIS  *Corpus Inscriptionum Semiticarum ab Academia Inscriptionum et Litterarum Humaniorum conditum atque digestum*, A Reipublicæ Typographeo, Paris 1881ss.

CML  GIBSON J. C. L., *Canaanite myths and legends*, originally edited by G. R. DRIVER, T. & T. Clark, Edinburgh [1]1956, [2]1978.

*Crum*  *A Coptic dictionary*, compiled by W. E. CRUM, Clarendon Press, Oxford 1939.

CTA  cf A. HERDNER [1963]

DBS  *Supplément au Dictionnaire de la Bible*, commencé par L. PIROT et A. ROBERT, éd. par H. CAZELLES - A. FEUILLET, Letouzey & Ané, Paris 1928 - ...

DISO  JEAN CH. F. - HOFTIJZER J., *Dictionnaire des inscriptions sémitiques de l'Ouest*, Brill, Leiden 1965.
Si veda ora: HOFTIJZER J. - JONGELING K., *Dictionary of the North-West Semitic Inscriptions*, Brill, Leiden, 1995.

DMR  *Dictionnaire des mythologies et des religions des societés traditionnelles et du monde antique*, publié sous la direction de Y. BONNEFOY, Flammarion, Paris 1981
[tr. it.: *Dizionario delle mitologie e delle religioni; Le divinità, l'immaginario, i riti, il mondo antico, le civiltà orientali, le società arcaiche*, Pubblicato sotto la direzione di Y. BONNEFOY, Edizione italiana a cura di I. SORDI (BUR.Diz), Rizzoli, Milano 1989].

DPF  DESMAISONS J. J. P., *Dictionnaire Persan-Français*, 4 volumi, Poliglotta Vaticana, Roma 1910.

DSym  CHEVALIER J. - GHEERBRANT A., *Dictionnaire des symboles; Mythes, rêves, coutumes, gestes, formes, figures, couleurs, nombres* (Bouquins), R. Laffont / Jupiter, Paris [1]1969, [2]1982
[tr. it.: *Dizionario dei simboli; Miti, sogni, costumi, gesti, forme, figure, colori, numeri*, tr. di M. G. MARGHERI PIERONI - L. MORI - R. VIGEVANI (BUR.Diz), Rizzoli, Milano 1986].

DTAT  cf *THAT*

EA  cf J. A. KNUDTZON [1915] e A. F. RAINEY [1970].

*Enūma eliš*  cf R. LABAT [1935] e W. G. LAMBERT [1994].

*Gilgameš*  cf G. PETTINATO [1992].

GK  GESENIUS H. F. W., *Hebräische Grammatik*, völlig umbearbeitet von E. KAUTZSCH, Vogel, Leipzig [1]1813, [28]1908
[tr. ingl.: *Gesenius' Hebrew Grammar*, as edited and enlarged by E. KAUTZSCH, Revised by A. E. COWLEY, Clarendon Press, Oxford [1]1898, [2]1910].

GLAT  cf *TWAT*

*HetW*       FRIEDRICH J. H., *Hethitisches Wörterbuch; Kurzgefasste kritische
             Sammlung der Deutungen hethitischer Wörter* (Indogermanische
             Bibliothek. 2. Reihe: Wörterbücher), Carl Winter Universitätsverlag,
             Heidelberg 1952-1954;
             ——, *Hethitisches Wörterbuch; Kurzgefasste kritische Sammlung der
             Deutungen hethitischer Wörter – 1.-3. Ergänzungshefte* (Indogerma-
             nische Bibliothek. 2. Reihe: Wörterbücher), Carl Winter Universi-
             tätsverlag, Heidelberg 1957-1961.

*HSyn*       BROCKELMANN C., *Hebräische Syntax*, Buchhandlung des Erzie-
             hungsvereins, Neukirchen 1956.

*IEW*        POKORNY J., *Indogermanisches etymologisches Wörterbuch*, Francke
             Verlag, Bern / München 1959-1969.

*Jastrow*    *A dictionary of the Targumim, the Talmud Babli and Yerushalmi, and
             the Midrashic literature*, compiled by M. JASTROW, Pardes Publish-
             ing House, New York 1950.

*Joüon*      JOÜON P., *Grammaire de l'hébreu biblique*, P.I.B., Roma 1923
             [Édition photomécanique corrigée 1965].

*KAI*        DONNER H. - RÖLLIG W., *Kanaanäische und aramäische Inschriften*,
             3 Bände, Mit einem Beitrag von O. RÖSSLER, Harrassowitz, Wiesba-
             den [1]1962-1964, [2]1966-1969.

*KAR*        cf E. EBELING [1919].

*KB*         KOEHLER L. - BAUMGARTNER W., *Hebräisches und aramäisches
             Lexikon zum Alten Testament*:
             – *Lieferung I*, neu bearbeitet von W. BAUMGARTNER, unter Mitarbeit
             von B. HARTMANN - E. Y. KUTSCHER, Brill, Leiden [3]1967, [1]1953;
             – *Lieferung II*, neu bearbeitet von W. BAUMGARTNER - B. HART-
             MANN - E. Y. KUTSCHER, herausgegeben von B. HARTMANN - PH. H.
             REYMOND - J. J. STAMM, Brill, Leiden [3]1974, [1]1953;
             – *Lieferung III*, neu bearbeitet von W. BAUMGARTNER - J. J. STAMM,
             unter Mitarbeit von Z. BEN ḤAYYIM - B. HARTMANN - PH. H. REY-
             MOND, Brill, Leiden [3]1983, [1]1953;
             – *Lieferung IV*, neu bearbeitet von J. J. STAMM, unter Mitarbeit von
             Z. BEN ḤAYYIM - B. HARTMANN - PH. H. REYMOND, Brill, Leiden
             [3]1990, [1]1953.

*KTU*        DIETRICH M. - LORETZ O. - SANMARTÍN J., *Die keilalphabetischen
             Texte aus Ugarit, einschließlich der keilalphabetischen Texte ausser-
             halb Ugarits; Teil I: Transkription* (AOAT 24/1), Butzon & Bercker /
             Neuk. Verlag, Kevelaer / Neukirchen-Vluyn 1976.

*Lane*       LANE E. W., *An Arabic-English lexicon, derived from the best and
             the most copious eastern sources*, Williams and Norgate, London /
             Edinburgh 1867-1893.

*Leslau*     LESLAU W., *Comparative dictionary of Geꜥez (Classical Ethiopic)*,
             Otto Harrassowitz, Wiesbaden 1987.

LHAVT     *Lexicon hebraicum et aramaicum Veteris Testamenti*, quod aliis col-
          laborantibus edidit F. ZORELL, P.I.B., Roma 1940-1954.

LLÆ       DILLMANN A., *Lexikon Linguæ Æthiopicæ cum indice latino*, Biblio
          Verlag, Osnabrück 1970 [= 1865].

LSyr      BROCKELMANN C., *Lexicon Syriacum*, M. Niemeyer, Göttingen
          ²1928.

*Ludlul bēl nēmeqi* cf W. G. LAMBERT [1969] e W. VON SODEN [1990b].

MEE       cf G. PETTINATO - A. ALBERTI [1979] e G. PETTINATO [1982].

MLC       *Mitos y leyendas de Canaan segun la tradición de Ugarit*; Textos,
          versión y estudio por G. DEL OLMO LETE (FCiBí 1), Cristiandad,
          Madrid 1981.

NBL       *Neues Bibel-Lexikon, I*, hrg. von M. GÖRG - B. LANG, Benziger,
          Zürich 1988s.

RE        *Paulys Real-Encyclopädie der Classischen Altertumswissenschaft*,
          Neue Bearbeitung, hrg. von G. WISSOWA, Metzlerscher Verlag,
          Stuttgart 1905-1978.

RÉS       *Répertoire d'épigraphie sémitique, Tome I-VIII*, publié par la Com-
          mission du Corpus Inscriptionum Semiticarum, Imprimerie Nationa-
          le, Paris 1900-1968.

SEDEPA    MONIER W. M., *A Sanskrit-English dictionary etymologically and
          philologically arrangend with special reference to cognate Indo-
          european languages*, Clarendon Press, Oxford ¹1872, ²1899.

THAT      *Theologisches Handwörterbuch zum Alten Testament*, 2 Bände, hrg.
          von E. JENNI - C. WESTERMANN, Kaiser / Theol. Verlag, München /
          Zürich 1978
          [tr. it.: *DTAT = Dizionario Teologico dell'Antico Testamento*, 2 vo-
          lumi, a cura di E. JENNI - C. WESTERMANN, edizione italiana a cura
          di G. L. PRATO, Marietti, Casale Monferrato 1978-1982].

TRE       *Theologische Realenzyklopädie*, hrg. von G. KRAUSE - G. L. MÜL-
          LER, De Gruyter, Berlin / New York 1976 -...

TWAT      *Theologisches Wörterbuch zum Alten Testament*, hrg. von G. J.
          BOTTERWECK - H. RINGGREN, Kohlhammer, Stuttgart 1973 -...
          [tr. it.: *GLAT = Grande Lessico dell'Antico Testamento*, a cura di G.
          J. BOTTERWECK - H. RINGGREN, edizione italiana a cura di A.
          CATASTINI - R. CONTINI, Paideia, Brescia 1988 -... (finora è apparso
          solo il primo volume)].

UT        GORDON C. H., *Ugaritic Textbook. I. Grammar; II. Texts in translit-
          eration, Cuneiform selections; III. Glossary, Indices* (AnOr 38),
          P.I.B., Roma ¹1940, ³1965.

VAI       *Vocabolario Arabo-Italiano*, 3 volumi, Prefazione di R. TRAINI (PIO
          60; 62 e 69), Istituto per l'Oriente, Roma 1966-1973.

*WÄS*      *Wörterbuch der ägyptischen Sprache*, hrg. von A. ERMAN - H. GRA-
           POW, J. C. Hinrichs'sche Buchhandlung, Leipzig 1926-1953.

*WMyth*    *Wörterbuch der Mythologie; Erste Abteilung: Die alten Kulturvölker;
           Band I: Götter und Mythen im Vorderen Orient*, hrg. von H. W.
           HAUSSIG, Ernst Klett Verlag, Stuttgart 1965.

*WTS*      LITTMANN E. - HÖFNER M., *Wörterbuch der Tigrê-Sprache; Tigrê -
           Deutsch - Englisch*, F. Steiner Verlag, Wiesbaden 1962.

## 4. TRADUZIONI E COMMENTARI DEL LIBRO DI GIOBBE

(Sono riportate solo le traduzioni e i commentati direttamente o indirettamente citati nel
lavoro attraverso il nome dell'autore. Per un elenco tendenzialmente completo, cf D. J. A.
CLINES, LXV-LXXXIV. I commentari sono in ordine alfabetico; segue una tabella in ordine cronologico)

ALDEN R. L., *Job; An exegetical and theological exposition of Holy Scripture*
(NAC 11), Broadman and Holman, Nashville 1993.

ALONSO SCHÖKEL L. ET ALII, *Job* (LiSa 16), Cristiandad, Madrid 1971.

ALONSO SCHÖKEL L. - SICRE DÍAZ J. L., *Job; Comentario teológico y literario*
(NBE.CTL), Cristiandad, Madrid 1983
[tr. it.: *Giobbe; Commento teologico e letterario*, traduzione ed edizione
italiana a cura di G. BORGONOVO (Commenti Biblici), Borla, Roma 1985].

ANDERSEN F. I., *Job; An introduction and commentary* (TOTC), Inter-Varsity,
London / Downer's Grove 1976.

ANDERSON H. G., « Job »: *The Interpreter's one volume commentary on the Bible*, edited by CH. M. LAYMON, Abingdon Press, Nashville 1971, 238-52.

ARTOM E. S., ספרי המקרא (ספר איוב מפרש 16), Yavneh, Tel Aviv 1954, [2]1967.

AUGÉ R., *Job* (La Biblia 9), Monestir de Montserrat 1959.

BAETHGEN F. W. A., *Hiob; Deutsch mit kurzen Anmerkungen für Ungelehrte*,
Vandenhoeck & Ruprecht, Göttingen 1898.

BALL CH. J., *The Book of Job; A revised text and version*, With preface by CH. F.
BURNEY, Clarendon Press, Oxford 1922.

BARBARESI P., *Il libro di Giobbe; Versione poetica*, Prefazione di P. FERRIERI, A.
Brocca, Milano 1894.

BARELLI V., *Il libro di Giobbe recato in versi italiani; Opera postuma*, F. Osti-
nelli, Como 1891.

BARNES A., *Notes, critical, explanatory, and practical, on the Book of Job, with a
new translation, and an introductory dissertation*, Glasgow 1947.

BERGANT D., *Job - Ecclesiastes* (OTMes 18), Glazier / Gill & M., Wilmington /
Dublin 1982.

BICKELL G. W. H., *Dichtungen der Hebräer, zum erstenmale nach dem Versma-
sse des Urtextes übersetzt. II. Job: Dialog über das Feinden des Gerechten*,
Wagner'sche Univ.-Buchhandlung, Innsbruck 1882.

BLEI K., *Job; Verklaring van een Bijbelgedeelte*, Kok, Kampen 1978.

BOURKE M. M., *The Book of Job (Parts 1 and 2); With a commentary* (PBiS 35s), Paulist, New York 1962s.

BRATES CAVERO L., « Job; Traducción y comentario »: E. NÁCAR FUSTER - A. COLUNGA CUETO (ed.), *Sagrada Biblia: versión directa de las lenguas originales* (BAC 287), Católica, Madrid 1969, 435-739.

BRUNO A., *Das Hohelied; Das Buch Hiob; Eine rhythmische und textkritische Untersuchung nebst einer Einführung in das Hohe Lied*, Almqvist & Wiksell International, Stockholm 1956.

BUDDE K. F. R., *Das Buch Hiob übersetzt und erklärt* (HK 2/1), Vandenhoeck & Ruprecht, Göttingen ¹1896, ²1913.

BÜCKERS H., *Die Makkabäerbücher; Das Buch Job; Übersetzt und erklärt* (HBK 5), Herder, Freiburg i.B. 1939.

BUTTENWIESER M., *The Book of Job*, Hodder & Stoughton / Univ. Press, London / Chicago 1922.

CALMET A., *Commentaire littéral [...]; Le livre de Job*, Emery / Saugrain / Martin, Paris 1722
[tr. lat.: « In librum Job »: ID., *Commentarius literalis in omnes libros Veteris et Novi Testamenti; Tomus III*, tr. di J. D. MANSI, S. et J. D. Marescandoli, Lucca 1732, 537-714].

CAPPELLUS [CAPPEL] L., *Commentarii et notæ criticæ in Vetus Testamentum*, edidit J. CAPPELLUS [CAPPEL], P. & J. Blaeu, Amsterdam 1689.

CASTELLI D., *Il libro di Job, tradotto dall'ebraico, con introduzione e note* (Cultura dell'Anima 50), R. Carabba, Lanciano 1916.

CERUTTI [CERUTI] G., *Il Libro di Giobbe recato dal testo Ebreo in versi italiani dal sacerdote G. Cerutti*, Roma ¹1759, ²1773.

CERONETTI G., *Il Libro di Giobbe* (Biblioteca Adelphi 41), Adelphi, Milano 1972.

CHOURAQUI A., *L'univers de la Bible, V: Prophètes mineurs; Psaumes, Proverbes, Job*, Lidis / Brepols, Paris / Turnhout 1984.

CLERICUS [LE CLERC] J., *Veteris Testamenti Libri Hagiographi; Jobus, Davidis Psalmi, Salomonis Proverbia, Concionatrix et Canticum Canticorum*, Amsterdam 1731.

CLINES D. J. A., *Job 1-20* (Word Biblical Commentary 17), Word Books, Dallas TX 1989.

COCCEJUS [COCH] J., *Commentarius in librum Ijobi*, Franeker 1644.

CORDIER B., *Commentaria in librum Job* (Supplementa ad Commentarium in Scripturam Sacram Cornelii a Lapide 3), Vivès, Paris 1866.

DATHE J. A., *Jobus, Proverbia Salomonis, Ecclesiastes, Canticum Canticorum ex recensione textus hebræi & versionum antiquarum latine versi notisque philologicis et criticis illustrati*, Sumtibus Orphanotrophei, Halae 1789.

DAVIDSON A. B., *The Book of Job; With notes, introduction and appendix. Adapted to the text of the Revised Version with some supplementary notes*, by H. C. O. LANCHESTER (CBSC), University Press, Cambridge 1884, [2]1918.

DE BOER P. A. H. ET ALII, *Zoals er gezegd is over: Job* (PBP 15), de Haan / Standaard, Hilversum / Antwerpen 1965.

DELITZSCH F. J., *Das Buch Job*, mit Beiträgen von H. L. FLEISCHER - J. G. WETZSTEIN (BC IV/2), Dörfling und Franke, Leipzig [1]1864, [2]1876 [tr. ingl.: *Commentary on the Old Testament in ten volumes: IV. Job, 2 volumes in one*, With contributions of H. L. FLEISCHER - J. G. WETZSTEIN, translated by F. J. BOLTON, Eerdmans, Grand Rapids MI [1]1949, [2]1980].

DELITZSCH FR., *Das Buch Hiob neu übersetzt und kurz erklärt* (Ausgabe mit sprachlichem Kommentar), Hinrichs, Leipzig 1902.

DE WILDE A., *Das Buch Hiob eingeleitet, übersetzt und erläutert* (OTS 22), Brill, Leiden 1981.

DHORME É. P., *Le livre de Job* (ÉtB), Gabalda, Paris [2]1926 [tr. ingl.: *A commentary on the Book of Job*, translated by H. KNIGHT, English translation edited by H. H. ROWLEY, Nelson, London / Nashville 1967].

DILLMANN A., *Hiob*, Für die dritte Auflage nach L. HIRZEL - J. OLSHAUSEN neu bearbeitet von A. DILLMANN (KEH 2), Verlag S. Hirzel, Leipzig [3]1869, [4]1891 (cf L. HIRZEL e J. OLSHAUSEN).

DILLON E. J., *The sceptics of the Old Testament: Job, Koheleth, Agur. With english text translated for the first time from the primitive Hebrew as restored on the basis of recent philological discoveries*, Haskell House, New York 1973 (riproduzione anastatica dell'edizione: Isbister & Co., London 1895).

DÖDERLEIN J. C., *Scholia in libros Veteris Testamenti poeticos: Iobum, Psalmos et tres Salomonis*, Apud Io. Iac. Curt, Halae 1779.

DRIVER S. R. - GRAY G. B., *A critical and exegetical commentary on the Book of Job together with a new translation* (ICC), T. & T. Clark, Edinburgh 1921.

DUHM B., *Das Buch Hiob erklärt* (KHC 16), Mohr (Siebeck), Freiburg / Leipzig / Tübingen 1897.

EATON J. H., *Job* (OTGu 5), JStOT Press, Sheffield 1985.

EHRLICH A. B., *Randglossen zur hebräischen Bibel; Textkritisches, Sprachliches und Sachliches; Sechster Band: Psalmen, Sprüche und Hiob*, J. C. Hinrichs'sche Buchhandlung, Leipzig 1913.

EICHHORN J. G., *Hiob*, Weidmann, Leipzig 1800.

EPPING C. - NELIS J. T., *Job* (BOT 7A), J. J. Romen & Zonen, Roermond / Maaseik 1968.

EWALD G. H. A., *Die Dichter des Alten Bundes; Dritter Theil: Das Buch Job übersetzt und erklärt*, Vandenhoeck & Ruprecht, Göttingen [1]1836, [2]1854 [tr. ingl.: *Commentary on the Book of Job with translation*, translated by J. F. SMITH, William and Norgate, London 1882].

FAVA A., *Poesie bibliche voltate in versi italiani; Il libro di Giobbe; I Salmi; Cantici scritturali*, V. Maisner & Co., Milano ²1875.

FEDRIZZI P., *Giobbe* (SB), Marietti, Torino / Roma 1972.

FOHRER G., *Das Buch Hiob* (KAT 16), Mohn, Gütersloh ¹1963, ²1989.

FREEHOF S. B., *Book of Job; A commentary*, Union of American Hebrew Congregations, New York 1958.

FRONIUS H., *Das Buch Hiob*, Österr. Kath. Bibelwerk, Klosterneuburg 1980.

GARCÍA CORDERO M., « Libro de Job; Introducción y comentario »: M. GARCÍA CORDERO - G. PÉREZ RODRÍGUEZ, *Biblia Comentada; Texto de la Nácar-Colunga; T. IV: Libros Sapienciales* (BAC 218), Católica, Madrid ²1967, 15-165.

GERSOM L. BEN, *The commentary of Levi Ben Gersom (Gersonides) on the Book of Job*, translated with introduction and notes by A. L. LASSEN, Bloch Publishing Co., New York 1946.

GIBSON E. C. S., *The Book of Job with introduction and notes* (WC), Methuen, London ³1919.

GIBSON J. C. L., *Job* (Daily Study Bible), St. Andrew / Westminster, Edinburgh / Philadelphia 1985.

GORDIS R., *The Book of Job; Commentary, new translation, and special studies* (MorS 2), Jewish Th. Sem. of America / Ktav, New York 1978.

GROSS H., *Ijob* (NEB 13), Echter Verlag, Würzburg 1986.

GUALANDI D., *Giobbe, nuova versione critica*, PUG, Roma 1976.

GUINAN M. D., *Job* (OT 19), Liturgical, Collegeville MN 1986.

HABEL N. C., *The Book of Job; A commentary* (OTL), SCM, London 1985.

HAKHAM A., ספר איוב מפורש, Môsad ha-Rav Kook, Jerusalem 1969s.

HANSON A. T. - HANSON M., *The Book of Job; Introduction and commentary* (TBC), SCM, London ¹1953, ²1970.

HARTLEY J. E., *The Book of Job* (NIC.OT), Eerdmans / Paternoster, Grand Rapids MI / Exeter 1988.

HEILIGSTEDT A., *Commentarius grammaticus historicus criticus in Jobum*, Leipzig ¹1847, ²1870.

——, *Praeparation zum Buche Hiob mit den nöthigen, die Übersetzung und das Verständnis des Textes erleichternden Anmerkungen*, Halle 1869 = *Hebräisch-deutsche Präparation zum Buch Hiob*, hrg. von R. F. EDEL, Oekumenischer Verlag, Lüdenscheid-Lobetal 1984.

HEINEN K., *Der unverfügbare Gott; Das Buch Ijob* (SKK AT 18), Kath. Bibelwerk, Stuttgart ¹1979, ²1988.

HERTZBERG HANS WILHELM, *Das Buch Hiob übersetzt und ausgelegt* (Bibelhilfe für die Gemeinde), J. G. Oncken, Stuttgart 1949.

HESSE F., *Hiob* (ZBK.AT 14), Theologischer Verlag, Zürich 1978.

HIRZEL L., *Hiob erklärt* (KEH 2), Weidmann, Leipzig [1]1839 [per [2]1852 cf J. OLSHAUSEN].

HITZIG F., *Das Buch Hiob übersetzt und ausgelegt*, C. F. Winter, Leipzig / Heidelberg 1874.

HÖLSCHER G., *Das Buch Hiob* (HAT I/17), J. C. Mohr (Paul Siebeck), Tübingen [1]1937, [2]1952.

HOFFMANN J. G. E., *Hiob*, C. F. Haeseler, Kiel 1891.

HONTHEIM J., *Das Buch Job als strophisches Kunstwerk nachgewiesen, übersetzt und erklärt* (BS 9/1-3), Herder, Freiburg 1904.

HORST F., *Hiob 1-19* (BK 16/1), Neukirchener Verlag, Neukirchen-Vluyn [1]1968, [4]1983.

HOUBIGANT CH. F., *Notæ criticæ in universos Veteris Testamenti libros cum hebraice, tum graece scriptos cum integris ejusdem prolegomenis, II*, Frankfurt 1777.

IBN EZRA A., ג. - נ"ך :מקראות גדולות עם ל"ב פירושים

IRWIN W. A., « Job »: M. BLACK - H. H. ROWLEY (ed.), *Peake's Commentary on the Bible*, Nelson, Edinburgh / New York [1]1919, [2]1962, 391-408.

JANZEN J. G., *Job* (Interpretation), Knox, Atlanta 1985.

JASTROW M., *The Book of Job; Its origin, growth and interpretation together with a new translation base on a revised text*, J. B. Lippincott, Philadelphia / London 1920.

JUNKER H., *Das Buch Job* (Echterbibel), Echter Verlag, Würzburg 1951.

KAHANA A., ספר איוב מפורש, Meqôrôt, Tel Aviv [1]1928, [2]1968.

KAPLAN L. J., ספר איוב: מבוא ופירוש, Mahbarot Lisparot, Tel Aviv 1951.

KELLY B. H., *Ezra, Nehemiah, Esther, Job* (LBC 8), Knox / SCM, Richmond / London 1962s.

KISSANE E. J., *The Book of Job translated from a critically revised Hebrew text with commentary*, Browne & Nolan, Dublin 1939 [ripubblicato da: Sheed and Ward, New York 1946].

KNABENBAUER J., *Commentarius in librum Iob*, P. Lethielleux, Paris 1886.

KOENIG F. E., *Das Buch Hiob eingeleitet, übersetzt und erklärt*, C. Bertelsmann, Gütersloh 1929.

KROEZE J. H., *Het boek Job* (COT 11), Kok, Kampen 1962.

LEE S., *The Book of the Patriarch Job, translated from the original Hebrew [... with] an introduction on the history, times, country, friends and book of the patriarch*, James Duncan, London 1837.

LE HIR A. M., *Le livre de Job; Traduction sur l'hébreu et commentaire [...]*, Avec introduction de M. GRANDVAUX, Jouby et Roger, Paris 1873.

LEÓN L. P. DE, *Exposición del libro de Job; Obra posthuma del Padre Fr. L. de León*, red. D. T. GONZÁLEZ, Madrid 1779.

LEY J., *Das Buch Hiob nach seinem Inhalt, seiner Kunstgestaltung und religiösen Bedeutung; Für gebildete Leser dargestellt*, Verlag der Buchhandlung des Waisenhauses, Halle 1903.

LUBSCZYK H., *Das Buch Ijob erläutert* (GSL AT 1), Patmos, Düsseldorf 1969 [tr. it.: *Il libro di Giobbe*, tr. di C. VIVALDELLI (Commenti Spirituali dell'Antico Testamento 1), Città Nuova, Roma 1971].

LUZZATO A., *Il libro di Giobbe*, versione di A. LUZZATO, Prefazione di M. TREVI (Universale Economica. Classici 2020), Feltrinelli, Milano 1991.

MACKENZIE R. A. F., « Job »: R. E. MURPHY (ed.), *The Jerome Biblical Commentary. Vol. I: The Old Testament*, Prentice-Hall / Chapman, Englewood Cliffs NJ / London 1968, 511-33 [tr. it.: « Giobbe »: *Grande Commentario Biblico*, edizione italiana a cura di A. BONORA, Queriniana, Brescia 1973, 654-82].

MARBÖCK J., *Das Buch Jiob*, Österreichisches Katholisches Bibelwerk, Klosterneuburg 1980.

MARTÍNEZ J. M., *Job, la fe en conflicto; Comentario y reflexiones sobre el libro de Job*, CLIE, Barcelona 1982.

MCCARTHY C. - HUONDER V., *The Book of Job / Le livre de Job* (PIRHOTP 3), UBS / Alliance Biblique Universelle, Stuttgart 1977.

MCKENNA D. L., *Job* (CCS 12), Word Books, Waco TX 1986.

MERCERUS [MERCIER] J., *Commentarii in librum Iob*, Genève 1573.

MERX E. O. A., *Das Gedicht von Hiob; Hebräischer Text, kritisch bearbeitet und übersetzt, nebst sachlicher und kritischer Einleitung*, Mauke, Jena 1871.

MICHAELIS J. D., *Deutsche Übersetzung des Alten Testaments mit Anmerkungen für Ungelehrte; Der erster Theil welcher das Buch Hiobs enthält*, J. Ch. Dieterich, Göttingen [1]1765, [2]1773.

MINN H. R., *The Book of Job; A translation with introduction and short notes*, University Press, Auckland NZ 1965.

MITCHELL S., *The book of Job*, North Point, San Francisco 1987.

MORGAN C., *The analyzed Bible: Job*, Baker Book, Grand Rapids MI [2]1983.

OLSHAUSEN J., *Hiob erklärt* (KEH 2), S. Hirzel, Leipzig [2]1852 [per [1]1839 cf L. HIRZEL].

OSTY É. - TRINQUET J., *La Bible; Le livre de Job - L'Ecclésiaste - Le livre de la Sagesse*, Rencontre, Lausanne / Paris 1971.

PEAKE A. S., *Job; Introduction, Revised Version with notes and index* (CeB), T.C. & E.C. Jack, Edinburgh 1905.

PETERS N., *Das Buch Hiob, übersetzt und erklärt* (EHAT 21), Aschendorffsche Verlagsbuchhandlung, Münster 1928.

PINEDA J. DE, *Commentariorum in Job libri tredecim, adiuncta singulis capitibus sua paraphrasi, quæ et longioris commentarii continet*, In Collegio S. Ermenegildi, Hispali 1598-1602.

PIXLEY J. V., *El libro de Job; Comentario bíblico latinoamericano*, Sebila, San José (Costa Rica) 1982.

POPE M. H., *Job; Introduction, translation, and notes* (AncB 15), Doubleday, Garden City NY [1]1965, [3]1973.

POTTER R. D., « Job »: R. H. FULLER (ed.), *A New Catholic Commentary on the Holy Scripture*, Thomas Nelson Publishers, Nashville / New York [1]1953, [2]1969, 417-38.

RASHI, ג. - ד"נ :םישוריפ ב"ל םע תולודג תוארקמ

RAVASI G., *Giobbe; Traduzione e commento* (Commenti Biblici), Borla, Roma [1]1979, [2]1984.

REICHERT V. E., *Job; Hebrew text and english translation with an introduction and commentary* (SBBS), Soncino Press, London / Jerusalem / New York 1946.

REISKE J. J., *Conjecturae in Jobum et Proverbia Salomonis*, Leipzig 1779.

REZZANO F., *Il Libro di Giobbe, esposto in italiana poesia, con annotazioni*, G. & N. Grossi, Roma 1760.

RICCIOTTI G., *Il libro di Giobbe; Versione critica dal testo ebraico con introduzione e commento*, Marietti, Torino / Roma 1924.

ROBIN É., « Job; Traduit et commenté »: *La Sainte Bible*; Tome IV, commencée sous la direction de L. PIROT, continuée sous la direction de A. CLAMER, Letouzey et Ané, Paris 1949, 697-868.

RODD C. R., *The Book of Job* (Narrative Commentaries), Trinity Press / Epworth, Philadelphia / London 1990.

ROSENMÜLLER E. F. K., *Scholia in Vetus Testamentum; Pars quinta Iobum continens*, Barth, Leipzig [1]1806, [2]1824.

ROWLEY H. H., *Job* (NCBC), Eerdmans / Marshall, Grand Rapids / London [1]1970, [2]1980.

RUCKMAN P. S., *The Book of Job*, Bible Institute, Pensacola FL 1978.

SCHLOTTMANN K., *Das Buch Hiob verdeutsch und erläutert*, Wiegandt & Brieben, Berlin 1851.

SCHROTEN H., *Het boek Job voor de gemeente verklaard*, Boekencentrum, Haag 1986.

SCHULTENS A., *Animadversiones philologicae in Jobum, in quibus plurima [...] oper linguae Arabicae et affinium illustrantur*, Utrecht 1708.

SCHULTENS A., *Liber Jobi cum nova versione ad Hebraeum fontem et commentario perpetuo in quo veterum et recentiorum interpretum cogitata praecipua expenduntur: genuinus sensus ad priscum linguae genium indagatur, atque ex filo et nexu universo, argumenti nodus intricatissimus evolvitur*, 2 vol., J. Luzac, Lugdunu Batavorum 1737.

——, *Commentarius in librum Iobi; In compendium redegit et observationes criticas atque exegeticas adspersit* G. J. L. VOGEL, Apud I. I. Curt, Halae 1773-1774.

SCHWEITZER R., *Job* (La Bible et la Vie 6), Ligel, Paris 1966.

SELMS A. VAN, *Job I (1-21); II (22-42)* (De Prediking van het Oude Testament), Callenbach, Nijkerk 1982-1983.

SIEGFRIED C., *The Book of Job; Critical edition of the Hebrew text, with notes*, English translation of the notes by R. E. BRÜNNOW (SBOT 17), Hinrichs, Leipzig 1893.

SIMUNDSON D. J., *The message of Job; A theological commentary*, Augsburg Fortress Press, Minneapolis MN 1986.

STEINMANN J., *Job; Texte français, introduction et commentaires* (ConBib), Desclée De Brouwer, Bruges / Paris 1961.

STEUERNAGEL C., « Das Buch Hiob »: *Die Heilige Schrift des Alten Testaments, II*, J. C. B. Mohr, Tübingen 1923, 323-89.

STEVENSON W. B., *The poem of Job; A literary study with a new translation*, British Academy, London [1]1947, [2]1948.

STICKEL J. G., *Das Buch Hiob rhythmisch gegliedert und übersetzt, mit exegetischen und kritischen Bemerkungen*, Weidmann, Leipzig 1842.

STIER F., *Das Buch Ijjob hebräisch und deutsch; Übertragen, ausgelegt und mit Text- und Sachererklärungen versehen*, Kösel, München 1954.

STRAHAN J., *The Book of Job interpreted*, T. & T. Clark, Edinburgh 1913.

SZCZYGIEL P., *Das Buch Job übersetzt und erklärt* (HSAT 5/1), P. Hanstein, Bonn 1931.

TALLEONI M., *Volgarizzamento in terza rima del Sacro Libro di Giob*, 2 Tomi, Mordacchini, Roma [2]1824.

TERRIEN S. L., *Job* (CAT 13), Delachaux et Niestlé, Neuchâtel 1963.

THILO M., *Das Buch Hiob; Neu übersetzt und aufgefasst*, Marcus & Webers / Ahn, Bonn 1925.

TORCZYNER H. [cf TUR-SINAI], ספר איוב מפורש, Hebrew Univ., Jerusalem 1941.

TUR-SINAI N. H. [cf TORCZYNER], ספר איוב עם פירוש חדש, Yavneh, Tel Aviv 1954 [tr. ingl.: *The Book of Job; A new commentary*, Kiryath-Sepher, Jerusalem [1]1957, [2]1967].

UMBREIT F. W. K., *Das Buch Hiob; Übersetzung und Auslegung*, Heidelberg [1]1824, [2]1832 [tr. ingl.: *A new version of the Book of Job with expository notes, and an introduction, on the spirit, composition, and author of the book*, translated by J. H. GRAY, Thomas Clark, Edinburgh 1836-1837].

VACCARI A., *Il libro di Giobbe e i Salmi; tradotti dai testi originali e annotati*, P.I.B., Roma [1]1925, [2]1927.

VIRGULIN S., *Giobbe; Versione, introduzione, note* (NVB 17), Paoline, Roma 1980.

VISCHER W., *Valeur de l'Ancien Testament; Commentaires des livres de Job, Esther, L'Ecclésiaste, le second Ésaie, précédés d'une introduction*, Labor et Fides, Genève 1958.

VOGELS W., *Job* (Belichting van het Bijbelboek), KBS / VBS / Tabor, Boxtel / Leuven / Brugge 1989.

VOLZ P., *Hiob und Weisheit (Das Buch Hiob, Sprüche und Jesus Sirach, Prediger) übersetzt, erklärt und mit Einleitungen versehen* (SAT 3/2), Vandenhoeck & Ruprecht, Göttingen [1]1911, [2]1921.

WEBER J. J., *Le Livre de Job. L'Ecclésiaste. Texte et commentaire*, Desclée / Cie, Paris / Tournay / Rome 1947.

WEISER A., *Das Buch Hiob übersetzt und erklärt* (ATD 13), Vandenhoeck & Ruprecht, Göttingen [1]1951, [8]1988
[tr. it.: *Giobbe; Traduzione e commento*, tr. di G. CASANOVA, ed. italiana a cura di F. MONTAGNINI (AT 13), Paideia, Brescia 1975].

WELTE B., *Das Buch Job übersetzt und erklärt*, Herder'sche Verlagshandlung, Freiburg i.B. 1849.

WRIGHT G. H. B., *The Book of Job; A new, critically revised translation, with essays on scansion, date [...]*, Williams and Norgate, London 1883.

WUTZ F. X., *Das Buch Job* (ESt 3), Kohlhammer, Stuttgart 1939.

YELLIN D., חקרי-מקרא באורים חדשים במקראות: א' איוב, Tarpiz, Jerusalem 1927.

ZUCK R. B., *Job* (Everyman's Bible Commentary), Moody, Chicago 1978.

*In ordine cronologico* (escludendo i commentari medievali):

| | | | |
|---|---|---|---|
| 1573 | Mercerus [Mercier] | 1779 | Döderlein |
| 1598 | Pineda | 1779 | Reiske |
| 1644 | Coccejus [Coch] | 1789 | Dathe |
| 1689 | Cappellus [Cappel] | 1800 | Eichhorn |
| 1708 | Schultens | 1806, 1824[2] | Rosenmüller |
| 1722 | Calmet | 1824[2] | Talleoni |
| 1731 | Clericus [Le Clerc] | 1824 | Umbreit |
| 1737 | Schultens | 1836 | Ewald |
| 1757, 1773[2] | Cerutti [Ceruti] | 1837 | Lee |
| 1760 | Rezzano | 1839 | Hirzel |
| 1765 | Michaelis | 1842 | Stickel |
| 1773-1774 | Schultens (e Vogel) | 1847 | Heiligstedt |
| 1777 | Houbigant | 1849 | Welte |
| 1779 | de León | 1851 | Schlottmann |

| | |
|---|---|
| 1852[2] | Olshausen (cf Hirzel) |
| 1864, 1876[2] | Delitzsch F. J. |
| 1866 | Cordier |
| 1869[3], 1891[4] | Dillmann (cf Hirzel) |
| 1871 | Merx |
| 1873 | Le Hir |
| 1874 | Hitzig |
| 1875[2] | Fava |
| 1882 | Bickell |
| 1883 | Wright |
| 1884, 1918[2] | Davidson |
| 1886 | Knabenbauer |
| 1891 | Barelli |
| 1891 | Hoffmann |
| 1893 | Siegfried |
| 1894 | Barbaresi |
| 1895 | Dillon |
| 1896, 1913[2] | Budde |
| 1897 | Duhm |
| 1898 | Baethgen |
| 1902 | Delitzsch Friedrich |
| 1903 | Ley |
| 1904 | Hontheim |
| 1905 | Peake |
| 1911, 1921[2] | Volz |
| 1913 | Ehrlich |
| 1913 | Strahan |
| 1916 | Castelli |
| 1919[3] | Gibson E. C. S. |
| 1919 | Irwin |
| 1920 | Jastrow |
| 1921 | Driver – Gray |
| 1922 | Ball |
| 1922 | Buttenwieser |
| 1923 | Steuernagel |
| 1924 | Ricciotti |
| 1925 | Thilo |
| 1925, 1927[2] | Vaccari |
| 1926 | Dhorme |
| 1927 | Yellin |
| 1928 | Kahana |
| 1928 | Peters |
| 1929 | Koenig |
| 1931 | Szczygiel |
| 1936 | Vischer |
| 1937 | Hölscher |
| 1939 | Bückers |
| 1939 = 1946 | Kissane |
| 1939 | Wutz |
| 1941 | Torczyner = Tur-Sinai |
| 1946 | Reichert |
| 1947 | Barnes |
| 1947 | Stevenson |
| 1947 | Weber |
| 1949 | Hertzberg |
| 1949 | Robin |
| 1951 | Junker |
| 1951 | Kaplan |
| 1951 | Weiser |
| 1953, 1970[2] | Hanson |
| 1953 | Potter |
| 1954, 1967[2] | Artom |
| 1954 | Stier |
| 1954 | Tur-Sinai = Torczyner |
| 1956 | Bruno |
| 1958 | Freehof |
| 1959 | Augé |
| 1961 | Steinmann |
| 1962 | Kroeze |
| 1962s | Bourke |
| 1962s | Kelly |
| 1963 | Fohrer |
| 1963, 1974[3] | Horst |
| 1963 | Terrien |
| 1965 | De Boer (et alii) |
| 1965 | Minn |
| 1965, 1973[3] | Pope |
| 1966 | Schweitzer |
| 1967[2] | García Cordero |
| 1968 | Epping |
| 1968 | Hulme |
| 1968 | MacKenzie |
| 1969 | Brates Cavero |
| 1969 | Lubsczyk |
| 1969s | Hakham |
| 1970, 1980[2] | Rowley |
| 1971 | Alonso Schökel et alii |
| 1971 | Anderson |
| 1971 | Osty – Trinquet |
| 1972 | Ceronetti |
| 1972 | Fedrizzi |
| 1976 | Andersen |
| 1976 | Gualandi |
| 1977 | McCarthy – Huonder |
| 1978 | Blei |
| 1978 | Gordis |
| 1978 | Hesse |
| 1978 | Ruckman |
| 1978 | Zuck |
| 1979, 1988[2] | Heinen |
| 1979, 1984[2] | Ravasi |
| 1980 | Fronius |

| 1980 | Marböck | 1985 | Janzen |
|------|---------|------|--------|
| 1980 | Virgulin | 1986 | Gross |
| 1981 | De Wilde | 1986 | Guinan |
| 1982 | Bergant | 1986 | McKenna |
| 1982 | Martínez | 1986 | Schroten |
| 1982 | Pixley | 1986 | Simundson |
| 1982-1983 | van Selms | 1987 | Mitchell |
| 1983 | Alonso Schökel – Sicre | 1988 | Hartley |
| 1984 | Chouraqui | 1989 | Clines |
| 1985 | Eaton | 1989 | Vogels |
| 1985 | Gibson J. C. L. | 1990 | Rodd |
| 1985 | Habel | 1993 | Alden |

## 5. ALTRI STUDI

(Citati con il nome dell'autore – o con l'inizio del titolo, per i primi due – e l'anno in parentesi quadre. L'elenco è in ordine alfabetico per autori.)

*Le Targum de Job...*

  *Le Targum de Job de la Grotte XI de Qumrân*, Édité et traduit par J. P. M. VAN DER PLOEG - A. S. VAN DER WOUDE, avec la collaboration de B. JONGELING, Brill, Leiden 1971 (= 11QtgJob).

תלמוד בבלי ...

  תלמוד בבלי - מסכת תענית, Institute for Talmudic Publications, Jerusalem 1983.

AALEN, S.

1951   *Die Begriffe "Licht" und "Finsternis" im Alten Testament, im Spätjudentum und im Rabbinismus*, I Kommisjon Hos Jacob Dybwad, Oslo 1951.

1960   « Licht und Finsternis »: *Die Religion in Geschichte und Gegenwart; Handwörterbuch in gemeinverständlicher Darstellung – Vierter Band*, hrg. von K. GALLING, Mohr (Paul Siebeck), Tübingen ³1960, coll. 357-59.

1973   « אוֹר, *'ôr* »: *TWAT* I, 160-82

    [tr. it. « אוֹר, *'ôr* »: *GLAT* I, 315-58].

AARTUN, K.

1978   « Textüberlieferung und vermeintliche Belege der Konjunktion *pV [e.g. pa-]* im Alten Testament », *UF* 10 (1978) 1-13.

ABELLIO, R.

1962   « Valeur ontologique du symbole », *CISy* n. 1 (1962).

ABRAMS, M. H.

1971   *A glossary of literary terms*, Holt Rinehart and Winston, Forth Worth ¹1971, ⁵1988.

ACKROYD, P. R.

1968s   « נצח - εἰς τέλος », *ET* 80 (1968s) 126.

ÆSCHYLUS

1972      *Septem quæ supersunt Tragoediæ*, edidit D. PAGE (SCBO), Clarendon Press, Oxford 1972.

ALBANI, M.

1994      *Astronomie und Schöpfungsglaube; Untersuchungen zum astronomischen Henochbuch* (WMANT 68), Neukirchener Verlag, Neukirchen-Vluyn 1994.

ALBERTZ, R.

1974      *Weltschöpfung und Menschenschöpfung: untersucht bei Deutero-Jesaja, Hiob und in den Psalmen* (CThM A 3), Calwer Verlag, Stuttgart 1974.

ALBRIGHT, W. F.

1922      *JPOS* 2 (1922) 190-98: recensione di P. Boylan [1922].

1928      « The Egyptian Empire in Asia in the twenty-first century B.C. », *JPOS* 8 (1928) 223-56.

1939      « An Aramaean magical text in Hebrew from the seventh century B.C. », *BASOR* n. 76 (1939) 5-11.

1940      *From the stone age to Christianity; Monotheism and the historical process*, Doubleday & Company, Garden City NY [1]1940, [2]1957.

1941      « Are the ephod and the teraphim mentioned in Ugaritic literature? », *BASOR* n. 83 (1941) 39-42.

1943      « Two little understood Amarna letters from the Middle Jordan valley », *BASOR* n. 89 (1943) 7-17.

1950      « Baal Zaphon »: *Festschrift Alfred Bertholet zum 80. Geburtstag gewidmet von Kollegen und Freunden*, hrg. von W. BAUMGARTNER - O. EIßFELDT - K. ELLIGER - L. ROST, Mohr (Paul Siebeck), Tübingen 1950, 1-14.

1954      « Northwest-semitic names in a list of Egyptian slaves from the 18th century B.C. », *JAOS* 74 (1954) 222-33.

1968      *Yahweh and the Gods of Canaan; A historical analysis of two contrasting faiths*, Eisenbrauns, Winona Lake IN [1]1968, [2]1990.

ALÎ, A. Y.

1934      *The Holy Qur'ân; Text, translation, notes*, by A. Y. ALÎ, Sh. Muhammad Ashrof Kashmiri Bazar, Lahore (India) 1934-1937.

ALLENDY, R.

1948      *Le symbolisme des nombres*, Éd. Traditionelles, Paris [1]1948, [2]1984.

ALMANSI, G.

1984      *Amica ironia*, Garzanti, Milano 1984.

ALONSO DÍAZ, J.

1967      *En lucha con el misterio; El alma judía ante los premios y castigos y la vida ultraterrena* (Palabra Inspirada 2), Sal Terrae, Santander 1967.

ALONSO SCHÖKEL, L.
1964    *La Palabra inspirada; La Biblia a la luz de la ciencia del lenguaje* (AcChr 27), Cristiandad, Madrid [1]1964, [3]1986
[tr. it: *La Parola ispirata; La Bibbia alla luce della scienza del linguaggio* (BCR 7), Paideia, Brescia [1]1967, [2]1987].
1969    « Strutture numeriche nell'Antico Testamento », *Strumenti Critici* 3.3 (1969) 331-42
= « Estructuras numéricas en el Antiguo Testamento »: ID., *Hermenéutica de la Palabra; II. Interpretación literaria de textos bíblicos* (AcChr 38), Cristiandad, Madrid 1987, 257-70.
1970    *Il dinamismo della tradizione* (BCR 19), Paideia, Brescia 1970.
1976    « David y la mujer de Tecua: 2 Sm 14 como modelo hermenéutico », *Bib* 57 (1976) 192-205
= ID., *Hermenéutica de la Palabra; I. Hermenéutica bíblica* (AcChr 37), Cristiandad, Madrid 1986, 217-30.
1977    « Toward a dramatic reading of the Book of Job »: *Studies in the Book of Job*, edited by R. M. POLZIN - D. A. ROBERTSON = *Semeia* n. 7 (1977) 45-61.
1987    « Poética hebrea; Historia y procedimientos »: ID., *Hermenéutica de la Palabra; II. Interpretación literaria de textos bíblicos* (AcChr 38), Cristiandad, Madrid 1987, 17-228
= *Manual de poética hebrea* (AcChr 41), Cristiandad, Madrid 1988
[tr. it.: *Manuale di poetica ebraica* (BiBi 1), Queriniana, Brescia 1989].
1988    « "Lo engendra el Espíritu fecundado el agua" (Jn 3,5) »: ID., *Hermenéutica de la Palabra; III. Interpretación teológica de textos bíblicos*, Edición preparada por E. ZURRO, Ediciones EGA / Mensajero, Bilbao 1990, 143-57
= *AFTC* 39 (1988) 115-27.
1990    « Il metodo storico-critico criticato: Per un avvio di discussione »: *La Bibbia, libro sacro, e la sua interpretazione. Simposio per il XL dell'ABI (Milano 2-4 giugno 1988)*, a cura di G. GHIBERTI = *RStB* 2/2 (1990) 67-69.

ALONSO SCHÖKEL, L. - SICRE DÍAZ, J. L.
1980    *Profetas, I-II* (NBE.CTL), Cristiandad, Madrid 1980
[tr. it.: *I Profeti* (Commenti Biblici), Borla, Roma 1984].

ALONSO SCHÖKEL, L. - CARNITI, C.
1991-1993  *Los Salmos /1-2* (NBE.CTL), Verbo Divino, Estella 1991-1993
[tr. it: *I Salmi, I-II*, trad. ed edizione italiana a cura di A. NEPI (Commenti Biblici), Borla, Roma 1992-1993].

ALONSO SCHÖKEL, L. - BRAVO ARAGÓN, J. M.
1994    *Appunti di ermeneutica*, traduzione di G. ZUCCHI (Studi Biblici 24), EDB, Bologna 1994.

ALQUIÉ, F.
1943    *Le désir d'éternité* (Quadrige 50), P. U. F., Paris [1]1943, [4]1993.

ALTHANN, R.
1991 « Job and the idea of the beatific afterlife », *OTEs* NS 4 (1991) 316-26.

ALVÁREZ DE MIRANDA, Á.
1954 « Job y Prometeo, o religión e irreligión », *AnAn* 2 (1954) 207-37.

AL-YASIN, IZZ-AL-DIN
1952 *The lexical relation between Ugaritic and Arabic* (Shelton Semitic Monograph Series 1), Shelton College, New York 1952.

AMADO LÉVY-VALENSI, E.
1991 *Job; Réponse à Jung* (Parole Présente), Cerf, Paris 1991.

AMSTUTZ, J.
1991 « Archetypus und Symbol », *Symb.* NF 10 (1991) 51-66.

AP THOMAS, D. R.
1956 « Notes on some terms relating to prayer », *VT* 6 (1956) 225-41.

ARENS, E.
1990 « Zur Struktur Theologischer Wahrheit; Überlegungen aus wahrheitstheoretischer, biblischer und fundamentaltheologischer Sicht », *ZKTh* 112 (1990) 1-17.

ASSMANN, J.
1990a « Der "leidende Gerechte" im alten Ägypten – Zum Konfliktpotential der ägyptischen Religion »: *Loyalitätskonflikte in der Religionsgeschichte. Festschrift für 60. Geburtstag Carsten Colpe*, hrg. von CH. ELSAS - H. KIPPENBERG, Königsberg & N., Würzburg 1990, 203-24.
1990b *Ma'at; Gerechtigkeit und Unsterblichkeit im Alten Ägypten*, C. H. Beck, München 1990.

ASTOUR, M. C.
1968 « Two Ugaritic serpent charms », *JNES* 27 (1968) 13-36.

ATHANASSAKIS, A. N.
1977 *The Orphic Hymns; Text, translation and notes* (SBL.GRRS 4), Scholars, Missoula MT 1977.

BACHAR, SH.
1978s « מענה ליי לאיוב (I) », *BetM* 24 (1978s) 305-8.
1979s « מענה ליי לאיוב (II) », *BetM* 25 (1979s) 25-29.

BACHELARD, G.
1938a *La formation de l'esprit scientifique; Contribution à une psychanalyse de la connaissance objective* (BTPh), Librairie Philosophique J. Vrin, Paris ¹1938, ¹¹1980.
1938b *La psychanalyse du feu* (Idées 73), Gallimard, Paris ¹1938, ²1949 [tr. it.: *La psicanalisi del fuoco; L'intuizione dell'istante*, Edizioni Dedalo, Bari ³1987].
1942 *L'Eau et les Rêves; Essai sur l'imagination de la matière* (Le Livre de Poche 11), José Corti, Paris 1942

[tr. it.: *Psicanalisi delle acque* (Immagini del Profondo 9), Red. / Studio redazionale, Como 1988].

1943   *L'Air et les Songes; Essai sur l'imagination du mouvement* (Le Livre de Poche 14), José Corti, Paris 1943
[tr. it.: *Psicanalisi dell'aria; Sognare di volare; L'ascesa e la caduta*, tr. di M. COHEN HEMSI (Immagini del Profondo 15), Red. / Studio redazionale, Como 1988].

1947   *La Terre et les rêveries de la volonté*, Librairie José Corti, Paris 1947
[tr. it.: *La terra e le forze; Le immagini della volontà*, tr. di A. C. PEDRUZZI - M. CITTERIO (Immagini del Profondo 25), Red. / Studio redazionale, Como 1989].

1948   *La Terre et les rêveries du repos*, Librairie José Corti, Paris 1948
[tr. it.: *La terra e il riposo; Le immagini dell'intimità*, tr. di M. CITTERIO - A. C. PEDRUZZI (Immagini del Profondo 64), Red. / Studio redazionale, Como 1994].

1950   *La dialectique de la durée* (Quadrige 104), Presses Universitaires de France, Paris [1]1950, [2]1989.

1957   *La poétique de l'espace* (Quadrige 24), Presses Universitaires de France, Paris [1]1957, [5]1992
[tr. it.: *La poetica dello spazio*, Edizioni Dedalo, Bari [3]1989].

1960   *La poétique de la rêverie* (Quadrige 62), Presses Universitaires de France, Paris [1]1960, [4]1993
[tr. it.: *La poetica della rêverie*, Edizioni Dedalo, Bari [3]1987].

1961   *La Flamme d'une chandelle* (Quadrige 52), Presses Universitaires de France, Paris [1]1961, [8]1986
[tr. it.: *La fiamma di una candela*, Editori Riuniti, Roma 1981].

1988   *Fragments d'une Poétique du Feu*, Texte établi et présenté par S. BACHELARD, Presses Universitaires de France, Paris 1988
[tr. it.: *Poetica del fuoco; Frammenti di un lavoro incompiuto*, Prefazione di S. BACHELARD (Immagini del Profondo 32), Red. / Studio redazionale, Como 1990].

BALDAUF, CH.
1983   « Menschliches Können und göttliche Weisheit in Hiob 28 »: *Theologische Versuche XIII*, hrg. von J. ROGGE - G. SCHILLE, Evang. Verlagsanstalt, Berlin 1983, 57-68.

BAR-EFRAT, SH.
1979   העיצוב האמנותי של הסיפור במקרא, Sifriat Poalim, Tel Aviv [1]1979, [2]1984
[tr. ingl.: *Narrative art in the Bible* (JSOT.S 70), Almond Press, Sheffield 1989].

BARGUET, P.
1972   « L'Am-Douat et les funérailles royales », *RdÉ* 24 (1972) 7-11.

BARR, J.
1961   *The semantics of Biblical language*, University Press, Oxford 1961
[tr. it.: *Semantica del linguaggio biblico*, traduzione e introduzione all'edizione italiana di P. SACCHI (CSR), Il Mulino, Bologna 1968].

1974        « Philology and exegesis; Some general remarks with illustrations
            from Job »: *Questions disputées d'Ancien Testament; Méthode et
            théologie – Continuing questions in Old Testament method and the-
            ology*, éd. par CH. H. W. BREKELMANS, Revised and enlarged edition
            by M. VERVENNE (BEThL 33), University Press, Leuven ¹1974,
            ²1989, 39-61.

BARRÉ, M. L.
1979        « A note on Job 19,25 », *VT* 29 (1979) 107-10.

BARTHES, R.
1987        *Criticism and truth*, University of Minnesota Press, Minneapolis
            1987.

BARTON, J.
1979        « Natural law and poetic justice in the Old Testament », *JThS* 30
            (1979) 1-14.

BARUCQ, A.
1964        *Le livre des Proverbes* (SBi), Gabalda, Paris 1964.

BASSET, L.
1994        *Le pardon originel; De l'abîme du mal au pouvoir de pardonner*
            (LiTh 24), Labor et Fides, Genève 1994.

BATTENFIELD, J. R.
1982        « Isaiah LIII 10: taking an "if" out of the sacrifice of the Servant »,
            *VT* 32 (1982) 485.

BAUDOUIN, CH.
1943        *Psychanalyse de Victor Ugo*, présenté par P. ALBOUY, Librairie A.
            Colin, Paris ¹1943, ²1972.
1952        *Le triomphe du héros*, Plon, Paris 1952
            [tr. it.: *Psicanalisi delle grandi epopee; Il trionfo dell'eroe*, tr. di I.
            ANDREINI ROSSI (Biblioteca di Psicologia e Pedagogia 14), Paoline /
            Saie, Roma 1969].

BAUER, J. B.
1951        *Das Weltbild im Buche Job*, Diss., Wien 1951.

BAUMANN, E.
1898        « Die Verwendbarkeit der Peshita zum Buche Ijob für die Textkritik
            (I) », *ZAW* 18 (1898) 305-38.
1899        « Die Verwendbarkeit der Peshita zum Buche Ijob für die Textkritik
            (II-III) », *ZAW* 19 (1899) 15-95. 288-309.
1890        « Die Verwendbarkeit der Peshita zum Buche Ijob für die Textkritik
            (IV-V) », *ZAW* 20 (1900) 177-201. 264-307.

BAUMER, L.
1957        « Das Buch Hiob; Versuch einer psychopathologischen Deutung »,
            *Der Nervenarzt* 28 (1957) 546-50.

BEAUCAMP, É.
1977        « Le goël de Jb 19,25 », *LTP* 33 (1977) 309s.

BEAUCHAMP, P.
1990        *L'un et l'autre Testament; Tome II. Accomplir les Écritures* (Parole de Dieu), Éditions du Seuil, Paris 1990.

BEEBY, H. D.
1965        « Elihu - Job's mediator? », *SEAJT* 7,2 (1965) 33-54.

BEER, G.
1897        *Der Text des Buches Hiob*, Elwertsche Verlagsbuchhandlung, Marburg 1897.

BEN CHENEB, M.
1934        « Tawriya »: *Enzyklopaedie des Islam; Geographisches, ethnographisches und biographisches Wörterbuch der muhammedanischen Völker; Band IV*, hrg. von M. TH. HOUTSMA ET ALII, Brill / Harrassowitz, Leiden / Wiesbaden 1934, 766s.

BERG, W.
1974        *Die sogenannten Hymnenfragmente im Amosbuch* (EHS.T 45), H. Lang / P. Lang, Bern / Frankfurt a. M. 1974.

BERGMEIER, R.
1967        « Zum Ausdruck ʿṣt ršʿjm in Ps 1,1; Hi 10,3; 21,16 und 22,18 », *ZAW* 79 (1967) 229-32.

BERTHOLET, A.
1926        « Zu den babylonischen und israelitischen Unterweltsvorstellungen »: *Oriental studies published in commemoration of the fortieth anniversary (1883-1923) of Paul Haupt as director of the Oriental Seminary of the Johns Hopkins University, Baltimore MD*, edited by C. ADLER - A. EMBER, J. Hopkins / Hinrich'sche Buchhand., Baltimore / Leipzig 1926, 9-18.

BERTRAND, M.
1983        *Spinoza et l'imaginaire* (Philosophie d'Aujourd'Hui), Presses Universitaires de France, Paris 1983.

BERTULETTI, A.
1988        « Sapere e libertà »: *L'evidenza e la fede*, a cura di G. COLOMBO (Quaestio 1), Glossa, Milano 1988, 444-65.

BEYER, K.
1984        *Die aramäischen Texte vom Toten Meer samt den Inschriften aus Palästina, dem Testament Levis aus der Kairoer Genisa, der Fastenrolle und den alten talmudischen Zitaten*, Vandenhoeck & Ruprecht, Göttingen 1984.

BEYERLIN, W.
1979        *Werden und Wesen des 107. Psalms* (BZAW 153), De Gruyter, Berlin / New York 1979.

BEYSE, K. M.
1986        « מָשָׁל מֹשֵׁל I »: *TWAT* V, 69-73.

BIANCHI, U.
1953s     « Teogonie greche e teogonie orientali », *SMSR* 24s (1953s) 60-75.

BIČ, M.
1966      « Kolácze spavedlivého a bezbožného v knize Jobové », *KrR* 33,3
          (1966) 49-55
          [tr. fr.: « Le juste et l'impie dans le livre de Job »: *Volume de Con-*
          *grès International pour l'étude de l'Ancien Testament, Genève 1965*
          (VT.S 15), Brill, Leiden 1966, 33-43].

BILIQ, E.
1962s     « העש במקרא », *BetM* 7,14 (1962s) 53-56.

BIRNBAUM, PH.
1977      הסדור השלם - *Daily prayer book*, translated with introduction & notes
          by PH. BIRNBAUM, Hebrew Publishing Co., New York 1977.

BLACK, M.
1962      « Models and archetypes »: ID., *Models and metaphors; Studies in*
          *language and philosophy*, Cornell University Press, Ithaca NY 1962,
          219-43
          [tr. it.: « Modelli e archetipi »: ID., *Modelli archetipi metafore* (Nuovi
          saggi 33), Pratiche Editrice, Parma ¹1983, ²1992, 67-95].
1979      « More about metaphor »: *Metaphor and thought*, edited by A. OR-
          TONY, Cambridge University Press, Cambridge / London 1979, 19-43
          = *Dial.* 31 (1977) 431-57.
          [tr. it.: « Ancora sulla metafora »: ID., *Modelli archetipi metafore*
          (Nuovi saggi 33), Pratiche Editrice, Parma ¹1983, ²1992, 97-135].

BLANK, SH. H.
1951      « An effective literary device in Job 31 », *JJS* 2 (1951) 105-7.
          = ID., *Prophetic thought; Essays and addresses,* Hebrew Union Col-
          lege Press, Cincinnati 1977, 65-67.

BLEEKER, C. J.
1963a     « L'œil et l'oreille; Leur signification religieuse »: ID., *The sacred*
          *bridge; Researches into the nature and structure of religion* (SHR 7),
          Brill, Leiden 1963, 52-71.
1963b     « La signification religieuse de la nuit, *ivi*, 72-82
          = « Nox revelatrix »: *Pro regno pro sanctuario; Een bundel studies*
          *en bijdragen van vrieden en vereerders bij de zestigste verjaardag*
          *van Prof. Dr. van der Leeuw*, Nijkerk 1950.

BLOCH, E.
1967      *Wegzeichen der Hoffnung; Eine Auswahl aus seinen Schriften*, hrg.
          von W. STROLZ (HerBü 300), Herder, Freiburg 1967.

BLOMMERDE, A. C. M.
1969      *Northwest semitic grammar and Job* (BibOr 22), P.I.B., Roma 1969.

BLUMENBERG, H.
1957      « Licht als Metapher der Wahrheit; Im Vorfeld der philosophischen
          Begriffsbildung », *StGen* 10 (1957) 432-47.

BLUMENTHAL, E.
1990        « Hiob und die Harfnerlieder », *ThLZ* 115 (1990) 721-30.

BOCHART, S.
1712a       *Geographia Sacra, seu Phaleg et Canaan, cui accedunt variæ disser-
            tationes philologicæ, geographicæ, theologicæ, &c.*, C. Boutesteyn /
            J. Luchtmans, Lyon ⁴1712.
1712b       *Hierozoici sive bipartiti operis de animalibus S. Scripturæ*, W. van de
            Water, Lyon ⁴1712.

BOELICKE, M.
1879        *Die Elihu-Reden nach ihrem Zusammenhange mit dem übrigen Teil
            des Buches Hiob und nach ihrem sprachlichen Charakter. Inaugural-
            Dissertation*, Karras, Halle 1879.

BONNARD, P. E.
1972        *Le Second Isaïe; Son disciple et leurs éditeurs; Isaïe 40-66* (ÉtB),
            Gabalda, Paris 1972.

BONORA, A.
1983        « Morte e mortalità dell'uomo nell'Antico Testamento », *Servitium* n.
            29s (1983) 150-60 [582-92].
1989        « Giobbe, capro espiatorio secondo R. Girard », *Teol[M]* 14 (1989)
            138-42.

BOOTH, W. C.
1974        *A rhetoric of irony*, University Press, Chicago 1974.

BORGONOVO, G.
1985        « Per "tradire" (o tradurre) senza inganno; Annotazioni ad una tradu-
            zione di Giobbe »: L. ALONSO SCHÖKEL - J. L. SICRE DÍAZ, *Giobbe;
            Commento teologico e letterario*, trad. ed ediz. italiana a cura di G.
            BORGONOVO (Commenti Biblici), Borla, Roma 1985, 682-741.
1988        « Per una discussione su Sal 51,8 », *ScC* 116 (1988) 568-608.
1994        « La "donna" di Gn 3 e le "donne" di Gn 6,1-4; Il ruolo del femmini-
            no nell'eziologia metastorica »: *Miti di origine, miti di caduta e pre-
            senza del femminino nella loro evoluzione interpretativa; XXXII Set-
            timana Biblica Nazionale (Roma, 14-18 settembre 1992)*, a cura di G.
            L. PRATO = *RStB* 6,1-2 (1994) 71-99.

BOSON, G. G.
1914        *Les métaux et les pierres dans les inscriptions assyro-babyloniennes*,
            Straub, München 1914.

BOTTÉRO, J.
1980        « La mythologie de la mort en Mésopotamie ancienne »: *Death in
            Mesopotamia; XXVIe Rencontre Assyriologique Internationale*, ed-
            ited by B. ALSTER (MesC 8), Akademisk, København 1980, 25-52.
1982        « L'oniromancie en Mésopotamie ancienne », *Ktema* 7 (1982) 5-18
            [tr. it.: « L'oniromanzia »: ID., *Mesopotamia; La scrittura, la mentali-
            tà e gli dèi* (Saggi 744), Einaudi, Torino 1991, 109-32].

1983 &laquo; Les morts et l'au-delà dans les rituels en accadien contre l'action des "revenants" &raquo;, *ZA* 73 (1983) 153-203.

BOTTÉRO, J. - KRAMER, S. N.

1989 *Lorsque les dieux faisaient l'homme; Mythologie mésopotamienne* (Bibliothèque des Histoires), Gallimard, Paris 1989 [tr. it.: *Uomini e dèi della Mesopotamia; Alle origini della mitologia*, ed. italiana a cura di G. BERGAMINI (I Millenni), Einaudi, Torino 1992].

BOUSSET, W.

1907 *Hauptprobleme der Gnosis* (FRLANT 10), Vandenhoeck & Ruprecht, Göttingen 1907.

1926 *Die Religion des Judentums im späthellenistischen Zeitalter*, in 3. verbesserter Auflage hrg. von H. GREßMANN, mit einem Vorwort von E. LOHSE (HNT 21), J. C. B. Mohr (Paul Siebeck), Tübingen [1]1926, [4]1966.

BOVATI, P.

1986 *Ristabilire la giustizia; Procedure, vocabolario, orientamenti* (AnBib 110), P.I.B., Roma 1986.

1989 &laquo; Le langage juridique du prophète Isaïe &raquo;: *Le livre d'Isaïe. Les oracles et leurs relectures: unité et complexité de l'ouvrage*, éd. par J. VERMEYLEN (BEThL 81), Univ. / Peeters, Leuven 1989, 177-96.

BOWES, P. J.

1982 &laquo; The structure of Job &raquo;, *BiTod* 20 (1982) 329-33.

BOYLAN, P.

1922 *Thoth the Hermes of Egypt*, Clarendon Press, Oxford 1922.

BRENNER, A.

1989 &laquo; Job the pious? The characterization of Job in the narrative framework of the book &raquo;, *JSOT* n. 43 (1989) 37-52.

BRERETON, G.

1968 *Principles of tragedy; A rational examination of the tragic concept in life and literature*, London 1968.

BRESCIANI, E.

1969 *Letteratura e poesia dell'Antico Egitto*, Introduzione, trad. originali e note di E. BRESCIANI (I Millenni), Einaudi, Torino [1]1969, [2]1990.

1992 *Il mito dell'Occhio del Sole; I dialoghi filosofici tra la Gatta Etiopica e il Piccolo Cinocefalo*, a cura di E. BRESCIANI (TVOA.E 3), Paideia, Brescia 1992.

BRICHTO, H. CH.

1963 *The problem of "curse" in the Hebrew Bible* (JBL.MS 13), Society of Biblical Literature, Philadelphia 1963.

BROADRIBB, D.

1964 &laquo; Carl Jung kaj la Biblio &raquo;, *BibR* 1 (1964) 13-45.

BROEK, R. VAN DEN
1972 *The myth of the phoenix according to classical and early christian traditions* (ÉPRO 24), Brill, Leiden 1972.

BRONGERS, H. A.
1969 « Der Zornesbecher »: *The Priestly Code and seven other studies* (OTS 15), Brill, Leiden 1969, 177-92.

BUDDE, K. F. R.
1882 « Die Capitel 27 und 28 des Buches Hiob », *ZAW* 2 (1882) 193-274.

BULTMANN, R.
1948 « Zur Geschichte der Lichtsymbolik im Altertum », *Ph.* 97 (1948) 1-36.

BURNS, J. B.
1989 « Support for the emendation $r^e\underline{h}\bar{o}b$ $m^eq\bar{o}m\hat{o}$ in Job XXIV 19-20 », *VT* 39 (1989) 480-85.
1990 « The chastening of the just in Job 5:17-23; Four strikes of Erra », *Proceedings of the Eastern Grand Lakes and Midwest Biblical Societies* 10 (1990) 18-30.
1993 « Cursing the day of birth », *Proceedings of the Eastern Grand Lakes and Midwest Biblical Societies* 13 (1993) 11-22.

BYINGTON, S. T.
1942 « Hebrew Marginalia II: Job 28 », *JBL* 61 (1942) 205-7.

CAGNI, L.
1969 *L'epopea di Erra* (SS 34), Ist. di Studi del Vicino Oriente, Roma 1969.

CALDERONE, PH. J.
1961 « ḤDL-II in poetic texts », *CBQ* 23 (1961) 451-60.
1962 « Supplementary note on ḤDL-II », *CBQ* 24 (1962) 412-19.

CALLACHOR, P. J.
1973 « A view of the Book of Job », *BiTod* n. 68 (1973) 1329-31.

CAQUOT, A.
1985 « Rephaïm »: *DBS X,* coll. 344-57.
1992 « Le Léviathan de Job 40,25-41,26 », *RB* 99 (1992) 40-69.

CAQUOT, A. - MASSON, E.
1977 « Tablettes Ougaritiques du Louvre (Planches I, II, III) », *Sem.* 27 (1977) 5-19.

CARSTENSEN, R. N.
1967 « The persistence of the "Elihu" tradition in later Jewish writers », *LexTQ* 2,2 (1967) 37-46.

CASANOWICZ, I. M.
1907 « Hapax Legomena »: *The Jewish Encyclopedia*, Funk and Wagnell Company, New York / London 1907, vol. VI, 226-28.

CASSIRER, E.

1921s « Der Begriff der symbolischen Form im Aufbau der Geisteswissenschaften », *VBW* 1 (1921s [ed. 1923]) 11-39

= *Wesen und Wirkung des Symbolbegriffs*, Wissenschaftliche Buchgemeinschaft, Darmstadt [1]1956, [7]1983, 169-200

[tr. it.: « Il concetto di forma simbolica nella costruzione delle scienze dello spirito »: ID., *Mito e concetto*, traduzione e edizione a cura di R. LAZZARI (Lezioni 2), La Nuova Italia, Firenze 1992, 95-135].

1922 *Die Begriffsform im mythischen Denken* (SBW 1), Bruno Cassirer, Leipzig / Berlin 1922

= *Wesen und Wirkung des Symbolbegriffs,* Wissenschaftliche Buchgemeinschaft, Darmstadt [1]1956, [7]1983, 1-70.

[tr. it.: « La forma del concetto nel pensiero mitico »: ID., *Mito e concetto*, traduzione e edizione a cura di R. LAZZARI (Lezioni 2), La Nuova Italia, Firenze 1992, 1-93].

1923 *Philosophie der Symbolischen Formen; I: Die Sprache*, Wissenschaftliche Buchgemeinschaft, Darmstadt [2]1953 [Bruno Cassirer, Berlin [1]1923]

[tr. it.: *Filosofia delle forme simboliche; Volume primo: Il linguaggio*, tr. di E. ARNAUD (Strumenti. Ristampe Anastatiche), La Nuova Italia, Firenze [1]1961, [2]1988].

1925a *Philosophie der Symbolischen Formen; II: Das mythische Denken*, Wissenschaftliche Buchgemeinschaft, Darmstadt [2]1953 [Bruno Cassirer, Berlin [1]1925]

[tr. it.: *Filosofia delle forme simboliche; Volume secondo: Il pensiero mitico*, tr. di E. ARNAUD (Strumenti. Ristampe Anastatiche 71,2), La Nuova Italia, Firenze [1]1964, [2]1988].

1925b *Sprache und Mythos; Ein Beitrag zum Problem der Götternamen* (Studien der Bibliothek Warburg 6), Teubner, Leipzig / Berlin 1925

= *Wesen und Wirkung des Symbolbegriffs,* Wissenschaftliche Buchgemeinschaft, Darmstadt [1]1956, [7]1983, 71-157.

[tr. it.: *Linguaggio e mito* (I Gabbiani ns 72), tr. di V. E. ALFIERI, Il Saggiatore, Milano [1]1961, [2]1968].

1929 *Philosophie der Symbolischen Formen; III: Phänomenologie der Erkenntnis*, Wissenschaftliche Buchgemeinschaft, Darmstadt [2]1954 [Bruno Cassirer, Berlin [1]1929]

[tr. it.: *Filosofia delle forme simboliche; Volume terzo: Fenomenologia della conoscenza (I)*, tr. di E. ARNAUD (Strumenti. Ristampe Anastatiche 71,3/1), La Nuova Italia, Firenze [1]1966, [2]1984; *Filosofia delle forme simboliche; Volume terzo: Fenomenologia della conoscenza (II)*, tr. di E. ARNAUD (Strumenti. Ristampe Anastatiche 71,3/2), La Nuova Italia, Firenze [1]1966, [2]1988].

1944 *An essay on man; An introduction to a philosophy of human culture*, Yale Univerity Press, New Haven / London 1944 [tr. it.: *Saggio sull'uomo e Lo strutturalismo nella linguistica moderna*, tr. di C. D'ALTAVILLA, Introduzione di L. LUGARINI (Filosofia e Problemi d'Oggi 3), Armando Editore, Roma [1]1968, [6]1986].

CASTELLINO, G. R.
1976 « The Šamaš-Hymn; A note on its structure »: *Kramer anniversary volume; Cuneiform studies in honor of S. N. Kramer*, Edited by B. L. EICHLER, with the assistance of J. W. HEIMERDINGER - Å. W. SJÖBERG (AOAT 25), Butzon / Neukirchener Verlag, Kevelaer / Neukirchen-Vluyn 1976, 71-74.

1977 *Testi sumerici e accadici*, a cura di G. R. CASTELLINO (CdR.Or), UTET, Torino 1977.

CAZELLES, H.
1961 « Le jugement des morts en Israël »: *Le jugement des morts* (SOr 4), Éditions du Seuil, Paris 1961, 103-42.

CEPEDA CALZADA, P.
1973 « El problema de la justicia en Job », *Crisis* 20 (1973) 243-90.
1975 *El problema de la justicia en Job*, Prensa Española, Madrid 1975.

CERESKO, A. R.
1975 « The A:B::B:A word pattern in Hebrew and northwest semitic with special reference to the book of Job », *UF* 7 (1975) 73-88.

1980 *Job 29-31 in the light of Northwest Semitic; A translation and philological commentary* (BibOr 36), P.I.B., Roma 1980.

1982 « The function of *antanaclasis* (מצא "to find" ∥ מצא "to reach, overtake, grasp") in Hebrew poetry, especially in the Book of Qohelet », *CBQ* 44 (1982) 551-69.

CERIANI, A. M.
1874 *Codex Syro-Hexaplaris Ambrosianus; Photolithographice editus*, curante et adnotante A. M. CERIANI (MSP 7), G. B. Pogliani, Milano 1874.

CHEYNE, TH. K.
1887 *Job and Solomon on the Wisdom of the Old Testament*, Kegan Paul - Trench & Co., London 1887.

CHARUE, A. M.
1939 « Job et le problème des rétributions dans l'Ancien Testament », *CNam* 33 (1939) 251-71.

CHAUVET, L. M.
1979 *Du symbolique au symbole; Essai sur les sacrements* (RitSy 9), Cerf, Paris 1979
[tr. it.: *Linguaggio e simbolo; Saggio sui sacramenti*, tr. di D. MOSSO (Liturgia e Vita 2), Elle Di Ci, Leumann (To) 1988].

CHIOLERIO, M.
1992 « Giobbe invoca la morte: paura o desiderio? (Gb 3,3-26) », *Ter.* 43 (1992) 27-52.

CIVIL, M.

1993 « On Mesopotamian jails and their Lady Warden »: *The tablet and the scroll; Near Eastern Studies in honor of William W. Hallo*, edited by M. E. COHEN - D. C. SNELL - D. B. WEISBERG, CDL Press, Bethesda, MD 1993, 72-78.

CLARK, D. J.

1982 « In search of Wisdom; Notes on Job 28 », *BiTr* 33 (1982) 401-5.

CLARUS, I.

1993 « Des Menschen und der Sonne Weg durch Nacht und Tod dargestellt an dem ägyptischen Buch "Amduat" », *Symb.* 11 (1993) 89-120.

CLINES, D. J. A.

1974 « The etymology of hebrew צֶלֶם », *JNWSL* 3 (1974) 19-25.

1980 « Verbal modality and the interpretation of Job IV 20-21 », *VT* 30 (1980) 354-57.

1985s « False naivety in the prologue to Job »: *Biblical and other studies in memory of Shelomo D. Goitein*, edited by R. AHRONI = *HAR* 9 (1985s) 127-36.

1988 « Belief, desire and wish in Job 19:23-27 - Clues for the identity of Job's "Redeemer" »: *"Wünschet Jerusalem Frieden"; Collected communications to the XIIth Congress of the International Organization for the Study of the Old Testament, Jerusalem 1986*, hrg. von M. AUGUSTIN - K. D. SCHUNCK (BEAT 13), Lang, Frankfurt a.M. 1988, 363-70.

COATS, G. W.

1972 « An exposition for the wilderness traditions », *VT* 22 (1972) 288-95.

COHEN, H. R.

1978 *Biblical hapax legomena in the light of Akkadian and Ugaritic* (SBL.Ds 37), Scholars Press, Missoula MT 1978.

COHEN, J.

1966 *Structure du langage poétique*, Flammarion, Paris 1966.

COLLINS, B.

1991 « Wisdom in Jung's Answer to Job », *BTB* 21 (1991) 97-101.

COLOMBO, G.

1988a *L'evidenza e la fede*, a cura di G. COLOMBO (Quaestio 1), Glossa, Milano 1988.

1988b « La ragione teologica »: *L'evidenza e la fede*, a cura di G. COLOMBO (Quaestio 1), Glossa, Milano 1988, 7-17.

COOPER, A.

1990 « Reading and misreading the prologue to Job », *JSOT* n. 46 (1990) 67-79.

CORNELIUS, I.
1990 « The sun epiphany in Job 38:12-15 and the iconography of the gods in the Ancient Near East - The Palestinian connection », *JNWSL* 16 (1990) 25-43.

COSTACURTA, B.
1988 *La vita minacciata; Il tema della paura nella Bibbia Ebraica* (AnBib 119), P.I.B., Roma 1988.

COX, C. E.
1987 « The wrath of God has come to me; Job's first speech according to the Septuagint », *SR* 16 (1987) 195-204.

COX, D.
1974 « Reason in revolt; The poetic dialogues in the Book of Job », *SBFLA* 24 (1974) 317-28.
1977 « Ṣᵉdāqâ and mišpāṭ: the concept of righteousness in later Wisdom », *SBFLA* 27 (1977) 33-50.
1978 *The triumph of impotence; Job and the tradition of the absurd* (AnGr 212), PUG, Roma 1978.
1981 « Structure and function of the final challenge, Job 29-31 », *PIBA* 5 (1981) 55-71.
1986 « A rational inquiry into God: chapters 4-27 of the Book of Job », *Gr.* 67 (1986) 621-58.
1987 « The Book of Job as bi-polar mašal; Structure and interpretation », *Anton.* 62 (1987) 12-25.

CRAIGIE, P. C.
1985 « Job and Ugaritic studies »: *Studies in the Book of Job*, edited by W. E. AUFRECHT (SR.S 16), Wilfrid Laurier U. P., Waterloo ONT 1985, 28-35.

CRENSHAW, J. L.
1967 « The influence of the wise upon Amos; The "doxologies of Amos" and Job 5,9-16; 9,5-10 », *ZAW* 79 (1967) 42-51.
1972 « Wᵉdōrēk ʿal-bāmŏtê 'āreṣ », *CBQ* 34 (1972) 39-53.
1975 *Hymnic affirmations of divine justice; Doxologies of Amos and related texts in the Old Testament* (SBL.Ds 24), Scholars Press, Missoula MT 1975.

CROSS, F. M. - FREEDMAN, D. N.
1948 « The blessing of Moses », *JBL* 67 (1948) 191-210.

CROSSAN, J. D.
1975 *Ricoeur Paul, On Biblical Hermeneutics*, edited by J. D. CROSSAN = *Semeia* n. 4 (1975).
1981 *The Book of Job and Ricoeur's hermeneutics*, edited by J. D. CROSSAN = *Semeia* n. 19 (1981).

CRÜSEMANN, F.
1969 *Studien zur Formgeschichte von Hymnus und Danklied in Israel* (WMANT 32), Neukirchener Verlag, Neukirchen-Vluyn 1969.

CURTIS, J. B.
1979      « On Job's response to Yahweh », *JBL* 98 (1979) 497-511.
1988      « Why were the Elihu speeches added to the Book of Job? », *Proceedings of the Eastern Grand Lakes and Midwest Biblical Societies* 8 (1988) 93-99.

DAHOOD, M. [J.]
1952      « Canaanite-Phoenician influence in Qohelet », *Bib* 33 (1952) 30-52; 191-221.
1953      « The divine name 'Elî in the Psalms », *TS* 14 (1953) 452-57.
1957      « Some northwest-semitic words in Job », *Bib* 38 (1957) 306-20.
1959      « The root 'ZB II in Job », *JBL* 78 (1959) 303-09.
1960      « Textual problems in Isaia », *CBQ* 22 (1960) 400-09.
1962      « Northwest semitic philology and Job »: *The Bible in Current Catholic Thought; To the memory of M. J. Gruenthaner, 1887-1962*, edited by J. L. MCKENZIE (SLUTS 1), Herder, New York 1962, 55-74.
1963a     « Denominative *riḥḥam*, "to conceive, enwomb" », *Bib* 44 (1963) 204s.
1963b     « Hebrew-Ugaritic lexicography I », *Bib* 44 (1963) 289-303.
1963c     *Proverbs and Northwest Semitic philology*, P.I.B., Roma 1963.
1963d     « Zacharia 9,1; 'ÊN 'ADAM », *CBQ* 25 (1963) 123s.
1963e     *Bib* 44 (1963) 547-49 (recensione di B. ALBREKTSON, *Studies in the text and theology of the book of Lamentations; with a critical edition of the Peshiṭta text* [= STL 21], C. W. K. Gleerup, Lund 1963).
1963f     *Or.* 32 (1963) 498-500 (recensione di G. GARBINI [1960]).
1964a     « Hebrew-Ugaritic lexicography II », *Bib* 45 (1964) 393-412.
1964b     « Ugaritic lexicography »: *Mélanges Eugène Tisserant; Vol. I: Écriture Sainte - Ancien Orient* (StT 231), Biblioteca Apostolica Vaticana, Città del Vaticano 1964, 81-104.
1965a     « Hebrew-Ugaritic lexicography III », *Bib* 46 (1965) 311-32.
1965b     *Ugaritic-Hebrew philology; Marginal notes on recent publications* (BibOr 17), P.I.B., Roma 1965.
1966      « Hebrew-Ugaritic lexicography IV », *Bib* 47 (1966) 403-19.
1966-1970 *Psalms, I-III; Introduction, translation and notes* (AncB 16; 17; 17A), Doubleday & Company, Garden City NY 1966-1970.
1967a     « Hebrew-Ugaritic lexicography V », *Bib* 48 (1967) 421-38.
1967b     « *ŚʿRT* "Storm" in Job 4,15 », *Bib* 48 (1967) 544s.
1968a     « *Hdk* in Job 40,12 », *Bib* 49 (1968) 509s.
1968b     « Hebrew-Ugaritic lexicography VI », *Bib* 49 (1968) 355-69.
1969      « Hebrew-Ugaritic lexicography VII », *Bib* 50 (1969) 337-56.
1970      « Hebrew-Ugaritic lexicography VIII », *Bib* 51 (1970) 391-404.
1971a     « Hebrew-Ugaritic lexicography IX », *Bib* 52 (1971) 337-56.
1971b     « Phoenician elements in Isaiah 52:13-53:12 »: *Near Eastern studies in honor of William Foxwell Albright*, edited by H. GOEDICKE, J. Hopkins Press, Baltimore / London 1971, 63-73.
1971c     *Bib* 52 (1971) 436-38 (recensione di J. LÉVÊQUE [1970]).

1972a     « Hebrew-Ugaritic lexicography X », *Bib* 53 (1972) 386-403.

1972b     (with T. PENAR), « Ugaritic-Hebrew parallel pairs »: *Ras Shamra parallels; The texts from Ugarit and the Hebrew Bible; Volume I*, edited by L. R. FISHER (AnOr 49), P.I.B., Roma 1972, 71-382.

1973     « Hebrew-Ugaritic lexicography XI », *Bib* 54 (1973) 351-66.

1974a     « Chiasms in Job; A text-critical and philological criterion »: *A light unto my path; Old Testament studies in honor of Jacob M. Myers*, edited by H. N. BREAM - R. D. HEIM - C. A. MOORE (GTS 4), Temple U.P., Philadelphia 1974, 119-30.

1974b     « Hebrew-Ugaritic lexicography XII », *Bib* 55 (1974) 381-93.

1974c     « *Ḥôl* "phoenix" in Job 29:18 and in Ugaritic », *CBQ* 36 (1974) 85-88.

1974d     « Northwest semitic texts and textual criticism of the Hebrew Bible »: *Questions disputées d'Ancien Testament; Méthode et théologie – Continuing questions in Old Testament method and theology*, éd. par CH. H. W. BREKELMANS, Revised and enlarged edition by M. VERVENNE (BEThL 33), Un. Press, Leuven ¹1974, ²1989, 11-37.

1974e     *Bib* 55 (1974) 287s (rec. del commentario di P. FEDRIZZI [1972]).

1978     *Bib* 59 (1978) 429-32 (rec. di L. L. GRABBE [1977]).

1982a     « Isaiah 53,8-12 and Massoretic misconstructions », *Bib* 63 (1982) 566-70.

1982b     « The conjunction *wn* and negative *ʾî* in Hebrew », *UF* 14 (1982) 51-54.

1984     « Hebrew hapax legomena in Eblaite »: *Il bilinguismo a Ebla; Atti del Convegno Internazionale (Napoli, 19-22 aprile 1982)*, a cura di L. CAGNI (Studi Asiatici, Series Minor 22), Ist. Univ. Orientale, Napoli 1984, 439-70.

DAILEY, TH. F.

1992     « "Wondrously far from me"; The Wisdom of Job 42:2-3 », *BZ* 36 (1992) 261-64.

1993     « And yet he repents - On Job 42,6 », *ZAW* 105 (1993) 205-09.

DAUBRÉE, A.

1890     « La génération des minéraux métalliques dans la pratique des mineurs du Moyen Âge, d'après le *Bergbüchlein* », *JS* (1890) 379-92; 441-52.

DAVIES, G. I. (*ET ALII*)

1991     *Ancient Hebrew inscriptions; Corpus and concordance*, Cambridge University Press, Cambridge 1991.

DAVY, M. M.

1976     *Le thème de la lumière dans le Judaïsme, le Christianisme et l'Islam*, Berg International, Paris 1976.

DAY, J.

1985     *God's conflict with the dragon and the sea; Echoes of a Canaanite myth in the Old Testament* (Oriental Publications 35), University Press, Cambridge 1985.

DE BOER, P. A. H.

1955 « The counsellor »: *Wisdom in Israel and in the Ancient Near East; Presented to Harold Henry Rowley by the editorial board of Vetus Testamentum in celebration of his 65. birthday, 24 March 1955*, ed. by M. NOTH - D. W. THOMAS (VT.S 3), Brill, Leiden 1955, 42-71.

1976 « Haalt Job bakzeil? (Job 42,6) », *NedThT* 31 (1976) 181-94.

DE BUCK, A.

1939 *De godsdienstige opvatting van den slaap inzonderheid in het oude Egypte* (MEOL 4), Brill, Leiden 1939.

DE CAROLIS, F.

1990 « Spinoza e la questione del Pentateuco in Francesco Leoni OFMConv (1702-1775) », *MF* 90 (1990) 459-505.

DE GENNARO, G.

1982 *Il cosmo nella Bibbia*, a cura di G. DE GENNARO (Studio Biblico Teologico Aquilano), Dehoniane, Napoli 1982.

DELCOR, M.

1977 « Mythologie et apocalyptique »: *Apocalypses et théologies de l'espérance. Congrès de Toulouse [de l'] Association Catholique Française pour l'Étude de la Bible*, éd. par L. MONLOUBOU (LeDiv 95), Cerf, Paris 1977, 143-77

[tr. it.: « Mitologia e apocalittica »: ID., *Studi sull'apocalittica*, ed. italiana a cura di A. ZANI (StBi 77), Paideia, Brescia 1987, 161-99].

DELL, K. J.

1991 *The Book of Job as sceptical literature* (BZAW 197), De Gruyter, Berlin / New York 1991

DE MOOR, J. C.

1969 « Ugaritic *hm* - Never "Behold" », *UF* 1 (1969) 201s.

1971 *The seasonal pattern in the Ugaritic myth of Baᶜlu; According to the version of Ilimilku* (AOAT 16), Butzon / Neuk. Verlag, Kevelaer / Neukirchen 1971.

DENNEFELD, L.

1939 « Les discours d'Elihou (Job 32-37) », *RB* 48 (1939) 163-80.

DE ROSSI, G. B.

1784-1787 *Variæ lectiones Veteris Testamenti [...]*, 4 volumina, opera ac studio G. B. DE ROSSI, Tipografia Regia, Parma 1784-1787.

1798 *Scholia critica in V. T. libros seu Supplementa ad varias Sacri Textus lectiones*, Tipografia Regia, Parma 1798.

DE WILDE, A.

1972 « Eine alte Crux Interpretum, Hiob 23,2 », *VT* 22 (1972) 368-74.

1978 « Jobs slotwoord », *NedThT* 32 (1978) 265-69.

DHORME, (É.) P.

1907 « Le séjour des morts chez les Babyloniens et les Hébreux », *RB* ns 4 (1907) 59-78.

1923    *L'emploi métaphorique des noms de parties du corps en hébreu et en akkadien*, Gabalda, Paris 1923
= *RB* 29 (1920) 465-506; *RB* 30 (1921) 374-99. 517-40; *RB* 31 (1922) 489-517; *RB* 32 (1923) 185-212.

1924    « Les chapitres XXV-XXVIII du livre de Job », *RB* 33 (1924) 343-56.

1945    « Les religions de Babylonie et d'Assyrie »: *Les anciennes religions orientales II* (Mana), Presses Universitaires de France, Paris [1]1945, [2]1949, 1-330.

DICK, M. B.

1979a    « Job XXVIII 4; A new translation », *VT* 29 (1979) 216-21.

1979b    « The legal metaphor in Job 31 », *CBQ* 41 (1979) 37-50
= *Sitting with Job; Selected studies on the Book of Job*, edited by R. B. ZUCK, Baker Book, Grand Rapids MI 1992, 321-34.

1983    « Job 31, the oath of innocence and the sage », *ZAW* 95 (1983) 31-53.

DIEL, P.

1954    *Le symbolisme dans la mythologie grecque*, Préface de G. BACHELARD (Petite Bibliothèque Payot 7), Payot, Paris [1]1954, [5]1989.

1975    *Le symbolisme dans la Bible; L'universalité du langage symbolique et sa signification psychologique*, Préface de J. DIEL (Petite Bibliothèque Payot 20), Payot, Paris [1]1975, [2]1994.

DIELS, H.

1903    *Die Fragmente der Vorsokratiker; Griechisch und deutsch, I-II*, hrg. von W. KRANZ, Weidmannsche Verlagsbuchhandlung, Berlin [1]1903, [8]1956.

DÍEZ MERINO, L.

1984    *Targum de Job; Edición príncipe del Ms. Villa-Amil n. 5 de Alfonso de Zamora* (Biblioteca Hispana Bíblica 8), Instituto Francisco Suárez, Madrid 1984.

DIJK, H. J VAN

1969    « Does third masculine singular *taqtul* exist in Hebrew? », *VT* 19 (1969) 440-47.

DIJK, J. J. A. VAN - HUSSEY, M. I. - GOETZE, A.

1985    *Early Mesopotamian incantations and rituals* (YOS.B 11), Yale University Press, New Haven / London 1985.

DI MARCO, N.

1984    « Dio come Padre nella "Risposta a Giobbe" di C. G. Jung », *Aquinas* 27 (1984) 33-74.

DIONYSIUS ‹AREOPAGITA›

1889    *Opera omnia quæ exstant*, studio et opera B. CORDIER (PG 3), Garnier / J. P. Migne, Paris 1889
[tr. it.: *Tutte le opere; Gerarchia celeste - Gerarchia ecclesiastica - Nomi divini - Teologia mistica - Lettere*, tr. di P. SCAZZOSO, Introdu-

zione, prefazioni, parafrasi, note e indici di E. BELLINI (I Classici del Pensiero), Rusconi, Milano 1981].

1990      *Corpus Dionysiacum Bd. 1: De divinis nominibus*, hrg. von B. R. SUCHLA (PTS 33), De Gruyter, Berlin / New York 1990 [tr. it.: cf *precedente*].

DONADONI, S.

1970      *Testi religiosi egizi*, a cura di S. DONADONI (CdR.Or), UTET, Torino 1970.

DRIVER, G. R.

1935s     « Problems in Job », *AJSL* 52 (1935s) 160-70.

1939      « Problems in Job and Psalms reconsidered », *JThS* 40 (1939) 391-94.

1947ss    « Hebrew roots and words », *WO* 1 (1947-1952) 406-15.

1948      « Hebrew Studies », *JRAS* (1948) 164-76.

1953      « Two astronomical passages in the Old Testament », *JThS* NS 4 (1953) 208-12.

1955a     « Birds in the Old Testament; I. Birds in law », *PEQ* 87 (1955) 5-20.

1955b     « Birds in the Old Testment; II. Birds in life », *ivi*, 129-40.

1955c     « Problems in the Hebrew text of Job »: *Wisdom in Israel and in the Ancient Near East; Presented to Harold Henry Rowley by the editorial board of Vetus Testamentum in celebration of his 65. birthday, 24 March 1955*, edited by M. NOTH - D. W. THOMAS (VT.S 3), Brill, Leiden 1955, 72-93.

1956a     « Mythical monsters in the Old Testament »: *Studi Orientalistici in onore di Giorgio Levi della Vida I*, Istituto per l'Oriente, Roma 1956, 243-49.

1956b     « Two astronomical passages in the Old Testament », *JThS* NS 7 (1956) 1-11.

1962      « The resurrection of marine amd terrestrial creatures », *JSSt* 7 (1962) 12-22.

1968      « Isaiah I-XXXIX: Textual and linguistic problems », *JSSt* 13 (1968) 36-57.

1973      « Affirmation by esclamatory negation », *JANES* 5 (1973) 107-14.

DUESBERG, H. - FRANSEN, I.

1939      *Les scribes inspirés; Introduction aux Livres sapientiaux de la Bible: Prov, Job, Eccle, Sagesse, Eccli. Édition remaniée*, Éd. de Maredsous, Maredsous ¹1939, ²1966.

DU MESNIL DU BUISSON, R.

1939      « Une tablette magique de la région du Moyen Euphrate »: *Mélanges syriens offerts à Monsieur René Dussaud par ses amis et ses élèves* (BAH 30), P. Geuthner, Paris 1939, vol. I, 421-34.

1967s     « Le drame des deux étoiles du matin et du soir dans l'Ancien Orient », *Persica. Jaarboek van het Genootschap Nederland-Iran Stichting* 3 (1967s) 10-36.

1970    « Divinités astrales des tablettes de Ras Shamra »: ID., *Études sur les dieux phéniciens hérités par l'Empire Romain* (ÉPRO 14), Brill, Leiden 1970, 1-29.

1973a    « Les chemins de l'occident et la descente vers le monde inférieur »: ID., *Nouvelles études sur les dieux et les mythes de Canaan* (ÉPRO 33), Brill, Leiden 1973, 1-31.

1973b    « Origine orientale des Dioscures; Shaḥar et Shalim, *ivi*, 88-166.

DUMÉZIL, G.

1953    *Mythes et dieux des Germains; Essai d'interprétation comparative*, Presses Universitaires de France, Paris 1953.

1968    « La Terre soulagée »: ID., *Mythe et épopée; I. L'idéologie des trois fonctions dans les épopées des peuples indo-européens* (BScH), Gallimard, Paris ¹1968, ⁴1981, 1-257
[tr. it.: *Mito e Epopea; La terra alleviata*, Einaudi, Torino 1982].

1973    *Mythe et épopée; III. Histoires romaines* (BScH), Gallimard, Paris ¹1973, ³1981.

DUPONT SOMMER, A.

1939    « L'inscription de l'amulette d'Arslan-Tash », *RHR* 120 (1939) 133-59.

DURAND, G.

1964    *L'imagination symbolique* (Quadrige 51), Presses Universitaires de France, Paris ¹1964, ⁶1993
[tr. it.: *L'immaginazione simbolica*, edizione italiana a cura di G. ROSSETTO (Psiche e Storia 2), 'Il Pensiero Scientifico' Editore, Roma 1977].

1969    *Les structures anthropologiques de l'imaginaire. Introduction à l'archétypologie générale* (Bordas Études), Bordas, Paris ¹1969, ⁹1982
[tr. it.: *Le strutture antropologiche dell'immaginario; Introduzione all'Archetipologia generale*, tr. di E. CATALANO (La Scienza Nuova 12), Edizioni Dedalo, Bari 1972].

EBACH, J. H.

1990    « "Ist es 'umsonst', daß Hiob gottesfürchtig ist?"; Lexikographische und methodologische Marginalien zu *ḥinnām* in Hi 1,9 »: *Die Hebräische Bibel und ihre zweifache Nachgeschichte. Festschrift zum 65. Geburtstag Rolf Rendtorff*, hrg. von E. BLUM ET ALII, Neukirchener Verlag, Neukirchen-Vluyn 1990, 319-35.

EBELING, E.

1919    *Keilschrifttexte aus Assur religiösen Inhalts*, 2 Bände, hrg. von E. EBELING (WVDOG 28 e 34), Hinrichs, Leipzig 1919 e1923.

1931    *Tod und Leben nach den Vorstellungen der Babylonier; I. Teil: Texte*, De Gruyter, Berlin / Leipzig 1931.

ECO, U.

1979    *Lector in fabula* (Tascabili Bompiani 379), Bompiani, Milano ¹1979, ⁴1989.

1984    *Semiotica e filosofia del linguaggio* (Einaudi Paperbacks 151), Einaudi, Torino 1984.

EDZARD, D. O.

1964    « Mesopotamien; Die Mythologie der Sumerer und Akkader »: *Wörterbuch der Mythologie; Erste Abteilung: Die alten Kulturvölker; Band I: Götter und Mythen im Vorderen Orient*, hrg. von H. W. HAUSSIG, Ernst Klett Verlag, Stuttgart 1965, 17-139; Tf. 4.

EHELOLF, H.

1926    *Mythen und Rituale* (KUB 17), Staatliche Museen, Berlin 1926.

EISLER, R.

1926    « Zur Terminologie und Geschichte der jüdischen Alchemie », *MGWJ* NF 26 (1926) 194-201.

EIßFELDT, O.

1939    *Ras Schamra und Sanchuniathon* (BRGA 4), M. Niemeyer Verlag, Halle 1939.

1952a   *Sanchunjathon von Berut und Ilumilku von Ugarit*, M. Niemeyer Verlag, Halle 1952.

1952b   *Taautos und Sanchunjaton* (SDAW 1952.1), Akademie Verlag, Berlin 1952.

1953    « Gott und das Meer in der Bibel »: *Studia Orientalia Johanni Pedersen septuagenario [...] a collegis discipulis amicis dicata*, Einar Munksgaard, København 1953, 76-84.

1973    « אֲדֹנִי אָדוֹן »: *TWAT* I, 62-78
        [tr. it.: « אֲדֹנִי אָדוֹן, *ʾādôn, ʾădōnāj* »: *GLAT* I, 125-54].

EITAN, I.

1922    « La particule emphatique "la" dans la Bible », *RÉJ* 74 (1922) 1-16.

1923    « Two unknown verbs; Etymological studies », *JBL* 42 (1923) 22-28.

1924    *A contribution to Biblical lexicography*, Columbia University Press, New York 1924.

1939    « Biblical studies », *HUCA* 14 (1939) 1-22.

ELIADE, M.

1937    *Cosmologie şi alchimie babiloniana*, Vremea, Bucarest 1937
        [tr. fr.: *Cosmologie et alchimie babyloniennes*, Traduit du roumain par A. PARUIT (Arcades 21), Gallimard, Paris 1991].

1947    *Le mythe de l'éternel retour; Archétypes et répétition* (Les Essais 34), Gallimard, Paris [1]1947, [2]1949
        [tr. it.: *Il mito dell'eterno ritorno*, Rusconi, Milano 1975].

1949    *Traité d'histoire des religions*, Préface de G. DUMÉZIL (*BH*), Payot, Paris 1949
        [tr. it.: *Trattato di storia delle religioni*, traduzione di V. VACCA (Universale Scientifica Boringhieri 141s), Boringhieri, Torino 1976].

1951    « Le Temps et l'Éternité dans la Pensée Indienne », *ErJb* 20 (1951 [éd. 1952]) 219-52.

1952    *Images et symboles; Essai sur le symbolisme magico-religieux*, Gallimard, Paris 1952 [tr. it.: *Immagini e simboli; Saggi sul simbolismo magico-religioso*, tr. di M. GIACOMETTI (Di Fronte e Attraverso 70), Jaca Book, Milano 1981].

1956      *Forgerons et alchimistes* (Idées et Recherches 12), Flammarion, Paris $^1$1956, $^2$1977

[tr. it.: *Il mito dell'alchimia*, trad. ed edizione italiana a cura di F. GARLATO (Testi e Saggi. Nuova Biblioteca di Cultura 1), Avanzini e Torraca Editori, Roma 1968]

[tr. it.: *Arti del metallo e alchimia*, tr. di F. SIRCANA (Saggi), Bollati Boringhieri, Torino 1980].

1956      « La vertu créatrice du mythe »: *Der Mensch und das Schöpferische*, hrg. von O. FRÖBE KAPTEYN = *ErJb* 25 (1956) 59-85

= « Structure et function des mythes »: ID., *Briser le toit de la maison; La créativité et ses symboles*, Avant-propos de A. PARUIT (Les Essais 229), Gallimard, Paris 1986, 79-110

[tr. it.: « Struttura e funzione dei miti »: ID., *Spezzare il tetto della casa. La creatività e i suoi simboli*, Introduzione e traduzione a cura di R. SCAGNO (Di Fronte e Attraverso 211), Jaca Book, Milano 1988, 59-81].

1957      « Mystères et régénération spirituelle »: ID., *Mythes, rêves et mystères* (Folio / Essais 128), Gallimard, Paris 1957, 254-305.

1960      « Le symbolisme des ténèbres dans les religions archaïques »: *Polarité du symbole* (ÉtCarm), Desclée De Brouwer, Paris 1960, 15-28.

1964      *Aspects du mythe*, Gallimard, Paris 1964

[tr. it.: *Mito e realtà*, Rusconi, Milano $^1$1966, $^2$1973].

1986      « Rencontre avec C. G. Jung »: ID., *Briser le toit de la maison; La créativité et ses symboles*, Avant-propos de A. PARUIT (Les Essais 229), Gallimard, Paris 1986, 43-55

[tr. it.: « Incontro con C. G. Jung »: ID., *Spezzare il tetto della casa. La creatività e i suoi simboli*, Introduzione e traduzione a cura di R. SCAGNO (Di Fronte e Attraverso 211), Jaca Book, Milano 1988, 31-39].

ELMAN, Y.

1989s      « The suffering of the righteous in Palestinian and Babylonian sources », *JQR* 80 (1989s) 315-39.

EMERTON, J. A.

1969      « Notes on Jeremiah 12,9 and on some suggestions of J. D. Michaelis about the Hebrew words *naḥā*, *ʿæbrā*, and *jadăʿ* », *ZAW* 81 (1969) 182-91.

ENDRES, F. C. - SCHIMMEL, A.

1984      *Das Mysterium der Zahl*, E. Diederichs Verlag, Köln 1984

→ F. C. ENDRES, *Mystik und Magie der Zahlen*, Rascher Verlag, Zürich $^3$1951.

[tr. it.: *Dizionario dei numeri; Storia, simbologia, allegoria*, tr. di D. BESANA (Immagini del Profondo 37), Red. / Studio redazionale, Como 1991].

ENGNELL, I.
1957s « Die Urmenschvorstellung und das Alte Testament », *SEÅ* 22s (1957s) 265-89.

EPIKUROS
1966 *Epicurea*, edidit H. USENER, B. G. Teubner, Stuttgart 1966 = 1887.
1974 *Opere di Epicuro*, a cura di M. ISNARDI PARENTE (CdF), UTET, Torino 1974.

EPPING, J. - STRASSMAIER, J. N.
1892 « Neue babylonische Planeten-Tafeln (III) », *ZAss* 6 (1892), 217-44.

ERIKSON, G. - JONASSON, K.
1989 « Jobsbokens juridiska grundmönster », *SvTK* 65 (1989) 64-69.

EVDOKIMOV, P.
1970 *L'art de l'icône*, Desclée De Brouwer, Paris 1970.

FABRY, H. J.
1984 « לֵב *lēb*, לְבָב *lēbāb* »: *TWAT* IV, 413-51.

FADEJI, S. O.
1980 *A critical and interpretative study of the Yahweh speeches in Job 38-41*, Diss., Southern Baptist Theol. Sem. 1980.

FAIRMAN, H. W.
1974 *The triumph of Horus; The oldest play in the world*, Batsford, London 1974.

FARBER, W.
1989 *Schlaf, Kindchen, Schlaf! Mesopotamische Baby-Beschwörungen und -Rituale* (Mesopotamian Civilizations 2), Eisenbrauns, Winona Lake IN 1989.

FARFÁN NAVARRO, E.
1992 *El desierto tranformado; Una imagen deuteroisaiana de regeneración* (AnBib 130), P.I.B., Roma 1992.

FEINBERG, L.
1967 *Introduction to satire*, Ames 1967.

FENSHAM, F. CH.
1962 « Malediction and benediction in Ancient Near Eastern vassal-treaties and the Old Testament », *ZAW* 74 (1962) 1-9.

FIELD, F.
1875 *Origenis Hexaplorum quæ supersunt; sive veterum interpretum græcorum in totum Vetus Testamentum fragmenta*, edidit F. FIELD, Clarendon Press, Oxford 1875.

FISCHER BARNICOL, H. A.
1968    « Die Präsenz in der symbolischen Erfahrung; Anmerkungen zu onto-
logischen Problemen der Symbolforschung », *Symb.* 6 (1968) 107-36.

FISHBANE, M. A.
1971    « Jeremiah IV 23-26 and Job III 3-13; A recovered use of the creation
pattern », *VT* 21 (1971) 151-67.

FLEMING, D. E.
1994    « Job: the tale of patient faith and the book of God's dilemma », *VT*
44 (1994) 468-82.

FOHRER, G.
1956    « Zur Vorgeschichte und Komposition des Buches Hiob », *VT* 6
(1956) 249-67
        = ID., *Studien zum Buche Hiob (1956-1979)* (BZAW 159), De
Gruyter, Berlin ¹1963, ²1983, 19-36.

1959a   « "Nun aber hat mein Auge dich geschaut"; Der innere Aufbau des
Buches Hiob », *ThZ* 15 (1959) 1-21
        = « Der innere Aufbau des Buches Hiob »: ID., *Studien zum Buche
Hiob (1956-1979)* (BZAW 159), De Gruyter, Berlin ¹1963, ²1983, 1-
18.

1959b   « Form und Funktion in der Hiobdichtung », *ZDMG* 109 (1959) 31-
49
        = ID., *Studien zum Buche Hiob (1956-1979)* (BZAW 159), De
Gruyter, Berlin ¹1963, ²1983, 60-77.

1959s   « Die Weisheit des Elihu (Hi 32-37) », *AfO* 19 (1959s) 83-94
        = ID., *Studien zum Buche Hiob (1956-1979)* (BZAW 159), De
Gruyter, Berlin ¹1963, ²1983, 94-113.

1962    « Gottes Antwort aus dem Sturmwind (Hi 38-41) », *ThZ* 18 (1962) 1-
24
        = ID., *Studien zum Buche Hiob (1956-1979)* (BZAW 159), De
Gruyter, Berlin ¹1963, ²1983, 114-34.

1974    « The righteous man in Job 31 »: *Essays in Old Testament ethics, J.
P. Hyatt in memoriam*, edited by J. L. CRENSHAW - J. T. WILLIS,
Ktav, New York 1974, 1-22
        = ID., *Studien zum Buche Hiob (1956-1979)* (BZAW 159), De
Gruyter, Berlin ¹1963, ²1983, 78-93.

FONTAINE, C. R.
1987    « Folktale structure in the Book of Job; A formalist reading »: *Directions in biblical Hebrew poetry*, edited by E. R. FOLLIS (JSOT.S 40),
Academic Press, Sheffield 1987, 205-232.

FONTAINE, P. F. M.
1986    *The light and the dark; A cultural history of dualism - Volume I:
Dualism in the archaic and early classical periods of Greek history*,
J. C. Gieben Publisher, Amsterdam 1986.

1987    *The light and the dark; A cultural history of dualism - Volume II: Dualism in the political and social history of Greece in the fifth and fourth century B.C.*, J. C. Gieben Publisher, Amsterdam 1987.

1988    *The light and the dark; A cultural history of dualism - Volume III: Dualism in Greek literature and philosophy in the fifth and fourth centuries B.C.*, J. C. Gieben Publisher, Amsterdam 1988.

1989    *The light and the dark; A cultural history of dualism - Volume IV: Dualism in the Ancient Middle East*, J. C. Gieben Publisher, Amsterdam 1989.

1990    *The light and the dark; A cultural history of dualism - Volume V: Dualism in Ancient Iran, India, and China*, J. C. Gieben Publisher, Amsterdam 1990.

1991    *The light and the dark; A cultural history of dualism - Volume VI: Dualism in the Hellenistic world*, J. C. Gieben Publisher, Amsterdam 1991.

1992    *The light and the dark; A cultural history of dualism - Volume VII: Dualism in the Palestinian-Syrian region during the first century A.D. until ca. 140*, J. C. Gieben Publisher, Amsterdam 1992.

1993    *The light and the dark; A cultural history of dualism - Volume VIII: Gnostic dualism in Asia Minor during the first centuries A.D.*, J. C. Gieben Publisher, Amsterdam 1993.

FORBES, R. J.

1950    *Metallurgy in antiquity; A notebook for archaeologists and technologists*, Brill, Leiden 1950.

1954    *Studies in ancient technology; Vol. I*, Brill, Leiden [1]1954, [2]1964.

1955a   *Studies in ancient technology; Vol. II*, Brill, Leiden 1955.

1955b   *Studies in ancient technology; Vol. III*, Brill, Leiden [1]1955, [2]1965.

1956    *Studies in ancient technology; Vol. IV*, Brill, Leiden 1956.

1957    *Studies in ancient technology; Vol. V*, Brill, Leiden [1]1957, [2]1966.

1958    *Studies in ancient technology; Vol. VI*, Brill, Leiden [1]1958, [2]1966.

1963    *Studies in ancient technology; Vol. VII*, Brill, Leiden [1]1963, [2]1966.

1964a   *Studies in ancient technology; Vol. VIII*, Brill, Leiden [1]1964, [2]1971.

1964b   *Studies in ancient technology; Vol. IX*, Brill, Leiden [1]1964, [2]1972.

FORNARO, M.

1988    « Dilemmi del simbolo in psicoanalisi »: *Simbolo e conoscenza*, a cura di V. MELCHIORRE (Metafisica e Storia della Metafisica 5), Vita e Pensiero, Milano 1988, 103-24.

FORREST, R. W. E.

1988    « The two faces of Job; Imagery and integrity in the prologue »: *Ascribe to the Lord; Biblical and other studies; Mem. Peter C. Craigie*, edited by L. M. ESLINGER - G. J. TAYLOR (JSNT.S 67), Academic Press, Sheffield 1988, 385-98.

FRANKFORT, H. - GROENEWEGEN FRANKFORT, H. A.
1946a  « Introduction: Myth and reality »: *The intellectual adventure of Ancient Man; An essay on speculative thought in the Ancient Near East*, University Press, Chicago 1946, 3-27.
1946b  « Conclusion: The emancipation of thought from myth », *ivi*, 361-88.

FREEDMAN, D. N.
1968a  « The Elihu speeches in the Book of Job; A hypothetical episode in the literary history of the work », *HThR* 61 (1968) 51-59
       = ID., *Pottery, poetry, and prophecy; Studies in early Hebrew poetry*, Eisenbrauns, Winona Lake IN 1980, 329-37.
1968b  « The structure of Job 3 », *Bib* 49 (1968) 503-508
       = ID., *Pottery, poetry, and prophecy; Studies in early Hebrew poetry*, Eisenbrauns, Winona Lake IN 1980, 323-28.
1969   « Orthographic particularities in the Book of Job »: *W. F. Albright Volume*, edited by A. MALAMAT (ErIs 9), Israel Exploration Society, Jerusalem 1969, 35-44.
1983   *JBL* 102 (1983) 138-44 (recensione di A. R. CERESKO [1980]).

FREEDMAN, D. N. - WILLOUGHBY B. E.
1993   « עָנָן *ʿānān* »: *TWAT* VII, 270-75.

FREUD, S.
1942   *Die Traumdeutung - Über den Traum* (Gesammelte Werke 2-3), S. Fischer, Frankfurt a.M. [1]1942, [4]1968
       [tr. it.: *L'interpretazione dei sogni*, edizione italiana a cura di C. L. MUSATTI (Opere di Sigmund Freud 3), Boringhieri, Torino [1]1966, [3]1980].
1944   *Vorlesungen zur Einführung in die Psychoanalyse* (Gesammelte Werke 11), S. Fischer, Frankfurt a.M. [1]1944, [5]1969
       [tr. it.: *Introduzione alla Psicoanalisi e altri scritti*, edizione italiana a cura di C. L. MUSATTI (Opere di Sigmund Freud 8), Boringhieri, Torino 1976].

FRYE, J. B.
1972   *The legal language in the Book of Job*, Diss., King's College London 1972s.

FRYE, N.
1957   *Anatomy of criticism; Four essays*, University Press, Princeton 1957
       [tr. it.: *Anatomia della critica*, Einaudi, Torino [2]1972].
1982   *The great code; The Bible and literature*, Harcourt Brace Jovanovich, New York / London 1982.

FRYMER, T. S.
1977   « The Nungal-Hymn and the Ekur-Prison », *JESHO* 20 (1977) 78-89.

FUCHS, G.
1993   *Mythos und Hiobdichtung; Aufnahme und Umdeutung altorientalischer Vorstellungen*, Kohlhammer, Stuttgart 1993.

FULLERTON, K.

1924 « The original conclusions to the Book of Job », *ZAW* 44 (1924) 116-36.

1930 « Double entendre in the first speech of Eliphaz », *JBL* 49 (1930) 320-74.

1932s « On the text and significance of Job 40,2 », *AJSL* 49 (1932s) 197-211.

1934 « On Job, Chapters 9 and 10 », *JBL* 53 (1934) 321-49.
= *AJSL* 55 (1938) 225-69.

FURLANI, G.

1928 *La religione babilonese-assira; Volume I: Le divinità* (StRel 6), Zanichelli, Bologna 1928.

1929 *La religione babilonese-assira; Volume II: I miti e la vita religiosa* (StRel 9), Zanichelli, Bologna 1929.

GALANTINO, N.

1988 « Coscienza storica, interpretazione e verità », *RdT* 29 (1988) 251-264.

GALL, A. F. VON

1920 « Ein neues astronomisch zu erschließendes Datum der ältesten israelitischen Geschichte »: *Karl Budde zum siebzigsten Geburtstag am 13. April 1920 überreicht von Freunden und Schülern*, hrg. von K. MARTI (BZAW 34), Töpelmann, Giessen 1920, 52-60.

GARBINI, G.

1960 *Il semitico di Nord-Ovest* (Quaderni della Sezione Linguistica degli Annali 1), Istituto Orientale, Napoli 1960.

1995 « La meteorologia di Giobbe »: *In onore di Mons. Enrico Galbiati nel suo 80° compleanno*, Presentazione di G. GHIBERTI = RivBib 43 (1995) 85-91.

GARCÍA CORDERO, M.

1965 « Intuiciones de retribución en el más allá an la literatura sapiencial », *CTom* 82 (1955) 3-24.

GARDNER, H.

1983 *Religion and literature*, University Press, Oxford 1983.

GASTER, TH. H.

1942 « A Canaanite magical text », *Or.* 11 (1942) 41-79.

1950 *Thespis; Ritual, myth and drama in the Ancient Near East*, Foreword by G. MURRAY, Doubleday & Co., Garden City / New York [1]1950, [2]1961.

GAULMYN, M. DE

1988 « Dialogue avec Job », *SémBib* n. 52 (1988) 1-14.

GELLER, S. A.

1987 « "Where is wisdom?"; A literary study of Job 28 in its settings »: *Judaic perspectives on ancient Israel*, Edited by J. NEUSNER - B. A.

LEVINE - E. S. FRERICHS, Literary editor C. MCCRACKEN FLESHER, Fortress Press, Philadelphia PA 1987, 155-88.

GEMSER, B.
1955       « The *rîb*- or controversy-pattern in Hebrew mentality »: *Wisdom in Israel and in the Ancient Near East; Presented to Harold Henry Rowley by the editorial board of Vetus Testamentum in celebration of his 65. birthday, 24 March 1955*, ed. by M. NOTH - D. W. THOMAS (VT.S 3), Brill, Leiden 1955, 120-37.

GENETTE, G.
1969       « Le jour, la nuit »: ID., *Figures II* (Tel Quel), Éditions du Seuil, Paris 1969, 101-22.

GESE, H.
1958       *Lehre und Wirklichkeit in der alten Weisheit; Studien zu den Sprüchen Salomos und zu dem Buche Hiob*, J. C. B. Mohr (Paul Siebeck), Tübingen 1958.
1982       « Die Frage nach dem Lebenssinn; Hiob und die Folgen », *ZThK* 79 (1982) 161-79.

GEYER, J. B.
1992       « Mythological sequence in Job XXIV 19-20 », *VT* 42 (1992) 118-20.

GIBSON, J. C. L.
1975       « Eliphaz the Temanite; Portrait of a Hebrew philosopher », *SJTh* 28 (1975) 259-72.
1982       *Textbook of Syrian Semitic inscriptions; III. Phoenician inscriptions including inscriptions in the mixed dialect of Arslan Tash*, Clarendon Press, Oxford 1982.
1988       « On evil in the book of Job »: *Ascribe to the Lord; Biblical and other studies; Mem. Peter C. Craigie*, edited by L. M. ESLINGER - G. J. TAYLOR (JSNT.S 67), Academic Press, Sheffield 1988, 399-419.

GILKEY, L.
1992       « Power, order, justice, and redemption: Theological comments on Job »: *The voice from the whirlwind; Interpreting the Book of Job*, edited by L. G. PERDUE - W. C. GILPIN, Abingdon Press, Nashville 1992, 159-71.

GINSBERG, H. L.
1950       « Interpreting Ugaritic texts », *JAOS* 70 (1950) 156-60.

GIRARD, M.
1991       *Les symboles dans la Bible; Essai de théologie biblique enracinée dans l'expérience humaine universelle* (RFTP 26), Les Éditions Bellarmin / Cerf, Montréal / Paris 1991.

GIRARD, R.
1985       *La route antique des hommes pervers*, Grasset & Fasquelle, Paris 1985

[tr. it.: *L'antica via degli empi*, tr. di C. GIARDINO (Saggi NS 14), Adelphi, Milano 1994].

GLAZNER, A.

1977s      « ב"י פרק - איוב בספר י"התנך הידון – Job, ch. 12; A Bible puzzle », *BetM* 23 (1977s) 483-95. 523.

1978s      « The Elihu speeches (I) [in ebraico] », *BetM* 24 (1978s) 283-94.

1979s      « The Elihu speeches (II) [in ebraico] », *BetM* 25 (1979s) 9-24.

GNOLI, G.

1967       « Lichtsymbolik in Alt-Iran; Haoma-Ritus und Erlöser-Mythos », *Anthr.* 62 (1967) 528-49.

GÖRG, M.

1994       « Ägyptische Totentexte; Wegweiser in ein neues Leben »: *Das Leben nach dem Tod* = *BiKi* 49 (1994) 28-34.

GOOD, E. M.

1965       *Irony in the Old Testament* (BiLiSe 3), Almond Press, Sheffield ²1981 (Westminster, Philadelphia ¹1965).

1990       *In turns of tempest; A reading of Job, with a translation*, Univ., Stanford CA 1990
           = per « Job 31 »: *Sitting with Job; Selected studies on the Book of Job*, edited by R. B. ZUCK, Baker Book, Grand Rapids MI 1992, 335-44.

1992       « The problem of evil in the Book of Job »: *The voice from the whirlwind; Interpreting the Book of Job*, edited by L. G. PERDUE - W. C. GILPIN, Abingdon Press, Nashville 1992, 50-69.

GORDIS, R.

1963       « Elihu the intruder; A study of the authenticity of Job (ch. 32-33) », *STLI* 1 (1963) 60-78.

1965       *The book of God and man. A study of Job*, Univ. of Chicago Press, Chicago / London 1965.

1981       « Traumatic surgery in biblical scholarship: A note on methodology », *JJS* 32 (1981) 195-99.

GORDON, C. H.

1950s      « Belt-wrestling in the Bible world », *HUCA* 23,1 (1950s) 131-36.

1953       « Near East seals in Princeton and Philadelphia », *Or.* 22 (1953) 242-50.

1966       « Leviathan; Symbol of evil »: *Biblical motifs; Origins and transformations*, edited by A. ALTMANN (STLI 3), Harvard University Press, Cambridge MA 1966, 1-9.

GCWAN, D. E.

1986       « God's answer to Job: how is it an answer? », *HBT* 8,2 (1986) 85-102.

GRABBE, L. L.

1977       *Comparative philology and the text of Job; A study in methodology* (SBL.Ds 34), Scholars Press, Missoula MT 1977.

GRAETZ, H. H.
1887 « Lehrinhalt der "Weisheit" in dem biblischen Schriftthum (I-IV) »,
*MGWJ* 36 (1887) 241-57. 289-99. 402-10. 544-49.

GRAY, J.
1974 « The Massoretic Text of the Book of Job, the Targum and the Septuagint Version in the light of the Qumran Targum (11QtgJob) »,
*ZAW* 86 (1974) 331-50.

GREENSPOON, L. J.
1981 « The origins of the idea of resurrection »: *Traditions in transformation; Turning points in biblical faith. Fs. Frank M. Cross 60th birthday*, edited by B. HALPERN - J. D. LEVINSON, Eisenbrauns, Winona
Lake IN 1981, 247-321.

GRELOT, P.
1981 *Les poèmes du Serviteur; De la lecture critique à l'herméneutique*
(LeDiv 103), Cerf, Paris 1981
[tr.: *I canti del Servo del Signore; Dalla lettura critica all'ermeneutica* (CSB 9), Dehoniane, Bologna 1983].

GRIFFIN, R.
1987 « Jung's science in answer to Job and the Hindu matrix of form »,
*Tem.* 23 (1987) 35-44.

GRIMME, H.
1898 « Metrisch-kritische Emendationen zum Buche Hiob », *TQ* 80 (1898)
295-304. 421-32.
1899 « Metrisch-kritische Emendationen zum Buche Hiob », *TQ* 81 (1899)
112-18. 259-77.

GRINTZ, J. M.
1974s « פְּטְדָה », *Lesh.* 39 (1974s) 8-10.

GRONEBERG, B.
1990 « Zu den mesopotamischen Unterweltsvorstellungen; das Jenseits als
Fortsetzung des Diesseits », *AoF* 17 (1990) 244-61.

GROSS, H.
1990 « Die Allmacht des Schöpfergottes; Erwägungen zu Ijob 26,5-14 »:
*Die alttestamentliche Botschaft als Wegweisung; Festschrift für 65.
Geburtstag Heinz Reinelt*, hrg. von J. ZMIJEWSKI, Katholisches Bibelwerk, Stuttgart 1990, 75-84.

GUILLAUME, A.
1954 « A contribution to Hebrew lexicography », *BSOAS* 16 (1954) 1-12.
1959s « Hebrew and Arabic lexicography; A comparative study, I », *Abr-n.*
1 (1959s) 3-35.
1960s « Hebrew and Arabic lexicography; A comparative study, II », *Abr-n.*
2 (1960s) 5-35.
1961s « Hebrew and Arabic lexicography; A comparative study, III », *Abr-
n.* 3 (1961s) 1-10.
1962 « A note on the √בלע », *JThS* ns 13 (1962) 320-22.

1962s &laquo; The unity of the Book of Job &raquo;, *ALUOS* 4 (1962s) 26-46.

1963a &laquo; The Arabic background of the Book of Job &raquo;: *Promise and fulfillment. Essays presented to S.H. Hooke in celebration of his ninetieth birthday, 21st Jan. 1964 [...]*, edited by F. F. BRUCE, T. & T. Clark, Edinburgh 1963, 106-27.

1963b &laquo; The use of *ḤLŠ* in Exod. XVII 13, Isa. XIV 12, and Job XIV 10 &raquo;, *JThS* NS 14 (1963) 91-92.

1963s &laquo; Hebrew and Arabic lexicography; A comparative study, IV &raquo;, *Abr-n.* 4 (1963s) 1-18.

1964 &laquo; A note on the roots ריע, ירע, and רעע in Hebrew &raquo;, *JThS* ns 15 (1964) 293-95.

1968 *Studies in the Book of Job; With a new translation*, edited by J. MAC-DONALD (ALUOS.S 2), Brill, Leiden 1968.

GUNKEL, H.

1895 *Schöpfung und Chaos in Urzeit und Endzeit; Eine religionsgeschichtliche Untersuchung über Gn 1 und Ap Joh 12*, mit Beiträgen von H. ZIMMERN, Vandenhoeck & Ruprecht, Göttingen ¹1895, ²1921.

GUPTA, S.

1987 &laquo; Mantra &raquo;: *The encyclopedia of religion; A comprehensive guide to the history, beliefs, concepts, practices, and major figures of religions past and present*, Editor in chief M. ELIADE, Macmillan, New York 1987, vol. IX, 176-77.

HABEL, N. C.

1984 &laquo; The role of Elihu in the design of the Book of Job &raquo;: *In the shelter of Elyon; Essays on Ancient Palestinian life and literature in honor of G.W. Ahlström*, edited by W. B. BARRICK - J. S. SPENCER (JSOT.S 31), JStOT Press, Sheffield 1984, 81-98.

HALPERN, B.

1978 &laquo; YHWH's summary justice in Job XIV 20 &raquo;, *VT* 28 (1978) 472-74.

HARRIS, J. S.

1963-1965 &laquo; The stones of the High Priest's breastplate &raquo;, *ALUOS* 5 (1963-1965) 40-62.

HARRIS, S. L.

1983 &laquo; Wisdom or creation? A new interpretation of Job XXVIII 27 &raquo;, *VT* 33 (1983) 419-27.

HARRISON, G.

1987 &laquo; Legal terms in Job &raquo;, *The Biblical Illustrator* 13 (1987) 13-15.

HEDINGER, U.

1967 &laquo; Reflexionen zu C.G. Jungs Hiobinterpretation &raquo;, *ThZ* 23 (1967) 340-52.

HEICK, O. W.

1965 &laquo; If a man dies shall he live again? &raquo;, *LTJ* 17 (1965) 99-110.

HEIDEGGER, M.
1956        *Was ist das - die Philosophie?*, Neske, Pfullingen 1956.
1957        *Identität und Differenz*, Neske, Pfullingen [1]1957, [6]1978
            [tr. it.: « Identità e differenza », *AutAut* 187s (1982) 2-38].

HEIMPEL, W.
1986        « The sun at night and the doors of heaven in Babylonian texts », *JCS*
            28 (1986) 127-51.

HEMPEL, J.
1960        « Die Lichtsymbolik im Alten Testament », *StGen* 13 (1960) 352-68.

HEMRAJ, SH.
1980        « Elihu's "missionary" role in Job 32-37 », *BiBh* 6 (1980) 49-80.

HERDNER A.
1963        *Corpus des tablettes en cunéiformes alphabétiques découvertes à Ras
            Shamra-Ugarit de 1929 à 1939*, 2 voll. (MRS 10), Imprimerie Na-
            tionale / Geuthner, Paris 1963.

HERRMANN, W.
1977        « Philologia hebraica »: *Theologische Versuche VIII*, hrg. von J.
            ROGGE - G. SCHILLE, Evangelische Verlagsanstalt, Berlin 1977, 35-
            44.

HERTZBERG, H. W.
1950        « Der Aufbau des Buches Job »: *Festschrift Alfred Bertholet zum 80.
            Geburtstag gewidmet von Kollegen und Freunden*, hrg. von W.
            BAUMGARTNER - O. EIßFELDT - K. ELLIGER - L. ROST, Mohr (Paul
            Siebeck), Tübingen 1950, 233-58.

HERZ, N.
1900        « Some difficult passages in Job », *ZAW* 20 (1900) 160-63.
1913        « The astral terms in Job IX 9, XXXVIII 31-32 », *JThS* 14 (1913)
            575-77.

HESIODUS
1970        *Theogonia; Opera et dies; Scutum*, edidit F. SOLMSEN (SCBO), Cla-
            rendon Press, Oxford [1]1970, [2]1983.

HESSE, M. B.
1966        *Models and analogies in science*, University of Notre Dame Press,
            Notre Dame 1966.

HILL, R. C.
1993        « Job in search of Wisdom », *ScrB* 23 (1993) 34-38.

HIRSCH, S. R.
1978        *The Hirsch Siddur; The order of prayers for the whole year*, Transla-
            tion and commentary by S. R. HIRSCH, Feldheim Publishers, Jerusa-
            lem / New York 1978 = 5738.

HIRSH, N. D.
1969        « The architecture of the Book of Job », *CCAR* 16,1 (1969) 22-32.

HOFFMAN, Y.
1981 « The mutual relation between the prologue and the dialogues in the Book of Job [in ebraico] »: *Proceedings of the Seventh World Congress of Jewish Studies*, World Union of Jewish Studies, Jerusalem 1981, 53-61
[tr. ingl.: « The relation between the prologue and the speech-cycles in Job; A reconsideration », *VT* 31 (1981) 160-70].

1982 « האירוניה כאמצעי ביחוי מרכזי בספר איוב - Irony in the Book of Job »: "במקרא יונים"; *Bible studies; Y. M. Grintz in memoriam*, edited by B. UFFENHEIMER (Teʿuda - תעודה 2), Hakibbutz Hameuchad, Tel Aviv 1982, 157-74 [393 Eng.]
[tr. ingl.: « Irony in the Book of Job », *Imm.* 17 (1983s) 7-21].

HOFFMANN, J. G. E.
1883 « Versuche zu Amos », *ZAW* 3 (1883) 87-126 [+ 279s].

HOFFMANN, R. E.
1980 « Eine Parallele zur Rahmenerzählung des Buches Hiob in I Chr 7,20-29? », *ZAW* 92 (1980) 120-32.

HOFTIJZER, J. - VAN DER KOOIJ, G.
1976 *Aramaic texts from Deir ʿAlla*, edited by J. HOFTIJZER - G. VAN DER KOOIJ (DMOA 11), Brill, Leiden 1976.

HOLBERT, J. C.
1975 *The function and significance of the Klage in the Book of Job with special reference to the incidence of formal and verbal irony*, Ph. D. Dissertation, Southern Methodist Univ. 1975.

1981 « "The skies will uncover his iniquity"; Satire in the second speech of Zophar (Job XX) », *VT* 31 (1981) 171-79.

HOLLAND, J. A.
1972 « On the form of the Book of Job », *AJBA* I,5 (1972) 160-77.

HOMERUS
1902 *Opera; Tomus I-II*, ediderunt D. B. MONRO - TH. W. ALLEN (SCBO), Clarendon Press, Oxford ¹1902, ³1920.

1977 *Odissea*, versione di R. CALZECCHI ONESTI, Prefazione di F. CODINO (NUE NS 33), Einaudi, Torino 1977.

HONEYMAN, A. M.
1944 « Some developments of the Semitic root ʾby », *JAOS* 64 (1944) 81s.

HOPPER, S. R.
1962 « Irony - The pathos of the middle », *CrossCur* 12,1 (1962) 31-40.

HORNUNG, E.
1956 *Nacht und Finsternis im Weltbild der alten Ägypter*, Diss., Tübingen 1956s.

1963 *Das Amduat; Die Schrift des Verborgenen Raumes; Teil I: Text; Teil II: Übersetzung und Kommentar; Herausgegeben nach Texten aus den Gräbern des Neuen Reiches* (ÄA 7), Harrassowitz, Wiesbaden 1963.

1965 « Licht und Finsternis in der Vorstellungswelt Altägyptens », *StGen* 18 (1965) 73-83.

1967 *Das Amduat; Die Schrift des Verborgenen Raumes; Teil III: Die Kurzfassung; Herausgegeben nach Texten aus den Gräbern des Neuen Reiches* (ÄA 13), Harrassowitz, Wiesbaden 1967.

1971 *Der Eine und die Vielen; Ägyptische Gottesvorstellungen*, Wissenschaftliche Buchgesellschaft, Darmstadt [1]1971, [4]1990 [tr. it.: *Gli dei dell'antico Egitto*, Traduzione di D. SCAIOLA, Presentazione di CH. STURTEWAGEN (Profili. Nuova Serie 18), Salerno Editrice, Roma 1992].

1972 *Ägyptische Unterweltsbücher; Eingeleitet, übersetzt und erläutert* (BAW), Artemis, Zürich / München [1]1972, [2]1984.

1975-1977 *Das Buch der Anbetung des Re im Westen (Sonnenlitanei) nach den Versionen des Neuen Reiches; I-II* (Aegyptiaca Helvetica 2-3), Centre d'Études Orientales Univ., Genève 1975-1977.

1979a *Das Totenbuch der Ägypter; Eingeleitet, übersetzt und erläutert* (BAW), Artemis, Zürich / München [1]1979, [2]1990.

1979b « Lehren über das Jenseits? »: *Studien zu altägyptischen Lebenslehren*, hrg. von E. HORNUNG - O. KEEL (OBO 28), Univ. / Vandenhoeck & Ruprecht, Freiburg / Göttingen 1979, 217-24.

1980-1984 *Das Buch von den Pforten des Jenseits nach den Versionen des Neuen Reiches; I-II* (Aegyptiaca Helvetica 7-8), Ägyptologisches Seminar der Univ., Basel 1980-1984.

1989 *Geist der Pharaonenzeit*, Artemis Verlag, Zürich / München [1]1989, [2]1990 [tr. ingl.: *Idea into image; Essays on Ancient Egyptian thought*, translated by E. BREDECK, Timken Publishers, Princeton 1992].

1991 *Die Nachtfahrt der Sonne; Eine altägyptische Beschreibung des Jenseits*, Artemis & Winkler, München / Zürich 1991.

HORST, F.
1961 « Die Doxologien im Amosbuch »: *Gottes Recht; Gesammelte Studien zum Recht im Alten Testament*, hrg. von H. W. WOLFF, Kaiser Verlag, München 1961, 155-66.

HOUTMAN, C.
1974 *De hemel in het Oude Testament; Een onderzoek naar de voorstellingen van het Oude Israël omtrent de kosmos*, Uitgeverij T. Wewer B.V., Franeker 1974 [tr. ted.: *Der Himmel im Alten Testament; Israels Weltbild und Weltanschauung* [= OTS 30], Brill, Leiden 1993].

HUFFMON, H. B.
1959 « The covenant lawsuit in the Prophets », *JBL* 78 (1959) 285-95.

HULSBOSCH, A.
1961 « Sagesse créatrice et éducatrice. I-II », *Aug.* 1 (1961) 217-35. 433-51 = *Sagesse créatrice et éducatrice* (Biblioteca Augustiniana. Biblia 1), Collegium Augustinianum, Roma 1963.

HUMMEL, H. D.
1957 « Enclitic *mem* in early Northwest Semitic, especially Hebrew », *JBL* 76 (1957) 85-107.

HURVITZ, A.
1974 «לשונו של סיפור־המסגרת בספר איוב ומקומה בתולדות העברית המוראית», *BetM* 20 (1974s) 457-72
[tr. ingl.: « The date of the prose-tale of Job linguistically reconsidered », *HThR* 67 (1974) 17-34].

HYGINUS
1993 *Fabulae*, edidit P. K. MARSHALL (BSGRT), B. G. Teubner, Stuttgart / Leipzig 1993.

IHMIG, K. N.
1993 « Symbol und Begriff bei Ernst Cassirer », *WuD* 22 (1993) 179-95.

IRWIN, W. A.
1946 « Poetic structure in the dialogue of Job », *JNES* 5 (1946) 26-39.
1950 « Prometheus and Job », *JR* 30 (1950) 90-108.
1962 « Job's Redeemer », *JBL* 81 (1962) 217-29.

ISRAEL, S.
1967 « Hiob; Prometheus in Judäa », *Antaios* 9 (1967) 369-84.
[tr. it.: « Giobbe, Prometeo in Giudea »: *Miscellanea di studi in memoria di D. Disegni*, a cura di M. E. ARTOM, Istituto di Studi Ebraici, Torino 1969].

JACOBS, L.
1972 « The *Qal va-Ḥomer* argument in the Old Testament », *BSOAS* 35 (1972) 221-27.

JACOBSEN, TH. - NIELSEN, K.
1992 « Cursing the day », *SJOT* 6 (1992) 187-204.

JACQUET, L.
1975 *Les Psaumes et le cœur de l'Homme; Étude textuelle, littéraire et doctrinale; Vol. I*, Duculot, Gembloux 1975.

JANKÉLÉVITCH, V.
1950 *L'ironie*, Flammarion, Paris ¹1950, ²1964
[tr. it.: *L'ironia*, edizione italiana a cura di F. CANEPA, Il Melangolo, Genova 1987].

JANOWSKI, B.
1989 *Rettungsgewißheit und Epiphanie des Heils; Das Motiv der Hilfe Gottes "am Morgen" im Alten Orient und im Alten Testament; Band I: Alter Orient* (WMANT 59), Neukirchener Verlag, Neukirchen-Vluyn 1989.

JANSSEN, G.
1975s « The feminine ending -*(a)t* in Semitic »: *Miscellanea in honorem Josephi Vergote*, edited by P. NASTER - H. DE MEULENAERE - J. QUAEGEBEUR = *OLoP* 6s (1975s) 277-84.

JAUSSEN, J. A.
1924        « Le coq et la pluie dans la tradition palestinienne », *RB* 33 (1924)
            574-82.

JENNI, E.
1978a       « עוֹלָם *ʿōlām* Ewigkeit »: *THAT* II, 228-43
            [tr. it.: « עוֹלָם *ʿōlām* Eternità »: *DTAT* II, 206-19].
1978b       « עָנָן *ʿānān* Wolke »: *TWAT* II, 351-53
            [tr. it.: « עָנָן *ʿānān* Nube »: *DTAT* II, 315-17].

JESHURUN, G.
1928        « A note on Job XXXI:1 », *JSOR* 12 (1928) 153s.

JOHNS, D. A.
1983        *The literary and theological function of the Elihu speeches in the
            Book of Job*, Diss., St. Louis Univ. 1983.

JOHNSON, B.
1986        « מִשְׁפָּט *mišpāṭ* »: *TWAT* V, 93-107.

JONES, E.
1949        « The theory of symbolism »: ID., *Papers on psychoanalysis*, Baillliè-
            re, London ⁵1949
            [tr. it.: « La teoria del simbolismo »: ID., *Teoria del simbolismo;
            Scritti sulla sessualità femminile e altri saggi*, Astrolabio, Roma
            1972].

JUAN DE LA CRUZ (SAN)
1940        *Obras*, Ed. "El Monte Carmelo", Burgos ²1940
            [tr. it.: *Opere*, tr. di P. FERDINANDO DI S. MARIA, Postulazione Gn.
            dei Carmelitani, Roma ¹1963, ⁵1985].

JUNG, C. G.
1921        *Psychologische Typen*, Rascher Verlag, Zürich 1921
            [tr. it.: *Opere, volume VI: Tipi psicologici*, Boringhieri, Torino 1969]
1940        *Psychologie und Religion*, Rascher Verlag, Zürich 1940 (da lezioni
            tenute in inglese alla Yale University di New Haven nel 1937)
            [tr. it.: « Psicologia e religione »: ID., *Opere, volume XI: Psicologia e
            religione*, Boringhieri, Torino 1979, 13-113; da: Ed. Comunità, Mila-
            no 1966].
1944        *Psychologie und Alchemie*, Rascher Verlag, Zürich ¹1944, ²1952
            [tr. it.: « Psicologia e Alchimia »: ID., *Opere, volume XII: Psicologia
            e alchimia*, Boringhieri, Torino 1981; da: Astrolabio, Roma 1950].
1952        *Antwort auf Hiob*, Rascher, Zürich / Stuttgart ¹1952, ⁴1967
            [tr. it.: « Risposta a Giobbe »: ID., *Opere, volume XI: Psicologia e
            religione*, Boringhieri, Torino 1979, 337-457; da: Il Saggiatore, Mi-
            lano 1965].
1954        « Über die Archetypen des kollektiven Unbewußten »: ID., *Von den
            Wurzel des Bewußtseins; Studien über den Archetypus*
            (Psychologische Abhandlungen 9), Rascher Verlag, Zürich 1954, 3-
            56

= *Ostwestliche Symbolik und Seelenführung*, hrg. von O. FRÖBE KAPTEYN = *ErJb* 2 (1934) 179-229

= ID., *Gesammelte Werke Band 9/1: Die Archetypen und das kollektive Unbewußte*Walter Verlag, Olten / Freiburg i.B. 1976, 11-51

[tr. it.: « Gli archetipi dell'inconscio collettivo »: ID., *Opere, volume IX, tomo I: Gli archetipi e l'inconscio collettivo*, Boringhieri, Torino 1980, 1-39].

1976a      « Der Begriff des kollektiven Unbewußten »: ID., *Gesammelte Werke Band 9/1: Die Archetypen und das kollektive Unbewußte*, Walter Verlag, Olten / Freiburg i.B. 1976, 53-66

[tr. it.: « Il concetto d'inconscio collettivo »: ID., *Opere, volume IX, tomo I: Gli archetipi e l'inconscio collettivo*, Boringhieri, Torino 1980, 41-53].

1976b      « Über die Archetypen des kollektiven Unbewußten »: ID., *Gesammelte Werke Band 9/1: Die Archetypen und das kollektive Unbewußte*, Walter Verlag, Olten / Freiburg i.B. 1976, 11-51

= *Ostwestliche Symbolik und Seelenführung*, hrg. von O. FRÖBE KAPTEYN = *ErJb* 2 (1934) 179-229

= ID., *Von den Wurzel des Bewußtseins; Studien über den Archetypus* (Psychologische Abhandlungen 9), Rascher Verlag, Zürich 1954, 3-56

[tr. it.: « Gli archetipi dell'inconscio collettivo »: ID., *Opere, volume IX, tomo I: Gli archetipi e l'inconscio collettivo*, Boringhieri, Torino 1980, 1-39].

1976c      « Über Mandalasymbolik »: ID., *Gesammelte Werke Band 9/1: Die Archetypen und das kollektive Unbewußte*, Walter Verlag, Olten / Freiburg i.B. 1976

[tr. it.: « Simbolismo del mandala »: ID., *Opere, volume IX, tomo I: Gli archetipi e l'inconscio collettivo*, Boringhieri, Torino 1980, 345-77].

KAISER, O.

1959      *Die mythische Bedeutung des Meeres in Ägypten, Ugarit und Israel* (BZAW 78), Töpelmann, Berlin 1959.

KANT, I.

1790      *Kritik der Urtheilskraft*, Lagarde, Berlin [1]1790, [3]1799

[tr. it.: *Critica del Giudizio*, tr. di A. GARGIULO (BUL 58), Laterza, Roma [1]1906, [6]1992].

KAPELRUD, A. S.

1950      « The gates of hell and the guardian angels of paradise », *JAOS* 70 (1950) 151-56.

1982      « The interpretation of Ger 34,18ff. », *JSNT* 22 (1982) 138-40.

KAPLAN, L. J.

1978      « Maimonides, Dale Patrick, and Job XLII 6 », *VT* 28 (1978) 356-58.

KAUTZSCH, K.
1900        *Das sogenannte Volksbuch von Hiob und der Ursprung von Hiob*
            *cap. I. II. XLII,7-17. Ein Beitrag zur Frage nach der Integrität des*
            *Buches Hiob. Inaugural-Dissertation*, Drugulin, Leipzig 1900.

KAYATZ, CH.
1966        *Studien zu Proverbien 1-9; Eine form- und motivgeschichtliche Un-*
            *tersuchung unter Einbeziehung ägyptischen Vergleichsmaterials*
            (WMANT 22), Neukirchener Verlag, Neukirchen-Vluyn 1966.

KEEL, O.
1972        *Die Welt der altorientalischen Bildsymbolik und das Alte Testament;*
            *Am Beispiel der Psalmen*, Benzinger / Neukirchener Verlag, Zürich /
            Neukirchen-Vluyn [1]1972, [4]1984.

1978        *Jahwes Entgegnung an Ijob; Eine Deutung von Ijob 38-41 vor dem*
            *Hintergrund der zeitgenössischen Bildkunst* (FRLANT 121), Van-
            denhoeck & Ruprecht, Göttingen 1978
            [tr. fr.: *Dieu répond à Job; Une interprétation de Job 38-41 à la lu-*
            *mière de l'iconographie du Proche-Orient ancien*, Introduction et
            traduction par F. SMYTH (LeDiv.C 2), Cerf, Paris 1993].

1981        « Zwei kleine Beiträge zum Verständnis der Gottesreden im Buch I-
            job (XXXVIII 36f, XL 25) », *VT* 31 (1981) 220-25.

1994        « Sturmgott - Sonnengott - Einziger; Ein neuer Versuch, die Entste-
            hung des jüdischen Monotheismus historisch zu verstehen »: *Der ei-*
            *ne Gott und die Götter = BiKi* 49,2 (1994) 82-92.

KENNICOTT, B.
1776-1780   *Vetus Testamentum hebraicum cum variis lectionibus; Tomus 1-2*, E
            Typ. Clarendoniano, Oxonii 1776-1780.

1783        *Dissertatio generalis in Vetus Testamentum hebraicum cum variis*
            *lectionibus ex codicibus manuscriptis et impressis*, recudi curavit et
            notas adiecit P. J. BRUNS, Orphanotrophei, Brunovici 1783.

KESSLER, R.
1992        « "Ich weiß, daß mein Erlöser lebt"; Sozialgeschichtliche Hinter-
            grund und theologische Bedeutung der Löser-Vorstellung in Hiob
            19,25 », *ZThK* 89 (1992) 139-58.

KIERKEGAARD, S. A.
1920ss      « Om Begrebet Ironi med stadigt Hensyn til Socrates »: *Søren Kier-*
            *kegaards Samlede Værker*, hrg. von A. B. DRACHMANN - J. L.
            HEIBERG - H. O. LANGE, Gyldendalske Boghandel, København
            1920ss, vol. XIII, 101-428
            [tr. it.: *Sul concetto di ironia in riferimento costante a Socrate*, a cura
            di D. BORSO (Saggi 10), Guerini e Associati, Milano 1989].

1921        « Frygt og Bæven; Dialektisk Lyrik af Johannes de Silentio »: *Søren*
            *Kierkegaards Samlede Værker*, hrg. von A. B. DRACHMANN - J. L.
            HEIBERG - H. O. LANGE, Gyldendalske Boghandel, København 1921,
            vol. III, 68-190

[tr. it.: *Timore e tremore; Lirica dialettica di Johannes de Silentio*, traduzione di F. FORTINI, Postfazione di J. WAHL (L'Altra Biblioteca 56), SE, Milano 1990].

KING, E. G.

1914    « Some notes on the text of Job », *JThS* 15 (1914) 74-81.

KISS, K.

1980    « Ein Dokument der altisraelitischen Rechtsprechung; das Buch Hiob », *ThSz* 23 (1980) 73-79.

KJÄRGAARD, M. S.

1986    *Metaphor and Parable; A systematic analysis of the specific structure and cognitive function of the synoptic similes and parables qua metaphors* (AThD 19), Brill, Leiden 1986.

KLEMM, D. E. - SCHWEIKER, W.

1993    *Meanings in texts and actions; Questioning Paul Ricœur*, edited by D. E. KLEMM - W. SCHWEIKER (SRC), University Press of Virginia, Charlottesville / London 1993.

KLOOS, C.

1986    *Yhwh's combat with the sea; A canaanite tradition in the religion of Ancient Israel*, Brill, Leiden 1986.

KNUDTZON, J. A.

1915    *Die El-Amarna-Tafeln,* mit Einleitung und Erläuterungen herausgegeben von J. A. KNUDTZON (VAB 2/1-2), J. C. Hinrichs, Leipzig 1907-1915 [ristampa: Otto Zeller, Aalen 1964].

KOCH, K.

1955    « Gibt es ein Vergeltungsdogma im Alten Testament? », *ZThK* 52 (1955) 1-42
        = *Um das Prinzip der Vergeltung in Religion und Recht des Alten Testaments,* hrg. von K. KOCH (WdF 125), Wissenschaftliche Buchgesellschaft, Darmstadt 1972, 130-80
        [tr. ingl.: « Is there a doctrine of retribution in the Old Testament? »: *Theodicy in the Old Testament,* edited with an introduction by J. L. CRENSHAW (IRT 4), Fortress / SPCK, Philadelphia / London 1983, 57-87].

KOMORÓCZY, G.

1975    « A Šumer börtönök himnusza », *ATa* 22 (1975) 217-32.

KOPF, L.

1958    « Arabische Etymologien und Parallelen zum Bibelwörterbuch », *VT* 8 (1958) 161-215
        = ID., *Studies in Arabic and Hebrew lexicography,* edited by M. H. GOSHEN GOTTSTEIN, Magnes Press, Jerusalem 1976, 133-87.

1959    « Arabische Etymologien und Parallelen zum Bibelwörterbuch », *VT* 9 (1959) 247-87
        = ID., *Studies in Arabic and Hebrew lexicography,* edited by M. H. GOSHEN GOTTSTEIN, Magnes Press, Jerusalem 1976, 188-228.

KRAELING, E. G.
1938    *The book of the ways of God*, SPCK, London 1938.

KRAŠOVEC, J.
1985    « God's requital in general and in Job », *Bogoslovni Vestnik* 45 (1985) 3-22.

KRÜGER, TH.
1994    « Psalm 90 und die "Vergänglichkeit des Menschen" », *Bib* 75 (1994) 191-219.

KUBINA, V.
1979    *Die Gottesreden im Buche Hiob; Ein Beitrag zur Diskussion um die Einheit von Hiob 38,1-42,6* (FThSt 115), Herder, Freiburg / Basel / Wien 1979.

KUHL, C.
1953    « Neuere Literarkritik des Buches Hiob », *ThR* 21 (1953) 164-205. 293-317.
1954    « Vom Hiobbuche und seinen Problemen », *ThR* 22 (1954) 261-316.

KUNZ, B.
1981    *Himmel, Erde, Urflut; Das geheime Weltbild im Alten Orient*, Böhlau, Wien 1981.

KUTSCH, E.
1986a   « Unschuldsbekenntnis und Gottesbegegnung; Der zusammenhang zwischen Hiob 31 und 38 ff. »: ID., *Kleine Schriften zum Alten Testament; Zum 65. Geburtstag*, hrg. von L. SCHMIDT - K. EBERLEIN (BZAW 168), De Gruyter, Berlin 1986, 308-35.
1986b   « Von Grund und Sinn des Leidens nach dem Alten Testament, *ivi*, 336-47.
1992    « Hiob und seine Freunde; Zu Problemen der Rahmenerzählung des Hiobbuches »: *Zur Aktualität des Alten Testaments. Festschrift für Georg Sauer zum 65. Geburtstag*, hrg. von S. KREUZER - K. LÜTHI, Lang, Frankfurt / Berlin / Bern 1992, 73-83.

KUTSCHER, E. Y.
1964    « Mišnisches Hebräisch », *RoczOr* 28,1 (1964) 35-48.

LABAT, R.
1935    *Le poème babylonien de la Création*, Adrien Maisonneuve, Paris 1935 [testo cuneiforme].
1948    *Manuel d'épigrphie akkadienne; Signes, syllabaire, idéogrammes*, Sixième édition augmentée par F. MALBRAN LABAT, Librairie Orientaliste P. Geuthner, Paris ¹1948, ⁶1988.

LABUSCHAGNE, C. J.
1973    « The particles הֵן and הִנֵּה »: *Syntax and meaning; Studies in Hebrew syntax and Biblical exegesis* (OTS 18), Brill, Leiden 1973, 1-14.

LACAN, J.
1966a   *Écrits 1* (Points Essais 5), Éditions du Seuil, Paris ¹1966, ²1970

[tr. it.: *Scritti (I)*, edizione italiana a cura di G. CONTRI (Einaudi Paperbacks 52A), Einaudi, Torino [1]1974, [2]1979].

1966b      *Écrits 2* (Points Essais 21), Éditions du Seuil, Paris [1]1966, [2]1971
[tr. it.: *Scritti (II)*, edizione italiana a cura di G. CONTRI (Einaudi Paperbacks 52B), Einaudi, Torino [1]1974, [2]1979].

LACTANTIUS [LUCIUS CÆCILIUS FIRMIANUS]
1982      *La colère de Dieu*, éd. par CH. INGREMEAU (SC 289), Cerf, Paris 1982.

LAMBERT, W. G.
1960      *Babylonian wisdom literature*, Clarendon Press, Oxford [1]1960, [2]1967.

1972      « Destiny and divine intervention in Babylon and Israel »: *The witness of tradition; Papers read at the joint British-Dutch Old Testament conference held at Woudschoten 1970* (OTS 17), Brill, Leiden 1972, 65-72.

1984      « The section *AN* »: *Il bilinguismo a Ebla; Atti del Convegno Internazionale (Napoli, 19-22 aprile 1982)*, a cura di L. CAGNI (Studi Asiatici, Series Minor 22), Ist. Univ. Orientale, Napoli 1984, 393-401.

1994      « Enūma eliš »: *Weisheitstexte, Mythen und Epen* (TUAT III/4), Mohn, Gütersloh 1994, 565-602.

LAMBERT, W. G. - MILLARD, A. R.
1969      *Atra-ḫasīs; The Babylonian story of the flood*, Clarendon Press, Oxford 1969.

LAMPARTER, H.
1951      *Das Buch der Anfechtung; Hiob* (BAT 13), Calwer Verlag, Stuttgart 1951.

LANSING, J. G.
1884s      « Pleiades, Orion and Mazzaroth; Job XXXVIII, 31,32 », *Hebr.* 1 (1884s) 236-41.

LANZA DEL VASTO
1951      *Commentaire de l'Évangile*, Denoël, Paris 1951.

LAUHA, A.
1978      *Kohelet* (BK 19), Neukirchener Verlag, Neukirchen-Vluyn 1978.

LAURIN, R. B.
1972      « The theological structure of Job », *ZAW* 84 (1972) 86-89.

LAUSBERG, H.
1949      *Elemente der literalischen Rhetorik*, Max Hueber Verlag, München [1]1949, [2]1967
[tr. it.: *Elementi di retorica*, trad. ed edizione italiana a cura di L. RITTER SANTINI (Strumenti. Linguistica e Critica Letteraria), Il Mulino, Bologna [1]1969, [2]1983].

1960      *Handbuch der literalischen Rhetorik; Eine Grundlegung der Literaturwissenschaft (I-II)*, Max Hueber Verlag, München 1960.

LE DÉAUT, R.
1963    *La nuit pascale; Essai sur la signification de la Pâque juive à partir du Targum d'Exode XII 42* (AnBib 22), P.I.B., Roma 1963.

LEEUW, G. VAN DER
1956    *Phänomenologie der Religion*, Tübingen ²1956
        [tr. it.: *Fenomenologia della religione*, tr. di V. VACCA (Universale Scientifica Boringhieri 133-35), Paolo Boringhieri, Torino 1975].

LEFÈVRE, A.
1949    « Job (Le livre de) »: *DBS IV,* 1073-98.

LEIBEL, D.
1963s   « "עבר בשלח" (Job 33,18; 36,12) », *Tarb.* 33 (1963s) 225-27 [Heb.]; 405 [Engl.].

LELIÈVRE, A.
1976    « YHWH et la Mer dans les Psaumes », *RHPhR* 56 (1976) 253-75.

LEMAIRE, A.
1977    *Inscriptions hébraïques; Tome I: Les Ostraca* (LAPO 9), Cerf, Paris 1977.

LÉVÊQUE, J.
1970    *Job et son Dieu; Essai d'exégèse et de théologie biblique*, 2 voll. (ÉtB), Gabalda, Paris 1970.
1993    *Sagesses de Mésopotamie augmentées d'un dossier sur le "juste souffrant" en Égypte*, présenté par J. LÉVÊQUE (CÉv.S n. 85), Cerf, Paris 1993.

LEVINE, B. A.
1985    « Girard on Job », *Semeia* n. 33 (1985) 125-33.

LEVY, T. Y.
1960    « Easterly storms in November 1958 », *IEJ* 10 (1960) 112-17.

LIEDKE, G.
1971    *Gestalt und Bezeichnung alttestamentlicher Rechtssätze; Eine form-geschichtlich-terminologische Studie* (WMANT 39), Neukirchener Verlag, Neukirchen-Vluyn 1971.
1978    « שפט *špṭ* richten »: *THAT* II, 909-1009
        [tr. it: « שפט *špṭ* giudicare »: *DTAT* II, 902-11].

LINDBLOM, J.
1939    « Job and Prometheus; A comparative study »: *DRÂMA. Martino P. Nilsson anno 1939 dedicatum* (AIRRS 2/1), Lund 1939, 280-87.

LINDSTRÖM, F.
1983    *God and the origin of evil; A contextual analysis of alleged monistic evidence in the Old Testament*, translated by F. H. CRYER (CB.OT 21), Gleerup, Lund 1983.

LIPIŃSKI, E.
1980    « Notes lexicographiques et stylistiques sur le livre de Job »: *Studia biblica Alexius Klawek oblata = FolOr* 21 (1980) 65-82.

LIVINGSTONE, A.

1989      *Court poetry and literary miscellanea* (SAA 3), University Press, Helsinki 1989.

LOADER, J. A.

1976a      « Different reactions of Job and Qohelet to the doctrine of retribution »: *Studies in Wisdom literature*, edited by W. C. VAN WYK (OTWSA 15s), Univ., Pretoria 1976, 43-48.

1976b      « Relativity in Near Eastern Wisdom, *ivi*, 49-58.

LÖHR, M.

1918      « Beobachtungen zur Strophic im Buche Hiob »: *Abhandlungen zur semitischen Religionskunde und Sprachwissenschaft. W. W. G. von Baudissin zum 26. Sept. 1917 überreicht von Freunden und Schülern*, hrg. von W. FRANKENBERG - F. KÜCHLER (BZAW 33), Töpelmann, Giessen 1918, 303-21.

1926      « Job c. 28 »: *Oriental studies published in commemoration of the fortieth anniversary (1883-1923) of Paul Haupt as director of the Oriental Seminary of the Johns Hopkins University, Baltimore MD*, edited by C. ADLER - A. EMBER, J. Hopkins / Hinrich'sche Buchhand., Baltimore / Leipzig 1926, 67-70.

LOOSE, D.

1991      « L'interprétation des interprétations ou la théologie de la métaphore », *SémBib* n. 63 (1991) 34-40.

LORETZ, O.

1980      « Philologische und textologische Probleme in Hi 24,1-25 », *UF* 12 (1980) 261-66.

LUBAC, H. DE

1964      *Exégèse Médiévale; Les quatres sens de l'Écriture, II/2* (Théol), Aubier-Montaigne, Paris 1964

         [tr. it.: *Esegesi Medievale; I quattro sensi della Scrittura*, tr. di P. STÀCUL - F. DE BONIS (La Parola di Dio 8/2), Paoline, Roma 1972].

LUGT, P. VAN DER

1988a      « Strophes and stanzas in the Book of Job; A historical survey »: *The structural analysis of Biblical and Canaanite poetry*, edited by W. VAN DER MEER - J. C. DE MOOR (JSOT.S 74), Academic Press, Sheffield 1988, 235-64.

1988b      « The form and function of the refrains in Job 28; Some comments relating to the "strophic" structure of Hebrew poetry, *ivi*, 265-93.

LUST, J.

1975      « A stormy vision; Some remarks on Job 4,12-16 », *Bijdr.* 36 (1975) 308-11.

LUYSTER, R.

1981      « Wind and Water; Cosmogonic Symbols in the Old Testament », *ZAW* 93 (1981) 1-10.

LUZARRAGA, J.
1973 *Las tradiciones de la nube en la Biblia y en el judaismo primitivo* (AnBib 54), P.I.B., Roma 1973.

MACDONALD, D. B.
1897s « Some external evidence on the original form of the legend of Job », *AJSL* 14 (1897s) 137-63.

MACROBIUS [AMBROSIUS THEODOSIUS]
1963 *Saturnalia*, apparatu critico instruxit J. A. WILLIS (BSGRT), Teubner, Leipzig 1963.

MAFICO, T. J.
1986 « The ancient and biblical view of the universe », *JTSA* 54 (1986) 3-14.

MAIER, J.
1979 « Die Sonne im religiösen Denken des antiken Judentums »: *Principat; Neuzehnter Band, 1. Halbband: Religion: Judentum: Allgemeines; Palästinisches Judentum*, hrg. von W. HAASE (ANRW, II 19.1), De Gruyter, Berlin / New York 1979, 346-412.

MAILLARD, CH.
1992 « Le divin et la féminité; À propos de la sophiologie de Carl Gustav Jung », *RHPhR* 72 (1992) 427-44.

MALET, A.
1966 *Le traité théologico-politique de Spinoza et la pensée biblique* (Publications de l'Université de Dijon 35), Societé Les Belles Lettres, Paris 1966.

MANN, TH. W.
1971 « The pillar of cloud in the Reed Sea narrative », *JBL* 90 (1971) 15-30.

MANY, G.
1970 *Der Rechtsstreit mit Gott* (rîb) *im Hiobbuch*, Diss., München 1970.

MARBACH, E.
1894 « Manes »: *Paulys Real-Encyclopädie der Classischen Altertumswissenschaft, Neue Bearbeitung*, hrg. von G. WISSOWA, Metzlerscher Verlag, Stuttgart 1894, vol. XIV, 1050-60.

MARTIN, G. W.
1972 *Elihu and the third cycle in the Book of Job*, Diss., Princeton Univ. 1972.

MARTIN, M.
1961 « A preliminary report after re-examination of the Byblian inscriptions », *Or.* 30 (1961) 46-78 + tab. VI-XV.

MASPERO, G. C. CH.
1912 « Béni-Hassan »: ID., *Études de mythologie et d'archéologie égyptiennes VI* (Bibliothèque Égyptologique 28), Ernest Leroux, Paris 1912, 107-23.

MASSON, M.
1992      *Élie ou l'appel du silence*, Cerf, Paris 1992
          [tr. it.: *Elia; L'appello del silenzio*, tr. di M. A. COZZI (Lettura Pasto-
          rale della Bibbia 25), EDB, Bologna 1993].

MAY, H. G.
1952      « Prometheus and Job; The problem of the God of power and the man
          of wrath », *AThR* 34 (1952) 240-46.

MCALPINE, T. H.
1987      *Sleep, divine and human, in the Old Testament* (JSOT.S 38), Aca-
          demic Press, Sheffield 1987.

MCCABE, R. V.
1985      *The significance of the Elihu speeches in the context of the book of
          Job*, Diss., Grace Theol. Sem. 1985.

MCKANE, W.
1970      *Proverbs; A new approach* (OTL), SCM Press Ltd, London 1970.

MCKAY, J. W.
1978s     « Elihu - a proto-charismatic? », *ET* 90 (1978s) 167-71.
1979      « Psalms of Vigil », *ZAW* 91 (1979) 229-47.

MEHL, R.
1975      « Symbole et théologie »: *Le symbole*, éd. par J. E. MÉNARD, Faculté
          de Théologie Catholique, Strasbourg 1975, 3-6.

MEINHOLD, A.
1991      *Die Sprüche I-II* (ZBK.AT 16.1-2), Theologischer Verlag, Zürich
          1991.

MEISSNER, B.
1920-25   *Babylonien und Assyrien*, 2 voll. (Kulturgeschichte Bibliothek. 1.
          Reihe: Ethnologische Bibliothek 3-4), Carl Winter Universitätsverlag
          Heidelberg 1920 e1925.

MELAMED, E. Z.
1961      « Break-up of stereotype phrases as an artistic device in Biblical po-
          etry »: *Scripta Hierosolymitana, 8. Publications of the Hebrew Uni-
          versity, Jerusalem*, Magnes, Jerusalem 1961, 115-53.

MELCHIORRE, V.
1972      *L'immaginazione simbolica; Saggio di antropologia filosofica*
          (Pubblicazioni dell'Istituto Agostino Gemelli 9), Il Mulino, Bologna
          1972.
1986      « Dire Dio, oggi », *RdT* 27 (1986) 410-30.

MENDE, M. TH.
1990a     « "Ich weiß, daß mein Erlöser lebt" (Ijob 19,25); Ijobs Hoffnung und
          Vertrauen in der Prüfung des Leidens », *TThZ* 99 (1990) 15-35.
1990b     *Durch Leiden zur Vollendung; Die Elihureden im Buch Ijob (Ijob 32-
          37)* (TrThS 49), Paulinus Verlag, Trier 1990.

MENSCHING, G.
1967          « Die Lichtsymbolik in der Religionsgeschichte », *StGen* 10 (1957)
              422-32.

MENU, B.
1987          « Les cosmogonies de l'Ancienne Égypte »: *La création dans
              l'Orient Ancien. XIe Congrès de l'ACFÉB, Lille (1985)*, présenté par
              F. BLANQUART (LeDiv 127), Cerf, Paris 1987, 97-120.

METTINGER, T. N. D.
1987          *Namnet och Närvaron; Gudsnamm och Gudsbild i Böckernas bok*,
              Bokfölaget Libris, Örebro 1987
              [tr. ingl.: *In search of God; The meaning and message of the everla-
              sting names*, translated by F. H. CRYER, Fortress, Philadelphia PA
              1988].

MEYENFELDT, F. H. VON
1950          *Het Hart (Lēb, Lēbāb) in het Oude Testament (with a summary in
              English)*, Brill, Leiden 1950.

MEYNET, R.
1989          *L'analyse rhétorique; Une nouvelle méthode pour comprendre la
              Bible; Textes fondateurs et exposé systématique*, introduction de P.
              BEAUCHAMP (Initiations), Cerf, Paris 1989
              [tr. it.: *L'analisi retorica*, introduzione di P. BEAUCHAMP, tr. di L.
              SEMBRANO (BiBi 8), Queriniana, Brescia 1992].

MICHAELIS, E.
1954          « Ist Satan die vierte Person der Gottheit? », *ZW* 25 (1954) 368-77.

MICHAELIS, J. D.
1774          « Anzeige der Varianten im Buch Hiob (Kap. 117) »: ID., *Orientali-
              sche und exegetische Bibliothek; Siebter Theil*, J. G. Garbe, Frankfurt
              a. M. 1774, 217-47.

MICHEL, W. L.
1982s         « בתולה "virgin" or "Virgin (Anath)" in Job 31:1 », *HebStud* 23
              (1982s) 59-66.
1984          « *Ṣlmwt*, "deep darkness" or "shadow of death"? », *BiRe* 29 (1984) 5-
              20.

MIGNINI, F.
1981          *Ars imaginandi; Apparenza e rappresentazione in Spinoza* (La Cultu-
              ra delle Idee 6), Edizioni Scientifiche Italiane, Napoli 1981.
1990          *Introduzione a Spinoza* (I Filosofi 37), Laterza, Bari 1990.

MILES, J. J.
1977          « Gagging on Job, or the comedy of religious exhaustion »: *Studies in
              the Book of Job*, edited by R. M. POLZIN - D. A. ROBERTSON = *Se-
              meia* n. 7 (1977) 71-126.

MILLER, J. E.
1991          « Structure and meaning of the animal discourse in the theophany of
              Job (38,39-39,30) », *ZAW* 103 (1991) 418-21.

MILLER, P. D.
1987 « Cosmology and world order in the Old Testament; The divine council as cosmic-political symbol », *HBT* 9,2 (1987) 53-78.

MINKOWSKI, E.
1953 *La schizophrénie*, Desclée De Brouwer, Paris 1953 [tr. it.: *La schizofrenia*, Bertani, Verona 1980].

MIZZAU, M.
1984 *L'ironia; La contraddizione consentita*, Feltrinelli, Milano 1984.

MODENA MAYER, M. L.
1967 « Note etimologiche, IV », *Acme* 20 (1967) 287-91.

MÖLLER, H.
1955 *Sinn und Aufbau des Buches Hiob*, Ev. Verlagsanstalt, Berlin 1955.

MONTESI, G.
1953s « Il valore cosmico dell'aurora nel pensiero mitologico del Rig-Veda », *SMSR* 24s (1953s) 111-32.
1957 « Uṣāsānaktā; Mitologia vedica della notte », *SMSR* 28,1 (1957) 11-52.

MONTGOMERY, J. A.
1913 *Aramaic incantation texts from Nippur*, University Museum, Philadelphia 1913.

MOORE, M. S.
1993 « Job's texts of terror », *CBQ* 55 (1993) 662-75.

MOORE, R. D.
1983 « The integrity of Job », *CBQ* 45 (1983) 17-31.

MORAN, W. L.
1983 « Notes on the hymn to Marduk in *Ludlud Bēl Nēmeqi* »: *Studies in literature from the Ancient Near East, dedicated to Samuel N. Kramer*, edited by J. M. SASSON = JAOS 103 (1983) 255-60.

MORENZ, S.
1960 *Ägyptische Religion* (RM 8), Kohlhammer Verlag, Stuttgart [1]1960, [2]1977 [tr. it.: *Gli Egizi*, traduzione di G. PULIT - E. FILIPPI, a cura di CH. M. SCHRÖDER (StRel 5), Jaca Book, Milano 1983].

MORROW, W.
1986 « Consolation, rejection, and repentance in Job 42:6 », *JBL* 105 (1986) 211-25.

MORTARA GARAVELLI, B.
1989 *Manuale di retorica* (Studi Bompiani. Italianistica), Bompiani, Milano 1989.

MOTTU, H.
1976 « Job dans l'œuvre de Bloch »: *Utopie, marxisme selon E. Bloch*, éd. par G. RAULET, Paris 1976, 233-38.
1977 « La figure de Job chez Bloch », *RThPh* 27 (1977) 307-20.

MOWINCKEL, S. O. P.
1949    « Urmensch und "Königsideologie" », *StTh* 2 (1949) 71-89.
1951    *Han som kommer; Messiasforventningen i det Gamle Testament og på Jesu Tid*, G. E. C. Gads Forlag, København 1951 [tr. it.: *He that cometh*, translated by G. W. ANDERSON, Basil Blackwell, Oxford 1956].
1963    « שַׁחַל »: *Hebrew and Semitic Studies. Presented to G.R. Driver in celebration of his 70th birthday*, edited by D. W. THOMAS - W. D. McHARDY, Clarendon Pr., Oxford 1963, 85-104.

MÜLLER, H. P.
1967    « "Der bunte Vogel" von Jer 12,9 », *ZAW* 79 (1967) 225-28.
1970    *Hiob und seine Freunde; Traditionsgeschichtliches zum Verständnis des Hiobbuches* (ThSt 103), EVZ-Verlag, Zürich 1970.
1977    « Die weisheitliche Lehrerzählung im Alten Testament und seiner Umwelt », *WO* 9 (1977) 77-98.
1978    « Keilschriftliche Parallelen zum biblischen Hiobbuch; Möglichkeit und Grenze des Vergleichs », *Or.* 47 (1978) 360-75
        = ID., *Mythos – Kerygma – Wahrheit; Gesammelte Aufsätze zum Alten Testament in seiner Umwelt und zur Biblischen Theologie* (BZAW 200), De Gruyter, Berlin / New York 1991, 136-51
        = *Babylonien und Israel; Historische, religiöse und sprachliche Beziehungen*, hrg. von H. P. MÜLLER (WdF 633), Wissenschaftliche Buchgesellschaft, Darmstadt 1991, 400-19.
1988    « Gottes Antwort an Ijob und das Recht religiöser Wahrheit », *BZ* 32 (1988) 210-31.
1989    « פַּחַד *paḥad* »: *TWAT* VI, 552-62.
1992    « Theodizee? Anschlusserörterungen zum Buch Hiob », *ZThK* 89 (1992) 249-79.

MÜLLER, W. W.
1963    « Altsüdarabisches Beiträge zum hebräischen Lexikon », *ZAW* 75 (1963) 304-16.

MUENCHOW, CH. A.
1989    « Dust and dirt in Job 42:6 », *JBL* 108 (1989) 597-611.

MUNTINGH, L. M.
1977    « Life, death, and resurrection in the Book of Job »: *Old Testament essays: Studies in the Pentateuch*, edited by W. C. VAN WYK (OTWSA 17s), Univ., Pretoria 1977, 32-44.

MURPHY, R. E.
1965    « The Old Testament Wisdom literature and the problem of retribution », *The Scotist* 20 (1965) 5-18.

MURRAY, G.
1968    « Prometheus and Job »: *Twentieth-Century interpretations of the Book of Job; A collection of critical essays*, edited by P. S. SANDERS (Twentieth Century Interpretations), Prentice-Hall, Englewood Cliffs NJ 1968, 56-65

= *Aeschylus; The creator of tragedy*, Clarendon Press, Oxford 1940.

MURTAGH, J.

1968    « The Book of Job and the Book of the Dead », *IThQ* 35 (1968) 166-73.

NAVILLE, É. H.

1877    « Le dieu Thoth et le points cardinaux », *ZÄS* 15 (1877) 28-31.

NEGOITA, A.

1977    « Un Iov babilonean? Ceva din teodicea akkadiana », *StTeol* 29 (1977) 436-49.

NEGRETTI, N.

1973    *Il settimo giorno; Indagine critico-teologica delle tradizioni presacerdotali e sacerdotali circa il sabato biblico* (AnBib 55), P.I.B., Roma 1973.

NEHER, A.

1962    « L'homme biblique: Job »: ID., *L'existence juive; Solitude et affrontements* (Esprit), Éditions du Seuil, Paris 1962, 60-72.

1971    « מעבר לנסיון: איוב ואברהם בהתנסותם - Au delà de l'épreuve; Job et Abraham des épreves identiques »: המקרא ותולדות ישראל – *Studies in Bible and Jewish history dedicated to the memory of Jacob Liver*, edited by B. UFFENHEIMER, University of Tel Aviv, Tel Aviv 1971s, 124-28, XVI (franc.).

NEL, PH. J.

1991    « Cosmos and chaos; A reappraisal of the divine discourses in the Book of Job », *OTEs* NS 4 (1991) 206-26.

NEUMANN, E.

1949    *Ursprungsgeschichte des Bewußtseins*, Rascher Verlag, Zürich 1949 [tr. ingl.: *The origins and history of consciousness*, translated by R. F. C. HULL, With a foreword by C. G. JUNG (BollS 42), University Press, Princeton 1970].

1956    *Die große Mutter; Der Archetyp des großen Weiblichen*, Rhein Verlag, Zürich 1956 [tr. it.: *La Grande Madre; Fenomenologia delle configurazioni femminili dell'inconscio*, trad. ed edizione italiana a cura di A. VITOLO (Psiche e Coscienza), Astrolabio, Roma 1981].

NEWELL, B. L.

1984    « Job, repentant or rebellious? », *WThJ* 46 (1984) 298-316 = *Sitting with Job; Selected studies on the Book of Job*, edited by R. B. ZUCK, Baker Book, Grand Rapids MI 1992, 441-56.

NICCACCI, A.

1981    « Giobbe 28 », *SBFLA* 31 (1981) 29-58.

NICHOLLS, P. H.

1982    *The structure and purpose of the Book of Job*, Diss. Hebrew University, Jerusalem 1982.

NICHOLS, H. H.
1910s    « The composition of the Elihu speeches; Job Chaps. 32-37 », *AJSL* 27 (1910s) 97-186.

NIELSEN, E.
1976s    « Homo faber – sapientia Dei », *SEÅ* 41s (1976s) 157-65.

NIR, D.
1957    « Whirlwinds in Israel in winters 1954/55 and 1955/56 », *IEJ* 7 (1957) 109-17.

NÖLDEKE, TH.
1875    *Mandäische Grammatik; Im Anhang: Die handschriftlichen Ergänzungen in dem Handexemplar Theodor Nöldekes*, bearbeitet von A. SCHALL, Wissenschaftliche Buchgesellschaft, Darmstadt 1875 [ristampa 1964.]
1897    « צַלְמָוֶת und צֶלֶם », *ZAW* 17 (1897) 183-87.

NÖTSCHER, F.
1953    « Zum emphatischen *Lamed* », *VT* 3 (1953) 372-80.

NOORT, E.
1984    « JHWH und das Böse; Bemerkungen zu einer Verhältnisbestimmung »: *Prophets, Worship and Theodicy. Studies in Prophetism, Biblical Theology and Structural and Rhetorical Analysis and on the Place of Music in Worship* (OTS 23), Brill, Leiden 1984, 120-36.

NOVALIS
1978    *Band I: Das dichterische Werk, Tagebücher und Briefe*, hrg. von R. SAMUEL, Carl Hanser Verlag, München / Wien 1978 [tr. it.: *Inni alla notte*, riduzione in versi italiani e introduzione di V. ERRANTE, Gruppo Editoriale Domus, Milano 1942].

O'CONNOR, D. J.
1983s    « Job's final word – "I am consoled"... (42:6b) », *IThQ* 50 (1983s) 181-97.
1989    « The Keret legend and the prologue-epilogue of Job », *IThQ* 55 (1989) 1-6.

OLLENBURGER, B. C.
1993    « If mortals die, will they live again? The Old Testament and Resurrection »: *Resurrection; Papers from the North Park Symposium on theological interpretation of Scripture, North Park Theological Seminary, Chicago, Illinois - October 8-10, 1993*, Introduction of K. R. SNODGRASS = *ExAu* 9 (1993) 29-44.

OORSCHOT, J. VAN
1987    *Gott als Grenze; Eine literar- und redaktionsgeschichtliche Studie zu den Gottesreden des Hiobbuches* (BZAW 170), De Gruyter, Berlin 1987.

OOSTHUIZEN, M. J.
1991    « Divine insecurity and Joban heroism: A reading of the narrative framework of Job », *OTEs* NS 4 (1991) 295-315.

ORLINSKY, H. M.
1937s      « The Hebrew and Greek texts of Job 14:12 », *JQR* 28 (1937s) 57-68.

ORTIGUES, E.
1962      *Le discours et le symbole* (PhEsp), Aubier / Montaigne, Paris 1962.

OSSWALD, E.
1970      « Hiob 31 im Rahmen der alttestamentlichen Ethik »: *Theologische Versuche II*, hrg. von J. ROGGE - G. SCHILLE, Evang. Verlagsanstalt, Berlin 1970, 9-26.

OTTO, R.
1917      *Das Heilige; Über das Irrationale in der Idee des Göttlichen und sein Verhältnis zum Rationalen*, München 1917
            [tr. it.: *Il sacro; L'irrazionale nella idea del divino e la sua relazione al razionale*, tr. di E. BUONAIUTI, Nicola Zanichelli, Bologna 1926].

OWENS, J. J.
1971      « The prologue and the epilogue »: *The Book of Job* = *RExp* 68,4 (1971) 457-67.

PACOMIO, L. (*ET ALII*)
1991      *L'esegesi cristiana oggi*, Piemme, Casale Monferrato 1991.

PAPESSO, V.
1929      *Inni del Rig-Veda (I)*, Prefazione introduzione e note di V. PAPESSO (TDSR 2), Nicola Zanichelli, Bologna 1929.
1931      *Inni del Rig-Veda (II)*, Prefazione introduzione e note di V. PAPESSO (TDSR 4), Nicola Zanichelli, Bologna 1931.

PARSONS, G. W.
1981      « The structure and purpose of the Book of Job », *BS* 138 (1981) 139-57
            = *Sitting with Job; Selected studies on the Book of Job*, edited by R. B. ZUCK, Baker Book, Grand Rapids MI 1992, 17-34.

PASCAL, É.
1966      « Risposta a Jung (A proposito di C. G. Jung, Risposta a Giobbe) », *Protest.* 21 (1966) 215-22.

PASCUAL RECUERO, P.
1956      « El poema de la sabiduría en el libro de Job; Notas exegéticas sobre el capítulo 28 »: *Miscelanea de Estudios Arabes y Hebraicos, V*, Universitad, Granada 1956, 249-66.

PASSONI DELL'ACQUA, A.
1993      « "Come una tarma"; Immagini di fragilità e/o di distruzione nell'Antico Testamento », *RivBib* 41 (1993) 393-428.

PATRICK, D.
1976      « The translation of Job XLII 6 », *VT* 26 (1976) 369-71.

PAUL, SH. M.
1978      « An unrecognized medical idiom in Canticles 6,12 and Job 9,21 », *Bib* 59 (1978) 545-47.

1979        « Unrecognized Biblical legal idioms in the light of comparative Akkadian expressions », *RB* 86 (1979) 231-39.

1983        « Job 4,15 - A hair raising encounter », *ZAW* 95 (1983) 119-21.

PÉGUY, CH.

1957        « Le porche du mystère de la deuxième vertu »: ID., *Œuvres poétiques complètes* (Bibliothèque de la Pléiade 60), Gallimard, Paris 1957, 525-668
[tr. it.: « Il portico del mistero della seconda virtù »: ID., *I misteri: Giovanna d'Arco, La seconda virtù, I santi innocenti*, traduzione di M. CASSOLA, con una presentazione di G. BOGLIOLO (Jaca Letteraria 19), Jaca Book, Milano ¹1978, ²1984, 155-282].

PERANI, M.

1984        « Giobbe di fronte alla morte »: *Gesù e la sua morte. Atti della XXVII Settimana dell'Associazione Biblica Italiana, Roma 13-17 settembre 1982*, Paideia, Brescia 1984, 267-91.

PERDUE, L. G.

1986        « Job's assault on creation », *HAR* 10 (1986) 295-315.

1990        « Cosmology and social order in the wisdom tradition »: *The sage in Israel and the Ancient Near East*, edited by J. G. GAMMIE - L. G. PERDUE, Eisenbrauns, Winona Lake IN 1990, 457-78.

1991        *Wisdom in revolt; Metaphorical theology in the Book of Job* (JSOT.S 112), Almond Press, Sheffield 1991.

1994        *The collapse of history; Reconstructing Old Testament theology* (Overtures to Biblical Theology), Augsburg Fortress Press, Minneapolis MN 1994.

PERELMAN, CH. - OLBRECHTS, T. L.

1958        *Traité de l'argumentation; La nouvelle rhétorique*, Presses Universitaires de France, Paris 1958
[tr. it.: *Trattato dell'argomentazione; La nuova retorica*, traduzione di C. SCHICK - M. MAYER - E. BARASSI, Prefazione di N. BOBBIO (Biblioteca di Cultura Filosofica 28), Einaudi, Torino 1966].

PERLES, F.

1895        *Analekten zur Textkritik des Alten Testaments; Neue Folge*, Verlag von Gustav Engel, Leipzig ¹1895, ²1922.

PERSSON, A. W.

1934        « Eisen und Eisenbereitung in ältester Zeit; Etymologisches und Sachliches », *BSRLL* (1934) 111-27.

PETTAZZONI, R.

1950        « Der Babylonische Ritus des *Akītu* und das Gedicht der Weltschöpfung »: *Mensch und Ritus*, hrg. von O. FRÖBE KAPTEYN = *ErJb* 19 (1950 [ed. 1951]) 403-30.

PETTINATO, G.

1979        *Ebla; Un impero inciso nell'argilla* (Saggi 126), Mondadori, Milano 1979.

1982    *Testi lessicali bilingui della Biblioteca L. 2769; Parte I: Traslittera-zione dei testi e ricostruzione del VE* (Materiali Epigrafici di Ebla, 4; Seminario di Studi Asiatici, Series Major 4), Ist. Univ. Orientale, Napoli 1982.

1992    *La saga di Gilgamesh*, in collaborazione con S. M. CHIODI - G. F. DEL MONTE, Rusconi, Milano 1992.

PETTINATO, G. - ALBERTI, A.

1979    *Catalogo dei testi cuneiformi di Tell Mardikh – Ebla* (Materiali Epigrafici di Ebla, 1; Seminario di Studi Asiatici, Series Major 1), Ist. Univ. Orientale, Napoli 1979.

PHILONENKO, M.

1992    « La troisième demande du "Notre Père" et l'hymne de Nabuchodonosor », *RHPhR* 72 (1992) 23-31.

PIAGET, J.

1945    *La formation du symbole chez l'enfant*, Delachaux & Niestlé, Neuchâtel $^1$1945, $^2$1964
        [tr. it.: *La formazione del simbolo nel bambino*, tr. di E. PIAZZA, La Nuova Italia, Firenze $^2$1979].

PICARD, M.

1955    *Der Mensch und das Wort*, Eugen Reutsch Verlag, Zürich 1955.

PIRARD, R.

1980    « Symbole, symptôme et métaphore; À la recherche d'une articulation »: *La métaphore. Approche pluridisciplinaire*, publié sous la direction de R. JONGEN (Publications des Facultés Universitaires de Saint Louis 15), Facultés Universitaires Saint Louis, Bruxelles 1980, 141-84.

PLATO

1932    *Œuvres complètes; Tome VI: La République (Livres I-III)*, Texte établi et traduit par E. CHAMBRY, avec introduction de A. DIÈS (CUFr), Société d'Éd. Les Belles Lettres, Paris 1932.

PLINIUS [SECUNDUS CAIUS]

1953    *Histoire Naturelle; Livre XXXIV*, texte établi et traduit par H. LE BONNIEC, commenté par H. GALLET DE SANTERRE - H. LE BONNIEC (CUFr), Les Belles Lettres, Paris 1953.

1972    *Histoire naturelle; Livre XXXVII*, texte établi, traduit et commenté par E. DE SAINT DENIS (CUFr), Les Belles Lettres, Paris 1972.

PLOEG, J. P. M. VAN DER

1954    « Les *šōṭᵉrîm* d'Israël »: *Oudtestametische Studiën*, uitgegeven door P. A. H. DE BOER (OTS 10), Brill, Leiden 1954, 185-96.

PLÖGER, O.

1984    *Sprüche Salomos (Proverbia)* (BK 17), Neukirchener Verlag, Neukirchen-Vluyn 1984.

PODELLA, TH.
1987    « L'Aldilà nelle concezioni vetero-testamentarie: Sheol »: *Archeologia dell'inferno; L'Aldilà nel mondo antico vicino-orientale e classico*, a cura di P. XELLA, Essedue Edizioni, Verona 1987, 163-90.

POLZIN, R. M.
1974    « The framework of the Book of Job », *Interp.* 28 (1974) 182-200.

POLZIN, R. M. - ROBERTSON, D. A.
1977    *Studies in the Book of Job*, edited by R. M. POLZIN - D. A. ROBERTSON = *Semeia* n. 7 (1977).

PONS, J.
1981    *L'oppression dans l'Ancien Testament*, Letouzey et Ané, Paris 1981.

PORTER, S. E.
1991    « The message of the Book of Job: Job 42,7b as key to interpretation? », *EvQ* 63 (1991) 291-304.

POSENER, G.
1959    *Dictionnaire de la civilization égyptienne*, en collaboration avec S. SAUNERON - J. YOYOTTE, F. Hazan, Paris 1959.

POSSELT, W.
1909    « Der Verfasser der Eliu-Reden (Job Kap. 32-37); Eine kritische Untersuchung », *BSt[F]* 14,3 (1909) XII-111.

POWER, W. J. A.
1961    *A study of irony in the Book of Job*, Diss., University of Toronto 1961.

PRADO, J.
1966    « La perspectiva escatológica en Job 19,25-27 », *EstB* 25 (1966) 5-39.

PRATO, G. L.
1982    « L'universo come ordine e come disordine », *RivBib* 30 (1982) 51-77.

PREUß, H. D.
1970    « Erwägungen zum theologischen Ort alttestamentlicher Weisheit », *EvTh* 30 (1970) 393-417.

1977    « Jahwes Antwort an Hiob und die sogenannte Hiobliteratur des alten Vorderen Orients »: *Beiträge zur Alttestamentlichen Theologie; Festschrift für W. Zimmerli zum 70. Geburtstag*, hrg. von H. DONNER - R. HANHART - R. SMEND, Vandenhoeck & Ruprecht, Göttingen 1977, 323-43.

1986    « עוֹלָם *'ōlām* »: *TWAT* V, 1144-59.

PROPERTIUS [SEXTUS AURELIUS]
1947    *Élégies*, texte établi et traduit par D. PAGANELLI (CUFr), Les Belles Lettres, Paris 1947.

PRZYLUSKI, J.
1950    *La Grande Déesse; Introduction à l'étude comparative des religions*, Préface de CH. PICARD (BH), Payot, Paris 1950.

QUANDT, W.
1955    *Orphei Hymni*, iteratis curis edidit W. QUANDT, Weidmann, Berlin 1955.

RABIN, CH.
1963    « Hittite words in Hebrew », *Or.* 32 (1963) 113-39.

RAD, G. VON
1955    « Hiob 38 und die altägyptische Weisheit »: *Wisdom in Israel and in the Ancient Near East; Presented to Harold Henry Rowley by the editorial board of Vetus Testamentum in celebration of his 65. birthday, 24 March 1955*, edited by M. NOTH - D. W. THOMAS (VT.S 3), Brill, Leiden 1955, 293-301
        [tr. ingl.: « Job 38 and Ancient Egyptian Wisdom »: *Studies in Ancient Israelite Wisdom; Selected with a Prolegomenon*, edited by J. L. CRENSHAW (LBS), Ktav, New York 1976, 267-77].
1960    *Theologie des Alten Testament; Band I: Die Theologie der geschichtlichen Überlieferungen Israels*, Kaiser Verlag, München ¹1960, ⁸1969
        [tr. it.: *Teologia dell'Antico Testamento; Volume I: Teologia delle tradizioni storiche d'Israele*, edizione italiana a cura di M. BELLINCIONI (BT 6), Paideia, Brescia 1972].
1970    *Weisheit in Israel*, Neukirchener Verlag, Neukirchen-Vluyn 1970
        [tr. it.: *La sapienza in Israele*, edizione italiana a cura di N. NEGRETTI, Marietti, Torino 1975].
1974    « Weisheit in Israel »: ID., *Gottes Wirken in Israel; Vorträge zum Alten Testament*, hrg. von O. H. STECK, Neukirchener Verlag, Neukirchen-Vluyn 1974, 230-37.

RAINEY, A. F.
1970    *El-Amarna tablets 359-379; Supplement to J. A. Knudtzon, Die El-Amarna Tafeln* (AOAT 8), Butzon / Neukirchener Verlag, Kevelaer / Neukirchen-Vluyn 1970.

RAVASI, G.
1981    *Il libro dei Salmi; Commento e attualizzazione. Volume I (1-50)* (Lettura Pastorale della Bibbia 12), EDB, Bologna 1981.
1983    *Il libro dei Salmi; Commento e attualizzazione. Volume II (51-100)* (Lettura Pastorale della Bibbia 13), EDB, Bologna 1983.
1984    *Il libro dei Salmi; Commento e attualizzazione. Volume III (101-150)* (Lettura Pastorale della Bibbia 14), EDB, Bologna 1984.
1988    *Qohelet* (La Parola di Dio), Paoline, Cinisello B. (MI) 1988.
1994    « David Maria Turoldo e il mistero della sofferenza »: *Teologia e letteratura = Credere Oggi* n. 83 (1994) 82-91.

REDDY, M. P.
1978    « The Book of Job – A reconstruction », *ZAW* 90 (1978) 59-94.

REGNIER, A.
1924 « La distribution des chapitres 25-28 du livre de Job », *RB* 33 (1924) 186-200.

REIDER, J.
1954 « Etymological studies in Biblical Hebrew », *VT* 4 (1954) 276-95.

REIMBOLD, E. TH.
1970 *Die Nacht in Mythos, Kultus, Volksglauben und in der transpersonalen Erfahrung; Eine religionsphänamenologische Untersuchung*, Wison Verlag, Köln 1970.

REISKE, J. J.
1779 *Conjecturae in Jobum et Proverbia Salomonis*, Leipzig 1779.

REITERER, F. V.
1993 « שָׁוְא *šāwʾ* »: *TWAT* VII, 1104-17.

RENDSBURG, G. A.
1982 « Double polysemy in Genesis 49:6 and Job 3:6 », *CBQ* 44 (1982) 48-51.

RENSBURG, J. F. J. VAN
1991 « Wise men saying things by asking questions; The function of the interrogative in Job 3 to 14 », *OTEs* NS 4 (1991) 227-47.

RENSI, G.
1993 *Spinoza*, a cura di A. MONTANO (Istituto Italiano per gli Studi Filosofici. Saggi 13), Guerini e Associati, Milano 1993.

REVENTLOW, H. G.
1982 « Tradition und Redaktion in Hiob 27 im Rahmen der Hiobreden des Abschnittes Hi 24-27 », *ZAW* 94 (1982) 279-92 [Eng.: 293].

REYMOND, PH. H.
1958 *L'eau, sa vie et sa signification dans l'Ancien Testament* (VT.S 6), Brill, Leiden 1958.

RIBICHINI, S.
1987 « Concezioni dell'oltretomba nel mondo fenicio e punico »: *Archeologia dell'inferno; L'Aldilà nel mondo antico vicino-orientale e classico*, a cura di P. XELLA, Essedue Edizioni, Verona 1987, 147-61.

RICHARDS, I. A.
1936 *The philosophy of rhetoric*, Oxford University Press, Oxford 1936 [tr. it.: *La filosofia della retorica*, traduzione di B. PLACIDO (I Fatti e le Idee. Saggi e Biografie 166), Feltrinelli, Milano 1967].

RICHTER, H.
1958 « Die Naturweisheit des Alten Testaments im Buche Hiob », *ZAW* 70 (1958) 1-20.

1959 *Studien zu Hiob; Der Aufbau des Hiobbuches, dargestellt an den Gattungen des Rechtslebens* (ThA 2), Ev. Verlagsanstalt, Berlin 1959.

RICHTER, W.
1971    *Exegese als Literaturwissenschaft; Entwurf einer alttestamentlichen Literaturtheorie und Methodologie*, Vandenhoeck & Ruprecht, Göttingen 1971.

RICŒUR, P.
1959    « "Le symbole donne à penser" », *Esprit* 27, n. 275 (1959) 60-76.
1960    *Philosophie de la volonté; 2. Finitude et culpabilité* (PhEsp), Aubier-Montaigne, Paris ¹1960, ²1988.
1962    « Le conflit des herméneutiques, épistémologie des interprétations », *CISy* n. 1 (1962).
1965    *De l'interprétation; Essai sur Freud* (L'Ordre Philosophique), Éditions du Seuil, Paris 1965
        [tr. it.: *Dell'interpretazione; Saggio su Freud*, tr. di A. KLINZ, Il Saggiatore, Milano 1967].
1969    *Le conflit des interprétations; Essais d'herméneutique* (L'Ordre Philosophique), Éditions du Seuil, Paris 1969
        [tr. it.: *Il conflitto delle interpretazioni*, Prefazione di A. RIGOBELLO (Di Fronte e Attraverso 20), Jaca Book, Milano 1977].
1975a   *La métaphore vive* (L'Ordre Philosophique), Éditions du Seuil, Paris 1975
        [tr. it.: *La metafora viva. Dalla retorica alla poetica: per un linguaggio di rivelazione*, edizione italiana a cura di G. GRAMPA, Jaca Book, Milano 1981].
1975b   « Parole et symbole »: *Le symbole*, éd. par J. E. MÉNARD, Faculté de Théologie Catholique, Strasbourg 1975, 142-61.
1977    « Expliquer et comprendre; Sur quelques connexions remarquables entre la théorie du texte, la théorie de l'action et la théorie de l'histoire », *RPL* 75 (1977) 126-47
        = [1986b], 161-82
1982    « Poétique et symbolique »: *Initiation à la pratique de la théologie; I. Introduction*, publié sous la direction de B. LAURET - F. REFOULÉ, Cerf, Paris 1982, 37-61
        [tr. it.: « Poetica e simbolica »: *Iniziazione alla pratica della teologia; Volume 1: Introduzione*, Pubblicato sotto la direzione di B. LAURET - F. REFOULÉ, Edizione italiana a cura di C. MOLARI, Queriniana, Brescia 1986, 35-63].
1983    *Temps et récit; Tome I* (L'Ordre Philosophique), Éditions du Seuil, Paris 1983
        [tr. it.: *Tempo e racconto; Volume primo*, tr. di G. GRAMPA (Di Fronte e Attraverso 165), Jaca Book, Milano ¹1986, ²1991].
1984    *Temps et récit; Tome II: La configuration du temps dans le récit de fiction* (L'Ordre Philosophique), Éditions du Seuil, Paris 1984
        [tr. it.: *Tempo e racconto; Volume secondo: La configurazione del racconto di finzione*, tr. di G. GRAMPA (Di Fronte e Attraverso 183), Jaca Book, Milano 1987].

1985 *Temps et récit; Tome III: Le temps raconté* (L'Ordre Philosophique), Éditions du Seuil, Paris 1985 [tr. it.: *Tempo e racconto; Volume terzo: Il tempo raccontato*, tr. di G. GRAMPA (Di Fronte e Attraverso 217), Jaca Book, Milano 1988].

1986a « De l'interprétation »: ID., *Du texte à l'action; Essais d'herméneutique, II* (Esprit), Éditions du Seuil, Paris 1986, 11-35.

1986b *Du texte à l'action; Essais d'herméneutique, II* (Esprit), Éditions du Seuil, Paris 1986.

1990 *Soi-même comme un autre* (L'Ordre Philosophique), Éditions du Seuil, Paris 1990 [tr. it.: *Sé come un altro*, Presentazione di D. IANNOTTA (Di Fronte e Attraverso 325), Jaca Book, Milano 1993].

RIGNELL, L. G.

1982 *The Old Testament in Syriac according to the Peshitta version; Part II, Fascicle 1a: Job*, prepared by L. G. RIGNELL, Brill, Leiden 1982 [= 1993].

ROBERTS, J. J. M.

1973 « Job's summons to Yahweh; The exploitation of a legal metaphor », *RestQ* 16 (1973) 159-65.

1975a « NIŠKAḤTÎ... MILLEB, Ps. XXXI 13 », *VT* 25 (1975) 797-801.

1975b « Ṣāpôn in Job 26,7 », *Bib* 56 (1975) 554-57.

ROCHER, L.

1987 « Manu »: *The encyclopedia of religion; A comprehensive guide to the history, beliefs, concepts, practices, and major figures of religions past and present*, Editor in chief M. ELIADE, Macmillan, New York 1987, vol. IX, 178.

ROTH, W. M. W.

1962 « The numerical sequence x / x+1 in the Old Testament », *VT* 12 (1962) 300-11.

ROWOLD, H. L.

1977 *The theology of creation in the Yahweh speeches of the Book of Job as a solution to the problem posed by the Book of Job*, Diss., Concordia Seminary in Exile 1977.

RUPPERT, L.

1982 « יָעַץ *jāʿaṣ* »: *TWAT* III, 718-51.

1989 « Der leidende Gerechte »: *Die Entstehung der Jüdischen Martyrologie*, hrg. von J. W. VAN HENTEN ET ALII (StPB 38), Brill, Leiden 1989, 76-87.

RUPRECHT, E.

1971 « Das Nilpferd im Hiobbuch; Beobachtungen zu der sogenannten zweiten Gottesrede », *VT* 21 (1971) 209-31.

RYAN, P. J.

1983 *Answer to Job; An interpretive and critical analysis of Carl Jung's Answer to Job as it reflects his psychological theory, his religious understanding, and statements in light of Christian tradition*, Diss. Fordham, New York 1983.

SABOURIN, L.
1974 « The Biblical cloud; Terminology and tradition », *BTB* 4 (1974) 290-312.

SACCHI, P.
1981-1989 *Apocrifi dell'Antico Testamento, I-II*, a cura di P. SACCHI ET ALII (CdR.Eb), UTET, Torino 1981-1989.

SADEK, A.-A. F.
1985 *Contribution à l'étude de l'Amdouat; Les variantes tardives du Livre de l'Amdouat dans les papyrus du Musée du Caire* (OBO 65), Univ. / Vandenhoeck & Ruprecht, Freiburg / Göttingen 1985.

SÆBØ, M.
1993 « עָשַׂר *ʿāšar* »: *TWAT* VII, 446-52.

SARNA, N. M.
1955 « Some instances of the enclitic -m in Job », *JJS* 6 (1955) 108-10.

SARRAZIN, B.
1988 « Du rire dans la Bible? La théophanie de Job comme parodie », *RSR* 76 (1988) 39-55 [Engl.: 56].

SAUNERON, S. - YOYOTTE, J. ET ALII
1959 *La naissance du monde* (SOr 1), Seuil, Paris 1959 (con contributi di M. LAMBERT, P. GARELLI, M. LEIBOVICI, M. VIEYRA, A. CAQUOT, J. BOTTÉRO, T. FAHD, J. P. ROUX, M. MOLÉ, A. M. ESNOUL, CH. ARCHAIMBAULT, A. MACDONALD, M. KALTENMARK, M. ELIADE).

SAVICKAS, A.
1979 *The concept of symbol in the psychology of C. G. Jung*, Resch Verlag, Innsbruck 1979.

SAWYER, J. F. A.
1979 « The authorship and structure of the Book of Job »: *Studia Biblica I. Papers on Old Testament and related themes. Sixth International Congress on Biblical Studies, Oxford 3-7 April 1978*, edited by E. A. LIVINGSTONE (JSOT.S 11), Univ., Sheffield 1979, 253-57.

SCHALLER, B.
1980 « Zum Textcharakter der Hiobzitate im paulinischen Schrifttum », *ZNW* 71 (1980) 21-26.

SCHEFFLER, E. H.
1991 « Jung's Answer to Job: An appraisal », *OTEs* NS 4 (1991) 327-41.

SCHEIBER, A.
1961 « Zwei Bemerkungen zu Jesaja », *VT* 11 (1961) 455s.

SCHENCKE, W.
1913 *Die Chokma* (Sophia) *in der jüdischen Hypostasenspekulation; Ein Beitrag zur Geschichte der religiösen Ideen in Zeitalter des Hellenismus*, Jacob Dybwad, Kristiania 1913.

SCHIAPARELLI, G.
1903        L'astronomia nell'Antico Testamento (Manuali Hoepli. Serie Scientifica 332), Hoepli, Milano 1903.

SCHILLEBEECKX, E.
1993        « Plezier en woede beleven aan Gods schepping », TTh 33 (1993) 325-46 [Eng. 346-47].

SCHMID, H. H.
1966        Wesen und Geschichte der Weisheit; Eine Untersuchung zur altorientalischen und israelitischen Weisheitsliteratur (BZAW 101), Töpelmann, Berlin 1966.
1968        Gerechtigkeit als Weltordnung; Hintergrund und Geschichte des alttestamentlichen Gerechtigkeitsbegriffes (BHTh 40), J. C. B. Mohr (Paul Siebeck), Tübingen 1968.
1973        « Schöpfung, Gerechtigkeit und Heil », ZThK 70 (1973) 1-19 [tr. ingl.: « Creation, righteousness, and salvation; "Creation theology" as the broad horizon of Biblical theology »: Creation in the Old Testament, edited with an introduction by B. W. ANDERSON (IRT 6), Fortress, Philadelphia 1984, 102-17].

SCHMID, W.
1962        « Epikur »: Reallexikon für Antike und Christentum, Band V, hrg. von TH. KLAUSER ET ALII, Hiersemann, Stuttgart 1962, coll. 681-819.

SCHMIDT, H.NS
1931        Die Erzählung von Paradies und Sündenfall (SGV 154), J. C. B. Mohr (Paul Siebeck), Tübingen 1931.

SCHMIDTKE, F.
1950        « Die Urgeschichte der Welt im sumerischen Mythus »: Alttestamentliche Studien; Friedrich Nötscher zum sechzigsten Geburtstage 19. Juli 1950 gewidmet von Kollegen, Freunden und Schülern, hrg. von H. JUNKER - G. J. BOTTERWECK (BBB 1), Peter Hanstein Verlag, Bonn 1950, 205-23.

SCHOELLER, G.
1991        Isis; Auf der Suche nach dem göttlichen Geheimnis, Kösel, München 1991.

SCHOLNICK, S. H.
1975s       Lawsuit drama in the Book of Job, Diss., Brandeis University 1975s.
1982        « The meaning of mišpaṭ in the Book of Job », JBL 101 (1982) 521-29
            = Sitting with Job; Selected studies on the Book of Job, edited by R.Y B. ZUCK, Baker Book, Grand Rapids MI 1992, 349-58.
1987        « Poetry in the courtroom: Job 38-41 »: Directions in biblical Hebrew poetry, edited by E. R. FOLLIS (JSOT.S 40), Academic Press, Sheffield 1987, 185-204
            = Sitting with Job; Selected studies on the Book of Job, edited by R. B. ZUCK, Baker Book, Grand Rapids MI 1992, 421-40.

SCHOORS, A.
1972 « Literary phrases »: *Ras Shamra parallels; The texts from Ugarit and the Hebrew Bible; Volume I*, edited by L. R. FISHER (AnOr 49), P.I.B., Roma 1972, 1-70.

SCHOTT, A.
1934 « Das Werden der babylonisch-assyrischen Positions-Astronomie und einige seiner Bedingungen », *ZDMG* 88 (1934) 302-37.

SCHOTT, S.
1960 *Altägyptische Liebeslieder*, Artemis Verlag, Zürich 1950
[tr. fr.: *Les chants d'amour de l'Égypte ancienne*, trad. par P. KRIEGER (L'Orient Ancien Illustré), Maison-neuve, Paris 1956].

SCHWIENHORST SCHÖNBERGER, L. - STEINS, G.
1989 « Zur Entstehung, Gestalt und Bedeutung der Ijob-Erzählung (Ijob 1f; 42) », *BZ* 33 (1989) 1-24.

SCHÄRF KLUGER, R.
1948 « Die Gestalt des Satans im Alten Testament »: C. G. JUNG, *Symbolik des Geistes*, Rascher Verlag, Zürich / Stuttgart 1948, 153-319
[tr. ingl.: *Satan in the Old Testament*, translated by H. NAGEL, Northwestern University Press, Evanston 1967].

SEELIGMANN, I. L.
1977 « Erkenntnis Gottes und historisches Bewußtsein im alten Israel »: *Beiträge zur Alttestamentlichen Theologie. Festschrift für W. Zimmerli zum 70. Geburtstag*, hrg. von H. DONNER - R. HANHART - R. SMEND, Vandenhoeck & Ruprecht, Göttingen 1977, 414-45.

SEITZ, CH. R.
1989 « Job; Full-structure, movement, and interpretation », *Interp.* 43 (1989) 5-17.

SEUX, M. J.
1976 *Hymnes et prières aux dieux de Babylonie et d'Assyrie; Introduction, traduction et notes* (LAPO 8), Cerf, Paris 1976.

SHIPLEY, J. T.
1970 *Dictionary of world literary terms; Forms, technique, criticism*, edited by J. T. SHIPLEY, Allen & Unwin, London [1]1943, [3]1970.

SIMPSON, P.
1993 *Language, ideology and point of view* (The Interface Series), Routledge, London / New York 1993.

SJÖBERG, Å. W.
1973 « NUN-GAL in the Ekur », AfO 24 (1973) 19-46.

SKEHAN, P. W.
1961 « Strophic patterns in the Book of Job », *CBQ* 23 (1961) 125-43
= ID., *Studies in Israelite poetry and wisdom* (CBQ.MS 1), Catholic Univ. of America, Washington 1971, 96-113.

SLOTKI, J. J.
1985 « Job XI 6 », *VT* 35 (1985) 229s.

SNAITH, N. H.
1968 *The Book of Job; Its origin and purpose* (SBT 2,11), SCM / Allenson, London / Naperville 1968.

SNIJDERS, L. A.
1954 « The meaning of זֵד in the Old Testament »: *Oudtestametische Studiën*, uitgegeven door P. A. H. DE BOER (OTS 10), Brill, Leiden 1954, 1-154.

SODEN, W. VON
1936 « Die Unterweltvision eines assyrischen Kronprinzen nebst einigen Beobachtungen zur Vorgeschichte des Ahiqar-Romans », *ZA* 43 (1936) 1-31 (6 Tafeln)
= ID., *Aus Sprache, Geschichte und Religion Babyloniens; Gesammelte Aufsätze*, hrg. von L. CAGNI - H. P. MÜLLER (IUO 32), Istituto Universitario Orientale, Napoli 1989, 29-67 (6 Tafeln).

1960 « Licht und Finsternis in der sumerischen und babylonisch-assyrischen Religion », *StGen* 13 (1960) 647-53.

1965 « Das Fragen nach der Gerechtigkeit Gottes im Alten Testament », *MDOG* 96 (1965) 41-59.

1981 « Zum hebräischen Wörterbuch », *UF* 13 (1981) 157-64
= ID., *Bibel und Alter Orient; Altorientalische Beiträge zum Alten Testament*, hrg. von H. P. MÜLLER (BZAW 162), De Gruyter, Berlin / New York 1985, 195-205.

1990a « Der babylonische Theodizee »: *Weisheitstexte, Mythen und Epen* (TUAT 3,1), Mohn, Gütersloh 1990, 143-57.

1990b « Der leidende Gerechte; *Ludlul bēl nēmeqi* – "Ich will preisen den Herrn der Weisheit" »: *Weisheitstexte, Mythen und Epen* (TUAT 3,1), Mohn, Gütersloh 1990, 110-35.

SOMMER, F. - EHELOLF, H.
1924 *Das hethitische Ritual des Papanikri von Komana (KBo VI = Bo 2001); Text, Übersetzungsversuch, Erläuterungen* (Boghazköi-Studien 10), J. C. Hinrichs'sche Buchhandlung, Leipzig 1924.

SOPHOCLES
1990 *Fabulae*, ediderunt H. LLOYD JONES - N. G. WILSON (SCBO), Clarendon Press, Oxford 1990.

SOUSTELLE, J.
1940 *La pensée cosmologique des anciens Mexicains; Représentation du temps et de l'espace*, Hermann, Paris ¹1940, ²1955.

1955 « Les religions du Mexique; Première partie: La religion des Aztèques »: *Histoire des religions V*, publiée sous la direction de M. BRILLANT - R. AIGRAIN, Bloud et Gay, Paris 1955, 7-30.

SPARN, W.
1990 « Mit dem Bösen leben; Zur Aktualität des Theodizeeprobelms »,
*NZSTh* 32 (1990) 207-225.

SPEER, J.
1905 « Zur Exegese von Hiob 19,25-27 », *ZAW* 25 (1905) 47-140.

SPINOZA, B.
1924 « Tractatus theologico-politicus »: ID., *Opera, III*, hrg. von C. GEB-
HARDT, Carl Winters, Heidelberg 1924, 1-267
= Künraht, Amsterdam 1670
[tr. it.: *Trattato teologico-politico*, Traduzione e commenti di A.
DROETTO - E. GIANCOTTI BOSCHERINI, Introduzione di E.
GIANCOTTI BOSCHERINI (NUE 130), Einaudi, Torino ¹1972, ²1980].

STADE, B.
1886 « Miscellen 15; "Auf Jemandes Knieen gebären": Gn 30,3. 50,23,
Hiob 3,12 und *ʾabanajim* Exod. 1,16 », *ZAW* 5 (1886) 143-56.

STÄHLI, H. P.
1978 « יעץ *jʿṣ*, raten »: *THAT* I, 748-53
[tr. it: « יעץ *jʿṣ*, consigliare »: *DTAT* I, 647-51].
1985 *Solare Elemente in Jahweglauben des Alten Testaments* (OBO 66),
Univ., Freiburg 1985.

STÄHLIN, W.
1958a « Das Problem von Bild, Zeichen, Symbol und Allegorie »: ID., *Symbolon. Vom gleichnishaften Denken. Zum 75. Geburtstag im Auftrag
der Evangelischen Michaelsbruderschaft*, hrg. von A. KÖBERLE,
Evangelisches Verlagswerk, Stuttgart 1958, 318-44.
1958b « Mythisches Denken in der Heiligen Schrift, *ivi*, 40-53
= ID., *Wissen und Weisheit = Symbolon, 3. Folge. Zum 90. Geburtstag im Auftrag der Evangelischen Michaelsbruderschaft und des
Berneuchener Dienstes*, hrg. von A. KÖBERLE, Evangelisches Verlagswerk, Stuttgart 1973, 51-64.
1973 « Was ist ein Symbol? »: ID., *Wissen und Weisheit = Symbolon, 3.
Folge. Zum 90. Geburtstag im Auftrag der Evangelischen Michaelsbruderschaft und des Berneuchener Dienstes*, hrg. von A. KÖBERLE,
Evangelisches Verlagswerk, Stuttgart 1973, 101-10.

STAERK, W.
1938 *Die Erlösererwartung in den östlichen Religionen; Untersuchungen
zu den Ausdrucksformen der biblischen Christologie (Soter II)*, Kohlhammer, Stuttgart / Berlin 1938.

STAIGER, E.
1952 *Grundbegriffe der Poetik*, Atlantis Verlag, Zürich ²1952.

STATIUS [PUBLIUS PAPINIUS]
1944 *Silves*, texte établi par H. FRÈRE, et traduit par H. J. IZAAC (CUFr),
Les Belles Lettres, Paris 1944.

STEADMAN, J. M.
1963      « "Eyelids of morn"; A Biblical convention », *HThR* 56 (1963) 159-67.

STEC, D. M.
1994      *The text of the Targum of Job; An introduction and critical edition* (AGJU 20), Brill, Leiden 1994.

STERN, M. A.
1864s     « Die Sternbilder in Hiob Kp. 38, v. 31 und 32 », *JZWL* 3 (1864s) 258-76.

STIVERS, R.
1993      « The festival in light of the theory of the three milieus; A critique of Girard's theory of ritual scapegoating », *JAAR* 61 (1993) 505-38.

STOLZ, F.
1978      « לֵב *lēb* Herz »: *THAT* I, 861-67
          [tr. it.: « לֵב *lēb* Cuore »: *DTAT* I, 743-48].

STRABON
1967      *Géographie; Tome III (Livres V et VI)*, texte établi et traduit par F. LASSERRE (CUFr), Les Belles Lettres, Paris 1967.
1981      *Géographie; Tome IX (Livre XII)*, texte établi et traduit par F. LASSERRE (CUFr), Les Belles Lettres, Paris 1981.

STRAUß, H.
1993      « Tod (Todeswunsch; »Jenseits«?) im Buch Hiob »: *Gottes Recht als Lebensraum; Festschrift für Hans Jochen Boecker*, herausgegeben von P. MOMMER - W. H. SCHMIDT - H. STRAUß, unter Mitarbeit von E. SCHWAB, Neukirchener Verlag, Neukirchen-Vluyn 1993, 239-49.

STRAUSS, L.
1930      *Die Religionskritik Spinozas als Grundlage seiner Bibelwissenschaft; Untersuchungen zu Spinozas Theologisch-politischem Traktat*, Mit einem Vorwort zur Neuausgabe von N. ALTWICKER, Wissenschaftliche Buchgesellschaft, Darmstadt ¹1930, ²1981.

SUTCLIFFE, E. F.
1949a     « A note on Job XXIV. 10, 11 », *JThS* 50 (1949) 174-76.
1949b     « Notes on Job, textual and exegetical », *Bib* 30 (1949) 66-90.
1950      « Further notes on Job, textual and exegetical », *Bib* 31 (1950) 365-78.
1953      « The clouds as water-carriers in Hebrew thought », *VT* 3 (1953) 99-103.

SWANEPOEL, M. G.
1991      « Job 12 - An(other) anticipation of the voice from the whirlwind? », *OTEs* NS 4 (1991) 192-205.

SZPEK, H. M.
1994      « The Peshitta on Job 7:6: "My days are swifter than an ארג" », *JBL* 113 (1994) 187-90.

TANG, S. Y.
1966s     *The ethical context of Job 31; A comparative study*, Diss., Edinburgh 1966-67.

TATE, M. E.
1971      « The speeches of Elihu »: The Book of Job, *RExp* 68,4 (1971) 487-95.

TAYLOR, G. J.
1993      *Yahweh and the Sun; Biblical and archaeological evidence for sun worship in Ancient Israel* (JSOT.S 11), JStOT Press, Sheffield 1993.

TENNER, E.
1929      « Tages- und Nachtsonne bei den Hethitern », *ZA* 38 (1929) 186-90.

TERRIEN, S. L.
1966      « Quelques remarques sur les affinités de Job avec le Deutéro-Ésaïe »: *Volume de Congrès International pour l'étude de l'Ancien Testament, Genève 1965* (VT.S 15), Brill, Leiden 1966, 295-310.

THEISSEN, G.
1990      « L'herméneutique biblique et la recherche de la vérité religieuse », *RThPh* 112 (1990) 485-503.

THEOBALD, G.
1993a     *Hiobs Botschaft; Die Ablösung der metaphysischen durch die poetische Theodizee*, Gütersloher Verlagshaus, Gütersloh 1993.
1993b     « Von der Biblischen Theologie zur Buch-Theologie; Das Hiobbuch als Vorspiel zu einer christlichen Hermeneutik », *NZSTh* 35 (1993) 276-302.

THEOGNIS
1975      *Poèmes élégiaques*, Texte établi et présenté par J. M. CARRIÈRE (CUFr), Libraire Les Belles Lettres, Paris 1975.

THISELTON, A. C.
1992      *New horizons in hermeneutics*, HarperCollins Publishers, London 1992.

THOMAS, D. W.
1946      « The interpretation of *bᵉsôd* in Job 29,4 », *JBL* 65 (1946) 63-66.
1956      « The use of נֵצַח as a superlative in Hebrew », *JSSt* 1 (1956) 106-09.
1957      « Some observations on the Hebrew root ḤDL »: *Volume du Congrès International pour l'étude de l'Ancien Testament, Strasbourg 1956* (VT.S 4), Brill, Leiden 1957, 8-16.
1962      « צַלְמָוֶת in the Old Testament », *JSSt* 7 (1962) 191-200.
1966      « Translating Hebrew ʿāśāh », *BiTr* 17 (1966) 190-93.

THOMSON, J. G. S. S.
1955      « Sleep; An aspect of Jewish anthropology », *VT* 5 (1955) 421-33.

TODOROV, T.
1977      *Théories dy symbole* (Poétique), Éditions du Seuil, Paris 1977

[tr. it.: *Teorie del simbolo*, tr. di E. KLERSY IMBERCIADORI, edizione italiana a cura di C. DE VECCHI (Saggi Blu), Garzanti, Milano 1984].

1978        *Symbolisme et interprétation* (Poétique), Éditions du Seuil, Paris 1978
            [tr. it.: *Simbolismo e interpretazione*, tr. di C. DE VECCHI (Saggi Guida 3), Guida Editori, Napoli 1986].

TORCZYNER, H. (= N. H. TUR-SINAI)
1947        « A Hebrew incantation against night-demons from biblical times », *JNES* 6 (1947) 18-29.

TOURNAY, R. J.
1956        « Le procès de Job ou l'innocent devant Dieu »: *Job, la mort et l'espérance = VS* 95,422 (1956) 339-54.
1957        « L'ordre primitif des ch. 24-27 du livre de Job », *RB* 64 (1957) 321-34.
1962        « Relectures bibliques concernant la vie future et l'angélologie », *RB* 69 (1962) 481-505.

TOY, C. H.
1891        *Judaism and Christianity; A sketch of the progress of thought from Old Testament to New Testament*, Little - Brown & Co., Boston 1891.

TROIANI, L.
1985        « Berosso »: *Incontro interdisciplinare mesopotamico Camaldoli 23-25.X.1981: Il diluvio nelle narrazioni della Mesopotamia*, a cura di C. SAPORETTI, Ass. Geo-Archeologica, Roma 1985, 103-11.

TROMP, N. J.
1969        *Primitive conceptions of death and the nether world in the Old Testament* (BibOr 21), P.I.B., Roma 1969.

TSEMUDI, J.
1981s       « ראשית מחאתו של איוב (פרק ג') », *BetM* 27 (1981s) 229-32.
1982s       « הימנון החכמה ומקומו בספר איוב (לפרק כ"ח) - The Wisdom hymn (Job 28) and its place in the Book of Job », *BetM* 28 (1982s) 268-77 [Eng.: 310].
1988s       « מענה אלהים לאיוב », *BetM* 34,119 (1988s) 302-11.

TSEVAT, M.
1954        « The Canaanite god ŠĀLAḤ », *VT* 4 (1954) 41-49.
1966        « The meaning of the Book of Job », *HUCA* 37 (1966) 73-106
            = *Studies in Ancient Israelite Wisdom; Selected with a Prolegomenon*, edited by J. L. CRENSHAW (LBS), Ktav, New York 1976, 341-74
            = ID., *The meaning of the Book of Job and other biblical studies. Essays on the literature and religion of the Hebrew Bible*, Ktav / Institute for Jewish Studies, New York / Dallas 1980, 1-37
            = *Sitting with Job; Selected studies on the Book of Job*, edited by R. B. ZUCK, Baker Book, Grand Rapids MI 1992, 189-218.

TSUKIMOTO, A.
1985     *Untersuchungen zur Totenpflege* (kispum) *im alten Mesopotamien* (AOAT 216), Butzon / Neukirchener Verlag, Kevelaer / Neukirchen-Vluyn 1985.

TUROLDO, D. M.
1991     *Canti ultimi*, Garzanti, Milano 1991.

TUR-SINAI, N. H. (= H. TORCZYNER)
1949     « *Šiṭir šamē*; Die Himmelsschrift », *ArOr* 7 [II serie] (1949) 419-33.
1952     « Hiob XI und die Sprache der Amarna-Briefe », *BiOr* 9 (1952) 162s.

UEHLINGER, CH.
1990a    « Leviathan und die Schiffe in Ps 104,25-26 », *Bib* 71 (1990) 499-526.
1990b    *Weltreich und "eine Rede"; Eine neue Deutung der sogenannten Turmbauerzählung (Gn 11,1-9)* (OBO 101), Univ. / Vandenhoeck & Ruprecht, Freiburg / Göttingen 1990.

ULLENDORFF, E.
1961     « Job III 8 », *VT* 11 (1961) 350s.

URBROCK, W. J.
1974     « Mortal and miserable man; A form-critical investigation of Psalm 90 »: *Society of Biblical Literature 1974 Seminar Papers: 110th annual meeting 24-27 October 1974*, edited by G. W. MACRAE (SBL.SPS), SBL, Cambridge MA 1974, vol. I, 1-33.
1981     « Job as drama: tragedy or comedy? », *CThMi* 8 (1981) 35-40.

VAN BUITENEN, J. A. B.
1973ss   *The Mahābhārata*, (3 voll.), translated by J. A. B. VAN BUITENEN, University of Chicago Press, Chicago / London 1973-1978.

VAN HOONACKER, A.
1903     « Une question touchant la composition du livre de Job », *RB* 12 (1903) 161-89.

VANHOOZER, K. J.
1990     *Biblical narrative in the philosophy of Paul Ricoeur; A study in hermeneutics and theology*, Cambridge University Press, Cambridge 1990.

VAN ROO, W. A.
1981     *Man the symbolizer* (AnGr 222), P.U.G., Roma 1981.

VATTIONI, F.
1966     « La sapienza e la formazione del corpo umano », *Aug.* 6 (1966) 317-23.
1968     « Miscellanea Biblica », *Aug.* 8 (1968) 382-84.

VAUX, R. DE
1939     « Les Ostraca de Lachis », *RB* 48 (1939) 181-206.
1964     *Les sacrifices de l'Ancien Testament* (CRB 1), Gabalda, Paris 1964.

VELDE, H. TE
1967    *Seth, God of confusion; A study of his role in Egyptian mythology and religion* (PÄ 6), Brill, Leiden ¹1967, ²1977.

VERGILIUS [MARO]
1907    *Opera*, iterum recognovit O. RIBBECK (BSGRT), B. G. Teubner, Leipzig 1907.

VERMEYLEN, J.
1990    « "Connais-tu les lois des cieux?"; Une lecture de Job 38-41 », *FoiTe* 20 (1990) 197-210.

VETTER, P.
1897    *Die Metrik des Buches Job* (BSt 2,4), Herder, Freiburg i.B. 1897.

VIGANÒ, L.
1976    *Nomi e titoli di YHWH alla luce del semitico del Nord-ovest* (BibOr 31), P.I.B., Roma 1976.

VINCENT, A.
1937    *La religion des judéo-araméens d'Éléphantine*, P. Geuthner, Paris 1937.

VIROLLEAUD, CH.
1936    *La légende phénicienne de Danel; Texte cunéiforme alphabétique avec transcription et commentaire, précédé d'une introduction à l'étude de la civilisation d'Ugarit* (MRS 1), P. Geuthner, Paris 1936.
1955    *Le Palais Royal d'Ugarit III: Textes accadiens et hourrites des Archives Est, Ouest et centrales* (MRS 6), Impr. Nationale / C. Klincksieck, Paris 1955.
1957    *Le Palais Royal d'Ugarit II: Textes en cunéiformes alphabétiques des Archives Est, Ouest et centrales* (MRS 7), Impr. Nationale / C. Klincksieck, Paris 1957.
1968    « Les nouveaux textes mythologiques et liturgiques de Ras Shamra »: *Ugaritica V; Nouveaux textes accadiens, hourrites et ugaritiques des Archives et Bibliothèques privées d'Ugarit* (MRS 14), Impr. Nationale / P. Geuthner, Paris 1968, 545-606.

VOGELS, W.
1980    « Job a parlé correctement; Une approche structurale du livre de Job (Congrès Bibl. Cath. Canada, Châteauguay juin 1980) », *NRTh* 102 (1980) 835-52.
1981    « The spiritual growth of Job; A psychological approach to the Book of Job », *BTB* 11 (1981) 77-80.

WAHL, H. M.
1993    *Der gerechte Schöpfer; Eine redaktions- und theologiegeschichtliche Untersuchung der Elihureden – Hiob 32-37* (BZAW 207), De Gruyter, Berlin / New York 1993.

WAKEMAN, M. K.
1973    *God's battle with the monster; A study in biblical imagery*, Brill, Leiden 1973.

WALTHER, M.

1991    « Spinozas Kritik der Wunder - ein Wunder der Kritik? Die histo-
        risch-kritische Methode als Konsequenz des reformatorischen
        Schriftprinzip », *ZThK* 88 (1991) 68-80.

WATERMAN, L.

1950    « Note on Job 19,23-27; Job's triumph of faith », *JBL* 69 (1950) 379-
        81.

1952    « Note on Job 28,4 », *JBL* 71 (1952) 167-70.

WATSON, W. G. E.

1982    « The metaphor in Job 10,17 », *Bib* 63 (1982) 255-57.

1984    *Classical Hebrew poetry; A guide to its techniques* (JSOT.S 26),
        JStOT Press, Sheffield 1984.

WEBSTER, E. C.

1983    « Strophic patterns in Job 3-28 », *JSOT* n. 26 (1983) 33-60.

1984    « Strophic patterns in Job 29-42 », *JSOT* n. 30 (1984) 95-109.

WECHTER, P.

1941    « Ibn Barūn's contribution to comparative Hebrew philology », *JAOS*
        61 (1941) 172-87.

WEIL, G. E.

1971    *Massorah Gedolah iuxta Codicem Leningradensem B 19a; Volumen
        I: Catalogi*, elaboravit edidtque G. E. WEIL, P.I.B., Roma 1971.

WEIMAR, P.

1980    « Literarkritisches zur Ijobnovelle », *BN* n. 12 (1980) 62-80.

WEINRICH, H.

1976a   *Metafora e menzogna; La serenità dell'arte*, edizione italiana a cura
        di L. RITTER SANTINI (Saggi 162), Il Mulino, Bologna 1976.

1976b   « Semantica generale della metafora, *ivi*, 85-103.

WEISS, M.

1969    הסיפור על ראשיתו של איוב: ניתוה ספרותי (איונים למדריך ולמורה (40) הסוכנות
        היהודית לארץ־ישראל, Jerusalem 1969
        [tr. ingl.: *The story of Job's beginning; Job 1-2: A literary analysis*
        (Publications of the Perry Foundation for Biblical Research), Ma-
        gnes, Jerusalem 1983].

WEISS, R.

1974    התרגום הארמי לספר איוב – *The Aramaic Targum of Job*, Diss. Hebrew
        University, Jerusalem 1974
        [tr. ingl.: *The Aramaic Targum of Job* (Chaim Rosenberg School for
        Jewish Studies), Univ., Tel Aviv 1979].

WENHAM, G. J.

1982    « The symbolism of the animal rite in Genesis 15 », *JSNT* 22 (1982)
        134-7.

WENSING, M. G.
1993    *Death and destiny in the Bible*, Liturgical Press, Collegeville MN 1993.

WERBLOWSKY, R. J. Z.
1956    « Stealing the word », *VT* 6 (1956) 105s.

WESTERMANN, C.
1956    *Der Aufbau des Buches Hiob* (CThM A 6), Calwer Verlag, Stuttgart ³1978
        = *Der Aufbau des Buches Hiob* (BHTh 23), Mohr (Paul Siebeck), Tübingen ¹1956
        [tr. ingl.: *The structure of the Book of Job; A form-critical analysis*, translated by CH. A. MUENCHOW, Fortress, Philadelphia PA 1981].
1966    *Das Buch Jesaja (Kap. 40-66); Übersetzt und erklärt* (ATD 19), Vandenhoeck & Ruprecht, Göttingen ¹1966, ⁵1986
        [tr. it.: *Isaia (capp. 40-66); Traduzione e commento*, tr. di E. GATTI, edizione italiana a cura di F. MONTAGNINI (AT 19), Paideia, Brescia 1978].
1967    « Das Reden von Schöpfer und Schöpfung im Alten Testament »: *Das ferne und nahe Wort; Festschrift Leonhard Rost zur Vollendung seines 70. Lebensjahres am 30. November 1966 gewidmet*, hrg. von F. MAASS (BZAW 105), Töpelmann, Berlin 1967, 238-44.
1971    *Schöpfung* (ThTh 12), Kreuz, Stuttgart ¹1971, ²1983
        [tr. it.: *Creazione*, tr. di A. BONORA (Temi di Teologia 6), Queriniana, Brescia ¹1974, ³1991].
1974    *Genesis. 1. Teilband: Genesis 1-11* (BK I/1), Neukirch. Verlag, Neukirchen ¹1974, ²1976.
1978    *Theologie des Alten Testaments in Grundzügen* (GAT 6), Vandenhoeck & Ruprecht, Göttingen 1978
        [tr. it.: *Teologia dell'Antico Testamento* (AT.S 6), Paideia, Brescia 1983].
1991    *Forschungsgeschichte zur Weisheitsliteratur 1950-1990* (AzTh 71), Calwer Verlag, Stuttgart 1991.

WHEDBEE, J. W.
1977    « The comedy of Job »: *Studies in the Book of Job*, edited by R. M. POLZIN - D. A. ROBERTSON = *Semeia* n. 7 (1977) 1-39
        = *On humour and the comic in the Hebrew Bible*, edited by Y. T. RADDAY - A. BRENNER (JSOT.S 92), Almond Press, Sheffield 1990, 217-47.

WHEELWRIGHT, PH.
1962    *Metaphor and reality*, Indiana University Press, Bloomington (Ind) / London ¹1962, ³1967.
1968    *The burning fountain; A study in the language of symbolism*, Indiana University Press, Bloomington IA ²1968.

WHITE, V.
1956    « Jung et son livre sur Job », *VS.S* n. 37 (1956) 199-209.

WHITLEY, CH. F.
1974    « Has the particle *šām* an asseverative force? », *Bib* 55 (1974) 304-8.

WHYBRAY, R. N.
1971    *The heavenly counsellor in Isaia XL 13-14; A study of the sources of the theology od Deutero-Isaiah* (MSSOTS 1), Cambridge University Press, Cambridge 1971.

WILLIAMS, J. G.
1971    « "You have not spoken truth of me"; Mystery and irony in Job », *ZAW* 83 (1971) 231-55.

1977    « Comedy, irony, intercession; A few notes in response »: *Studies in the Book of Job*, edited by R. M. POLZIN - D. A. ROBERTSON = *Semeia* n. 7 (1977) 135-45.

1978    « Deciphering the unspoken; The theophany of Job », *HUCA* 49 (1978) 59-72
        = *Sitting with Job; Selected studies on the Book of Job*, edited by R. B. ZUCK, Baker Book, Grand Rapids MI 1992, 359-72.

1985    « Job's vision; The dialectic of person and presence »: *Biblical and other studies in honor of Sheldon H. Blank*, edited by R. AHRONI = *HAR* 8 (1985) 259-72.

WISEMAN, D. J.
1980    « A new text of the Babylonian poem of the righteous sufferer », *AnSt* 30 (1980) 101-7.

WITTE, M.
1994    *Vom Leiden zur Lehre; Der dritte Redegang (Hiob 21-27) und die Redaktionsgeschichte des Hiobbuches* (BZAW 230), W. de Gruyter, Berlin / New York 1994.

WOLFERS, D.
1986s   « "Greek" logic in the Book of Job », *Dôr le-Dôr* 15 (1986s) 166-72.
1987a   « Elihu: The provenance and content of his speeches », *Dôr le-Dôr* 16 (1987s) 90-98.
1987b   « Job: the third cycle; Dissipating a mirage - Part I », *ivi*, 217-26.
1988a   « Job: the third cycle; Dissipating a mirage - Part II », *Dôr le-Dôr* 17 (1988s) 19-25.
1988b   « Jot, tittle and waw (Job 19:25) », *ivi*, 230-36.
1989s   « The volcano in Job 28 », *JBQ* 18 (1989s) 234-40.
1990a   « The Lord's second speech in the Book of Job », *VT* 40 (1990) 474-99.
1990b   « Bulrush and bramble », *JBQ* 19 (1990s) 170-75.
1990c   « Science in the Book of Job », *ivi*, 18-21.
1992s   « Job: A universal drama », *JBQ* 21 (1992s) 13-23; 80-89.
1993    « The speech-cycles in the Book of Job », *VT* 43 (1993) 385-402.
1993s   « Three singular plurals, Job 18:2,3 », *JBQ* 22 (1993s) 21-25.
1994    « The stone of deepest darkness; A mineralogical mystery (Job XXVIII) », *VT* 44 (1994) 274-76.

1995      *Deep things out of darkness; The Book of Job; Essays and a new english translation*, Kok Pharos / Eerdmans, Kampen / Grand Rapids MI 1995.

WOLKSTEIN, D. - KRAMER, S. N.

1983      *Inanna queen of heaven and earth, her stories and hymns from Sumer*, edited by D. WOLKSTEIN - S. N. KRAMER, Harper and Row, New York 1983
[tr. it.: *Il mito sumero della vita e dell'immortalità; I poemi della dea Inanna*, trascritti e commentati da D. WOLKSTEIN - S. N. KRAMER, traduzione di F. MARANO (Di Fronte e Attraverso 150), Jaca Book, Milano 1985].

WOLTERS, A. M.

1990      « "A child of dust and ashes" (Job 42:6b) », *ZAW* 102 (1990) 116-19.

WORRELL, J.

1970      « עצה: "Counsel" or "council" at Qumran? », *VT* 20 (1970) 65-74.

WUELLNER, W. H.

1994      « Critica retorica », *Protest.* 49 (1994) 231-55.

WYATT, N.

1987      « Sea and desert; Symbolic Geography in West Semitic religious thought », *UF* 19 (1987) 375-89.

WÜRTHWEIN, E.

1959      « Die Weisheit Ägyptens und das Alte Testament; Rede zur Rektoratsübergabe am 29. November 1958 », *MUBM* (1959) 2-16
= *Schriften der Philips-Universität Marburg, VI*, N. G. Elwert Verlag, Marburg 1960
[tr. ingl.: « Egyptian Wisdom and the Old Testament »: *Studies in Israelite Wisdom*, Selected, with a Prolegomenon, by J. L. CRENSHAW, Ktav Publishing House, New York 1976, 113-33].

XELLA, P.

1973      *Il mito di ŠḤR e ŠLM; Saggio sulla mitologia ugaritica* (SS 44), Ist. di Studi del Vicino Oriente, Roma 1973.

1979      « *Ḥtp* "uccidere, annientare" in Giobbe 9,12 », *Henoch* 1 (1979) 337-41.

1987a      *Archeologia dell'inferno; L'Aldilà nel mondo antico vicino-orientale e classico*, a cura di P. XELLA, Essedue Edizioni, Verona 1987.

1987b      « Imago Mortis nella Siria Antica »: *Archeologia dell'inferno; L'Aldilà nel mondo antico vicino-orientale e classico*, a cura di P. XELLA, Essedue Edizioni, Verona 1987, 117-45.

YOYOTTE, J. ET ALII

1961      *Le jugement des morts* (SOr 4), Éditions du Seuil, Paris 1961 (con contributi di J. M. AYNARD, H. CAZELLES, M. MOLÉ, D. SOURDEL, J. VARENNE, N. N. VANDIER, R. SIEFFERT).

ZAC, S.

1965     *Spinoza et l'interprétation de l'Écriture* (BPhC), Presses Universitaires de France, Paris 1965.

ZANDEE, J.

1960     *Death as an enemy according to Ancient Egyptian conceptions* (SHR 5), Brill, Leiden 1960.

ZHAO, Q.

1992     *A study of dragons, East and West* (Asian Thought and Culture 11), Peter Lang, New York / Fankfurt / Bern 1992.

ZIEGLER, J.

1950     « Die Hilfe Gottes "am Morgen" »: *Alttestamentliche Studien; Friedrich Nötscher zum sechzigsten Geburtstage 19. Juli 1950 gewidmet von Kollegen, Freunden und Schülern*, hrg. von H. JUNKER - G. J. BOTTERWECK (BBB 1), Peter Hanstein Verlag, Bonn 1950, 281-88.

1982     *Iob*, edidit J. ZIEGLER (SeptSt 11/4), Vandenhoeck & Ruprecht, Göttingen 1982.

ZIENER, G.

1967     « Die altorientalische Weisheit als Lebenskunde; Israels neues Verständnis und Kritik der Weisheit »: *Wort und Botschaft; Eine theologische und kritische Einführung in die Probleme des Alten Testaments*, hrg. von J. SCHREINER, Echter Verlag, Würzburg $^1$1967, $^3$1975, 258-71.

ZIMMER, H.

1946     *Myths and symbols in Indian art and civilization*, edited by J. CAMPBELL (BollS 6), University Press, Princeton $^1$1946, $^2$1992
         [tr. fr.: *Mythes et symboles dans l'art et la civilisation de l'Inde*, éd. par J. CAMPBELL, préface de L. RENOU (Bibliothèque Scientifique), Payot, Paris 1951].

1951     *Philosophies of India*, edited by J. CAMPBELL (BollS 26), Pantheon Books, New York 1951
         [tr. fr.: *Les philosophies de l'Inde*, éd. par J. CAMPBELL, trad. par M. S. RENOU (Bibliothèque Scientifique), Payot, Paris 1953].

ZIMMERLI, W. TH.

1955-1969 *Ezechiel*, 2 Teilbände (BK 13/1-2), Neukirchener Verlag, Neukirchen-Vluyn $^1$1955-1969, $^2$1979.

ZIMMERMANN, F.

1934s    « Supplementary observations on Job 40,2 », *AJSL* 51 (1934s) 46s.
1951     « Note on Job 9,23 », *JThS* NS 2 (1951) 165s.

ZINK, J. K.

1965     « Impatient Job; An interpretation of Job 19:25-27 », *JBL* 84 (1965) 147-52.

ZUANAZZI, G.
1988      « Il simbolismo del male nella psicologia di Carl Gustav Jung »: *Simbolo e conoscenza*, a cura di V. MELCHIORRE (Metafisica e Storia della Metafisica 5), Vita e Pensiero, Milano 1988, 169-206.

ZUCK, R. B.
1992      *Sitting with Job; Selected studies on the Book of Job*, edited by R. B. ZUCK, Baker Book, Grand Rapids MI 1992.

ZUCKERMANN, B.
1991      *Job the silent; A study in historical counterpoint*, Oxford UP, New York / Oxford 1991.

ZURRO RODRÍGUEZ, E.
1980      « La raíz *brḥ* II y el hapax *mibrāḥ* (Ez 17,21) », *Bib* 61 (1980) 412-15.
1981      « Disemía de *brḥ* y paralelismo bifronte en Job 9,25 », *Bib* 62 (1981) 546s.
1987      *Procedimientos iterativos en la poesía ugarítica y hebrea* (BibOr 43), P.I.B. / Inst. San Jerónimo, Roma / Valencia 1987.

6. SUPPORTO INFORMATICO

**Programma di scrittura**: *Microsoft Word Version 6.0*, Microsoft Co, Seattle, WA 1993.
**Testi biblici**: MICHAEL S. BUSHNELL, *BibleWorks for Windows Version 3.0*, Hermeneutika Software, Big Fork, MT 1995.
**Caratterari** (traslitterato, ebraico, greco, siriaco e copto): *TransRoman, Semitic Transliterator, LaserHebrew, LaserGreek, LaserSyriac, NagHammadiLS*, Linguist's Software Inc., Edmonds, WA 1992-1995.

# DIZIONARIO MINIMO

## (dei termini meno comuni)

*Anacrusi*: da ἀνάκρουσις « preludio »; sillaba o sillabe che stanno all'inizio del verso, fuori ritmo, precedendo il primo accento.

*Antanaclasi*: da ἀντανάκλασις « ripercussione »; indica la ripetizione di un medesimo lessema in due stichi contigui, ma con diverso significato.

*Antifrasi, antifrastico*: da ἀντίφρασις; è una figura retorica per cui una parola o un'espressione sono usate in senso contrario al loro proprio. In ciò si avvicina all'*eufemismo* e viene assunta come una struttura simbolica tipica del *Regime notturno*.

*Catacresi*: da κατάκρησις « abuso »; è l'estensione del significato di un lessema, al di là del suo campo semantico proprio. Molte metafore "morte" sono ormai soltanto delle catacresi.

*Diairetica (struttura)*: da διαιρετικός « disgiuntivo »; nel nostro lavoro indica la caratteristica principale delle strutture simboliche schizomorfe del *Regime diurno* (antitesi, divisione, opposizione, separazione, chiarezza, distinzione...). Si oppone alle strutture *sintetica* e *mistica*.

*Dominante (gesto)*: nell'archetipologia di G. DURAND, sarebbero le tre "positure" fondamentali (*posizionale*, *copulativa* e *digestiva*), che danno origine alle strutture simboliche fondamentali (cf pag. 33).

*Geometrismo*: struttura caratteristica del *Regime diurno*; il vocabolario proviene dal campo psichiatrico ed esprime la scelta preferenziale per la simmetria e per la logica più formale, tanto nella rappresentazione quanto nel comportamento.

*Gigantizzazione*: processo tipico dello schema ascensionale del *Regime diurno*; richiama il processo psicologico d'ingrandimento delle immagini, che accompagna la rottura con la realtà nello schizofrenico.

*Gulliverizzazione*: è il capovolgimento della *gigantizzazione*; si tratta di una "riduzione a miniatura" (cf i lillipuziani di Gulliver e i diversi temi folkloristici legati a Pollicino o personaggi simili) e di una minimizzazione rovesciata della potenza (virile).

*Isomorfismo*: assumiamo la terminologia da CH. BAUDOUIN [1943: 202]; si potrebbe anche parlare di "isotopie". Con essa s'intende riferirsi alla permanenza di valori simbolici nonostante il variare dei simboli. Ad es., la grotta, il guscio, l'uovo e l'inghiottimento hanno come struttura simbolica comune l'interiorità protettrice.

*Isotopie*: intendiamo con questo termine la permanenza di valenze simboliche, nonostante la variazione dei simboli (ad es., la "luce" può essere rappresentata dal sole, dalla lampada, dal fuoco, dagli astri, etc).

*Mistica (struttura)*: è la sottospecie strutturale di una delle due regioni del *Regime notturno*, che sottolinea le valenze di unione e d'intimità (cf *diairetica* e *sintetica*).

*Regime diurno*: correlata alla dominante "posizionale" (eretta), è la struttura generale del simbolismo che esprime la chiarezza e la distinzione: con l'elevazione e la purificazione, da un sottofondo tenebroso il soggetto giunge allo splendore vittorioso della luce (cf *Regime notturno*).

*Regime notturno*: unendo in sé le due dominanti "digestive" e "copulative", è la struttura generale del simbolismo che esprime sia le valenze matriarcali di nutrizione e d'intimità, sia le valenze cicliche del ritorno, del dramma e della dialettica degli opposti (cf *Regime diurno*).

*Schizomorfa (struttura)*: struttura dell'antitesi e dell'opposizione, tipica del *Regime diurno* dell'immagine, in cui si evidenziano gli esiti dualistici (cf *diairetico*).

*Sintetica (struttura)*: è l'altra sottospecie strutturale del *Regime notturno*, che sottolinea le valenze di dialettica degli antagonismi e di drammatizzazione storica, che tende alla *coincidentia oppositorum*.

*Struttura simbolica*: è una « forma trasformabile, che ricopre il ruolo di protocollo motivatore per tutto un raggruppamento d'immagini, e suscettibile essa stessa di raggrupparsi in una struttura più generale che chiameremo *Regime* » (G. DURAND [1969: 66; tr. it. 53]).

*Talḥīn*: vocabolo della retorica araba che indica l'allusione di un lessema ad un altro lessema, il quale aggiunge al contesto un valore complementare dal punto di vista semantico o simbolico (cf pag. 89[180]).

*Taurija*: vocabolo della retorica araba che indica un doppio senso celato dietro lo stesso morfema, anche se originato da radici diverse (cf pag. 89[180]).

# INDICE DEGLI AUTORI (*)

AALEN Sverre: x[5], 44[200], 111[41], 117[56.58], 118[63], 121[77], 162[237], 210[40], *356*
AARTUN Kjell: 129[100], *356*
ABELLIO Raymond: 25[103], *356*
ABRAMS Meyer Howard: 87[171], 88[177], 89[178], 89[+179s.182], *356*
ACKROYD Peter Runham: 205[17], *356*
ADLER Cyrus: *362, 399*
ÆSCHYLUS: 231[145], *357*
AHRONI Reuben: *369, 427*
AIGRAIN René: *418*
ALBANI Matthias: 117[56], 127s[97], 293[186], *357*
ALBERTI Amedeo: *345, 409*
ALBERTZ Rainer: 207[26], *357*
ALBOUY Pierre: *361*
ALBREKTSON Bertil: *371*
ALBRIGHT William Foxwell: 48s[12], 142[166], 143[168], 185[390], 207[26], 221[97], 230[142], 257[11], 294s[190], 295[191], *357*
ALCALAY Reuben: *342*
ALDEN Robert L.: *346*
ALFIERI Vittorio Enzo: *367*
ALÎ Abdullah Yûsuf: 222[100], *357*
ALIGHIERI Dante: 135[132]
AL-ḲAZWĪNĪ (Zakarijjaʾ ben Muḥammad ben Maḥmūd, Abū Jaḥjā): 289[161], 304[231]
ALLEN Thomas W.: *389*
ALLENDY René: 278[115], *357*
ALMANSI Guido: 87[171], *357*
ALONSO DÍAZ José: 124[87], *357*
ALONSO SCHÖKEL Luis: 38[176], 39[182], 40[184], 41[186.189], 42[191.192], 43[195.197], 47[5s], 49[14], 49[15], 55[40], 56[41.43], 60[55], 62[62], 68[77], 69[84], 69[85s], 70[87.89], 71[92.94], 79[127s], 80[141], 87[170], 87[171], 89[178], 89[180.183], 91[193], 92[194], 94[204], 96, 97[212], 98[214], 104[2], 129[105], 134[127], 138[147s], 141[162], 150[200], 154[232], 161[272], 163[279-281], 164[289], 165[290], 171[317], 173[331], 175[340s], 180[357.359], 181[364.366], 182[368], 186[393], 190[410], 192[421], 194[436], 196[444], 204[11.14], 214[67], 218[79], 220[88-90], 221[95], 225[113], 232[149], 233[150], 233[151.154], 237[173], 239[195], 243[214], 255[8], 264[55], 269[76.78], 304[230], 311[264], 324[317], 331[16], *346, 358, 364*
ALQUIÉ Ferdinand: 191[+413s], *358*
ALSTER Bendt: *358*
ALTER Robert: 81[142]
ALTHANN Robert: 61[56], 124[87], *359*
ALTMANN Alexander: *385*
ALTWICKER Norbert: *420*
ÁLVAREZ DE MIRANDA Ángel: 134[125], *359*
AL-YASIN Izz-al-Din: 143[168], *359*
AMADO LÉVY-VALENSI Eliane: 22[84], *359*
AMSLER Samuel: 156[251]
AMSTUTZ Jakob: 22[85], *359*
ANDERSEN Francis I.: 171[317], *346*
ANDERSON Bernhard W.: *416*
ANDERSON George W.: *404*
ANDERSON Hugh George: 46[2], *346*
ANDREINI Rossi Ines: *361*
AP THOMAS Dafydd Rhys: 222[100], *359*
ARCHAIMBAULT Charles: *415*
ARENS Edmund: 39[182], *359*
ARISTOTELE: 14, 36, 304[234]
ARNAUD Eraldo: *367*

---

* I numeri in apice indicano le note. Se preceduti dal segno +, il riferimento è anche al testo, oltre che alla nota. In neretto le introduzioni del primo capitolo. In corsivo i riferimenti alla Bibliografia.

# INDICE DELLE CITAZIONI (*)

---

* I numeri in apice indicano le note. Se preceduti dal segno +, il riferimento è anche al testo, oltre che alla nota. In neretto i passi che riportano il testo citato.

## Letteratura ugaritica

## VIII. VARIE
### (solo letterature antiche)

# INDICE DEI VOCABOLI DISCUSSI (*)

## EBRAICO

---

* Precede l'ebraico; seguono le altre lingue in ordine alfabetico. L'indice dei vocaboli ebraici è selettivo (si vedano anche le tabelle delle pagg. 63 e 76).

## AKKADICO

## ARABO

## FENICIO – PUNICO


| | | | |
|---|---|---|---|
| *bd* | 164[283], 217[73] | *ʿpšḥr* | 107[16] |
| *mšṭr* | 293[188] | *škn* | 236[168] |
| *mll I* | 170[314] | *taḥût* | 295[190] |
| *njl* | 241[205] | | |


## GEʿEZ / TIGRÈ


| | | | |
|---|---|---|---|
| ሀለከ | 175[336] | ንጉሥ | 109[28] |
| ሐረበ | 212[62] | ነፍኀ / ነፍሐ | 221[103] |
| ሐበሰ | 322[313] | አርዌ | 259[22] |
| ምት | 216[74] | አደወ | 258[21] |
| መጽአ | 218[83] | ኬማ / ኪማ | 128[97] |
| ሤበ | 236[177] | ወሀለ | 203[13] |
| ሥሕጸት | 258[20] | ወተረ | 204[18] |
| ቀብጸ | 213[63] | ዐሰቀ / ዐሠቀ | 182[371] |
| ተሐለ | 203[13] | ዕፄ | 170[311] |
| ኈለቈ | 162[276] | ዐደወ | 258[21] |
| ኀደለ | 171[319] | ደከ | 322[310] |
| ነሰየ (ተናሰየ) | 217[81] | ኀሐ | 287[152] |
| ነግሠ | 109[28] | | |


## GRECO


| | | | |
|---|---|---|---|
| *ἀήρ* | 291[174] | *σίδηρος* | 272[85] |
| *Ἀίδης* (= *ᾅδης*) | 122[79] | *τοπάζιον* | 262[42] |
| *Ἀφροδίτη* | 303[225] | *Ὑάδες* | 127[97] |
| *δελφύς* | 275[99] | *ὕειν* | 127[97], 303[228] |
| *Ζεύς* | 148[190] | *ὕλη* | 303[228] |
| *λευκός* | 211[45] | *χαμαιλεῶν* | 259[22] |
| *ῥακά* | 151[205] | *χρυσός* | 261[35] |


## HITTITA


| | | | |
|---|---|---|---|
| *ištanu* | 210[39] | *parši̯i̯au̯anzi* | 142[163] |
| *kammara* | 105[9] | *paršaizzi* | 142[163] |
| *parš-, parši̯i̯a-* | 142[163] | *takanaš* | 210[39] |


## INDOEUROPEO


| | | | |
|---|---|---|---|
| *dei-, dei̯ə-* | 148[190] | *man* | 248[227] |
| *dī-, di̯ā* | 148[190] | *mē* | 211[45] |
| *leuk* | 211[45] | *sū-* | 303[228] |
| *mā-* | 115[53], 121[75] | *su̯eid-* | 272[85] |

## SUMERICO

## UGARITICO

# INDICE DEI SIMBOLI

# INDICE ANALITICO

## (esclusi i simboli)

# SOMMARIO

## SEZIONE PRIMA: PROBLEMATICA

Finito di stampare il 21 novembre 1995
Tipografia Poliglotta della Pontificia Università Gregoriana
Piazza della Pilotta, 4 – 00187 Roma